**1.
Costumi italiani**

diretta da
Roberto Fedi
Laura Lepri

a cura di
Roberto Fedi
Laura Lepri

L'Italia, oggi

Musica, cinema, moda, costume e varia umanità
di un paese non più antico

Copyright © 1999 - Guerra Edizioni
ISBN 88-7715-305-9
Tutti i diritti riservati
Via A. Manna, 25 - 06132 Perugia
E-mail:geinfo@guerra-edizioni.com
http://www.guerra-edizioni.com

INDICE

PREMESSA
Aldilà degli stereotipi .... *p.* 7

PARTE PRIMA

LE ARTI

CAPITOLO PRIMO
Gli italiani scoprono il romanzo
Gianni Turchetta .... " 13

CAPITOLO SECONDO
Rilettura del secolo in poesia
Franco Buffoni .... " 27

CAPITOLO TERZO
La musica e il bel canto
Oreste Bossini .... " 37

CAPITOLO QUARTO
Le stagioni del teatro
Oliviero Ponte di Pino .... " 47

CAPITOLO QUINTO
Cinema, cinema
Alberto Pezzotta .... " 59

CAPITOLO SESTO
Panoramiche e frammenti nell'arte contemporanea
Patrizia Zambrano .... " 71

CAPITOLO SETTIMO
Le fabbriche dei libri
Raffaele Cardone .... " 87

CAPITOLO OTTAVO
La moda del Made in Italy
Antonio Mancinelli .... " 95

Parte Seconda

IL COSTUME

Capitolo Primo
Fra prima e seconda Repubblica
Umberto La Rocca . . . . p. 109

Capitolo Secondo
Molte religioni per un Giubileo
Antonella Fiori . . . . " 121

Capitolo Terzo
La febbre del gioco
Giampaolo Dossena . . . . " 133

Capitolo Quarto
Le mamme e i dongiovanni del buon tempo antico
Cinzia Tani . . . . " 141

Capitolo Quinto
Non solo pizza
Allan Bay . . . . " 153

Capitolo Sesto
Profumi e balocchi
Antonio Mancinelli . . . . " 163

Capitolo Settimo
Siamo tutti sportivi
Roberto Fedi . . . . " 167

GLI AUTORI . . . . " 179

PREMESSA

Aldilà degli stereotipi

> "Kennst du das Land wo die Zitronen blühn?"
> (Conosci la terra dove fioriscono i limoni?)
> Goethe, *Wilhelm Meister*

Questo libro nasce da un momento di disperazione. Che prese uno dei due curatori un giorno di qualche anno fa quando, in volo verso gli Stati Uniti, dovette affondare il naso nella patinata rivista della Compagnia Aerea, per evitare come poteva la logorrea di un vicino piuttosto invadente. In quella rivista, aperta a caso e per esclusive ragioni di sopravvivenza, c'era però un articolo che prometteva bene, anche dalla *reticentia* del titolo: *When in Rome...* ("TWA Ambassador", ottobre 1990). L'autore, che poi era un'autrice e si chiamava Heidi J. LaFleche, si rivolgeva a un pubblico americano di manager, uomini d'affari, turisti o simili, e dava un'immagine "reale" dell'Italia, spiegando le cose da fare e da non fare, appunto, "when in Rome" – città e capitale che in questo caso era ovviamente intesa come una sorta di sineddoche dell'intera nazione.

Il testo era strabiliante. Agli ignari che stavano andando, si presume per la prima volta (e forse l'ultima, se seguivano quei consigli), in Italia per affari o altro, l'autrice proponeva un decalogo, o galateo in pillole. Si trattava di un crescendo rossiniano di comicità (fissare appuntamenti solo fra le 10 e le 11 del mattino, e solo dopo le 3 del pomeriggio era, tanto per dire, il consiglio meno demenziale). Fin quando, al culmine del crescendo, fra le regole di comportamento da osservare rigorosamente spuntava questa: "Do observe the *Passeggiata*. Dress in your finest and stroll on the piazza between 6 p.m. and 8 p.m. to see and be seen".

Mirabile. Nell'ottobre 1990, l'autrice aveva rievocato, come se tutta l'Italia fosse come la prima parte di *Nuovo Cinema Paradiso*, o un capitolo dei *Malavoglia*, o una scena di *Cavalleria rusticana*, un'abitudine ormai folklorica. *The Passeggiata*: signori borghesi col panciotto, a braccetto con spose e figli azzimati, su e giù in *piazza* (in italiano nel testo), salutando e scappellandosi – magari, con qualche carrozza o barroccio sullo sfondo, e *O sole mio* a fare da colonna sonora. Il tutto, naturalmente, "to see and be seen". E questo a Roma, o a Milano, o a Firenze, o a Napoli. E non nell'Italia del sabato del villaggio, ma nell'Italia di fine millennio, della moda, della musica colta, dell'arte, della cultura, del teatro, dello sport-spettacolo, delle grandi mostre, del cinema. Da qui, si capisce, la disperazione.

E da lì viene anche, ripensandoci, l'idea, che qui ora si concretizza, di un volume che desse dell'Italia un'immagine meno stereotipata, meno costruita su luoghi comuni da cinema neorealista (che spesso, *absit iniuria verbis*, è la maledizione dei libri che sull'Italia e i suoi costumi si pubblicano nel mondo), e un po' più aggiornata. Con la consapevolezza che ciò che chiamiamo Italia, più che una espressione geografica, come diceva Metternich un secolo e mezzo fa, è piuttosto una espressione algebrica: fatta cioè di lati positivi e negativi, di zone buie e assolate, di contraddizioni (come suol dirsi) e di convenzioni e di tutto ciò che volete metterci, che alla fine però offre un'icona, un'immagine, un'idea, una fotografia composta di frammenti reali. Per questo il volume è diviso in blocchi, sezioni tematiche (che potrebbero essere di più, naturalmente), ognuna delle quali è stata affidata a un diverso osservatore. E tutti i brani sono nuovi, inediti, scritti per l'occasione adesso, nel 1998, proprio per dare a quell'*oggi* del titolo il suo pieno valore semantico. Il risultato è un insieme di punti di vista sull'Italia e di riflessioni, per descrivere ciò che essa è ora, e non ciò che forse era in un passato indeterminato, o nel nostro ricordo, o in una nostalgia generica, o, peggio ancora, negli stereotipi del folklore.

Con molta serietà documentaria, ma anche con ironia e leggerezza, i vari autori (giornalisti, docenti, uomini di spettacolo, saggisti) offrono questa immagine di un paese che è cambiato, che sta cambiando, e che non è più com'era ieri – o come qualcuno ancora crede sia stato. Per ciò i singoli saggi possono essere utilizzati (e sono stati "pensati" anche con questo fine) nella prospettiva di un uso didattico e documentario per un pubblico straniero, che si interessa dell'Italia per motivi di studio, tradizioni di famiglia, o per pura curiosità. Mai come ora l'italiano, e l'immagine dell'Italia, hanno avuto successo nel mondo. Alcune stime ritengono che, nel globo, siano circa 200 milioni le persone che parlano, studiano o vorrebbero imparare l'italiano. Magari perché, risalendo ai loro alberi genealogici sono italiani di terza o quarta generazione e stanno riscoprendo le radici senza troppe concessioni alle nostalgie o al folclore. Un dato per tutti: nella sola America del Nord, sono oltre 200 i luoghi, compresi i dipartimenti di Italiano delle Università, in cui si studia la nostra lingua.

Ma i lettori a cui ci rivolgiamo sono anche altri. Ad esempio, i tanti, tantissimi stranieri che arrivando in Italia per il Giubileo, si chiedono quale realtà incontreranno.

Per questo c'è di più.

Un libro nuovo, anche nella concezione, richiede una novità di impostazione. Così i curatori-autori e l'editore intendono stabilire, con i propri lettori, un contatto che duri di più del semplice tempo di lettura di un libro. Questo volume non muore infatti qui: anzi, qui nasce, per essere eventualmente aggiornato, rivisto, accresciuto; e per sollecitare riflessioni e riscontri. Questa è la nostra idea dell'Italia di oggi: fateci sapere qual è la vostra, specialmente se vivete o studiate all'estero, ma anche se camminate ogni giorno per le strade di questo paese. Ci interessa. Dateci il modo di comporre, insieme a voi, una seconda puntata di questo volume. Divenite anche voi co-autori. Scrivete le vostre osservazioni a questo indirizzo E-Mail:
geinfo@guerra-edizioni.com
http://www.guerra-edizioni.com

Grazie. A presto, quindi.

Roberto Fedi
Laura Lepri

Italia, autunno 1998

Parte Prima

LE ARTI

Gli italiani scoprono il romanzo

di *Gianni Turchetta*

Prima degli anni Ottanta

Per capire le dinamiche della letteratura e, in particolar modo, della narrativa italiana del Novecento bisognerebbe sempre ricordarsi che, all'epoca del compimento dell'Unità d'Italia, nel 1870, gli italiani che parlavano italiano erano meno del 2% di tutta la popolazione. Sembra quasi una brutta battuta di spirito, ma le cose purtroppo stavano proprio così. Resta il fatto che, a partire dalla straordinaria esperienza dei *Promessi sposi* di Manzoni, i narratori italiani sono andati faticosamente conquistando una lingua media di comunicazione, indispensabile alla crescita di quella che potremmo chiamare una civiltà narrativa: di una cultura, cioè, dove la gente legge abitualmente romanzi, anche perché trova romanzi leggibili scritti nella propria lingua, e non solo tradotti. Attraverso una complessa alternanza di momenti di sviluppo e di fasi di crisi, legate anche al persistere di una pesante tradizione di letteratura iper-letteraria, destinata a un pubblico di specialisti, la narrativa italiana si è poco a poco costruita una sua solidità, non sempre adeguatamente apprezzata dagli italiani stessi, per i quali i complessi d'inferiorità paiono essere poco meno che una malattia nazionale.

Nei decenni più recenti, dopo la stagione di espansione del secondo dopoguerra, dominata dalla poetica neo-realista, la narrativa degli anni Sessanta-Settanta si era posta invece sotto il segno prevalente dello sperimentalismo e del rifiuto delle convenzioni letterarie, in nome di un criticismo ostile a ogni forma di intrattenimento gradevole, interpretato come consolazione, e dunque di adeguamento al potere dominante. In quel contesto la narrativa era stata messa momentaneamente da parte, o quasi. Più esattamente, essa appariva come spaccata in due: da una parte una produzione magari anche di buona qualità, ma tradizionale e perciò spesso troppo simile alla letteratura commerciale; dall'altra una produzione sperimentale, programmaticamente anti-romanzesca, che a molti critici appariva come l'unica letteratura di qualità, ma che per vari aspetti risospingeva la narrativa italiana verso un pubblico elitario, culturalmente e ideologicamente preparato, pronto ad apprezzare "romanzi" che raccontavano poco o nulla, che dissolvevano il racconto nell'analisi o nella riflessione saggistica, oppure erano costruiti come meta-romanzi, dove oggetto della rappresentazione non era tanto la realtà, quanto le strutture interne del testo.

La riscoperta delle storie

Tra la fine degli anni Settanta e l'inizio degli anni Novanta, però, in perfetto parallelismo con la crisi dei movimenti di contestazione della cosiddetta "nuova sinistra", un po' tutti gli scrittori hanno riscoperto l'antico e sempre attuale piacere di raccontare storie, di inventare finzioni. Da un lato infatti è venuta meno l'angoscia dell'impegno ideologico, dall'altro la tensione sperimentale delle poetiche avanguardistiche si è vistosamente logorata, diventando a sua volta una specie di nuova tradizione, affetta da un intellettualismo talvolta fine a se stesso. La narrativa italiana ha così ritrovato un più sereno rapporto con i lettori, anche perché ha smesso di identificare nel "mercato" e nell'"industria culturale" una specie di demonio, di male assoluto da sfuggire e combattere. Non pochi critici hanno visto in questi fenomeni una tendenza negativa, il segno di una crescente somiglianza della letteratura con altre forme meno impegnative d'intrattenimento. Ma probabilmente non è il caso di drammatizzare. Anzitutto appare inevitabile, e in fondo positivo, che la letteratura non rinunci a sfidare la *fiction* cinematografica e soprattutto televisiva, dalle quali siamo bombardati e con le quali è inevitabile entrare in concorrenza. Senza dimenticare che gli ultimi anni hanno straordinariamente allargato la presenza nelle nostre case dei computer, ormai spesso collegati con Internet e sempre in grado di leggere gli ipertesti multimediali dei CD-ROM: inevitabilmente anche queste forme di comunicazione, con la loro inedita miscela di intrattenimento e cultura, tendono a strappare alla letteratura tempo e pubblico. Anche per questo, forse, è importante che gli scrittori sappiano far sentire alla gente che la lettura è prima di tutto un'attività piacevole, che serve sì a far pensare, ma che morirebbe, se i lettori smettessero di divertirsi.

La riscoperta del piacere di raccontare ha coinciso con una massiccia ripresa di generi narrativi tutto sommato tradizionali, qualche volta addirittura di generi che parevano cancellati dal nostro sistema letterario, come il romanzo storico o la grande saga familiare. Di fatto, però, in letteratura come in ogni settore della cultura e della vita, il ritorno puro e semplice al passato non è possibile, e anche questi generi "antichi" vengono modificati e riorganizzati, producendo di fatto modelli "nuovi". Complessivamente si ha comunque l'impressione che, negli ultimi vent'anni circa, si sia venuto formando qualcosa che forse non è esagerato definire una nuova tradizione narrativa. A essa hanno dato un notevole contributo gli scrittori delle ultime generazioni, nati cioè fra la guerra e gli anni Settanta; ma anche gli scrittori più anziani hanno, almeno in parte, condiviso l'esigenza di tornare a comunicare con il pubblico, di riavvicinare ricerca del nuovo e leggibilità.

Il ritorno del romanzo storico

Il genere che ha espresso più vistosamente queste tendenze è probabilmente il romanzo storico. In realtà sotto questa etichetta vengono poste opere molto diverse, ma che hanno in comune la mescolanza "di storia e d'invenzione", come recita la celebre definizione manzoniana. La nascita del fenomeno, o per lo meno la sua registrazione ufficiale, risale certo a Umberto Eco, e allo straordinario successo del suo *Il nome della rosa* (Bompiani, 1980). Dopo *Il pendolo di Foucault* (Bompiani, 1988), opera ancora più complessa, e assai meno ospitale verso i suoi lettori, Eco è tornato in questo decennio al romanzo storico, o meglio storico-filosofico, con *L'isola del giorno prima* (Bompiani, 1994). Vi si narra di un giovane nobile, Roberto de la Grive, alessandrino come lo scrittore, che in un giorno d'estate del 1643 naufraga nell'oceano Pacifico, più o meno agli antipodi dell'Italia, e si trova a sopravvivere, novello Robinson, su una nave ancorata a poca distanza da un'isola, che il protagonista vede, senza sapere come poterci arrivare, e accanto a cui corre il meridiano del cambiamento di data: chi lo passa abbandona l'oggi, e rientra nello "ieri", appunto nel giorno prima. Quando si renderà conto di questo, Roberto comincerà a concepire il passaggio di quella linea come lo scopo ultimo della propria vita. L'"isola del giorno prima" si fa così metafora di una possibile verità, irraggiungibile, ma sempre da inseguire: va detto però che il libro, per quanto interessante e sorretto da un impianto intellettuale ricco di fascino, risulta per molti tratti faticoso.

Fra i più brillanti rielaboratori del romanzo storico va senz'altro posto Luigi Malerba, che si è mosso attraverso epoche diversissime: la Bisanzio del X secolo in *Il fuoco greco* (Mondadori, 1990), la Roma del XVI secolo in *Le maschere* (Mondadori, 1996), la Grecia omerica in *Itaca per sempre* (Mondadori, 1996). È peraltro significativo che le prime esperienze narrative di Malerba (nato nel 1927), negli anni Sessanta, fossero state di tipo sperimentale. La forza dei suoi libri attuali sta probabilmente nella capacità di riassorbire completamente all'interno del racconto sia un'attenta ricerca documentaria, sia l'evidente intento polemico nei confronti del presente, criticato in modo indiretto e perciò densamente allusivo.

Non va invece esente da eccessi di moralismo e d'ideologia Sebastiano Vassalli, che pure è narratore di razza; i suoi numerosi libri costituiscono quasi un sottogenere a parte di romanzo storico. Anche Vassalli mescola ricerca d'archivio e invenzione narrativa: per esempio in *La Chimera* (Einaudi, 1990) si è accostato anch'egli a quel XVII secolo così caro ai nostri narratori, raccontando la storia di una giovane condannata come strega e bruciata sul rogo. Invece *Il Cigno* (Einaudi, 1993) racconta dell'omicidio politico-mafioso, avvenuto cent'anni prima, di un deputato siciliano. Negli ultimi anni Vassalli ha accentuato ulteriormente la sua tensione predicatoria, con la fanta-utopia di *3012. L'anno del profeta* (Einaudi, 1995) e con una specie di vangelo apocrifo, *La notte del lupo* (Baldini & Castoldi, 1998).

Un romanzo storico molto particolare è anche *Il coraggio del pettirosso* (Feltrinelli, 1995) di Maurizio Maggiani che, a sua volta, pur appartenendo alla generazione dei nati negli anni Cinquanta, ha cominciato con due libri vivacemente sperimentali, caratterizzati da un impasto pluri-linguistico di tono tragicomico, su una linea che rimanda al miglior Gadda (*Vi ho già tutti sognati una volta*, Feltrinelli, 1990 e *Felice alla guerra*, Feltrinelli, 1992). Nell'ultimo romanzo invece Maggiani ha reso lineare lo stile, ma in compenso ha complicato, e di molto, l'intreccio, sovrapponendo il racconto autobiografico in prima persona del narratore, Saverio che, come Zeno, scrive per curare la propria nevrosi, e la ricostruzione della vicenda di un suo lontano antenato, un valdese mandato al rogo per eresia nel XVI secolo. Il narratore è inoltre un anarchico, ed è nato da emigranti toscani ad Alessandria d'Egitto, dove è sempre vissuto; ma questa condizione etnico-culturale è la stessa del grande poeta Giuseppe Ungaretti, la cui storia viene più volte rievocata: questo terzo strato narrativo del romanzo consente a Maggiani di parlarci anche del senso della poesia e dello scrivere.

Un posto a parte nel genere spetta a Laura Pariani, i cui racconti (*Di corno e d'oro*, Sellerio, 1993; *Il pettine*, Sellerio, 1995; *La spada e la luna*, Sellerio, 1996) innestano in un impianto di narrazione storica un linguaggio personalissimo, fatto di una miscela d'italiano alto, quasi aulico, e di dialetto della bassa novarese.

Un elaborato impasto stilistico caratterizza anche i romanzi di Silvana La Spina, che rappresentano spesso scenari lontani nel tempo, come la Sicilia di Federico II di Svevia (in *Quando Marte è in Capricorno*, Bompiani, 1994) o l'Itaca omerica (nel recente *Penelope*, La Tartaruga, 1998). Si rifanno invece al modello della saga familiare il suggestivo *Le strade di polvere* (Einaudi, 1987) di

Rosetta Loy e *Il catino di zinco* (Marsilio, 1994), apprezzabile esordio narrativo dell'attrice Margaret Mazzantini. Invece *Tra le mura stellate* (Mondadori, 1991) di Gina Lagorio è costruito intrecciando molte micro-narrazioni. Vorrei infine ricordare due opere, per diverse ragioni notevoli, di narratori giovani. Anzitutto *Bella vita e guerre altrui di Mr Pyle, gentiluomo* (Mondadori, 1995) di Alessandro Barbero, che è un'imitazione di un diario di primo Ottocento, scritto da un giovane e ricco americano che ha la sfortuna, o la fortuna, di fare il suo *gran tour* in Europa nel pieno delle guerre napoleoniche: è un libro per molti aspetti sorprendente, sia per la minuziosità della ricostruzione storica rifusa nel racconto del protagonista, sia per le dimensioni, davvero temerarie (oltre seicento pagine). Con *Tempo perso* (Marco Tropea Editore, 1997) invece Bruno Arpaia (anch'egli già autore di libri sperimentali, come *I forestieri*, Leonardo, 1990) ricostruisce la rivolta delle Asturie del 1934, attraverso il lungo monologo di un vecchio, allora diciottenne, che rispondendo alle domande di un giornalista rievoca gli eventi eccezionali attraverso cui, quasi senza accorgersene, è diventato adulto: il romanzo storico si fa così anche romanzo di formazione.

Il racconto fantastico

È però difficile capire la logica che regge il sistema letterario italiano degli ultimi dieci-quindici anni, se non si tiene conto del rapporto profondo che lega il romanzo storico con un genere apparentemente antitetico come il racconto fantastico. Questo accade soprattutto quando lo scenario è molto lontano nel tempo, o comunque adatto a far prevalere la suggestione emotiva e i valori simbolici sulla rappresentazione oggettiva. La preferenza va così all'epoca barocca, evidentemente sentita come affine alla nostra, o a un Sette-Ottocento abbastanza indefinito sul piano storico, ma che, in quanto irrevocabile passato Ancien Régime, comunque affascina perché mondo "altro": così accade per esempio in molti racconti di Marta Morazzoni (*La ragazza col turbante*, Longanesi, 1986) o nel romanzo di Gesualdo Bufalino *Le menzogne della notte* (Bompiani, 1988).

Tra i romanzi sospesi fra storia e leggenda, forse il più affascinante degli ultimi anni è *Il cardillo addolorato* (Adelphi, 1993) di Anna Maria Ortese, scrittrice grande e appartata, attiva fin dagli anni Trenta e solo ora arrivata al successo di pubblico. Ambientato nella Napoli di fine Settecento, *Il cardillo addolorato* ruota attorno alle figure di un bambino che forse è un folletto (in dialetto un "farfariello") e di una sedicenne che tutti vorrebbero sposare, ma che sfugge a ogni pretendente, perché è destinata a vivere come una custode pietosa di ogni vivente e dell'infinita varietà della Natura. Con risultati artistici meno felici la Ortese ha poi ripreso il suo messaggio di amorosa tolleranza nei confronti di ogni manifestazione della vita in *Alonso e i visionari* (Adelphi, 1996).

Fra i narratori più giovani, spicca come autrice di racconti fantastici Paola Capriolo (nata nel 1962), che dall'esordio di *La grande Eulalia* (Feltrinelli, 1988), a *Doppio regno* (Bompiani, 1991), fino al recentissimo *Barbara* (Bompiani, 1998) ha rielaborato, con uno stile raffinato, ma non esente da manierismi, il grande tema decadente del conflitto fra arte e vita. Un simbolismo un po' estenuato caratterizza anche i romanzi di Roberto Pazzi, da *Cercando l'imperatore* (Marietti, 1985) a *La città del dottor Malaguti* (Garzanti, 1993). Invece Laura Mancinelli è meno interessata ai valori simbolici, e più inventiva negli intrecci, ambientati nel Medioevo, ma con un andamento spesso giallistico: come nel libro d'esordio, *I dodici abati di Challant* (Einaudi, 1981), o nel recente *Gli occhi dell'imperatore* (Einaudi, 1993).

Una spiccata propensione al fantastico caratterizza ormai anche Enrico Palandri, che in *Allegro fantastico* (Bompiani, 1993) si muove tra una rappresentazione ironica della realtà e un'angosciosa contemplazione del mistero: ma il suo libro d'esordio, *Boccalone* (L'erba Voglio, 1979) era stato uno dei primi e decisivi testi della nuova narrativa generazionale, su cui torneremo un po' più oltre. Tra fantastico e fantascienza, apocalittico e tragicomico, si muove Enzo Fileno Carabba, autore di *Jacob Pesciolini* (Einaudi, 1992) e di *La regola del silenzio* (Einaudi, 1994). E al fantastico accosteremo anche Roberto Piumini, un ottimo narratore, forse un po' penalizzato dalla sua fama di scrittore per bambini: ricordiamo, fra gli altri, *Il ciclista illuminato* (Il Melangolo, 1994) e *La rosa di Brod* (Einaudi, 1995).

Dalla storia al "cuore"

Con appena un po' di forzatura, si potrebbe delineare, nella narrativa che sceglie come scenario la storia recente, una scala graduata che va da un massimo di impegno storico-ideologico, fino a un massimo di disimpegno, o per lo meno di intimismo individualistico, patetico, più che esistenziale. Al primo posto di questa ipotetica scala collocherei senz'altro *Sostiene Pereira* (Feltrinelli, 1994) di Antonio Tabucchi, autorevole lusitanista oltre che scrittore, fra i nostri migliori, e fra i pochi conosciuti anche all'estero. Autore di molti libri di narrativa, Tabucchi è uno stilista raffinato, ma spesso incline a un problematicismo un po' di maniera. *Sostiene Pereira* è un libro di grande intensità, perché in esso la qualità della scrittura fa tutt'uno con un intreccio serrato: vi si mette in scena la drammatica presa di coscienza politico-morale di Pereira, giornalista solitario, apatico, morbosamente legato alla moglie morta e al passato, che diventa attivo collaboratore dell'opposizione al regime di Salazar.

Fra le opere recenti dei narratori già da tempo affermati, una delle più interessanti è sicuramente *Vite di uomini non illustri* di Giuseppe Pontiggia (Mondadori, 1993), in cui il genere della biografia plutarchesca del grande uomo viene rovesciato come un guanto. Nelle diciotto vite qui narrate, che attraversano un secolo di storia italiana, dai sanguinosi moti del 1898 a oggi, spicca infatti sempre la natura assolutamente antieroica della vita di tutti, rappresentata con uno stile di classica sobrietà e nitidezza. E uno stile programmaticamente spoglio, che si fa partecipazione insieme commossa e pudica alle piccole cose e ai piccoli gesti della quotidianità, caratterizza anche le opere di Claudio Piersanti, dall'esordio di *Charles* (Il lavoro editoriale, 1986), a *L'amore degli adulti* (Feltrinelli, 1989), fino al recentissimo *Luisa e il silenzio* (Feltrinelli, 1997). Piersanti talvolta si accosta anche a intrecci da *spy-story*, così come un altro scrittore delle giovani generazioni, Sandro Veronesi (nato nel 1959), autore di *Venite venite, B-52* (Feltrinelli, 1995). Veronesi ha dato peraltro anche ottimi esempi di narrazione giornalistica in *Occhio per occhio. La pena di morte in quattro storie* e *Cronache italiane* (entrambi Mondadori, 1992). Il ricordo delle storie di spionaggio è appena un ricordo nelle vicende di terrorismo raccontate dal napoletano Erri De Luca in *Aceto, arcobaleno* (Feltrinelli, 1992), a ben guardare, la scrittura si rivela tramata da una fitta rete di corrispondenze simboliche, ed è, insomma, quasi più lirica che narrativa, come del resto accadeva nel bel libro d'esordio, *Non ora, non qui* (Feltrinelli, 1989).

Raffinatezza stilistica e abilità nella costruzione narrativa caratterizzano i romanzi di Alessandro Baricco, da *Castelli di rabbia* (Rizzoli, 1991) a *Oceano mare* (Rizzoli, 1993) per arrivare fino a *Seta* (Rizzoli, 1996): dove però si ha anche la sensazione di un gioco di bravura a freddo, come purtroppo spesso accade agli scrittori che si rifanno al modello di Calvino. All'estremo opposto, quello cioè del sentimentalismo ultra-patetico, si pone invece *Va' dove ti porta il cuore* di Susanna Tamaro (Baldini e Castoldi, 1994), che ha ottenuto forse il più straordinario successo di vendita della storia letteraria italiana: tre anni in testa alle classifiche di vendita, con circa tre milioni di copie vendute in quattro anni. È curioso che, quasi a metà fra i due esempi citati, anche un altro erede della trasparenza calviniana, Andrea De Carlo, scriva da tempo romanzi vistosamente inclini al patetico, come *Due di due* (Mondadori, 1989) o *Arcodamore* (Bompiani, 1995).

Lo sperimentalismo linguistico fra avanguardia e barocco

Con ogni probabilità il milanese Emilio Tadini (nato nel 1927), oltre a essere uno dei massimi pittori italiani in attività, è anche uno dei nostri più autorevoli scrittori. Lo conferma il suo ultimo romanzo, *La tempesta* (Einaudi, 1993) che, in uno stile originalmente espressionistico, sulla scia di Gadda, ma anche di Faulkner, racconta la piccola, ordinaria tragedia di emarginazione di Prospero (chiaro il riferimento shakespeariano), sfrattato dalla casa dove ha trascorso tutta l'esistenza, e che ha trasformato in una specie di equivalente simbolico del mondo. Il modello del plurilinguismo gaddiano continua a ispirare anche il lavoro del siciliano Vincenzo Consolo, il quale, dopo *Nottetempo, casa per casa* (Mondadori, 1992), che a suo modo era un romanzo storico, con *L'olivo e l'olivastro* (Mondadori, 1994) ha voluto mettere in scena l'opposizione fra armonia e violenza, cultura e incultura, amore e odio, in una sorta di poema in prosa, di *nostos* simbolico e polemico verso la propria terra d'origine, dove le memorie della Magna Grecia fanno risaltare ancor più il degrado del presente.

Fra gli scrittori portati alla sperimentazione verbale Aldo Busi, autore di grande talento, ma che purtroppo, dopo un esordio molto convincente (*Seminario sulla gioventù*, Adelphi, 1984; *Vita standard di un venditore provvisorio di collant*, Mondadori, 1985) da tempo ormai dissipa le proprie energie scrivendo innumerevoli libri, in cui gustose invenzioni linguistiche si disperdono in un monologare torrentizio e prolisso: come in *Vendita galline Km 2* (Mondadori, 1993), in *Madre Asdrubala* (Mondadori, 1995) o in *Aloha* (Bompiani, 1998).

Su una linea gaddiana si pone anche Giuseppe Mazzaglia, che meriterebbe maggiori attenzioni dalla critica: nel suo ultimo romanzo, *Principi generali* (Anabasi, 1993), un sontuoso plurilinguismo comico è messo al servizio delle ossessioni sessuali di un novello sposo in attesa spasmodica della prima notte di nozze. Mazzaglia può anche essere confrontato con una linea che definirei di barocco meridionale. A essa si apparenta sia uno scrittore dall'impianto narrativo tradizionale come il campano Domenico Rea (la sua ultima opera è *Ninfa plebea*, Leonardo, 1993), sia uno scrittore apertamente sperimentale come il siciliano Giuseppe Bonaviri (*Il dottor Bilob*, Sellerio, 1994). Se questi ultimi due scrittori appartengono alla generazione degli anni Venti, ci sono non pochi giovani che confermano la vitalità del filone, a cominciare dalla siciliana Silvana Grasso (autrice di *Nebbie di ddraunàra*, Anabasi, 1993; *Il bastardo di Mautàna*, Anabasi, 1994; *Ninna nanna del lupo*, Einaudi, 1995), o dal napoletano Peppe Lanzetta (*Figli di un Bronx minore*, Feltrinelli, 1993; *Un Messico napoletano*, Feltrinelli, 1994), più vicino però anche alla nuova narrativa generazionale. Lo stile del milanese Michele Mari (*Di bestia in bestia*, Longanesi, 1989; *Io venìa pien d'angoscia a rimirarti*, Longanesi, 1990; *Euridice aveva un cane*, Bompiani, 1993; *Tu, sanguinosa infanzia*, Mondadori, 1997) è invece caratterizzato piuttosto da un rifacimento ironico del linguaggio letterario. Tra sperimentazione stilistica e romanzo di formazione si muovono le notevoli prove narrative del celebre cantautore emiliano Francesco Guccini (*Croniche epafàniche*, Feltrinelli, 1991; *Vacca d'un cane*, Feltrinelli, 1995). Più vicini invece a quella che possiamo ormai definire la tradizione dell'avanguardia sono i testi di Aurelio Picca (*L'esame di maturità*, Giunti, 1995; *I mulatti*, Giunti, 1996) e di Tommaso Ottonieri (*Crema acida*, Lupetti-Manni, 1997). Ricordiamo infine i divertenti fuochi d'artificio linguistici di Dario Voltolini (*Rincorse*, Einaudi, 1994; *Forme d'onda*, Feltrinelli, 1996); ma anche i romanzi sterniani di un altro autore troppo poco conosciuto, Francesco Burdin (*Apoteosi di un libertino*, Spirali/Vel, 1993).

Tra *fiction* e autobiografia

Moltissimi testi della narrativa recente si muovono su un territorio di confine tra la finzione romanzesca e generi non d'invenzione, come l'autobiografia (personale o familiare), il diario, il racconto giornalistico. Forse il libro di questo tipo più significativo degli ultimi anni è *Il gioco dei regni* di Clara Sereni (Giunti, 1993). L'autrice, figlia di Emilio (noto storico e dirigente di punta del Partito comunista italiano), vi racconta la storia della propria famiglia, direttamente a confronto con i maggiori eventi di questo secolo: la rivoluzione russa, le due guerre mondiali, il fascismo e la dittatura bolscevica, i lager e i gulag, il sionismo e il sogno di una nuova terra promessa in Palestina. Le vicende della guerra tornano anche nell'ottimo *Il disperso di Marburg* (Einaudi, 1994) di Nuto Revelli (nato nel 1919), un autore che dovrebbe avere un posto stabile nelle storie letterarie italiane. Ma anche una scrittrice molto giovane come Helena Janeczek (nata nel 1964) ha sentito il bisogno di recuperare, fra autobiografia e riflessione saggistica, le memorie familiari dell'Olocausto, in *Lezioni di tenebra* (Mondadori, 1997). Il ricordo del nazismo è inoltre all'origine di un altro libro autobiografico, *Il rogo di Berlino*, di Helga Schneider (Adelphi, 1995), che racconta come abbia ritrovato, dopo quasi trent'anni, la madre: scoprendo però che è ancora una SS convinta. Aldilà del tema, gli ultimi due libri citati hanno anche un'altra parentela, più sottile e decisamente non comune: entrambi sono stati scritti direttamente in italiano da autrici di lingua tedesca.

Tra gli scrittori italiani che mescolano realtà e finzione fa quasi genere a sé l'opera di Luigi Meneghello, che sta fra i grandi autori del Novecento italiano, anche se molti ancora non se ne sono accorti. Il suo ultimo libro, *Il dispatrio* (Rizzoli, 1994), è un'ulteriore puntata di quella specie di ininterrotta autobiografia cominciata con il geniale *Libera nos a malo*. E non a caso si rifà a Meneghello (ma anche alla sempre attiva Lalla Romano) uno scrittore della generazione dei nati negli anni Cinquanta, Bruno Pischedda, che in *Com'è grande la città* (Marco Tropea Editore, 1996) mescola autobiografia, romanzo di formazione, saggio e cronaca politica. Un'originale miscela di romanzo autobiografico e saggio caratterizza da sempre il lavoro di Fabrizia Ramondino (*In viaggio*, Einaudi, 1995; *L'isola riflessa*, Einaudi, 1998). Bisognerebbe poi ricordare alcuni autori che hanno accostato i modelli della biografia e della narrazione giornalistica: come per esempio Gianfranco Bettin (*L'erede. Pietro Maso, una storia dal vero*, Feltrinelli, 1992; *Sarajevo Maybe*, Feltrinelli, 1994) o Pino Corrias (*Vita agra di un anarchico*, Baldini & Castoldi, 1994; *Ghiaccio blu*, Baldini & Castoldi, 1997).

Il romanzo di formazione e il conflitto fra le generazioni

Sempre molto frequentato è il genere del romanzo di formazione, con le sue molte varianti: dalla storia di una famiglia, riletta da un protagonista che prende coscienza delle proprie radici e della propria faticosa emancipazione, ai romanzi generazionali di giovani che si oppongono programmaticamente al mondo degli adulti. Uno degli esempi più notevoli del primo tipo di opere è *Passaggio in ombra* (Feltrinelli, 1995), esordio postumo di Margherita Di Lascia, nota militante del Partito radicale, scomparsa tragicamente a quarant'anni, pochi mesi prima dell'uscita del libro. *Passaggio in ombra* è allo stesso tempo una saga familiare e una sorta di autobiografia immaginaria, per il tramite di Chiara, protagonista e narratrice (memore dell'Elisa di *Menzogna e sortilegio*), alle prese con le proprie tenaci radici familiari e insieme con un'invincibile condizione di sradicamento.

Meritate attenzioni sono state dedicate dai critici a *Camerati. Quattro novelle sul diventare grandi* (Leonardo, 1992) di Antonio Franchini, dove, sullo sfondo di una Napoli piccolo-borghese lontana da qualsiasi indulgenza verso gli stereotipi della napoletanità folkloristica, è rappresentato l'itinerario di una crescita, dall'infanzia alla pubertà, e dall'adolescenza al lavoro al nord. In seguito, con l'eccellente *Quando vi ucciderete, maestro?* (Marsilio, 1996), Franchini ha riformulato la problematica del *Bildungsroman* in un complesso intreccio di riflessione saggistica e autobiografia. Della vitalità della cultura napoletana è testimone anche *L'amore molesto* (E/O, 1992), primo e per ora unico libro di Elena Ferrante: è la storia di una figlia quarantenne che, indagando sul misterioso suicidio della madre, espia le proprie colpe vere o fantasticate, e cerca definitivamente di crescere, o almeno di diventare più consapevole.

Al modello del romanzo di formazione, oltre che del picaresco, mi pare si possano accostare le prove recenti di Marco Lodoli, raccolte nella trilogia *Principianti* (Einaudi, 1994), ma ancor più il suo importante libro d'esordio *Diario di un millennio che fugge* (Theoria, 1986). E sul conflitto fra le generazioni si concentra sistematicamente Luca Doninelli, analista acuto, se non feroce, delle dinamiche della famiglia, del nodo inestricabile di odi e amori che essa alimenta, delle relazioni di potere che passano attraverso i rapporti affettivi: ricordiamo *I due fratelli* (Garzanti, 1990); *La revoca* (Garzanti, 1992); *Le decorose memorie* (Garzanti, 1994). Romanzo autobiografico di formazione, o piuttosto di deformazione o di malformazione, come dice l'autore, è *Scuola di nudo* (Einaudi, 1994), prima opera narrativa di Walter Siti, noto critico letterario. In tutt'altri modi, ha scritto un romanzo di formazione anche Daniele Del Giudice, con *Staccando l'ombra da terra* (Einaudi, 1994): dove il protagonista impara letteralmente a volare, cioè a guidare l'aeroplano, scoprendo una dimensione esistenziale di suprema intensità.

Una narrativa generazionale: pulp, cannibali, cattivisti contro buonisti

Un momento importante, probabilmente decisivo, nella costruzione della tradizione narrativa italiana è stato, all'inizio degli anni Ottanta, il fenomeno dei cosiddetti "giovani narratori", che comprendeva in realtà autori di età molto diverse: dai citati Busi, De Carlo e Del Giudice, a Pier Vittorio Tondelli, che ha avuto l'influsso più profondo e duraturo, con le sue rappresentazioni dei modi di vita e dei linguaggi giovanili (in *Altri libertini*, Feltrinelli, 1980; *Pao Pao*, Feltrinelli, 1982). Nell'ultimo scorcio degli anni Novanta è poi esplosa la moda del cosiddetto "pulp" (termine ripreso dal film *Pulp Fiction* di Quentin Tarantino), cioè di una narrativa apparentemente vicina ai modelli più bassi della letteratura di consumo, ma in realtà molto consapevole, caratterizzata da un'abile miscela di leggibilità e sperimentazione, ironia e patetismo, horror e comicità. L'insistenza di molti giovani autori su particolari ripugnanti, su una linea splatter più che espressionistica, ha fatto nascere il termine, presto inflazionato, di "cannibali", divenuto proverbiale dopo l'antologia *Gioventù cannibale* (a cura di Daniele Brolli, Einaudi, 1996). A questa definizione si è affiancata, anche in ambiti extra-letterari, l'opposizione, divertente ma equivoca, fra "cattivisti" e "buonisti".

Come spesso succede, la nuova narrativa ha qualche volta dimenticato i propri precedenti. Non soltanto quelli lontani, ma anche quelli vicinissimi, a cominciare dalle prove di una giovane come Silvia Ballestra (*Il compleanno dell'iguana*, Transeuropa-Mondadori, 1991; *La guerra degli Antò*, Transeuropa-Mondadori, 1992), che a trent'anni è quasi una veterana, e che in certi racconti ha fornito alcune delle prove migliori della narrativa, per così dire, posttondelliana. Fra gli ipotetici "cannibali" forse il più dotato sul piano stilistico è Tiziano Scarpa (*Occhi sulla graticola*, Einaudi, 1996), la cui comicità si avvale di un raffinato lavoro sul linguaggio. Ma anche Aldo Nove è autore molto interessante, soprattutto nei micro-racconti di quotidiana alienazione, qualche volta folgoranti, raccolti in *Woobinda e altre storie senza lieto fine* (Castelvecchi, 1996), più che nel romanzo *Puerto Plata Market* (Einaudi, 1997). Divertenti sono poi le storie di gioventù romana di Niccolò Ammaniti (*Branchie!*, Ediesse, 1994; *Fango*, Mondadori, 1996). Fra i "cannibali" interessanti possiamo ricordare ancora Matteo Galiazzo (*Una particolare forma di anestesia chiamata morte* (Einaudi, 1997), presente nell'antologia, ma in qualche misura anche Giuseppe Culicchia, che pure ha seguito un percorso diverso (*Tutti giù per terra*, Garzanti, 1993; *Paso doble*, Garzanti, 1995; *Bla bla bla*, Garzanti, 1997). E ai cannibali viene spesso assimilato anche il davvero giovanissimo Enrico Brizzi (nato nel 1974), il cui *Jack Frusciante è uscito dal gruppo* (Transeuropa, 1994; poi Baldini & Castoldi, 1995) è diventato quasi un libro di culto fra gli adolescenti; meno felice è la sua seconda prova, *Bastogne* (Baldini & Castoldi, 1996): accusato di essere troppo "buonista" ed edulcorato, Brizzi vi s'impegna programmaticamente a mettere in scena violenze efferate.

C'è poi tutto un filone giovanile-femminile, di scrittrici caratterizzate da un atteggiamento scanzonato, in particolare verso l'amore e il sesso: segnaliamo Carmen Covito (*La bruttina stagionata*, Bompiani, 1995); Rossana Campo (*In principio erano le mutande*, Feltrinelli, 1992; *Il pieno di super*, Feltrinelli, 1993; *Mai sentita così bene*, Feltrinelli, 1995); Isabella Santacroce (*Fluo. Storie di giovani a Riccione*, Castelvecchi, 1994; *Destroy*, Feltrinelli, 1996).

Un discorso a parte bisognerebbe poi fare su Giulio Mozzi, uno dei più interessanti fra i narratori delle giovani generazioni. Nelle sue opere (*Questo è il giardino*, Theoria, 1993; *La felicità terrena*, Einaudi, 1996; *Parole private dette in pubblico*, Theoria, 1997; *Il male naturale*, Mondadori, 1998) troviamo uno stile di calcolata, rigorosa sobrietà, che discende da una poetica della "comunicazione" al servizio di un'etica "forte", di ascendenze religiose. Per questo Mozzi è apparso un "buonista": ma in realtà proprio l'ossessione etica lo porta a confrontarsi sistematicamente con la violenza e soprattutto con il sesso, con una spregiudicatezza che può far impallidire qualsiasi "cattivista". E di autentica, intelligente ferocia è capace anche Mauro Covacich, in *Mal d'autobus* (Marco Tropea Editore, 1997).

La narrativa di genere: comica e satira; gialli e neri

Sia pure con un certo imbarazzo, possiamo far rientrare nella categoria della letteratura comica uno scrittore autentico come Stefano Benni, che pure, dopo *La compagnia dei Celestini* (Feltrinelli, 1992) è apparso un po' appannato nei suoi ultimi libri (*L'ultima lacrima*, Feltrinelli, 1994; *Elianto*, Feltrinelli, 1996), dove pure troviamo ancora molti buoni spunti narrativi e stilistici, ma in un'atmosfera improntata ormai a una cupezza un po' unilaterale. E scrittori veri, anche se dai tratti risolutamente comici, o meglio comico-surreali, sono Antonio Pennacchi (*Mammut*, Donzelli, 1994; *Palude*, Donzelli, 1995), che di mestiere fa l'operaio, e Gene Gnocchi (*Una lieve imprecisione*, Garzanti, 1991; *Stati di famiglia*, Einaudi, 1993), che invece è più noto come comico televisivo. Interessante è anche il romanzo satirico di Marco Belpoliti, *Italo* (Sestante, 1995), che ha per protagonista un certo Silvestro Berlicche, signore indisturbato dell'universo televisivo.

Quanto al giallo, un altro caso letterario è stato rappresentato da *La variante di Lüneburg* (Adelphi, 1993) di Paolo Maurensig, un giallo metafisico, che ha al proprio centro la partita tra due giovani promesse degli scacchi: uno nazista e SS, l'altro ebreo e deportato. Al modello del giallo metafisico, memore di Sciascia e di Dürrenmatt, potremmo anche accostare i libri di Salvatore Mannuzzu (*Un morso di formica*, Einaudi, 1989; *Il terzo suono*, 1995). Un giallista *sui generis* è anche Pino Cacucci, autore di *In ogni caso nessun rimorso* (Longanesi, 1994), e conosciuto dal grande pubblico soprattutto per *Puerto Escondido* (Interno Giallo, 1990), da cui è stato tratto l'omonimo film di Gabriele Salvatores. Fra i giallisti recenti vale la pena di ricordare l'estroso Andrea G. Pinketts (*Io non io, neanche lui*, Feltrinelli, 1996; *Il conto dell'ultima cena*, Mondadori, 1998) e soprattutto il brillante e prolifico Carlo Lucarelli (*Carta bianca*, Sellerio, 1990; *L'estate torbida*, Sellerio, 1991; *Indagine non autorizzata*, Mondadori, 1993; *Guernica*, Il Minotauro, 1996; *Almost Blue*, Einaudi, 1997).

Un posto a parte merita poi Tiziano Sclavi, famosissimo come autore dei fumetti di Dylan Dog, e anche notevole romanziere *noir* (il suo ultimo libro è *Non è successo niente*, Mondadori, 1998). Ma l'ultimo caso della narrativa italiana è certo rappresentato dallo straordinario, seppur tardivo successo di pubblico del settantenne giallista e sceneggiatore siciliano Andrea Camilleri (*Il birraio di Preston*, Sellerio, 1995; *La concessione del telefono*, Sellerio, 1995; *La voce del violino*, Sellerio, 1997). Camilleri, che scrive in un gustoso impasto italo-dialettale, ha inventato anzitutto un protagonista forte, l'accattivante indolente commissario Salvo Montalbano, e un luogo insieme fantastico e vero come il paese di Vigàta che, non a torto, è stato definito una Macondo sicula.

Rilettura del secolo in poesia

di *Franco Buffoni*

Non più Montale

Negli anni Novanta, da parte di molti critici, è andata sempre più accentuandosi la tendenza – già manifesta nel decennio precedente – a ribaltare l'idea che al centro del Novecento poetico italiano vi sia la linea ermetico-avanguardistica con l'assoluta preminenza estetica di Giuseppe Ungaretti ed Eugenio Montale.

Sullo stesso piano di Montale – e, per alcuni critici, persino al di sopra di lui – è ormai unanimemente considerato Umberto Saba. E poeti come Camillo Sbarbaro, Delio Tessa, Clemente Rebora vengono sempre più rivalutati a scapito naturalmente di Montale. Mentre di Ungaretti si parla meno, e di Quasimodo si preferisce tacere.

Le inequivocabili affermazioni di critici come Luigi Baldacci e Cesare Garboli – che rispettivamente configurano in Carlo Betocchi e in Sandro Penna il poeta italiano più grande del Novecento (sempre a scapito di Montale) – ci permettono, ormai alla fine degli anni Novanta, di definire chiusa la polemica tra Novecento e anti-Novecento, cioè tra il versante in luce (con Ungaretti, Montale, gli ermetici, Luzi) e il versante ex in ombra della tradizione anti-Novecento, con Palazzeschi, Govoni, Saba, Diego Valeri, Penna, Caproni. Entrambi i versanti – ormai – sono in luce.

Una risistemazione critica di tale portata non poteva non riflettersi sulle scelte stilistiche dei poeti più giovani, e di quanti – non più esordienti – hanno di nuovo pubblicato con successo negli anni Novanta.

In effetti va osservato che, mai come in questo ultimo decennio del secolo, si è allargata la forbice della distanza anagrafica tra poeti operanti in modo propositivo. Accanto alle opere prime di autori trentenni sono infatti apparse in questi anni nuove opere di Attilio Bertolucci (nato nel 1911), Giorgio Caproni (1912), Mario Luzi e Piero Bigongiari (1914), Franco Fortini (1917). Per non dire dei più "giovani" Andrea Zanzotto (1921), Luciano Erba e Maria Luisa Spaziani (1922), Giovanni Giudici (1924).

Oltre a Caproni, Bigongiari e Fortini, la morte ha colpito in questi anni poeti più "giovani" e splendidamente operanti quali Margherita Guidacci, dalla delicata vena mistica, Amelia Rosselli, poliglotta e sensibilissima interprete del fatto poetico come fatto musicale, Dario Bellezza, erede di una tradizione di maledettismo incrociato a istanze cattoliche che già aveva avuto in Giovanni Testori un valido interprete.

Volendo proporre uno schema relativo alle maggiori scuole o linee di tendenza della poesia italiana dell'ultimo decennio, si potrebbero empiricamente indicare sei ambiti di ricerca: Post-neo-avanguardia; Neo-orfici e/o Neo-ermetici; Poesia civile; Manierismi; Eredi di linea lombarda; Poesia dialettale.

Post-neo-avanguardia

Quando si usa il termine "avanguardia" occorre distinguere tra le avanguardie "storiche" di inizio secolo e la neo-avanguardia degli anni Sessanta e Settanta. Gli autori che diedero vita al Gruppo 63 – con l'eccezione di Antonio Porta prematuramente scomparso – sono tuttora operanti: da Edoardo Sanguineti a Elio Pagliarani a Nanni Balestrini. E ancora attivi sono i critici che sostennero il movimento, da Alfredo Giuliani a Renato Barilli. Sono proprio costoro che hanno estremamente favorito la nascita del cosiddetto Gruppo 93, al quale direttamente o indirettamente hanno volto lo sguardo i poeti sperimentali degli anni Novanta: da Biagio Cepollaro a Tommaso Ottonieri, da Gabriele Frasca a Lello Voce. Con il sostegno esterno di un poeta abbastanza eccentrico rispetto alle linee menzionate – Giancarlo Majorino – che è riuscito a coinvolgere in una ipotesi di sperimentalismo anche più giovani autori quali Andrea Raos, Andrea Inglese e Flavio Santi.

Il proposito di questi poeti resta – più o meno direttamente – quello della denuncia dei condizionamenti ideologici della parola con la conseguente scelta di usarla in termini soltanto trasgressivi.

Neo-orfici e/o neo-ermetici

Senza stare a risalire alle radici classiche del termine "orfismo", nella poesia italiana del Novecento vanno ricordati almeno *I canti orfici* (1914) di Dino Campana, un autore che seppe preludere all'ermetismo, scardinando la tradizione, grazie anche alle libertà metriche che seppe prendersi. Fondamentale per Campana e anche per i neo-orfici è l'affidamento alla capacità evocativa della parola: ciò che essa può suggerire in quel particolare stato emotivo, piuttosto di ciò che essa significa letteralmente. Mentre, per quanto attiene il termine "ermetismo", ricordiamo che esso venne introdotto nel 1936 dal critico Francesco Flora in modo piuttosto polemico nei confronti della triade Montale-Ungaretti-Quasimodo. In tale modo si volle definire una poesia caratterizzata dalla allusività, dal gusto dell'analogia, a volte non immediatamente chiara nel suo significato, molto sintetica.

A queste linee – pur se in modi e forme tra loro anche marcatamente differenti – possono essere ricondotte le esperienze di poeti come Cesare Viviani, Silvio Ramat, Eugenio De Signoribus, Elio Pecora, Milo De Angelis e Roberto Mussapi, il cui ultimo volume di versi, apparso nel 1998 nella collana Lo Specchio di Mondadori, significativamente si intitola *La polvere e il fuoco*.

Tra gli autori più giovani segnaliamo Anna Maria Farabbi, Antonella Anedda, Paolo Del Colle, Giovanna Sicari, Giancarlo Pontiggia, Marco Molinari, e – pur con molte distinzioni – Nicola Vitale, Roberto Deidier e Stefano Dal Bianco (le cui ultime prove, tuttavia, potrebbero anche collocarlo più appropriatamente tra i manieristi).

Da una costola dell'esperienza neo-orfica e neo-ermetica – che è andata sviluppandosi in Italia negli ultimi venti, venticinque anni – è sorto per volontà del poeta Giuseppe Conte e del filosofo dell'estetica Stefano Zecchi nel 1988 (e ha poi prolificato tra i poeti più giovani negli anni Novanta) il movimento Mitomodernista, per il quale "il mito è il linguaggio sovrapersonale e sovratemporale con cui l'universo parla a se stesso. Non è il passato, ma è il futuro, la coscienza cosmica dell'umanità". Tra i poeti aderenti ricordiamo Rosita Copioli, della quale esplicito a riguardo ci pare il recente volume *Elena* (con riferimento a Elena di Troia) apparso presso Guanda, Tomaso Kemeny (proveniente peraltro da posizioni neo-avanguardistiche), Mario Baudino. E tra i più giovani la poetessa bolognese Maria Luisa Vezzali.

Poesia civile

Ambito di grande tradizione italiana, addirittura risorgimentale e post-risorgimentale – si ricordi anche soltanto il nome di Giosuè Carducci – la poesia civile conobbe in Italia dai primi anni Sessanta (dopo la stupenda fase dialettale in friulano) fino alla prematura morte a metà degli anni Settanta, il magistero di Pier Paolo Pasolini, poeta e intellettuale ancora oggi fortemente al centro di furiose dispute ideologiche oltre che estetiche e poetiche. Sul finire degli anni Ottanta – e soprattutto negli anni Novanta – questa linea di espressione poetica è stata ripresa in pieno da Gianni

D'Elia, in particolare nella trilogia pubblicata per l'editore Einaudi e culminata nel 1997 col *Congedo della vecchia Olivetti*. Il poeta (nato nel 1953) in maniera esplicita o implicita si richiama anche ad altri autori della tradizione civile, da Franco Fortini (che nel 1994 proprio da Einaudi pubblicò il suo ultimo libro di versi, *Composita solvantur*) a Roberto Roversi. Tra i più giovani autori è possibile menzionare Manuel Cohen e – per qualche aspetto – il toscano Guido Mazzoni che, tuttavia, crediamo di poter configurare anche tra gli eredi di linea lombarda (intesa come cifra stilistica e come categoria dello spirito, ovviamente, non come mera coordinata geografica).

Manierismi

Sotto questa voce – di per sé non particolarmente significativa – siamo indotti a raccogliere almeno tre esperienze di ricerca poetica. La prima, che potrebbe definirsi del ritorno alle forme della metrica chiusa, si manifestò compiutamente già negli anni Ottanta con autori quali Alda Merini, Patrizia Valduga e Antonello Satta Centanin. In questo ultimo decennio il recupero del sonetto con schema di rime rigido, e anche di metri della tradizione italiana quali il settenario e l'ottonario, è continuato giungendo curiosamente a interessare anche autori già ben affermati in altre tradizioni come Giovanni Raboni, o giovani esordienti come Federico Condello.

Recentemente (1998) Antonello Satta Centanin – affermatosi anche come narratore con lo pseudonimo di Aldo Nove – si è fatto promotore di un nuovo movimento poetico, detto "Nevroromanticismo", al quale hanno aderito altri giovani poeti quali Rosaria Lo Russo e Luca Ragagnin. L'intendimento pare quello di porre in prospettiva dialettica post-neo-avanguardia, neo-orfismo e forme metriche chiuse.

Un'altro tipo di ricerca poetica ascrivibile all'ambito dei manierismi può collegarsi, per certi aspetti all'ex versante in ombra del Novecento italiano di Betocchi, Saba e Penna. Ha radici tanto a Roma – nella cosiddetta scuola romana di poesia, e in particolare nell'esperienza di riviste quali "Prato pagano" e "Braci" – quanto a Milano dove gli esiti più riconoscibili di questa tendenza sono nell'opera della poetessa Vivian Lamarque. L'obiettivo pare essere per tutti quello di annullare la distanza tra la parola e la cosa, facendo sparire l'aspetto letterario, cartaceo dal fatto poetico, preferendo a esso persino la cantilena, la filastrocca. Significativi – a riguardo – gli ultimi libri di Gabriella Sica, Giselda Pontesilli, Paolo Febbraro, Claudio Damiani (di quest'ultimo ricordiamo *La Miniera*, appena apparso presso l'editore romano Fazi), di Umberto Fiori (*Case*, Marcos y Marcos) e della stessa Vivian Lamarque (*Una quieta polvere*, pubblicato da Mondadori).

Di intonazione completamente differente, la ricerca poetica di Valerio Magrelli, romano, nato nel 1957, potrebbe dirsi ispirata a una linea di nitore post-montaliano, e legata sia nelle prose di riflessione sia nel dispiegarsi del canto – spesso alternante endecasillabo e settenario – alla tradizione leopardiana. Magrelli ha recentemente raccolto in un unico, significativo volume presso l'editore Einaudi tutta la sua produzione poetica: *Poesie e altre poesie* (1997).

Eredi di linea lombarda

La poetica di linea lombarda venne individuata e teorizzata nel 1952 dal critico e filosofo dell'estetica Luciano Anceschi, direttore della prestigiosa rivista "il Verri", nella premessa a una antologia che raccoglieva i versi di sei poeti, tre dei quali – Luciano Erba, Nelo Risi e Giorgio Orelli – sono tutt'ora operanti.

Tratto fondamentale di tale poetica era ed è un post-ermetismo "nordico" (con riferimento, ovviamente, alla penisola italiana), lacustre, quietamente disperato, realistico-elegiaco: "Fu tutta una faccenda di piogge, di laghi e di discorsi in un gran parco verdissimo", scrisse Anceschi. Caposcuola indiscusso fu Vittorio Sereni (1913-1983), al quale principalmente si sono via via rifatti con gli anni, numerosi poeti, dai già citati Giancarlo Majorino e Giovanni Raboni a Giampiero Neri, Maurizio Cucchi e Tiziano Rossi.

Tale poetica – che è stata anche un po' polemicamente definita "poetica degli oggetti", secondo la definizione della "poesia *in re*", cioè "nella cosa", e non *ante rem* – caduta in ombra alla fine degli anni Sessanta e negli anni Settanta durante il periodo del primato della neo-avanguardia, è ritornata prepotentemente alla ribalta negli anni Ottanta, e anche negli anni Novanta si può affermare che Vittorio Sereni – aldilà della linea lombarda – sia con Caproni e Penna uno dei più citati autori di riferimento da parte dei poeti delle nuove generazioni.

Istanze della poetica individuata da Anceschi comunque permangono – pur se fortemente legate a una profonda trasformazione di codici etici e linguistici – in autori delle ultime generazioni quali Fabio Pusterla (*Le cose senza storia*, Marcos y Marcos), Antonio Riccardi (*Il profitto domestico*, Mondadori), Massimo Bocchiola, Guido Mazzoni.

Poesia dialettale

Mai come negli anni Novanta si è vista in Italia una così grande fioritura di poesia in dialetto. Le ragioni sono numerose e vanno da quelle di ordine specificamente linguistico (molti "dialetti" – come il sardo o il friulano – sono vere e proprie lingue) a quelle di tipo politico-sociale: la grande rivalutazione in atto in Italia dei localismi, delle autonomie regionali.

Proprio perché i dialetti – come strumento di comunicazione orale privilegiato – vanno sempre più affievolendosi, pare che i poeti desiderino lasciarne traccia scritta, a futura memoria. Sorprendente il ricorso al dialetto nella scrittura in versi da parte di autori trentenni colti e cosmopoliti (magari non dialettofoni oralmente) come l'anglista Edoardo Zuccato, che nel 1996 ha pubblicato presso Crocetti una silloge in dialetto alto-milanese – *Tropicu da Vissevar* (*Tropico di Castelseprio*) – il germanista Giovanni Nadiani (che pubblica in dialetto romagnolo), il filologo umanista Flavio Santi (già citato tra gli autori sperimentalisti) e l'italianista Gianmario Villalta che pubblicano in lingua friulana.

Relegato ai margini degli interessi culturali durante il periodo fascista, l'interesse letterario e poetico per i dialetti – risorto negli anni Cinquanta, grazie alla lungimiranza intellettuale di Pasolini (che a essi dedicò una celebre antologia) – è andato acuendosi negli anni Settanta e Ottanta, grazie alle opere di alcuni grandi poeti: il lucano Albino Pierro recentemente scomparso, il milanese Franco Loi (del quale ricordiamo il recentissimo *Liber*), il friulano Amedeo Giacomini e il romagnolo Raffaello Baldini, che nel 1998 ha pubblicato presso Einaudi anche due monologhi teatrali in dialetto: *Carta canta. Zitti tutti!*

La ragione profonda di questo risveglio della produzione colta in dialetto crediamo sia da ascriversi anche alla necessità, da parte dei poeti, di avere a disposizione uno strumento linguistico duttile, fortemente accentato, ricco di possibilità di elisioni e troncamenti, nonché di termini brevi (monosillabici e bisillabici), di espressioni idiomatiche brucianti. Proprio quanto la lingua italiana difficilmente può offrire, se non ai dialettofoni toscani, umbri e marchigiani, che – soli – possono ancora permettersi come Dante (grande "poeta dialettale") di usare il monosillabo "son" per il verbo essere alla prima persona singolare o alla terza plurale, e di ricorrere a preposizioni articolate quali "pei" (al posto di "per i") e "coi" (al posto di "con i"), e a congiunzioni quali "ed" e "od" che ormai l'italiano standard, anche poetico tende a rigettare, divenendo – in definitiva – una lingua sempre più ingombrante e polisillabica.

Crediamo opportuno proporre – in questa breve carrellata sulla poesia italiana negli anni Novanta – anche una rassegna di tre ambiti assolutamente vitali per la diffusione (o almeno la sopravvivenza) della scrittura in versi: le riviste, le antologie e le collane di poesia.

Le riviste

Conclusosi nel 1993 – con l'uscita del quattordicesimo volume – il prestigioso ciclo dell'Almanacco dello Specchio mondadoriano, ed esauritasi la spinta propulsiva di riviste storiche quali "Paragone" e "il Verri", resta "Nuovi Argomenti" – la rivista già diretta da Pasolini, Moravia e Sciascia, e attualmente da Enzo Siciliano – a proporre qualche nuova voce poetica, unitamente a "Galleria", il quadrimestrale diretto da Mario Petrucciani e Vincenzo Consolo.

Il panorama delle riviste più giovani e agili è tuttavia alquanto vivace e variegato e vale la pena di passarlo in rassegna, almeno per tipologie essenziali, così come appare affacciandosi allo scaffale delle riviste in una qualsiasi libreria Feltrinelli.

Troviamo due riviste quadrimestrali romane: "Pagine" (edita dalla associazione culturale "Zone") e "Poiesis" (edizioni Scettro del Re), la prima maggiormente volta a offrire un panorama internazionale, oltre che italiano, di proposte poetiche, la seconda più portata anche alla speculazione teorica sul fare poesia.

A Bologna viene invece pubblicata "Verso dove" (edita dall'omonima associazione culturale), una rivista redatta, stampata e distribuita da universitari ed ex universitari che hanno saputo allargare sempre più il raggio dei loro interlocutori poetici, grazie a una serie di interviste ai maggiori protagonisti della scena poetica nazionale. Notevole anche la loro capacità di scelta tra le giovani proposte poetiche.

A Firenze, presso la casa editrice Le lettere viene stampato il quadrimestrale di letteratura comparata "Semicerchio", che presenta un'agile e ampia rassegna bibliografica di libri di poesia, apparsi sia in Italia sia in altri paesi europei ed extra-europei, unitamente a numeri monografici particolarmente curati e a valide proposte di testi poetici.

A Milano, presso le Edizioni San Paolo, la nuova serie della rivista mensile "Letture" dà ampio spazio a recensioni di volumi sia italiani sia stranieri di poesia contemporanea e dedica ogni mese una rubrica fissa a un poeta italiano contemporaneo che pubblica e autocommenta un proprio testo inedito. Ancora a Milano due sono gli editori che hanno scommesso molto sulla poesia: Crocetti che continua la meritoria opera di divulgazione, intrapresa oltre dieci anni fa con la pubblicazione del mensile "Poesia", e Marcos y Marcos che pubblica due semestrali: "Idra" – tipica rivista di frontiera (viene infatti redatta a Lugano) – volta in particolare alle proposte provenienti dal mondo tedesco e francese verso l'Italia e viceversa; e "Testo a fronte", specializzata nella teoria e nella pratica della traduzione poetica intesa come esercizio poetico creativo.

Le antologie

La scadenza di fine secolo e di fine millennio ha moltiplicato in questi ultimi mesi l'uscita di volumi antologici ispirati alle più svariate impostazioni critiche e metodologiche. Diamo qui di seguito conto di alcuni tra i più significativi.

Poeti italiani del secondo Novecento è il titolo dell'antologia pubblicata da Mondadori per le cure di Maurizio Cucchi e Stefano Giovanardi, ispirata a un criterio di buona rappresentatività, per quanto riguarda gli autori i cui esordi avvennero fino agli anni Settanta, ma piuttosto carente per i decenni successivi. Molto più compatta e criticamente unitaria è l'altra antologia mondadoriana curata da Pier Vincenzo Mengaldo – *Poeti italiani del Novecento* – tuttora consigliabile anche per il prezzo molto accessibile, essendo disponibile in *paperback*.

Ancora in *paperback* ci paiono consigliabili: *Lune Gemelle*, un'agile antologia comprendente dodici poeti nati negli anni Quaranta-Cinquanta non inclusi in quella mondadoriana, appena pubblicata dalle Edizioni Palomar; e *Il canto strozzato. Poesia italiana del Novecento*, un imponente volume di prezzo accessibile, curato da Giuseppe Langella e Enrico Elli per le Edizioni Interlinea, che si segnala particolarmente, anche per l'ampiezza degli apparati critici.

Molto utile può essere un confronto con alcune antologie di poesia italiana con testo a fronte pubblicate in Francia, Spagna e Stati Uniti. Iniziamo con *Italian Poetry 1950 to 1990* – curata da Gayle Ridinger e Gian Paolo Renello per Dante University – comprendente ben trentacinque autori (una attenzione speciale è rivolta agli autori della neo-avanguardia e in genere agli sperimentalisti) e dotata di agili apparati critici.

Lingua. La jeune poésie italienne è il titolo dell'ottima antologia curata da Bernard Simeone per le Edizioni Le Temps qu'il fait, comprendente ventuno autori attualmente operanti in Italia, scelti con il criterio della massima rappresentatività, per quanto attiene correnti e scuole di appartenenza.

Veinticinco Años de Poesia en Italia. De la neo-avanguardia a nuestros dias è infine il titolo della antologia apparsa presso le Edizioni Cultura y Progreso per le cure di Juana Castro ed Emilio Coco, comprendente diciotto autori.

Le collane di poesia

Anche in questo ambito il panorama appare molto variegato e in continua trasformazione. Accanto alle collane storiche (lo Specchio di Mondadori, la "bianca" di Einaudi, la Fenice di Guanda, la "verde" di Garzanti) che continuano a proporre nuovi libri di poesia (e talvolta anche nuovi autori) sono meritevoli di segnalazione le collane di alcune case editrici medie e piccole molto attive.

A Roma, in particolare, gli editori Fazi ed Empiria hanno saputo non soltanto far conoscere nuovi talenti, ma riproporre in modo organizzato e coerente l'opera completa di autori molto validi, ma sfuggiti all'editoria cosiddetta maggiore. A Milano va detta la stessa cosa per gli editori Crocetti – il cui catalogo tuttavia è rimasto un po' fermo all'inizio degli anni Novanta – e Marcos y Marcos che invece si segnala anche per la serie dei *Quaderni di poesia Italiana Contemporanea*, dove sei sillogi brevi, ma compiute di giovani autori vengono presentate ogni anno in un unico volume.

A Firenze viene pubblicata la collana dell'Editore Passigli diretta da Mario Luzi, che oltre ad autori italiani, presenta ottime traduzioni in italiano di poeti stranieri contemporanei.

A Venezia, infine, particolarmente meritoria è la collana di poesia dell'Editore Marsilio che in pochi anni – sotto l'autorevole direzione di Giovanni Raboni – è riuscita a conquistarsi un posto di primo piano nel panorama nazionale, grazie a una accurata distribuzione e alla scelta di autori di indiscusso valore quali Elio Pagliarani ed Eugenio De Signoribus.

La musica e il bel canto

di *Oreste Bossini*

Da Monteverdi a *Volare*

L'Italia è il paese del bel canto. Certe affermazioni, cliché culturali inossidabili, sono definitive come il catechismo. Tutti i popoli cantano, naturalmente. Nella voce ogni emozione trova l'espressione più semplice e immediata, con la varietà dei modi consentita dalla ricchezza delle culture del mondo. In Italia, però, è accaduto qualche cosa di speciale. Terra di passo e di conquista, la penisola è stata percorsa dai canti di molti popoli, che si sono mescolati e sedimentati via via su quelli preesistenti: da ovest le melodie provenzali e trobadoriche; da est il canto delle pianure dei popoli slavi e le melodie della liturgia ortodossa; da sud il canto mozarabico; dalle migrazioni ebraiche lo stile sinagogale. Tutto questo materiale musicale accumulatosi nel tempo è stato elaborato, selezionato, sarchiato e infine fecondato dall'immane opera di ingegneria culturale del Rinascimento. Il risultato finale di questa semina, alla fine del Cinquecento, fu l'invenzione del melodramma, l'espressione più compiuta di civiltà musicale che l'Italia abbia mai prodotto.

A distanza di quattro secoli, ci rendiamo conto di non aver creato nulla di superiore, nel frattempo. L'Italia è sempre il paese dell'opera e i turisti americani e giapponesi ambiscono a trascorrere una serata alla Scala con la stessa premura con cui visitano il Colosseo o la Galleria degli Uffizi. Anche nelle manifestazioni più commerciali la forza dell'archetipo culturale, per quanto imbastardito fino al livello più umile, dimostra di agire. Luciano Pavarotti ha costruito la multinazionale che è sotto gli occhi di tutti, scoprendo in fondo l'acqua calda, moltiplicando cioè il linguaggio musicale odierno della cultura di massa, il pop, per il "mito" del tenore d'opera. Il fenomeno Pavarotti ha aperto la strada a commistioni analoghe come quella di Andrea Bocelli, che ha ottenuto in poco tempo un successo internazionale, riproponendo la classica canzone melodica con lo stile della voce impostata.

Per tornare a un discorso più generale, il canto all'italiana (il "bel canto" è una definizione specifica dello stile vocale del primo Ottocento) è qualcosa di più complesso di una semplice definizione di gusto. Dal tempo del madrigale rappresentativo a oggi, la musica italiana ha ruotato attorno al problema del canto, con tutte le infinite sfumature che questo rapporto implica, dalla totale dissoluzione dell'idea musicale nella linea melodica alla psicoanalitica negazione di qualunque diritto della linea vocale. Il melodramma ha creato un immenso magazzino di codici espressivi, di formule, di logaritmi retorici, a cui è diventato istintivo rispondere. Anche i compositori di musica puramente strumentale, a partire dai grandi nomi del Settecento come Corelli e Vivaldi, hanno sintetizzato nell'astrazione della musica pura gli stessi principi della musica vocale. Dopo il parossistico virtuosismo di Paganini, stilizzazione sublime della voce umana, la musica strumentale italiana si è come annichilita, sopravvive senza nerbo. È significativo, per esempio, che nella musica leggera siano praticamente assenti i solisti di strumento, a parte qualche eccezione degli anni Sessanta come la tromba di Nini Rosso. Le poche figure di cantanti suonatori che oltrepassano la soglia del tipo "menestrello con chitarra" trovano i loro modelli nel jazz, come il pianoforte di Paolo Conte, o nel blues, come la chitarra di Pino Daniele, o in modelli arcaici e folk, come il violino di Angelo Branduardi.

In Italia cantano tutti, tranne i calciatori della Nazionale. Vero è che il difficile rapporto tra la nostra storia e il Risorgimento ha reso possibile eleggere a inno nazionale una musica mediocre come quella di Novaro per l'inno di Mameli. Molti suggeriscono, incoscienti ma guidati da sicuro istinto, di sostituire lo stemma musicale dello stato italiano con il deprimente coro degli schiavi ebrei di Babilonia del *Nabucco* di Verdi.

Il cantare nella nostra storia determina immediatamente identità psicologica, quindi la nascita di un personaggio. A un passo dal canto italiano sta dunque il teatro. Da qui occorre iniziare un viaggio nella musica italiana.

Il fantasma dell'opera

Nel paese delle cento città, altrettanti sono i teatri d'opera, quasi sempre eccellenti architetture sette-ottocentesche. La maggior parte di questi teatri è adibita ad altri scopi, perché solo occasionalmente un piccolo centro può permettersi il lusso di allestire uno spettacolo d'opera, che è il genere di spettacolo più costoso. Lo stato spende per mantenere in vita la tradizione melodrammatica oltre la metà delle risorse destinate allo spettacolo nel suo complesso. Attualmente il Fondo Unico per lo Spettacolo (Fus) è dotato di 960 miliardi, di cui oltre 500 sono destinati, in varia proporzione, ai 12 teatri d'opera riconosciuti (Milano, Torino, Genova, Verona, Venezia, Trieste, Bologna, Firenze, Roma, Napoli, Palermo e Cagliari). Agli inizi degli anni Novanta il sistema degli enti lirici creato dalla legge del 1966 è entrato in crisi. La forbice tra entrate e uscite si è andata allargando sempre di più, imponendo allo stato, impegnato in quegli anni in un pesante compito di contenimento della spesa pubblica, di intimare un alt al crescente disavanzo di cassa degli enti. Questo ha provocato l'innesto di un circolo vizioso, in cui la mancanza di risorse determina una diminuizione dell'attività, che a sua volta implica meno pubblico, incassi minori, calo delle produzioni. Un decennio di vacche magre, sempre più esiguo di proposte e sempre più impaurito verso ogni forma di innovazione, è seguito all'epoca d'oro degli anni a cavallo tra Settanta e Ottanta, periodo contrassegnato da spettacoli di grande fantasia e sperimentazione, in cui registi come Luca Ronconi, Pier Luigi Pizzi, Pier' Alli, Piero Faggioni, rivoluzionavano lo spazio dell'opera.

In queste condizioni diventa improrogabile una riforma strutturale dell'attuale sistema, che il ministro Walter Veltroni ha indicato nella trasformazione della gestione dei teatri dalla forma di ente pubblico a Fondazione di diritto privato. La vita dei teatri nel frattempo continua.

Alla Scala la direzione musicale da oltre un decennio di un grande interprete come Riccardo Muti ha garantito il perdurare del prestigio internazionale del teatro milanese, particolarmente per quanto riguarda il repertorio verdiano e il teatro mozartiano, di cui Muti ha maturato in questi anni una lettura originalissima e di grande emozione. Un altro importante risultato del periodo scaligero di Muti è il segno impresso sul suono e sullo stile dell'orchestra, che ha compiuto un deciso passo avanti sul piano della qualità anche grazie all'attività sinfonica autonoma e parallela, sul modello dei Wiener Philharmoniker, che svolge come Filarmonica della Scala.

Il Maggio Musicale è riuscito, malgrado le difficoltà economiche, a mantenere il respiro cosmopolita che ha sempre caratterizzato lo stile culturale aristocratico del teatro fiorentino, con direttori di alto profilo come Semion Bychkov e Zubin Mehta. Il teatro proposto dal Maggio è un teatro culturalmente raffinato, che guarda al repertorio novecentesco di autori "difficili" come Berg, Janacek, Shostakovic, e offre vere e proprie scoperte per il pubblico italiano, come lo splendido *Fierrabras* di Schubert.

Gli altri teatri sembrano comunque manifestare negli ultimi tempi una ripresa di vitalità, non tanto sul piano di improbabili exploit artistici, quanto nel tentativo di rimettere ordine nell'attività, ciascuno secondo le proprie esigenze.

Oltre al gruppo dei teatri maggiori, il circuito della lirica italiana comprende anche i cosiddetti "teatri di tradizione", che godono di sovvenzioni minori e che dipendono più strettamente dagli organismi locali. Questa fascia di teatri ha subito i contraccolpi forse più forti della crisi del sistema operistico. Tra di essi si trovano anche teatri come il Regio di Parma, di importanza storica, o il Bellini di Catania, che gode di uno status paragonabile a quello di un ente lirico. Questi palcoscenici hanno avuto un ruolo importante nel mantenere in vita la tradizione operistica, particolarmente per quanto riguarda la formazione dei cantanti. I nomi più celebri del canto italiano, da Luciano Pavarotti a Mirella Freni, da Renato Bruson a Renata Scotto, hanno cominciato la carriera proprio nei "teatri di tradizione".

Ricevere il battesimo del fuoco da un pubblico di provincia, sanguigno e legato al repertorio, è un ottimo viatico psicologico per un cantante. Ancora oggi in qualche teatro si accendono serate da corrida tra palcoscenico e loggione. Una volta un tenore sommerso dai fischi sbottò, rivolto al pubblico: "Fischiate me? Sentirete il baritono". Certe recite mascagnane al Teatro La Gran Guardia di Livorno sono da antologia dell'amor di patria.

Per concludere, è una situazione transitoria, in cui si alternano luci e ombre. Fallito storicamente il tentativo di immettere il teatro d'oggi nel repertorio, i teatri d'opera diventano i custodi di una tradizione che si allontana sempre di più nel tempo. Inventare un museo dello spettacolo è impresa nuova e sconosciuta, soprattutto se lo si intende come un organismo vivo e capace di dialogare con il pubblico di oggi e con le nuove generazioni, inventando un linguaggio adatto per portare un mondo estremamente ricco a disposizione di tutti.

Gli interpreti

La scuola di canto rinnova a ogni generazione i suoi divi, con stupefacente regolarità. Oggi che la carriera teatrale dei Raimondi e delle Freni volge al tramonto, rimangono pur sempre sulla scena grandi cantanti come Mariella Devia o Luciana Serra, mentre già si affacciano alla carriera internazionale voci giovani come Barbara Frittoli, Sonia Ganassi, Michele Pertusi. Il punto dolente è nel ruolo di tenore, dove anche i più dotati come Vincenzo La Scola non sembrano poter continuare la grande tradizione che arriva fino a Pavarotti.

L'Italia vanta almeno cinque direttori d'orchestra al vertice della scena internazionale: Carlo Maria Giulini, Claudio Abbado, Riccardo Muti, Giuseppe Sinopoli e Riccardo Chailly. A parte Muti, la cui immagine è forse quella più legata a uno stile "italiano" e operistico, sono tutti direttori anche di grande repertorio sinfonico. Giulini negli ultimi anni ha ristretto il proprio catalogo a pochi titoli, di cui dona esecuzioni di raffinata e aristocratica purezza musicale.

Abbado, Sinopoli e Chailly sono alla guida di importanti orchestre sinfoniche, rispettivamente i Berliner Philharmoniker, la Staatskapelle di Dresda e il Concertgebouw di Amsterdam. Il repertorio di Abbado è vastissimo: da Verdi e Rossini, alla grande tradizione mitteleuropea e slava, alla musica contemporanea. Il suo arrivo a Berlino, dopo la lunga direzione di Karajan, è stato un impulso a rinnovare il repertorio dell'orchestra e a inserire la musica nella vita culturale della capitale della nuova Germania.

Anche Sinopoli e Chailly possiedono un notevole repertorio, il primo più orientato verso la Vienna di Freud e Musil, il secondo verso il Novecento storico. Entrambi sono spesso ospiti delle nostre maggiori orchestre, mentre Abbado torna a dirigere solo in occasione di qualche tournée dei Berliner o della Gustav Mahler Jugendorchester, ogni volta accolto con grande entusiasmo dai suoi numerosi ammiratori. A parte le grandi star della bacchetta, l'Italia vanta una notevole scuola di direttori, che mantengono l'humus professionale in tutto il mondo per la diffusione del melodramma. Accanto ai conoscitori del "mestiere" teatrale dei tempi d'oro, come Bruno Bartoletti, Nello Santi, Angelo Campori, si è affermata una generazione nuova ancora in grado di garantire al repertorio italiano stile e continuità con Donato Renzetti, Gianluigi Gelmetti, Evelino Pidò, Carlo Rizzi, Antonello Allemandi, fino ai più giovani come Corrado Rovaris. Un talento appartato, ma di rara sensibilità musicale è quello di Umberto Benedetti Michelangeli, particolarmente votato al repertorio mozartiano.

Dal pianoforte romantico al violino barocco

Il panorama della musica strumentale è limitato gravemente dalla arretratezza del nostro paese nell'ambito della musica sinfonica. Le orchestre sinfoniche di rilievo nazionale sono solo due: quella dell'Accademia Nazionale di Santa Cecilia a Roma e quella della RAI a Torino. A esse va aggiunta naturalmente la Filarmonica della Scala, ma nei ridotti limiti di attività cui si accennava sopra. La crisi degli anni Novanta ha spazzato via diverse orchestre: la RAI, per esempio, ha ridotto da quattro a una le sue formazioni, chiudendo nel contempo tutti i cori. In questi anni difficili sono proliferate invece le orchestre "giovanili", anche sotto la pressione del gran numero di strumentisti licenziati dal Conservatorio. In pratica si è venuta formando una zona grigia professionale, in cui sotto l'immagine positiva della parola "giovane" è passata una *deregulation* integrale, che non può essere una risposta né sociale né artistica alla disoccupazione musicale.

I giovani musicisti non hanno neppure la possibilità di suonare per strada, perché l'Italia è l'unico paese europeo a pretendere il possesso della licenza di suonatore ambulante. Così a Ferrara hanno inventato un festival che raccoglie questi busker, che per una settimana possono esibirsi senza timore di vedere gli strumenti sequestrati.

Questa situazione poco confortante è aggravata dalla cronica e inguaribile mancanza di spazi per la musica, che ha dato vita a situazioni grottesche come la vicenda dell'auditorium Dal Verme a Milano, un cantiere aperto da quasi venti anni. La mancanza di una diffusa cultura musicale è l'altra spina nel fianco: il sistema scolastico ignora la materia, pochissime persone hanno una diretta pratica strumentale. La vita musicale è affidata a un variegato reticolo di associazioni concertistiche, fondate quasi sempre sul lavoro di pochi appassionati, con pochi fondi e criteri poco più che amatoriali.

È inevitabile che in tali circostanze i grandi musicisti italiani siano il frutto più del talento individuale che di una scuola strumentale. Il pianismo lirico e torturato di Maurizio Pollini, l'estro violinistico di Salvatore Accardo, lo slancio romantico di Uto Ughi sono in definitiva l'immagine di mondi poetici formati interamente sulla personalità dell'esecutore. Una generazione più omogenea, più legata da una sensibilità comune si va facendo strada con grande ricchezza di talenti: il pianista Andrea Lucchesini, i violoncellisti Mario Brunello ed Enrico Dindo, i violinisti Francesco Manara e Giulino Carmignola, il violista Danilo Rossi, il Quartetto Borciani e il Quartetto di Torino.

Il fenomeno nuovo degli anni Novanta è venuto dalla musica antica, una tendenza arrivata un po' in ritardo in Italia rispetto al nord Europa. Dopo il lavoro pionieristico di musicisti come Laura Alvini, il ricorso allo studio filologico nella esecuzione del repertorio del Sei-Settecento è stato applicato da molti giovani cantanti e strumentisti, che hanno dato vita a formazioni ormai sicuramente affermate nel circuito internazionale (Il giardino armonico, il Concerto Italiano, La Cappella della Pietà dei Turchini), in cui hanno potuto esprimere il loro talento solisti-direttori come Roberto Gini, Fabio Biondi, Rinaldo Alessandrini, Ottavio Dantone.

La musica degli autori

La spina dorsale del repertorio dei teatri rimane il secolo circa che unisce Rossini a Puccini, con qualche eccezione verso il Settecento (Mozart) e verso il Novecento storico (*Pelleas et Melisande* di Debussy e *Wozzeck* di Berg). Malgrado le buone intenzioni, ogni tentativo di allargare la base del repertorio, sia verso l'opera barocca sia verso il teatro musicale contemporaneo, è sostanzialmente fallito. Non è questo il luogo per analizzare i motivi dell'insuccesso, ma è una realtà di cui tener conto per considerare quali sono le tendenze d'oggi nella creazione musicale. Sospinti di fatto in una zona di isolamento, i compositori delle ultime generazioni sono rimasti estranei alla vita dei teatri e spesso hanno dovuto creare da soli anche le strutture in grado di produrre la loro musica, inseguendo le briciole lasciate cadere dal carrozzone assistenziale dello stato. Questo è il motivo del pullulare di piccole associazioni e di rassegne più o meno effimere, che creano l'illusione ottica di una fioritura di musica contemporanea in realtà molto poco vitale. La necessità rende dunque perpetua la tradizione di cercar fortuna oltreconfine per i nostri autori, che godono all'estero di una stima invano sperata in patria. Luciano Berio negli anni Sessanta si trasferì negli Usa, dove trovò il trampolino della sua grande carriera internazionale, così come Luigi Nono, scomparso nel Novanta, trovò in Germania la disponibilità per le sue ricerche elettro-acustiche. La musica italiana, comunque, ha fatto parlare di sé anche per il gioco spregiudicato dei gesti strumentali di Franco Donatoni, per l'impegno intellettuale di Giacomo Manzoni, per l'ascetismo razionalista di Aldo Clementi, per la novità del teatro di Sylvano Bussotti e di Salvatore Sciarrino. Nel territorio lasciato libero dalla crisi delle avanguardie hanno trovato spazio voci nuove, come il purissimo lirismo della musica di Fabio Vacchi (esploso, non a caso, dopo un successo teatrale a Lione) e il disegno geometrico e ordinato di quella di Ivan Fedele.

Il progressivo indebolimento del confine tra i generi rende indefinibile una vasta area di musicisti, fluttuanti tra la zona del linguaggio colto (il movimento "neo-romantico" di Lorenzo Ferrero, Marco Tutino), le suggestioni new age di Ludovico Einaudi, l'emancipazione spirituale della canzone dell'ultimo Franco Battiato. Un discorso a parte va riservato alla musica d'improvvisazione, che malgrado sopravviva a stento al di fuori del florilegio dei festival estivi di jazz, esprime musicisti di gran talento, dal fuoriclasse Enrico Rava alla generazione più giovane capitanata dal trombettista Paolo Fresu.

L'Italia di Sanremo

Per quanto articolate e complesse siano le vicende della musica leggera italiana, l'archetipo del canto melodico come sintesi dell'emozione personale emerge pur sempre quale elemento caratteristico del nostro gusto. La tradizione melodica della canzone, nata da una costola del melodramma, ha subito negli ultimi quarant'anni, da Domenico Modugno in poi, innumerevoli terremoti, riuscendo in qualche modo a sopravvivere sempre piegandosi come un giunco a ogni nuovo soffio di vento. Emblema di questa ventresca genialità nel metabolizzare il diverso è il Festival di Sanremo che, dopo aver rischiato l'oblio negli anni Settanta, come era accaduto al Festival della canzone napoletana, ha lentamente risalito la china fino a diventare il più importante spettacolo televisivo, dopo le partite di calcio.

Il successo politico della Lega di Umberto Bossi ha inopinatamente riportato in vita un genere che sembrava sepolto come la canzone regionale.

La Lega, che a Torino vanta come leader il cantautore Gipo Farassino, ha recentemente organizzato a Verona il primo Festival della canzone padana. Il trash legato a tradizioni locali ha tuttavia antenati più nobili, come le canzoni della sceneggiata napoletana di Mario Merola e di Nino D'Angelo, o decisamente più divertenti, come gli improbabili dischi di Leone di Lernia, prodotti e commerciati direttamente dallo stesso artista.

La tradizione melodica della canzone italiana non ha mai veramente perduto di fascino sul mercato internazionale, in cui sono tuttora popolarissime vecchie glorie come Nilla Pizzi o Albano, e costituisce un elemento essenziale del successo anche di cantanti moderni come Eros Ramazzotti o Laura Pausini. Il recupero dello stile vocale della romanza, culminante in personaggi come Pavarotti e Bocelli, comincia a partire dal clamoroso successo mondiale di *Caruso* di Lucio Dalla.

A ondate successive, dagli anni Cinquanta, si sono abbattute sulla canzone italiana le nuove correnti della musica americana e inglese, che hanno radicalmente trasformato lo stile e il significato della canzone. Dopo la prima scoperta della musica d'oltreoceano da parte di Domenico Modugno, Renato Carosone, Fred Buscaglione, Tony Renis, la rivoluzione del rock 'n' roll cambia volto alla canzone, con l'avvento di una generazione di giovanissimi e scatenati urlatori come Mina, Adriano Celentano, Rita Pavone, Gianni Morandi, e di vere e proprie clonazioni di Elvis Presley come Little Tony. L'imitazione delle forme rock e pop non è mai cessata: il modello della rock-band (dalle ingenuità hippy dei Giganti su su, fino alle più recenti versioni alternativo-trasgressive come i Litfiba o i Csi), le caserecce traduzioni del kitsch pop di Renato Zero o della ritmica da discoteca degli 883, le innumerevoli varianti del genere della rock-star buone per ogni tipo di gusti. Il criterio seguito è sempre stato quello di introdurre in un contesto già affermato globalmente dei contenuti più specificamente locali.

Sono solo canzonette

L'ambito in cui si è preservata una dimensione originale, per lo meno nei valori poetici, è quello della canzone d'autore. Il punto di partenza del fenomeno dei cantautori, anche qui, sta nella crisi del modello di canzone tradizionale.

Pur in forma ingenua e confusa, la prima genealogia della canzone concepita come espressione di un mondo interiore artisticamente autonomo risale alla cosiddetta "scuola di Genova", di cui facevano parte Gino Paoli, Luigi Tenco, Bruno Lauzi, Sergio Endrigo. Decisivo fu l'incontro di questi giovani con gli chansonnier francesi e i temi dell'esistenzialismo. Questa disposizione a un clima intimista e la simpatia immediata per il mondo degli umili e dei perdenti rifluiscono poi anche nelle canzoni di Fabrizio De Andrè, influenzato però dalla musica di Bob Dylan e di Leonard Cohen.

Seguendo questa traccia si può più facilmente delineare una mappa della canzone d'autore, ordinando l'affollato panorama dei cantautori, secondo un criterio geografico. Dal filone del cabaret milanese discende un tipo di canzone ironica, venata di satira sociale, invaghita di ambienti da periferia, in cui hanno esordito I gufi, Dario Fo, Enzo Jannacci e Giorgio Gaber. Quest'ultimo, assieme all'autore Sandro Luporini, ha creato un suo personalissimo teatro-canzone, impegnato nel denudamento ideologico dell'italiano moderno con impietosa autoanalisi. In parte influenzato da questi precedenti, ma con un desiderio di indagare con finezza di sfumature lo spazio interiore degli individui, Roberto Vecchioni ha raccontato una Milano più casalinga e sorniona, più ripiegata sulle emozioni private. La vena surreale della canzone cabaret è ripresa ed esaltata da Elio e le Storie Tese, un gruppo che già nel nome si presenta con un linguaggio gergale e aggressivo. La loro comicità è per provocazione assurda e impertinente, a tratti disperatamente nichilista. Nel tempo hanno prestato maggiore attenzione alla qualità musicale, cercando di giocare in modo ironico anche con la mescolanza degli stili.

A Roma si debbono i fenomeni di maggior rilievo della canzone d'autore. Il primo nome da citare è quello di Lucio Battisti, che nel periodo di collaborazione con l'autore dei testi Mogol ha definito un'altra dimensione della canzone. La musica di Battisti ha fuso in modo per la prima volta originale le caratteristiche dei generi del rhytm 'n' blues americano con la forma melodica italiana, combinandosi con un mondo poetico più reale e quotidiano e un linguaggio semplice e drammatico. Claudio Baglioni ha invece mantenuto nel tempo una tenerezza lirica particolare, sempre un po' cucciolo dalle prime effusioni hippy fino alle piccole storie di oggi. Dall'esperienza dei folk club nascono invece Antonello Venditti e soprattutto Francesco De Gregori, cantore di un mondo di miti trasfigurati in poesia.

La via emiliana al comunismo ha conosciuto anche i suoi poeti, primo tra tutti Francesco Guccini. Nelle sue canzoni Guccini rovescia con generosità un misto di anarchismo, memorie contadine, autobiografismo, "conte philosophique", in una disordinata felicità affabulativa da cantastorie. Di questa pace sociale emiliana vi è anche un lato più ombroso e decadente, cantato con dolorosa dolcezza da Claudio Lolli. Ma esiste anche una via emiliana agli States, che ha espresso i più robusti giovanotti del rock nostrano, da Vasco Rossi a Ligabue, comprendendo anche un personaggio musicalmente più costruito per il successo discografico come Zucchero Fornaciari. Lucio Dalla, bolognese, ha una storia a parte, iniziata come strumentista di jazz-band e proseguita con ammirevole intelligenza verso la definizione di uno stile personale, fino a comprendere progetti di teatro musicale.

Restano separati da una geografia regionale della canzone due dei personaggi più importanti della musica italiana, Paolo Conte e Ivano Fossati, i quali sono invece accomunati da una poetica del viaggio, del fascino della lontananza. Le storie di Conte, racchiuse di preferenza nelle nuvole azzurrognole di un jazz da cave parigina, sono sospese nello spazio della memoria e dell'immaginazione, mentre quelle di Fossati nascono dall'incanto dello sguardo su rotte esotiche e dal desiderio di fuga.

La canzone d'autore trova oggi nuove strade, con personalità di grande spessore comunicativo come Jovanotti, un cantautore di fine sensibilità poetica come Vinicio Capossela e un gruppo di raffinata ricerca musicale calibrata sui suoni mediterranei come gli Avion Travel.

Le stagioni del teatro

di *Oliviero Ponte di Pino*

Un Maestro senza eredi

Se c'è un evento emblematico delle recenti stagioni del teatro italiano, questo è stato certamente la morte di Giorgio Strehler, avvenuta il 25 dicembre 1997. Nel dopoguerra, insieme con Luchino Visconti, era stato il fondatore della moderna regia in Italia. L'obiettivo polemico di quel rinnovamento dell'arte scenica era il teatro dei primattori, allora egemone: straordinari interpreti, assai apprezzati dal pubblico, in passato presi a modello nel mondo intero, e che però tendevano a costruire lo spettacolo in base alle loro esigenze e qualità interpretative e all'antica tradizione all'italiana, con i suoi ruoli rigidamente codificati e le sue scenografie convenzionali. Fino a quel momento questo modello era stato difficile da scalfire: persino il Premio Nobel Luigi Pirandello, malgrado la protezione di Mussolini (in verità piuttosto tiepida), aveva dovuto rinunciare al sogno di un proprio teatro, e di un possibile teatro nazionale.

Strehler e Visconti si fecero portavoce di una visione più moderna. Il loro obiettivo era la creazione di un "teatro d'arte" in cui le varie componenti dello spettacolo (il testo, la recitazione, le scene, i costumi, le musiche, eccetera) fossero armonizzate con coerenza, in modo da illuminare il significato profondo del testo; vi si accompagnava l'esigenza di svecchiare un repertorio ingessato da vent'anni di censura fascista. Per Strehler e il suo compagno d'avventura Paolo Grassi, abile operatore culturale e inventivo organizzatore, era altrettanto significativa la volontà di dar vita al primo teatro pubblico italiano: fu così che fondarono nel 1947 il Piccolo Teatro di Milano. Tra i loro intenti c'era anche quello di aprire il teatro a un pubblico popolare, non esclusivamente borghese, con spettacoli di elevato livello artistico. In un panorama fatto da sempre di compagnie giovaghe, di scarrozzanti che si fermavano alcune settimane nelle città più grandi e pochi giorni in quelle più piccole, si avvertiva altresì l'esigenza di radicare una compagnia in una città; ma a questo obiettivo, di cui rimane traccia nella sigla "teatri stabili", si dovette ben presto rinunciare: ancor oggi il sistema teatrale italiano è basato sul meccanismo delle tournée, con uno spettacolo nuovo per ciascuna compagnia a ogni stagione (o, se si tratta di un grande successo, ogni due stagioni).

Sulla scia del Piccolo Teatro vennero creati negli anni successivi diversi stabili (a Torino, Roma, Genova, Catania, Trieste, Bolzano, eccetera, oltre a quelli presto falliti come Bologna e Napoli). Vi si affermarono altri registi, spesso caratterizzati da uno stile e da temi inconfondibilmente personali; molti di loro sono ancora in attività: Luigi Squarzina, Mario Missiroli, Giancarlo Cobelli, oltre allo scomparso Aldo Trionfo.

Ma già a partire dagli anni Sessanta le motivazioni ideali che avevano spinto alla creazione dei teatri stabili si erano affievolite; l'ingerenza della politica, con la lottizzazione dei partiti che di fatto nominavano (e continuano a nominare) i consiglieri d'amministrazione e i direttori dei teatri pubblici, ha finito ben presto per imbrigliare le più autentiche forze creative. Di conseguenza, gli stabili non sono stati in grado di svolgere appieno alcuni dei loro compiti istituzionali: seguire l'evoluzione del linguaggio scenico, favorire lo sviluppo di una nuova drammaturgia italiana, creare le condizioni per un avvicendamento generazionale.

La parabola di Strehler

Il Piccolo Teatro riuscì in parte a resistere all'involuzione del teatro pubblico italiano grazie alla caratura artistica e al prestigio internazionale del suo direttore. Con il passare degli anni (e dopo che Grassi aveva abbandonato il Piccolo per la Scala, all'inizio degli anni Settanta, lasciando Strehler direttore unico) era infatti diventata pressoché totale l'identificazione tra il teatro milanese e il suo creatore. Il regista-demiurgo in primo luogo reinventava e trasmetteva il senso della magia del teatro, che esplode fin da subito nello spettacolo-manifesto del Piccolo, quell'*Arlecchino servitore di due padroni* che dopo il debutto nel 1947 è stato poi ripreso in infiniti riallestimenti; del resto molti tra i più acclamati spettacoli strehleriani ruotano intorno al tema e al fascino del "teatro nel teatro": basti pensare ai memorabili *Giganti della montagna* di Pirandello (1966) o a regie più recenti come *La tempesta* di Shakespeare (1978), *L'Illusion* di Corneille (1984), *La grande magia* di Eduardo De Filippo (1985), *Come tu mi vuoi* di Pirandello (1988).

Con il passare degli anni si è via via accumulato anche il possibile repertorio di quel teatro nazionale che l'Italia non ha mai avuto: Shakespeare, Čechov e naturalmente Brecht. A partire dalla fortunata *Opera da tre soldi* del 1956, il regista triestino è stato di fatto il fiduciario nella penisola dell'inventore del teatro epico; nel 1963 ha allestito il memorabile *Vita di Galileo*, oggetto di un durissimo attacco delle forze clericali e conservatrici. Tra gli autori italiani, il repertorio del Piccolo comprende innanzitutto un Carlo Goldoni liberato dalle graziosità settecentesche e riscoperto in chiave realista e nel suo straordinario tessuto linguistico con *Le baruffe chiozzotte* (1964) e *Il campiello* (1975); e il dimenticato Carlo Bertolazzi, di cui viene riscattato dall'oblio l'universo popolare (*El nost Milan*, 1956 e 1979).

Nonostante la sua gloriosa parabola, neppure il Piccolo Teatro è rimasto immune dall'involuzione della politica italiana. Il Comune di Milano aveva da tempo promesso una nuova sala teatrale, più ampia e modernamente attrezzata della vecchia gloriosa sede di via Rovello. La costruzione dell'edificio progettato dall'architetto Marco Zanuso, iniziata nel 1978, si è conclusa solo nel 1998, dopo vent'anni di polemiche, tangenti e inchieste della magistratura, mentre il riconoscimento del Piccolo come "teatro nazionale", promesso a più riprese, non è mai arrivato.

Per questi motivi negli ultimi tempi i rapporti del più prestigioso teatro italiano con il Comune di Milano (e in generale con i politici) sono stati difficilissimi. La vicenda ha certamente amareggiato e logorato gli ultimi anni di Strehler, costretto a cedere la direzione del "suo" teatro a Jack Lang. Un beffardo destino ha fatto sì che la nuova sala sia stata inaugurata poche settimane dopo la morte del Maestro, nel gennaio del 1998, con la sua ultima incompiuta regia, *Così fan tutte* di Mozart interpretato da una compagnia di giovani cantanti. La ricerca di un possibile successore a Strehler si è rivelata più complessa del previsto. Del resto, in una fase di stretta finanziaria, non si sono ancora trovate le risorse pubbliche o private necessarie per far funzionare una Città del Teatro che comprende attualmente tre sale: la storica sala di via Rovello, la Nuova Sede finalmente disponibile e il Teatro Studio, uno spazio sperimentale, per la verità piuttosto male utilizzato.

La regia critica

Soprattutto, questo Maestro senza allievi non ha lasciato, né al Piccolo Teatro né fuori, autentici eredi, in grado di proseguire la sua opera (anche se in via Rovello, tra il '68 e il '70, avevano mosso i primi passi Klaus Michael Grüber e Patrice Chéreau). La leva registica successiva, quella impostasi tra gli anni Settanta e Ottanta, si è mossa in una direzione diversa dalla sua: la si potrebbe definire della "regia critica" e ha trovato i suoi esponenti più autorevoli in Luca Ronconi, direttore da diversi anni del Teatro di Roma, e in Massimo Castri, ora alla guida del Teatro Metastasio di Prato.

Fin dall'inizio della loro carriera, discostandosi dall'ottimismo umanistico di uno Strehler e dalla sua fiducia nella trasparenza dei testi, questi registi si sono serviti di strumenti in grado di disarticolare l'apparente unità dell'opera: la critica dell'ideologia e l'analisi di classe di ispirazione marxista, la psicoanalisi, lo strutturalismo sia antropologico sia linguistico. Parallelamente, nelle loro messinscene hanno spesso esplorato e reinventato lo statuto stesso della rappresentazione: per loro la scena non è tanto magia e illusione, sorpresa e iniziazione al "gran teatro del mondo", quanto piuttosto una macchina comunicativa costruita su convenzioni da smontare e rimontare. Non a caso, nel loro lavoro emerge periodicamente l'insofferenza per la rigida struttura spaziale e l'illusionismo del teatro all'italiana, che vengono denunciati e smascherati oppure inseriti in un intreccio barocco di comici, specchi e prospettive.

In quest'ottica Luca Ronconi, pur senza trascurare Goldoni, Shakespeare, Ibsen, Schnitzler o O'Neill, ha lavorato su un continuo ampliamento del repertorio, recuperando in memorabili (e costosi) allestimenti, testi dimenticati e spesso ritenuti irrappresentabili come *L'Orlando Furioso* nella riduzione di Edoardo Sanguineti (1969), *La Torre* di Hugo von Hofmannsthal (1978), *Le due commedie in commedia* di G.B. Andreini (1984), *Ignorabimus* di Arno Holz (1986), *Gli ultimi giorni dell'umanità* di Karl Kraus (1990). Più di recente questa direzione di lavoro ha interessato romanzi come *Quer pasticciaccio brutto de via Merulana* di Carlo Emilio Gadda (1996) e *I fratelli Karamazov* di Fedor Dostoevskij (di cui è andata in scena nel 1998 la prima parte), trasformati in spettacoli-fiume di grande impatto e sofisticazione. Oppure ha affidato, con gesto di ironica intelligenza intepretativa, il ruolo di Medea a un attore come Franco Branciaroli (1997).

Massimo Castri si è esercitato in letture critiche della drammaturgia borghese: all'inizio misurandosi con Pirandello, Ibsen e Čechov, senza dimenticare il parallelo lavoro di esplorazione della tragedia greca; in tempi più recenti, affrontando con un'ambiziosa *Trilogia della villeggiatura* (1995-1996) di Goldoni, forse l'unico autore – secondo il regista toscano – che abbia saputo rappresentare in maniera realistica la borghesia italiana; per approdare nel 1998 a un raffinato allestimento di un testo come *Orgia* (1998) di Pier Paolo Pasolini, dove la drammaturgia borghese viene esasperata fino al limite della dissoluzione.

Due Shakespeare contro ogni convenzione

Aldilà degli efficaci risultati spettacolari e della messa a punto di un repertorio, da parte di artisti del livello di Ronconi o Castri, in Italia la regia sembra però aver smarrito la sua ragion d'essere più profonda e stenta a trovare nuovi interpreti. Non a caso uno dei nomi più interessanti della generazione successiva, Cesare Lievi, prima di diventare direttore del Centro Teatrale Bresciano (per il quale ha diretto nel 1997 la *Caterinetta di Heilbronn* di Kleist), ha lavorato a lungo in Germania. Non è dunque un caso che, per quanto riguarda la riflessione sulla regia, il lavoro più interessante della stagione sia forse lo studio per una possibile messinscena dell'*Amleto* (1998) di Federico Tiezzi con una delle compagnie storiche della ricerca teatrale italiana, I Magazzini. Il regista toscano ha messo in scena solo alcuni frammenti del capolavoro shakespeariano, ripresi da varie traduzioni: dalla prima versione italiana, in versi, di Michele Leoni (1814), da quelle più recenti di Gerardo Guerrieri (1963) e Alessandro Serpieri (1997), e da alcuni limpidissimi frammenti inediti tradotti dal poeta Mario Luzi. La regia spazia per frammenti da un campo guerrigliero-terroristico a un raffinato estetismo (ispirato alla storica messinscena di Gordon Craig e Stanislavskij nel 1911), da un realismo d'ambientazione contadina alla distanza ironica dell'intellettuale che rilegge la propria avventura. Sono tutte letture legittime, credibili ed efficaci del testo. Ciascuna di esse potrebbe sostenere per intero uno spettacolo. Questo decostruzionismo tipicamente post-moderno sembra svuotare di senso ogni pretesa autoritaria della regia (che vorrebbe imporre al testo la propria interpretazione), e al tempo stesso sembra invocarla.

Chi invece si scaglia con violenza lucida e provocatoria, sotto il segno di Artaud e della sua crudeltà, contro il testo shakespeariano (e contro la logica della rappresentazione a favore di un'estetica dell'anormalità) è la Societas Raffaello Sanzio, che esplora e demolisce il *Giulio Cesare* (1997) come deposito di meccanismi retorici. Ripercorrendo a ritroso il cammino che porta dalla parola al corpo, il gruppo di Cesena utilizza tecniche riprese dalle arti visive, dalla Body Art e dalla performance, e una visualità che rimanda alle costruzioni fotografiche di Joel Peter Witkin. E chiama a collaborare come attori persone in grado di occupare la scena con un potente effetto di verità e una presenza perturbante (allo stesso modo vengono esibiti anche alcuni animali): nella precedente *Orestea* (1995), per esempio, Agamennone era un ragazzo down, a rimarcare una diversità che può essere anche quella della regalità, e Apollo un giovane privo di braccia come una statua antica; in questo *Giulio Cesare*, Cicerone è un retore obeso visto di schiena come il *Violin d'Ingres* di Man Ray, Antonio è un laringectomizzato, Cesare un novantenne; nel secondo atto, in una scena che riproduce una platea bruciata, Bruto e Cassio sono due scheletriche anoressiche.

Una ricerca che continua

I Magazzini e la Societas Raffaello Sanzio fanno parte della generazione emersa tra la fine degli anni Settanta e l'inizio del decennio successivo, con la ripresa di tematiche e di moduli linguistici ed espressivi delle avanguardie storiche, e che è giunta in questi anni a esiti diversi, ma lavorando in ogni caso a un recupero di senso per il teatro nella società contemporanea.

Il romano Giorgio Barberio Corsetti conduce in parallelo un continuo *work in progress* su alcuni grandi miti della modernità (in particolare *Faust*) e l'esplorazione di una più personale vena poetica e metropolitana, da *flaneur* post-moderno.

I Teatri Uniti hanno approfondito il filone di un teatro d'impegno civile, con un allestimento dei *Sette contro Tebe* (1996) ricco di rimandi all'attualità della guerra nell'ex Jugoslavia: lo spettacolo ha fornito al regista Mario Martone (che dopo i debutti in teatro ha intrapreso una parallela carriera cinematografica) il materiale per il suo apprezzato film *Teatro di guerra*. Ma i Teatri Uniti lavorano al contempo sul rinnovamento della tradizione della loro città, Napoli, grazie alla collaborazione tra Toni Servillo (attore e regista) ed Enzo Moscato.

Alfonso Santagata e Claudio Morganti centrano la loro ricerca sul lavoro dell'attore: il primo, in *Petito Strange* (1996), recupera l'eredità della tradizione napoletana e della teatralità elementare, originaria, della farsa; il secondo continua ad accumulare frammenti shakespeariani di notevole intensità: attualmente è al lavoro su un *Giulio Cesare* in forma di monologo.

A Cesena, il Teatro della Valdoca prosegue con notevole energia e una sofisticata sensibilità musicale l'esplorazione del rapporto tra la parola poetica (nei testi di Mariangela Gualtieri) e il corpo, il gesto e il respiro (nelle regie di Cesare Ronconi).

A Milano i Teatridithalia, nati qualche stagione fa dalla confluenza di Teatro dell'Elfo e Teatro di Porta Romana, grazie alle regie di Elio De Capitani e Ferdinando Bruni proseguono l'esplorazione della drammaturgia contemporanea nei suoi aspetti più maledetti e trasgressivi, in un percorso che comprende Fassbinder, Berkoff, Copi, Mishima, senza però disdegnare incursioni shakespeariane, dall'*Amleto* (1995) al *Sogno di una notte di mezza estate* (1997).

I torinesi Marcido Marcidorjs e Famosa Mimosa, guidati dal regista Marco Isidori, inventori di mirabolanti e implacabili macchine teatrali (grazie alla scenografa e costumista Daniela Dal Cin), si sono fatti apprezzare per una personalissima escursione beckettiana in chiave di teatro d'appartamento con *Happy Days in Marcido's Field* (1997), e stanno affrontando ora in *Una canzone d'amore* (1998) un classico come *Prometeo*.

Un nuovo teatro politico?

Quello che era il giovane teatro, animato da registi che hanno ora tra i quaranta e i cinquant'anni, continua dunque a lavorare sul rinnovamento del linguaggio spettacolare e sulla ridefinizione dell'evento teatrale e degli elementi che lo costituiscono. Il punto di partenza è ogni volta una particolare idea di teatro, che si sviluppa, spettacolo dopo spettacolo, in una poetica sempre più articolata e stratificata. Questo percorso può passare anche attraverso un'opzione che potremmo definire sociale e politica, anche se siamo lontanissimi da ogni agit prop e da ogni schematismo ideologico. Si tratta piuttosto di lavorare con attori in origine non professionisti, e appartenenti a categorie in varie maniere emarginate. Ad attrarre in questa direzione gli uomini di teatro è in primo luogo il bisogno di verificare in condizioni estreme la necessità e la vitalità del teatro, nel tentativo di restituire alla scena un ruolo centrale nella città, offrendo alle diverse componenti della *polis* una possibilità di autorappresentarsi. Ma ad affascinare registi e spettatori è anche la qualità di una presenza scenica, di una gestualità e di un tempo in qualche modo "altri", e che quindi rimandano all'essenza stessa dell'attore: e al mistero della sua diversità (per certi aspetti non siamo lontani dalle scelte della Societas Raffaello Sanzio).

Armando Punzo lavora da anni con un gruppo di detenuti del supercarcere di Volterra, la Compagnia della Fortezza, in un percorso che ha incontrato tra l'altro il *Marat-Sade* (1995), l'*Eneide* (1996), *I Negri* (1996) e l'*Orlando furioso* (1998).

Ravenna Teatro, sotto la guida di Marco Martinelli, raccoglie attori romagnoli e attori senegalesi, cantastorie e griot: dopo *I 22 infortuni di Mor Arlecchino* (1993), ovvero le disavventure di un Arlecchino africano in una metropoli italiana, giunto quest'anno sul palcoscenico del Piccolo Teatro, e l'apprezzato collage da Aristofane *All'inferno!* (1996), sta ora lavorando in parallelo alla fondazione di un teatro nei pressi di Dakar e all'*Ubu Re* di Jarry.

Il barese Teatro Kismet in *Vangelio* (1995), ispirato al *Vangelo secondo Matteo* di Pasolini, affida i ruoli dei protagonisti di questa sacra rappresentazione a un gruppo di portatori di handicap. Della compagnia di Pippo Delbono (nata in un'area vicina al teatrodanza) fanno parte alcuni attori con problemi fisici e psichici: *Barboni* (1997), portando in scena per frammenti lirici l'autenticità di questi "diversi", ne esalta la fragile e rabbiosa bellezza, evitando qualsiasi slittamento nel patetico o nel compatimento.

Il nuovo teatro è sadomaso

Un dato sicuramente incoraggiante è l'emergere in queste stagioni, dopo un lungo vuoto, di un nutrito gruppo di giovani compagnie, in buona parte radicate nell'area emiliano-romagnola. Il bolognese Teatrino Clandestino, dopo aver esplorato l'universo pascoliano in *Mondo (mondo)* (1995), nell'*Idealista magico* (1997) ha ricostruito con sorprendente minuzia e maniacale realismo una serata ottocentesca sul magnetismo, sul doppio versante scientifico e spiritistico, lavorando in realtà su un terreno molto vicino a quello della Body Art in un'ironica e sorprendente riflessione sul rapporto mente-corpo. I giovanissimi ravennati di Fanny & Alexander isolano i ventiquattro spettatori di *Ponti in core* (1996) negli scranni di un teatrino anatomico per recitare una favola estrema d'amore e morte; nel nuovo *La felicità di tutti* (1998) rivisitano i personaggi di Pinocchio a metà tra una sfilata di moda e un rito religioso. I riminesi Motus in *O.F.* (1997), ovvero l'*Orlando Furioso*, esplorano la grammatica del desiderio, ma attualizzata in un esibizionistico e provocatorio rituale sadomasochistico, dove si sprecano fruste, borchie, guinzagli e iper-realistici falli di gomma. In *Coefficiente di fragilità* (1996) i Masque (con sede a Bertinoro, in provincia di Forlì) espandono nello spazio e nel tempo il "grande vetro" di Duchamp, *La Mariée mise a nu...*, construendo una casa-tempio che gli spettatori devono esplorare e spiare, scena dopo scena, immagine dopo immagine. Il romano Teatro degli Artefatti guidato da Fabrizio Arcuri, dopo gli esordi beckettiani con *Dati: 1) il bianco; 2) il silenzio; 3) $\sqrt{2}$* (1995), è impegnato in un'esplorazione del mito, in spettacoli-percorso ancora una volta molto vicini alle esperienze delle arti visive e articolati per stanze del mistero e della memoria.

Per tutti questi gruppi, cresciuti in realtà marginali, in festival e rassegne autogestiti, spesso abituati a lavorare nei centri sociali e nelle discoteche e inizialmente ignorati dalla critica, è fondamentale costruire con maniacale precisione il rapporto tra l'attore e il pubblico, tra il corpo esibito (e spesso costretto sadomasochisticamente da mille vincoli, elastici, catene) e lo sguardo del voyeur: tutti questi spettacoli sono macchine che indirizzano e determinano continuamente lo sguardo e l'attenzione dello spettatore. Fino al ribaltamento paradossale (o alla scelta più radicale) con l'*Edipo* (1997) del Teatro del Lemming, gruppo di Rovigo diretto da Massimo Munaro: l'unico spettatore viene bendato e condotto a rivivere, soprattutto attraverso il tatto, in un perturbante rito iniziatico, l'esperienza del protagonista della tragedia di Sofocle.

Le lingue teatrali italiane

Meno vitale appare purtroppo il panorama sul versante della drammaturgia. In parte è la conseguenza del prevalere nella pratica scenica prima del grande attore e poi della regia, con la sua insistenza sui classici da interpretare e attualizzare. In tempi più recenti i gruppi formatisi sull'esperienza dell'avanguardia hanno a lungo considerato la parola solo uno tra i tanti elementi che concorrono all'evento teatrale, con una polemica tesa spesso giustamente a riscattare il teatro da una dimensione puramente letteraria; poi, quando l'hanno recuperata, l'hanno spesso fatto in chiave di "teatro di poesia", riprendendo con quasi vent'anni di ritardo le indicazioni del manifesto di Pier Paolo Pasolini "per un teatro di poesia" del 1968 e privilegiando dunque la materia sonora e la tensione lirica della scrittura rispetto a qualsiasi forma di realismo o di indagine psicologica.

Ma il teatro italiano sembra ancora scontare un'altra ben nota difficoltà, radicata nella storia di una lingua più scritta che parlata. Sulle scene l'italiano fatica ancora a trovare scioltezza e credibilità. Il caso di Pirandello resta emblematico: gli scrittori teatralmente più efficaci di fatto si sono trovati costretti a inventarsi una lingua, dopo aver affondato le radici in un sostrato dialettale (un analogo fermento ha interessato la poesia dialettale, che nel Novecento ha toccato vette altissime). Non sarebbe azzardato sostenere che le vere lingue teatrali italiane siano i dialetti, dal veneto di Goldoni al napoletano di De Filippo, e che proprio la molteplicità delle capitali teatrali italiane abbia impedito finora la creazione di un teatro nazionale. Tra gli inventori di lingue teatrali va certamente annoverato Giovanni Testori (1923-93), con la sua scrittura distorta e contorta, violata, smozzicata e ricomposta. Dopo Franco Parenti e Franco Branciaroli negli scorsi anni, il suo teatro ha trovato in Sandro Lombardi un altro interprete d'eccezione: nei due monologhi *Edipus* (1994) e *Cleopatràs* (1996), con la regia di Federico Tiezzi, l'attore toscano offre una prova di finezza e intelligenza da virtuoso; intanto, quasi a dimostrare per contrasto l'efficacia della scrittura di Testori, Andrea Facciocchi presta al protagonista di *In Exitu* (1996) una violenza e un'energia granitiche.

In questo scenario non è dunque casuale che i risultati drammaturgici più convincenti stiano interessando le varie lingue teatrali italiane, riscattate da ogni tentazione nostalgica o localistica e rivitalizzate da una sensibilità assolutamente moderna. C'è la Napoli così lontana dai luoghi comuni di Enzo Moscato, autore e spesso interprete dei suoi testi: una metropoli che ha conosciuto Rimbaud e Genet, dove le risonanze mitiche e il ventre profondo della città si confrontano con la consapevolezza (e il fascino) della decadenza, lo sfarinamento della soggettività, il piacere della metamorfosi. Da Torre del Greco arriva Ruggero Cappuccio, che s'inventa uno *Shakespea Re di Napoli* (1994) e riscrive *Il Gattopardo* (*Desideri mortali*, 1996) ed *Edipo a Colono* (1997). A Palermo opera Franco Scaldati, che ripercorre l'esperienza beckettiana con gli autentici barboni del rione Kalsa, in una lingua di cupa e barbara raffinatezza, fino alla recente traduzione della *Tempesta* (1998) con la regia di Cherif. Il messinese Spiro Scimone riecheggia in *Nunzio* (1994) e *Bar* (1997) toni e atmosfere pinteriani. Il torinese Antonio Tarantino impasta tra degrado e beffardo misticismo diversi sostrati linguistici in *Stabat Mater* con Piera Degli Esposti (1994), *Passione secondo Giovanni* con Emilio Bonucci e Antonio Piovanelli (1994) e *Vespro della Beata Vergine* con Lino Banfi (1995), tutti con regia di Cherif.

Autori-attori

E il teatro commerciale? Pigramente, riprende i grandi successi internazionali (a cominciare dai musical di Broadway riallestiti in edizione nostrana da Saverio Marconi) o sfrutta la notorietà dei personaggi televisivi. I grandi vecchi come Vittorio Gassman e Giorgio Albertazzi appaiono ormai di fatto lontani dalla pratica teatrale, tesi al massimo a perpetuare il proprio personaggio, e anch'essi privi di possibili eredi. I capocomici più giovani sembrano accontentarsi di una routine piuttosto prevedibile (come Gabriele Lavia, assurto alla direzione del Teatro Stabile di Torino, e Giulio Bosetti). Resta viva la tradizione napoletana, con i fratelli Giuffré e soprattutto Luca De Filippo, il figlio di Eduardo, che si è di recente misurato con il *Tartufo* di Molière (1997), nella beffarda messinscena di Armando Pugliese.

Poi ci sono gli autori-attori che hanno segnato gli ultimi trent'anni del teatro italiano. Primi tra tutti Carmelo Bene, che ormai centellina le sue apparizioni quasi solo per recital poetici sugli amatissimi Campana e Leopardi, di cui si sono celebrati nel 1998 i duecento anni dalla nascita; e Leo De Berardinis, impegnato da tempo in successivi approfondimenti del *Re Lear* shakespeariano, in chiave sapienziale tra Totò e Beckett.

Ecco, forse oggi il teatro italiano, dal punto di vista del valore artistico, aldilà della vitalità delle varie ondate dei gruppi di ricerca e di alcuni maestri della regia, è quello degli autori-attori. All'attore non è più concesso essere un semplice esecutore di un progetto elaborato aprioristicamente dal regista: gli viene richiesto sempre più spesso un contributo autenticamente creativo. Da questo punto di vista resta esemplare il metodo di lavoro di un giovane regista prematuramente scomparso, belga, ma in diverse memorabili occasioni attivo in Italia, Thierry Salmon (1957-98). I suoi spettacoli, ispirati a opere narrative come *Agatha* di Marguerite Duras (*A.*, 1986), *La signorina Else* di Schnitzler (1987), *Gli studi per I demoni* di Dostoevskij (1991), o a classici come *Le troiane* (1988) e *Pentesilea* (*L'assalto al cielo*, 1996), venivano preparati in lunghi seminari che procedevano per esercizi e improvvisazioni d'attore, destinati a condensarsi in gesti e azioni emblematici e di comunicativa densità poetica.

Nella categoria degli autori-attori rientrano in primo luogo i numerosi comici monologanti che sulla scia di Roberto Benigni (e spesso sull'onda del successo televisivo) riscuotono grandi consensi nelle platee di tutta Italia: Beppe Grillo, ormai assurto a ruolo di predicatore, che nei suoi recital sbeffeggia i totem della società dei consumi; Paolo Rossi, folletto metropolitano, cantore di una generazione marginalizzata e ribelle, in queste ultime stagioni alle prese addirittura con *Rabelais* (1996); Alessandro Bergonzoni, travolgente affabulatore, portavoce di una vena di demenziale surrealismo e funambolismo verbale, in scena con il monologo *Zius* (1997) e in libreria con un volume che raccoglie la sua produzione teatrale (*Silences*, Ubulibri, 1997); e poi Paolo Hendel, Lella Costa e Claudio Bisio; e ancora i più giovani Antonio Albanese, che in *Giù al Nord* inventa nelle sue macchiette una sorta di *Tempi moderni* padano nell'era della globalizzazione; e Daniele Luttazzi, il più intellettuale e cattivo dei nuovi comici, con feroci affondi sul sesso.

Autori-attori che lavorano in direzioni molto diverse sono anche Paolo Poli, protagonista di deliziose e impertinenti parodie che in tempi recenti hanno spaziato dall'*Asino d'oro* (1994) ai *Viaggi di Gulliver* (1996); Moni Ovadia, che si è fatto portavoce in Italia della grande tradizione della cultura yiddish, spaziando tra musica klezmer, storielle, aneddoti e barzellette, con approfondimenti sull'universo di Kafka e sull'Olocausto; e Danio Manfredini, sperimentatore solitario dei territori della marginalità e della devianza, in assoli di raffinata grazia pittorica e gestuale.

E va senz'altro seguito l'itinerario d'attore e regista (o meglio il teatro d'attore) di Carlo Cecchi, magistrale interprete di Beckett (*Finale di partita*, 1995) e di Pinter (*La serra*, 1997), fino al recente, essenziale ed espressivo *Amleto al Teatro Garibaldi* (1996), allestito a Palermo in un teatro abbandonato per 99 spettatori a replica.

Per un teatro di narrazione

Nella categoria degli autori-attori rientra senz'altro anche Marco Paolini, che ha ottenuto uno straordinario successo (oltre 3 milioni e mezzo di spettatori) con la replica televisiva, in diretta per tre ore dalla diga nell'anniversario della strage, il 9 ottobre, del *Racconto del Vajont* (1994), rievocazione di una pagina tragicamente esemplare della storia italiana; ma Paolini è anche autore e protagonista degli *Album* (1987-1995) ovvero quattro monologhi di un'ora e mezzo ciascuno che ripercorrono l'infanzia e l'adolescenza di un alter ego di Paolini, Nicola; e del *Milione* (1997), una vera e propria visita guidata a Venezia tra la memoria del passato e i problemi dei presente. In questo filone di "teatro di narrazione" (che ha il suo manifesto nel celebre testo di Walter Benjamin su Leskov) rientra anche il lavoro di Marco Baliani, con i monologhi tratti dal *Kohlhaas* (1990) di Kleist, *Lear* (1994) e *Tracce* (1996), dal capolavoro del filosofo Ernst Bloch; ora Baliani continua a lavorare (dopo un assaggio televisivo, la sera del 9 maggio, ventennale del ritrovamento del cadavere di Aldo Moro assassinato dalle Brigate Rosse) a un monologo in cui racconta la sua esperienza di ventenne negli anni Settanta (a questo proposito, può essere interessante notare, anche dal punto di vista sociologico, che moltissime compagnie giovani e giovanissime usano il teatro per approfondire la storia contemporanea, quasi totalmente rimossa dalla scuola e dai mass media).

Un Premio Nobel al teatro italiano

Se oggi la figura centrale del teatro italiano, insieme antica e modernissima, è quella dell'autore-attore, il Premio Nobel a Dario Fo, inventore di quell'irresistibile lingua teatrale che è il grammelot, è in qualche modo un coronamento, malgrado l'imbarazzante coro di disapprovazione con cui molti letterati e uomini politici italiani hanno accolto questo prestigioso riconoscimento. L'anziano attore, a confermare la sua vitalità, ha firmato nel corso della stagione un copione sul tema della giustizia, *Il diavolo con le zinne* (1997), affidato a Giorgio Albertazzi e Franca Rame; poi si è impegnato personalmente, con l'abituale generosità, in un monologo su uno dei più controversi casi giudiziari italiani, la condanna di tre militanti del gruppo extraparlamentare Lotta Continua per l'omicidio del commissario Calabresi. Il suo *Marino è libero! Marino è innocente!* (1998) come al solito ha diviso pubblico e critica, confermando da un lato una fama di personaggio scomodo e di "estremista" coltivata da decenni; e dall'altro le difficoltà per l'*establishment* culturale italiano di fare i conti con il teatrante italiano più famoso e rappresentato nel mondo.

Cinema, cinema

di *Alberto Pezzotta*

Il cinema: un amore controverso

Se in Italia tutti si sentono critici cinematografici – tanto che le rubriche di recensioni sui settimanali spesso sono affidate a persone che di mestiere si occupano d'altro – l'amore per i film è meno diffuso che in altri paesi europei. Ogni anno nascono (e muoiono) una mezza dozzina di riviste specializzate, ma in molte università l'insegnamento della storia del cinema continua a venire sottovalutato se non ignorato, anche se in Italia esiste una tradizione di studi semiotici all'avanguardia: basti ricordare le opere di Gianfranco Bettetini e di Francesco Casetti, tradotte in molte lingue. Le cineteche sono poche e funzionano male, e non ha mai attecchito una profonda cultura cinefila: i paragoni con Parigi, Londra e Madrid non ci farebbero onore. Reperire in una videoteca *La règle du jeu* (*La regola del gioco*) di Renoir o *Der letzte Mann* (*L'ultima risata*) di Murnau è impresa disperata, anche se settimanali e quotidiani sono venduti assieme a videocassette di ogni genere. Negli ultimi anni cominciano a essere distribuite regolarmente le opere di registi affermatisi nei circuiti internazionali dei festival, come Abbas Kiarostami, Wong Kar-wai o Takeshi Kitano; ma i film continuano a venire doppiati, col comico risultato che Al Pacino, Robert De Niro, Dustin Hoffman e Sylvester Stallone parlano spesso con la stessa voce. E non è un caso che la pay tv, che basa la sua offerta soprattutto sui film, in Italia non abbia raggiunto cifre paragonabili a quelle di altri paesi europei.

Maltrattato e all'ultimo posto nel pantheon delle arti, il cinema ha però acquistato negli ultimi anni un rilievo sempre maggiore nei mass media. Foto di film illustrano le pagine di cronaca dei quotidiani [secondo un ridicolo principio di "affinità tematica": un caso di molestie viene accompagnato da una foto di Demi Moore in *Disclosure* (*Rivelazioni*)]. I telegiornali spesso si chiudono con la presentazione di un film, mentre grandi successi come *Il ciclone* (1996) e *Fuochi d'artificio* (1997) del comico toscano Leonardo Pieraccioni vengono eletti a simbolo di mutamenti sociali e generazionali. In occasioni come la notte degli Oscar o i festival internazionali, infine, il cinema italiano riempie la stampa e i palinsesti televisivi, e sembra suscitare sentimenti sciovinistici e patriottici simili a quelli che ispira il calcio: una reazione, probabilmente, alla concorrenza delle majors americane, che in Italia non è mai stata affrontata con progetti culturali, politici ed economici agguerriti come quelli francesi.

Un cinema di eccezioni

Indipendentemente dai giudizi di valore, bisogna partire da un dato di fondo: il cinema italiano contemporaneo è fatto di eccezioni ed è poco amato dal pubblico. Basta leggere la classifica dei maggiori incassi: nel 1994-95 tra i primi 20 figuravano solo 4 film italiani (*Il mostro* di Benigni, *S.P.Q.R.* di Vanzina, *Il postino* di Radford e Troisi, *La scuola* di Luchetti); lo stesso accadeva nel 1995-96 (*Viaggi di nozze* di Verdone, primo assoluto, *Vacanze di Natale '95* di Parenti, *Io ballo da sola* di Bertolucci, *I laureati* di Pieraccioni) e nel 1996-97 (*Il ciclone* di Pieraccioni, primo, *A spasso nel tempo* di Vanzina, *Nirvana* di Salvatores, *Sono pazzo di Iris Blond* di Verdone). Tendenza che sembra proseguire, malgrado i grandi successi italiani dell'annata più recente, da *La vita è bella* di Benigni a *Tre uomini e una gamba* dei comici Aldo, Giovanni e Giacomo.

Al di fuori di questi casi fortunati, manca un tessuto medio. Da una parte il divario tra il grande successo e il flop si è allargato sempre di più – una tendenza non solo italiana, e che dipende anche dalle politiche distributive (si tende a moltiplicare il numero delle sale in cui viene proiettato contemporaneamente lo stesso film). Dall'altra, con la scomparsa del cinema di genere, il livellamento si è compiuto verso l'alto (o il livello medio si è abbassato, dipende dai punti di vista): oggi quasi tutto il cinema italiano è "d'autore". Gli attori-registi comici come Benigni e Verdone hanno la stessa riconoscibilità d'immagine dei grandi maestri, e anche i registi più commerciali, come Carlo Vanzina – autore di parodie che escono con successo esclusivamente a Natale, come la serie *A spasso nel tempo* – hanno puntato, nel corso degli anni, alla riconoscibilità del proprio marchio e al prestigio personale.

Ma come affronta il resto del mondo il cinema italiano? Il numero di film italiani comprati e distribuiti in Europa (per non dire oltreoceano) è drammaticamente basso: e per molti spettatori colti stranieri il nostro cinema continua a identificarsi con Pasolini (morto nel 1975), Fellini (morto nel 1993) e Bertolucci (che per anni non ha girato in Italia). Un film come *Nirvana* (1997) di Gabriele Salvatores, già vincitore dell'Oscar per *Mediterraneo* (1987), è stato il tentativo in parte riuscito (almeno sul piano degli incassi) di confezionare un prodotto per il mercato internazionale, tecnologicamente aggiornato e ricco di effetti speciali. Ma si tratta di un caso isolato e ad alto rischio sul piano degli investimenti. Irripetibile è anche l'imprevisto successo mondiale del *Postino* (1994), codiretto da un regista inglese (Michael Radford), che ha giocato su un'immagine dell'Italia un po' da cartolina e fuori dal tempo. E solo dopo molti anni cominciano a venire conosciuti anche all'estero alcuni dei nomi nuovi più amati dalla critica: Nanni Moretti in primis, ma anche Mario Martone, Mimmo Calopresti, Gianni Amelio. Negli anni Ottanta c'era chi scriveva che il cinema italiano era "il più brutto del mondo": forse non aveva torto, e comunque ne stiamo ancora pagando le conseguenze.

Un'idea di cinema

Ci sono stati momenti in cui il cinema italiano è stato capace di parlare a tutto il mondo. È successo per esempio dopo la seconda guerra mondiale, col neorealismo: De Sica, Rossellini e Visconti hanno creato capolavori che nascevano dalla tensione tra elementi contraddittori: il realismo di situazioni di drammatica attualità, spesso connotate in chiave regionale (da cui l'uso del dialetto e di attori non professionisti) e contenuti universali, uno stile moderno e frammentato e strutture narrative forti e riconoscibili.

Attenzione critica nei confronti della società, novità di linguaggio (fu André Bazin tra i primi a riconoscere l'originalità stilistica dei nuovi registi) e popolarità (se i grandi incassi, all'epoca, non li faceva Rossellini ma i mélo di Matarazzo, col tempo film come *Roma città aperta* e *Paisà* sono entrati a far parte della memoria collettiva, formando generazioni di spettatori): a partire dal neorealismo, il cinema italiano ha funzionato in presenza di questi tre elementi. Che infatti ritroviamo nella commedia all'italiana del decennio successivo, o almeno nelle opere migliori di registi come Mario Monicelli, Pietro Germi, Antonio Pietrangeli e Dino Risi. Ma il cinema italiano degli anni Sessanta è anche quello sperimentale di Michelangelo Antonioni, quello di genere "d'avanguardia" di Mario Bava e Sergio Leone, quello poetico di Federico Fellini e Pier Paolo Pasolini, quello letterario di Luchino Visconti, quello politico e polemico di Marco Bellocchio e Marco Ferreri. Autori che continuano a esercitare un'influenza sui registi di tutto il mondo. Ma che cosa si inceppa nel rapporto tra immagine e realtà, per cui a partire dagli anni Ottanta il cinema italiano si chiude entro i propri confini nazionali, e fatica a dialogare col pubblico?

Il cinema nell'era della televisione

Alla fine degli anni Settanta un ciclo pare esaurirsi: il cinema italiano da tempo vive di rendita su formule redditizie – a cominciare da una commedia sempre meno mordace – e sul prestigio dei singoli autori, quando l'improvvisa liberalizzazione delle televisioni private fa emergere le debolezze del sistema e ne affretta la crisi. L'aumento vertiginoso dell'offerta di film sul piccolo schermo provoca un crollo del mercato, con la conseguente chiusura di una buona metà delle sale esistenti, soprattutto nei piccoli centri. La prima a scomparire è la produzione media, del cinema di genere a basso costo – western, horror, poliziesco, thriller ed erotico – fino ad allora fiorente, spesso serbatoio di idee e innovazioni formali (basti pensare a registi come Dario Argento e Fernando di Leo). A tenere testa a questa crisi da una parte è il cinema dei comici (Alberto Sordi, Paolo Villaggio, Renato Pozzetto e i giovani Massimo Troisi e Diego Abatantuono), erede a volte degenere della commedia all'italiana ormai esaurita, e dall'altra la pornografia tacitamente liberalizzata, che vede il boom delle sale a luce rossa (poi decadute negli anni Novanta). Certo, rimangono i grandi autori, ma negli anni Ottanta girano sempre più di rado (come Fellini) o vanno all'estero (vedi Bernardo Bertolucci).

Il primo effetto della televisione è di semplificare il mercato: sopravvivono solo i più forti. In un secondo momento, viene rimodellata anche la produzione: col sorgere di un duopolio tra la televisione di stato e quella di Berlusconi, Rai e Mediaset si affiancano a Vittorio Cecchi Gori (forte di una delle più potenti catene di distribuzione) come i principali produttori e committenti di cinema. Qualunque film venga prodotto in Italia, anche in modo indipendente, non può non tenere conto della destinazione finale sul piccolo schermo. Sono ben pochi i film, oggi, che riescono a recuperare i costi solo con gli incassi in sala; la vendita dei diritti televisivi diventa fondamentale, e si capisce come ciò condizioni già in partenza le scelte tematiche e stilistiche. In Italia, negli ultimi anni, la censura cinematografica è stata sempre più debole e tollerante (specie rispetto a paesi come l'Inghilterra): ma quella televisiva è tuttora più rigida. Si intuisce, quindi, che la presenza ingombrante della televisione abbia comportato una certa perdita di libertà espressiva.

Di recente, l'intervento massiccio dello stato con finanziamenti a sostegno dei film ritenuti di "interesse culturale nazionale" da parte di una commissione apposita, non ha certo sbloccato la situazione. L'intento di partenza, lodevole, era quello di aiutare i film poco commerciali di giovani registi non ancora famosi. Ma per ottenere a colpo sicuro i finanziamenti, molti giocano la carta del "politically correct", puntando pigramente su un generico impegno sociale; e molti produttori, dal canto loro, sono ben contenti di recuperare i costi con i finanziamenti statali e la prevendita dei diritti televisivi, finendo col creare un cinema sganciato dal mercato e senza pubblico.

Moretti e Amelio

I due autori più influenti del cinema italiano d'oggi sono probabilmente Nanni Moretti e Gianni Amelio. Malgrado i loro percorsi siano molto diversi, questi due registi, nell'epoca della crisi delle ideologie e della post-post-modernità, hanno continuato a chiedersi come e cosa riprendere della realtà, come raccontare l'Italia di oggi aldilà dei generi e degli stereotipi.

Moretti, che aveva esordito con un film tipicamente generazionale come *Io sono un autarchico* (1976), ironica autocritica della sinistra giovanile, ha fatto fin dall'inizio un cinema in prima persona (è sempre interprete dei suoi film), autobiografico e autoironico, indossando maschere diverse come quella di un prete in *La messa è finita* (1985) o di un pallanuotista comunista in *Palombella rossa* (1989): per approdare, dopo *Caro diario* (1993), a un cinema-confessione, da una parte sempre meno *fiction* e dall'altra sempre più dichiaratamente impotente a raccontare il mondo. In *Aprile* (1998), di fronte allo squallore della realtà e alle delusioni della sinistra al governo, Moretti si rifugia nell'orgoglio di padre. Amatissimo (e odiatissimo), venerato come un modello di comportamento coi suoi tic e i suoi celebri modi di dire riprodotti anche sulle T-shirt, Moretti è diventato suo malgrado una star, anche se si concede pochissimo ai media: specchio per una generazione di trenta-quarantenni genericamente "di sinistra" e delusi dal presente.

Più appartato è Gianni Amelio, autore di un cinema "in terza persona" che con *Ladro di bambini* (1992) e *Lamerica* (1994) è stato indicato dalla critica – per quello che possono valere queste etichette – come erede di Rossellini. Amelio è tra i pochi che creda ancora nella possibilità, da parte del cinema, non solo di catturare la realtà, ma anche di analizzarla: attraverso un uso complesso del sonoro e una recitazione che affianca professionisti a volti presi dalla strada, Amelio coglie un mondo degradato e in trasformazione – si tratti del Sud dove un giovane carabiniere tenta una fuga impossibile con due ragazzini che vengono da una famiglia disastrata, o dell'Albania post-comunista colonizzata da avidi italiani – dove vecchio e nuovo convivono, e le contraddizioni arrivano a un passo prima della tragedia senza esplodere. Se al cinema di Moretti è stata spesso rimproverata la piattezza formale, Amelio è un grande stilista: anche se il suo stile è invisibile, come quello di Rossellini, e proprio per questo più denso e complesso.

Realismi e minimalismi

Moretti e Amelio sono stati ispiratori, diretti o indiretti, di un filone di cinema che ha cercato di raccontare il presente, tra dramma e ironia. Come produttore e attore, Moretti ha lasciato la sua impronta in due film importanti come *Il portaborse* (1990) di Daniele Luchetti e *La seconda volta* (1995) di Mimmo Calopresti. Il primo dipinge con verve satirica il sottobosco della politica e della corruzione, anticipando lo sdegno popolare che ha trovato espressione nei processi di Mani Pulite all'inizio degli anni Novanta. Il secondo fa i conti con una ferita ancora aperta come il terrorismo degli anni Settanta, facendo incontrare, dopo molti anni, un professore che era stato ferito dai brigatisti e la donna che gli aveva sparato: un confronto impossibile nel quale ciascuno resta sulle sue posizioni, ma venato di un'ambiguità insolita in un cinema politico che, per tradizione, tende a essere schematico.

Se gli altri film di Luchetti (come *La scuola*, 1995, ispirato a una serie di libri di Domenico Starnone che dipingono con rassegnata ironia gli sfaceli della pubblica istruzione) sono scesi a più di un compromesso con le ragioni dell'*entertainment*, Calopresti, col suo secondo film (*La parola amore esiste*, 1998), sembra avviarsi a un cinema psicologico e d'introspezione molto controllato.

Altri registi interessanti hanno esordito negli ultimi dieci anni. Pasquale Pozzessere, forse il più vicino ad Amelio, descrive senza retorica e con una forte tensione morale e visiva un mondo invivibile (i due sbandati in fuga di *Verso Sud*, 1992, l'uomo onesto usato e poi abbandonato dalla polizia in *Testimone a rischio*, 1997). Massimo Mazzacurati cerca di raccontare con piglio sanguigno e qualche tentazione poetica il presente instabile: *Un'altra vita* (1992) e *Vesna va veloce* (1996) mettono in scena ragazze dell'Europa dell'Est venute in Italia a cercare una improbabile fortuna. Francesca Archibugi ha inseguito una poetica minimalista e un cinema di sentimenti per alcuni lezioso (*Mignon è partita*, 1988 e *Il grande cocomero*, 1993). Il livornese Paolo Virzì è invece il più legato alla tradizione della commedia all'italiana, con i suoi personaggi emblematici e a volte caratterizzati fino alla caricatura, come mostra il fortunato *Ferie d'agosto* (1996), sulla "guerra" tra un gruppo di vacanzieri "di sinistra" e uno "di destra" nell'isola di Ponza. Ma Virzì è anche tra i pochi a eleggere la classe operaia a protagonista (*La bella vita*, 1994 e *Ovosodo*, 1997), cercando al tempo stesso nuove e originali soluzioni di racconto.

Neo-neorealismo

Ossia, con orribile neologismo peraltro poco gradito dagli interessati, il cinema che si ispira alla cronaca. Il fenomeno appare esaurito, ma *Mery per sempre* (1989) di Marco Risi è stato un film a suo modo importante. Raccontando l'interno di un carcere minorile di Palermo con attori non professionisti, Risi aveva puntato su un realismo a forti tinte e di grosso impatto spettacolare, ottenendo un buon successo. La piccola ondata di film che è seguita – a cominciare dal sequel *Ragazzi fuori* (1990) – si è trascinata stancamente nella ripetizione della formula: temi tratti dall'attualità (incesti, stupri di gruppo, hooligans, immigrati sfruttati, piccola delinquenza, droga, poliziotti e magistrati in lotta contro la mafia, strozzini), e un compromesso tra correttezza politica nella denuncia e spettacolarità (spesso debitrice del cinema poliziesco – o "poliziottesco", come si dice con sfumatura spregiativa – degli anni Settanta, e di quello politico e di denuncia di Rosi e Damiani, filtrati attraverso sceneggiati televisivi di grande successo come *La piovra*). Film come *Ultrà* (1991) e *La scorta* (1993) di Ricky Tognazzi, *Le amiche del cuore* (1992) e *Un eroe borghese* (1995) di Michele Placido e *Il muro di gomma* (1991) di Risi testimoniano i pregi e i limiti di un realismo spesso ingenuo e convenzionale.

Fuori da Roma

Il cinema italiano, identificato da Cinecittà e dalla commedia, è stato per molti anni essenzialmente romano, anche se modelli produttivi appartati (come quello del lombardo Ermanno Olmi) sono sempre esistiti. Negli anni Ottanta, in corrispondenza alla fioritura di una scuola di autori di documentari e cortometraggi, si è tentato, a Milano e Torino, di creare poli di produzione alternativi.

Tra i pochi autori emersi dall'eterno limbo degli indipendenti spicca il milanese Gabriele Salvatores, diventato celebre con alcune commedie su una generazione di trentenni nostalgici che fingono di non volersi integrare come *Marrakech Express* (1989). Se, dopo *Nirvana*, le ambizioni di Salvatores sono ormai planetarie, altri due lombardi come Silvio Soldini e Davide Ferrario cercano di bilanciare l'analisi del presente che fugge con un linguaggio fuori dagli schemi, guardando il primo alle rarefazioni di Kieslowski (*L'aria serena dell'Ovest*, 1990 e *Le acrobate*, 1997), il secondo alle nouvelles vagues di ogni epoca e paese (*Tutti giù per terra*, 1997 e *Figli di Annibale*, 1998): con risultati degni comunque di maggior attenzione da parte di un pubblico spesso pigro e conformista.

Al di fuori di ogni logica di mercato si muovono invece registi come Franco Piavoli, cantore del mondo contadino a metà tra *fiction* e documentario (*Pianeta azzurro*, 1982, e *Voci nel tempo*, 1996), e Yervant Gianikian e Angela Ricci Lucchi, che rielaborano materiali d'archivio in una riflessione sulla storia dura e senza compromessi (*Dal polo all'equatore*, 1986 e *Prigionieri della guerra*, 1995).

La scuola napoletana

A Napoli, per anni, si è fatto un cinema basato sulle canzoni e sul teatro popolare (la "sceneggiata" di Mario Merola), a consumo quasi esclusivamente locale. Negli ultimi anni, in corrispondenza di una rinascita culturale della città, sono emersi alcuni registi nuovi, subito catalogati dai critici come "scuola", anche se il movimento non ha nulla di omogeneo e l'unico progetto comune (il film a episodi e a più mani *I vesuviani*, 1997) è stato giudicato un fallimento. Se Salvatore Piscicelli, attivo all'inizio degli anni Ottanta con duri mélo urbani che guardavano a Fassbinder (*Immacolata e Concetta*, 1980 e *Blues metropolitano*, 1985) oggi sembra essersi defilato, i nomi di punta sono quelli di Pappi Corsicato e Mario Martone. Già assistente di Almodóvar, a Corsicato si devono film pop brillanti e sgangherati come *Libera* (1993) e *I buchi neri* (1995), sempre in bilico tra il recupero della cultura "bassa" e lo sberleffo *camp*. Martone invece viene dal gruppo teatrale Falso Movimento (in omaggio al film *Falsche Bewegung* di Wenders), e fa un cinema più dichiaratamente alto. I temi sono i soliti, crisi di identità di quarantenni e grovigli psicanalitici (*L'amore molesto*, 1995), l'impossibilità da parte dell'intellettuale di intervenire nel reale (*Teatro di guerra*, 1998): ma l'occhio di Martone, grazie anche al direttore della fotografia Luca Bigazzi, ha un grande talento pittorico. Tra gli altri registi campani vanno ricordati almeno l'appartato Giuseppe Gaudino, che viene dal cinema sperimentale (*Giro di lune tra terra e mare*, 1997), e Antonio Capuano, che però non ha mantenuto le promesse di *Vito e gli altri* (1991).

I siciliani

Tra le cose più nuove e provocatorie viste in televisione nell'ultimo decennio va ricordata la serie *Cinico TV* dei palermitani Daniele Ciprì e Franco Maresco: brevi episodi in bianco e nero all'insegna di un umorismo acre, dove personaggi disgraziati, emblemi di un'umanità degradata, si muovono in un mondo assurdo dominato da pulsioni primordiali. Figli di una tradizione letteraria improntata al pessimismo cosmico, che va da Verga a Sciascia, Ciprì e

Maresco ne propongono la versione abietta, adatta a un mondo senza Dio e senza storia. Il tentativo di trasporre sul grande schermo questa estetica nichilista ha dato risultati assai discussi: da *Lo zio di Brooklyn* (1995) a *Totò che visse due volte* (1998) è cambiata solo la quantità di provocazioni che, malgrado la grancassa dei media e i tentativi di censura, hanno finito per lasciare indifferente un paese abituato, quotidianamente, a ben peggio.

La palermitana adottiva Roberta Torre, vicina al mondo di Ciprì e Maresco, ne ha proposto una versione colorata e gioiosa in *Tano da morire* (1997): definito "primo musical sulla mafia" e accolto da buon successo, ricorda il gusto *camp* e grottesco dei film di John Waters.

Più noto e amato all'estero che in Italia è invece Giuseppe Tornatore, che da *Nuovo Cinema Paradiso* (1988) a *L'uomo delle stelle* (1995) ricostruisce una nostalgica Sicilia di fantasia, col rischio evidente del manierismo.

I comici

"Castigat ridendo mores," diceva Jean de Santeuil della commedia dell'arte. Lo stesso hanno fatto, nei casi migliori, la commedia all'italiana e il cinema comico: che costituisce, non si dimentichi, il genere più redditizio e seguito dal pubblico. Una serie come quella di Fantozzi, per esempio, inaugurata nel 1975 e interpretata da Paolo Villaggio, dedicata alle disavventure di un impiegato vigliacco ed eterna vittima, ha saputo rappresentare con ironia irresistibile, almeno alle origini, le miserie della piccola borghesia italiana.

Un primo grande ricambio generazionale di comici è avvenuto all'inizio degli anni Ottanta, con l'esordio di attori-registi come Carlo Verdone, Massimo Troisi, Roberto Benigni, Maurizio Nichetti, Francesco Nuti, Alessandro Benvenuti, legati in genere al cabaret o alla televisione, e interpreti di una comicità più giovanile e anticonvenzionale, a volte con sfumature malinconiche o surrealiste. Dopo la morte prematura di Troisi, la decadenza narcisistica di Nuti e la routine con tentazioni autoriali (ma sempre premiata dal successo) di Verdone, a Benigni è riuscita l'operazione di alzare le ambizioni senza perdere un solo spettatore con *La vita è bella* (1997), dedicato a un tema doloroso e delicato come l'Olocausto. Il gran premio della giuria a Cannes nel 1998 ha confortato la maggioranza dei critici italiani, che hanno ritenuto Benigni non indegno di Chaplin.

Alla metà degli anni Novanta esordisce comunque una nuova generazione molto variegata: Antonio Rezza – il più cattivo e agguerrito formalmente –, Antonio Albanese, il trio Aldo, Giovanni e Giacomo e Leonardo Pieraccioni, l'unico a essere odiato dagli intellettuali, perché rappresenta senza pudori i sogni dell'italiano tipo in tutta la loro mediocrità.

Il cinema di massa di Pieraccioni è un gradino sopra, comunque, alla comicità più corriva e volgare rappresentata dai fratelli Vanzina e dagli attori Christian De Sica e Massimo Boldi. E anche se alcuni critici, memori di quanto era successo a Totò (il grande comico napoletano che, in vita, venne quasi sempre snobbato, anche se Pasolini lo volle interprete di tre film), hanno tentato una rivalutazione anticipata di questi personaggi, è difficile salvare un cinema che sembra un prolungamento del peggio della televisione.

I classici

Negli anni Novanta se ne vanno, purtroppo, registi come Fellini e Ferreri. Ma quasi tutti gli altri classici continuano o riprendono a girare. Dopo anni di un cinema introverso e troppo nutrito di psicoanalisi, Marco Bellocchio ricomincia a comunicare col pubblico con il celebrato adattamento del *Principe di Homburg* (1997) di von Kleist. Sergio Citti, l'erede di Pasolini, con molte difficoltà gira i suoi film ruvidi e poetici, anche se dalla cattiveria è passato alla fiaba (*I magi randagi*, 1996). Bernardo Bertolucci torna in Italia per fare il bilancio di una generazione, confrontando vecchi e giovani (*Io ballo da sola*, 1996). Più discussi, invece, i ritorni di Michelangelo Antonioni (*Al di là delle nuvole*, 1995, girato in collaborazione con Wim Wenders) e di Francesco Rosi, il cui adattamento di Primo Levi, *La tregua* (1997), è considerato da molti come un brutto esempio di cinema formato esportazione. Categoria in cui, da molti anni, si possono far rientrare anche gli adattamenti letterari dei fratelli Taviani.

In altri casi l'impressione è che i maestri non abbiano più molto da insegnare. Registi dal passato spesso glorioso, come Ettore Scola, Dino Risi, Mario Monicelli, Liliana Cavani, Lina Wertmüller e Pupi Avati sembrano avere perso, negli anni Novanta, l'aggancio sia col pubblico sia con la critica.

Un cinema "italiano"?

Il panorama finora tracciato è certo parziale, e ogni critico potrebbe aggiungere la propria lista di eccezioni e autori sottovalutati (Giuseppe Bertolucci, Tonino De Bernardi, Silvano Agosti, Paolo Benvenuti, Francesco Calogero...). Ma aldilà dell'impossibilità di riconoscere una poetica unitaria, è evidente che il cinema italiano degli anni Novanta è cresciuto. Non si sentono più rimproveri alla piattezza stilistica (la famosa macchina da presa che non si muove mai) come nel decennio passato. Il rapporto con la realtà è ristabilito, anche se deve fare i conti da una parte con i narcisismi e i vezzi liricizzanti di molti autori, e dall'altra con il disinteresse dei distributori e degli esercenti, prima ancora che del pubblico.

Morando Morandini, uno dei decani della nostra critica, argomenta sulla rivista "Segnocinema" (83, 1997) che il disamore di molti italiani per il loro paese, e in particolare per la classe dirigente, sia collegato allo scarso entusiasmo – fatte le solite eccezioni – per il cinema nazionale. D'altra parte, scrive con contraddizione solo apparente, "almeno da quindici anni... il cinema italiano non esiste più. Si fanno dei film, non è la stessa cosa". Forse è meglio così.

Panoramiche e frammenti nell'arte contemporanea

di *Patrizia Zambrano*

È possibile il bilancio del presente?

Raccontare gli eventi mentre si vanno facendo, è sempre compito arduo. Manca la prospettiva storica e la distanza cronologica e dunque metodologica che chi scrive deve avere per poter ricostruire i fatti conferendo a ciascuno il giusto peso. Inoltre le concatenazioni di cause ed effetti non sono sempre chiare nel loro accadere e lo diventano solo con il passare del tempo, con la frattura che ci separa dal presente, dal contemporaneo, quando questo, entrando nei territori della memoria, si configura in modo più ordinato, quando si sedimentano gli accadimenti, si minimizzano quelli di poco rilievo e si fanno netti i contorni di quelli veramente importanti. Per ciò è parso più corretto, in questo testo, rinunciare a tratteggiare un panorama, e si è voluto invece esaminare sezioni del paesaggio generale, tra loro comunicanti, per ora, provvisoriamente. Al di fuori resteranno aspetti anche importanti dell'arte italiana degli anni Novanta, le opere video e il mercato, che paiono tuttavia i più facili da isolare in un loro ambito specialistico.

È ancora impossibile azzardare bilanci, perché la storia è in corso, si va ancora facendo, ed è consigliabile resistere alla tentazione – forte al chiudersi del decennio, del secolo e del millennio – di affermare sentenze definitive più che mai rischiose.

Una domanda tuttavia è necessario porre come hanno fatto Luca Beatrice e Cristiana Perrella nel loro ultimo utilissimo testo sulla *Nuova Arte Italiana* (L. Beatrice - C. Perrella, *Nuova Arte Italiana. Esperienza visiva ed estetica della generazione anni Novanta,* Castelvecchi, 1998). Visto che il mondo sta ormai smantellando i suoi confini geografici "continua ad avere senso parlare di arte italiana? E in particolare di arte contemporanea oggi che manca così poco tempo al Duemila? Quali sono i caratteri culturali che meglio la definiscono?" La risposta è significativa: "Manca certamente all'arte italiana una compattezza paragonabile a quella di altri paesi". Ognuna delle culture nazionali "va ben fiera della propria identità, per la quale viene costituito un efficace sistema espositivo e informativo di diffusione e di consenso. In Italia tutto questo non accade, anzi... Se esiste un Italian Style nella moda, nel design, nella musica, nella letteratura, questo stesso Italian Style nell'arte, oggi, 1998 circa, non è altrettanto precisato". Mancano i musei, le gallerie, le riviste, i curatori professionisti, l'editoria specializzata. Manca più in generale l'informazione e manca un sostegno istituzionale, anche su base semplicemente territoriale. Mancano dunque i finanziamenti, le occasioni, gli spazi.

Allargando lo sguardo a considerazioni più generali permeate dalla percezione della fine del secolo, sono significative le parole e la riflessione di Luca Scarabelli, giovane artista creatore della fanzine "Vegetali Ignoti" (n. 7, 1994) che denuncia la situazione: "C'è nell'aria un senso di depressione ed incertezza, si assapora la fine delle illusioni e delle tante utopie e poesie che l'arte ci ha regalato, e preoccupazione sulla sorte dell'arte – non la morte fin troppo annunciata o a questo punto già avvenuta –, e questo non perché siamo vicini alla fine del secolo e del millennio, ma per una più profonda problematicità e conflittualità dell'uomo che legge e reinventa il mondo, che ha riscaldato l'arte negli ultimi cento anni che ora viene a mancare, un disappunto dato quasi per stanchezza o disaffezione per la troppa abbondanza, tanto che oggi si mormora da più parti ciò che preannunciò Andrae 'le forme sensibili nelle quali esisteva in principio un equilibrio polare tra fisico e metafisico, via via si sono venute svuotando di contenuto, fino a che oggi noi diciamo: questo è ornamento'".

Uno sguardo indietro. Gli anni Ottanta

> "Gli anni Ottanta un po' dovunque, ma soprattutto in Italia e soprattutto a Milano, passarono come un periodo di benessere e superficialità, ma io lo seppi soltanto dopo, quando li vidi commemorati sui giornali, perché, come sempre succede in questi casi, non me ne accorsi mentre li vivevo."
>
> Antonio Franchini, *Un eroe di un altro tempo*, Subway, 1998.

Gli anni Ottanta, specificamente la seconda metà del decennio, in Italia sono stati caratterizzati da una diffusa effervescenza che ha investito il mondo dell'arte contemporanea in tutte le sue componenti. Gli artisti giovani sono apparsi numerosi alla ribalta, i galleristi li sostenevano e vendevano le loro opere, i collezionisti acquistavano, anzi una nuova generazione di collezionisti tra i trenta e i quarant'anni si è formata. I critici hanno ritrovato, dopo la crisi metodologica degli anni Settanta che ne aveva messo fortemente in dubbio il ruolo, un loro spazio. Nuove riviste, poche, sono nate, le vecchie si sono in parte rinnovate.

Milano è stata decisamente la città centrale di questo movimento, il luogo dove le tendenze, i fenomeni e le aspirazioni si sono manifestate e si sono bruciate prima. La situazione è stata del resto già storicizzata nel bel catalogo di una mostra che ha probabilmente messo in luce i punti deboli più che le linee di forza del lavoro degli artisti tra 1985 e 1990 (*Due o tre cose che so di loro... Dall'euforia alla crisi: giovani artisti a Milano negli anni Ottanta*, Milano, Pac, a cura di M. Meneguzzo, catalogo Electa). Meneguzzo ha elencato i sostantivi che descrivono il periodo: edonismo, leggerezza, mercato, successo, glamour, effervescenza, indifferenza, immagine, oblio, oggettualità, felicità, facilità, status symbol. Da un punto di vista operativo, intorno al 1985 si sono aperte nuove gallerie che hanno cominciato a esporre gli artisti di una generazione nuova, che intenzionalmente, addirittura programmaticamente, tagliava i ponti con il passato. Le riviste, non solo quelle di settore, sostenevano il fenomeno assimilandolo a quello della moda e talvolta confondendo le due cose. Il rifiuto degli anni Settanta era il motore dell'intero movimento. Si rifiutava il clima ideologico, l'impegno politico e sociale e, in campo artistico, la prevalenza di Arte Povera e della pittura. Questa veniva vista come depositaria di una tradizione della quale tout court, senza distinzioni, ci si voleva liberare.

Nel 1985, una mostra che si tiene nei capannoni dismessi della fabbrica Brown Boveri, si può dire apra il periodo. Tra gli artisti presenti vi sono quasi tutti i protagonisti del quinquennio successivo: Arienti, Aschieri, Cavenago, Maniscalco, Martegani, Mazzucconi. Nel 1986-87 aprono sette spazi gestiti da giovani galleristi che esporranno per gli anni succesivi giovani artisti: Fac Simile, Studio Guenzani, Studio Casoli, Decalage, Le Case d'Arte, Murnik, Marconi 17, che affiancano le gallerie già attive e attente al lavoro dei giovani, Salvatore Ala soprattutto, Toselli, Diagramma/Inga Pin, Belvedere, Artra, Cannaviello, Cavellini. Va inoltre ricordata l'attività di Corrado Levi, architetto, collezionista, intellettuale, critico d'arte, vera anima del risveglio delle arti di questo periodo, instancabile organizzatore e "movimentatore della scena milanese" (a Milano: 1986, *Dopo Gondrand*; 1986, *Il Cangiante*, PAC; 1987, *Spunti di giovane arte italiana*, Studio Corrado Levi).

A dispetto delle convinzioni dei galleristi e dei critici, questa arte, a differenza della Transavanguardia che era esplosa sulla scena americana nei primi anni Ottanta, non si è però imposta fuori dall'Italia, nel grande e danaroso circuito internazionale. Anche internamente quella degli anni Ottanta è un'arte chiusa in se stessa, non avendo contatti con il mondo musicale, letterario, televisivo, né con la realtà intesa in senso più lato. Le aperture riguardano solo moda e design. Quest'arte è stata auto-referenziale, leggera, staccata da tutto, chiusa nel sistema Gallerista-Critico-Riviste ed è corretta l'affermazione di Meneguzzo, che abbia prodotto una serie di artisti autodidatti e una serie di "opere autodidatte" e anche che il linguaggio dell'arte partisse da una condizione "ingenua". Gli anni Ottanta a Milano sono anni di oggetti, le opere sono oggetti e non immagini.

La crisi economica esplode nel 1990 e travolge la scena artistica milanese e italiana. Come è stato notato, il collezionismo italiano non è il collezionismo americano, né per quantità né per qualità e, quando, alla fine del decennio la crisi economica del paese si è fatta pesante, ha ricominciato a investire in nomi sicuri: artisti stranieri o italiani degli anni Sessanta. Le gallerie hanno chiuso o si sono ridimensionate, alcuni artisti hanno vissuto una crisi esiziale, altri solo una fase di maturazione e di trasformazione. Una mostra che si tiene in una fabbrica abbandonata, Fabbrica del Vapore (Milano, *Italia '90. Ipotesi arte giovane, La Fabbrica del Vapore*), segna il cambiamento e mescola il trascorso assieme al nuovissimo ancora in embrione, grazie a una attenta e creativa mappatura delle situazioni emerse in tutto il territorio della penisola. In quell'occasione una nuovissima generazione di artisti è apparsa ed è stato subito chiaro che si trattava di linguaggi, ricerche, territori molto diversi da quelli degli anni Ottanta. Luca Beatrice e Cristiana Perrella sono tra i critici che più acutamente hanno identificato quali siano stati i presupposti culturali, esistenziali e storici di questa "New Wave" nella quale, come critici, si sentono pienamente inseriti. La televisione è indicata come componente fondamentale nella formazione di questa ultima generazione: "In compagnia della Tv abbiamo passato gli anni dell'infanzia e quelli dell'adolescenza. A differenza di chi è venuto prima, i nostri ricordi personali spesso sono già ricordi collettivi, e molti momenti della nostra vita vengono segnati da immagini uguali per tutti... si sono come incastonate nella memoria, icone della nostra storia, salvate dal diluvio indistinto dei media... Altro punto che segna un deciso cambiamento è il fenomeno dell'acculturazione media che riguarda gran parte delle famiglie piccolo borghesi italiane di oltre trenta anni fa" avvenuta sulle enciclopedie illustrate che hanno creato in questa generazione la cosiddetta "estetica del taglia e incolla". A questo si aggiunge l'esperienza politica e culturale del '77. Ancora Beatrice - Perrella: "Degli anni intorno al '77 rimane soprattutto una nuova estetica che ribalta qualsiasi forma ideologica preconcetta; cade quindi la scala di valori tra ciò che si deve e non si deve fare, come vestirsi e come parlare, i libri da leggere, i film da vedere, l'arte rivoluzionaria e quella borghese, la musica da ascoltare". È però l'esperienza del punk – uno stile che si è espresso soprattutto per immagini – a catalizzare tutte queste realtà e da cui derivano il recente fenomeno dell'autoproduzione e il sistematico sovvertimento di ordini, regole, generi, comportamenti. Gli anni Ottanta tramontano. "Tutti, nessuno escluso, si sono dovuti confrontare con il senso della crisi che una tale epocalità per obbligo richiede, consapevoli che l'opulenza di contorno al sistema per un bel po' non sarebbe tornata; hanno sviluppato la precarietà come necessità per fronteggiare l'assenza di un meccanismo funzionante; hanno sfruttato la sempre valida massima italiana del sapersi arrangiare in quanto unica e reale possibilità estetica di sopravvivenza". Infine vale la pena di ricordare che, tramontata definitivamente – almeno in apparenza – la stagione delle ideologie (se non altro quelle storiche), il decennio 1980-90 ha visto però il riappropriarsi, da parte degli artisti e dei giovani del tessuto urbano, ma anche il rovinoso crollo economico del 1990, l'apparire dell'AIDS, che all'inizio del decennio non esisteva.

Anni Novanta. Un decennio di immagini e figure.

Il ritorno del soggetto, in ogni sua forma, caratterizza la produzione artistica italiana degli anni Novanta. Non è semplice operare delle classificazioni delle diverse tendenze, sia a causa di un certo sperimentalismo da parte degli artisti, che di una voluta ambiguità delle poetiche e dei linguaggi. Elemento fondamentale è comunque la riscoperta delle potenzialità dell'immagine che discende direttamente dal "rinascimento pittorico" che ha caratterizzato l'arte americana e tedesca degli anni Ottanta. Anche l'influsso del fumetto italiano dei due decenni precedenti non è estraneo a questo svolgimento. Scrivono Beatrice - Perrella: "L'immagine è comunque il segno forte e prevalente di tutta la cultura artistica più innovativa, che infatti ricorre anche nei lavori di artisti che non la affrontano in maniera così diretta come pittori e fotografi". La fotografia, non più usata nella sua funzione solo documentativa, diviene strumento centrale di questo ritorno all'immagine che si configura il più delle volte con un ritorno al figurativo e al paesaggio. Nelle fotografie, spesso intenzionalmente mosse o sfuocate, l'artista ritrova la propria storia, la propria autobiografia, che è legata a luoghi della memoria o alla proiezione di sogni e visioni futuri. Altre volte dipinti e fotografie non dialogano con la realtà circostante, ma piuttosto con una meta-realtà filtrata soprattutto dal cinema, dalla televisione, dal computer, dai fumetti, dalla musica, dalla contemporanea produzione letteraria.

Nel definire i tratti salienti di queste tre tendenze tangenti tra loro, Beatrice - Perrella prendono le distanze dai modelli americani: "L'arte italiana degli anni Novanta tiene una posizione molto più eccentrica. Se da un lato raramente rinuncia a una forma e tenta comunque di presentare alla fine un oggetto, un qualcosa di tangibile, dall'altro si aiuta con una spiccata dose di ironia e leggerezza che la salvaguarda dalle asprezze di contenuto: anche quando affronta la realtà più cruda la giovane arte riesce generalmente a non essere né eccessivamente volgare né troppo bacchettona. Esistono infatti diversi tipi di realtà: l'universo a cui far riferimento è sfaccettato e non così uniforme come quello su cui è imperniata la nuova arte americana. Inoltre il reale non corrisponde sempre a brutalità, e in ogni caso l'arrivarci di lato e non direttamente spesso preserva da atteggiamenti censori e moralisti".

Queste osservazioni sono particolarmente pertinenti al filone che ha messo al centro della propria ricerca il corpo femminile in una particolarissima connotazione erotica (Betty Bee, Giulia Caira, Vanessa Beecroft, Enrica Borghi).

Tra le tematiche del reale, una delle più presenti riguarda il racconto del crimine o degli ambienti e delle atmosfere che lo generano e lo circondano. La letteratura e il mondo visivo noir e splatter americano sono l'humus nel quale questa tendenza ha germogliato. Franco Silvestro, per esempio, filma episodi delittuosi di Afragola, paese della cintura vesuviana nel quale vive, tra le aree urbane a più alto tasso di criminalità del paese. Più mediato il lavoro di grande successo di Alessandro Bazan che si riferisce quasi sempre alle atmosfere dark di film e romanzi polizieschi, piuttosto che affrontare la realtà di Palermo, città nella quale vive.

Di tono diverso il lavoro di artisti (Andrea Sperni, Francesco Bernardi) la cui realtà di riferimento "riguarda un minimalismo ordinario e domestico che sembra appartenere più agli adolescenti che non alle persone adulte". Tuttavia un artista come Alex Pinna affronta il mondo adolescenziale dei cartoon con spirito crudele e tagliente, torturando Topolino o il cannibalizzando il canarino Titti.

L'autobiografismo è comunque una costante: Eva Marisaldi crea installazioni nelle quali dialoga sommessamente con il pubblico snocciolando piccoli testi poetici e riflessioni personali. E su questa linea lavora anche Grazia Toderi la cui vita e le cui sensazioni sono sempre al centro di un lavoro che si manifesta prevalentemente in video. Luca Vitone fotografa i luoghi delle proprie emozioni e dei propri ricordi, Mario Airò è stato addirittura definito "poeta della fragilità".

Ma, scrive Roberto Pinto, nell'introdurre la mostra *Forme di relazione* (Orzinuovi, 1993): "Le grandi ideologie hanno fallito, allora si riparte dal rapporto con gli altri, da un quotidiano impegno di comunicazione e relazione". Si tratta di un filone che riscopre un senso civico etico e sociale, che ha un risvolto "politico". Ma si esprime anche in un profondo desiderio di comunanza, di vicinanza, soprattutto nei luoghi nei quali si vive e si lavora. Così si spiegano esperienze come Via Lazzaro Palazzi (dal 1989) e Via Fiuggi (dal 1996) a Milano, nei quali gli artisti hanno lavorato a stretto contatto tra di loro. In Via Fiuggi 12/7 si è localizzata la più giovane generazione dell'arte italiana contemporanea (Gabellone, Ciracì, Ligorio, Galegati, Bonfanti, Perrone, Marchionni, Cingolani, Marcaccini, Berti) il cui lavoro è multiforme e difficile da circoscrivere anche per una intenzionale mancanza di programmaticità da parte dei protagonisti: "Ci muoviamo in varie direzioni: è tutto abbastanza omogeneo, senza confini. C'è molto più scambio anche tra gli artisti rispetto a periodi precedenti. Ora non si è più così restii allo scambio di idee come dieci anni fa. Non c'è niente da perdere, non ci sono posizioni dominanti rispetto alle altre. C'è, al contrario, più curiosità e voglia di partecipare al lavoro di altri artisti. Anche i linguaggi sono più disinvolti; le tecniche possono cambiare più facilmente, ricercando i mezzi più nuovi e utilizzando tutto ciò che ti sta intorno". (Deborah Ligorio a "Flash Art", febbraio-marzo 1996).

In questo panorama non può stupire che manchi in Italia una sperimentazione veramente contemporanea in tutto il settore che si potrebbe riassumere nel binomio "Arte e Media" ben descritto da Lorenzo Taiuti nel suo testo del 1996 (*Arte e Media. Avanguardia e comunicazione di massa*, Costa & Nolan, 1996). A parte le ricerche di Studio Azzurro di Milano, che ha precocemente compreso la necessità di cercare nell'industria – non solo quella delle tecnologie – i fondi per condurre i propri lavori sperimentali, pochissimi artisti operano in questo campo. Come le nuove frontiere elettroniche, la realtà artificiale e virtuale, i musei virtuali, l'intelligenza artificiale e anche le tematiche più strettamente legate al corpo post-umano (*Post-Human*, Castello di Rivoli, a cura di J. Deitch, ottobre 1992) e post-organico (T. Macrì, *Il corpo post-organico*, Costa & Nolan, 1996), non hanno trovato terreno fertile nella penisola. Benché la mostra di Rivoli possa essere considerata la più importante che si sia tenuta in Italia nel decennio, essa ha offerto un panorama mondiale che, se ha molto impressionato il pubblico, ha ben poco toccato il lavoro degli artisti giovani italiani. Questi ultimi temi legati al corpo e alle performance sono invece stati pretesto per la giovane letteratura pulp e sono stati invece posti al centro di elaborazione critica (Teresa Macrì, Mario Perniola, FAM). Se ne è giustamente rintracciata la radice nel lavoro di alcuni artisti italiani attivi nel campo della Body

Art negli anni Settanta, prima tra tutti Gina Pane e, in modo diverso, Vito Acconci. Solo il durissimo performer Franko B., trapiantato a Londra da molti anni, ha negli ultimi tempi portato in Italia, in ambito teatrale, le sue sperimentazioni estreme legate alla corporeità.

A partire dall'inizio del decennio si è fatta strada la tendenza chiamata Medialismo che ha avuto una solida e precoce teorizzazione (nonché una frenetica e ben organizzata attività espositiva) da parte di Gabriele Perretta, ma che, da un punto di vista operativo, si è dimostrata una definizione vagamente pretestuosa. Le caratteristiche fondamentali della pittura medialista sono: provenienza fumettistica, immagini ispirate alla pubblicità, molto colore e facilità di lettura (sinonimo di mercato facile). De Paris, Kastelic, Lamberti, Montesano, De Luca, Cannavacciuolo dipingono tele vivaci, colorate, talvolta iper-realiste e facili nei riferimenti culturali, quasi sempre la televisione, in un realismo semplificato privo di profondità e di riflessione, assoluta mancanza di contenuti di alcun genere.

Di ben altro interesse il mondo degli artisti che fanno riferimento alla visualità del computer e dunque delle reti, non solo per elaborare immagini, ma anche per trovarle e poi trasformarle in icone di forte impatto visivo come fa Matteo Basilè, uno dei migliori tra i giovani che stampa da plotter e crea immagini fortissime ricavate dalle stesse reti e poi ibridate con icone del post-moderno, quali il codice a barre che pare essere una sua ossessione. Ancora più tecnico il lavoro di Pintaldi che nei suoi acrilici riproduce la texture dei pixel del video e soggetti colti sempre in primissimo piano: pigmei africani, aborigeni o alieni.

Tutti questi svolgimenti restano di regola esclusi dalle pagine dei quotidiani che spiccano per il disinteresse evidentemente sistematico dimostrato per la produzione artistica contemporanea. Ancora una volta è il caso di dire "un paese normale con una stampa subnormale", con la sola eccezione delle pagine rosa del supplemento culturale domenicale del giornale economico "Il Sole 24 Ore". Le riviste sono poche e quasi sempre brutte e il mensile "Flash Art", assieme a "Tema Celeste", rimangono i soli parziali testi di riferimento. L'editoria tradizionale produce cataloghi e libri sull'arte contemporanea, solo laddove esista uno sponsor disposto a sostenere e acquistare la pubblicazione.

Qualche nuova rivista è apparsa, specie a opera di artisti e critici, oltre alla già menzionata "Vegetali Ignoti", "Permanent Food" (ideata da Maurizio Cattelan e Dominique Gonzales-Foerster), il critico Elio Grazioli cura invece la rivista "Riga" che affronta questioni di carattere piuttosto teorico. FAM è la direttrice di "Virus" rivista dedicata all'ambito post-umano e post-organico.

Dal 1995 esiste "Artel", rivista via fax, ma anche in questo campo le reti telematiche sono destinate a fare sempre di più la parte del leone.

UnDo.Net è la maggiore novità, ma non la sola, in questo campo. Curata da Premiata Ditta s.a.s., questo sito, inteso dagli autori come una vera e propria opera, è piuttosto ricco e permette di collegarsi in rete con riviste, società di servizi – fondamentale "ArtsWay of Thinking" che offre un panorama delle opportunità mondiali (borse di studio, mostre, seminari, programmi di ricerca, pubblicazioni) legate al mondo dei giovani artisti. Inoltre una serie di spazi "aperti" al visitatore permettono di trasmettere in rete le proprie riflessioni, proposte, richieste.

Gli artisti

Non è ovviamente possibile, in questo spazio, fornire una panoramica, se pur sintetica, sulle principali presenze nell'arte italiana degli anni Novanta. Alcuni nomi sono stati fatti nel precedente paragrafo. A seguire si isoleranno alcune delle più interessanti personalità della scena italiana. Si tratta soprattutto di trentenni e che hanno cominciato a lavorare ed esporre negli ultimi anni del decennio precedente.

Come si è detto, la realtà, anche se mediata attraverso i mezzi di comunicazione di massa come il semplice giornale quotidiano o la televisione, resta il punto di riferimento fondante per l'arte dei migliori di questi artisti, di qualsiasi tendenza essi siano. A partire dalle pagine di cronaca Marco Cingolani ha identificato in alcuni eventi traumatici degli anni a cavallo tra l'80 e il '90, il ritrovamento del cadavere di Aldo Moro, l'attentato al Papa, i temi portanti della propria pittura e di un immaginario collettivo ampiamente conformato da giornali e televisione. Margherita Manzelli è l'artista giovane di maggiore impatto emotivo, con le grandi tele nelle quali una pittura di altissima qualità incontra immagini inquietanti, figure di donne che riproducono, in un gioco di variazioni, il ritratto o cripto-ritratto della stessa pittrice collocato in ambientazioni spaesanti e spesso desolate. Ma la vera star dell'arte italiana, la sola che abbia raggiunto una popolarità mondiale è la genovese Vanessa Beecroft che ha proposto, negli ultimi anni, una serie di performance con gruppi di ragazze vestite di biancheria intima di gusto retrò, che sciamano da una parte all'altra dello spazio espositivo creando nello spettatore un senso di ansia e di vuoto, al tempo stesso di ammirata estraneità nei confronti di queste libellule la cui ossessione affonda le radici nei territori di anoressia e bulimia, fenomeni radicalmente contemporanei. Altrettanto conosciuto fuori dai circuiti nazionali, e ormai ospitato in tutte le mostre più importanti del pianeta è Maurizio Cattelan il cui lavoro è sempre inerente al mondo dell'arte e ai suoi meccanismi più triti.

Di lui si è detto che opera come un infiltrato deciso a mettere in crisi l'organizzazione, come fece alla Biennale '97, appoggiando delle biciclette vicino alle opere di Cucchi e Spalletti e dirottando così l'attenzione del visitatore su queste presenze estranee al contesto artistico. Il tema dello "spaesamento" è comunque uno dei più praticati. Alessandra Spranzi crea, con le fotografie, gli *Incendi domestici*, episodi apparentemente casuali che trasformano la nostra casa in un luogo rischioso per noi. Betty Bee ripropone nelle sue performance uno stereotipo anti-contemporaneo, quello della Pin Up anni Cinquanta, il cui erotismo esibito ma ingenuo, se messo a confronto con la pornografia imperante, disarma il pubblico e lo confronta con un modello completamente diverso. Antonio Riello crea addirittura reperti scientifici falsi, ma tuttavia verosimili, li pone entro teche, li studia, ne scrive. E tra questi le *Lacrime di Lady D.*, isolate in ampolle numerate, a falsificare anche l'ondata emotiva che si scatena per la morte della principessa. Masimo Kaufmann crea una piccola cella della morte di tubi di rame, un oggetto quasi domestico che costituisce un tetro "memento" quotidiano a turbare la nostra giornata. Giandomenico Sozzi lavora con la fotografia in un continuo coinvolgimento e scambio di ruoli con le persone che gli stanno attorno, fino a giungere nelle ultime immagini del 1998, a uno scambio di abiti che in modo impressionante, lungi dal fermarsi all'involucro esterno, obbliga a interrogarsi sui ruoli, le apparenze, le essenze, in un mondo sempre più confuso e ambiguo. Continua anche il lavoro solo apparentemente "impersonale" degli artisti legati a una ricerca che ingloba all'interno del sistema dei segni e delle pratiche estetiche tutto quello che fino a ieri apparteneva al mondo del business. Gli artisti coinvolti in questa corrente si firmano con sigle e marchi, logo e atti societari (in Italia Premiata Ditta s.a.s., Banca di Oklahoma S.r.l., Tecnotest s.r.l., Name Diffusion). È chiaro che si tratta di artisti che mirano a entrare fortemente in relazione con la realtà a partire dalla celeberrima affermazione di Andy Warhol: "La Business Art è il passo successivo all'arte pura e semplice. Io ho iniziato come un artista commerciale e voglio finire come business artist". Come riassume Loredana Parmesani nel suo fondamentale testo (*Arte & CO.*, Giancarlo Politi Editore, 1993), "Premiata Ditta s.a.s. conduce delle indagini di mercato che hanno come soggetto privilegiato il sistema artistico stesso; Oklahoma S.r.l. oltre a riprodurre se stessa attraverso i suoi documenti produce oggetti secondo le leggi di una buona economia preoccupandosi della loro qualità e del prezzo di vendita concorrenziale rispetto ad analoghi".

Assai popolari e ben sostenuti da critici e gallerie, oltre che dalla stampa periodica a grande tiratura, sono artisti poco sperimentali e attivi soprattutto al rafforzamento della tendenza figurativo-paesaggistica, tra i quali spicca la cosiddetta *Officina Milanese* (Frangi, Petrus, Pignatelli, Velasco).

Ma accanto agli artisti oggi "alla moda", soprattutto figurativi, vi sono altre ricerche. Personaggi più defilati, che hanno avuto riconoscimenti anche ufficiali, ma il cui lavoro raramente viene recensito su riviste come "Flash Art" o "Tema Celeste". Gli Eredi Brancusi attivi dall'89, lavorano sulla memoria dell'arte moderna e contemporanea, il loro lavoro sui "lasciti" di grandi artisti del secolo – Brancusi, Duchamp, Picasso – va ben aldilà di un ovvio ripiegamento fin de siècle. Amalia dal Ponte, di una generazione diversa, lavora ancora negli anni Novanta, ed è tra le poche a farlo, fondendo nel suo lavoro sui materiali lapidei, musica e poesia in una originalissima forma di fedeltà a ricerche tipiche degli anni Settanta. Carlo Ferraris scrive nel 1996 delle sue grandi foto di oggetti trasformati, leggermente deformati: "Penso alle mie fotografie come a dei piccoli film. Un film zen. Un film che dura un attimo dove è possibile intuire il prima e il dopo". (*Il formaggio e i vermi*, Cortona, Palazzo Casali, 1996). Luca Quartana unisce immagine fotografica e parola poetica passando attraverso il suo corpo, nel 1989 descrive il suo lavoro: "Mi dico: 'Una parola vera si può dire e se la dico si avvera. Un gesto reale si può fare e se lo faccio si realizza'. Attualmente la mia ipotesi di opera è questa confusione tra parola e gesto. Ogni volta che si attua è un momento di estasi: sono fuori di me". (*Le peintre et sa femme*, novembre 1989, Galleria Valeria Belvedere.)

Sedi istituzionali

Poche e male organizzate, le Sedi istituzionali costituiscono uno degli anelli più deboli del sistema artistico italiano negli anni Ottanta e Novanta. Museo Pecci di Prato e Castello di Rivoli, sedi espositive di grandi ambizioni e ricchi mezzi finanziari, nascono nel corso degli anni Ottanta. Propongono inizialmente mostre di carattere internazionale e lavori commissionati ad hoc ad artisti di fama mondiale (Sol Lewit, Dan Flavin, Kunellis), ma si arenano ben presto per mancanza di iniziative originali e autoprodotte. In una girandola di direttori e curatori (a Prato A. Barzell, I. Pannicelli, B. Corà) e mentre le polemiche infuriano, i due musei languono ormai da un decennio presentando piccole iniziative di carattere miscellaneo e pacchetti di mostre preconfezionati acquistati all'estero. Nessun interesse è manifestato per l'arte che si va facendo in Italia anche in aree territorialmente limitrofe, Torino e Firenze, scene attive e vivaci nel panorama nazionale. A Pistoia apre Palazzo Fabroni (curatore Bruno Corà) che propone soprattutto artisti italiani e stranieri ben affermati già negli anni Sessanta.

Nel corso degli anni Ottanta si consuma peraltro la dispersione per blocchi del patrimonio culturale costituito dalla Collezione Panza di Biumo che viene donata o venduta a istituzioni straniere, anche nella vicina Svizzera (1994-1995 duecento opere al Museo Cantonale d'Arte di Lugano). Giuseppe Panza di Biumo ha così spiegato la sua scelta in un'intervista a Marco Franciolli: "Purtroppo in Italia ci sono leggi sulla 'libera circolazione' dei beni culturali che rendono questa circolazione non più libera. Tutto ciò arreca un grave danno alla cultura, e rende impossibile – o per lo meno difficile – creare e avere in Italia una collezione d'importanza internazionale". (*Sguardi sulla Collezione. Donazione Panza di Biumo*, Skirà, Milano, 1997).

Tutto ciò mentre a Milano, a Napoli, a Roma, a Firenze, a Torino, continuano a mancare i Musei d'Arte Contemporanea.

Le fiere d'arte contemporanea, che si tengono dalla metà degli anni Ottanta, ma non con regolarità, cercano di emulare le grandi mostre internazionali quali la *Kunstmesse* di Basilea e *Arco* di Madrid. In Italia si tiene regolarmente *Arte Fiera* di Bologna, saltuariamente quella di Milano, nella quale, nel 1987 Angela Vettese ha curato la mostra *Prima Visione. Otto giovani proposte a Milano*. Inoltre a partire dagli anni Novanta si tengono *Artissima* di Torino e il *Miart* a Milano. Ma a parte qualche eccezione, si tratta di vetrine di gallerie molto eterogenee tra loro e le posposte sono esclusivamente legate al mercato. Giancarlo Politi, direttore di "Flash Art", commenta sulla sua rivista (dicembre-gennaio 1996), "Fiere d'arte, un tempo corroboranti kermesse del boom artistico in ogni parte del mondo, ora, in qualche caso, tristi requiem per ricordi lontani o luoghi di profonde depressioni".

Saltuariamente e in modo apparentemente casuale, dibattiti si aprono e poi rapidamente si chiudono. Nel 1995 Poli e Rovida si interrogano su "Che cos'è un monumento" in un testo che, riallacciandosi all'esperienza del monumento di Enzo Mari a Roberto Franceschi, studente della Bocconi ucciso dalla Polizia nel 1973, pone la questione del senso e dell'attualità del monumento commemorativo, nell'ambito metropolitano contemporaneo, a metà strada tra arte e memoria (F. Poli - E. Rovida, *Che cos'è un monumento. Storia del monumento a Roberto Franceschi*, Mazzotta, Milano, 1995).

Progetto Giovani del Comune di Milano costituisce un segnale in controtendenza rispetto all'andamento generale nella penisola. Viene incontro alle aspettative degli artisti giovani nei confronti dell'istituzione. In questo ambito si organizzano laboratori, seminari, costituzione di archivi dell'arte contemporanea, conferenze di artisti e critici. La sua ultima iniziativa è *Subway*, serie di mostre, concerti, letture, spettacoli teatrali che per due mesi hanno popolato e animato la metropolitana milanese.

A Roma, dal 1993 è aperto il Museo laboratorio presso l'Università la Sapienza, che presenta mostre di livello discontinuo affidate dal curatore Calvesi a critici sempre diversi.

Ma più in generale, a parte le eccezioni segnalate e di fronte allo sfascio delle Accademie e alla latitanza denunciata dell'istituzione pubblica, il privato interviene anche nel delicato ambito della formazione dei giovani artisti. A Como la Fondazione Ratti istituisce nel 1995 un Corso superiore di arti visive già fruttuosamente frequentato da artisti quali Gabellone, Ligorio, Circì, Galegati.

Le quattro Biennali di Venezia fotografano molto parzialmente la situazione, come si è andata configurando dal 1990 al 1998. Nel 1990 (a cura di Giovanni Carandente) è Renato Barilli a organizzare la sezione dedicata ai giovani e chiamata *Aperto* che tradizionalmente si tiene nel suggestivo spazio delle Corderie dell'Arsenale. Gli italiani giovani sono Arienti, Cavenago, Pusole, affogati però entro un panorama piuttosto convenzionale.

Tre anni dopo, nel 1993, il curatore Achille Bonito Oliva incarica Helena Kontova di creare la sezione dei giovani. La mostra, nelle parole della stessa curatrice, è stata "la prima affermazione su scala di una grande mostra internazionale, di quelli che sono gli orientamenti estetici degli anni Novanta" e cioè la natura e l'ecologia, il corpo e l'AIDS, la violenza, la sopravvivenza, l'emarginazione e la differenza. Così Beatrice e Perrella descrivono *Aperto 1993*: "L'impressione è quella di entrare in un grande luna park dove immagini, luci, suoni, rumori bombardano lo spettatore immettendolo in una atmosfera fantastica e futuribile. Tutte le tendenze culturali visive sono rappresentate... Una volta tanto è valsa la pena di andare a Venezia".

Il 1995 (curatore Jean Clair notoriamente polemico con l'arte contemporanea) registra la cancellazione della sezione *Aperto* e la generalizzata latitanza della Biennale rispetto ai giovani artisti. Il testimone passa al Flash Art Museum di Trevi dove si tiene provocatoriamente *Aperto Italia '95*, una mostra dedicata a giovane arte e giovane critica che vuole essere una risposta alla mastodontica e inutile kermesse veneziana. E ancora in risposta alla soppressione dell'*Aperto* veneziano è organizzata a Bologna *Aperto '95. Out of Order* (Galleria d'Arte Moderna) curata da Roberto Daolio, uno dei critici italiani più intelligenti e raffinati.

L'edizione del 1997, curata da G. Celant, presenta, nel Padiglione italiano: M. Cattelan, E. Cucchi, E. Spalletti a rappresentare le tre generazioni artistiche che si sono avvicendate tra il 1967 e 1997. Tra i giovani italiani sono presenti Airò, Gabellone, Beecroft, Pancrazi a costituire un panorama frammentario segnato solo da poche personalità forti. A Trevi la parallela mostra di Flash Art è definita la più spregiudicata e sperimentale dell'anno.

Alternativo. Sedi non istituzionali e gallerie.

Già nel corso degli anni Ottanta è cominciata la migrazione verso spazi e luoghi alternativi a gallerie e musei. Le iniziative sono state inizialmente sporadiche e poi sempre più frequenti e regolari. Fabbriche e opifici dismessi sono tra i primi ambienti "riabitati" dagli artisti. Nel 1985 a Milano si tiene la già ricordata mostra nella fabbrica Brown Boveri, nel 1986 un gruppo di artisti italiani e stranieri espone in una segheria di Bovisio Masciago (Mi) (*Pavillon 1*). Da allora in poi queste iniziative sono diventate comuni. Recentemente a Milano, Jonathan Guaitamacchi ha vissuto per tre mesi nelle sale alta pressione della Centrale Elettrica Bicocca dove ha eseguito grandissimi disegni dei macchinari.

L'abbandono della dimensione più pubblica e visibile ha portato però, nell'ultimo decennio, alla riscoperta di una sorta di domesticità. Case, giardini, studi di architetti, piccoli bar, latterie e appartamenti privati diventano luoghi di mostre. Si diffonde così il fenomeno delle "mostre in casa" nelle quali la dimensione privata e autobiografica di tante opere contemporanee trova la più giusta collocazione.

A Milano dal 1995 esiste il MAPP (Museo d'Arte Paolo Pini) nell'ex ospedale psichiatrico che intende rompere le barriere che rendono l'ospedale soltanto un luogo di sofferenza e di chiusura. Uso e riuso dei luoghi della città sono diventati infatti una parola d'ordine. A Torino I Murazzi, tratto lungo il Po a ridosso di piazza Vittorio Veneto, punto di ritrovo in voga, è anche sede di numerosi eventi artistici. A Palermo, nel 1996, luoghi storici e monumenti, la Cappella dello Spasimo, Muro dell'ex convento dell'Annunziata, Congregazione di Santissimo Gesù e Maria, hanno ospitato la mostra *Cinque Interventi facili*. A Sarzana un veliero rovesciato sulla fiancata è diventato luogo di esposizione, come, già negli anni Ottanta lo era stato un rimorchio di camion Gondrad in una mostra "di strada" curata da Corrado Levi (Milano, 1986, *Dopo Gondrand*). Nel dicembre 1995 la mostra evento *3x2* si è tenuta in un supermercato della catena GS a Roma.

Già dalla metà del decennio precedente e poi per tutti gli anni Novanta, fino alla morte del suo creatore Luciano Pistoi, si è ripetuto l'importantissimo appuntamento estivo al borgo di Volpaia dove artisti italiani e stranieri, soprattutto giovani e giovanissimi, sono stati invitati a creare e collocare opere nel paese medievale in una fusione quasi sempre magica tra opere d'arte e ambiente inteso come architettura e paesaggio.

Il panorama delle gallerie attive negli anni Novanta non può ovviamente essere esaustivo. Rispetto agli anni Ottanta si registra una positiva dispersione territoriale che privilegia la provincia o addirittura piccoli luoghi marginali, lontani da tutto. Chiuse alcune delle più importanti gallerie degli anni Ottanta, se ne aprono di nuove, diverse, meno programmatiche, più calate nel farsi quotidiano del lavoro degli artisti. Come è prevedibile i due centri urbani di maggiore densità di proposte sono Milano e Torino.

Già alla fine del decennio precedente apre a Milano lo spazio Massimo de Carlo, tra i primi a esporre Beecroft e Airò, sempre fedele a una tendenza non pittorica. La galleria Emi Fontana, dal 1992, è invece attenta al lavoro di giovani artiste e svolge una autentica attività di ricerca e di sostegno. Care Off e Viafarini sono gallerie, ma anche archivi e centri di documentazione. Significativamente la gallerista storica Claudia Gian Ferrari, nel 1990, apre il suo spazio di arte contemporanea che propone però, specie negli ultimissimi anni, un programma molto discontinuo. Accanto alle gallerie già attive dagli anni Ottanta – Studio Guenzani, Studio Casoli, Cannaviello, Giò Marconi – si sono aperti nel corso degli anni Novanta altri spazi: B&D Studio Arte Contemporanea, Diecidue, Raffaella Cortese, Manuela Nanni, Ciocca Arte Contemporanea che ha recentemente organizzato una serie vorticosa di mostre che si tengono in un solo giorno, e inoltre Maria Cilena e Cardi. In un ambito defilato, ma molto interessante lavorano i curatori di Low Tech che espongono secondo modalità "alternative" (supermarket dell'arte), artisti giovanissimi, privilegiando opere e materiali naturali e assolutamente non tecnologici suggerendo una linea di neoprimitivismo, decisamente originale nel panorama italiano. L'editore Gabriele Mazzotta ha, nel 1997, inaugurato un nuovo spazio per l'arte giovane, La Posteria, che ha fino a oggi ospitato iniziative disomogenee. I centri sociali Leoncavallo e il Conchetta organizzano sporadicamente mostre di artisti dell'ultima generazione ma, a differenza del Link di Bologna, non hanno fino a oggi dimostrato un organico interesse per le arti visive né espresso in modo esplicito un proprio orientamento. La prevalenza della metropoli ha probabilmente penalizzato il resto di questa area geografica e solo a Brescia, Massimo Minini, tra i più attenti galleristi del nord Italia, partecipa delle ultime tendenze.

Torino è sicuramente il secondo polo più importante in questo panorama. La galleria più interessante è In Arco che è spesso "uscita" dalle stanze della vera e propria galleria per occupare spazi diversi della città come è accaduto in occasione della mostra *12 pittori italiani* (a cura di L. Beatrice e C. Perrella, 1995) che è stata ospitata nel dismesso spazio industriale Herno nel quale gli artisti hanno creato o ambientato, in una atmosfera post-atomica, i propri lavori. Altri luoghi di gallerismo militante sono Weber, Alberto Peola, Es Arte Contemporanea, The Box, Guido Carbone, che dagli anni Ottanta svolge un lavoro defilato, ma sempre di alta qualità e originalità, Giorgio Persano, galleria attenta ai giovani ma ormai tra quelle storiche della città, mentre nuovo nuovo è lo spazio di Caterina Fossati che lavora con alcuni degli artisti più interessanti: Massaioli e Sabato e Todaro. E fuori città, a Pinerolo, è andata crescendo la galleria En Plein Air.

Mazzoli di Modena ha svolto un ruolo molto importante nel periodo di passaggio tra Ottanta e Novanta, "traghettando" alcuni degli artisti più significativi del decennio precedente verso un'affermazione "ufficializzata" da cataloghi sontuosi e da un sostegno economico solido.

A Bologna ha riaperto nel 1996 Neon, continua l'attività interessantissima del centro sociale Link (ma anche CPA e Base) che ben corrisponde a una delle scene più vivaci dell'arte italiana di questi anni e che ha in Fabjbasaglia di Rimini un altro punto di riferimento.

Mentre Firenze, chiusi gli spazi attivi negli anni Ottanta, pare non trovare una propria dimensione espositiva nel privato e solo nella primavera 1998 si è aperto il nuovo spazio Biagiotti Gallery. A questa situazione corrisponde una mortificante mancanza di talenti giovani e in Toscana appare assai più attivo lo spazio pratese Tossi Arte Contemporanea che si è imposto negli ultimi 5 anni, mentre Margiacchi di Arezzo lavora ormai da oltre un decennio ed è stato, grazie anche alla consulenza di Maria Luisa Frisa, il primo a esporre Gianluca Sgherri e Luca Pancrazi.

Venezia è singolarmente periferica e solo Nuova Icona propone artisti italiani e stranieri dell'ultima generazione, mentre a Trieste Lipanje Puntin Arte Contemporanea è tra le gallerie più aggiornate del paese, grazie anche alla sua collocazione "di frontiera".

Roma resta una città relativamente periferica e decentrata dove tutto pare accadere a rilento e in ritardo, con poche eccezioni, anche sul fronte delle gallerie: Oddi Baglioni è una galleria attiva da molti anni, con una attività un po' discontinua. Di ben altro rilievo, molto isolato, è il lavoro di ricerca di Stefania Miscetti, attenta e coraggiosa nel mescolare grandi nomi stranieri a personaggi di rottura, marginali, nascosti. Fabio Sargentini, uno dei galleristi storici della capitale, rilancia negli anni Novanta una stagione espositiva completamente rinnovata all'Attico.

Al sud la carta geografica si fa più rada di presenze e le eccezioni sono poche. A Napoli, conclusa la grande stagione della galleria di Gianni Amelio che ha segnato gli anni Ottanta, hanno tuttavia aperto spazi interessanti, quello di Vera Vita Gioia, di Lia Rumma e di Dina Carola e soprattutto Raucci Santamaria che dimostrano di seguire e talvolta di anticipare gli svolgimenti del contemporaneo.

Le fabbriche dei libri

di *Raffaele Cardone*

Pochi lettori per molti libri

Al Salone del Libro di Torino, l'appuntamento annuale più importante per l'editoria italiana, una mezza giornata è dedicata alle scolaresche. Per l'occasione, alcuni insegnanti si sentono in dovere di trascinare a passo di corsa gruppetti magmatici di under-10 in un percorso zigzagante e casuale fra libri di filosofia e manuali di informatica, classici del Novecento ed esoterismo tantrico (nonostante esista un settore dedicato proprio ai giovani lettori), con l'obiettivo di portare i bambini a contatto con i libri. L'intento è pedagogico: "Guarda, esistono i libri, bisogna leggerli". Il rischio, mi pare, è che si ottenga l'effetto contrario: "Ma dovremo leggerli proprio tutti?" si chiedono i bambini.

E poi, i bambini sanno benissimo che esistono i libri: lo sanno più degli adulti, visto che in Italia l'editoria per ragazzi è l'unico segmento in crescita (+ 8,4%) del malmesso mercato librario. Le statistiche ci dicono però che, diventati grandi, il 50% di loro non leggerà neppure un libro all'anno; il 44% sarà un lettore occasionale (1-2 libri all'anno), solo il 6% un lettore forte.

Per quanto si adoperi nel soddisfare le esigenze sempre più diverse dei lettori, l'editoria italiana si trova quindi a fare quotidianamente i conti con un pubblico che non cresce, sia per uno storico disinteresse della scuola nei confronti della promozione della lettura, sia per una concezione elitaria della cultura ancora ben radicata nelle istituzioni, nei ceti intellettuali, nella stampa; un elitarismo che si ritrova in parte nella stessa tradizione della nostra editoria.

Una tradizione, comunque, di tutto rispetto: tenace nella sua rinascita dopo le ferite della seconda guerra mondiale, curiosa e creativa, spinta da genuine passioni e animata da personaggi di sicuro valore, l'editoria libraria italiana propone 50.000 novità l'anno e oltre 400.000 titoli in catalogo, che la mettono alla pari delle grandi editorie europee. Nel Bel Paese, insomma, i libri non mancano, ma si legge poco e male.

Iniziata nei primi anni Novanta, la crisi del libro è ormai cronica: la stima dell'intero fatturato librario del 1997 – 3600 miliardi di lire – supera di poco, per avere un termine di paragone, il fatturato della Barilla, la più conosciuta fra le nostre industrie alimentari, e ha registrato una crescita del 2,7%, che compensa appena l'inflazione.

Si tenta oggi di interpretare il fenomeno con differenti metodi di indagine, ma forse un semplice dato può sostituirli tutti: l'Italia oscilla, di anno in anno, fra il 18° e il 20° posto dell'indice di sviluppo mondiale (che tiene conto dei fattori economici, dell'innovazione tecnologica, delle condizioni di vita, dei consumi, degli squilibri sociali, particolarmente gravi, in Italia, fra nord e sud: tutti dati che hanno un loro diretto riflesso sul livello di istruzione e sui consumi culturali). Non c'è quindi da stupirsi se più di metà della popolazione non legge mai un libro, né tanto meno si sogna di comprarlo.

L'istruzione è il nostro tallone d'Achille: abbiamo "il campionato di calcio più bello del mondo", ma manca l'esigenza di essere informati e aggiornati, il piacere di consumare prodotti culturali nel senso più ampio del genere: infatti, in un paese che tutto il mondo invidia per la straordinaria concentrazione di opere d'arte, musei, siti archeologici e biblioteche nazionali sono al collasso, il cinema nazionale è solo la pallida ombra di quello che fu, al teatro vengono tagliate progressivamente le sovvenzioni statali. Perché, dunque, il livello di lettura e il consumo di libri dovrebbe essere un'eccezione?

Sia come sia, i più ottimisti confidano che si stiano creando le condizioni per un'inversione di tendenza: la riforma della scuola è stata praticamente varata e il nuovo governo sta rivolgendo, per la prima volta nella storia nazionale, una particolare attenzione a tutto il nostro patrimonio culturale, editoria e biblioteche comprese. Va da sé che i risultati si devono ancora attendere perché, comunque, trasformazioni di questo tipo richiedono tempi lunghi. Pensiamo, per esempio, che all'inizio degli anni Cinquanta analfabeti e semianalfabeti superavano il 30% della popolazione; che oggi il 13% degli italiani usa solo il dialetto, e soltanto il 38% parla sempre e solo l'italiano. Leggere per diletto, insomma, non è, non è mai stata una delle attività preferite e il libro non è mai stato un mezzo di comunicazione di massa.

Un popolo di editori

Recupereremo il gap? Si vedrà. Per adesso, quello dell'editore resta un mestiere molto difficile; eppure, paradossalmente, l'Italia non è solo un paese di "santi, poeti e navigatori" – come recita un vecchio adagio – ma anche di editori: le case editrici crescono al ritmo di 35-40 al mese, per quanto, negli ultimi anni, quelle che chiudono siano molte di più di quelle che nascono. L'ultimo censimento (1997) ne indicava 3.383; fra queste, però, le 20 maggiori realizzano da sole il 75% delle vendite complessive.

In un mercato ristretto e fermo come quello italiano, dove il lettore-acquirente è sempre più conteso, la concentrazione delle sigle editoriali in grandi gruppi – tendenza comune di tutta l'editoria europea – ha conseguenze più marcate; la concorrenza dei grandi editori diventa spesso insostenibile per le piccole case editrici, che possono investire poco in pubblicità e promozione, hanno uno scarso potere contrattuale con librai e distributori e non dispongono di risorse finanziarie per competere su anticipi e *royalties* richiesti da autori già famosi o diventati tali (magari scoperti proprio da una piccola casa editrice). La crisi di piccoli e medi editori, costretti alla chiusura o a vendere ai grandi gruppi, porta con sé, evidentemente, il rischio di un impoverimento della varietà e della vivacità dell'offerta libraria.

Come si è arrivati a questa situazione? Alla base, non c'è solo una dinamica economica comune a certi settori industriali, ma anche e soprattutto la specificità dell'editoria italiana e del clima culturale e politico in cui si è sviluppata.

Alla fine della seconda guerra mondiale, le case editrici italiane erano poche e importanti: Mondadori, Rizzoli, Bompiani, Hoepli, Einaudi, Longanesi, Garzanti, Utet, De Agostini, Laterza, Zanichelli, solo per citare le maggiori; alcune compromesse con il fascismo, altre dichiaratamente avverse al regime, ma tutte già con lo stesso problema: "Proprio non ne posso più – scriveva Valentino Bompiani allo scrittore Corrado Alvaro nel 1946 –. Stiamo combattendo contro un nemico che fugge: il pubblico. Questa è un'avanzata nel deserto".

Su questo fronte, quasi calati in una battaglia culturale e commerciale dagli esiti incerti (secondo un sondaggio del 1947, il 41% degli italiani non leggeva alcun libro) si impegnarono con passione i grandi editori del nostro passato prossimo: Arnoldo Mondadori, che sosteneva la sua "tradizione editoriale e non politica"; Angelo Rizzoli, che nel '49 lancia la BUR (Biblioteca Universale Rizzoli), prima grande collana economica del dopoguerra; Giulio Einaudi, che raduna il fior fiore degli intellettuali antifascisti per dare nuovo impulso "militante" alla casa editrice; Livio Garzanti, pioniere del settore enciclopedico; Vito Laterza, che prende in mano le redini della casa editrice e apre una fase di profondo rinnovamento.

Nuove sigle, che rimarranno fra le più importanti dei giorni nostri, nascono nell'immediato dopoguerra: nel 1946 Leo Longanesi dà il nome alla sua casa editrice, l'anno successivo è la volta dei Fratelli Fabbri; nel 1955 Mursia e, a stretto contatto con il Partito comunista, Feltrinelli; nel 1956 Giunti, nel 1961

Marsilio, nel 1957 Boringhieri (poi Bollati-Boringhieri), nel 1958 Il Saggiatore, fondata da Alberto Mondadori e nel 1962 Adelphi.

"Credo – rispondeva Alvaro a Bompiani – che i lettori chiedano oggi ai libri di sapere chi sono, da dove vengono, dove vanno, che cosa rimane della vecchia cultura, quali siano le idee della nuova, quali sono le idee che l'agitano." Più o meno, la situazione si ripropone oggi sugli stessi temi, ma in un quadro economico completamente cambiato.

I cambiamenti recenti

Se ognuna di queste sigle storiche era espressione dell'idea editoriale del loro fondatore, padre e padrone delle sue creature librarie e quindi in grado di caratterizzare fortemente l'identità della casa editrice, fra la fine degli anni Settanta e l'inizio degli Ottanta il panorama editoriale subisce profondi cambiamenti. Si affievoliscono, fino a scomparire, i venti ideologici, l'effervescenza giovanile e studentesca si ripiega su se stessa, cambiano il clima culturale e il panorama politico, escono di scena quasi tutti i "grandi vecchi" dell'editoria e, con loro, si chiude un'epoca.

Il libro perde la sua aura sacrale per diventare "prodotto", prodotto industriale che deve essere concepito e gestito come tale. Se, fino a quel momento, anche nelle grandi case editrici si era conservata una quota di lavoro per così dire "artigianale", cura per il libro, coerenza con la propria tradizione, mantenimento di una linea editoriale che rendesse la sigla sempre riconoscibile al pubblico, ora è il modello industriale a imporre la propria logica. Non a caso. L'editoria italiana dal dopoguerra fino alla fine degli anni Settanta – guidata in gran parte dagli intellettuali – ha prodotto cataloghi di grande pregio, ma senza tenere in sufficiente considerazione gli aspetti economici e di mercato, l'equilibrio dei bilanci, le strategie di vendita, come testimoniano le travagliate vicende societarie, anche recenti, di molte case editrici (Einaudi, Garzanti, Mondadori e Rizzoli, solo per fare alcuni nomi).

Da metà degli anni Ottanta si prende invece consapevolezza che, per restare sul mercato, è necessario pubblicare libri che vendono, senza i quali non è possibile pubblicare libri utili, importanti, ma con scarso ritorno economico: "Per un editore – ha detto in una recente intervista Gian Arturo Ferrari, direttore dell'area libri di Mondadori, la più grande casa editrice italiana – la qualità di un libro è sempre e solo commerciale. Non esistono cose economicamente malate, ma buone culturalmente". Verissimo. Un libro, per quanto importante, che non ha la forza per arrivare al pubblico è un libro che, di fatto, non esiste. Lavoro sprecato, denaro mal investito e quindi carta da macero. Ma questa nuova prospettiva non viene facilmente compresa da chi teme di svilire il ruolo culturale dell'editoria, e crede nel dovere di fare cultura, buona cultura, costi quel che costi.

Il mercato, purtroppo, sotto una simile spinta competitiva, ha fatto fatica a trovare una mediazione tra cultura e bilanci in pareggio. Nuovi capitali extra editoriali dei potentati dell'industria automobilistica (Fiat), informatica (Olivetti), dell'edilizia e cinetelevisiva (Berlusconi) – solo per fare alcuni esempi – irrompono quindi nell'industria del libro, accompagnati da manager, uomini di marketing, più attenti al conto economico e al profitto immediato che a una strategia culturale e commerciale di lunga durata.

Inizia così il processo di concentrazione editoriale, nel quale le case editrici leader di mercato assorbono sigle medie e piccole, per conquistare nuove quote di mercato e ridurre i costi, migliorando le economie di scala ed entrando, con quote di minoranza, nel capitale sociale di altre. L'editoria italiana è oggi dominata, forse più che all'estero, da questi gruppi editoriali sotto i quali numerose sigle rispondono a una direzione comune: è il caso di Mondadori, alla quale fanno capo Einaudi, Sperling & Kupfer, Frassinelli, Electa e altre sigle nelle quali Mondadori è presente con quote di minoranza; RCS Libri (Rizzoli), che raccoglie Bompiani, Etas, Fabbri, Sansoni, Sonzogno e altri marchi; Longanesi, che coordina l'attività di Guanda, Corbaccio, Salani, Ponte alle Grazie, Neri Pozza e ha relazioni societarie con Messaggerie – il più grande distributore indipendente italiano – e Utet, che ha assorbito completamente Garzanti. Altri importanti gruppi editoriali, impegnati sempre più sul fronte multimediale sono Giunti e De Agostini, mentre Feltrinelli ha puntato, oltre che sui libri, anche sulle librerie (35 quelle della sua catena, sparse in tutta la penisola) e sui Ricordi Megastore, unica catena multimediale italiana.

È una ventata di novità con i suoi pro e i suoi contro, con vinti e vincitori, che rivoluziona in una decina d'anni tutta la catena editoriale, dalla scelta degli autori all'apparato distributivo, dai rapporti con le librerie alle regole commerciali non scritte, ma tacitamente accettate, secondo le quali si muoveva il flusso librario dalla casa editrice fino al lettore.

L'industria libraria italiana, quindi, si evolve, cambia logica, prende atto che i tempi sono cambiati. Quello che ancora manca è il pubblico, una vasta schiera di lettori, ai quali un'industria non può rinunciare. La competizione è serrata, anche perché l'offerta è aumentata in modo considerevole, al contrario del pubblico, più o meno stabile come numero di lettori acquirenti, ma profondamente mutato nella sua composizione: scomparso il lettore "umanista" che cercava nel catalogo di una casa editrice risposte a 360 gradi, il pubblico dei lettori si è diviso via via in segmenti sempre più particolari, che sfuggono alle indagini e spesso stupiscono per comportamenti di acquisto inattesi.

Il mercato dei libri

Non a caso, negli ultimi anni si sono incrementate le iniziative di marketing, più o meno efficaci, sulle quali si stanno concentrando case editrici grandi e piccole: gadget, spot televisivi e radiofonici, feste del libro che non nascondono il loro obiettivo prettamente commerciale, sconti. Su quest'ultimo aspetto – lo sconto da offrire al pubblico – si sta consumando da anni un contenzioso che oppone editori e librai.

I librai, infatti, contestano il fatto che i libri venduti nei supermercati (un canale di vendita che registra continui incrementi, + 6,9% nel 1997) possano avere uno sconto al pubblico fino al 30%, sottraendo in questo modo vendite preziose alle librerie. Perché preziose? Perché nei supermercati si vendono prevalentemente best-seller, che rappresentano una importante – per non dire vitale – fetta del fatturato delle librerie. L'autorità antitrust italiana si è pronunciata a favore della grande distribuzione, ravvisando negli accordi per fissare un tetto allo sconto, i principi di una limitazione della concorrenza. Ma la partita non è ancora conclusa, perché sui tavoli del parlamento sono in discussione varie proposte di legge, sul modello di quella francese, che fissano un tetto massimo di sconto, sebbene l'autorità antitrust della Commissione Europea abbia già dato chiari segnali, contrari a una simile ipotesi.

Le librerie italiane – salvo quelle delle grandi catene (Feltrinelli, Il Libraccio, San Paolo, Messaggerie, Mondadori e Rizzoli) – soffrono comunque, non solo per la concorrenza dei supermercati, ma per vari altri fattori. In primo luogo sono l'anello debole della distribuzione del libro, con pochissime risorse finanziarie per ammodernare e ingrandire il punto vendita, impegnarsi in operazioni promozionali, investire in informatizzazione e aggiornamento professionale. Inoltre, scontano le gravi carenze di un apparato distributivo inefficiente che non le rifornisce con adeguata tempestività. In secondo luogo perché i librai italiani, incapaci di trovare una linea strategica comune, non hanno forza contrattuale sufficiente per trattare da pari a pari con editori e istituzioni. Infine, perché tendono a subire i chiari di luna del mercato, e le condizioni imposte dai grandi editori, anziché impegnarsi con creatività in iniziative commerciali e promozionali; le poche librerie indipendenti che invece si distinguono in queste attività, soprattutto in provincia (ricordiamo che l'Italia, da un punto di vista sociologico, è un'immensa provincia, costellata di città medio-piccole), riescono invece a compensare la generale flessione delle vendite.

Dove e come si legge

Anche l'attività delle librerie riflette una più generale arretratezza culturale italiana, basti pensare alla situazione delle biblioteche pubbliche e scolastiche.

Le biblioteche pubbliche potrebbero essere un potente strumento di promozione della lettura, valide alleate dei processi di "costruzione" del lettore – dalla fase scolare fino all'età adulta –, clienti importanti per editori e librai e amplificatori per l'acquisto dei libri. Ma la legislazione italiana affida la gestione delle biblioteche agli Enti locali e, in definitiva, alla sensibilità di Regioni e Provincie, di Sindaci e Assessori, cioè di una classe politica che ha ignorato sistematicamente il valore della cultura e dell'istruzione. Gli editori non le prendono in considerazione, i librai diffidano dei tempi di pagamento della pubblica amministrazione. Di fatto, la situazione delle biblioteche è generalmente grave, con poche eccezioni in quelle regioni e in quei comuni – prevalentemente nel centro-nord – che hanno continuamente investito in queste strutture fino a creare centri multimediali modello; decisamente tragica la situazione nel sud e nelle isole, dove l'indice di lettura è il più basso d'Italia. Quanto alle biblioteche scolastiche, praticamente non esistono. Il nuovo ministro dell'Istruzione ha già avviato un piano di sviluppo nazionale, generoso nei contributi, quanto nebuloso negli obiettivi, che dovrebbe portare libri e computer nelle scuole. Qualcosa si è già mosso, ma senza un vero programma operativo, né una definizione di ruoli, competenze, responsabilità. In Italia, il bibliotecario non ha uno specifico iter formativo, un diploma post-laurea o un albo professionale, tanto meno, quindi, è stata definita la figura del bibliotecario scolastico o sono state prese direttive di costruzione e sviluppo per biblioteche ancora tutte da progettare.

Infine, l'Italia registra un calo della natalità che non ha paragoni in Europa e che non può, evidentemente, far sperare in un prossimo ricambio generazionale della categoria "lettori". Le ricadute sull'editoria scolastica (circa un quarto del fatturato complessivo) si avvertono già: tra il 1980 e il 1995 gli alunni delle elementari si riducono del 36,6%, quelli delle medie inferiori del 31,2%; dal 1991 il decremento si fa sentire anche nei cicli scolastici successivi (medie superiori e università). Le librerie, per le quali la vendita di libri scolastici rappresentava nel 1990 il 45%, vedono il fatturato del settore ridursi di anno in anno, mentre cresce il mercato dei libri scolastici usati e la fotocopiatura abusiva, stimata, nel 1996, di almeno 390 miliardi di lire.

E ancora non basta. Una delle esigenze più urgenti individuate dalla ricerca sociologica è quella di una "seconda alfabetizzazione", vale a dire il recupero alla lettura di quella fascia di adulti alfabetizzati che ha perso (o non ha mai avuto) la capacità di leggere testi lunghi: non parliamo neppure di libri, ma di giornali e periodici, le cui vendite sono in calo costante da anni.

Il futuro dei libri

In un panorama non certo incoraggiante, il futuro dell'editoria italiana potrebbe rivelarsi, tutto sommato, meno problematico di quanto le premesse facciano intuire. Fra i segnali positivi, la crescita dell'editoria per ragazzi, grazie a un'offerta di qualità e a un'eccellente promozione; la rapida diffusione di Internet e dei prodotti multimediali, che non si sostituiscono alla lettura di libri ma, semmai, possono amplificarla; il settore della saggistica che, dopo i colpi persi negli ultimi anni, si sta impegnando nel creare libri più accessibili nei contenuti e con un linguaggio prossimo alla narrativa, tempestivi sui problemi di attualità e con un prezzo moderato; la parte più creativa della piccola e media editoria (e/o, Iperborea, Marcos y Marcos, Marsilio) si mantiene a galla e in certi casi registra incrementi significativi; fiere librarie, mostre mercato, festival letterari in crescita, segno che il pubblico gradisce un rapporto più informale e meno paludato con la lettura.

L'editoria italiana si sforza di mantenere il suo pubblico, senza riuscire a crearne uno nuovo, ma per quanto il mercato sia debole, l'attività è intensa in tutti i settori, produttivo, distributivo, promozionale. D'altro canto, la crisi del libro investe tutto il mondo occidentale: all'Italia rimane la grossa chance di non aver ancora fatto quello che le grandi nazioni europee hanno già messo in pratica da anni. I modelli di riferimento non mancano: per esempio, le biblioteche e la promozione della lettura in Francia, la distribuzione e le librerie in Germania, il sistema scolastico e le biblioteche scolastiche in Inghilterra. Sono, queste, iniziative che presuppongono una volontà politica, un'azione dello stato capace di far tesoro delle esperienze estere e di creare, al tempo stesso, una propria via alla promozione del libro e della lettura che tenga conto della specificità italiana. Un compito nuovo e non facile, dove l'editoria italiana, che trova nelle istituzioni un interlocutore ancora troppo sfuggente e disorientato, può far valere tutta la sua creatività e vivacità.

La moda del Made in Italy

di *Antonio Mancinelli*

Emozioni da indossare

> "La moda è l'autoritratto della società
> e le sfilate ne sono l'oroscopo."
> Ennio Flaiano

Nel 1997, un volume d'affari globale di 56 mila miliardi. Di questi, quasi 28 mila rappresentano il valore delle esportazioni. Il saldo attivo, di 18 mila miliardi, ripaga ampiamente il nostro disavanzo petrolifero. La gioiosa macchina della moda italiana continua a macinare soldi, successi e idee, rappresentando una realtà occupazionale non di poco conto, con i suoi 300 mila addetti, ed è seconda solo al turismo nelle voci in positivo nel bilancio di un paese che sembra essere sempre sull'orlo di una crisi – economica, sociale, culturale, epocale – che ogni volta riesce a evitare. Con la proverbiale fantasia peninsulare? Forse. Anzi, sicuramente sì. Ma è una fantasia applicata al mondo di un lavoro che si fa sempre più sofisticato e difficile da gestire, sempre più complesso come complesso è il vero destinatario dell'industria della moda: le persone. Ma ormai i veri clienti che la moda italiana cerca ogni volta di sedurre, intrigare, ammaliare, sono i desideri, le emozioni.

Questa, forse, è la novità del "fashion system" italico di recente nascita: non c'è più il confronto con delle esigenze di carattere pratico o di degna vanità, ma piuttosto la creazione di "mondi di riferimento" concettuali, prima che vestimentari, che abbiano la consistenza di un sogno, e la concretezza di un business che non può concedersi neanche un passo falso. Insidiato com'è dai paesi concorrenti – soprattutto quelli orientali, ma anche gli europei – che tentano di eroderne il fascino producendo abiti di buon gusto con materiali non pregiati e per questo molto accattivanti nel prezzo. Decisamente minore.

Ma in realtà hanno ben poco da temere gli astuti stilisti italiani, proprio quelli che hanno formato e influenzato il gusto e modificato la nostra visione estetica.

Il loro grande merito, infatti, consiste essenzialmente nell'aver esportato innanzitutto un sistema di pensiero. Sarebbe riduttivo pensare di riuscire a catalogarli in una categoria, ma nel caso dei creatori nati in Italia, ritengo si possa affermare che li unifichi una sorta di gene dell'armonia, un cromosomico fattore di gusto che in un certo senso li ha quasi costretti a uno "sguardo d'insieme", che non si impara, ma si eredita. Sono stati fortunati. E noi con loro. È un fatto geografico, storico, di cultura che viene da lontano nel tempo. E ha un nome: si chiama "stile".

La moda è morta? Evviva lo stile!

> "Ditemi pure che ho sbagliato una battuta,
> ma non che ho sbagliato il nodo alla cravatta."
> (attribuita a David Niven)

"**Stile** s. m. Il complesso delle scelte e dei mezzi espressivi che costituiscono l'impronta peculiare di una tradizione letteraria e specialmente della personalità dell'autore. Nel campo dell'arredamento e delle arti minori, la forma esteriore e decorativa propria del gusto di un'epoca."

Così recita il Devoto - Oli, uno dei più autorevoli dizionari di lingua italiana, alla parola "stile". "Stilista" è un termine di cui tutti noi, giornalisti, operatori del settore, studenti di scuole di moda ed esperti di relazioni pubbliche, abbiamo senza dubbio fatto uso, talora improprio, fino a travisarne il significato. Ma "stilista" in realtà significa proprio questo: maestro di stile, creatore e insieme costruttore di un linguaggio che ha determinate caratteristiche. Non è dunque un caso se, in questi ultimi tempi, ogni creatore sta sempre più giustamente perseguendo la propria idea di donna o di uomo, aldilà della moda in senso stretto. L'antropologo inglese Ted Polhemus ha scritto sapidi saggi sulla morte della moda come insieme di diktat prescrittivi (quest'anno gonne lunghe, oppure tassativamente corte, aboliti i colori vivaci, solo linee aderenti al corpo e così via) per celebrare la resurrezione dello stile, cioè di un vero e proprio alfabeto, ideato da ogni griffe per costruire un "luogo di riferimento", di cui, ovviamente, fanno parte anche i vestiti. Ma non ne sono più gli unici protagonisti.

Chi legge, per professione o diletto, riviste di moda italiane, si sarà accorto di come ormai i servizi di moda non mostrino più l'abito o il prodotto in quanto tali. No. Piuttosto una faccia emaciata e un po' sofferente di un'indossatrice al limite dell'anoressia è simbolo di un modo di essere minimalista, meditato, che scelga una seduzione cerebrale più che carnale. O, al contrario, modelle immerse nella nebbia, lacerti di gonna a evocare un tailleur, l'uso del nudo anche maschile per una pubblicità che – in teoria – quel nudo dovrebbe coprire o al massimo esaltare.

Lo sguardo torvo, la posa studiata, l'espressione di un viso, come frecce sicure, ci fanno identificare con un tipo di esistenza che può piacerci o no, ma che ha sempre meno a che fare con gli indumenti veri e propri. Follia commerciale? Assolutamente no. Tentativo di risvegliare un desiderio che talvolta è in calo, suggerendo una maniera di vestirsi, di comportarsi, di apparire, che diventa sempre più stile di vita, *lifestyle*.

Apparire è essere, non esibirsi

> "Soltanto gli sciocchi vedono nella moda soltanto la moda."
> Honoré de Balzac

Facciamo un passo indietro. Il concetto di moda sottintende il mutamento continuo, la regola nuova che scalza quella imposta la stagione precedente: l'instabilità, l'inevitabilità di un inizio e di una fine. Ricordiamo che Georg Simmel, il cui trattato *La Moda* del 1927 ha ancora oggi valenze profetiche, vedeva nell'astrattezza e nella caleidoscopica trasmutabilità della moda esattamente pura energia cinetica, qualcosa che nasce nel movimento e lo intensifica, la paragonava al denaro e, considerandola l'incarnazione della relatività assoluta, la riteneva il simbolo e l'agente più efficace della modernità.

Ed è proprio negli anni Sessanta, il decennio "più moderno" del nostro breve secolo che, con la nascita del prêt-à-porter, il vasto e inesorabile movimento ha inizio. La struttura industriale già esistente e la serialità si mettono al servizio della creatività e del desiderio e producono il grande fenomeno che tutti conosciamo. All'idea di moda, movimento, denaro, aggiungiamo ora, appunto, quella di stile, che nasconde il segreto del successo italiano. Esattamente in opposizione al concetto di moda, per stile si intende qualcosa che ha a che fare con la continuità, il mantenimento di un dettaglio mentale o formale, di una sorta di ossessione che attraversa il tempo e conferma un atteggiamento, un approccio riconoscibile, una unità di pensiero e di atmosfera. Una regola che si ripete anche nel gesto quotidiano. Gli stilisti italiani hanno saputo fondere tra loro i concetti di stile, moda, denaro e tempo. Esiste un approccio sistematico allo "stile": l'esperienza che si fa comprandosi un abito, non si ferma al perimetro del proprio corpo, ma sottintende, come abbiamo già detto, l'intera esperienza del quotidiano. Riguarda la casa, il giardino, la città, il riposo, lo sport e altro, così come ha sottolineato Renata Molho, in un illuminato intervento pubblicato su "Il Sole 24 Ore". Questa visione di insieme ha radici culturali profonde e i grandi sarti hanno saputo estendere questo bisogno di continuità estetica alle grandi masse. Hanno allargato e diffuso un concetto una volta elitario a un maggior numero di persone e di paesi nel mondo. Non a caso, una delle parole feticcio che più sono ricorrenti nell'odierno fashion system, oltre a "stile" è "globalità": globalità nel gusto, ma anche nella capacità di trasmettere a tutti un messaggio il più possibile penetrante e pervasivo, oltre che persuasivo. E attraverso la rarefazione delle immagini pubblicitarie, ritorniamo al progetto tutto emotivo e tutto commerciale che vede protagonista il desiderio, sempre più difficile da esaudire, proprio perché da cogliere nel momento stesso in cui si formula nella mente del consumatore.

Sogni, tra tecnologia e artigianato

> "Non vedi, ti dicevo, che ladro strano è questa moda, che ti fa girare come trottole tutte le teste calde dai quattordici ai trentacinque?..."
> "Vedo, e vedo anche la moda mangiarsi più abiti dell'uso. Ma la moda fa girar la testa anche a te, che hai travestito il tuo discorso di prima in discorso sulla moda?"
> William Shakespeare, *Molto rumore per nulla*, III, 3

Tutto questo avviene virtualmente, attraverso la comunicazione e la diffusione dell'immagine legata a una certa ditta, ma è vero anche che la qualità dell'industria tessile italiana rimane insuperata e gli stilisti di tutto il mondo vengono a comprare i materiali e a produrre nel nostro paese. Il senso di perfezione, la sensibilità professionale degli operatori italiani del settore non hanno ancora eguali. Rappresentano quasi la totalità le griffe d'alto livello che hanno scelto di far produrre qui, e con tessuti italiani, le loro collezioni. Del resto la collaborazione fra industria e creatività è stata fin dalla nascita del prêt-à-porter italiano (che convenzionalmente, si fa risalire alla prima sfilata, nel 1977, di un giovane figurinista – si chiamavano così allora – Giorgio Armani), la chiave di volta del successo di quello che per primo Emilio Pucci definì "Made in Italy".

L'idea, i look, appartengono al mondo dei pensieri del creatore. I modelli di abiti sono spesso graziosi disegni la cui realizzazione può diventare impossibile. Il voler fare qualcosa di nuovo spesso si scontra con la dura materia di cui è fatta la produzione di massa, sia pure d'élite. Un abito è un prodotto e come tale deve essere commercializzato, possiede una sua fisicità, una sua solidità, oltre a un'aura inconfondibile. Può essere copiato, rifatto, imitato. È come per il design: i succedanei rendono l'idea, ma non sono la stessa cosa. L'industria italiana dell'abbigliamento è fondata esattamente sulla qualità e sulla sensibilità, sulla cultura del pensare e del saper fare, sulla grandiosa capacità di adattamento di un sistema che ha sempre sfruttato le sue innegabili radici artigianali, per trasfonderle in competenze duttili, al servizio della creatività del singolo stilista. Questo ha fatto sì che la moda italiana abbia raggiunto vertici difficilmente uguagliabili.

Neanche nell'osannata Francia, nemmeno nella pur vulcanica Gran Bretagna, dove manca per l'appunto un anello di congiunzione tra industrie e fantasia, si è riusciti a far diventare veri i sogni. Veri, e soprattutto vendibili.

Individui sì, individualismi no

> "La moda prescrive il rituale secondo il quale va adorato il feticcio della merce."
> Walter Benjamin, *Angelus Novus*

Non tutto sembri però così idilliaco al lettore in questo momento. Una delle caratteristiche più squisitamente italiane, la mancanza dello spirito di gruppo, l'individualismo come forma di espressione privilegiata, sta velando di dubbi il panorama di un sistema così florido, almeno per ora. Di fronte alla compattezza dei francesi, ad esempio, che addirittura promuovono, durante il periodo di presentazione dei défilé, collezioni di nomi nuovi (spesso provenienti dall'estero), in Italia il successo della moda ha reso possibile un miracolo fondato su singole, geniali doti personali. Che tali vogliono rimanere. Non esiste un progetto comune per la promozione del Made in Italy, non esiste ancora un museo della moda, non esiste un progetto che riunisca sotto il nome di "moda italiana" tutti i nostri grandi creatori. Arroccati nei loro atelier belli come castelli, preziosi come musei, raffinati come cenacoli, i designer italiani ancor oggi non sanno di rischiare molto: per loro è importante il proprio nome, il marchio che imprimono ai loro manufatti, non c'è e continua a non esserci nessun tipo di confronto con realtà "altre". Non esiste volontà dialettica, ognuno ritiene di essere il più importante tassello di questo magnifico affresco che si è andato componendo negli ultimi decenni.

Dai giorni dell'entusiasmo, in cui Walter Albini inaugurava il ruolo dello stilista, e scorrendo tra i nomi storici, ricordiamo il gesto rivisto nel film documentario di Martin Scorsese *Made in Milan*, in cui Giorgio Armani toglie ogni traccia di interno alla giacca per lasciarla nuda e morbida, malleabile, disossata, per la prima volta destrutturata. E mentre il mondo conosceva il segno forte di Gianni Versace, Valentino continuava a trasformare le donne in dive di Hollywood, così via fino all'esaltazione della spiritualità, alla ieraticità femminile: con Romeo Gigli le donne di tutto il mondo sognano di perdere consistenza, di lasciare solo la loro essenza, di vestirsi di petali di stoffa da cui fragili spalle spuntano come ali. La figura impallidisce, si assottiglia e nega la sua mascolinità. Poi arriva improvvisa la legittimazione dell'imperfezione di Miuccia Prada, della negazione della costruzione classica attraverso cuciture sapienti e quasi concettuali nel loro segno di "errore calcolato", di sbaglio voluto. I confronti sarebbero utili, lo stile, ripetiamo, è un vero linguaggio e perché non si inaridisca ha bisogno di nutrirsi, di aprirsi, per non ripiegarsi su se stesso.

Rimane però il fatto che, se il mondo ha mediamente imparato a vestirsi e ad arredare le case, grande merito va agli stilisti italiani. Ma a loro chi insegnerà a salvaguardarsi da se stessi, a non aver paura di perdere dei privilegi, condividendo la scena con nuovi nomi, a conservare e arricchire questo patrimonio che tutti ci invidiano, mettendo in comune le rispettive visioni del mondo, della donna, dell'uomo, insomma, della vita?

Oltre la moda. Ultime notizie: gli Ufo, "Unidentified Fashion Objects"

> "Si vede la cosa / si pensa a altro /
> e questo altro è la cosa stessa".
> Enrico Ghezzi, *Il mezzo è l'aria*

Da qualche tempo strani oggetti solcano il cielo della moda, quel firmamento in cui ci rispecchiamo ogni giorno per scoprire come saremo, come appariremo, come vorremo – o vorremmo – essere. Perché li definiamo "strani"? Perché, prima di tutto, non possiamo definirli "oggetti". E mi sembra che un'analisi sia pur breve della moda a un passo dal Duemila non possa che partire da qui, dallo studio di questi Ufo che segnano con le loro traiettorie l'andamento sempre più frenetico delle tendenze. Per tendenze, ovviamente, non intendiamo solo quelle che riguardano il modo di vestire, ma tutte le mutazioni in campo artistico, culturale ed economico che investono il sociale. Dobbiamo affrontare queste nuove cosmogonie del gusto attraverso un'estetica trasversale. Mi piacerebbe dunque partire, per parlare della odierna percezione della moda, ricalcando il metodo con cui Alberto Arbasino in *Passeggiando tra i draghi addormentati* (Adelphi, 1997) affronta l'analisi della metamorfosi di una città come Buenos Aires, partendo dalla lettura degli annunci piccanti pubblicati sui quotidiani argentini. "Sì..., anche il minilessico dei popolari 'contactos' può servire come puntino di fuga o sguardo sui materiali dell'espressione e il destino delle Forme. Lo si è imparato forse addirittura da Adorno e da Benjamin?" afferma il raffinato reporter-scrittore.

Dunque: ormai è facile per tutti i lettori di quotidiani e periodici, leggere queste pubblicazioni talvolta al di sopra di qualsiasi sospetto, notare delle inserzioni pubblicitarie, adeguatamente illustrate, di numeri telefonici, sempre intercontinentali, che assicurano soddisfazioni a ogni esigenza sessuale. Recentemente, in un quotidiano di inserzioni italiano, ne ho contate più di centocinquanta: "Ti farò impazzire con i miei stivali!" urla uno. "Casalinghe bisex inquiete ti daranno felicità," promette un altro. Mi sembra importante sottolineare che, tra gli utenti di queste linee, e i lavoratori e le lavoratrici che rispondono a un telefono, magari dall'altra parte dell'oceano, si stabilisca una sorta di contratto erotico-economico in cui chi chiama e chi risponde sa benissimo che il/la partner è a chilometri di distanza. Ne sono perfettamente a conoscenza, eppure parlano e agiscono come se il loro amplesso non fosse simulato, ma assolutamente *reale*. In questo contratto emotivo e non immaginario – ma scatenato dall'immaginazione – chi vi prende parte crea un'atmosfera di natura erotica, ma vissuta, paradossalmente, sotto il segno della realtà e della cosciente "non verità".

Se si parlasse di letteratura, dovremmo fare ricorso a quella sospensione dell'incredulità ("suspension of disbelief") a cui ricorrono i grandi narratori di favole o di storie fantastiche. Ovvero: tu, lettore, sai benissimo che nella storia che sto per raccontarti ci sono fantasmi, balene bianche, fate buone e streghe cattive che non esistono davvero. Però, se vuoi divertirti, devi far finta non solo che esistano, ma devi crederci e la mia storia ti catturerà.

Aldilà di Internet, la dimensione del virtuale è ormai entrata nel quotidiano, come i recenti "avvistamenti" dell'ultimo divo del momento (Di Caprio) in varie parti del mondo, con l'aggravante che la maggior parte degli avvistatori sapevano benissimo di non aver visto il vero Di Caprio, ma volevano crederci. Adesso il divismo (il feticcio moderno non è solo ciò che appare unico, ma ciò che è sostituibile, riproducibile in massimo grado) conosce solo un rapporto simulativo, mettendo in discussione la differenza tra vero e falso, tra la realtà e la sua riproduzione. Da presenza mentale l'immagine si trasforma in cosa, in oggetto palpabile e comincia a fare il verso al reale.

Se la moda non è altro che la summa e lo specchio di tutta una complessa serie di eventi culturali, sociali, artistici ed economici, di cui è il distillato in forme, linee e colori, non può non sottrarsi a questa "virtualità" diffusa e, oserei dire, casalinga e casalingamente planetaria e affrontare la sua prossima evoluzione, quella verso l'immaterialità.

Fatturati reali, moda immateriale

> "Chiunque è capace di essere allegro
> e di buonumore quando è ben vestito."
> Charles Dickens, *Martin Chuzzlewt*

Negli anni Ottanta vestirsi era un segno – un segno forte, di natura distintiva, di prestigio, di appartenenza a un'élite – mentre in questo decennio l'atto stesso dell'acquisto di moda appare come radicalmente trasformato di senso. "Comportamenti che solo quindici, venti anni fa erano considerati marginali, oggi sono praticati a diversi livelli di qualità da quote maggioritarie della popolazione e (...) valori un tempo eccentrici rispetto a quanto veniva considerato 'normale' oggi hanno assunto il rango di norma; il risultato ha la forma di un paradosso: la soggettività di massa." Così si esprimeva il rapporto CENSIS nel 1987, vale a dire più di dieci anni fa.

Il nuovo comportamento di consumo, di cui la moda rappresenta l'aspetto più manifesto ed eclatante, esprime valori fortemente centrati sul sé: "L'affermazione della propria unicità sembra infatti essere l'unica necessità che muove l'atto di consumo, l'esplorazione del sé l'unico valore guida che muove le decisioni di acquisto," afferma ancora il rapporto CENSIS.

I valori di riferimento – dice Italo Piccoli nel suo saggio *Moda e anarchia* contenuto in *Mode* a cura di Laura Bovone (Franco Angeli Editore) – che in precedenza erano quelli dei gruppi in cui ci si identificava attraverso l'adozione di simboli di status, diventano l'esperienza personale e il proprio mondo emotivo.

Se negli anni Ottanta l'industria doveva rispondere a esigenze, oggi deve esaudire dei desideri e in questo senso gli Ufo a cui ironicamente accennavamo all'inizio sono oggetti-non oggetti che, come gli omini verdi disegnati nei vecchi fumetti, ognuno vede in modo diverso. Alla base di questa mutazione della moda verso una dimensione a un tempo più "virtuale" e "personale" concorrono vari stimoli, ognuno dei quali fondanti l'attuale complessità del tessuto sociale.

Primaria la nuova in-definizione del concetto di identità che – grazie alla moltiplicazione dei ruoli sociali, delle moderne tecnologie, delle possibilità scientifiche e dell'assorbimento popolare di tematiche un tempo ritenute scottanti (penso a film come *In & Out*, *Mezzanotte nel giardino del bene e del male*, i meno recenti *Orlando* e *Priscilla, la regina del deserto*, che trattano argomenti come l'omosessualità, il transessualismo, in termini un tempo ritenuti scandalosi) – si può definire indeterminata, frammentata, ambivalente e polimorfa.

Tutti i sessi in un flacone

> "Il profumo è chi lo indossa."
> Mademoiselle Coco Chanel

Un esempio commerciale di questi "lavori in corso" sulla parola identità, sui concetti di virilità e femminilità, ad esempio, lo vediamo nel grande successo dei profumi pansessuali, o bisessuali, o asessuati, da cK One e cK Be di Calvin Klein a GFF di Gianfranco Ferrè, fragranze vendutissime in tutto il mondo. E cosa c'è di più immateriale di una scia di profumo, e del resto di più suggestivo? Si riduce il peso dei fattori sociali di carattere generale: gli individui sono sempre meno orientati a conformare le proprie scelte a quelle dei gruppi di appartenenza e si tende a privilegiare i desideri individuali su un piano essenzialmente personalistico. Perciò anche il significato simbolico dei beni assume via via connotazioni sempre più sfumate, distinte da un aumento costante di segmenti e nicchie, ciascuno rivolto a soddisfare particolari bisogni, sia materiali sia emotivi.

Mai come adesso, ci sembra che la definizione classica di moda, secondo Thornstein Veblen e Georg Simmel, di "regola che cambia" sia inadeguata a uno scenario di vita dove la molteplicità delle fogge ci autorizza a usare solo ed esclusivamente il plurale "mode", sottintendendo i comportamenti e le abitudini diverse. E con ciò non vogliamo dire che gli stilisti rappresentino una figura ormai lontana dalle esigenze dei consumatori. Anzi. Oggi più che mai – ed è questo forse l'oggetto di moda "non identificato" più interessante – con la sostituzione del concetto di "stili" a quello di "moda" le figure degli stilisti appaiono basilari nella ricostruzione di un fascino tutto emozionale della moda. Alcuni anni fa, in un'intervista la bizzarra futurologa Faith Popcorn, mi predisse che lo slogan del futuro nell'abbigliamento sarebbe stato: "La Couture alle masse!" Oggi posso affermare che questa profezia si è decisamente avverata.

Se si dovessero elencare le differenze merceologiche tra la moda agli inizi del Made in Italy e quella attuale, potremmo annoverare sicuramente, per quanto riguarda i materiali, l'avvento dello stretch (un tessuto che per le sue performance può rivestire, tagliato in unico modello, corpi dalla struttura diversa) e delle trasparenze (un passo in più verso l'immateriale, proprio come la fragranza dei nuovi profumi pansessuali). Dal punto di vista della produzione, l'affermarsi e il successo delle "seconde linee", che permettono a segmenti sempre più vasti di consumatori di accedere alle grandi firme, con minor impegno economico. GFF di Gianfranco Ferrè, Versus di Gianni Versace, Oliver di Valentino, Ck di Calvin Klein, D&G di Dolce & Gabbana, innumerevoli linee di jeans griffati, rappresentano proprio questo: l'opportunità per tutti di far parte di quel fascino non solo creativo, – ma anche e soprattutto estetico – rappresentato dal nome e dal mondo dello stilista.

Ancora una volta, Roland Barthes ci soccorre con le sue divinazioni estetiche, quando ne *Il Sistema della moda* ci avverte che "non è l'oggetto, è il nome che fa desiderare" e quindi occorre che la moda diventi *moda scritta* e, cioè, pubblicità, riviste specializzate, chiacchiere, evento. È la parola, la scrittura, la fotografia che rendono mitica la moda; il mito e la novità sono valori che oggi si comprano.

Abbiamo già fatto accenno precedentemente al metodo con cui vengono oggi fotografati i vestiti per i servizi di moda sulle riviste specializzate e per le campagne pubblicitarie. Abbiamo già illustrato come non sia più realmente necessario vedere un abito, osservarne la struttura per decidere se acquistarlo o meno. È sufficiente essere sedotti da quell'atmosfera, da quel mondo che si dischiude al nome dello stilista, perché ormai ciò che noi acquistiamo oggi non è più moda, ma uno stile di vita. Indossando un capo Ferrè, o Giorgio Armani, Valentino o Dolce & Gabbana, che si tratti di un pezzo di underwear o di un profumo, noi entreremo di diritto a far parte di quell'atmosfera, di quel mondo che lo stilista ha voluto in tutti i singoli momenti della presentazione della sua collezione, dalla sfilata alla pubblicità, dal modo in cui sarà esposto in vetrina agli arredi della boutique. La rarefazione dell'immagine, l'astrazione dal prodotto generano al contrario una voglia di possesso, un moltiplicarsi di desideri che, nella loro sottigliezza di pura aspirazione, fragorosamente allargano i mercati. Oggi, dunque, il sistema moda dell'abbigliamento italiano si trova così a vivere una condizione duplice e, oserei dire, felicemente schizofrenica: da una parte l'idea di mercato costituita da realtà concrete di qualità, pregio, prestigio; dall'altra fragrante e sottile fantasia, promessa di soddisfazione di un desiderio che magari non avevamo neanche formulato. Il grande appeal del Made in Italy non è stato solo quello di aver creato dei bei vestiti, ma un vero e proprio teorema estetico. Il design globale, di cui oggi tanto si parla, non è niente altro che l'amplificazione di una competenza del gusto ad adattarsi a ogni forma e momento del vivere quotidiano.

Andiamo a fare la spesa. Al supermarket degli stili

> "Perché gli stilisti, una categoria poco propensa alla razionalità analitica, anticipino talvolta con successo le forme di oggetti futuri meglio di chi studia il futuro di professione, è una delle questioni storiche più oscure; e, per lo storico della cultura, è una delle più importanti."
> E. Hobsbawn, *Il secolo breve*

Non è cambiato il desiderio di essere affascinati dai mondi di riferimento degli stili, ma è mutata la fruizione – anche temporale – di essi. Così, il nuovo consumatore può decidere, indifferentemente, di calarsi in un personaggio la mattina e in un altro, completamente diverso, la sera. Ma il richiamo immateriale dello stile continua a essere una sirena assolutamente inevitabile da non poter non indurci in tentazione. Il mio augurio è che questi stili così diversi – sexy e chic per Gucci, essenziale e mentale per Prada, urbano e nostalgico per Armani, prepotente e ammaliatore per Versace, raffinato e seducente per Valentino, solo per citare alcuni tra i più noti creatori di oggi – possano rinnovarsi senza perdere le proprie origini.

La moda del terzo millennio non ha ancora – e forse giustamente – un'impronta definitiva e sembra, per ora, rifugiarsi nel passato più o meno vicino, nella riproposta di forme già impresse nella memoria collettiva. Verrebbe voglia di far proprio lo slogan lanciato dalla Thomson, azienda che produce oggetti di design disegnati da nomi come Philippe Starck: "Il futuro è un'idea antica. Bisogna inventare il presente".

Ma questo non fa parte solo della moda, ma di tutta la cultura attuale, dalla musica alla letteratura, dal cinema all'arte. E la domanda che mi pongo e vi rivolgo, cari lettori, è: la moda del futuro verrà dalla strada, dagli stilisti, dai mezzi di comunicazione sempre più sofisticati, oppure – come spero – da una commistione di queste tre componenti? Noi, sedotti e acquirenti, continueremo a vestirci. Ma sempre più a modo nostro, abitando un mondo nostro.

Parte Seconda

IL COSTUME

Fra prima e seconda Repubblica

di *Umberto La Rocca*

La grande crisi

Non si può capire la situazione politica italiana di oggi, se non si tengono presenti due date. La prima è il 17 febbraio 1992, quando viene arrestato a Milano, mentre intasca una tangente di alcuni milioni, un amministratore socialista, Mario Chiesa. È l'inizio dell'inchiesta "Mani pulite" che, in poco più di due anni, coinvolge centinaia e centinaia di persone e decapita la classe dirigente politica del paese. E attribuisce ai magistrati di alcune procure un ruolo decisivo e del tutto inedito. La seconda data è il 18 aprile 1993. Quel giorno l'83% degli elettori votanti, oltre 29 milioni di italiani, sceglie attraverso un referendum di abbandonare la legge elettorale proporzionale e passare al maggioritario.

A partire da questi due punti di svolta, in breve tempo si sgretola un sistema politico che durava da quasi mezzo secolo. Un sistema segnato da tre anomalie. Innanzitutto, l'assenza di alternanza al governo di schieramenti diversi. La Democrazia cristiana, partito di maggioranza relativa che raccoglie buona parte del voto moderato e cattolico, è ininterrottamente al potere dal dopoguerra. L'opposizione del Partito comunista, che pur su posizioni via via più autonome resta legata all'Unione Sovietica, non rappresenta un'alternativa credibile. Ed è delegittimata ad assumere la guida del paese dalla divisione del mondo in blocchi contrapposti. La destra del Movimento sociale italiano è debole, isolata e screditata dall'essere erede diretta del fascismo.

La seconda caratteristica del sistema, conseguenza della prima, è la mancanza di ricambio della classe dirigente e la longevità dei protagonisti che calcano la ribalta politica. L'esempio più eclatante è quello di Giulio Andreotti, giovane ministro democristiano già con De Gasperi e ancora presidente del Consiglio, per la settima volta, dopo quarant'anni, nel 1992, alla vigilia del grande crollo.

Questa granitica stabilità, ed è la terza anomalia, si accompagna a una pronunciata frammentazione della rappresentanza politica e alla brevissima vita dei governi. L'inesistenza di un sistema di alternanza, infatti, congiunta a una legge elettorale proporzionale che assicura seggi in parlamento a un gran numero di partiti, fa sì che le tensioni tra forze politiche, tra leader, tra correnti della coalizione di maggioranza si scarichino sull'esecutivo. E si concludano spesso con una crisi e la nascita di un nuovo governo che rispecchi meglio i momentanei equilibri e rapporti di forza. Risultato: quarantacinque governi in quarantaquattro anni, dal 1948 al 1992, una vita media inferiore a dodici mesi; e, nello stesso periodo, 1494 giorni di crisi, vale a dire quattro anni su quarantaquattro passati in estenuanti trattative e lasciando il paese senza guida. Si capisce come questo tourbillon di compagini diverse a Palazzo Chigi abbia reso difficile, soprattutto negli anni Settanta e Ottanta, seguire politiche coerenti e di ampio respiro.

È proprio a partire dalla seconda metà degli anni Settanta che il sistema mette in luce tanto la sua forza quanto la sua estrema debolezza. Da una parte, reagisce al terrorismo e lo sconfigge, sia pure al prezzo di instaurare uno stato di "emergenza giudiziaria" del quale ancora risentiamo le conseguenze. Dall'altro lato i partiti, sebbene potenti e radicati, non sono capaci di elaborare e realizzare quelle riforme che chiede una società in rapida trasformazione. Non sono in grado cioè, di creare le condizioni in cui, un'industria e un terziario avviati a un tumultuoso sviluppo possano affrontare la crescente internazionalizzazione dell'economia, la sua finanziarizzazione, l'esplodere di nuovi settori ad alto impiego di tecnologia e di capitale umano, quali l'informatica e le telecomunicazioni.

Per difendere il consenso del quale godono fra i cittadini, i partiti di governo, anziché quella delle riforme, scelgono la via di un "patto sociale conservatore", fondato sull'espansione senza freni del debito pubblico. Ai pochi grandi gruppi italiani vengono garantiti appalti pubblici in quantità e alti profitti, anche attraverso il meccanismo della revisione dei costi in corso d'opera. Alle imprese medie e piccole si offre la tolleranza nei confronti dell'evasione fiscale. Ai ceti popolari, un sistema di sicurezza sociale ampio, ma poco efficiente e costoso per le casse dell'erario; e un serbatoio di posti di lavoro, grazie alle assunzioni nella pubblica amministrazione e negli enti parastatali.

Il "Grande accordo" coinvolge in qualche modo anche l'opposizione. La quale, priva della speranza di sostituire la coalizione al potere, per difendere gli interessi che rappresenta, sceglie di trattare su ogni provvedimento in discussione con la maggioranza. Tanto è vero che la gran parte delle leggi passa con il contributo del Partito comunista. Secondo una ricerca del deputato di Forza

Italia Giuseppe Calderisi, tra il '79 e il '94, il Pci vota a favore o si astiene nell'88,1% dei casi. E se si guarda alle leggi approvate con meno clamore direttamente nelle commissioni, la percentuale sale addirittura al 95,2%. Questo meccanismo, che va sotto il nome di "consociativismo", è favorito da due caratteristiche che pesano ancora oggi sull'efficienza della politica italiana: l'enorme preponderanza delle materie regolate dal parlamento, rispetto a quelle affidate alle decisioni del governo (le leggi italiane sono circa 150.000, dieci volte di più della media nelle democrazie avanzate); e la farraginosità delle procedure parlamentari che si prestano ad azioni ostruzionistiche e dilatorie. Situazione che ha fatto dire a Giulio Andreotti che "senza il consenso dell'opposizione, le Camere non possono decidere neanche di inviare gli auguri di Natale".

In assenza di ricambio alla guida del governo e di un rigoroso controllo da parte dell'opposizione, è quasi inevitabile il diffondersi di fenomeni di corruzione che, in effetti, dalla fine degli anni Settanta, coinvolge leader politici, partiti, imprenditori, manager, amministratori pubblici. Nel silenzio, e talvolta con la connivenza di una magistratura da sempre, e con poche meritorie eccezioni, subalterna al potere politico.

Da quanto si è detto derivano due contraddizioni che peseranno molto sulla esplosione del biennio '92-'94. Innanzitutto, i partiti al governo ottengono dai cittadini un consenso ideologico (in nome dell'anti-comunismo) e quello che nasce dalla loro partecipazione ai vantaggi in quanto lavoratori o imprenditori. Ma, dall'altro lato, cresce la disaffezione degli stessi cittadini a un ceto politico che garantisce soltanto servizi estremamente inefficienti. Seconda contraddizione: all'onnipresenza delle correnti politiche si accompagna la loro incapacità di guidare o quanto meno di favorire le trasformazioni in corso nella società. Come dimostrano, fra l'altro, i fallimenti dei tentativi di modernizzare le istituzioni con le commissioni bicamerali guidate da Bozzi e De Mita.

La crisi del sistema precipita fra la fine degli anni Ottanta e i primi anni Novanta. Vari fattori concorrono al "big bang". Il primo è l'impossibilità di proseguire nella politica di spesa che porta, nel '92, il paese sull'orlo della bancarotta. Anche perché con i nuovi precetti di rigore nella gestione della finanza pubblica previsti dal trattato di Maastricht del dicembre '91, sopravviene anche il rischio di rimanere esclusi dalla moneta unica europea.

Conseguenze ancora più profonde ha la caduta del Muro di Berlino alla fine dell'89. Tre giorni dopo quell'evento epocale, l'11 novembre, parlando a una riunione di ex partigiani, il segretario del Partito comunista Achille Occhetto propone di cambiare nome al partito. Il 10 marzo del '90, al termine del XIX congresso del Pci, nasce il Partito democratico della sinistra, che più tardi avrebbe aderito all'Internazionale socialista, e che si candida credibilmente alla guida del paese. Lasciandosi alle spalle una dolorosa scissione con i "compagni" contrari alla svolta, che si raccolgono sotto le bandiere di una nuova formazione: Rifondazione comunista.

Sull'altro fronte, la fine dei blocchi allenta il cemento anti-comunista che ha tenuto assieme dal punto di vista ideologico partiti ed elettori che guardano alla Democrazia cristiana come punto di riferimento. Contemporaneamente, si affievolisce il sostegno internazionale che dall'anti-comunismo traeva ragione. Di pari passo cresce, soprattutto al nord, la protesta contro lo stato burocratico e inefficiente, contro i partiti tradizionali. Protesta che, riallacciandosi a un filone mai esauritosi nella società italiana, spesso sfocia nel rifiuto della politica in quanto tale.

È questa crisi profonda di rappresentanza dei partiti, di credibilità delle istituzioni, che consente il dispiegarsi, quasi senza ostacoli, dell'inchiesta Mani pulite, che dà il colpo di grazia ai gruppi dirigenti democristiano e socialista. È questa medesima crisi che spiega il trionfo del referendum contro il proporzionale, visto come il sistema elettorale che consente lo strapotere della "partitocrazia".

La nuova Italia

Chi confrontasse la situazione politica di oggi con quella di dieci anni fa, a prima vista potrebbe giudicare che nel frattempo la penisola sia stata scossa da qualcosa di simile a una rivoluzione. I leader che nella seconda metà degli anni Ottanta avevano dato vita al patto di governo del "Caf" (così denominato dalle iniziali dei loro cognomi) sono stati tutti e tre atterrati dalle inchieste giudiziarie. Bettino Craxi, ex leader socialista e presidente del Consiglio, inseguito dalle accuse di corruzione formulate dai magistrati milanesi, è sfuggito al carcere rifugiandosi a Hammamet, in Tunisia. Giulio Andreotti è sotto processo per collusione con la mafia e per l'omicidio del giornalista Mino Pecorelli. Arnaldo Forlani, ex segretario della Dc, si è ritirato a vita privata e nel giugno del '98 è stato condannato in via definitiva per finanziamento illecito ai partiti. Una nutrita schiera di personaggi politici di primo piano li ha seguiti nel loro destino.

Non solo. Dei cinque partiti che formavano la coalizione di maggioranza nel 1988, non ne esiste più nessuno. Repubblicani, liberali e socialdemocratici sono ridotti a gruppetti di nostalgici, privi di qualsiasi ruolo e peso politico, oppure sono confluiti in formazioni nuove e completamente diverse. Ciò che resta del Partito socialista è spezzato in tre tronconi, il più importante dei quali a stento riesce a raccogliere consensi sufficienti per entrare in parlamento. Quanto alla Democrazia cristiana, ha vissuto una diaspora ancor più impressionante. La divisione fra cattolici democratici e cattolici moderati, che aveva segnato tutto il mezzo secolo di storia della Dc, è esplosa fragorosamente. L'eredità democristiana è contesa tra il Partito popolare, che si colloca nella coalizione di centro-sinistra, il Centro cristiano democratico che viceversa milita nel centro-destra, e i gruppi che nel luglio del '98 si sono raccolti attorno all'ex presidente della Repubblica Francesco Cossiga dando vita all'Unione democratico repubblicana. Senza dire che buona parte del patrimonio elettorale della Dc è stato raccolto da Forza Italia, il movimento al quale ha dato vita, nel 1994, Silvio Berlusconi.

Dal diluvio emergono nuovi protagonisti. A cominciare proprio da Berlusconi, proprietario delle tre principali reti televisive private italiane, amico intimo di Craxi e in buoni rapporti con ambienti Dc. Il "Dottore", come è chiamato dai suoi collaboratori, decide di darsi alla politica nel corso del '93 per difendere i propri interessi minacciati dall'avanzata delle sinistre nelle elezioni Amministrative della primavera di quell'anno e dal collasso del blocco moderato. E presentandosi come "il nuovo" rispetto ai vecchi partiti, sfruttando la sua immagine d'imprenditore che si è fatto da sé, utilizzando abilmente tecniche di marketing e il potere delle proprie Tv, ma soprattutto presentando un programma nel quale si fondono ottimismo, liberismo economico, valori cattolici tradizionali e anti-comunismo, in pochi mesi conquista Palazzo Chigi. Come alternativo al sistema dei partiti si propone anche Umberto Bossi che, alla testa della Lega Nord, raccoglie buona parte della protesta settentrionale contro la politica, la burocrazia, l'inefficienza "di Roma". La Lega diventa una forza consistente e, fra il '94 e il '96, l'ago della bilancia della politica italiana.

La novità più rilevante dal punto di vista del sistema politico, è però lo scioglimento del blocco centrista che si raccoglieva intorno alla Democrazia cristiana e il raggrupparsi di vecchi e nuovi partiti in due schieramenti opposti, che negli ultimi quattro anni hanno dato vita a un embrione di democrazia dell'alternanza. Alle elezioni del 27 marzo 1994, infatti, si scontrano una coalizione di centro-destra (il "Polo delle libertà" formato da Forza Italia, Lega, Centro cristiano democratico e un Msi che, per la prima volta dall'infausto tentativo di Tambroni nel '60, viene "sdoganato" e ammesso a competere per il governo del paese); e, dall'altra parte, un fronte dei "Progressisti", formato da Pds, Rifondazione comunista, ecologisti e altri partiti minori. Fra questi due blocchi, fa corsa solitaria il Partito popolare, erede diretto della Dc. Ma proprio il trionfo del Polo e i risultati fallimentari della sinistra e dei popolari divisi, dimostrano la necessità, nel nuovo sistema bipolare, di coalizzarsi per vincere. Idea che è alla base della strategia di Massimo D'Alema, il nuovo segretario del Pds succeduto ad Achille Occhetto dopo la sconfitta elettorale. D'Alema, caduto dopo pochi mesi il governo Berlusconi per la defezione della Lega, percorre con ostinazione la via dell'alleanza con le forze moderate e, in particolare, con il Partito popolare. Dando vita a una coalizione organica, l'Ulivo, e offrendo la candidatura a Palazzo Chigi a un manager pubblico un tempo vicino alla sinistra democristiana, Romano Prodi. Il 21 aprile del '96, l'Ulivo, che ha stretto patti elettorali con Rifondazione comunista, sconfigge il Polo e conquista il governo. E, ancora una volta, fattore determinante è la divisione del campo opposto: la Lega infatti si candida da sola, sperando di ottenere abbastanza seggi da essere presenza decisiva per la formazione di qualsiasi maggioranza. L'operazione però, fallita ai popolari nel '94, va male anche a Bossi due anni più tardi.

Il nuovo sistema bipolare, seppur soltanto abbozzato, ha fra le sue conseguenze, quella di accelerare la trasformazione dei due antichi partiti di opposizione. Nella necessità di stringere alleanze e conquistare i voti del centro che più facilmente si spostano da uno schieramento all'altro e risultano quindi determinanti, tanto il Pds quanto l'Msi cambiano pelle. Il partito della sinistra democratica seppellisce nel simbolo la falce e il martello sotto i rami frondosi di una quercia, abbandona posizioni dirigiste in economia, supporta più di ogni altra forza politica il peso del risanamento della finanza pubblica e si batte per portare il paese nella moneta unica europea. Nella convinzione, fra l'altro, che soltanto comunità politiche sovranazionali abbiano dimensioni e peso tali da guidare i processi di sviluppo del capitalismo globale.

Anche il Movimento sociale italiano, seppur più lentamente, muta. Nel gennaio del '95, con il congresso di Fiuggi, cambia nome, dando vita ad Alleanza nazionale, prende le distanze dall'eredità del fascismo e subisce la scissione dei tradizionalisti legati a Pino Rauti. Poi, con l'assemblea di Verona del marzo 1998, imposta una revisione ideologica e getta le basi di un programma che concili liberismo e valori sociali.

Ma il sistema elettorale maggioritario, fondato sulla sfida fra singoli candidati nei collegi, il peso assunto dai leader delle coalizioni nel bipolarismo e, infine, il peso sempre maggiore della televisione nelle sfide elettorali, hanno determinato effetti ancor più generali sui partiti. Indebolendone il peso, entro certi limiti, e favorendo la "personalizzazione" della politica. Un esempio di questo fenomeno è lo stesso presidente del Consiglio, Prodi, il quale, non disponendo di un partito proprio, aveva iniziato la sua avventura politica come "controfigura di D'Alema", per usare uno slogan brutale ed eccessivo, ma non del tutto infondato, di Silvio Berlusconi. Utilizzando avvedutamente il suo ruolo di premier e di leader della coalizione, Prodi si è guadagnato un'autonomia e una capacità di iniziativa non indifferenti. Un discorso simile si può fare per i sindaci delle grandi città, che rappresentano una componente significativa della nuova classe dirigente. Figure come Bassolino a Napoli, Rutelli a Roma, Cacciari a Venezia, Bianco a Catania, Illy a Trieste, eletti da coalizioni di centro-sinistra, fondano il loro peso politico (e sperano di costruire il loro futuro) sul rapporto diretto con gli elettori e sulla capacità dimostrata di raccogliere più voti di quanti ne ottengono complessivamente i partiti che li sostengono. Naturalmente, in questo fenomeno è implicito il rischio di una ulteriore frammentazione del quadro politico. Come sembra dimostrare il primo fiorire di liste "per Rutelli" o "per Bianco".

Se passiamo ad analizzare i contenuti della politica economica dei governi di questi ultimi anni, la differenza con il passato è altrettanto e forse più netta. A partire dall'esecutivo guidato da Giuliano Amato nel '92, i governi italiani hanno stretto i cordoni della borsa e hanno avviato il risanamento della finanza pubblica. Con risultati importanti, tanto che l'Italia è riuscita a ottenere l'ammissione all'interno dell'Euro, abbattendo sotto la soglia chiave del 3% il rapporto fra PIL (Prodotto Interno Lordo) e deficit statale. Grazie all'accordo sul costo del lavoro firmato con i sindacati nel luglio del '93 dal governo Ciampi, si è prima contenuta e poi ridotta drasticamente l'inflazione. Di conseguenza, è stato possibile utilizzare la relativa stabilità politica seguita alla vittoria dell'Ulivo nel '96 per giocare sui risparmi generati dal ribasso dei tassi. E, in questo modo, il governo Prodi ha cominciato a ridurre il peso esorbitante degli interessi sul deficit, eredità della politica di espansione della spesa esplosa alla fine degli anni Ottanta.

Il passato che non passa

La sterzata impressa dai governi Amato, Ciampi e Prodi e il tentativo di rimettere in carreggiata il sistema economico, si sono tuttavia scontrati con parecchie difficoltà. Da una parte, la necessità di salvare il metodo della "concertazione" con i sindacati, essenziale per mantenere la pace sociale e raggiungere l'obiettivo europeo, ha comportato l'impossibilità di modifiche profonde al sistema previdenziale e, più in generale, allo stato sociale. E quindi, l'inevitabilità di ricorrere anche all'aumento della pressione fiscale per adeguare il bilancio agli standard fissati da Bruxelles. Dall'altra parte, lo spreco di risorse dei tardi anni Ottanta e dei primissimi Novanta, e in seguito l'obbligo di imbrigliare la spesa, hanno impedito di fare significativi passi avanti per colmare i ritardi del nostro paese rispetto ai grandi partner europei. Il risultato è che oggi l'Italia è in Europa, ma con gravi debolezze in settori chiave. Per l'istruzione e la ricerca, fondamentali in un'epoca segnata dal boom delle imprese basate sul capitale umano, investiamo assai meno degli altri (per la ricerca appena l'1,2% del Prodotto Interno Lordo). Per quanto riguarda le attività imprenditoriali ad alta tecnologia (informatica, telecomunicazioni, chimica fine) che sono quelle più remunerative dei capitali investiti, l'Italia è praticamente assente dalla scena mondiale. Per non parlare del sistema bancario, arcaico nei servizi che fornisce e appesantito dalla scarsissima produttività rispetto alla concorrenza straniera. A questi problemi se ne aggiunge un altro: quello della disoccupazione che nel nostro paese è, secondo le stime ufficiali del luglio '98, ben superiore al 12% e particolarmente drammatica perché concentrata al sud.

In definitiva, ci troviamo stretti in una morsa in gran parte ereditata dagli errori del passato: siamo obbligati a rispettare i vincoli di bilancio imposti dall'Europa e contemporaneamente dobbiamo trovare risorse per affrontare la piaga della disoccupazione e colmare il gap nei settori strategici dell'economia. Tutto ciò senza appesantire ulteriormente il prelievo fiscale, pena l'avvitarsi su se stesso del sistema produttivo.

Il compito di uscire da questa strettoia richiederebbe una classe dirigente culturalmente preparata, istituzioni funzionanti e forze politiche in grado di dominare le inevitabili resistenze corporative. Condizioni che in Italia, in larga parte, sono ancora assenti. Il rinnovamento della classe dirigente è stato finora molto limitato. A partire da quella politica. Il caso più evidente è Forza Italia. Il movimento nasce con la promessa di portare alla guida del paese uomini nuovi, che si siano formati nel mondo delle professioni, nella "trincea del lavoro" per usare una espressione di Berlusconi. Erede dell'idea di un "governo dei competenti", questo programma mostra ben presto la corda. Sostanzialmente, Forza Italia non è stata capace di creare una classe dirigente. Aldilà di alcune eccezioni, Berlusconi è costretto ad affidarsi a figure formatesi alla scuola della politica degli anni Settanta e Ottanta. I suoi consiglieri più ascoltati sono ex Dc o ex socialisti, come ex democristiani sono i quadri dirigenti dei gruppi parlamentari.

Altrettanto significativi sono l'isolamento culturale di D'Alema e di Fini nei rispettivi partiti, la povertà del gruppo che guida la Lega, l'assenza di ricambio tra le schiere degli amministratori locali.

Anche i meccanismi istituzionali e politici, e ciò è ancora più grave, stentano a funzionare come dovrebbero. Il sistema bipolare, nato dopo il referendum del '93, è incompleto e carente. Zoppo, ha osservato qualche commentatore. La nuova legge elettorale infatti, ha conservato un'ampia quota di seggi assegnati con il proporzionale e senza alcuno sbarramento. E, per quanto riguarda il 75% dei seggi che si conquistano con il maggioritario, si è affidata al turno unico di collegio. La combinazione di questi due elementi assicura una rappresentanza consistente in parlamento alle forze politiche radicate regionalmente, anche se decidono di correre da sole (come la Lega Nord nel '96). E in questo modo lascia spazio a un elemento estraneo al bipolarismo. Inoltre e soprattutto, costringe i grandi partiti a cercare l'alleanza con tutte le forze politiche disponibili, anche le più piccole, che potrebbero essere determinanti per assicurare la vittoria a uno degli schieramenti, piuttosto che all'altro. I risultati sono due. La moltiplicazione del numero dei partiti che il referendum elettorale intendeva invece ridurre (oggi le formazioni significative rappresentate in parlamento sono una ventina, le sigle di partito più del doppio). Secondo, le coalizioni che si formano sono eterogenee e programmaticamente incoerenti e, dunque, i governi che generano trovano grandi difficoltà a esprimere una politica coerente e incisiva. Da questo punto di vista sono indicative sia l'esperienza del Polo nel '94, segnata dai contrasti con la Lega, sia quella dell'Ulivo dal '96 in poi, costretto a estenuanti mediazioni con Rifondazione comunista per evitare la crisi del governo Prodi (crisi sfiorata più volte, aperta e chiusa nel giro di pochi giorni nel dicembre del '97, poi ancora sfiorata).

Ma c'è un'ulteriore doppia anomalia che ha avuto conseguenze altrettanto paralizzanti del bipolarismo "zoppo". Essa nasce dalla stessa "rivoluzione giudiziaria" che provoca la decimazione della classe politica al governo negli anni Ottanta.

L'ampiezza delle inchieste e il livello dei personaggi coinvolti suscitano infatti, fin dal '92-'93, una dura reazione dei partiti di maggioranza. Reazione che però non sortisce alcun effetto per la crisi di credibilità in cui si dibatte la classe politica; per il consenso che le toghe riscuotono presso una opinione pubblica nauseata e, in parte, da sempre allergica alla politica; per il sostegno che in un primo tempo i magistrati di Milano ottengono dai gruppi industriali e dai loro giornali. Lo scontro fra giudici e politici diventa perciò devastante soltanto dal '94, da quando cioè scende in campo Silvio Berlusconi. Prima della decisione ufficiale del *tycoon* di Arcore, il procuratore di Milano Francesco Saverio Borrelli avverte: "Chi ha scheletri nell'armadio non si candidi". Il "Dottore", amico di Craxi e proprietario di metà dell'informazione televisiva italiana, decide di andare avanti per la sua strada. Già durante la campagna elettorale partono alcune inchieste sui suoi collaboratori. Ma sembrano avere effetti controproducenti: il 27 marzo Berlusconi vince le elezioni. Dapprima il presidente del Consiglio *in pectore* cerca un compromesso o, quantomeno, tenta di dividere la procura di Milano offrendo il ministero degli Interni al suo personaggio simbolo, Antonio Di Pietro. Di fronte al rifiuto però, il leader del Polo rompe gli indugi. E l'11 maggio, il giorno in cui giura nelle mani del capo dello stato, confida a tre giornalisti: "Questi giudici sono fuori di testa e dalla democrazia.

Hanno azzerato i politici della Prima repubblica e ora vogliono fare lo stesso con quelli della Seconda, per andare loro a Palazzo Chigi. Ma non ci riusciranno".

Negli otto mesi del governo Berlusconi gli scontri si moltiplicano. Fino al 21 novembre, quando, mentre il presidente del Consiglio presiede a un convegno mondiale sulla criminalità a Napoli, gli viene recapitato un invito a comparire per la corruzione di alcuni ispettori della Guardia di Finanza. La notizia compare sul "Corriere della Sera", prima ancora che il provvedimento sia notificato all'interessato. Un mese dopo il governo di centro-destra cade.

L'uscita del "Dottore" da Palazzo Chigi non coincide con la fine delle inchieste su di lui e sul gruppo di sua proprietà. L'intensità delle iniziative dei magistrati colpisce, soprattutto se paragonata a quella adottata nei confronti di altri imprenditori: dal '94 la Fininvest-Mediaset o i suoi dipendenti sono sottoposti a oltre 350 perquisizioni e a decine di inchieste per finanziamento illecito ai partiti, falso in bilancio, corruzione. E Berlusconi, fino al luglio '98, ha già subito tre condanne in primo grado.

Le contestazioni che il leader di Forza Italia e settori sempre più ampi del mondo politico e imprenditoriale muovono ai magistrati sono numerose e pesanti: un uso illegittimo del carcere, adoperato come strumento per far confessare gli inquisiti e far emergere eventuali complicità (fra l'altro le indagini di Mani pulite sono state segnate da numerosi suicidi, come quello clamoroso in carcere di Gabriele Cagliari, ex presidente dell'Eni); la pratica sistematica della fuga di notizie coperte da segreto istruttorio per influenzare e conquistare l'appoggio dell'opinione pubblica; l'intervento pubblico su materie di pertinenza del parlamento per difendere il proprio potere; l'orientamento politico delle inchieste, che avrebbero risparmiato la sinistra e si sarebbero accanite contro Dc e Psi prima e Forza Italia poi.

La replica dei procuratori in prima linea in questa battaglia (Milano e Palermo soprattutto, che però hanno avuto il sostanziale appoggio dell'Associazione nazionale magistrati) è semplice. Primo, Berlusconi e gli altri inquisiti sono stati accusati di reati gravi, e le accuse formulate sono state trovate fondate da decine di magistrati diversi. Tutti comunisti o tutti succubi delle procure? La verità è che Berlusconi, e con lui parte della classe politica aspirano all'impunità e a sottrarsi al controllo di legalità. E perciò a riportare i giudici in una posizione subalterna. E i magistrati hanno tutto il diritto di opporsi, anche prendendo posizione pubblicamente, a un simile disegno restauratore.

Questa contrapposizione ha contribuito non poco a paralizzare l'evoluzione della politica nel nostro paese. Non è un caso che proprio contro di essa si è infranto il più recente, serio tentativo di riformare le istituzioni e di completare la transizione italiana verso un sistema stabile ed efficiente. Nell'impresa, il ruolo di protagonista è spettato a D'Alema. Eletto segretario del Pds nel luglio del '94, egli fonda la sua azione su due capisaldi: l'alleanza con le forze di centro che porterà alla nascita dell'Ulivo, come si è detto, alla vittoria del '96; e il superamento del muro contro muro con il centro-destra guidato da Berlusconi, con l'obiettivo di riformare le istituzioni e creare quel quadro di regole condivise da tutti che rendono non traumatica l'alternanza al governo di schieramenti opposti.

Con questo scopo, nasce all'inizio del '97 una commissione bicamerale presieduta dallo stesso D'Alema e nella quale sono rappresentate proporzionalmente tutte le forze politiche. Dopo un anno e qualche mese di lavoro però, nel giugno del '98, la commissione si estingue senza aver raggiunto il bersaglio. È il leader del Polo che decide di ritirare la propria disponibilità. Il nodo sul quale avviene la rottura è quello dei poteri del presidente della Repubblica eletto direttamente dal popolo, giudicati da Berlusconi insufficienti. Ma le considerazioni che spingono al no l'ex imprenditore di Arcore sono altre. E l'insufficienza delle proposte di riforma del sistema giudiziario gioca un ruolo decisivo.

Durante i lunghi mesi di lavoro della commissione, infatti, D'Alema aveva cercato una via che non riportasse indietro alla situazione di subalternità dei magistrati al potere politico e di assenza di controllo sulla classe dirigente; ma che, al tempo stesso, mettesse le basi per superare l'emergenza e il ruolo di supplenza svolto dai giudici durante il periodo di sbandamento della politica, e che riportasse la loro azione sui binari previsti dalla Costituzione. Il tentativo si era però scontrato con la resistenza dei magistrati, pronti a sfruttare la propria popolarità presso la base del Pds e presso altri settori della sinistra. E con l'intransigenza del leader del Polo, la cui esigenza primaria è quella di creare le condizioni per assicurarsi l'impunità e, con essa, la sopravvivenza politica. Un obiettivo che, con ogni evidenza, non può essere raggiunto, se non attraverso la sconfessione del lavoro di indagine svolto in questi anni dalle procure di Milano e Palermo. In questo schiaccianoci si sbriciola la Bicamerale.

I rischi del futuro

L'incapacità di autoriformarsi (con la Bicamerale finiscono in soffitta anche il federalismo, studiato per dare una risposta al malessere del nord, il presidenzialismo, una nuova legge elettorale) è forse l'elemento di maggiore continuità fra la politica italiana degli anni Novanta e quella della stagione precedente. E il perpetuarsi dell'assenza di un sistema istituzionale efficiente, e le conseguenti difficoltà di governo, comportano gravi rischi. Il primo è quello della sconfitta del bipolarismo. Cioè del tramonto della prospettiva di un'alternanza al governo di schieramenti diversi, che garantisca ai cittadini, grazie all'esistenza di una alternativa credibile, il controllo sull'azione dell'esecutivo. Confermando chi ha ben operato e mandando all'opposizione chi ha fallito. Va osservato che questo sistema garantisce anche un più frequente ricambio della classe dirigente, una maggiore indipendenza della magistratura e, quindi, minori possibilità che dilaghi la corruzione.

Il pericolo del fallimento del bipolarismo è insito, aldilà delle intenzioni, nel tentativo avviato nella primavera del '98 da Francesco Cossiga e dal suo partito, l'Unione democratico repubblicana: scompore i poli di centro-destra e centro-sinistra, dando vita a uno schieramento di centro che coinvolga Forza Italia da una parte e i popolari, o l'elettorato popolare, dall'altra; che spezzi l'alleanza dell'Ulivo, condannando a una lunga opposizione una sinistra che ancora non è in grado di conquistare palazzo Chigi da sola; che releghi in posizione subalterna la destra di Alleanza nazionale. Due osservazioni. La prima è che, pur salvando la cornice bipolare, questo schema rischia di riproporre un blocco di centro sostanzialmente inamovibile per lungo tempo e quindi di vanificare l'alternanza. Secondo: visto il peso in termini di voti che nel Polo di centro verrebbe ad avere Berlusconi, è assai probabile che una vittoria della nuova formazione coinciderebbe con la sconfitta delle procure e con un ruolo nuovamente subalterno della magistratura al potere politico. Il che, a sua volta, rafforzerebbe l'inamovibilità della coalizione al potere. È indicativo, da questo punto di vista, che dietro le bandiere di Cossiga e Berlusconi si stiano raccogliendo vari spezzoni di quella parte della vecchia classe politica che è stata spazzata via da Mani pulite.

Più in generale, una politica incapace di adeguare i propri meccanismi decisionali e i propri tempi alla velocità dei processi economici in atto, si gioca un'ulteriore perdita di credibilità (la crescita dell'astensionismo elettorale nelle ultime tornate amministrative sembra andare anche in questo senso). E rischia la marginalizzazione. Corre cioè il pericolo di paralizzare il paese con la propria lentezza e la propria incapacità di impostare le riforme strutturali necessarie, costringendolo a un ruolo economico, e perciò anche politico, secondario nel nuovo contesto europeo. Oppure si rassegna ad abdicare, lasciando campo libero ai grandi gruppi imprenditoriali e alle corporazioni, sempre più convinti della necessità di imporre regole proprie per assicurare lo sviluppo e il benessere. Una abdicazione che metterebbe in dubbio la sostanza stessa della democrazia moderna, fondata sul consenso politico.

Molte religioni per un Giubileo

di *Antonella Fiori*

Per "aprirsi al cielo"

L'Italia dei mille campanili, l'Italia divisa in due, il paese di don Camillo e Peppone, dei film degli anni Cinquanta in bianco e nero, quelli con Fernandel e Gino Cervi... Il paese con il parroco e il sindaco comunista a contendersi in ogni cittadina le anime dei peccatori, predicando in piazza e dal pulpito, con la promessa della redenzione o del sol dell'avvenire, quell'Italia, non esiste più. Benvenuti nel paese del Papa che parla urbi et orbi, ma soprattutto attraverso la Tv e Internet. Il paese del Giubileo e del pellegrinaggio alla Sacra Sindone, il più imponente di fine millennio. Un paese che raccoglie l'eredità del Concilio Vaticano II, del discorso "sentimentale" di Giovanni XXIII, che invitava i fedeli a tornare a casa e a "dare una carezza ai propri bambini", ma che da vent'anni vive in prima persona gli effetti della svolta universalista di Giovanni Paolo II. L'Italia che, per il culto dei santi e la venerazione di icone popolari ancora merita un dieci in religione, ma dove stanno mutando le "istruzioni per l'uso" del cattolicesimo, del cristianesimo. E non solo.

Come in un mercato, potremmo dire che negli ultimi anni la domanda di fede è cresciuta e l'offerta si è adeguata. I motivi di questa sete spirituale? In un mondo sempre più secolarizzato e desacralizzato, dominato da una tecnica che non ammette altre giustificazioni all'infuori di se stessa, "aprirsi al cielo" è senz'altro espressione di un disagio, ma anche di una speranza: quella di ritrovare, dentro e fuori l'istituzione della Chiesa, nuove forme di spiritualità del cuore. Il paese in cui l'84% della popolazione continua a definirsi cattolico (gli atei convinti sono meno del 3%), e un cittadino su tre dichiara di andare a messa ogni domenica, questa rinascita di fervore spirituale la ritroviamo nella crescita di movimenti che idealizzano la figura del Messia e dello Spirito Santo, e riportano la professione di fede alle origini del cristianesimo.

Focolarini, neo-catecumenali, pentecostali, ortodossi. Se un decennio fa la dimensione religiosa mostrava il passo, oggi è in espansione anche per merito della linfa vitale proveniente dalla pluralità di credo religiosi, dal buddismo all'islam. La voglia di appartenenza e la fede in un Dio buono offrono un nuovo terreno su cui confrontarsi, interrogarsi sulle "cose ultime", sul senso profondo della vita e della morte, tematiche rispetto alle quali la cultura attuale, laica, tecnologica, non sembra in grado di trovare risposte adeguate.

I cattolici "spezzati"

Dopo l'afflato etico di partecipazione popolare alla vita del paese durante Tangentopoli, lo scandalo politico che ha provocato lo scioglimento della Democrazia cristiana, partito di maggioranza relativa per cinquant'anni, spezzata l'illusione che l'unità dei cattolici in politica potesse "fare cristiana" la società, si sono infrante anche le speranze laiche di essere traghettati verso una terra promessa, un aldiqua terreno su cui proiettare la propria utopia di rinascita individuale. Il ritorno ai giochi di partito, le difficoltà con cui si stanno sviluppando le inchieste dei magistrati milanesi iniziate sette anni fa, hanno ristretto la dimensione dell'orizzonte laico, la prospettiva di uno sviluppo positivo e progressivo che si potesse realizzare con certezza in un futuro prossimo. Tuttavia, all'interno di un sistema chiuso e a rischio, dopo il crollo del cattolicesimo politico, la Chiesa è comunque riuscita a mantenere vivo il bisogno di un'apertura al trascendente, il senso di un'offerta altra e alternativa: grazie al carisma e al radicalismo delle posizioni di Giovanni Paolo II, ma anche alla forza di una struttura di base resa più fluida dalla contaminazione con altri interlocutori spirituali.

Anno Santo alla Woodstock

L'attenzione crescente dedicata dai media ai viaggi e agli interventi del Pontefice su questioni riguardanti l'etica e il sociale, l'organizzazione del più grande pellegrinaggio del secolo, quello di quest'anno a Torino alla Sacra Sindone, l'"invasione gentile dei pellegrini di Dio", come è stata definita, la partecipazione di trecentomila fedeli provenienti da tutto il mondo che si sono ritrovati a Roma, in Piazza San Pietro per la veglia della Pentecoste, sono solo alcuni dei segnali di un fenomeno di dimensioni molto più vaste. Il recente bivacco dei pellegrini con materassini, sdraio, ombrelloni sotto il colonnato di Piazza San Pietro, ha rappresentato una simbolica "Woodstock di Dio", prova generale di quello che accadrà con il Giubileo, l'avvenimento mass-mediale "fondante" della cristianità dei prossimi anni che per la sua eclatante dimensione economica, organizzativa, ha già suscitato allarmismi e polemiche. La minaccia che interessi finanziari potessero inquinarne la motivazione primaria indicata dal Pontefice, quella di favorire una forte meditazione spirituale per il Duemila, ha provocato, per esempio, la reazione del presidente della repubblica Oscar Luigi Scalfaro. In particolare il capo dello stato ha espresso il timore che i nuovi pellegrini, in gran parte, "non siano dissimili dai turisti" e che i problemi dell'organizzazione possano stravolgere il senso di un avvenimento durante il quale, sin dal Medioevo, si verificavano "gli abusi di chi speculava aumentando artificiosamente i prezzi dei cibi, degli alloggi, dei foraggi" (vedi la prefazione di Sergio Quinzio al volume *Il Giubileo. Storia e pratiche dell'Anno Santo*).

Nel ricondurre alle origini il significato dell'Anno Santo, occasione "per aggiustare un po' il patrimonio dei peccati", Scalfaro ha esaltato "il fai da te della fede". Un rilancio individualista, da parte del cattolicissimo presidente della repubblica che, in modo indiretto, ci riporta a un'urgenza primaria, la ricerca di nuove "sorgenti di vita spirituale". Bisogno, nel caso di avvenimenti epocali come il Giubileo, che diventa assoluto, e potrebbe condurre al proliferare di sette religiose che soddisfano il desiderio di appartenenza e riferimento a personalità carismatiche, per aiutarci nel "transito" verso il nuovo millennio.

Non di solo Geova

In Italia il fenomeno è ancora relativamente limitato (i più visibili anche per la loro attiva militanza sono i testimoni di Geova, stimati in 250.000), ma tra l'8% degli italiani che dicono di essere credenti senza appartenere a nessuna confessione, potrebbero nascondersi, in una cifra che oscilla tra gli ottocentomila e di due milioni, i potenziali appartenenti alle sette. A lanciare l'allarme, proprio in vista del Giubileo, è stato il ministero dell'Interno secondo il quale alcuni piccoli gruppi incontrollati, definiti "psicosette" – 15 in tutto con 8500 aderenti – potrebbero costituire un pericolo per la vita pubblica, capaci, secondo la nota del Viminale, di operare una "destrutturazione mentale degli adepti, conducendoli spesso alla follia o alla rovina economica".

Il rapporto inviato alla Commissione di Affari Costituzionali della Camera con il titolo *Sette religiose e nuove sette magiche in Italia* ricostruisce le radici, anche internazionali, dei nuovi movimenti più diffusi, dai profeti messianici, sincretisti, sino alle false chiese, i gruppi orientalisti, i nuovi movimenti magici, distinti in fraternità universali, gruppi iniziatici, gnostici, magico-cerimoniali, occultistici, ufologici, satanici. Pur non essendovi ancora sul territorio italiano una ramificazione capillare, il rapporto evidenzia il fatto che molte delle nuove sette importate dall'estero avrebbero assunto una fisionomia diversa rispetto a quella originaria. Tra gli esempi di sradicamento, si cita il gruppo induista Ananda Marga, che in India è considerato terrorista, fino alla Soka Gakkai italiana, che sarebbe stata scomunicata dalla casa madre in Giappone. In occasione dell'Anno Santo, il pericolo potrebbe venire anche dai satanisti (9 gruppi con 200 adepti).

L'alibi di Dio

Un allarme eccessivo, secondo alcuni commentatori, per i quali i precetti della Chiesa cattolica costituiscono ancora un deterrente formidabile al possibile attecchimento di qualsiasi fede alternativa. In realtà, anche se lo scenario di un'Italia religiosa non cattolica è lontano, l'insegnamento della Chiesa, utilizzata soprattutto come risorsa per solennizzare l'esistenza (il 97,9% degli italiani ha battezzato il proprio figlio), è entrato in crisi da metà degli anni Settanta. Quello che le si riconosce è soprattutto un'autorità nel campo dell'etica sociale, (anche se la percentuale di rapporto tra religione ed etica pubblica è molto basso, come evidenzia l'altissimo livello di evasione fiscale), ma non in quello dell'etica privata.

L'idea dominante, per gli italiani, è quella di un Dio misericordioso, il "Dio alibi" che perdona tutto. La decadenza dei precetti etico-religiosi per quel che riguarda, ad esempio, la sessualità, riconduce a una concezione "privata" di cattolicesimo, diversa dal protestantesimo anglosassone, dove dall'idea di una giustizia privata, per estrema conseguenza, si arriva alla giustizia di stato.

In Italia, infatti, questo individualismo, innestandosi su un terreno cattolico, più lassista, perdonista, ma anche più elastico, tollerante, provoca, nei comportamenti, un aggiustamento molto "personalizzato" della religione, dietro l'omologazione esteriore di alcune pratiche "fisse": battesimo, comunione, matrimonio, funerale religioso.

Via dalla vocazione

Le cifre di questa mutazione, per quel che riguarda l'istituzione della famiglia, sono eloquenti: e sono quelle di un paese secolarizzato, con 900.000 matrimoni in meno, l'aumento delle unioni civili, delle separazioni (42.640 dall'89) e dei divorzi (30.309), assieme alla nascita di bambini concepiti al di fuori del matrimonio. Per quel che riguarda l'etica sociale la presenza dei giovani e delle persone più istruite all'interno di gruppi impegnati nelle associazioni del volontariato rappresenta uno dei fenomeni più importanti di questi ultimi anni. 6800 strutture per un assistenzialismo interclassista, venato di referenti borghesi che coinvolgerebbe, in tutto, 4 milioni di persone. Sarebbe stata proprio l'attività di questo associazionismo, a tener vivo il fervore religioso all'interno di una Chiesa cattolica in crisi di vocazioni. I dati più recenti della Cei, la Conferenza episcopale italiana, sono allarmanti. Nelle 226 diocesi, con 37.000 sacerdoti diocesani, 25.000 religiosi, 128.000 religiose, solo il 28,8% ha meno di cinquant'anni, mentre il 44% è tra i cinquanta e i settanta. Un calo parallelo alla diminuzione progressiva di identificazione con gli insegnamenti dottrinali della Chiesa, significativo anche del tramonto della società parrocchiale, trasformazione che ha avuto inizio alla fine degli anni Sessanta.

Santi, star e Padre Pio

Sino a quel momento le due fedi principali dove si era specchiato il paese del dopoguerra, la cattolica e la comunista, rappresentavano un punto di riferimento sicuro del credo degli italiani. In un'Italia dove trovavano espressione varie forme di religiosità popolare di derivazione ottocentesca, dal culto per Sant'Antonio da Padova e Santa Rita da Cascia, fino alla devozione per il Sacro Cuore e la Santa Vergine, il parroco era nello stesso tempo ministro di Dio, sacerdote ordinato dalla Chiesa di Roma e pastore di anime, punto di riferimento per trasmettere, in un milieu più o meno ristretto, gli elementi propri per una condotta di vita legata a virtù come l'ubbidienza, la carità, la pietà. È da questa dimensione che il cattolicesimo italiano si è emancipato, si sta emancipando, senza perdere, tuttavia, un contatto profondo con alcune forme arcaiche di devozione popolare ai santi che si esplicitano oggi in culti "nazionali" dai risvolti miracolistico-terapeutici, come quello per l'icona di Padre Pio a cui i settimanali popolari italiani dedicano la stessa attenzione riservata a una star, richiedendone la santificazione come in Inghilterra sta avvenendo per Lady Diana. Un culto che indica un'umanizzazione estrema della figura del santo, che nella tradizione intercede, assieme alla Madonna, per chiedere favori e grazia al Redentore.

Don Bosco e i due cattolicesimi

A evolversi in una forma completamente diversa è il sentimento religioso-virtuoso alla don Bosco, su cui si fondano molte forme di aggregazione del cattolicesimo moderno: da quello di tipo sportivo fino all'assistenzialismo legato alle comunità di recupero dei tossicodipendenti. Dalla religiosità basata sul rispetto della virtù cristiana dell'obbedienza, si passa al cattolicesimo fondato sul modello dell'impegno, anche sociale. Un salto che avviene nel secondo dopoguerra, con la nascita di un movimento come Azione Cattolica che, come primo "comandamento" indica il dovere di ogni credente di vivere la perfezione evangelica.

È a questo punto, nel momento in cui il cattolicesimo sta diventando il fulcro della politica italiana con la Democrazia cristiana al governo, che cominciano a formarsi le due correnti religiose che ancora ai nostri giorni delineano importanti differenze nella professione di fede degli italiani. Da una parte c'è la maggioranza dei cattolici che identificano la credenza con l'appartenenza e per i quali il potere politico diventa essenziale in vista di una *res publica christiana*, dall'altra una minoranza, altrettanto significativa di credenti per i quali la fede esclude a priori ogni riferimento istituzionale. Da qui la presenza di molti "cattolici rossi", dai cattolici comunisti ai cristiani che faranno scelte politiche di sinistra, uniti su un terreno comune, una cultura condivisa che si basa su tre pilastri: la fede, la solidarietà, l'analisi globale della società nelle sue contraddizioni.

La parrocchia eretica: don Milani

Nell'Italia del pieno boom economico, l'eresia più estrema rispetto all'idea di cattolicesimo corrente è rappresentata da don Lorenzo Milani. Mentre la parrocchia si attrezzava, dotandosi di molte attività sportive, il giovane priore di Barbiana, paese del Mugello toscano, portava avanti un'idea di religiosità anti-ricreativa, giudicando "sport come biliardo e ping pong inutili e dannosi". In questo senso, don Milani, con i suoi insegnamenti, è stato il primo a scagliarsi, a metà degli anni Sessanta contro le tendenze efficientistiche della società di massa, a inveire contro il cinema e la televisione che "esistono quasi solo in funzione del divertimento di milioni di uomini che vogliono perdere tempo". Le sue idee smascheravano già allora gli stretti rapporti tra una religione sempre più mondana e un potere politico deviante, rispetto agli insegnamenti di Cristo, anticipando gli elementi di collusione tra alcuni esponenti di spicco del partito dei cattolici e la criminalità organizzata, della mafia in particolare, denunciati dalla magistratura negli anni Novanta.

Fede senza "iscrizione"

La forte tendenza di oggi verso forme di spiritualità radicale si sviluppa dunque a partire da questo diverso modo di intendere l'appartenenza religiosa. La credenza molto alta in un essere superiore, non implica automaticamente "l'iscrizione" a una fede specifica, né l'aderenza, anche solo dogmatica, a questa fede. In un sondaggio svolto di recente tra i praticanti, è emerso che il 77% non è in grado di ricordare tutti e dieci i comandamenti e i principali sacramenti. Un dato che evidenzia ancora una volta la presa di distanza dalla Chiesa come istituzione, in un paese dove essa è riconosciuta innanzitutto in quanto organizzazione politica, comunità del Papa, dei vescovi e dei sacerdoti, prima dell'insieme di tutti coloro che vivono nella grazia di Dio. Lo scollamento della credenza, rispetto al vissuto diffuso, trova conferma anche nelle differenze di culto nelle varie pratiche ecclesiastiche: alla forte partecipazione al sacramento della comunione, fa da contraltare la poca popolarità della confessione: la tendenza è quella di instaurare un rapporto con Dio senza intermediari, primo passo verso un cristianesimo senza Chiesa che si amplia quanto più si dilata l'area della credenza in Gesù.

La religione come "etica sociale"

Il tramonto della civiltà parrocchiale (tra il 1970 e il 1986 sono stati consacrati 235 sacerdoti in meno all'anno) è emblematico infatti anche di una mutazione profonda del tipo di convinzioni religiose, senso di appartenenza storico-culturale, conformità a prescrizioni di carattere etico-sociale. Un'indagine condotta due anni fa dall'équipe di sociologia dell'Università Cattolica, ha evidenziato proprio queste differenze. I credenti che accettano senza riserve gli insegnamenti della Chiesa sono soltanto il 25-30%, con un 20% che aderisce al cattolicesimo per tradizione, senza una vera fede. Per il resto, un terzo degli italiani adulti, (tra i 18 e i 74 anni), pur dichiarandosi cattolici e credenti in Gesù Cristo, declina in senso personale la propria fede. Questa rielaborazione del cattolicesimo in chiave individuale è in rapporto con l'indice di religiosità e l'impegno sociale. Così, tra i cattolici, chi ha meno sensibilità verso i problemi della collettività, dall'equità sociale alle riforme dello stato, di solito è meno religioso, mentre più alto è il titolo di studio, più rilevante è il coinvolgimento verso attività di carattere assistenzialistico. Un'indicazione molto importante che ci porta fuori dal cliché per cui la religione sarebbe qualche cosa che coinvolge gli ingenui e gli sprovveduti. L'analisi, piuttosto, evidenzia un progressivo innalzamento del livello culturale dei cattolici, che nel 2010 si prevede sarà medio-alto.

Pur tenendo presente che nelle grandi città il livello di scristianizzazione è più forte, il tasso di partecipazione degli italiani al culto religioso resta il più alto, rispetto agli altri paesi d'Europa (in Francia si dichiara cattolico il 65% della popolazione, in Germania il 40%, in Olanda il 30%). In Italia, abbiamo visto, ci si allontana dalla Chiesa per la sua chiusura verso i problemi che riguardano l'etica privata.

Papa tra Medioevo e new age

Le posizioni del Papa sull'uso del contraccettivo o sull'aborto ci riportano, nella loro radicalità, al fondamento della sua leadership che non si è mai appiattita su ciò che il popolo, anche se di Dio, esigeva sotto le spinte della secolarizzazione. Così anche se il 79% degli italiani ha dichiarato di accettare la possibilità dell'interruzione della gravidanza e il 54% si è detto favorevole all'uso di contraccettivi artificiali, nel suo pontificato, Giovanni Paolo II non ha mai applicato il criterio dell'audience. Il suo compito pastorale è stato quello di richiamare il suo gregge all'ideale, senza ricercare il consenso.

Anche sulla bioetica o i casi di eutanasia, il Papa si è pronunciato senza introdurre correttivi che avrebbero potuto far diventare una norma l'autodeterminazione sulla vita e sulla morte.

Alla crisi dell'insegnamento della Chiesa sull'etica privata, corrisponde, in questi anni, il diffondersi di un tipo di religiosità sincretica, una generica religione dell'umanità con fondamenti panteistici in cui rientra la new age. E, proprio sulla corrente nata negli anni Ottanta in California, il Papa interverrà quest'autunno con un'enciclica che dovrebbe stigmatizzare un movimento che, aldilà dell'importanza di aver ricondotto l'attenzione sull'individuo, per quanto riguarda gli aspetti terapeutici e psicoterapeutici, può avere risvolti di sfruttamento commerciale controversi.

Oriente d'Italia

Diverso il discorso sulla diffusione del buddismo in Italia. Da molti anni, definendosi "Amici del Dharma", vale a dire "Amici della Giusta Via", i buddisti stanno cercando anche una legittimazione culturale da parte dello stato italiano. Giampiero Comolli, in *Buddisti d'Italia*, titolo del volume uscito tre anni fa da Theoria, faceva notare, rispetto all'appellativo che si sono dati i seguaci delle dottrine del Budda, il fatto che non sia importante tanto la parola "Dharma" ma, soprattutto, il termine "amici". L'idea della religione come abbraccio indistinto, molto vicina all'idea massonica, razionalista e illuminista di Comte del "Dio come parte buona di noi" si avvicina a certe forme di sincretismo dove dovrebbero prevalere gli elementi comuni, rispetto a quelli di diversità.

Usare un termine come "amici" e non "adepti", "discepoli", "fedeli" sarebbe coerente con la scelta di chi, in Italia, avrebbe deciso di seguire la "Giusta Via" non con l'idea di convertirsi a una nuova religione o di affiliarsi a una setta, piuttosto "con l'intenzione di seguire, amichevolmente, un cammino spirituale aperto, non definito da dogmi rigidi, e che quindi non implica affatto un rifiuto della cultura o della religione occidentali". Un fenomeno che potrebbe essere interpretato come bisogno di una nuova cultura fondata sui valori della condivisione e dell'unione, "in alternativa a una cultura dominante, generatrice di incertezza e sofferenza" poiché centrata su valori conflittuali, competitivi, di divisione. Oscillanti tra le 50.000 e le 100.000 persone (30.000 sono i praticanti che frequentano i diversi centri associati all'U.B.I, l'Unione Buddista italiana), il calcolo preciso dei buddisti risulta pressoché impossibile, data la caratteristica proteiforme di questa realtà in continuo movimento suddivisa tra una miriade di scuole, gruppi non sempre in contatto tra loro. Ancora più difficile censire i movimenti di ispirazione induista, dai devoti di Sai Baba, i fedeli di Krishna, i sannyasin di Osho Rajneesh, i cosiddetti arancioni fino ai praticanti dello yoga e del tai chi chuan, ormai entrato a far parte del programma di palestre e grandi centri sportivi.

L'emergere di questo Oriente italiano, incamminato sulla Via del Risveglio, assieme alla progressiva penetrazione nel nostro paese di certe forme di islamismo legate al culto quotidiano dei molti immigrati maghrebini nelle principali città, rappresenta un fenomeno in espansione, ma ancora marginale.

Presepi e miracoli

Il dato socialmente più rilevante degli ultimi anni resta il primato assoluto del cattolicesimo, rinnovato attraverso movimenti trasversali come quelli dei pentecostali e carismatici. Un cattolicesimo che da una parte ha cercato di ottenere una legittimazione sempre più forte dal punto vista politico, dall'altra ha espresso, nei modi più variegati, un ritorno alla religiosità popolare di massa. Dai bivacchi di centinaia di persone nei luoghi dove sarebbero apparse le Madonne, sanguinanti o no, che hanno indotto la Chiesa a svolgere indagini sulla veridicità di tali manifestazioni, fino alla liquefazione del sangue di San Gennaro, che si rinnova due volte l'anno, la prima domenica di maggio e il 19 di settembre, provocando scene di isterismo collettivo a Napoli.

E proprio la città partenopea può essere considerata l'emblema del modo di vivere la religiosità al sud, dove la dimensione del culto, legata alla superstizione, resta la realtà ultima che dà senso e rassicurazione alla vita. Si tratta, nella maggior parte dei casi, di forme di paganesimo che raggiungono la cifra del grottesco, ma che rivelano anche una simbiosi giocosa, di condivisione della realtà sociale e politica della città, vedi l'inserimento nel presepe natalizio tradizionale di figure come quella di Maradona, l'attaccante argentino che ha portato la squadra napoletana qualche anno fa a vincere il campionato italiano di calcio e del sindaco Antonio Bassolino, simbolo attivo della rinascita di una città che cerca di liberarsi dagli stereotipi di luogo di camorristi e sfaticati. Un personaggio tutto umano a cui rivolgersi per chiedere la soluzione dei problemi, come a San Gennaro si chiedeva protezione contro la minaccia dell'eruzione del Vesuvio.

Pellegrini mordi e fuggi

Sempre nel contesto delle manifestazioni religiose di massa, un accenno particolare meritano le migliaia di fedeli accorsi a Torino per l'ostensione della Sindone. Nello specifico, questo pellegrinaggio ha mostrato, in Italia, l'affermarsi di un nuovo tipo di "turista di Dio", una singolare Italia alla ricerca di santuari, che compie pellegrinaggi "mordi e fuggi", (per la Sindone era possibile soffermarsi solo due minuti, dopo un breve percorso attraverso un parco), diversissimi rispetto agli itinerari religiosi di un passato anche abbastanza recente. Svanito il senso del pellegrinaggio come avventura mistica, quello che cambiava una vita e rappresentava anche una saldatura tra routine ed eccezionalità, è la ricerca del luogo che dia "emozione", un'immagine che evochi "stupore" a stimolare curiosità e voglia di "mettersi in cammino". L'aspetto macroscopico della partecipazione dei fedeli all'adorazione delle icone di culto della cristianità, è significativo di come il cattolicesimo riesca a sollevare, rispetto a qualche anno fa, movimenti dal basso, non in contrasto con l'istituzione, che indicano l'emergere di una dimensione "sentimentale" della religiosità, che in città come Milano, è possibile ritrovare nella comunità dei carismatici che fa capo alla Chiesa di Sant'Eustorgio.

Così, nel momento in cui si è rafforzata la gerarchia cattolica, al punto che oggi trova consistenza l'ipotesi di una scuola privata riconosciuta dallo stato, si affermano anche tendenze di adesione non formalistica al culto religioso. Un fenomeno che coinvolge anche il mondo protestante, dove sono i pentecostali carismatici a rappresentare la novità più importante degli ultimi anni, sebbene i valdesi luterani, in tutto valutati attorno ai 30-40.000 abbiano ottenuto una legittimazione molto forte dal punto di vista culturale.

Otto per mille dei sentimenti

Una cartina al tornasole sono stati i proventi dell'otto per mille nei quali la Chiesa cattolica mantiene un primato assoluto con il 79,9%, rispetto al 17,7% versato allo stato. I valdesi hanno ottenuto contributi pari a cinque volte tanto il loro numero effettivo, proprio in virtù della forte stima sociale di cui godono, pur senza avere, a livello di spiritualità del cuore, un successo di massa paragonabile a quello delle Assemblee di Dio. Le Adi, che ormai contano 150.000 fedeli e sono la terza religione degli italiani, dopo i testimoni di Geova, sono un fenomeno in continua crescita di cui fa parte anche la Missione evangelica Zigana, dove fedeli e pastori sono nomadi sinti. 1085 luoghi di culto, 27 radio sparse per tutto il territorio nazionale, due periodici, "Risveglio Pentecostale" e "Cristiani oggi", le Adi, nate dal movimento pentecostale dell'inizio del secolo, hanno stipulato un contratto con lo stato per l'otto per mille. Il denaro ricavato, circa due miliardi l'anno, viene impiegato in opere umanitarie e assistenziali, in case di riposo, centri di recupero per tossicodipendenti, aiuti al terzo mondo. La peculiarità di questa Chiesa (25 milioni di adepti in tutto il mondo) è quella della rivalutazione dello Spirito Santo sceso sugli apostoli nel giorno della Pentecoste per dare loro la facoltà di andare nel mondo e parlare lingue sconosciute. I poteri carismatici, secondo i pentecostali, si ripeterebbero oggi su alcune persone di fede miracolate con guarigioni e doni speciali. Rispetto alla freddezza e alla compostezza del rito officiato durante la messa cattolica, quello pentecostale si svolge in un crescendo di canti e di inni, in cui si condividono emozioni sempre più forti.

Espressione estrema della religiosità del cuore che pervade, nelle molte correnti mistiche, anche il mondo cattolico, questo movimento nato tra i neri e gli immigrati d'America di inizio secolo, in Italia fu messo al bando durante il fascismo. Allora i 5.000 pentecostali italiani furono considerati "nocivi all'integrità fisica e psichica della razza". Oggi la loro presenza in Italia, la loro forza di attrazione, è sempre più forte. Non solo nei confronti dei ceti più bassi, ma di tutti coloro che, nella vita, nel lavoro, non trovano lo spazio per essere sufficientemente "rincuorati". In questo senso il movimento può essere inteso come simbolo del grande risveglio religioso italiano. Un risveglio che coinvolge molte fedi diverse ma, nel caso del cristianesimo, invoca il ritorno alla santità delle origini, in contrasto con la distanza dalla divinità imposta dalle Chiese istituzionali. Una voglia di fratellanza, di comunità, di rassicurazione, alla ricerca di un rapporto diretto con un Dio che sempre più è "amore".

La febbre del gioco

di *Giampaolo Dossena*

La febbre aumenta

Giornali e televisione dicono che in Italia si gioca sempre di più. Dare spazio a questa notizia probabilmente può generare un effetto di risonanza insondabile, ma alcuni fatti sembra si possano quantificare.

Ci chiederemo forse più avanti cosa possa significare "giocare". Cominciamo esaminando la tabella che mostra le somme giocate in Italia nei "giochi pubblici" fra il 1986 e il 1995.

Anni	Lotto	Totocalcio	Totogol	Ippica e Corsa Tris	Totip	Enalotto	Lotterie Nazionali	Gratta e Vinci	Totale
1986	1007	2602		2616	350	308	108		6991
1987	1242	2955		2787	371	304	222		7881
1988	2354	3314		2897	351	298	260		9464
1989	2564	3561		3064	362	292	308		10151
1990	3281	3502		3181	372	288	281		10905
1991	3455	3651		3346	410	271	272		11405
1992	4068	3395		3567	398	228	262		11918
1993	4873	3340	279	3651	393	208	267		12732
1994	5419	3131	153	4152	374	194	286	1109	14820
1995	6112	2609	383	4360	434	180	300	2715	17029

Elaborazione: Giuseppe Imbucci (*Il gioco. Lotto, totocalcio e lotterie. Storia dei comportamenti sociali,* Marsilio, 1997); valori in miliardi aggiornati al 1995.

Nella categoria "giochi pubblici" si raggruppano dunque i due giochi plurisecolari del Lotto e delle Lotterie e sei giochi più recenti, introdotti in Italia tra il 1946 e il 1994: Totocalcio (1946), Totip (1948), Ippica e Corsa Tris (1958),

Enalotto (1979), Totogol (1993), Gratta e Vinci (1994). Altri giochi analoghi risultano in preparazione mentre scriviamo (maggio 1998).

La dizione "giochi pubblici" è stata accettata in un convegno tenuto all'Università di Salerno dal 6 al 9 maggio 1998; la pubblicazione degli atti è prevista per il dicembre 1998.

Soffermiamoci su due "giochi pubblici", Lotto e Totocalcio. Tutti conoscono, grosso modo, le differenze fra Lotto e Totocalcio. Alcuni ritengono che il Lotto affondi le proprie radici in una cultura impastata di numerologia, religione e magia. In effetti, studiando le tre figure napoletane – Napoli è la capitale del Lotto – del postiere (tenutario del botteghino), del cabalista (competente nel ricavare le giocate da sogni o avvenimenti) e dell'assistito (colui che "dà i numeri", un personaggio al limite della follia o della demenza), si sente odore di Medioevo.

Alcuni, pertanto, ritengono (è un'ipotesi da respingere, come vedremo) che al Lotto si contrapponga radicalmente il Totocalcio, gioco dei tempi nuovi.

Abbiamo già incontrato l'anno "1946". Bene, allora possiamo precisare che questo gioco nasce il 5 maggio 1946 con il nome di "Sisal"; si chiamerà Totocalcio solo dal 1948. Se il Lotto ci riporta al Medioevo, il Totocalcio è riferito a uno spettacolo laico e moderno: il campionato di calcio, che richiede qualche moderna competenza tecnica. Dietro il Lotto c'è la cabala, il libro dei sogni, la smorfia; dietro il Totocalcio ci sono le classifiche della "Gazzetta dello Sport". Il Lotto va bene anche per gli analfabeti, le schedine a più colonne del Totocalcio stanno fra la seconda rivoluzione industriale e la prima rivoluzione tecnologica. Sia il Lotto sia il Totocalcio sono giochi di scommessa riferiti alla sorte, ma il Totocalcio è basato su un pronostico che suppone una valutazione delle forze in campo. Non a caso sembra che anche nel Lotto la caccia al numero "ritardatario", con l'idea del calcolo delle probabilità, compaia tardi.

Si direbbe quindi (conclude l'ipotesi da respingere) che a Napoli debba perdurare il Lotto e non debba attecchire il Totocalcio.

Invece il Totocalcio ha attecchito bene anche a Napoli, come mostra lo studio di Giuseppe Imbucci citato in apertura.

Il modello di gioco napoletano non deriva da specificità culturali, ma da un uso compensativo del gioco. Quando c'è una crisi, a Milano si risparmia giocando meno, mentre a Napoli si spende di più in Lotto e Totocalcio. Nei momenti di benessere e di tranquillità a Milano si spendono più soldi in divertimenti, mentre a Napoli si spende di meno, perché non c'è bisogno di sperare, di illudersi. A Napoli il valore delle somme giocate cala vistosamente fra il 1963 e il 1965, anni del miracolo economico e si impenna vertiginosamente nel 1973, con il colera e l'austerity. Utilizzando espressioni di Giuseppe Imbucci, possiamo dire che a Milano il gioco ha una funzione "ludica", a Napoli ne ha una "biologica". A Milano il gioco è un gioco, a Napoli è un bisogno esistenziale, un anestetico sociale.

Utilizziamo altre parole. Dice una poesia di Totò (traduciamo): "Non piglio niente, lo so, e che m'importa? Io campo solamente con la speranza". Dice l'ultima frase di *Via col vento* di Margareth Mitchell: "Domani è un altro giorno". Dice l'ultima frase del *Giocatore* di Dostoevskij: "Domani non esiste". Dice una poesia di Eduardo De Filippo: "Dimane nu esiste". Diceva Nick "The Greek" Dandalos, leggendario giocatore d'azzardo americano: "La cosa più bella del mondo è giocare e vincere, ma la seconda cosa più bella è giocare e perdere".

Giochi vecchi e nuovi

Essendo così entrati in argomento, potremmo chiederci che cosa sia il gioco. Forse sarà meglio limitarsi a constatare che in vocabolari come lo Zingarelli "gioco" ha tredici significati, in vocabolari come il Battaglia ne ha ventisei; semmai si potrà aggiungere che, dopo i libri di Huizinga (1938) e di Caillois (1948), la parola "gioco" si è gravata di significati antropologici complessi, per non parlare dell'ampliamento semantico, della parola "gioco" negli ultimi decenni in discipline svariate, dall'economia alla teologia.

Allora si può dire che in Italia si gioca sempre di più anche uscendo dai confini (metodologicamente tranquilli) dei "giochi pubblici"? In Italia si gioca di più anche con i giochi "nuovi"?

Un repertorio di giochi "nuovi" è il libro di Beatrice Parisi e Sergio Valzania intitolato *Giocando* (Rai-Eri, 1997).

Non è un caso isolato: recentemente sono usciti libri analoghi, di Giuseppe Meroni e Aldo Spinelli, Xenia Edizioni, e di Ennio Peres, Cooperativa Editoriale l'Altritalia. In confronto a questi, il libro di Parisi e Valzania ha un merito di autorevole autenticità: nasce da una trasmissione radiofonica di successo, e mantiene un tono autentico, uno stile da dj. Non intendo fare una recensione e tanto meno una stroncatura del libro di Parisi e Valzania: lo sto consigliando come punto di riferimento per gli accenni che nel mio discorso risultassero troppo ellittici.

Più che un repertorio, questo libro è una ululante topaia, come definiva Gadda la casa dell'*Incendio di via Keplero*.

Ma prima di affrontare l'ululante topaia di giochi "nuovi", concediamoci ancora un momento di tranquillità metodologica con l'altra faccia della medaglia: i giochi morti. Basta tornare dopo un'assenza di qualche anno in un paese o una periferia per constatare a colpo d'occhio la scomparsa dei campi da bocce e delle osterie. Il gioco delle bocce è morto – nei bocciodromi si fanno altre cose –; i vecchi giochi di carte, scopa, briscola e tressette stanno morendo. Ma la morte più evidente è quella dei tarocchi: nelle osterie superstiti non si trovano più i mazzi di carte speciali per giocare a tarocchi. Sono in via di estinzione i tarocchi piemontesi, sono estinti quelli siciliani e quelli fiorentini (le minchiate). Se entriamo in una casa "moderna", in una casa "superstite" ci rendiamo conto che non si gioca più né a tombola, né al gioco dell'oca, nemmeno per Natale.

(Il lettore ha capito che non dico "osterie superstiti" e "casa moderna" a caso: per me è già arrivata la fine del mondo, ce la siamo già lasciata alle spalle.)

Sono giochi "nuovi" quelli televisivi? Il 26 novembre del 1955, era un giovedì, alle 21.05, nasce *Lascia o raddoppia?*, prototipo ormai arcaico degli attuali giochi televisivi.

Il 23 gennaio del 1932, di sabato, esce il primo numero della "Settimana enigmistica". Negli ultimi anni la pila di questo periodico nelle edicole è calata e sta calando vistosamente.

Chi ha studiato queste cose vi dice che il padre fondatore dei giochi "nuovi" è Monopoly, nato negli Stati Uniti nel 1935 da un brevetto del 1904, approdato in Italia per le feste di fine d'anno del 1936 con il nome di Monòpoli (con la *-i* finale e un accento sulla *ò* di mezzo che si andrà perdendo). Nascono con Monopoly-Monòpoli i "giochi in scatola" (categoria merceologica codificata con questo nome nel Grande Dizionario Enciclopedico Utet, 1984-1991). Sulla scia di Monopoly-Monòpoli, i classici superstiti sono tre: Cluedo, Scrabble-Scarabeo e Risiko. Ho detto "classici"; so cosa dico. Ultimi vennero i "giochi di conversazione": Trivial Pursuit e derivati. Nascono nel filone dei "giochi in scatola" i board war games ("giochi di simulazione strategica") e i role playing games ("giochi di ruolo": tutti hanno sentito almeno nominare Dungeons and Dragons).

La bibliografia su questi giochi "nuovi", da Monopoly-Monòpoli a Dungeons and Dragons, è vasta, ma si può tagliare corto: trapiantati in Italia dai paesi anglosassoni, questi giochi attecchiscono qui meno che altrove. Occupano una minor fetta di mercato, sono soggetti a una selezione naturale dura e veloce. Ho visto nascere e morire migliaia di giochi che non ho recensito negli ultimi venti anni, compresi il Master Mind e il cubo di Rubik – e quanto camperanno le carte Magic?

Qui il libro *Giocando* di Beatrice Parisi e Sergio Valzania è veramente una ululante topaia, anzi, al paragone con l'incendio, bisognerebbe sostituire quello del bastimento che affonda.

Agli autori di *Giocando* manca la consapevolezza, se non "storica" almeno "meditativa", infatti sulle loro bandiere non c'è scritto: "Memento mori". Gli manca il paragone con mercati analoghi: la sovrapproduzione di giochi danneggia il mercato, come succede nel settore librario. Chi compra oggi un gioco (o un libro) e non ci gioca (non lo legge) perché è sciapo e ingiocabile (illeggibile) non ne comprerà un altro domani, forse non ne comprerà mai più.

Forse Beatrice Parisi e Sergio Valzania son troppo giovani. Non si ricordano che il concetto stesso di giochi "nuovi" risale alla fine degli anni Settanta, quando nascono in varie città di Italia i negozi dei "giochi dei grandi", o della "città del sole", quando l'"Espresso" e l'"Europeo" inaugurano "rubriche di giochi", quando si moltiplicano le "case editrici di giochi", si fanno concorsi per giochi inediti ("i giochi nel cassetto"), si danno premi al miglior gioco dell'anno, si tengono fiere, feste e festival e manifestazioni varie per giochi e soprattutto giochi "nuovi", si fondano accademie e associazioni fra "autori di giochi", si pubblicano manuali di consigli e istruzioni per "inventori di giochi". All'incendio, all'affondamento sono sopravvissuti forse alcuni pubblici servizi chiamati, sulle pagine gialle "ludoteche".

I giochi esotici e i giocattoli

Se vogliamo restringere l'obiettivo su fenomeni elitari, dobbiamo constatare che non hanno attecchito giochi esotici come il go (Gershom Scholem e Walter Benjamin provavano a giocarlo a Berlino nel 1913) e sono fuggevoli sorrisi nostalgici i recuperi delle biglie, del ciclotappo (già avvenuti), della lippa (imminente). Morto il mah jong, forse ha messo radici l'origami? Il tangram ci fa svicolare nelle utilizzazioni psicoterapeutiche (già i role playing games hanno a che fare con lo psicodramma di Moreno); una vecchia tradizione di utilizzazioni pedagogiche del gioco porta all'invenzione della "ludomatètica". Non mancano utilizzazioni letterarie: Oulipo, Toti Scialoja, Fosco Maraini, surrealisti e Landolfi, libro-gioco o libro-game. Almeno in questo, i giochi hanno buon senso: si collegano al giallo (murder party) e al fantasy (giochi di ruolo dal vivo o dungeons di strada).

I revival di yo-yo, diabolo, aquilone ci spostano verso il giocattolo, e qui tutti sono d'accordo a segnare i confini: skate-board, frisbee, l'elastico alle caviglie sono giocattoli. (S'intende che anche qui *mors tua vita mea, homo-ludus omini-ludo lupus*, lo skate-board ammazza il monopattino, come il lego ammazza il meccano.) Preferirei evitare domande e risposte dirette, brutali, ma se con i "giochi pubblici" si gioca di più e con i giochi vecchi si gioca di meno, direi che con i giochi "nuovi" non si gioca mica tanto.

Internet

Allora, cosa resta di nuovo? L'elettronica, Internet.

Ricordo i primi giochi elettronici: Comp IV, Elettronic Master Mind, Simon, Merlin. Oggi tanto si gioca con il computer: io stesso non faccio più i solitari usando le carte, uso il computer. Nel 1976 ho scritto un libro sui solitari con le carte, senza sospettare cosa stava nascosto dietro l'angolo.

Lo dirò in sintesi, Internet ha ammazzato gli scacchi per corrispondenza (con il miglior gioco per posta, Diplomacy) e le scacchiere elettroniche stanno ammazzando gli scacchi. Ricordo il bambino con gli occhiali che sperava di farsi comperare dal papà, tranviere sparuto, una delle prime scacchiere elettroniche arrivate in un negozio di Milano, in via Meravigli. Doveva essere il Natale del 1977. Avrebbe detto diciassette anni dopo Robert Fisher, nel 1994: "Ci stiamo avvicinando alla fine molto rapidamente," intendendo per "fine" il momento in cui nessun maestro internazionale sarebbe più riuscito a sconfiggere i microprocessori.

Qui il pessimista vede uno spiraglio: se gli scacchisti professionisti venissero sconfitti per sempre dal computer, gli scacchi potrebbero tornare a essere un gioco per dilettanti. È risaputo che, dopo la prossima guerra mondiale, si combatterà con l'amigdala, un'arma adoperata dall'uomo preistorico, ma già ora usare l'amigdala è un gioco affascinante. L'enciclopedia delle varianti scacchistiche scritta da David B. Pritchard e la rivista "Eteroscacco" diretta da Alessandro Castelli sono già un modo per tornare a giocare a scacchi, dando alle fiamme, buttando a mare la bibliografia dei maestri internazionali, dissolvendo l'atmosfera intellettualistica e agonico-agonistica che circonda gli scacchi e che ha ispirato tanti libri scientifici e letterari sulla psicologia (con connotazioni morbose) dei loro cultori. (Quasi tutti gli scacchisti sono nemici giurati di qualsiasi altro gioco, ma spesso chi ama il gioco x vorrebbe mettere a morte chi ama giochi diversi da x. Sto dando l'amigdala in testa agli scacchisti. Più volte ho dato l'amigdala in testa agli enigmisti.)

I giochi d'azzardo

Cos'è restato fuori dal nostro discorso? Chissà quante cose e quanti giochi abbiamo tralasciato. Recuperiamo in chiusura, almeno a livello di discussione terminologica, i giochi d'azzardo, clandestini e da casinò.

L'azzardo è un complesso di circostanze che implica rischi e pericoli. Si ritengono comunemente giochi d'azzardo i giochi di scommessa nei quali la somma di denaro o altra posta sia grave o letale; quando l'atteggiamento del giocatore raggiunga alti livelli nella scala variabile dei fini di lucro, dell'aggressività, del gusto della vertigine, delle pulsioni suicide. "Gioco di scommessa" è definizione tecnica delle qualità intrinseche di un gioco; "gioco d'azzardo" è definizione clinica e giuridica dell'atteggiamento del giocatore.

Gioco di scommessa e gioco d'azzardo possono sembrare sinonimi, ma tutti i giochi d'azzardo *sono* giochi di scommessa, tutti i giochi di scommessa *possono diventare* giochi d'azzardo. Può diventare gioco d'azzardo (e figurare per tanto nella tabella dei giochi proibiti) il mercante in fiera, che in altri contesti è il classico gioco conviviale per nonni-e-nipotini.

Questione di parole. Per fare un'ultima citazione da *Giocando* di Beatrice Parisi e Sergio Valzania, leggiamo a pagina 119: "Teresina o telesina. Variante del poker basata sul fatto che le carte vengono distribuite in massima parte scoperte. Per gli americani, che del poker sono gli inventori, la variante non comporta la modificazione del nome, mentre per noi sì, e già questo dovrebbe far riflettere".

Si può cominciare a "riflettere", questione di parole, se il nome *draw poker* non sia modificato rispetto al nome *stud poker*. E si può andare avanti a "riflettere" sul fatto che anche il poker è un gioco nuovo: arriva da noi verso il 1882, soppiantando altri giochi di scommessa e d'azzardo, come il faraone e la bassetta, e veri antenati del poker, come il gilé. Seguendo la storia dei giochi, si scopre poi che il gioco di massimo azzardo, il backgammon, tornato a noi con tale nome americano nel secondo dopoguerra, aveva varcato l'oceano nell'Ottocento, essendosi giocato quaggiù almeno dai tempi dell'imperatore Claudio con il nome di *tàbula* e con il nome di tric-trac dai tempi di Machiavelli e del Parini. Ma oggi quanti hanno in casa una scatola di backgammon? E a chi interessa la storia dei giochi?

Le mamme e i dongiovanni del buon tempo antico

di *Cinzia Tani*

C'erano una volta

C'erano una volta la Mamma italiana e il Maschio italiano, due figure simboliche del nostro paese, un po' come la pizza e il Vesuvio. La mamma amorosa, sempre pronta al sacrificio per i figli, soprattutto se maschi, ma anche possessiva, gelosa, fin troppo presente nella vita della sua prole. Lo era Anna Magnani nel film *Bellissima*, disposta a tutto, pur di vedere la figlia, a dire il vero bruttina, partecipare a un concorso di bellezza. Lo era Sophia Loren nella commedia di Eduardo De Filippo *Filumena Marturano*, grande apologia dell'amore materno, in cui una ex prostituta con tre figli illegittimi convince Marcello Mastroianni (uno dei suoi amanti) a sposarla, dopo averlo persuaso di essere il padre di uno dei ragazzi. Ma perché lui non faccia favoritismi, non gli rivela quale dei tre è suo figlio.

E il maschio italiano sbruffone, donnaiolo, arrogante, fanfarone era Vittorio Gassman ne *Il sorpasso*, film che ben rappresenta l'Italia del mitico boom degli anni Sessanta e i suoi figli smargiassi. Era Alberto Sordi in moltissime sue interpretazioni, come quella del dongiovanni ne *Il seduttore* o il vanesio, volubile e sventato, pronto a innamorarsi di ogni bella donna incontrata, ma insofferente ai legami stabili ne *Il marito*.

Il maschio con atteggiamenti da macho, bulletto, aggressivo e prepotente nelle situazioni favorevoli, pusillanime e infingardo in tutte le altre e la mamma chioccia, protettiva e abnegata, virtuosa ed eroica, sono state due figure intrecciate per decenni. Ma quando lui, tramortito dall'emancipazione femminile, si è svegliato confuso e spaesato negli anni Novanta, ha trovato ancora le braccia della mamma ad accoglierlo e consolarlo nello strano paradosso di una donna che è cambiata, ma non troppo.

Mamma, mormora la bambina

"Mamma, mormora la bambina, / mentre pieni di pianto ha gli occhi / per la tua piccolina non compri mai balocchi / mamma tu compri soltanto profumi per te." Se la femmina guardava la mamma con ammirazione e invidia e cercava di identificarsi in lei, di copiarla nei minimi particolari – nella prima metà di questo secolo ancora la differenza d'età fra madri e figli era minima – il maschio la considerava l'unico punto fermo della sua vita. E in realtà la "sola donna". Colei a cui rivolgersi nei momenti di bisogno, a cui chiedere consiglio nei dilemmi d'amore, aiuto nella ricerca del lavoro, protezione contro i nemici della vita e, ovviamente, soldi. Richieste ingenue e contenute, se una vecchissima canzone di Anonimo si intitolava *Mamma mia dammi cento lire*, più prosaiche alla fine degli anni Ottanta, visto che Francesco Baccini cantava semplicemente: "Mamma, dammi i soldi".

Ma osserviamo in un'altra canzone del 1942, dal titolo significativo *Mamma voglio anch'io la fidanzata* lo stile sottomesso e infantile che il figlio usava per rivolgersi alla madre: "Mamma, non sono più quel capriccioso ragazzino / che sgridavi sempre pel suo fare birichino, / ora son cresciuto e sento un fremito nel cuore / che, oh mamma, dà il segnale dell'amore". Negli stessi anni Beniamino Gigli cantava: "Mamma, solo per te la mia canzone vola, / Mamma, sarai con me, tu non sarai più sola! / Ma quanto ti voglio bene! / Queste parole d'amore / che ti sospira il mio cuore / forse non s'usano più / Mamma. Ma la canzone mia più bella sei tu! / Sei tu la vita e per la vita non ti lascio mai più".

E davvero non la lasciava. "Ieri ho incontrato mia madre," sospirava Gino Paoli, "e ha pianto un poco perché / sa che non sono più suo / sa che ora vivo per te / crede di avermi perduto per sempre / che non m'importi più niente di lei / ora che la vita del figlio che aveva / la puoi guidare tu con un dito." Tanto attaccamento era comprensibile, visto che quella italiana è stata per moltissimi anni una figura davvero unica nel panorama delle mamme. Nessuna donna in nessun paese ha viziato i suoi rampolli come nel nostro, totalmente dimentica di sé, fino a rinunciare alla propria vita per loro. La mamma sembrava non aver bisogno di sonno, né di cibo, mai un lamento, un desiderio, se non legato alla prosperità e alla realizzazione dei figli.

La regina del focolare

Negli anni Cinquanta la mamma, cantata da Gino Latilla, vinceva il Festival di Sanremo: "Son tutte belle le mamme del mondo / quando un bambino si stringono al cuor. / Sono l'immagine di un bene profondo / fatto di sogni, rinunce e amor". E a proposito di rinunce, va ricordato un discorso molto significativo che Papa Pio XII fece alla radio l'11 maggio 1957: "La madre di famiglia deve apprendere, sull'esempio della Santa Famiglia, a essere la compagna affettuosa, l'educatrice saggia e profonda e la regina del focolare, il cui fondamento principale deve essere la sua abnegazione e il suo continuo sacrificio; senza dimenticare che, prima di tutti i suoi obblighi sociali, devono passare i suoi doveri verso la piccola società, il cui tono, soprattutto in campo religioso, può dipendere da lei in modo particolare".

La mamma italiana era una mamma cattolica che seguiva alla lettera il modello propostole e affidatole dalla Chiesa. Suo dovere era quello di generare figli, accudirli, educarli nei valori religiosi, servire, riverire e amare il proprio marito. Tutto questo con rassegnazione, sottomissione, spirito di sacrificio e umiltà. Così la donna cercava disperatamente un equilibrio tra avere figli che non fossero figli unici, pena la disapprovazione del parentado e del vicinato, che fossero possibilmente maschi, pena il disprezzo del marito, che non fossero però troppi, pena la critica della società. Compito davvero arduo, visto che non le era concesso di utilizzare contraccettivi. Si usavano però altri mezzi, più rudimentali. Per esempio la donna allattava il proprio figlio per lunghissimo tempo, perché era credenza comune che l'allattamento proteggesse da nuove gravidanze. Forse anche per questo, ancora oggi, alle mamme italiane va il primato europeo dell'allattamento al seno dei figli.

La festa della mamma

Le mamme italiane sono state sempre festeggiate. La Giornata della madre venne istituita in Italia nel 1927 dall'Unione Donne di Azione Cattolica, e nel 1933 il regime fascista cominciò a celebrare la Giornata della madre e del fanciullo. Poi fu la volta della festa della mamma, importata nel 1956 dagli Stati Uniti, su iniziativa di una certa Anna Jarvis, una donna che si era dedicata fino all'età di quarantun anni all'assistenza della madre malata. Fu il sindaco di Bordighera il primo a invitare formalmente tutti i figli a omaggiare la loro mamma con un dono floreale. Da quel momento, però, i veri beneficiari di tale ricorrenza sono diventati i floricoltori. In realtà la festa della mamma non piace proprio a nessuno, né ai mariti, né ai figli, troppo spesso distratti, che all'ultimo minuto devono affrettarsi a comprare qualcosa a tutti i costi, né alle festeggiate che non possono accontentarsi di vedere gratificato il lavoro di un anno, con un mazzo di fiori o una scatola di cioccolatini.

Un figlio virgola due per mamma

Dal censimento effettuato nel 1931 risultava che le donne appartenenti ai ceti agricoli avevano un numero medio di figli pari a 6,9, mentre le mogli degli impiegati ne avevano 4,4 a testa. Nel 1964, in pieno "baby boom", il tasso di fecondità era di 2,7 figli per mamma. Da allora il numero dei figli è sempre calato in Italia. Nel 1970 una donna metteva al mondo nella sua vita procreativa 2,4 figli. Alla metà degli anni Settanta la cifra scendeva a 2,1. Il numero scende ancora a 1,6 nel 1980, a 1,3 nel 1990 e oggi la media è di 1,2 figli a mamma: il tasso di fertilità più basso al mondo.

In Italia, nel 1960, per ogni 100 primogeniti si avevano 75 secondogeniti, 40 terzogeniti e 53 geniture superiori alla terza (4ª, 5ª, 6ª, eccetera). Negli anni Novanta quei cento primogeniti sono proporzionalmente scesi a 80: il che significa che sono aumentate le coppie senza figli. L'abbassamento delle nascite è dovuto alla riduzione delle geniture successive alla prima. I secondogeniti sono infatti scesi sotto i 60, i terzogeniti sotto i 20 e le geniture superiori alla terza – che negli anni Sessanta erano 53 – ora sono soltanto 5.

Secondo Paolo De Nardis, presidente del corso di laurea in Sociologia dell'Università di Roma, la crescita zero in Italia non viene spiegata come mancato desiderio di maternità, ma come un procrastinare la volontà di maternità verso un'epoca in cui, tuttavia, non c'è più fertilità. Il risultato è che così ci si ferma al primo figlio e non si arriva a quelli successivi. "Si procrastina per motivi di carattere organizzativo, economico, di carriera, ma anche perché è cambiato il costume familiare. La famiglia in Italia non è più intesa come una struttura chiusa, come voleva il vecchio codice civile, bensì come una struttura aperta che interagisce con il sistema sociale e che, di fatto, prima di trovare un proprio equilibrio, un proprio posizionamento, passa attraverso molteplici strutture ben diverse."

Per esempio c'è la convivenza, che ancora non viene valutata a fondo, eppure rappresenta un fenomeno diffusissimo. Oppure ci sono le famiglie del "provando e riprovando" in cui la donna riflette a lungo prima di trovare il partner giusto con cui fare figli. È ovvio che tutti questi tentativi rimandano all'infinito la decisione di fare un figlio. "Molto spesso la donna confida nella possibilità di sentirsi bene in salute," spiega De Nardis, "e nella consapevolezza che la vita media si è allungata, ma non si fanno bene i conti con il periodo di fertilità che è pur sempre una parabola discendente." Insomma, anche nella cattolicissima Italia, la donna non fa più figli. Non solo perché cerca l'uomo "ideale" con cui concepirli o perché vuole prima realizzarsi professionalmente o ancora perché l'edonismo degli anni Ottanta l'ha distratta. In realtà la donna non crede più che l'unico scopo della sua vita sia quello di procreare e che fare figli sia la sola condizione per ottenere un riconoscimento sociale.

La nuova mamma

Oggi, con le nuove tecniche di fecondazione assistita, può succedere che chi partorisce il bambino, non sempre sia la mamma biologica. Anche una nonna oggi può diventare mamma "prestando" il proprio utero. Quindi tutto è messo in discussione, soprattutto i ruoli e i modelli culturali tradizionali. Conseguenza di ciò è una enorme confusione: viviamo in un'epoca di transizione in cui predominano identità fluide, sfuggevoli. Anche l'istinto materno sembrerebbe essere in calo. In Italia i casi di abbandono dei neonati sono in forte aumento. Così come i casi di fecondazione artificiale e gli episodi in cui, per necessità economiche, le donne affittano il loro utero. Ormai la gravidanza è programmata, è diventato un vanto andare fino all'ultimo giorno a lavorare. È scomparsa la ricchezza di immagini e sensazioni che una volta corredavano la maternità. Ciò che per le donne fino a trenta, quarant'anni fa era la cosa più naturale del mondo, cioè partorire e allevare figli, per le donne di fine millennio è diventato un problema. Silvia Vegetti Finzi, psicologa e autrice di diversi libri sulla maternità e sull'infanzia, afferma: "È stato messo il silenziatore a tutte le pulsioni, ai desideri che provengono dal corpo. Risultano cancellate tutte le fantasie femminili rispetto al bambino che nascerà, perché oggi si progetta la maternità come si progetta l'acquisto di una casa o un investimento finanziario, senza considerare che diventare madri è un'esperienza esistenziale molto complessa. Inconsciamente le donne hanno dimenticato e voluto dimenticare la loro parte più intima, quella che per secoli hanno ascoltato perché avevano tempi, silenzi e modi per seguire i ritmi del corpo che ormai sono andati perduti. Troppe giovani donne parlano di gravidanze portate avanti 'come niente fosse'. In questo *niente* c'è un dramma, in questa parola c'è la cancellazione della vita interiore e del dialogo con se stesse. Oggi diventare madre sembra solo un problema ginecologico, mentre c'è un grande silenzio rispetto all'elaborazione fisica e mentale del fare un bambino. Complice il femminismo che vedeva la maternità – e la sua ineluttabilità – come subordinazione ed esclusione dalla vita produttiva, le donne hanno imparato il linguaggio degli uomini ma dimenticato il loro, che è anche un lessico caldo fatto di fisicità ed emotività".

Tutto questo cercare, riflettere, procrastinare, porta certo la donna italiana a fare pochi figli, ma su quei pochi riversa poi un affetto totale, una dedizione appassionata, un attaccamento a volte ossessivo. Già, perché le scarsissime ore per l'accudimento dei figli concesse dai suoi numerosi impegni di donna moderna, sono moltiplicate in intensità. E così i sensi di colpa che si trasformano in smania di sacrificio della mamma italiana si fanno avanti. Marta Boneschi, giornalista e saggista, che in diverse pubblicazioni ha studiato la realtà del nostro paese nella seconda metà di questo secolo, nel suo ultimo libro, dal titolo significativo di *Santa pazienza*, parla proprio della donna italiana. Riguardo alla figura della mamma spiega: "La prima cosa che è cambiata nel cinquantennio è che si è passati dalla maternità dell'obbligo alla maternità per scelta. Oggi le madri sono più consapevoli, fanno bambini più tardi e ne fanno meno, e quindi a quei figli, per lo più unici, sono molto attaccate, coscienti di essere responsabili in gran parte del destino che avranno. Questo ha degli effetti positivi dal punto di vista dell'educazione dei figli, ma anche degli effetti terribilmente soffocanti".

Quindi, mentre all'inizio del secolo le famiglie italiane erano talmente numerose che il tempo materno a disposizione di ogni bambino non poteva che essere limitato, oggi quei pochi figli che si fanno sono attentamente, pignolamente, maniacalmente seguiti. Soprattutto dalle madri, ma anche dai padri.

Il mammo

"Il dramma è che anche il padre è diventato un mammo," afferma Luigi De Maio, neuropsichiatra e psicoanalista. "Il fatto che abbia perduto il suo potere e i suoi punti di riferimento, sia per la caducità del posto di lavoro, sia per i problematici rapporti con l'altro sesso, lo ha portato a rendere eccezionale il legame con i figli. Così il bambino o la bambina diventano per il papà i compagni preferiti, gli amici migliori, da proteggere e salvaguardare. Ma anche le vittime della nuova ansia, dell'insicurezza dell'uomo che per loro vuole il meglio, ma poi non sa prepararli adeguatamente allo scontro con la vita." Secondo De Maio, oggi in Italia ci sono due tipologie di genitori: quelli che esercitano estremamente questo ruolo di mammo e di mamma e quelli che abbandonano i figli a loro stessi, considerandoli solo un intralcio alla propria crescita e affermazione.

Ne consegue che oggi la mamma italiana si trova a contendere la propria supremazia con la figura nascente del mammo, o con la nuova moglie del marito, o con la convivente che ha tanta voglia di fare lei da mamma ai nuovi figli acquisiti. Nei casi di divorzio sempre più padri chiedono l'affidamento dei figli, ma a volte accade che dietro a questa richiesta ci sia non tanto l'amore, quanto il risentimento maschile, e che questo non sia altro che una tappa della guerra dei sessi: "Se non sono riuscito a toglierti tutto come donna e moglie, ti nego il ruolo di mamma".

Il seduttore e il macho

Il mammo, soprattutto se separato, riversa sui figli tutta l'affettività frustrata, il bisogno di dare e ricevere tenerezza, la voglia di essere adorato e ammirato. Esce preferibilmente con la figlia, trascorre con lei le vacanze estive e accetta con rassegnazione le sue scenate di gelosia, nel caso un'altra donna osi avvicinarsi.

Ma dove è finito il seduttore? L'uomo che passava la metà della sua vita a conquistare e l'altra metà a raccontare le sue conquiste agli amici? "Non ho paura quando sono tra le tue braccia, Ahmed, mio amore del deserto, mio sceicco," sospirava Lady Diana a Rodolfo Valentino nel film *Lo sceicco*. È certo la frase che quasi tutti gli uomini italiani avrebbero desiderato sentirsi dire dalle compagne. Anche perché "cedere" quando l'atmosfera era giusta, non era affatto disdicevole per una donna. Anche Giacomo Casanova consigliava alle fanciulle di lasciarsi sedurre, sempre e comunque: "Una fanciulla bella, saggia e virtuosa, quanto volete, non deve mai trovare sconveniente che un uomo, sedotto dal suo fascino, decida di farne una sua conquista".

La figura del latin lover esiste da decenni, aveva lo sguardo ardente di Rossano Brazzi, il fascino di Maurizio Arena, l'aria di conquistatore di Porfirio Rubirosa. E resiste perché, anche lui, è uno stereotipo sorretto dalla pubblicità, dai mass media. Forse non compirà più gesta eroiche, non si muoverà più in scenari da favola, ma continua ad aggirarsi nei salotti esclusivi, nelle discoteche, nelle spiagge per vip. Dopo il successo di Rodolfo Valentino, il maschio italiano ha creduto di essere davvero il migliore amante del mondo e ha fatto di tutto per dimostrarlo. Lo afferma ancora mentre gironzola con aria da dandy nei luoghi di vacanza, facendo il "pappagallo" per la felicità delle turiste che considerano il seduttore italiano una delle attrattive del Bel Paese.

All'uomo italiano si associa quasi sempre la figura del macho, tutto muscoli, tutto d'un pezzo, tutto aggressività, tutto virilità. Ma oggi del machismo non rimane che l'aspetto più deteriore, testimoniato dalle numerose richieste d'aiuto che arrivano quotidianamente al Telefono Rosa (si è passati dal 46% del 1995 al 55,5% del 1997). Se le donne chiamano, è perché, come spiega la sociologa Laura Terragni nel saggio *Lo stato delle famiglie in Italia*, "il loro marito ha tentato di strangolarle, le ha riempite di pugni e di calci, le ha buttate giù dalle scale o contro una finestra spaccando i vetri, ha rotto loro le braccia più volte". Si tratta purtroppo di un fenomeno diffuso in tutto il mondo, se si considera che la prima causa di decesso o di invalidità delle donne in tutti i paesi dipende dagli atti di violenza che esse subiscono nelle loro case, per mano del marito, del convivente o del fidanzato.

La débacle del maschio

Come seduttore è la caricatura di se stesso, come macho degenera nella violenza: il maschio italiano è proprio cambiato negli ultimi anni. E ciò accade per due ragioni essenziali, connesse, ma diverse. Quasi tutti i ruoli maschili un tempo erano determinati dal fatto che l'uomo possedeva una forza fisica superiore a quella della donna e quindi aveva compiti difensivi e offensivi. Da qui ha origine tutta l'epica maschile dello scontro, della lotta e della guerra. Lo stesso valeva per il lavoro, perché anche questa occupazione era dispendio e cessione di energia fisica. Tali caratteristiche sono venute meno da quando la forza fisica non è più l'elemento principale della vita associata, né per l'aspetto bellico, né per quello produttivo. Ma il processo è stato estremamente lungo e il maschio, dopo aver perduto il prestigio derivante dall'impeto bellico e produttivo, è comunque rimasto il vero soggetto del lavoro e quindi il vero soggetto economico. Insomma, l'uomo ha smesso di essere un forzuto, ma è diventato il vero centro di profitto. Il problema fondamentale del ruolo maschile è che tutto l'orizzonte simbolico costruito su queste funzioni essenziali è venuto meno, ma è rimasto nell'immaginario collettivo ancora per molto tempo, non potendo essere sostituito da altro.

Ma soprattutto ciò che crea molti problemi al maschio al giorno d'oggi è la perdita di ruolo dal punto di vista economico, che significa perdita del ruolo di dominio all'interno della famiglia stessa. La famiglia italiana era una specie di tribù in cui il capo per definizione era il maschio. Dal momento in cui il maschio non è più il soggetto economico unico, il suo ruolo simbolico di capo è decaduto. Da noi questo fenomeno è più accentuato che in altri paesi, perché l'Italia, a causa delle sue radici fortemente cattoliche, aveva sviluppato, dal punto di vista della tradizione, una potente cultura maschilista con una repressione femminile molto accentuata.

Un pesce senza bicicletta

Un vecchio slogan femminista diceva: "Una donna ha bisogno di un uomo come un pesce ha bisogno di una bicicletta". Che cosa se ne fa un pesce di una bicicletta? Niente, appunto. La rivoluzione del costume esplose come una bomba alla fine degli anni Sessanta, ed è stata sicuramente la più grande rivoluzione dell'Italia repubblicana. Da allora i rapporti tra uomo e donna sono diventati davvero complicati. Mai la coppia è stata più fragile di oggi. L'uomo ha paura della donna seduttrice, perciò predomina nei rapporti sessuali l'ansia da prestazione, impazza il Viagra, anche fra i giovanissimi. La donna invece boccia lo stereotipo maschilista e si schiera a favore di una immagine maggiormente femminilizzata dell'uomo. Entrambi vogliono affermarsi, entrambi sono ambiziosi, competitivi, egoisti. Parola d'ordine è la propria realizzazione, anche se costruita sulla pelle dell'altro. Ne consegue che entrambi sono confusi, smarriti.

A forza di leggere articoli, di sentirne parlare alla televisione o dai propri psicoanalisti, finalmente gli uomini sanno riconoscere la diversità del piacere femminile di cui le donne, attraverso gli stessi mezzi, sono diventate ben coscienti. Eppure le cose non funzionano lo stesso. Secondo la sessuologa Roberta Giommi: "Ora che entrambi i sessi sono dolci, teneri, disponibili, non si riconoscono più. C'è il rischio di una reciproca perdita di identità. Il maschio brutale convertito in maschio tenero spiazza, perché non ha caratteristiche distintive. Sembra quasi si sia tutti la stessa cosa".

Per quanto riguarda le caratteristiche dell'uomo ideale, infatti, le ragazze italiane mettono al primo posto la dolcezza e il calore umano. L'uomo che emerge dalle risposte alle varie inchieste di questi ultimi anni non è effeminato, ma deve avere delle peculiarità che una volta erano appannaggio esclusivo della donna: deve essere dolce (91%), caldo (89%), divertente (82%), timido (53%) e con pochi peli (90%).

Le prime della classe

Anche a scuola il maschio perde i colpi. Studia meno delle sue compagne, abbandona più facilmente gli studi rispetto alle ragazze. Secondo l'Istat, in Italia nei cinque anni di corso superiore se ne vanno in media il 9,8% dei maschi, contro il 6,8% delle femmine. Per quanto riguarda le bocciature, il 20,5% dei ragazzi ripete l'anno contro l'11,6% delle ragazze. Le donne non subiscono il peso del dover riuscire per forza e questo le rende più determinate. Fra l'altro, nota Marta Boneschi, in Italia c'è una predominanza di insegnanti donne, e molti ritengono che i buoni risultati scolastici delle ragazze dipendano proprio dal fatto che hanno per tutta la vita una figura di riferimento femminile, buona o cattiva che sia, mentre i ragazzi non ne hanno una maschile.

Brave a scuola, all'università, nelle professioni. Aumentano le donne laureate e le lavoratrici indipendenti. Nell'ambito statale di dirigenti se ne vedono ancora poche, ma nel privato le donne a capo di aziende sono in rimonta. In Italia le donne lavorano il 28% in più degli uomini, ma guadagnano il 30% in meno. Le occupate si accontentano di stipendi più bassi rispetto ai loro colleghi. Accettano più facilmente compiti che non corrispondono al loro titolo di studio o alle loro aspettative. Crescono le occupazioni destinate tradizionalmente alle donne, come l'assistenza a domicilio e all'infanzia e i servizi legati alla sanità, mentre gli uomini rimangono legati ad attività che stanno scomparendo. Il loro problema non deriva dal fatto che le donne sottraggono loro il posto di lavoro, ma dal fatto che escono dal mercato, mentre le donne ci entrano.

E non se ne vanno mai

Ma poi questo lavoro, i maschi quando cominciano a cercarlo? Mettono il naso fuori dalla tana-famiglia molto tardi e, alla prima delusione, ai primi rifiuti, rientrano precipitosamente in casa. In Inghilterra c'è un termine preciso entro cui i ragazzi vengono allontanati dalla famiglia, per ciò a undici, dodici anni i figli sono consegnati alla scuola e, a parte alcuni weekend, tornano a casa solo tre volte all'anno per le vacanze. Afferma Marta Boneschi: "È molto influente anche la figura del padre nell'educazione anglosassone, l'educazione al coraggio, al rischio. Il padre che insegna il coraggio fisico al figlio, che si misura con lui, che gioca la partita a tennis, che lo porta sulle rapide in canoa, da noi non c'è. In Italia quella paterna è sempre stata una figura autoritaria e un po' distante". Quindi nei paesi anglosassoni è previsto un momento in cui i figli vengono autonomizzati forzatamente, mentre da noi non è così, a causa della grande e potente tradizione familiare. Si sa che gli italiani non rispettano nessuna legge, se non quella della famiglia che è l'unica entità sociale per cui c'è una adesione vera, sentimento che non si prova né per il paese, né per la nazione.

Se i figli non se ne vanno, una delle cause è però da ricercare nella difficoltà con cui si trova una sistemazione pratica o un'occupazione. Secondo Marta Boneschi, "la società italiana è enormemente carente nei servizi, non si prende cura dei bambini, li lascia alla mamma o a figure supplenti. I nidi sono nati in Italia molto tardi, non ci sono servizi per l'infanzia, né la scuola a tempo pieno. Quindi la famiglia italiana torna ad essere dominata da una mamma ipertrofica con un grave ritardo nei confronti dello spirito civico dei suoi ragazzi". Ma a parte validi motivi come quelli della sistemazione e dell'occupazione, i maschi tendono a rimanere il più a lungo possibile nella casa dei genitori, anche per usufruire di tutti i servizi che la famiglia fornisce loro. Le madri funzionano da ristoranti, da lavanderie, da segretarie. D'altronde i maschi non sono stati educati a darsi da fare in casa, ritengono tuttora un'onta lavarsi da soli un paio di calzini. Certo, qualcuno ha imparato a cucinare e se ne vanta, ma la cucina è una cosa a sé, è ammantata da una certa aurea di gusto, di sciccheria. Andiamo al sodo: chi pulisce la vasca da bagno? Chi lava i calzini? La mamma italiana non lo insegna al figlio, perché pensa che sia una cosa de-virilizzante, mentre lei vuole che il figlio sia il più virile e maschio di tutti. Naturalmente il figlio diventa complice di tale atteggiamento, dal momento che ne ottiene grossi vantaggi. Il giorno in cui anche in Italia vedremo i maschi farsi il bucato prima di andare in ufficio, forse, le cose saranno davvero cambiate.

E d'altronde, anche se la mamma volesse proprio sbarazzarsi di questo figlio perennemente attaccato alle sue gonne, non avrebbe il diritto di farlo. È di qualche tempo fa l'ordinanza in cui un pretore di Ferrara ha obbligato una signora quarantaseienne ad accogliere di nuovo in casa il figlio – ventiquattrenne e benzinaio – che aveva messo alla porta, perché colpevole di averle provocato un "ménage familiare intollerabile".

Eterni bambini

Ormai è chiaro, la nostra è una società storicamente mammista che alleva eterni fanciulli. Abbiamo detto che i figli, soprattutto i maschi, non se ne vogliono andare, ovvero non vogliono crescere. E forse questo fenomeno si sta accentuando, per via di un grande ritardo di maturazione nelle generazioni più giovani.

Il mammismo perdurante, secondo Marta Boneschi, è assolutamente "deleterio per il maschio. Ho trovato testimonianze recenti, soprattutto nella posta dei giornali, del fatto che molti matrimoni non funzionano perché, quando l'uomo si sposa, si aspetta dalla moglie tutta una quantità di prestazioni di servizio che la donna non è più disposta a elargire al coniuge. Insomma, il mammone italiano è ancora sostanzialmente lo stesso. Magari cambiano alcune particolarità, ma non sono cambiate le premesse. La società non è un punto di attrazione, quindi i ragazzi non sono abituati precocemente a gettarsi nelle battaglie civili, ad adoperarsi nelle comunità scolastiche o di quartiere, tendono piuttosto a restare a casa e ad appoggiarsi alla mamma, perché tanto la mamma risolve tutto".

Chi è il secondo sesso?

Nel 1949, Simone de Beauvoir pubblicò il saggio *Il secondo sesso* con il quale cominciò una lunga riflessione sulle radici profonde dell'oppressione femminile: nella storia, l'uomo era stato il vero protagonista, mentre la donna era sempre vissuta in rapporto con l'uomo e quindi apparteneva al "secondo sesso". Insomma, la femminilità non era una condizione naturale, ma determinata dalla cultura e dalla civiltà. "Donne non si nasce, si diventa," è la dichiarazione dell'autrice, trasformatasi poi uno degli slogan del movimento femminista. Ma oggi è ancora valida l'identificazione della donna con il "secondo sesso"? Le donne hanno ormai coscienza di sé, del loro valore, e non si accontentano più, scelgono, desiderano, vogliono, pretendono e si scontrano con un uomo che continua a sognarle rassicuranti e materne. Le donne sono cambiate molto più degli uomini, che si sentono inadeguati e non si riconoscono nel modello macho del passato. Il problema è che non ne hanno trovato un altro. Quindi oggi sono gli uomini il secondo sesso? O sono destinati a diventarlo in tutti i paesi industrializzati, nel giro di pochi anni? La donna al lavoro e l'uomo a casa? Non sembrerebbe, visto che all'ingresso delle donne nel mondo del lavoro non ha fatto seguito quello degli uomini nel mondo della casa. Certo, se ne occupano di più rispetto al passato, ma non lo fanno ancora abbastanza. Ed è chiaro che questo, per le donne, rappresenta un supplemento di stress.

È comunque un dato di fatto che oggi ci sono uomini che preferiscono rimanere a casa e condurre una vita più tranquilla accanto ai figli. I sociologi hanno quindi individuato una progressiva femminilizzazione della società italiana. Il sociologo Domenico De Masi azzarda qualche previsione per il futuro: "Credo che il domani sarà tutto delle donne. Siamo in una fase di transizione, il cosiddetto sesso forte non manterrà per molto tempo il potere: l'ha gestito male, privilegiando la competizione. Per troppo tempo la società industriale ha effettuato una divisione netta tra razionalità e creatività, maschile e femminile. E il bene, nella mentalità comune, stava da una parte sola. Gli uomini hanno trascurato del tutto la fantasia, che è rimasta patrimonio femminile. Ora il maschio paga tutto questo e forse comincia a fare autocritica. Diciamolo, siamo stati prepotenti. Temo però che le donne vogliano vendicarsi del maschio". Ma, alla fine, ci consola De Masi, si cambierà di nuovo, perché arriverà la società androgina, con le qualità migliori dell'uno e dell'altro sesso. Anche la conclusione dello storico Lucio Villari è ottimistica: "L'uomo italiano è cambiato più rapidamente di quanto non si pensasse. È stata un'evoluzione accelerata dovuta in parte alla trasformazione del rapporto tra uomo e donna, all'evoluzione della stessa mentalità femminile, ma anche a una serie di circostanze non facilmente valutabili che hanno contribuito a modificare l'atteggiamento del maschio italiano. Prima c'erano forme di chiusura e di autocompiacimento molto forti, forme di autoesaltazione, di esibizionismo, di interpretazione del proprio ruolo come ruolo dominante e non partecipante. Mi sembra che tutto questo sia finito. Credo che siamo più avanti rispetto agli uomini di altri paesi, anche europei, perché in fondo l'uomo italiano ha delle forme di duttilità e capacità di adattamento che uomini di altri paesi non hanno. Così adesso accetta i propri limiti, senza per questo sentirsi umiliato. Certo, ancora stenta a precisarsi una figura di uomo autonomo e indipendente, ma ci sono tutte le premesse perché ciò avvenga, dipende dall'intelligenza con cui questo ruolo viene esercitato".

Non solo pizza

di *Allan Bay*

Che cos'è la cucina italiana

Non è facile parlare di cucina italiana o meglio della cucina degli italiani. Il perché sarà chiaro, se si terrà conto dei seguenti presupposti:
1. La cucina è l'insieme delle tecniche di lavorazione del cibo. Essa nasce e viene determinata dal ruolo che ogni società le riconosce al proprio interno. Diventa importante, quando una società la mette al centro dell'interesse, quando il sistema culturale dominante "obbliga" chiunque cerchi di essere persona completa e compiuta a conoscerla e apprezzarla. Resta invece piccola, quando una società non lo richiede.
2. L'insieme dei piatti preparati nelle diverse regioni italiane è un immenso corpus culinario. In Europa solo quello francese può essergli comparato. Nel mondo intero, esclusivamente la Cina e il Giappone hanno una ricchezza e una complessità simili; la cucina araba islamica, invece, grandissima fra l'VIII e il XIII secolo e madre della cucina europea, non è stata in grado di tornare ai livelli che aveva raggiunto in quei secoli d'oro.
3. L'identità culinaria italiana è fortemente composita. A nord, grazie alle Alpi, essa vive in simbiosi con la tradizione germanica. Il Piemonte e l'ovest si sono scambiati piatti per secoli con la Borgogna. La pianura padana gode della rendita delle splendide corti rinascimentali e ha nel riso il suo cardine. A Venezia (ma non in tutto il Veneto!) ci sono molte tracce dei secolari commerci con il favoloso oriente mediterraneo. Al centro della penisola, sono le paste all'uovo a dominare su tutti gli altri piatti. All'estremo sud l'influenza degli arabi è netta, in Sicilia si prepara il *cuscuso*, che è proprio il *cuscus* arabo, e pizza e pasta secca sono un dono di questo popolo. Nell'Italia centro meridionale il condimento dominante è l'olio d'oliva, in quella settentrionale il burro e, una volta, ora non più, lo strutto. Nel nord l'agnello è solo una curiosità culina-

ria, a sud la carne di maiale è difficile da trovare. Il riso è quasi sconosciuto nel sud, ma la pasta secca e la pizza sono arrivate al nord solo da pochi decenni, al seguito delle grandi immigrazioni dei contadini del meridione verso le fabbriche di Milano e Torino. La varietà culinaria del nostro piccolo paese è veramente impressionante.

4. Nella Francia del Settecento la Corte e i nobili hanno saputo fondere le differenti tradizioni regionali – dalla Borgogna ai Pirenei, dalla Normandia all'Alsazia – in una sintesi che, ulteriormente arricchita nell'Ottocento da contributi di tutta Europa, è diventata la Cucina Francese, detta anche *Grande Cuisine* o, curiosamente, la Cucina Internazionale, quella che resta legata ai grandi cuochi come Carême, Escoffier e Pellaprat. Essa è un vero e proprio sistema imponente, orgoglioso e sicuro di sé come lo è *La Republique*. Sotto il viglie e rigido controllo della onnipresente burocrazia, erede di Colbert e Vauban, la cucina francese è uno dei veri cardini della vita di questo paese e grazie al turismo indotto dall'eccellenza del cibo e all'esportazione di prodotti alimentari, una vera architrave dell'economia. Ma forse il vantaggio più straordinario è la valenza culturale, un francese "deve" sapere di cucina per essere un buon *citoyen*. Nel suo curriculum vitae distribuito alla stampa, l'allora candidato alla presidenza Chirac scrisse: "Ho seguito un corso di cucina del *Cordon Bleu*". Evidentemente lo cosiderava un elemento significativo e qualificante. In nessun altro paese del mondo questo sarebbe concepibile.

5. Nulla del genere è capitato in Italia dove le tradizioni regionali sono sopravvissute autonomamente, con rare contaminazioni, fino alla seconda guerra mondiale. Solo adesso si cominciano a fondere le differenti tradizioni regionali e i cuochi delle grandi città mescolano nei loro menù piatti delle più diverse provenienze e combinano gli ingredienti delle varie regioni. Sta nascendo solo ora la cucina "italiana".

L'Italia è poi ricchissima di grandi materie prime, dai vini ai formaggi, ma i consorzi in grado di promuovere queste materie prime, sia in Italia sia all'estero, non esistono. Così come non esiste una buona, efficiente legislazione che tuteli produttori e consumatori in Italia. La capacità di creare consorzi per raggiungere uno scopo comune non appartiene al patrimonio genetico degli italiani. I consorzi esistenti, come quello del formaggio Parmigiano Reggiano, del Prosciutto di Parma, del Chianti, che hanno saputo far conoscere i loro prodotti a tutto il mondo, sono una rara e lodevole eccezione.

6. L'unica sintesi nell'elaborazione dei piatti in un sistema unico, nazionale, è avvenuta per il pesce. Viene dai caldi mari che bagnano l'Italia, è sempre delicato, ben diverso da quello del resto d'Europa, proveniente dal freddo Oceano Atlantico e dal Mare del Nord. È sempre più utilizzato nelle diete ipo-

caloriche che lo esaltano a detrimento della carne bovina e suina. Per questo alimento il meglio delle varie tradizioni regionali si è fuso in una ricca e completa sintesi, i piatti ormai sono a tutti gli effetti "italiani".

Purtroppo la distribuzione del pesce fresco non è capillare, non lo si trova buono in tutte le città. Ma il futuro lascia ben sperare.

7. Gli stranieri spesso pensano di conoscere la cucina italiana grazie ai ristoranti "italiani" diffusi nei loro paesi d'origine – e infatti neanche in Mongolia o a Tonga manca un ristorante italiano –. Ma si sbagliano. Gli emigrati del nostro paese che hanno riempito il mondo provengono per la stragrande maggioranza dalla Campania, dalla Sicilia e dal sud in genere. Quindi hanno portato con sé la loro cucina, non quella italiana che, come abbiamo detto poco sopra, sta nascendo solo in questi ultimi anni. E poi, inevitabilmente, l'hanno "contaminata" adattandola ai gusti indigeni. Pensiamo per esempio agli "spaghetti with meat balls", che per gli americani sono il simbolo della nostra cucina: qui da noi non esistono. È un fenomeno logico e, se si vuole, inevitabile, è successo anche alla cucina cinese. Uno straniero quindi che si accinga a gustare la cucina in Italia è meglio che dimentichi quella che ha conosciuto all'estero.

8. Una cosa però è certa: qualunque straniero, mai resterà perplesso davanti ai piatti della nostra cucina. Gli ingredienti sono semplici, li ha già incontrati mille volte nel suo paese, e spesso cotti in maniera simile. Non troverà salse strane che gli impediscano di riconoscere cosa sta mangiando o ingredienti nuovi, bizzarri e quindi "sospetti". Può affrontare ogni piatto senza timore, gli piacerà di più o di meno, ma non scapperà inorridito. È più probabile che si innamori subito: un buon risotto, una pizza, una pasta condita in maniera semplice ed essenziale, una zuppa di legumi o del buon pesce o della carne alla griglia, hanno una carica di amabilità a cui nessuno può sfuggire.

La fame storica e l'eredità preunitaria

L'Italia è stata un paese ricco, il più ricco d'Europa, fino a che è rimasta l'intermediario fra i favolosi prodotti dell'Asia, importati tramite il Vicino Oriente, e i consumatori dell'Europa Occidentale. La scoperta dell'America e la circumnavigazione dell'Africa hanno eliminato questa rendita di intermediazione. L'economia e la società sono entrate in crisi e hanno perso l'appuntamento con la prima rivoluzione industriale che ha spostato nel nord Europa il baricentro del continente. La crisi è durata molto a lungo, segnando in maniera drammatica l'evoluzione della nostra società. La disponibilità alimentare pro capite si è contratta, la carne, sempre presente anche nelle mense per i poveri fino al XVI secolo, è sparita dalla tavola della stragrande maggioranza degli abitanti. Gli studiosi di alimentazione calcolano in una media di 3.000 calorie a testa al giorno il limite fra fame e sazietà. Ancora negli anni Cinquanta di questo secolo il consumo era di 2.400 calorie a testa al giorno; tale soglia è stata superata dal nostro paese solamente nel 1970, ormai una generazione fa. Solo allora l'Italia ha raggiunto i livelli dell'Europa continentale.

La conseguenza? Per secoli mangiare è stato esclusivamente un'occasione, quelle poche volte che capitava, per riempire la pancia, senza badare più di tanto alla qualità del cibo.

Inevitabilmente la cucina ha risentito di questa secolare crisi. E nei pochi grandi ristoranti che esistevano, situati in genere in grandi alberghi di lusso, la cucina restava sempre e comunque di impronta francese.

Col tempo la cucina italiana ha creato quindi piatti ricchi e grassi, da consumare il giorno della festa, poco adatti alla dieta di tutti i giorni. Solo nel nord Italia sono sopravvissute poche realtà isolate che hanno salvato il ricordo della grande cucina di corte del Cinquecento, raffinata e curata, erede dell'epoca d'oro del nostro paese. Erano realtà veramente limitate, ma per fortuna questa grande tradizione non è mai andata persa del tutto.

Per finire va detto che nel nostro paese ha sempre dominato il mito della grande mangiata. A tutt'oggi non possiamo dirci emancipati dalla nostra fame secolare. Alla nascita, pochi anni fa, di una cucina moderna e creativa, quella che ormai domina nei grandi ristoranti lodati dalla critica e anche premiati dal pubblico, l'accusa che si faceva a questi cuochi intenti a innovare e alleggerire i piatti, era: "Si esce che hai ancora fame". Molti, troppi continuano a dirlo.

Artusi, il profeta della cucina italiana

Nel 1860, dopo l'Unità, qualcosa incomincia a muoversi. Ci fu un grande mago che segnò in maniera indelebile le prime tendenze all'unità culinaria. Si chiamava Pellegrino Artusi. Nato in Romagna nel 1820, vissuto a Firenze, ricco negoziante di sete, avarissimo, misogino, aveva altresì due virtù: un gran gusto per il cibo e il dono di saper scrivere bene. Pubblicò a sue spese nel 1891 un libro di cucina, *La Scienza in cucina e l'arte di mangiar bene*. Erano 475 ricette, inevitabilmente con una forte matrice emiliana, romagnola e toscana. Il libro ebbe grande successo: fu il primo ricettario letto in tutta Italia, dal nord al sud. Grazie a questo successo Artusi riuscì a entrare in contatto epistolare con tanti lettori e lettrici che gli inviarono da tutta Italia altre ricette. Artusi ebbe il genio di integrare, con i più interessanti contributi ricevuti, le successive edizioni del suo libro. L'ultima, la tredicesima, contiene 790 ricette ed è diventata realmente un ricettario nazionale, pur mantenendo una forte impronta tosco-emiliana e, purtroppo, uno scarso apporto di ricette meridionali.

Le cifre parlano da sé: più di 1 milione di copie vendute, il best-seller del nostro paese, più della Bibbia, molto più di Manzoni. Oggi è ancora valido almeno al 90%, pur trattandosi di una cucina molto ricca e grassa che deve comunque fare i conti con le teorie dietetiche ormai dominanti.

Gualtiero Marchesi, il cuoco che tutto ha cambiato

Tanti cuochi hanno tentato di svecchiare la cucina italiana, sempre con scarso successo. Ma ci riuscì agli inizi degli anni Ottanta Gualtiero Marchesi. Era in Francia mentre i cuochi d'oltralpe buttavano a mare la cucina tradizionale, troppo ricca e grassa, e inventavano la *Nouvelle Cuisine*. Tornato in Italia, aprì un ristorante realmente innovativo. Il suo decalogo, mediato appunto dall'esperienza francese, fu: 1) Ricerca della semplicità. 2) Diminuzione dei tempi di cottura. 3) Cucina di mercato, cioè una cucina che privilegia i prodotti freschi di stagione della propria zona. 4) Riduzione del numero di piatti offerti nel menù. 5) No alle salse troppo grasse; limitazione drastica dei grassi utilizzati. 6) Attenzione alla cucina della propria regione. 7) Curiosità attiva alle tecniche d'avanguardia. 8) Ricerca e rielaborazione di vecchie ricette 9) Gusto dell'inventiva e della creatività. 10) Interesse verso le esperienze culinarie degli altri paesi – soprattutto il Giappone – che allora stava emergendo come simbolo della nuova gastronomia. A tutto ciò aggiunse una capacità di provocare e di farsi conoscere che da sempre sono l'essenza del successo.

La sua fortuna fu immediata e straordinaria. Tutti si ispirarono ai suoi programmi. Se molti applicarono i suoi precetti inevitabilmente in maniera estremista, mescolando ingredienti e sapori con risultati troppo lontani dai gusti del pubblico, ora, a distanza di vent'anni, si può dire in tutta tranquillità che la sua lezione è stata assimilata a fondo e che ormai la grande ristorazione italiana segue questi dettami. E anche la grande maggioranza dei ristoranti, per quanto gradualmente, si è adeguata.

La mistica della cucina del territorio

Chiunque ami la cucina e ne legga sui giornali italiani, troverà spesso citato un concetto: quello di "cucina del territorio". Un'idea secondo la quale un cuoco dovrebbe usare solo i prodotti del suo circondario. Ne consegue che chi utilizza prodotti che vengono da lontano, tradisce la nostra cucina.

Ci sono dei ristoranti, in genere estremamente fuori mano e di certo non in una grande città dove, fino a prova contraria, vive e mangia la stragrande maggioranza di tutti noi, che riescono a rispettare questi dettami e nel contempo a proporre un menù stimolante. Ma cosa deve fare un cuoco di città, se vuole rispettarli?

Il problema è definire cosa si intenda per "territorio". Nelle campagne, da sempre, era inevitabilmente un'area limitata, dati i costi e i vincoli dei trasporti via terra. Però nelle città, soprattutto quelle sul mare e sui fiumi navigabili, già nel Medioevo arrivavano prodotti da lontano – cari, senza dubbio, ma si trovavano –. Aringhe e merluzzo dal Mare del Nord! Le arance dall'Andalusia o dal Marocco! Lo zucchero da Cipro e poi dalle Americhe! Il Parmigiano si trovava in tutta Europa! Senza parlare dei vini e del mercato internazionale. Questa sì che è vita! Di certo pensavano i campagnoli in visita, abituati ai loro pochi prodotti stagionali.

Oggi nei mercati delle città si trovano moltissimi prodotti. Tecnologie sempre più moderne, cioè trasporti più veloci, ma anche sofisticate tecniche di conservazione, permettono di avere prodotti sempre più freschi e buoni – e qui non ci riferiamo alle primizie, ma ai prodotti giunti al culmine della naturale maturazione nel loro lontano paese d'origine –. Per un cuoco non deve esserci nessun interesse a sapere che una tale verdura arriva via camion in poche ore dal suo territorio o invece sempre in poche ore, ma via aerea dall'altro capo del mondo. Il cuoco deve guardare i prodotti che trova sul mercato, verificarne la qualità e pensare a un tipo di cottura. La verdura viene dal circondario? La scelga solo se risponde ai canoni di bontà che cerca. Viene invece dal Cile? Va bene lo stesso, se è di qualità. L'agnello viene dalla lontana Nuova Zelanda e non dalla Sardegna? Non deve essere un problema del cuoco, per lui deve contare solo la qualità.

Tutti i vincoli che si impongono a un cuoco, in nome di una supposta superiorità di certi prodotti, solo perché vengono da luoghi limitrofi, finiscono inevitabilmente per penalizzarne la cucina e diminuirne la qualità.

I libri di cucina

Per conoscere la cucina italiana è opportuno leggere qualche libro.

Sono tantissimi quelli che possiamo trovare in libreria e che presentano l'insieme o alcuni aspetti della nostra cucina. Pur tenendo ben presente che, se la cucina è opinabile, lo scrivere di cucina lo è di più, vorremmo indicarne qui di seguito alcuni che, a nostro parere, non dovrebbero mancare in una mini biblioteca culinaria italiana.

Due grandi "bibbie" della gastronomia sono le insostituibili guide. La prima è *Le Ricette Regionali Italiane* di Anna Gosetti della Salda, edito dalla Casa Editrice Solares. La Signora Gosetti ha posseduto e diretto per anni "La Cucina Italiana", la principale rivista di cucina del nostro paese, e questo libro meraviglioso è una summa del suo lavoro.

La seconda è *La Grande Enciclopedia Illustrata della Gastronomia*, a cura di Marco Guarnaschelli Gotti, pubblicato da Selezione dal Reader's Digest. Completa e arricchita con tante ricette è un ausilio indispensabile per chi ama la nostra cucina.

Per chi muove i primi passi ci sono due volumi realmente utili, *Il Cucchiaio d'Argento*, edito dall'Editoriale Domus nel 1950 e *Il Talismano della Felicità* di Ada Boni, pubblicato per la prima volta nel lontano 1925, dalla Casa Editrice Colombo. Costantemente rinnovati nei decenni, non mostrano certo gli anni che hanno. Semplici, ma accurati, veramente alla portata di tutti, sono una scelta quasi obbligata per chi vuole saperne di più della cucina del nostro paese.

Esistono poi tre libri che certo non possono competere per completezza con quelli suindicati, ma che potrebbero arricchire la mini biblioteca ideale.

Il primo è *Mangiare da Re*, un libro di gradevole lettura, frutto della personale esperienza di uno dei più grandi cuochi che l'Italia abbia avuto in questo secolo, Nino Bergese. Pubblicato nel 1969 da Feltrinelli, mostra in ogni pagina l'interpretazione geniale che il grande cuoco dava, superandola, della cucina tradizionale. Una miniera inesauribile di spunti. Il secondo libro è di Gualtiero Marchesi, si chiama *La Nuova Grande Cucina Italiana* ed è stato pubblicato da Rizzoli nel 1980. Presenta la rivoluzione culinaria che il grande cuoco ha fatto in Italia. Il terzo è un libro delizioso, pubblicato all'inizio del secolo. Si chiama *l'Arte di Utilizzare gli Avanzi della Mensa* di Olindo Guerrini, ultimamente ripubblicato da Franco Muzzio. Spiega come "riciclare" in maniera creativa il cibo avanzato.

I ristoranti stranieri in Italia

Ormai, un po' dovunque in Italia, è possibile trovare dei ristoranti stranieri. E questo è un bene per noi italiani, conoscere la cucina degli altri è un buon antidoto contro ogni forma di sciovinismo e intolleranza.

Fino alla seconda guerra mondiale in tutte le città del nostro paese non solo non esistevano ristoranti stranieri, ma neanche quelli delle altre regioni. L'eccezione alla regola erano pochi grandi alberghi che proponevano la cucina francese e qualche raro ristorante toscano che aveva messo radici a fine Ottocento a Roma e a Milano. Solo nel dopoguerra le varie cucine regionali si sono diffuse per il paese.

Per i ristoranti stranieri si è dovuto aspettare gli anni Sessanta. Il primo fu un ristorante cinese, la Pagoda a Milano, aperto nel 1962. Proponeva la cucina cantonese, anzi una variante messa a punto negli Stati Uniti dai cuochi cantonesi a uso e consumo dei gusti americani. Una cucina semplice, dai prezzi imbattibili: il successo fu immediato e straordinario. Adesso, accanto ai locali cantonesi a buon mercato, ne stanno aprendo di nuovi che propongono la cucina pechinese e di altre regioni: sono di alto livello e inevitabilmente più costosi. Cantonese o meno, i locali cinesi rappresentano l'80% dei circa 1.300 locali stranieri presenti oggi in Italia.

I ristoranti che offrono la cucina del resto dell'Asia sono una settantina. Quelli giapponesi propongono solo sashimi e sushi, pesce crudo e pesce crudo con riso, e sono cari, sempre pieni di giapponesi che lavorano in Italia e turisti. Quelli indiani stanno crescendo, ma sono veramente pochi.

Il retaggio del nostro passato coloniale ha fatto nascere una trentina di ristoranti etiopici ed eritrei. Altrettanti sono quelli arabi, giunti al seguito delle immigrazioni di queste popolazioni nel nostro paese.

Circa 100 sono invece i locali nord, centro e sud americani. Appartengono quasi tutti a grandi catene e sono gestiti in franchising. Propongono la cucina tex mex, quella degli spaghetti western. Ci sono anche pochi ristoranti brasiliani che offrono prevalentemente *churrasco*, carne marinata e cotta allo spiedo.

Poi, soprattutto a Milano e a Roma, ci sono circa 40 locali che forniscono cucina europea, da quella rumena a quella spagnola.

Per finire: c'è una cucina straniera praticamente assente in Italia, ed è quella francese. Ci sono un paio di locali a Milano, altrettanti a Roma ed è tutto. Sono tutti falliti per mancanza di clientela. La Francia invece, certo grazie anche alla forte immigrazione dalla nostra penisola, è ricca di ristoranti italiani.

Il simbolo della nostra cucina: la pizza

La pizza: tutti la conoscono, quasi tutti la amano. E tutti sono convinti che sia un vecchio, tradizionale piatto di Napoli. Ma non è così.

La focaccia, intesa come la pasta di pane stesa, condita e cotta, nasce contemporaneamente allo sviluppo dell'agricoltura ed è presente dovunque si coltivi il grano. È ai primi del Cinquecento, in area napoletana, che compare il termine "pizza". Deriva dall'arabo, *pita*, che vuol dire pane sottile. Bartolomeo Scappi, bolognese, cuoco pontificio, nel 1570 propone una ricetta nella sua opera *L'Arte del Cucinare*, pubblicata a Venezia: "Per fare torta con diverse materie, da Napoletani detta pizza". Però si tratta di una torta di pasta frolla con mandorle, datteri, fichi e altro. Ancora l'Artusi, all'inizio di questo secolo, chiama tale torta "Pizza alla Napoletana".

Non si sa quando i napoletani cominciarono a chiamare pizza anche la loro focaccia tonda, condita e cotta in forno. Essa nasce dall'incontro della pasta di pane con un grande frutto, il pomodoro (biologicamente non è una verdura, ma proprio un frutto, anche se nei negozi lo vendono insieme con le altre verdure!), un dono delle Americhe che solo a partire dall'Ottocento viene coltivato dovunque in Italia, dal Piemonte alla Sicilia. È in quel momento che nasce la pizza che mangiamo oggi. Ma la pizza rimane conosciuta in un'area circoscritta a Napoli fino alla prima metà di questo secolo e non diventa popolare in tutta Italia sino a dopo l'ultima guerra. Poi il suo successo travolge tutto, nessun piatto è mai riuscito a imporsi a livello mondiale così rapidamente. Ormai, e probabilmente per sempre, è diventato il piatto italiano più famoso del mondo.

I fast food

Ci sono tre motivi che spiegano l'insuccesso dei fast food all'americana in Italia. Ne esistono infatti pochissimi, nulla di confrontabile con gli altri paesi europei.

Il primo è che le autorità italiane hanno sempre messo tanti lacci allo sviluppo di questo settore, timorose del rischio di una colonizzazione culinaria e culturale. Difficile ottenere tutte le licenze e i permessi necessari, che in Italia sono tantissimi. Inoltre ogni qual volta si ventilava l'apertura di un fast food in una determinata area, c'è sempre stata un'immediata ribellione da parte dei negozi circostanti, timorosi che tutta la zona ne rimanesse danneggiata. McDonald, leader mondiale, alla fine ha dovuto comprare a caro prezzo tanti piccoli fast food italiani, per poter subentrare al loro posto. Con l'acquisto l'anno scorso di Burghy, la più grande catena italiana, McDonald ha raggiunto il monopolio del settore. Ma ha sempre pochi locali, rispetto a quelli degli altri paesi europei.

Il secondo motivo è che in Italia sono le pizzerie ad aver sempre coperto il segmento più a buon mercato della ristorazione. Ultimamente il costo medio di un pasto in una pizzeria è oltremodo salito e ormai una cena a base di pizza costa molto di più di una a base di hamburgher e patatine. Però gli altri paesi non hanno un'offerta culinaria simile alle nostre pizzerie e il divario fra un fast food e il locale più a buon mercato è ben più ampio che in Italia. E poi per gli italiani, scegliere fra la pizza e un hamburgher, non crea alcun dubbio possibile.

Per completare il quadro, in Italia esiste poi una miriade di trattorie popolari, – all'estero virtualmente estinte –, dove si mangia più o meno dignitosamente, ma comunque a basso prezzo.

Neanche i fast food e i self service all'italiana hanno avuto troppo successo. La nostra cucina, a base di pasta, riso e secondi dalla cottura rapida, mal si presta alla conservazione e questi piatti non possono essere serviti molto tempo dopo esser stati cotti. In un self service la pasta diventa subito collosa, il riso una sbobba e le pietanze più o meno lo stesso. È veramente difficile industrializzare questa cucina come è avvenuto più facilmente per tanti piatti in paesi stranieri.

Prosperano allegramente invece i bar-tavola fredda o calda, quelli cioè che servono anche piatti freddi o caldi. Sono locali "rapidi", nati soprattutto per il break di mezzogiorno nelle grandi città. Qui si possono gustare ricche insalatone miste, verdure alla griglia, carni fredde, insalate fredde di riso o pasta, panini farciti e altro ancora. Però sono tutti piatti "moderni", messi a punto solo di recente, per andare incontro a questa esigenza dei giorni nostri. Poco hanno a che fare con la nostra tradizione.

I locali storici italiani

Ogni giorno in Italia aprono nuovi ristoranti, uno che ha vent'anni di vita ci sembra vecchissimo: ma qual è il più vecchio del nostro paese?

Il record di longevità spetta all'albergo Cavalletto e Doge Orseolo di Venezia, che data esattamente 1200. È stato "recentemente" ristrutturato, nel 1800. La vicina trattoria Poste Vecie è ben più giovane, essendo nata nel 1500.

Ce ne sono poi due altoatesini: il Bagni Egart Onkel Taa di Töll Parcines (Bolzano) del 1430 e l'Elefante di Bressanone del 1551. Il nome curioso deriva dalla "leggenda" di un elefante che quell'anno transitò infreddolito verso il Brennero, un regalo del Re del Portogallo all'Imperatore Ferdinando d'Asburgo.

L'Albergaccio di S. Andrea in Percussina (Firenze) è del 1450; ci mangiava e ci giocava a carte abitualmente Machiavelli. Poco dopo, nel 1476, è nato il bar Tasso di Bergamo.

L'Antica Locanda Mincio, di Valeggio sul Mincio, data 1600. Il Boeucc di Milano è nato nel 1696 e l'anno scorso ha compiuto trecento anni. Per tanti secoli è stato in quella che ora si chiama Via Borgogna, nel 1939 si è trasferito in Piazza Belgioioso. In Italia sono 21 i locali nati prima del XVIII secolo e tantissimi quelli del XIX. C'è una associazione che si chiama Locali Storici d'Italia e che tutela e promuove antichi ristoranti, ma anche caffè e hotel, in totale sono ben 166. Essa pubblica un catalogo, disponibile presso tutti i locali compresi nell'elenco.

Profumi e balocchi

di *Antonio Mancinelli*

> "Colui che domina gli odori,
> domina il cuore degli uomini."
> Patrick Süskind, *Il Profumo*

Il bellissimo libro *Sillabari* di Goffredo Parise, uno dei più grandi scrittori italiani, è un'antologia di racconti, – anzi di romanzi in miniatura – ognuno dei quali è ispirato a una lettera dell'alfabeto. Alla "i" come "Italia", Parise decide di narrare la storia di due "tipici" rappresentanti del nostro paese – Giovanni e Maria – e di seguirne le vicende, semplici, autentiche, italianamente vere, dal loro matrimonio fino alla loro morte, dal dopoguerra fino agli anni Settanta. E così scrive: "... Affondavano in un sonno profondo protetti dalla forza dell'onore fra i loro odori e sapori perché in quegli anni, e per educazione, non si lavavano enormemente come oggi, ma moderatamente, il 'necessario'. Oggi si direbbe di loro che erano 'sporchi'..."

È vero. Ai Giovanni e alle Maria del giorno d'oggi – ma soprattutto ai più giovani Tommaso, Niccolò, Martina, Camilla, se non addirittura ai recentissimi patrioti di nome Ivan, Yuri, Vanessa, Katia – la deliziosa coppia così teneramente illustrata da Parise sembrerebbe aver bisogno, più che di un bravo scrittore, piuttosto di un'immediata seduta in una *beauty farm*, aureolata di sali da bagno, creme per il corpo esfolianti e ammorbidenti, balsamo e shampoo, prodotti "mirati" (come si dice oggi) alla consistenza dell'epidermide, una seduta sotto la lampada abbronzante a raggi UVA. Ma soprattutto di tanto, tanto profumo. Firmato dai più grandi stilisti, disponibile in gradazioni di intensità olfattive diverse, pur nella stessa fragranza, come un acquerello da sfumare nell'aria, naturale e quindi ecologico, anzi ideologicamente "impegnato" perché realizzato senza danneggiare il buco nell'ozono. Oppure artificiale, ma così artificiale da riprodurre, racchiuse in un flacone, le mille fragranze della riva del mare, di un campo di fiori, di un dolce alla vaniglia e cioccolato. C'è anche chi promette uno spruzzabile cielo d'estate notturno, un vaporizzabile sentore di passeggiata pomeridiana in un bosco, un nebulizzabile fattore di seduzione che, grazie ai ferormoni conenuti, solleciterebbe l'istinto sessuale di un individuo del sesso opposto.

Gli anni Novanta, giunti al termine, hanno concluso la loro battaglia contro gli odori del corpo. Non esiste casa, sia pure di virilissimi signori, sia pure di poco abbienti signore, dove nella sala da bagno non troneggino dopobarba e la lozione, la crema per il corpo e per le mani, deodoranti in quantità, oli per il bagno e dopo-bagno e boccette di profumo, ovviamente. Di certo un progresso, rispetto a Giovanni e Maria di "Italia", anche se forse è venuta meno quell'equazione per cui odore era eguale a onore e il bagno era un piccolo lusso da concedersi il sabato mattina. Oggi il culto della ginnastica, del *fitness*, della snellezza coatta, imposta dai giornali di moda e da una cultura che perde sempre più i contatti di natura cattolica per abbracciare una fede ultraterrena del "qui e ora" di un corpo perfetto, scolpito in palestra, se possibile immune dai segni dal tempo, è una delle cause della sconfitta degli odori. Non solo: la stessa matrice etica ed estetica che spinge legioni di donne e uomini a frequentare istituti di bellezza e centri di educazione fisica, dove – e non è certo un caso – i trattamenti più in voga sono quelli contro le rughe oltre che mirati a esorcizzare lo spirito di un'umanità troppo reale, inconsciamente allontana lo spettro della morte.

A un prezzo poi non così alto: la storia del profumo e dei cosmetici in Italia rappresenta, dal punto di vista industriale, una delle più illuminanti rappresentazioni di un paese in evoluzione. Una volta c'erano i profumi "importanti", costosi, soprattutto di origine o marchio francese, di quelli che gli uomini regalavano alle amanti, che lo tenevano intonso sulla mensola come un trofeo di caccia, racchiusi dentro flaconi di cristallo che erano delle vere e proprie opere d'arte. Così per i cosmetici: solo le "signore" potevano permettersi la crema che prometteva miracolosi effetti di "stiramento", magari applicata da stuoli di estetiste che in sontuosi saloni di bellezza curavano mani e dipingevano unghie, affiancate da parrucchiere che acconciavano, tagliavano, pettinavano, mettevano in piega.

Per le altre, le speranze di essere o diventare belle si affidavano all'uso di pochi prodotti di base, profumi di qualità direttamente proporzionale al loro prezzo, tinture di capelli da farsi in casa con l'amica del cuore, mentre i mariti al massimo osavano mettere il dopobarba e la domenica, i più vanitosi, imbevevano di due gocce di colonia il fazzoletto che tenevano nel taschino.

Abbiamo già accennato alla rivoluzione copernicana, negli anni Ottanta, attuata dagli stilisti nel campo dello stile. Era logico che, dovendo questi costruire dei mondi di riferimento (il mondo Armani, il mondo Valentino, il mondo Versace...), il profumo non ne potesse non far parte. Creato come un abito d'alta moda, colato dentro bottiglie di finissimo design, oggetto di arte applicata al senso dell'olfatto, liquido e aereo status symbol da esibire lasciando scie di striata atmosfera intorno a sé. Così, dopo quelli da donna, sono arrivati in massa quelli da uomo, coinvolgendo anche colui che sembrava (sembrava, ripetiamo) immune ai diktat della moda, in un vortice olezzante di sensazioni da respirare a pieni polmoni. Il processo è andato avanti, seguendo una strategia che da alcuni economisti italiani è stata messa in parallelo con quella dell'industria automobilistica: vale a dire che, come le grandi case produttrici (la Mercedes, ad esempio, ma anche la Ford, e la stessa Fiat) hanno immesso nel mercato vetture di minor prezzo, ma di uguale contenuto simbolico, per il fascino emanato dal marchio di produzione, così ogni stilista ha pensato bene di estendere il proprio potere seduttivo e, contemporaneamente, i propri fatturati. Ecco, dunque che accanto alla fragranza d'élite ne nascono altre, più economiche e destinate a un pubblico più giovane (il profumo Giorgio Armani e quello Emporio Armani di recente uscita, quello Valentino e il nuovo Very Valentino, le fraganze di Dolce & Gabbana e quelle più da teen ager di By, l'istituzionale aroma firmato Gianni Versace e la serie infinita di profumi, sempre della stessa firma, Red Jeans, White Jeans, Black Jeans, Blue Jeans...).

Si può dare un nome e7 un cognome a chi ha impresso una svolta così radicale nella storia dello stile aereo, ma non per questo meno persistente? Certo, e forse non è veramente casuale. È un designer americano: Calvin Klein. Con cK One e, successivamente cK Be (la vita di un profumo nei negozi di profumeria è scesa tantissimo, oggi si considera "di successo" un prodotto che è in vendita per due anni), ha realizzato uno dei più grandi successi commerciali di tutto il decennio. Non solo ha affiancato ai suoi profumi importanti uno più economicamente abbordabile, ma il colpo di genio è stato di averne creato uno unisex, adatto sia a uomini che a donne. E mettendo al servizio della cosmesi una delle più notevoli vittorie nelle pari opportunità tra maschi e femmine, aldilà di tanti roghi femministi e di lotte per imporre supremazia di segno sessuale differente.

Anche in Italia Gianfranco Ferrè si è prontamente ispirato a questo fenomeno e ha firmato Gieffeffe, una fragranza che sta spopolando, non solo tra i giovani, ma sicuramente anche tra uomini e donne di tutte le età.

A dare uno scossone in positivo all'industria della bellezza, infatti, sono stati proprio gli uomini. I loro acquisti – soprattutto prodotti di bellezza creati per la cura del viso – hanno fatto lievitare di più del 20% il fatturato globale del grande Barnum della giovinezza in crema. Oggi, tra volti tirati a lucido da creme rassodanti, muscoli messi in risalto da faticose sedute in palestra, deodorati, profumati, asettici, dentro stanze a loro volta olezzanti di candele dall'odore seducente, a Giovanni e Maria non resterebbe altro da fare che rimanere chiusi nella loro stanzetta, a confondere odori e onori. E magari, chissà, si divertirebbero più di noi.

Siamo tutti sportivi

di *Roberto Fedi*

Un popolo di sedentari? Un popolo di maschilisti?

Uno dei luoghi comuni più diffusi, relativamente all'Italia, è che gli italiani siano un popolo di sportivi da poltrona o da bar: in altre parole, che amino più lo sport visto in televisione (o allo stadio), oppure letto sui giornali, o fatto oggetto di interminabili discussioni, che lo sport praticato. E che lo sport italiano sia "maschilista", cioè seguito più dagli uomini che dalle donne, tradizionalmente escluse da quel "circolo".

In un certo senso anche questo luogo comune – come tutti i luoghi comuni, del resto – aveva un tempo un suo fondamento. Tanto per dire, non c'era quartiere di città italiana che non avesse il suo Bar Sport, luogo rigorosamente riservato agli uomini e dove si andava più per discutere (di calcio e ciclismo soprattutto) che per prendere il caffè o fare colazione. La tradizione resiste ancora, ma sempre più debole e, per così dire, contaminata (oggi, è più facile trovare sale per ragazzi con giochi elettronici, e non è detto che nel cambio ci sia stato un guadagno). Quanto alla stampa, bastano alcuni dati oggettivi. In Italia esistono tuttora ben tre quotidiani che si occupano solo di questo argomento: "Tuttosport", che si pubblica a Torino; "La Gazzetta dello Sport", che esce a Milano; "Il Corriere dello Sport / Stadio", con due edizioni che escono rispettivamente a Roma e a Bologna-Firenze (quest'ultimo quotidiano è derivato dalla fusione di due testate indipendenti, e le due edizioni si differenziano in parte perché privilegiano, la prima le notizie relative al centro-sud, e la seconda al centro-nord dell'Italia). Le tirature medie sono sempre alte: ad esempio, in un periodo senza particolari eventi, e in un giorno diverso dal lunedì – quando le tirature quasi raddoppiano –, "La Gazzetta dello Sport", il quotidiano sportivo italiano più letto, ha tirato circa 573.000 copie (abbiamo scelto un giorno a caso, il 17 luglio 1998, per un riscontro immediato, nella stessa data la tiratura del "Corriere della Sera", il più diffuso quotidiano italiano in assoluto, era di circa 874.000 copie). Inoltre, tutti i quotidiani di informazione hanno sempre almeno due pagine dedicate alle notizie sportive, e il lunedì anche di più (in Italia i maggiori avvenimenti in questo campo si svolgono in prevalenza di domenica).

A questi si aggiungono decine di settimanali o mensili specializzati. Ecco quindi riviste illustrate dedicate al calcio, sport tipicamente italiano, ma anche all'atletica leggera (è l'espressione italiana per l'inglese *track and field*, che non ha avuto nessuna diffusione in Italia), al ciclismo, allo sci, all'automobilismo, al motociclismo, al basketball (in italiano il termine "pallacanestro", che traduceva l'originale americano *basketball*, è oggi in disuso, ed è più facile trovare scritto, o sentire anche in televisione, il termine *basket*, che è un'impropria abbreviazione dell'originale), alla pallavolo (che è a sua volta la traduzione italiana dell'inglese *volleyball*: ma è facile trovare scritta sui giornali, per brevità, anche l'espressione *volley*). Ci sono periodici che si occupano anche di sport meno popolari come il baseball, il trekking, il jogging (che talvolta qualcuno impropriamente ancora definisce *footing*), il golf, la vela, il nuoto, l'equitazione, eccetera, ma che stanno prendendo piede anche in Italia. Alla diffusione di questi sport, tradizionalmente non italiani o fino a qualche anno fa riservati solo a pochi (uno per tutti: il golf), ha molto contribuito – oltre alla maggiore disponibilità economica – soprattutto la televisione. Oggi è normale che le reti televisive, pubbliche e private, trasmettano anche in diretta le gare da altri paesi, contribuendo così alla conoscenza di discipline sportive prima poco note.

Una domenica diversa

Tutto questo è incontestabile; ma è anche vero che molte cose stanno cambiando. Ad esempio è un po' mutata la fisionomia della tradizionale domenica italiana. Chiunque abbia passato di recente anche un po' di tempo in Italia, infatti, ha potuto vedere che la domenica italiana è costellata di trasmissioni televisive dedicate allo sport, e soprattutto al calcio (che resta il più seguito). Ma anche che è cambiato il modo di porsi di fronte a questi avvenimenti. Dalla passione assoluta, spesso ossessiva, si è lentamente passati a un maggiore distacco e, non di rado, all'ironia. Molto successo sta avendo, ad esempio, una trasmissione della domenica pomeriggio su una rete televisiva pubblica (RAI Tre) dal titolo *Quelli che il calcio...*, che va in onda contemporaneamente allo svolgimento delle partite. Questa presenta per circa due ore gruppi di persone, donne e uomini, in uno studio televisivo, che discutono e seguono sui monitor le diverse fasi delle singole gare, parteggiando per le varie squadre. La cosa curiosa è che gli spettatori a casa non seguono le immagini dirette delle fasi del gioco, ma solo le reazioni – spesso comiche – di quelli che, nello studio televisivo, stanno guardando i monitor: cominciata come uno scherzo (il conduttore, Fabio Fazio, prende amabilmente in giro gli ospiti, ci sono musiche e gag varie), la trasmissione ha avuto tanto successo che dura ormai da alcuni anni.

È, in sintesi, un piccolo specchio della domenica degli italiani che seguono il calcio: con un po' di ironia e di auto-ironia si fa il tifo per le singole squadre, e molti personaggi famosi dello spettacolo (ma anche della cultura, del giornalismo, della politica) intervengono in trasmissione per schierarsi, con molto self-control e senza prendersi troppo sul serio, a favore del Milan o dell'Inter, della Fiorentina o del Napoli, della Roma o della Lazio. Sempre in questo ambito ha molto successo una trasmissione dedicata al calcio su una rete privata (*Pressing*, Italia 1), che va in onda la sera della domenica ed è condotta magistralmente da un attore comico, Raimondo Vianello, la cui principale dote è la sottile ironia, il senso del limite e del ridicolo, la leggera presa in giro delle cose di cui sta parlando: in altre parole, la capacità di sdrammatizzare. Ed è molto ampia la presenza femminile: perché un fenomeno di costume importante, negli ultimi anni, è per l'appunto la diffusione della passione sportiva fra le donne, una volta molto restie ad apprezzare lo sport, e anzi di solito insofferenti soprattutto al calcio, considerato uno spettacolo tipicamente maschile, se non addirittura "maschilista".

Si può quindi dire che, anche in questo campo, l'Italia di oggi stia a metà fra la tradizione e il nuovo. Si fa il tifo (espressione tipicamente italiana, già registrata nel dizionario del Panzini nel 1918, che indica la passione assoluta per una squadra, soprattutto di calcio, che si configura quasi come una malattia epidemica), ma in modo meno aggressivo. Ancora persiste, soprattutto nelle grandi città, il fenomeno dei violenti *supporters* di calcio, che si organizzano in gruppi dai nomi talvolta bellicosi: Ultras, Brigate, Fighters, Fossa dei Leoni, eccetera; ma si è più capaci di una volta di ironizzare su ciò che tradizionalmente divideva le masse dei tifosi o fan (il parteggiare per una squadra o l'altra, la contrapposizione sportiva), anche perché da qualche anno è molto più diffusa la pratica individuale dello sport, sia nelle scuole che nella vita degli adulti. Tutto questo ha portato, specialmente presso le generazioni più giovani, a un interesse più personale verso lo sport, a capirlo meglio, e a rispettare chi lo esercita, anche se in campo avverso. Potremmo dire che il fenomeno della violenza negli stadi (soprattutto nel calcio, con qualche sporadico sconfinamento nel basketball: è ciò che in Inghilterra è noto come il problema degli *hooligans*) è oggi un fatto di carattere sociale, che riguarda soprattutto le fasce emarginate delle periferie urbane ed esula, quasi sempre, dal mondo dello sport in cui sporadicamente si insinua approfittando del momento e del luogo di aggregazione (la partita, lo stadio).

Sono sorte dovunque palestre, i negozi che vendono articoli sportivi sono numerosissimi in ogni città, e soprattutto i giovani, ormai, non si distinguono più da quelli degli altri paesi europei o americani: un giocatore di basketball statunitense, un calciatore sudamericano o dell'Europa dell'Est, sono famosi in Italia come nei loro paesi, sollecitano imitazione ed emulazione. È un notevole rinnovamento di mentalità, maturato nel corso degli ultimi 10-15 anni.

Alla domenica mattina quindi, nei giardini pubblici delle città (ma anche nel centro storico) è facile vedere donne e uomini in tuta da ginnastica e scarpe da jogging che corrono. Oppure, nelle strade periferiche o delle campagne, è normale incontrare durante la primavera o l'estate lunghe file di persone in bicicletta da corsa. L'altro grande sport che appassiona la gente in Italia, il ciclismo (sicuramente il più seguito dopo il calcio), ha infatti migliaia di praticanti su tutte le strade della nazione. Nella tarda primavera, la corsa ciclistica a tappe più famosa in Italia, il Giro d'Italia (che si svolge di solito tra la fine di maggio e l'inizio di giugno, per circa tre settimane, e attraversa da nord a sud tutta la penisola), mobilita milioni di spettatori lungo le strade dove passano i ciclisti; e, contemporaneamente, sollecita la passione disinteressata dei dilettanti e delle persone comuni i "cicloamatori", che magari il giorno prima o il giorno dopo percorrono (sia pur meno velocemente, e magari rischiando un infarto) le stesse strade, per puro divertimento. Inoltre, in ogni città i giovani giocano nei campi appositamente allestiti, o nelle palestre, a calcio e a basketball: quest'ultimo è d'importazione statunitense, ma negli ultimi dieci anni ha avuto una enorme fortuna in Italia, sia fra i ragazzi che le ragazze.

Un'Italia un po' diversa è quindi quella che si affaccia – anche in questo settore della vita sociale – al nuovo millennio: alla Tradizione, sempre vivissima, si affianca l'Innovazione; e si apprezza sempre di più il lato spettacolare delle gare, con il contorno di canti, suoni, bandiere, striscioni, sciarpe con i colori delle squadre. La domenica italiana è quindi adesso più variegata, più colorata, più allegra. Non solo: da qualche anno molte partite di calcio si svolgono (così come accade in altri paesi) anche nei giorni diversi dalla domenica: al sabato, oppure (per le cosiddette Coppe, sia italiane che europee) a metà della settimana. Così l'interesse è diluito per tutta la settimana e non più concentrato, in modo ossessivo, nella sola giornata di domenica.

Le donne e lo sport

Così anche certe abitudini sociali sono cambiate. L'immagine tradizionale dell'uomo italiano che alla domenica pomeriggio lasciava a casa la moglie per andare allo stadio (luogo sentito "per soli uomini") è quasi del tutto tramontata, specialmente tra i più giovani. Negli anni Sessanta una cantante italiana, Rita Pavone, divenne famosa per una canzone (*La partita di pallone*) in cui una ragazza si lamentava per essere lasciata sempre sola in casa la domenica, mentre il suo ragazzo andava con gli amici a vedere, appunto, "la partita di pallone", e chiedeva di essere portata qualche volta con lui (anche perché nutriva qualche dubbio sulla reale meta del ragazzo: la gelosia, insomma, si univa alla rivendicazione di un diverso ruolo femminile, e al rifiuto della solitudine). Adesso, potremmo dire che quel desiderio, un po' serio e un po' scherzoso, si è realizzato; ed è cambiato anche il luogo di destinazione. Allo stadio di calcio si alterna adesso il Palazzo dello Sport, dove si giocano le gare di basketball e di pallavolo, che hanno molto seguito nelle nuove generazioni.

C'è stato di recente un caso indicativo. Sulle reti televisive della RAI (la televisione pubblica) era stato preparato, per pubblicizzare le trasmissioni dei Campionati Mondiali di Calcio del 1998 in Francia, uno spot dal tono ironico, che veniva pubblicato anche sui giornali. In esso si vedevano due donne-tipo (una madre asfissiante e una fidanzata che pretende di uscire sempre la sera) e un ragazzo (che vuole continuamente parlare con gli amici della donna che l'ha lasciato). I personaggi erano fotografati, di fronte e di profilo, come su una scheda segnaletica della polizia (ad esempio la ragazza, non proprio bellissima e dall'espressione infastidita, era "schedata" così: "Sesso: *femminile*. Professione: *fidanzata*. Comportamento: *martellante*. Segni particolari: *instancabile*. Frase tipica: *usciamo, usciamo, usciamo*". Sotto campeggiava la scritta: "Evitatela"). L'allusione era al periodo delle dirette televisive dei campionati di calcio, visti evidentemente come uno spazio solo maschile, come un rito di uomini che non possono distrarsi, e al quale le donne non debbono avere accesso ("Si prega di non disturbare" era il cartello che appariva alla fine, come sulle porte delle camere degli alberghi). La reazione del pubblico femminile, ma anche maschile, è stata durissima, e lo spot è stato visto come un residuo, magari nelle intenzioni benevolmente arguto, ma comunque non gradito, di una mentalità superata e ormai vista come anacronistica.

A questo radicale cambiamento di abitudini ha fortemente contribuito la televisione. C'è stata una trasmissione televisiva dedicata la domenica sera al calcio, su una rete privata (*Gala Goal*, Tele Montecarlo), in cui sul finire degli anni Ottanta la conduzione è stata affidata (cosa del tutto inaudita, fino ad allora) a una donna, Alba Parietti, una giovane attrice a quell'epoca poco conosciuta. La quale, con intelligenza, ha affrontato la trasmissione in modo, per così dire, semiologico: non particolarmente esperta dell'argomento, e senza fingere di esserlo, ma molto sexy, ha evitato discussioni tecniche e si è proposta solo per quello che era: una giovane donna bella, in gonne cortissime, seduta spesso su uno sgabello, molto decisa e senza nessun complesso di inferiorità psicologica rispetto ai colleghi maschi.

È stato uno shock: un tema, solitamente dominio delle abitudini maschili, si è mutato in un'occasione di spettacolo, e le gambe in calzoncini degli atleti sul campo sono state "sostituite" in studio da quelle, certamente più sexy per gli uomini, della presentatrice. Il "segno" era chiarissimo, e l'universo sportivo maschile veniva per la prima volta messo in discussione nella sua esclusività. E la cosa è piaciuta anche alle donne, che per la prima volta si sono sentite per così dire "rappresentate" in un mondo fino ad allora di totale pertinenza degli uomini. Il rito (e il mito) della virilità a tutti i costi era spezzato. Da allora, non c'è trasmissione televisiva dedicata allo sport in cui manchino le donne, come presentatrici, giornaliste, intervistatrici. E anche sui giornali si è allargata la presenza (prima solo sporadica, fino a sembrare una stranezza) delle donne che scrivono di sport.

Sport e televisione

Il che non significa, naturalmente, che lo sport praticato sia più diffuso di quello parlato o visto in televisione. Sta però diventando una cosa diversa. È stato osservato che "la televisione tenta continuamente di inghiottire corpi estranei e farli suoi" (A. Grasso, *Dieci modi per seguire lo sport in televisione*, in *Lo specchio sporco della televisione. Divulgazione scientifica e sport nella cultura televisiva*, a cura di G. Bettetini e A. Grasso, Torino, Fondazione Giovanni Agnelli, 1988), e che quindi anche lo spettacolo sportivo, da puramente realistico e vissuto "sul campo", si è velocemente trasformato in qualcos'altro: una serie di immagini "montate" da una regia, una specie di film in diretta, un "evento" dalle dimensioni fisicamente ridotte e in cui però confluiscono, per ampliarlo, cose diverse dal fatto agonistico in sé (lo schermo della televisione delimita il campo d'azione, che viene allora artificiosamente allargato dal commento dei giornalisti, dagli interventi degli ospiti in studio, dall'uso della moviola). Per questo anche in Italia è accaduto ciò che da tempo era tipico, ad esempio, delle abitudini americane: vedere una qualsiasi gara in televisione non è la stessa cosa che assistervi dal vero. Interagiscono nella trasmissione televisiva emozioni sportive (l'incertezza sull'esito dell'incontro) ed elementi allotri, che non pertengono al fatto sportivo (caso tipico: la pubblicità). Da qui, ad esempio, nasce l'influenza che sulla lingua anche quotidiana ha avuto la pratica del commento delle partite di calcio alla televisione: termini come "melina" (per indicare il gioco lentissimo della squadra di calcio che sta vincendo, al solo scopo di far trascorrere il tempo), "giocata" (sostantivo: una specifica azione di gioco singolo, ad esempio un bel passaggio), "gioco maschio" (per indicare – tanto per ribadire che c'è ancora del maschilismo in giro... – un modo duro e senza tanti complimenti di giocare al calcio), eccetera, sono entrati nel linguaggio comune attraverso i commenti televisivi. Si sta assistendo, quindi, al realizzarsi di questa dicotomia: lo spettacolo sportivo è sempre di più vissuto come un evento visivo, mentre la pratica di uno sport qualsiasi segue altri canali, altre motivazioni, altre sollecitazioni.

Anche per questo il dominio dello sport non è più esclusivamente maschile: lo spettacolo può essere visto da chiunque, ha perso la sua qualità di rito per iniziati e ha sempre di più assunto quella di divertimento in famiglia, o con amici. La televisione ha tolto all'evento agonistico il fanatismo, e anche in parte la sua letterarietà vagamente ottocentesca: scrivere di sport, ad esempio, è oggi molto più difficile di una volta, proprio perché la pagina scritta difficilmente riesce a surrogare, con lo stile narrativo, le emozioni di varia natura che la trasmissione televisiva irradia. Così, nei giornali dedicati interamente allo sport (sopra citati), e nelle cronache del lunedì dei quotidiani di informazione, sempre di più il resoconto dell'evento agonistico ha ceduto spazio ad altri tipi di articolo: l'intervista esclusiva, il pettegolezzo sulle condizioni di salute di un atleta, le "pagelle" attribuite ai vari giocatori in campo (come se si trattasse di un esame), le notizie su eventi extra-sportivi (la vita privata, le fidanzate o le mogli, gli stipendi, i contratti). Insomma, tutto ciò che la televisione non può, o non vuole, fare, o che cerca di fare in talk-show sempre meno interessanti (e che ormai avvengono solo in concomitanza con i grandi eventi: un campionato del mondo, ad esempio, o un'olimpiade). Da qui, come si intuisce, la trasformazione lenta, ma decisiva degli atleti in star, come è accaduto per il cinema, e la loro costante presenza sui giornali anche durante le soste delle gare, o in estate.

Tutto questo ha trasformato, negli anni, il concetto stesso di tifo sportivo. Che oggi è sempre meno intenso, sempre meno viscerale di un tempo. L'ironia, come dicevamo, si è inserita anche nel modo di vivere e vedere lo sport: così, è potuto accadere (cosa impensabile solo un paio di decenni fa) che abbia da qualche anno un grande successo una trasmissione televisiva serale, dedicata al calcio, in cui si prendono in giro senza tanti complimenti alcuni aspetti della domenica calcistica (*Mai dire gol*, Italia 1), per esempio facendo rivedere, con commenti anche irriguardosi, i più buffi errori dei calciatori durante le partite; e che i tre conduttori della trasmissione, la Gialappa's Band, abbiano commentato alla radio nazionale le partite del campionato del mondo di calcio del 1998 in toni goliardici e sfottenti, facendone un qualcosa di simile a una *pochade* teatrale, storpiando i nomi dei giocatori, o descrivendo in forma grottesca le varie azioni del gioco. E tutto questo è stato accettato tranquillamente dai tifosi e dagli stessi *supporters* più agguerriti o nazionalistici.

È il segno di un cambiamento, e della differenza che si sta marcando tra la pratica dello sport (che è dedizione, fatica, sudore) e l'evento spettacolare, che suscita divertimento e può anche essere esorcizzato con l'ironia. E si tratta anche di una evoluzione del costume ideologico italiano: oggi nessuno scriverebbe più che lo sport agonistico rivela "il perpetuarsi di valori fondamentalmente reazionari: campanilismo, faziosità, rivalità, individualismo, concorrenza, eccetera". (S. Provvisionato, *Lo sport in Italia. Analisi, storia, ideologia del fenomeno sportivo dal fascismo a oggi*, Roma, Savelli, 1978). Inteso come fatto sociale e – dal punto di vista economico – con enormi potenzialità pubblicitarie, lo sport sia dilettantesco che professionistico è divenuto solo un momento della vita associata, un luogo di divertimento e, soprattutto, di riscoperta del proprio corpo, e della necessità di esercitarlo. Così, ad esempio, la pratica sportiva nelle scuole è passata da pura appendice curricolare senza importanza a qualcosa a cui è riconosciuto un valore anche morale, di aggregazione e di leale competizione fra uguali. E, del resto, solo sotto un'ottica ideologicamente deformata poteva accadere che il gareggiare, o il nutrire un senso di appartenenza a una comunità nazionale o cittadina, sembrassero un pericolo sociale o il sintomo di una reazione politica non meglio specificata. Il fatto che il fascismo, negli anni Venti e Trenta, avesse utilizzato lo sport come veicolo di propaganda (così come è sempre accaduto, per altro, sotto tutte le dittature anche più recenti) non significa naturalmente che esso sia, di per sé, connotabile politicamente. Questo equivoco, che ha aleggiato a lungo in Italia anche fino agli anni Settanta, si è ormai dissolto.

Calcio e nazionalismo: la riscoperta dell'identità nazionale

L'Italia è il paese dei mille paesi, ognuno con la sua identità e tradizione, e dei mille campanili: a tal punto che la parola per definire il senso dell'appartenenza a una comunità cittadina o paesana si definisce "campanilismo" (un termine quasi intraducibile). Ciò ha ovviamente dei riflessi anche sul costume sportivo. A questo proposito sarà necessaria una precisazione. Si sarà notato che alcune squadre di calcio italiane hanno nomi inglesi (Milan, Genoa) o curiosi (Juventus, Sampdoria, Inter). Ciò ha un'origine storica: nel primo caso perché il football (l'equivalente dell'americano *soccer*) venne importato in Italia sul finire dell'Ottocento dall'Inghilterra, tanto che ancora oggi può capitare di sentir parlare o scrivere di football, piuttosto che di calcio o di gioco del calcio (e alcuni termini sono ancora oggi usati in inglese oltre che in italiano: *stopper, corner, out, penalty*, eccetera); nel secondo perché alcuni nomi derivano da abbreviazioni (e così la Sampdoria, di Genova, nasce dalla fusione della Sampierdarena e della Doria, entrambe genovesi; l'Inter sta per Internazionale, e prima della seconda guerra mondiale si chiamò per un po' Ambrosiana), o da antiche associazioni di ginnastica della fine del secolo scorso, che di solito avevano nomi latini come Virtus, Fortitudo, eccetera (un caso curioso è la Spal, squadra di Ferrara, il cui nome è l'acronimo di Società Polisportiva Ars et Labor, anch'essa un'antica associazione di ginnasti; mentre diverso è il caso delle società di basketball, che uniscono al nome della città quello dello sponsor, che può cambiare anche ogni anno, generando talvolta qualche confusione).

Questa caratteristica tipicamente italiana del campanilismo ha origini antiche: in Toscana, ad esempio, è certo un riflesso dell'antica lotta dei Comuni fra di loro e contro Firenze, e dei Guelfi (sostenitori del Papato) contro i Ghibellini (sostenitori dell'Impero). Quindi, anche nel calcio il campanilismo è fortissimo. Ma con l'andare del tempo si è esteso aldilà della dimensione cittadina, e si è trasformato, assumendo proporzioni diverse; alcune squadre del Nord, le più celebri e ricche, hanno con gli anni assunto quasi un ruolo nazionale, spesso svincolato dalla loro origine geografica: soprattutto la Juventus (di Torino: la squadra più nota e seguita d'Italia, e quella che ha vinto di più), il Milan e l'Inter (di Milano). È quindi normale che un tifoso parteggi per queste, anche se è nato o abita nel Centro o nel Sud, se ovviamente la sua città non ha una squadra che giochi nella serie A. Insomma, il tifo qualche volta può essere – e spesso è – un concetto astratto, quasi irrazionale, non necessariamente riferito al luogo di nascita o di abitazione. Per uno straniero, può essere curioso sentire ad esempio un toscano dire "abbiamo vinto" riferendosi a una vittoria del Milan, squadra lombarda, o della Juventus, squadra piemontese. E ci sono anche interessanti risvolti sociologici: negli anni Cinquanta, migliaia di cittadini meridionali si trasferirono a Torino per lavorare alla FIAT, la più nota fabbrica di automobili italiana. E queste persone tifavano quasi tutte per la Juventus, che è – come abbiamo detto – la squadra di calcio italiana di gran lunga più famosa. Ma la Juventus è di proprietà della famiglia Agnelli, che era ed è anche la proprietaria della FIAT. Accadeva quindi che gli stessi che magari due giorni prima avevano scioperato contro gli Agnelli, industriali dell'automobile, alla domenica andavano però allo stadio a sostenere la Juventus –, e quindi indirettamente gli Agnelli stessi – questa volta nella loro versione di imprenditori nel campo dello sport. È un fatto in apparenza contraddittorio e quasi schizofrenico che spiega bene come si intende, o si intendeva, lo sport e soprattutto il calcio in Italia: un fenomeno radicato nella società, ma allo stesso tempo una "fede" di tipo interclassista, che va aldilà delle convinzioni politiche e della stessa appartenenza sociale.

Questo frazionamento, tipicamente italiano, si ricompone periodicamente nel nome e nel simbolo della Nazionale di calcio, e in modo speciale ogni quattro anni, in occasione del campionato del mondo (per gli altri sport il caso è diverso: le squadre nazionali di basketball, pallavolo, atletica leggera, eccetera attirano l'interesse degli italiani soprattutto in occasione delle olimpiadi: durante le quali, invece, il calcio è del tutto trascurato, dato che i giocatori più famosi non possono parteciparvi per regolamento, lasciando il posto ai più giovani). La cosa fu addirittura clamorosa nell'estate del 1970, quando accadde qualcosa di inaudito e apparentemente inspiegabile nella sua totale spontaneità.

Il 17 giugno 1970 si giocò, durante il campionato del mondo di calcio in Messico, la partita di semifinale fra Italia e Germania. Per effetto del diverso fuso orario, la partita venne trasmessa per televisione in Italia intorno alla mezzanotte. Nonostante l'orario, milioni di persone la videro. Fu, come si sa, una partita entusiasmante, fino a divenire nel ricordo quasi mitica, e proprio a quella memoria collettiva è stato dedicato anche un film: *Italia-Germania 4-3*, di Andrea Barzini, 1990: una sorta di *The Big Chill* (*Il grande freddo*), all'italiana, che racconta di quattro amici che, vent'anni dopo, si riuniscono per rivedere il film di quella partita, con il prevedibile seguito di confessioni, ricordi, frustrazioni. Il susseguirsi dei colpi di scena, i tempi supplementari, l'alternanza davvero emozionante dei gol eccitarono gli spettatori notturni, fino a che la notizia di questa partita che si stava svolgendo in modi così strepitosi si diffuse in tutto il paese: molti si alzarono dal letto, le famiglie si riunirono davanti al televisore. Alla fine milioni e milioni di persone scesero in strada in tutte le città d'Italia, nel pieno della notte, a festeggiare la vittoria spontaneamente, per la prima volta scorrazzando in macchina, a piedi, in camion, con tutti i mezzi. Furono sventolate bandiere tricolore che nessuno nemmeno sapeva più di avere in casa (alcune avevano addirittura il vecchio stemma sabaudo abolito con la proclamazione della repubblica), e quella notte nessuno dormì. Fu per molti un bagno collettivo di folla, un fatto inspiegabile ma divertente, che fece riscoprire un entusiasmo nazionale dimenticato. In una misura certamente un po' folkloristica, l'evento ebbe il valore di un segno: un paese che fino ad allora aveva quasi avuto pudore, per malintesi motivi ideologici e per tristi ricordi storici, di mettere in evidenza la propria appartenenza nazionale, si scoprì per un po' orgoglioso di una comune identità. A questo, probabilmente, si dovette la delusione che colpì tutti quando, in finale con il Brasile, la squadra italiana di lì a pochi giorni fu sconfitta, al punto che al ritorno in Italia i giocatori furono accolti da insulti (nonostante, comunque, fossero arrivati al secondo posto).

Da allora, almeno nel calcio (ma anche in altre discipline: nella pallacanestro, nella pallavolo, nella pallanuoto e in genere in tutti gli sport di squadra), la Nazionale ha avuto un ruolo di unione, più che di allontanamento fra singole appartenenze e tifi calcistici. Così accadde nel 1982, quando in Spagna fu vinto il campionato del mondo; e così, per il contrario, anche di recente, quando la sconfitta nel campionato di calcio in Francia (1998) e il quasi immediato ritorno a casa senza nessuna gloria non hanno suscitato particolari sentimenti di rancore, bensì di umana simpatia. In un momento in cui, talvolta, l'identità nazionale viene messa in crisi e in dubbio sul piano politico (per la crescita di fenomeni come la Lega Nord, un partito favorevole al federalismo e che talvolta è sembrato addirittura propenso alla scissione dallo stato centrale), un più maturo senso dello sport sembra costituire un collante sociale, un antidoto alla disgregazione.

GLI AUTORI *

ALLAN BAY è nato a Milano nel 1949. Si è laureato in Economia alla Bocconi nel 1972. Dopo essersi occupato di vendita di macchinari, di editoria scientifica, tecnica e medica e di produzioni televisive, dal 1994 è diventato consulente di comunicazione. Cucinare è il suo hobby prediletto. Nel 1988 ha scritto il suo primo libro di cucina *Le parole dei Menù*. Nel 1993 ha prodotto per la RAI una trasmissione di cucina con Gualtiero Marchesi. Dal 1995 scrive di cucina sul "Corriere della Sera". Dal 1997 cura una rubrica di cultura culinaria su "Il Diario della Settimana".

ORESTE BOSSINI vive a Milano. Si occupa di musica, come giornalista e scrittore, per varie case editrici e istituzioni musicali. Conduce programmi radiofonici per la RAI e collabora col quotidiano "il manifesto".

FRANCO BUFFONI ha pubblicato le raccolte *Nell'acqua degli occhi* (Guanda 1979), *I tre desideri* (San Marco dei Giustiniani 1984, Premio "Biella"), *Lafcadio* (Scheiwiller 1987, Premio "Montale" per l'inedito, poi confluita in *Quaranta a quindici*, Crocetti 1987), *Scuola di Atene* (Arzan 1991, Premio "Sandro Penna") e *Suora carmelitana e altri racconti in versi* (Guanda 1997, Premio "Montale"). Nel 1989 ha fondato e tutt'ora dirige il semestrale di teoria e pratica della traduzione poetica "Testo a fronte" e la collana di poesia *I Testi di "Testo a fronte"*. Per l'editore Bompiani ha curato i due volumi dei *Poeti romantici inglesi* (1990) e per gli Oscar Mondadori la trilogia delle ballate dell'Ottocento inglese (Coleridge, *Ballata del marinaio*; Kipling, *Ballate delle baracche*; Wilde, *Ballata del carcere*). Comparatista di formazione anglo-francesistica, è professore ordinario nella Facoltà di Lettere e Filosofia della Università di Cassino e collabora alle pagine culturali di diversi quotidiani e periodici.

RAFFAELE CARDONE (1959), giornalista, segue da anni l'evolversi del mercato editoriale italiano e internazionale. Attualmente è ufficio stampa della Associazione Italiana Editori, consulente ai programmi del Festivaletteratura di Mantova e consulen-

---

* I curatori segnalano che, com'è evidente, non c'è stata nessuna omologazione nello stile delle biografie dei collaboratori al volume. Ognuno si è descritto, professionalmente, come ha preferito. Chi con serietà, chi con ironia.

te alla comunicazione per varie case editrici. Scrive sul "Giornale della Libreria", "Tirature", "Biblioteche Oggi", "Il Mondo" e "Effe". All'attività giornalistica affianca quella di ideazione e organizzazione di eventi culturali legati al libro. Ha pubblicato con F. Galato e F. Panzeri *Altre storie. Inventario della nuova narrativa fra anni '80 e '90* (Marcos y Marcos, 1996).

GIAMPAOLO DOSSENA (Cremona 1930) ha lavorato all'interno di varie case editrici e vari giornali. Si è occupato di classici italiani, curando edizioni, scrivendo guide letterarie e saggi sparsi. Si è inventato una specializzazione in "storia e tecnica dei giochi", che dopo trent'anni gli ha fruttato una *Enciclopedia dei giochi* in tre volumi, di complessive 1.500 pagine, in uscita entro il 1998 alla Utet.

ROBERTO FEDI non si è mai occupato di sport, almeno professionalmente. Ha infatti una cattedra universitaria di Letteratura Italiana a Perugia, dopo avere insegnato nelle università di Firenze, L'Aquila, Salerno, e all'estero (Los Angeles, Baltimora, Toronto, Montréal). Ha pubblicato saggi e volumi sulla lirica italiana, su Petrarca, sulla cultura del Rinascimento e i suoi rapporti con le arti figurative, sulla narrativa otto-novecentesca. Dirige riviste filologiche e collabora a quotidiani come critico letterario. Al liceo era però un discreto velocista e una pregevole ala destra; in seguito si è qualche volta divertito (nel senso migliore), a scrivere di sport, e una volta ha anche curato una trasmissione radiofonica per la RAI sul ciclismo (*Prendi la bicicletta e scrivi*). Si considera quindi un eclettico, anche perché ogni anno fa il tifo (moderato) per una squadra di calcio diversa.

ANTONELLA FIORI è nata a Carrara e vive a Milano. Per sette anni ha partecipato alla realizzazione dell'Inserto Libri de "L'Unità". Ha collaborato a Radio Tre, alle riviste "Linea D'ombra", "Reset", "Duel, rivista di cinema, immagini e televisione", al quotidiano di finanza "Italia Oggi", e ai mensili "Elle" e "Glamour". Ha pubblicato saggi sulla "Rivista di estetica" di Gianni Vattimo. Ha scritto su "Tirature" e ha partecipato alla realizzazione di antologie dedicate ai giovani scrittori italiani.

UMBERTO LA ROCCA è nato a Roma e ha 39 anni. Ha studiato filosofia a Pisa con Giorgio Colli. È redattore capo per la politica ed editorialista del quotidiano "Il Messaggero". Per lo stesso giornale ha curato in passato la cronaca nazionale e le pagine culturali.

LAURA LEPRI è nata a Firenze e vive a Milano. Ha scritto saggi su autori del Novecento italiano fra cui *Il funambolo incosciente* (Olschki 1991), dedicato agli esordi "fu-turisti" di Palazzeschi. Dal 1985 scrive come critico letterario su "Il Mattino di Padova", "La Tribuna di Treviso" e "La Nuova Venezia". Come giornalista culturale ha collaborato a un volume di interviste dedicato a dodici scrittrici contemporanee, *Conversazioni di fine secolo* (La Tartaruga 1995). È consulente per varie case editrici, editor free-lance e scout di nuovi narratori. Succeduta a Giuseppe Pontiggia, dal 1996 tiene corsi di scrittura creativa al Teatro Verdi. Nel 1997 ha curato il volume dei quaderni di "Panta" dedicato alla *Scrittura creativa* (Bompiani).

ANTONIO MANCINELLI è nato a Roma nel 1963, è giornalista professionista interessato ai fenomeni che intercorrono tra la moda e altri generi culturali e sociali. Attualmente riveste la carica di caporedattore per "Mondo Uomo" (Rusconi Editore). È stato responsabile della rubrica di moda per l'edizione romana de "Il Corriere della Sera" dal 1985 al 1990. Ha scritto per il GFT il libro *Questo o quella per me pari sono*. Per cinque anni ha curato la sezione attualità e cultura del mensile "Donna", con cui collabora ancor oggi. Inoltre insegna giornalismo di moda presso varie scuole e istituti, tra cui l'Istituto Europeo di Design, Image Investment e Domus Academy a Milano e l'Istituto Universitario Vestis a Bologna. Molti suoi articoli sono stati pubblicati da riviste di settore e non, da "Audrey", a "Diario della Settimana".

ALBERTO PEZZOTTA (1965) si è laureato in Lettere Moderne all'Università Statale di Milano. Scrive su "Segnocinema", "Filmcritica", "Vivi-Milano - Corriere della Sera", "il manifesto". Traduce dall'inglese (Barry Gifford, Harry Crews, Hanif Kureishi, James Dickey). Ha pubblicato: *Clint Eastwood* (Milano, Il Castoro, 1994; Madrid, Cátedra, 1997); *Mario Bava* (Il Castoro, 1995); *Taxi Driver* (Torino, Lindau, 1997). Sta scrivendo un libro sul cinema di Hong Kong.

OLIVIERO PONTE DI PINO (Torino 1957) vive a Milano dove lavora in una casa editrice e collabora a varie testate, tra cui "il manifesto", Radiotre e il "Patalogo", occupandosi soprattutto di teatro. È autore di *Il nuovo teatro in Italia 1975-1988* (1988) e di *Enciclopedia pratica del comico* (1995) e del varietà radiofonico *Giada* (con Biagio Bagini, Radiodue RAI, 1995-96). Di recente ha curato la sezione teatro della mostra *Trash. Quando i rifiuti diventano arte* (Trento e Rovereto, 1997) e la sezione letteratura della manifestazione *Subway. Arte, fumetto, letteratura e teatro negli spazi della metropolitana, del passante e delle stazioni ferroviarie* (Milano, 1988).

CINZIA TANI è giornalista, scrittrice, autrice e conduttrice televisiva. Ha tradotto e adattato copioni cinematografici. È stata autrice di radiodrammi, programmi radiofonici, soggetti, trattamenti e sceneggiature per il cinema e la televisione. Ha pubblicato:

Sognando California (Marsilio 1987), *Premiopoli* (Mondadori 1987), *Ogni gioco ha le sue regole* (Mondadori, Nero Metropolitano 1990), *I mesi blu* (Marsilio 1991), *Dalla Russia alla Russia* (Longanesi 1996), il racconto erotico nella antologia *Nella città proibita* (Marco Tropea Editore 1997) e *Assassine* (Mondadori 1998).

GIANNI TURCHETTA (Salerno 1958) lavora all'Università Statale di Milano come ricercatore, presso la cattedra di Letteratura Italiana Moderna e Contemporanea. Ha studiato e lavora tuttora con Vittorio Spinazzola. Ha pubblicato i volumi: *Dino Campana biografia di un poeta* (Marcos y Marcos, 1985, 1990^2), *Gabriele D'Annunzio* (Morano, 1990), *La coazione al sublime. Retorica, simbolica e semantica dei romanzi dannunziani* (La Nuova Italia, 1993). Ha curato edizioni di Svevo, Pirandello, Campana, D'Annunzio e Consolo. Si è inoltre occupato di storia dell'editoria. Come critico militante collabora a vari periodici ("L'Indice", "Linea D'ombra", "Diario", "L'Unità", "Tirature", "Belfagor"). Ha tradotto dal francese, dall'inglese e dal serbo-croato.

PATRIZIA ZAMBRANO è nata a Milano, storico dell'arte moderna, si occupa di arte e cinema contemporanei. Insegna all'Università di Arcavacata di Rende (CS) e all'Università Statale di Milano. Collabora con le pagine culturali di diverse riviste, ha lavorato per RAI 1 e dal 1993 per Radio Popolare di Milano.

Finito di stampare nel mese di novembre 1999
da Guerra guru s.r.l. - Via A. Manna, 25 - 06132 Perugia
Tel. +39 075 5289090 - Fax +39 075 5288244
E-mail: geinfo@guerra-edizioni.com

LIFE AND LABOUR OF THE PEOPLE IN LONDON: LONDON NORTH OF THE THAMES: THE INNER RING (VOLUME 2)

LIFE AND LABOUR OF THE PEOPLE IN LONDON: LONDON NORTH OF THE THAMES: THE INNER RING (VOLUME 2)

Charles Booth

www.General-Books.net

Publication Data:

Title: Life and Labour of the People in London: London North of the Thames: the Inner Ring
Volume: 2
Author: Charles Booth
General Books publication date: 2009
Original publication date: 1902
Original Publisher: Macmillan
Subjects: Poor
Labor
Working class
London (England)
Labor movement
Business Economics / Labor
Political Science / Labor Industrial Relations
Social Science / Poverty

How We Made This Book for You
We made this book exclusively for you using patented Print on Demand technology.
First we scanned the original rare book using a robot which automatically flipped and photographed each page.
We automated the typing, proof reading and design of this book using Optical Character Recognition (OCR) software on the scanned copy. That let us keep your cost as low as possible.
If a book is very old, worn and the type is faded, this can result in typos or missing text. This is also why our books don't have illustrations; the OCR software can't distinguish between an illustration and a smudge.
We understand how annoying typos, missing text or illustrations can be. That's why we provide a free digital copy of most books exactly as they were originally published. Simply go to our website (www.general-books.net) to check availability. And we provide a free trial membership in our book club so you can get free copies of other editions or related books.
OCR is not a perfect solution but we feel it's more important to make books available for a low price than not at all. So we warn readers on our website and in the descriptions we provide to book sellers that our books don't have illustrations and may have typos or missing text. We also provide excerpts from each book to book sellers and on our website so you can preview the quality of the book before buying it.
If you would prefer that we manually type, proof read and design your book so that it's perfect, we are happy to do that. Simply contact us for the cost.

Limit of Liability/Disclaimer of Warranty:
The publisher and author make no representations or warranties with respect to the accuracy or completeness of the book. The advice and strategies in the book may not be suitable for your situation. You should consult with a professional where appropriate. The publisher is not liable for any damages resulting from the book.
Please keep in mind that the book was written long ago; the information is not current. Furthermore, there may be typos, missing text or illustration and explained above.

CONTENTS

Section 1	1
Section 2	3
Section 3	21
Section 4	33
Section 5	37
Section 6	39
Section 7	51
Section 8	57
Section 9	61
Section 10	71
Section 11	103
Section 12	127
Section 13	153

1

SECTION 1

TO THE READER
　During the rather long period necessarily occupied in completing this work, various changes have taken place. Wherever possible, the more important of these have been indicated, but otherwise the facts have not been corrected to date of publication.

SECTION 2

CHAPTER I
  WHITECHAPEL AND ST. GEORGE'S-INTHE-EAST
  § 1
  CHANGES

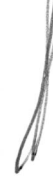

IHavenow reached the point at which my study of London began fifteen years ago, and in this final review am able to note the changes that have taken place under my own observation, as well as those of earlier date recorded by some who have devoted themselves to religious, philanthropic or educational work in this district for twenty, thirty, forty or even, in one or two instances, for fifty years.

The whole district has been affected by the increase of the Jewish population. It has been like the slow rising of a flood. Street after street is occupied. Family follows family. No Gentile could live in the same house with these poor foreign Jews, and even as neighbours they are unpleasant; and, since people of this race, though sometimes quarrelsome amongst themselves, are extremely gregarious and sociable, each small street or group of houses invaded tends to become entirely Jewish. Houses are bought or rented, however dilapidated they may be, or with however short a lease to run. The previous tenants are ejected, nominally for repairs, and their place istaken by the new owners or their new tenants, the houses being let and sublet and packed full of poor

Jews. The crowding that results is very great, and the dirt reported as indescribable. House and land values rise, however. Rents are punctually paid by the tenants in chief, and are without doubt no less punctually collected from their sub-tenants.

Jewish influence is everywhere discernible. Chapels are superseded by synagogues, parish churches are left stranded; Jewish children are being largely enrolled even in the Church schools, and an increasing number of the Board schools are being obliged to adopt Jewish holidays. The Jews have their local representatives in Parliament and on the Borough Council; the selfmanaged working men's clubs are in their hands; at one time they nearly monopolised the People's Palace; and in Spitalfields they have taken possession of a benevolent society, a special object of which, earlier in the century, was to give help to the descendants of Protestant Huguenots!

In addition to the coming of the Jews there have been changes due to structural and industrial causes. Partly for business and partly for sanitary reasons, great clearances have been made, and those who formerly occupied the demolished houses have moved out North or East. We have found traces of them in many of the poor patches of the Outer ring. The proximity of the City has led to the absorption of large portions of the district for warehouses, and as regards water-side employment, the docks and the ships, the men and their work have to a great extent moved further down the river; and such employment as remains has become more regular in character. Nor are these readjustments yet completed. Business premises continue to extend, the Jewish population to increase, and the field for casual dock labour to be more and more restricted. All this we see in

operation; and all these changes, while entirely due to other causes, have greatly affected the religious and philanthropic work of which this district is the field, so that the development of each organization is to some extent a record of the changes themselves. It is more difficult to measure the effects produced on the panorama of East-End life by religion and philanthropy than it is to trace on these the influence of changed and changing conditions.

But although the spread of the Jews has been rapid, it would be far from the whole truth merely to say that they have ousted the original inhabitants, for as we see many of these were disturbed by other causes. Nor when the Jews have ousted others does the community necessarily suffer; on the contrary, it is sometimes recognised that they have acted as ' moral scavengers'; for it is undoubtedly true that the Jews * improve the character of the worst streets when they get in.' They have already taken one end of Great Pearl Street and ' it is probably the Jews alone who will turn out the prostitutes from the end that is still bad.'

The religious life of the Jews has been described in a previous volume.* It is a family religion, a matter of birth and heritage, even more than of belief. Its activities are evidenced in the numerous synagogues, which in this district make of Saturday a second Sunday, by the great Jewish Free School, and by the careful organization of their charities. It is not too much to say that no one born a Jew is untouched by the influence of his religion. The poor, ignorant, half-civilized foreign Jew forms no part of ' heathen' London, and indeed he observes the ritual and respects the traditions of his faith more scrupulously than do his English born and better educated brethren.

With regard to the present relations between our religion and theirs, it must be admitted that all attemptsat conversion to Christianity are a failure. Immense sums are spent with practically no result. The money subscribed is and must be entrusted to the discretion of the missioner, for the Jewish convert, ostracised by his own people and not very warmly welcomed by ours, necessarily requires financial assistance. It is not quite fair to brand this as bribery. The money or assistance received may not be the attraction. There may probably be some genuine conversions. It would indeed be strange if there were not; strange, if among the Jews alone there were none found who, overpowered by the sense of sin, find a haven in the Pauline Christian theory of salvation; none among the race which gave it birth, whose souls respond to the spiritual experiences on which that theory rests.

* Vol. III. of First Series, or Vol. I. of the original edition.

In the effort to win the Jews, one of their own race who has become convinced of the doctrine of Salvation through Christ is the best agent. He can base his appeal on their own scriptures and seek to show that the Messiah the Jews still look for has indeed come. As a result of such ministrations a congregation of baptized Jews has been formed here. It is said to be the only one in Europe, and its success is a measure of the general failure.

We are told that the poor foreign Jews, ignorant as they are of religious history, are surprised to find that our Bible contains their scriptures and to learn that their God is ours also. But they are well read in their own sacred books; exclusive and narrow in the application of the teaching found therein; and scrupulous in their obedience to the letter of the law. Defrauded of their great inheritance, sad loyalists of religion, they still feel themselves to be members of the chosen aristocracy of God.

The attitude of the clergy on this question varies. Some frankly abandon all idea of conversion or interference. Let a Jew, they say, remain under theinfluence of his own religion, and try to be a good Jew. Others fling themselves upon this task, feeling perhaps that their whole religious position is involved in the triumph of the Gospel and in the gathering in of the lost sheep of the House of Israel. To this end money is freely subscribed. Others, again (including, perhaps, most of the East-End clergy), are half-hearted. While not willing to lower their flag, they recognise that no good comes of any of the attempts made. They see that the missions for the conversion of the Jews are apt to breed a contemptible and hypocritical spirit, and that at best, with very few exceptions, they succeed in obtaining as genuine converts only very poor specimens of humanity. They will heartily pray for the conversion of the Jews, but prefer to leave the accomplishment in God's hands.

Moreover, the stronger their own belief, and the firmer their conviction of the universal application of the doctrine they preach and of its paramount claim as the only way of salvation, the more clearly must they realize the need of overcoming the absolute indifference to this truth of the great mass of a nominally Christian population before they can rely on it with any comfort in approaching the Jews. Elsewhere it may be different, but here in London the unconverted and unconvinced condition of our own people cannot be denied or ignored, and a Christian who attempts to evangelize the Jews finds his own position seriously undermined.

The richer Jews are expected to look after their own poor, and to a great extent they do so, cases demanding relief being usually referred to the great organized charity which goes by the name of the Jewish Board of Guardians. But poor Jews are ready to take advantage of any available source of relief, and in sickness are finding their way in increasing numbers to the Whitechapel Infirmary, to which, or course, they contribute as ratepayers, and to the London Hospital, to which wealthy Jews doubtless subscribe.

The assistance of their own Board of Guardians often take the form of loans granted free of interest. Complaint is made that such loans are unfair to other traders; but that money can be thus lent without much loss shows that this form of charity does not seriously demoralize; and it would be well if no worse charge could be made against the economic effect of much Christian benevolence.

The Jews are not one body. They are divided by ritual; by their stricter or their laxer interpretation of the Law; and by nationality. Besides those who have become English, there are Dutch, German, Polish and Russian Jews. Among all these the environment of English custom and administration makes itself felt; most strongly among the more scattered Germans, most weakly here in the heart of the Ghetto, but slowly and gradually even among the most exclusive and backward. They all seem to prosper and, as they gradually become Anglicised, the standard of life among them rises, especially if or perhaps as the proportion of new comers becomes smaller. It is a disputed point whether the concentration or dispersion of this population is best for us or for them. Among the leaders of the Jews there are on this question two parties: the one side feeling strongly that where the Jews are collected in one district the Sabbath is more likely to be kept, and that in general there is more scope for the religious and other organizations which tend to preserve the integrity of the race, while the other welcomes the wider influences of English life which are weakened by concentration. That the policy of dispersion is best from the point of view of the English nation I cannot doubt. We need not fear to admit the Jews, so long as they do not come too fast or concentrate too solidly for assimilation. Excepttemporarily they do not increase the pressure of poverty, however poor they may be when they come, nor do they permanently lower the standard of life, however limited their first demands may be. But at the same time it cannot be denied that they seriously aggravate the difficulties of administration, especially as regards the evils of overcrowding.

The last twenty-five or thirty years have seen the rise of a number of great organizations aimed at the amelioration of the conditions of life in East London, and the moral and spiritual advancement of its people. So largely have these efforts been concentrated upon this particular district of London, that elsewhere it is often regarded as receiving more than its share. ' We are just as poor' (we hear it said rather bitterly), ' but our poverty excites no such interest.Weare not the " East End."'

The story is indeed a record of the extraordinary amount of assistance that may be obtained from outside sources for religious and philanthropic work due to a great arousing of the public conscience as regards the welfare of the poor, and also of the close association in the public mind of physical and spiritual destitution, poverty, ignorance and depravity, with the ' East End.'

The East End has certainly no monopoly of need, and this fact is becoming more and more recognised; but there has been no withdrawal of public support. Many are ready to give work, and money continues to be found in large amounts for very various objects. Whatever disappointment there may have been in the anticipated results it has not been enough to dash the ardent hopefulness by which these efforts have been sustained.

In describing these various efforts and in estimating the part played by them and by other social influences, for good or evil, it will be necessary to break up the area into its component parts – Spitalfields, Whitechapel, St. George's-in-the-East, and the river side – and to treat each one of them separately.

§2

SPITALFIELDS

The parishes connected with Spitalfields are Christ Church, St. Mary, and St. Stephen, but with them it will be convenient to include All Saints' and St. Olave's, Mile End New Town, and the parts of St. Matthias' and St. Matthew's, Bethnal Green, which lie to the south of the Great Eastern Railway line.

In this area the inhabitants are mainly Jews, and in some of the parishes the proportion is said to reach seventy-five per cent, or more. It may be open to question whether all the existing parishes should be retained as separate ecclesiastical districts; but however this may be it is clear that a parish cannot become thus largely Jewish without some effect on the position and work of the Church. One vicar says that his church must become a Jewish mission if the process of Judaising goes much further; and another, who claims only ten per cent. of Christians out of a population of six thousand, has almost given up in despair. But on the whole the effect is much less than might have been supposed, for those who have left the neighbourhood were often hardly more interested in church services than those who have come. The Nonconformists have suffered far more in proportion than the Church, having quite lost their supporters, the small tradesmen. As chapels hardly any of their buildings survive, but a number of them have been acquired by the Jews and turned into synagogues. On Sunday morning the parish churches are practically empty. In the evening they gather together more or less of a congregation consisting of middle-class people, some of whom come from a distance and maintain in this way an old connection, together with others of the same class from the neighbourhood, and a few poor women who make this return for the assistance they receive. The number of men of any description who attend the services is quite small. Almost every church has a little band of devoted adherents from the parish or immediate neighbourhood; but the church-workers are drawn largely from outside. The life and work of each church is the life and work of the clergy and of a small body of attached people. The number of communicants is always large in proportion to the congregation.

It may be of interest if I describe in some detail the organization and action of one of these churches, and I have selected St. Mary's, Spitalfields, for this purpose. In it the ritual is rather Low than High. Besides the vicar and one curate there is a paid Bible woman and a Church Army captain, who, with his wife, carries on the more militant part of the parish work. There is also an unpaid lady worker in charge of the girls' club, and an honorary almoner. In addition there are four district visitors, eight members of a 'mission choir,' sixteen Sunday school teachers, and fifteen other voluntary workers, or a staff of fifty in all. The vicar reckons that his voluntary workers give him on the average two hours per week each. There are day schools, separately staffed, of which the class-rooms are used every week-day evening, as well as for the Sunday school. At the church, which accommodates 450, the first service on Sunday (Holy Communion) at 8 a. m. is very sparsely attended. The communicants' roll contains 113 names. The morning service at 11 draws about fifty, and in the evening at half-past six, there may be as many as one hundred present, counting children in both cases, but excluding the clergy and choir. Some of those who come in the morning probably come again in the evening; nearly all are said to be parishioners. A week-day service is held on Wednesday attended by a few of the workers. An attempt to touch a larger circle is made by a mission service at 8.15 on Sunday evening for which some of those who have attended at 6.30 may stay, but which is specially aimed at a poorer class, the church being darkened and the service made interesting by the use of lantern slides. The audience is, however, still very small, not usually more than 130. With the same object, outside services are held by the mission choir, who strive in this way to throw their light upon the outer darkness, but, I gather, with very little effect.

There are Bible-classes which those of the inner circle attend; and there is a Communicants' Guild, which assembles quarterly. The ladies meet to work together, making garments for the poor, or articles for a sale of work, or preparing for an annual flower show. They form, too, a district visiting society which controls the fund for the relief of the poor. The visitation of the parish is very thorough, as it well may be, for the Christian population is small and concentrated. Visiting is regarded as the most important part of the work. The primary object is to become acquainted with the people and in this the clergy claim success. The ulterior aim is to attract them so far as possible to the ministrations of the church; but how little is achieved in this direction we have seen. No means are neglected. Relief is given as required, though controlled as far as may be by the honorary almoner. There are two mothers' meetings, with a coal club open to the women who attend them, which gives a bonus of *id* on every hundredweight of coal bought, and a blanket society for lending blankets in winter. There is a club for men with sixty members, which meets at the schoolroom four times a week, games, &c., being provided: subscription *id* per week. There is also a provident bank for parishioners and a Mutual Loan Society. All are efforts to reach and hold the people. The Sunday schools are small, but not small compared to the size ot the parish, and they are followed up by a lads' institute with fifty members, in connection with which there are cricket and football clubs and a gymnasium; a girls' club also has recently been started, with forty members, in the management of which the students of the Young Women's Christian Association's Training Home will take part. Altogether the organization is excellent; everything seems well done. For temperance work there are Bands of Hope and adult meetings; and foreign missions are not forgotten, periodic gatherings being held to stir up interest in them and in the work among the Jews. For this last the engagement of a special missionary is looked forward to, and a special service in Hebrew or Yiddish has been already held.

It is hard, devoted work, successful in its way, without blowing of trumpets or inflated illusions, or sensational appeals made to the public; but the work goes on and the parish is kept out of debt.

The central parish of Christ Church, with five or six times the population and a more powerful staff, has a more difficult, or, I might better say, more impossible task. For with fully as great a proportion of Jews, there is also the lowest conceivable class of English. In addition to having * the largest and lowest common lodging-house population of any parish in England,' it has ' the largest free-shelter accommodation,' as well as many * furnished rooms,' whose occupants, male and female, touch quite the bottom level. Here and there may be found a few artizans, but of our own people, no one with a shred of decency will live in such company if he can possibly avoid doing so. Here the Jews, if they come, drive other and worse microbes out.

In addition to the rector and three curates, thereare two City missionaries working in this parish; and besides the church there are two or three mission halls. The work undertaken includes clubs for men and boys, and two large girls' clubs. There is also a soup kitchen, and there are four mothers' meetings. In none of these are any religious tests required. There is also a large day school and a Sunday school fitfully attended by children who are entirely their own masters. Again, it is extremely hard work. I do not think it can be called successful.

The congregations, morning and evening, are small, and even so, consist largely of unknown people, attracted by the situation of the church and the sound of its bells, or by the fame of its organ. The numbers are further made up by the inmates of some adjacent labour homes. There is a crowded service at one of the mission halls on Sunday afternoon, and it is significant of the class of people to be dealt with here, and the difficulties of the parochial task, that it should be described as the most interesting service that is held. It is for the destitute, and at its close each person receives a piece of bread and a cup of coffee. It may be that these people will not come on other terms; ' shall man serve God for naught?' But it is a question whether the church can be justified in such action, helping, so far as it goes, absolutely without discrimination, to make mere existence, and often harmful existence, more possible. And as to religion, what good is likely to result?

In St. Olave's, where a still larger proportion of the population is Jewish, a congregation of seven or eight persons in the morning and possibly fifty in the evening is all that the vicar ever expects to see. The service, however, is carefully given by a well-trained choir, and, though on a small scale, this church, too, has its Sunday school, mothers' meeting, boys' club and men's club, with the usual accompaniments, treats, teas, &c.; and here, too, the people are visited and distress relieved. The funds come from the old City foundation of St. Olave, Hart Street.

The most characteristic mission work in this neighbourhood is that aimed directly at the inmates of common lodging-houses. For them free breakfasts of coffee and bread and butter are provided on Sunday morning by several organizations. Admission is by tickets distributed to 'homeless, houseless persons,' over night; or without ticket in the morning, to all who come till the room is full. Beyond a refusal in some cases to admit the same men many Sundays in succession, there is no attempt at selection. After breakfast a religious service is held for which the guests are expected to remain.

The object is to bring the men under the influence of the Gospel, and within reach of friendly help. After the service a few will remain, and these are talked with, advised, and, it may be, helped. Some man, who has only recently fallen to the level of common lodging-house existence, may be picked out and given a chance to go back to a more respectable life; but to take advantage of this opportunity involves considerable effort, and by those who have become accustomed to the degraded ease of lodging-house existence the effort is rarely made. Against any possible success in this direction must be set the responsibility already referred to, as incurred by those who facilitate the existence at large of the unfit, and those of this district who take advantage of the facilities thus offered are admittedly amongst the most unfit that the community can show.

Even more remarkable are the services given by the mission bands in the kitchens of the lodging-houses themselves. So complete is the organization of this system that there are, it is said, only three common lodging-houses in East London where no religious meetings are held, and in these, it is curious to note, the mission service was discontinued because theological wrangling of too animated a character followed the introduction of some debateable doctrine. Those who frequent these places are by no means unintelligent, and are so mixed that ' a good deal of discretion has to be shown, and an unsectarian and non-combative stand-point adopted by the speakers.' And this among the people who are often referred to as having never heard of Christ!

The inaugurator of missions of this type, while grieved that ' so little comes' of these services from a religious point of view, attaches great importance to their generally humanizing influence, and lays stress on the individual cases in which good results have been secured. He speaks of the lodging-house audiences as very attentive. I should rather say, so far as I have myself seen, that the services are accepted with goodhumoured indifference, tempered by occasional dissentient grunts from those who listen at all. Cooking and eating proceed undisturbed; men come and go; the swing-door opens and shuts; few, if any, join the mission band in singing the hymns, and to raise the voice in prayer must be even more difficult than at a service in the open streets. These efforts are not subject to the objections which apply to the free breakfast system: they do nothing to encourage a low form of life; but their religious value must be sought for mainly in the exemplary devotion shown by those who, Sunday after Sunday, pursue this. seemingly hopeless work for Christ's sake.

There is one Congregationalist Church in Mile End New Town which has survived and, under a new minister, is becoming a fairly active centre of religious life; but the local conditions fight so strongly against permanent resuscitation that there is even now talk of a removal to the suburbs. The congregation comes from some distance, but efforts are made by means of special lectures to interest neighbouring non-churchgoers, and from these a few are drawn in.

Mile End New Town is also the scene of one of the great undenominational missions whose efforts and appeals to the public for support have done much to give the East End its peculiar notoriety. It had its origin, as was the case with all its fellows, in a ragged school, at a time long before the Education Act. With each ragged school a mission was incorporated, and evangelical enthusiasm has carried the work forward. These undertakings were pioneers in the field of public begging. They rested their case on a simple tale of ignorance and hunger among helpless children, of widespread misery and destitution, and of their relief. They used the language of the Bible as to the widow and the orphan; the sick, the hungry and the naked were to be visited and relieved, while to the poor the Gospel was to be preached. All this and more has been done.

What follows is a list of ' some of the operations' carried on at the * King Edward Ragged School and Mission': –

1. Sunday schools, with an average attendance of one
thousand.
2. Free night schools for boys and girls employed
during the day.
3. Industrial classes for teaching girls needlework,
cutting-out, darning, &c.; twenty-five per cent. of cost given to girls towards materials for their own clothing made up by them at the schools and institute.
4. Carpentering, cabinet-making and fretwork classes
for lads; lads afterwards apprenticed.
5. Cookery classes for girls and women (two).
6. Drawing classes for boys.
7. Class for teaching young girls dressmaking.
8. Band of Hope and singing classes.
9. Gymnasium, string and drum and fife bands, swimming and cricket clubs.
10. Young Girls' Christian Association.
11. Working Lads' Christian Association.
12. Thirty-six Bible-classes for boys and girls, young
men and young women.
13. Bible-class for working men, forty in attendance.
14. Bible-class for women, eighty in attendance.

15. Mothers' meetings: average attendance 450. 650
on the books.
16. Clothing and bedding clubs.
17. Free circulating library for adults; upwards of
82,000 books and publications lent and given away during the year.
18. Free circulating library for boys and girls: two
thousand volumes.
19. Christian instruction and society for the free
circulation of elevating literature: between five and six hundred houses visited weekly.
20. Reading-rooms for very poor men of the neighbourhood.
21. Mission services and lectures for adults.
22. Children's services, Sundays and Wednesdays.
23. Visitation to working men in the work shops and
their homes by our own missionary.
24. A trained nurse to attend the sick poor in their
own homes.
25. Visitation of the sick: upwards of forty thousand

visits paid to the sick and to the homes of the poor during the year.

26. A benevolent society for helping the sick and aged poor.

27. Country homes for weak and convalescent children and adults: nearly six hundred sent away in the summer, for from one to four weeks.

28. A Maternal Society for the free loan and distribution of linen to poor married womenand their infants during the month of their confinement.

29. White-wash brushes and pails lent, and materials given to poor people to cleanse the walls and ceilings of their rooms.

30. Free hot nourishing dinners to poor children of struggling widows and others, three days a week during the winter months.

31. Day in the country: upwards of 2500 taken last year.

32. Annual Industrial Exhibition of carpentry, cabinetmaking, models of machinery and buildings, boatmaking, needlework, knitting, darning, trimming, &c., executed by the boys and girls of the Institution.

It is a wonderful list. The charities touch all the main troubles of life. In the educational classes all tastes are considered. A great point is made of training young people in frugality and thrift. Religious teaching, while not unduly insisted upon, clearly underlies the whole. Excepting independence almost every virtue is inculcated.

More than $3000 a year is received from the public to be expended upon the work, and it is very evident that great pains have been taken to put forward what is done in the way thought most likely to please the subscribers. The long list of operations is not for self-glorification, but simply and solely to encourage the givers of money. That this list makes the most of everything is certain; but a great deal is really done. The aim is ' the improvement of the material and spiritual welfare of the poor'; * the extension of God's kingdom here on earth.' It is ' an endeavour to show Christianity as a practical religion'; and if there is disappointment at the results produced in the extension of God's kingdom, the workers can still trust that it will be 'accepted bythe Master as work done for Him,' and can rejoice over those few who are gathered in to join the band of 'labourers in the vineyard.' Year by year for fifty years the appeals have been liberally responded to. The administration of vast sums has been secured. The Mission has enjoyed the patronage of Princes and Princesses. In the language of the report'God has abundantly blessed them.'

In this matter there are three parties concerned: those who give their money, those who carry on the work which the money enables them to do, and'the poor ' who are the recipients.

Once again we find that the result from the directly religious point of view is the gathering together of a small band of adherents and workers. The special interest in this case lies in the fact that they are drawn to a considerable extent from those among whom they work and never from a class much above. The head of this great organization was himself one of the original poor children taught at the school he now superintends. A great effort is made to retain a hold on the growing boys and girls by classes and clubs, and though sooner or later most slip away, enough remain in connection with the Mission to strengthen and carry on the Sisyphean task of evangelizing the masses.

The religious gatherings are small. Only in the Sunday schools and mothers' meetings are the numbers large, and, apart from the work among the children, this evangelizing work only results in the institution and exercise of a more than common amount of organized kindness and charitable assistance. It is in these ways that the money is spent, subject to many economic and moral dangers of which there is little consciousness in the minds of these simple servants of God, who, feeling deeply the needs of those whom they call < their brethren in Christ,' try to act accordingto Christ's teaching while at the same time proclaiming His Gospel. This is the mainspring of all they do. They hope by succouring the body to soften the heart and prepare the soul for the good seed they scatter. They do not share in the rivalry of the churches and sects; they have no special dogmas to uphold, and in so far cannot reasonably be charged with bribery. They seek those who 'know not Christ,' and their work does lie mainly amongst those who take no interest in religious observances of any kind. It is not, however, from this class that all or even most of their workers are drawn. They, perhaps, more often attract to their flag earnest Christians who have failed to find full religious satisfaction in other communities. In this sense they are 'sheep stealers,' but the only bribe they offer is a better opportunity of serving Christ; and these while working with them probably retain membership of some other church. There may sometimes be a conscious struggle with other religious bodies for the mothers and children. It becomes a rivalry of numbers; for, being human, they cannot resist the sportsman's desire for ' a good bag.' They dearly love to deal in large figures, and the records of their work become not only a source of pride, but form the basis of their claim on the public, from whom the stream of money flows upon which the whole work depends.

It would be easy to ascribe low motives, but I believe absolutely unjust. Only I would have those who are responsible beware of the spirit of exaggeration as tending to aggravate all the dangers that surround their action. This warning applies to most other great missionary enterprises fully as much as to this one, for, though in some ways amongst themselves they differ, they all suffer from this propensity. In none of them do I recognise a stronger or purer Christian spirit than shines out in the Mission whose work I have described. I have attended service in their mission church and sat among the little body of earnest men and women gathered together there, all poor working-class people, following, with Bible open before them, the preacher's words, or singing with strong voices the hymns they love; and nowhere in all my visits among the churches have I seen anything quite like it; nowhere so close an approach to what we may imagine primitive Christianity to have been.

An effort of a different character is that connected with the Bedford Institute, in the parish of St. Stephen, where a large amount of social and philanthropic work is carried on, combined with some religious activity. The leading feature here, as at each of the mission centres connected with the Society of Friends, is the First-day school, but there are also other meetings of a religious character, as well as lectures, evening classes, and clubs, temperance meetings, and Band of Hope, mothers' meetings, &c., the attendance in all comprising about two thousand persons. It does not appear, however, that these are drawn to any considerable extent from the neighbourhood, but rather that they come from the south-west corner of Bethnal Green.

§3
WHITECHAPEL

The parishes of St. Mary, St. Jude, and St. Mark, Whitechapel, and of St. Augustine, Stepney, share with those of Spitalfields the common lodging-houses and the Jews. In the first three the work of the Church is much the same as in Spitalfields, and again we find it supplemented, and even outdone, by that of a greatundenominational mission. But St. Augustine's, where the High Church has stepped in, and which we shall refer to last, is run on quite other lines.

St. Mary's, the parish church of Whitechapel, is an active centre of evangelization, and in spite of the moving away of the church-going class, maintains fair congregations. Many, of the workers especially, come from further East; being those who formerly lived here, and still take an interest in the parish. The poor are found very difficult to reach, having, it is asserted, been spoilt in the past, so that the time came when no visitor would be received who did not bring something. Different agencies overlap, but this, the rector thinks, is not so much the fault of the visitors, as due to the painstaking efforts of the poor who, in order to benefit as much as possible, ' trot from meeting to meeting.' So far as may be, the benefit of the social agencies, which include a large and highly successful loan club, is here confined to those who are definitely connected with the church. There are more Jews than Christians in the parish, but the total population is great, and the church can claim a larger circle than the parish.

At St. Mark's, with a larger proportion of Jews out of a smaller total, there is, as at St. Olave's, little to justify existence as a separate parish. In the schools, and in the good choral rendering of the services, we find (1898) the only satisfactory items. There is a daily service for men in a ' refuge,' where the charge for the night's lodging is *id.* To these men a free breakfast is given on Sunday morning, after which they are expected to come to church. In addition, work among the Jews is attempted by means of a curate, who is himself a converted Jew.

St. Jude's, too, between the Jews on the one hand and the lodging-house population on the other, is left with a very small parochial element; and now that it is no longer connected with Toynbee Hall it has lost the peculiar collegiate position it for a long time held. Perhaps the most distinctive feature of the work of this church is the Worship Hour, a solemn, though partly secular, Sunday afternoon service for many years arranged by Mrs. Barnett, the wife of the former vicar, and till recently still to a certain extent under her supervision.

Though the parish of St. Augustine, like the others, has been overrun by the Jews, the vicar has succeeded in making his church the centre of very active work. He is an extreme High Churchman, and the services are of the most advanced kind; such as Low Churchmen would call 'playing with Rome.' He came to a stagnant parish, and in fourteen years has multiplied everything by about fourteen. His success shows what a man of great energy and uncompromising principles of churchmanship, with a large staff of workers, and a free use of sensational methods, can accomplish under circumstances apparently the most adverse. The vicar would attribute his success to the grace of God and the power of the doctrines that are taught, while others might say that the people are bought. Money is indeed freely spent here, and the art of raising it is well understood, but my own impression is that the influence wielded by the vicar of St. Augustine's is due rather to the vigour of his personality than either the doctrines taught or * the attractive force of $4000 a year.' In one way or another not only is the church filled, but a firm hold seems to have been secured upon some five hundred East-End people drawn from his own and other parishes, for whom the vicar's ideal is that they should live, move, and have their being in and about the church, all that is done for them and by them being in pursuit of the conversion and sanctification of their souls. Many of the workers come from other districts.

There is in Great Alie Street a Strict Baptist chapel the teaching at which provides a strong contrast to that of St. Augustine's. It is a very old-fashioned looking place with high-backed pews, and the pastor sits aloft in a tall wooden pulpit. The congregation comes from almost everywhere except the immediate neighbourhood. Some of those who come from the greatest distance stay all day on Sunday, arranging to dine, and bringing their children with them for the afternoon school. Forty or so come also to the week-night services. The congregation was formed in 1808 by a section splitting off from the ancient Baptist church in Old Gravel Lane, and as late as 1856 the chapel in Great Alie Street had many members, merchants and others, living near by. All have now moved away. But though some have been lost, many still maintain the connection. Including the deep galleries, there is accommodation for seven hundred worshippers, and the chapel is nearly half-filled for the two Sunday services. It is by the strictness and exclusiveness of their doctrine and the terms of church membership that the congregation is bound together. For very many years, before the times of the present pastor, the pulpit was served by 'supplies,' presumably because they found no one to suit them as their permanent minister. Yet the congregation held together. Their uncompromising sternness in matters of belief has made it impossible for them to unite with the remnant of a congregation whose chapel is in Commercial Street, opposite St. Jude's, though this would have been financially very desirable, or with the chapel close by in Little Alie Street, which is at present without a pastor, because both these, though also ' Strict,' are not what are called 'Particular' Baptists. On the other hand, it must be said that these two others, though nominally of exactly the same faith, have themselves been unable to agree upon terms of fusion; so strong is the element of individuality in this body.

A Congregationalist place of worship, in Whitechapel Road, and one or two other Nonconformist churches just manage to exist, drawing their people from a distance; but of undenominational missions there are several, and one of them, which was conducted by Mr. Holland in George Yard, is on a scale almost equal to that of King Edward's Mission already described.*

The impulse for these two great Missions, and for many others in all parts of London, came from the late Lord Shaftesbury. As already stated, they began as ragged schools, and here at George Yard, though much has been added, the ragged school still remains. The children who attend it are of a very poor type, and though much helped with gifts of clothes remain extremely ragged. Their parents are the constantly shifting crowd who occupy the poor streets near, and gifts of food and clothes attract the children to the school. To be ragged and uncared for is their best qualification, and on these terms the assistance given tends to become a permanent barrier to improvement. Even if the charitable gifts continued, it would probably be better that the day school should be closed and the children drafted to some Board school. The Sunday school has 850 on its books, of whom on the average only 380 attend.

Much ordinary and some extraordinary mission work is carried on at George Yard. A very long list of ' operations' could be drawn up. There is something for everyone; ' for children, for young women and elder girls, for young men and for adults.' There are three distinct blocks of buildings, in one of which there is a large hall seating eight hundred persons, and used on Sunday evening for Evangelistic services. These services are fairly attended. ' If you have the right sort of thing they will come.' Many come from a distance; but the other work of the mission lies amongst its poor neighbours. There are four hundred to five hundred women in the mothers' meetings, and they have a special meeting for inebriate women, ' who will break the pledge time after time, till, in answer to prayer, God takes away the desire for drink.' The most successful branch of the work is that connected with girls. They have a building to themselves, with class rooms and play rooms, parlours and library. It is something between a school and club. The classes are taken by ladies, and, in addition to the actual lessons given, the object aimed at is ' Christian sympathy.'

* Mr. Holland died in 1900 at the age of seventy-six, after forty-six years' work at George Yard.

These two words were the key-note of Mr. Holland's whole life and work. All was well intentioned, and everyone held Mr. Holland in the highest esteem, but about George Yard the tradition of the combination of religion with relief hangs like an atmosphere from which it is hard to get away.

Of the remaining parishes in Stepney, lying to the east of St. Augustine's, three, viz., Christ Church, St. Thomas', and St. Dunstan's, have been included with outer East London in Volume I. In these parishes the Jews are coming, but have hardly come; but in St. Philip's, which I include here, they are rapidly ousting Christians. Otherwise St. Philip's parish has none of the elements of Whitechapel. In it the Church of England has not been very much affected by the change in population. Those who have left were not regular adherents of the Church any more than are those who remain. Nor did they belong to any other religious body, though doubtless they were to be counted among the 'occasional attenders,' and furnished their quota to the huge congregations that gather at the Great Assembly Hall or Edinburgh Castle, or v/herever some special attraction may offer. Those who live in this neighbourhood are of many occupations and industries, ' servants of the City' who are here within easy reach of their work.

Although St. Philip's is very little known, and locally quite neglected, its noble proportions and exquisite interior would fully fit it to become the Cathedral of East London, and only a little touch of fashion would be needed to fill its aisles with devout worshippers such as now crowd every Sunday to Westminster Abbey or St. Paul's.

§4
ST. GEORGE'S IN THE EAST. WAPPING AND SHADWELL

South of Commercial Road, the limit of the Jewish flood at the present time is reached in St. John's parish; but here it is running strong. Ten years ago there were comparatively few, and twenty years ago hardly any Jews; now the vicar estimates them as at least seventy per cent. of the population. His people are almost all poor, the Jews no less than the English, but the Jews pay more rent and pay it more regularly, and the English gradually go. The Church has a small, but attached congregation, with an inner circle of communicants devoted to the vicar, and most of them have formerly been parishioners though they may be so no longer. The most interesting piece of work is a Bible-class held by the vicar. It is crowded, and such is the pressure that if absent three times a member forfeits his place, and in a recent year out of fifty-five members forty-eight did not miss a single meeting. The fact is remarkable, and the explanation no less so. The Bible is made the vehicle for lessons in science, and the resources of the laboratory are freely used to illustrate its words. *" God made the firmament" – what do they know about the firmament?' So their vicar gives the class an insight into the nature of gases. And so absorbing is the interest of the course, and so thorough the teaching, that it has taken six years to reach the end of Genesis.

All the rest of this district, and I include in it the parish of St. Paul, Upper East Smithfield (Whitechapel), remains under the influence of the river, the docks, and the wharves.

Into the parish work of St. George's great energy has been put. Leaving out such as are distinctive of and only found with extreme Evangelicalism or Ritualism, the church organizations are very complete, and they are successful. There is a large congregation which has been brought together and held by the steady work of an able, hard-working, reasonable, unsensational man, helped no doubt by the command of money and by the attractions of a parent parish. The communicants number five hundred. Of this parish it may be said without any serious exaggeration that * though few are grasped, all are touched.' The 'few' are a selection of the fit; the 'all' include Jews and Roman Catholics, to whom indeed the Church has little to offer, but with whom friendly relations are maintained. Many of the Jewish children come to the Band of Hope.

There are two churches connected with this parish, and the necessary centralization of the work is shown by the absolute failure of the second church to fill any useful *role* as a local place of worship.

Of Christ Church and St. Mary's, of St. Paul's, Shadwell, and St. Paul's, Whitechapel, little need be said. They try by this plan and that, to reach the people, but mostly in vain. * Every kind of mission and mission service is tried, with practically no effect,' though a novelty may answer for a while. Again, it is said, ' Those who will go anywhere will go to church.' At one of these parishes a new vicar has only just started and has nothing yet to show, while another, about to leave, can only make the same report. The churches are not entirely empty, but the population is untouched.

The outward movement of the lower middle and tradesman class has left the Nonconformist churches in difficulty, but has not wiped them out, as in Spitalfields. Wycliffe Chapel (Congregationalist) in St. Philip's parish, to the north of Commercial Road, holds an almost cathedral position for the body, and though the building is now 'a world too wide ' for its shrunk congregation, its members refuse to make any change in their old-fashioned methods, and are probably right in taking this line. Such centres fill an important place in religious life, but are necessarily exceptional.

The Congregational Church in Watney Street, called Ebenezer, yielding to the changed condition of its neighbourhood, is now practically a mission church, serving the poor in many ways, but without inducing them to come regularly, if indeed at all, to any religious service. The work done lies mostly among the children.

The Baptists in Commercial Road as a religious body are much more successful. Their congregation consists of serious-minded lower-middle and working-class people, drawn from the streets near and from further East as far as Bow. They nearly fill their church, which seats six hundred people, and a hearty friendliness prevails. Their Sunday school consists of their own and other well-dressed children. The poorer ones do not care to mix with such as these, so the children sort themselves, the poor going to the Ebenezer or some mission school.

The exodus of the middle class seems to have been

felt most severely by the Wesleyans. This is partly because of the three years' rule, which, by the frequent change of minister, makes it peculiarly difficult to hold together scattered members of a congregation. But the Wesleyans have faced the situation. They have here abandoned that rule; and frankly adopting mission methods, have made of the 'circuit' system an organization which for its vigour and scope of action is without counterpart in East London.

The effort is recent, dating from about the same time as my own inquiry. It was a direct consequence of a voice then raised in the wilderness – ' the bitter cry of outcast London.' Its history here in this neighbourhood is the history of fifteen years, and in North, West-Central and South London which followed suit, a shorter time has witnessed a yet more remarkable development. Here in East London three large churches are used, and in addition several mission centres have been established in premises previously occupied as low drinking or dancing saloons. For two of these the old names have been retained – 'Paddy's Goose ' and the * Mahogany Bar.' There are three ministers, four evangelists (or missionaries), two nurses, and a doctor – all paid. There are also some twenty resident Sisters of the People, some paid and some not, but all of whom give their whole time and wear the Sister's garb; and about as many young men who give constant evening work. It is a large staff, but proves insufficient for the work undertaken. The churches are fairly filled, and in all a large number of Church members are counted, drawn mainly from the lower middle and workingclass people, but not to any great extent from the quite poor.* They include also a strictly middle-class element. The poor are visited and helped. There is a medical mission and a ' people's lawyer,' as well as mothers' meetings and Sunday schools. There is, indeed, hardly any resource that is not tried to serve and save the people; but the special work of this mission lies with the ragged children of the street. Many of these still evade the Board schools and run wild, and to such the Wesleyan mission opens wide its doors, seeking to tempt them in on Sunday and on week-day evenings by teas and prizes. Many of these children are said to be too rough and unkempt for the regular Sunday school and are separately treated, but are passed on into it if or when they are fitted for that advance.

* Of such of the members of the poorest of these congregations as could be classified by employment we have the subjoined particulars. Doubtless there would be in addition wives and other females engaged in household duties: – 5 engineers, 7 carpenters, i blacksmith, i plasterer, i mason, 3 bakers. 2 sailmakers, i ropemaker, i tarpaulin maker, i diver, 4 sailors, I bookbinder, i hatter, i gunmaker, 3 policemen, 2 postmen, 1 dairyman, 10 shopkeepers and shop assistants, 18 clerks (all small), i rent collector, 2 sanitary inspectors, 14 casual dockers or labourers, 15 dockers (regular work), 13 dray and carmen, 7 warehousemen, 1 cooper, 2 costers, 14 tailoresses, 12 dressmakers, i shirtmaker, 7 laundresses, 3 charwomen, 6 servants, 4 nurses, 6 jam and sweetmakers, 6 teachers; total 178.

The general system adopted, which I shall have occasion to describe more fully when I come to the central districts, gives a great deal of life to religion; each chapel has its orchestra, and each pulpit is a centre of social and political as well as religious propaganda. The work of the mission undoubtedly does bring religious-minded people together, the motive as usual being for the most part the evangelization of others. This object is attempted by just the same methods as are employed elsewhere and with no materially different results. The most powerful religious influence exerted takes the shape of a reaction on the lives of the workers themselves. The money needed is collected mainly from their own co-religionists, and the usual sensational appeals are issued.

Proceeding now to the riverside, we find in Wapping an island with a separate life of its own. No one can enter or leave without passing the constable at the dock bridges. There is here little crime or open profligacy, for the conditions do not suit the criminal or the prostitute, but there is much heavy drinking. Excepting a few dock officials, the people are all working class, connected for the most part with docks or shipping, and many of them are very poor.

A strip of river border forms the quiet little parish of St. John's, in which a large proportion of the population are Roman Catholics. In the adjoining parish of St. Peter's, we find one of the most concentrated and distinctive pieces of parochial work that London has to show. The devotion of the vicar is absolute, and his spirit dominates everything, making the whole work focus in the realization, so far as it can be realized, of the High Church ideal of a parish of devout communicants. There is here a repetition of the extreme Anglicanism of St. Augustine's, the same importance attached to confession, which is regarded as the ' real test,' and the same success. But at St. Peter's the tradition of Ritualism dates back to the days of Father Lowder.

There is an almost complete circle of parish organizations, schools, guilds and clubs; something for those of every age and both sexes. As at St. Augustine's, money is freely spent. The treats and charities are on a lavish scale. The charitable funds are available for all, irrespective of creed, and the administration is of course attacked as bribery, not, perhaps, without reason. The private Mortuary Chapel, the separate plot for parishioners in the burial-ground at Plaistow, the insurance of the vicar's 'bad life,' so that there may be some benefit ' if it please God to allow me, as I should myself desire, to die at my post,' are among the many signs of the brooding care of this man for the welfare of his parish. But it is the individual soul that is his especial care. His mind and heart are filled with solicitude for the salvation of his people. Illness or accident he regards as a godsend, because of the chance it may offer to break down the barriers. And this priest, who provides dinners for the children, and clubs for every age; who does his utmost to make people healthy and happy, whose poor fund runs into four figures, is led to say that ' the grave is the great consolation;' and finds in funerals the happiest, and in marriages the least happy, part of his work. The two men, the vicars of these parishes, are widely different, but here, as at St. Augustine's, it is not so much the money spent, nor the doctrine taught, as the personality of the man that has won his success.

The value of it is difficult to measure. Religion, to gain strength, is lowered to superstition; other churches are robbed, but still the bulk of the population are untouched; the devotion to the poor is complete, but it is to be feared that they can hardly escape pauperization. In these matters we require to attach many different meanings to the word success.

A close comparison may be made between great spending churches, such as these, and the great spending missions with which they come into hostile competition. Equally enthusiastic, equally self-devoted, equally well backed with money and adopting mainly the same methods of work, they secure a very similar degree of success, which, humbly giving to God the glory, both churches and missions attribute to the divine force contained in the truths they teach. As to these truths, they are themselves more conscious of points of divergence than of agreement, although the essential doctrine of the need for and method of salvation is the same for both; the difference controverted with such bitterness lying in the accepted terms of approach of man to God, and God to man.

If Wapping is an island, St. James's, Ratcliff, may be considered a peninsula. It is a little corner of London, protected on the South and East by the river and Limehouse Basin, but lying open on the West and North to any tide of poverty, crime, or vice that London may silt into it; and with London, in return, open to its inhabitants to work in or prey upon. In this rough neighbourhood Catholics and Protestants, priest and parson, Churchman and Nonconformist, live side by side in singular harmony. What is done by the church is done for the whole parish without regard to belief or practice in religion. In the clubs there are Catholic as well as Protestant girls, and the prayers used were sanctioned by Cardinal Manning. When once they held a special mission, with processions through the streets, the Catholics were told by their priests that any disturbance on their part would be a deadly sin, and, what is hardly less remarkable, their effort was at the same time prayed for at the great Wesleyan mission. Thus an extraordinarily broad spirit is shown and responded to. The relations of the Church and the people are really much the same here as elsewhere, but the facts are admitted. The acknowledged aim of the Church is to connect and hold together a band of men and women who shall devote their lives to the social improvement of the people There is no vestige of the propagandist spirit, no demand that the members of this band, and those they seek to serve, should think alike, or kneel in the same building. But any who share their faith or feel spiritually strengthened by kneeling together, are encouraged to do so; and are thereby bound, one with another, for the service of the people in the name of God.

3

SECTION 3

§5

THE ROMAN CATHOLICS

There are six Catholic mission churches in this part of London, one of which is, indeed, situated in Limehouse, a little to the east of the limits laid down, but the district it serves includes the notorious London Street in Ratcliff, and it shares with the other churches on the river front the religious care of the rough Irish who work at the docks and wharves. The ministrations of these churches touch the poorest, and to give freely in charity is the rule of their religion, yet it is these poor people whose contributions support the church. A penny is paid on Sunday by those who attend Mass, which it is the duty of all to do. The priests make it their business to look up such as fail in this duty, and all have the opportunity given them of subscribing to the schools and other church expenses. Except the priests' stipends, which are of the smallest, the charges are mainly borne by the congregation. At the Limehouse mission there is an organized school collection from house to house every Sunday afternoon. Six men undertake this, having each a district, and the priest accompanies each in turn to stir up any who are backward.

The church of SS. Mary and Michael in Commercial Road was the original mission church in East London, and the population still left to it includes eight or nine thousand

Catholics. The schools are endowed, but the church is supported by its people, who are mostly poor Irish labourers. This church has a powerful organization. The regular paid staff consists of five priests, but there are generally two young priests in addition who come here to learn their work; and a large number of Sisters undertake teaching, nursing and visiting. These belong to two convents. There is also a small settlement of ladies from the West End who come here to work. At these churches 10 o'clock Mass is the most crowded, and is attended by the poorest people. The priests complain of irregularity at Mass and of indifference to religious duties, but no one passing from Protestant churches to their's would take that view. They have a higher standard. Moreover, the attendance is unmistakably due to genuine religious feeling and a belief in the divine authority of the Church and its priesthood. Of support purchased by ordinary material benefits there is no trace. The children come to the schools and the schools are full, although the attendance leaves, it is said, something to be desired. ' Deplorable lack of parental authority' is referred to as the cause.

St. Patrick's Roman Catholic Church in Wapping serves a similar class of people. The priest in charge has been there for many years, and reports an increase of crowding and poverty due to the pressure of the Jews, who are driving poor Christians out of St. George's. He has a Roman Catholic population of 2500; all are Irish or of Irish descent, with the exception of a small colony of Italians who work at Gatti's ice wharf. There are nearly six hundred children on the school register, but otherwise, save a small club for girls, nothing is done outside of the services and sacraments or the Church. The church has no money to spend, being poor and heavily in debt for its schools. It has no visitors to work for it, but the priest knows all his people, and is able to visit them himself, living, as they do, within so small an area. Nothing is given. The contrast in this respect with St. Peter's, their High Church neighbour, is great.

The fourth of these riverside churches is that of the English Martyrs in Great Prescott Street. It is architecturally a rather remarkable building, and offers also the attraction of beautiful music. The bulk of the Catholic population still are poor dock labourers, but there are also tailors and other tradesmen; and here a branch of the Catholic Social Union, with the Dowager Duchess of Newcastle at its head, works in co-operation with the priests. The church itself 'gives nothing' and claims the greater influence thereby, but it is not likely that this can be said of the members of the Social Union. Against them complaints of religious bribery are made.

The priests all refer to the difficulty experienced in retaining the young men. Girls' clubs are successful, but boys after school age cannot be controlled and are apt to drift into indifference. They may, perhaps, be picked up again at marriage, but if a man marries a Protestant he may be entirely lost. Hence the great danger, from the Catholic point of view, of mixed marriages, which otherwise might rather tend to strengthen the Church. The poor Irish, who form the bulk of the Catholic population, are careless, but are naturally devout. They are rough mannered and fight amongst themselves, or with the police at times, and they drink a good deal. It is not possible to trace any persistent improvement, either moral or material, in their lives, and if a religion which does not secure improvement fails, then success cannot be claimed for these churches. But, from day to day, these poor people are greatly helped by their connection with the Church; restrained, controlled and blessed in their rough lives by its care.

The German Catholics have a special church in Union Street, near St. Mary's, Whitechapel, which is filled every Sunday morning and evening with a very devout congregation, drawn largely from the working classes. The remarkable feature of this church is the bachelors' club which is connected with it, or with which it is connected, for the backbone of the mission seems to be the club. The full members are all unmarried men, mostly young. A married man can only be anhonorary member; a rule made to avoid all chance of petticoat government. The club, which adjoins the church, is open every evening, but its activities are greatest on Sunday. On that day it opens at 10 a. m., closing at 11 o'clock for Mass; and after the service the members enjoy a glass of Munich beer. Then some dine at the club, but the greater part go home. At 4 o'clock, when the priest gives a short address to the members, the club is again full, and amusements, billiards, &c., fill the time till 7, when the club again closes for the evening service. Afterwards ladies are admitted. The entertainments of the club include lectures, concerts and dramatic performances. The priest is its president. Perfect order is maintained. It is not a solitary institution, but to be found, we are told, wherever there are many German Catholics. More than a thousand of such clubs exist in various parts of the globe, affiliated in such fashion that to be a member of one is to be welcome at any other, wherever it may be. Amongst the members there is, no doubt, something of that mixture of class which seems to be always practicable under Catholicism.

There is also a church of this faith to serve the Irish Colony of Mile End Old Town. The Irish there are giving place to Jews, but the church still gathers a considerable congregation.

On the whole, among the various religious elements of this district, Roman Catholicism plays an important and satisfactory part. It makes no attempt at proselytizing.'We have,' said one of the priests, ' more than enough to do in looking after our own people.'

§6

CHARITABLE AGENCIES

In addition to the efforts of the directly religious and missionary institutions which have been described in a general way, and of which I have also given salient examples, there are some great charitable agencies connected with this district, in which the idea of religion is kept somewhat in the background.

This is so locally even with the Salvation Army, which, though it began its work in this neighbourhood and though its soldiers still march through the streets at times with drum and tambourine, is now of little importance as a religious influence; but has turned towards its ' social wing' the marvellous energies and powers of organization, and the devoted work it commands. The headquarters of the social wing are established in the very house in which General Booth gathered together his first body of adherents some thirty years ago, and in this building, or in the neighbourhood of it, various branches of social work have been established: the night shelters, the net into the meshes of which are first drawn the masses of derelict human beings, among whom the Army endeavours to effect its reclamations; the food depots; the elevators (or workshops); the lighthouse, in which men live who have been selected for work in an elevator; and the poor man's metropole, which is a superior kind of lodging-house. There is also a shelter for women, and a labour bureau. To the headquarters of the social wing cases are sent from all over London, so that these organizations cannot be considered as local to the East End, and an account of them will come better later, when the problems with which they are concerned, or to which they give rise, will be more fully considered.

There are several other shelters besides those of the Salvation Army. One large building, belonging to the Roman Catholics, provides lodging free, attracting day by day, sometimes quite early in the afternoon, a sad and listless crowd, the men at one gate, the women at another, waiting for the time of admission. At Medland Hall, Ratcliff, free accommodation is also provided. This shelter had an unenviable reputation, but is now under better regulation.* Admission here is mainly by ticket, but it is well to be early, and before the doors open at six o'clock the applicants, standing in single file, extend for a long distance. In addition to lodging, those admitted receive half a pound of bread, with butter and coffee additional on Sunday. Each man has a bunk; of these there used to be 450, but the number has been cut down by the London County Council to 343, and now the enlargement of the building is projected. The bunks are supplied with pillow, blanket and mattress, all cased in American cloth for cleanliness, and a hinged flap at one end serves as bolster and at the same time forms a receptacle for boots and other articles which might be stolen while their owner is sleeping. The accommodation provided by the Salvation Army is very similar. In all the shelters some religious service is held.

* The following extract from the *Christian World* (January, 1901) gives the most recent statistics: –

"medlandHall.

"TenthBirthdayCelebration.

" The " Home of the Homeless ' and Medland Hall. Ratcliff, E., was first opened as a free shelter for destitute men on January 5th, 1891, and on Sunday a special birthday service was held to commemorate the ten years' work. In one decade the ' shelter' has taken a unique place among the philanthropic efforts on behalf of the outcasts of London. For the first four years the admissions of men for shelter at the hall averaged 170,000 a year. Then they had no bunks to sleep in; last year 148,820 men were admitted and provided with separate beds and comfortable bedding. In all, during ten years nearly a million and a half of men have benefited by the hall, and over 300 tons of bread have been supplied. The figures for 1900 have just been compiled by Mr. E. Wilson Gates, the director of the Philanthropic Branch of the London Congregational Union. They are eloquent statistics, and go far to prove that Medland Hall is indeed a home for lost and starving men. ***** xnenumber of men helped was 12,896, giving each man an average of twelve nights in the hall. As a matter of fact 6153 used the hall for from two to six nights, while 836 were only once sheltered and fed; 8576 were turned away for lack of room; 104 men were provided for during their first week of employment, 23 were gratuitously supplied with surgical appliances, and 733 with articles of clothing. The largest proportion of the beneficiaries are men between the ages of 30 to 34 and 40 to 44, though 33 men of 70 and over sought refuge in the shelter. All trades and professions were represented, and every county in England had its representation in the year's admissions. Ireland contributed 854, Scotland 635, and Wales 266; 245 men from 24 colonies and dependencies, and 773 foreigners from 26 countries were 'entertained.' The total expenditure was $940, or less than ijrf per man per night."

The benefit that springs from the provision of free, or almost free, shelter for the homeless is open to very grave doubt. There can be no question that these institutions tend to foster and increase the class they serve, and tend also to aggravate its condition by concentration and congestion. There is a nomad population which comes and goes, pausing in London awhile before starting forth once more. Their number is capable of expansion or contraction, and the length of their stay in London may be longer or shorter. The needs of these people, and the fact that the chances of London life greatly attract and encourage those who are chronically 'dead broke,' are but poor reasons for providing in London special accommodation for them; especially if the result be, as it certainly is in Whitechapel, to inflict almost unmitigated evil upon the locality in which the shelters are situated. In such cases it becomes public policy to insist on as high a standard of accommodation for charitable or semi-charitable institutions as for those which work for profit, and to make that standard as high as possible. If the wandering and homeless class are discouraged, so much the better: if they still come, let the conditions under which they live be such as to raise rather than debase them.

The original idea no doubt was that whatever accommodation men were eager to accept must at least be better than what they would otherwise have to endure, and that thus the overcrowding complained of was in itself a proof that all was well: room to lie down under a roof, even on a bare floor, was better than the cold damp of some doorstep or the shelter of a railway arch; and it was better for others as well as themselves that they should be gathered together, dirt, rags, insects, and all, rather than befoul the common staircases of tenement houses. The argument is delusive. The aim far too low. The special dangers of degrading forms of competition apply to charity quite as much as to industry, and call no less imperatively for intervention.

But in departing from the first idea, other difficulties are encountered. So long as the accommodation offered was only a trifle better than the cold comfort of the street, it could be free to all comers; but if improved, the difficulty of selection necessarily arises. We see it in the crowds waiting for hours outside the Roman Catholic shelter in Crispin Street, or in the ticket system adopted at Medland Hall. The difficulty is a real one and can perhaps best be met by active co-operation between private charity and the Poor Law. The evil is deepseated, and a decrease in the numbers of those who seek such casual accommodation can only be brought about gradually; but to decide after investigation which cases are, and which are not, suitable for private assistance is, if seriously undertaken, by no means an impossible task. This is the first selection; and to deal with each case for the best, other selections follow.

The policy pursued by the Church Army in its Labour Homes, of which there are two here, is one of strict selection and individual care, and deserves commendation. But its story, like that of the Social Wing of the Salvation Army, does not belong particularly to East London, and even to the Homes in Whitechapel inmates come from all over London.

Attempts to improve the character of common lodging-houses by direct competition, like that of the Victoria Homes founded by Lord Radstock, fall into line with the policy of selection. The aim is not to provide more cheaply for those who cannot afford a ' fourpenny doss,' but to provide something better for those who can. Action such as this is good as tending to raise the whole standard of lodging-house accommodation. The object is to teach men to value the decencies of life and to strengthen the hands of the local authorities in enforcing their observance. It is in this direction that the Salvation Army contributes its 'Poor Man's Metropole,' but in spite of its high-sounding title the aim here seems hardly ambitious enough. The right level is not easily hit. If the aim be too high or too low, it fails of its purpose. If too low, the men you desire to serve come, indeed, but their standard of life is not raised; if too high, they do not come at all, and you serve a different class, who may perhaps lose rather than gain by adopting barrack life. The framing of the rules requires great judgment, and however strong the philanthropic and religious motives may be to which these improved houses generally owe their inception, the management should be primarily a matter of business. It is certainly best to avoid any display of religion.

Dr. Barnardo's institution for the housing and care of destitute children is an enterprise of a similar kind to those for the housing of the homeless, but the conception is far higher. Of it no one can say that the aim has been too low. It is beyond question the greatest charitable institution in London, or, I suppose, in the world, and its success has been deserved. The management has been stamped with the impress of a most remarkable personality and may not have been free from faults, but they have been the defects of its qualities. It is easy to cavil, but there are few charities in favour of which so much, and against which so little, can be said. In a notice of Dr. Barnardo's workwritten ten or twelve years ago, I, somewhat alarmed at its rapid extension, expressed a fear lest, its assistance being counted upon, it should in the end become a cause of misery. Undoubtedly the danger exists, but it is recognised, and great care is taken to minimise it in the selection or rejection of applicants. The'ever open door' is not held too widely open, it would be fatal if it were, and the more nearly the institution approaches its maximum growth financially, the more careful this selection is likely to become. Thus the institution has very permanent elements which justify continued public support. Children of all ages and both sexes are received, those afflicted in various ways, as well as those whose only disadvantage is their poverty, and they are drawn from several other large cities as well as from London. For those that can be best cared for in that way there are country homes, whilst for those who are willing to emigrate places are found in Canada. Dr. Barnardo has never any difficulty in finding situations for his boys and girls. The inmates of the homes may be roughly grouped in two divisions: those who come young, usually because of the death of one or both parents; and those who come late, on an independent footing, having already tried life, and failed. By far the greater number are in the first of these divisions, the more difficult cases in the second.

Dr. Barnardo is one of those who have carried to perfection the art of public appeal for funds, and by these means he secures an income of about $150,000 a year. This art is the basis of most missionary and philanthropic enterprise; not in East London only. It plays with wonderful skill on the tender hearts of all classes, and the religious sentiments. of some, sounding every note. Its success has been so marvellous and so sustained that it is often and confidently attributed to the special favour of God. And so possessed are those who use these means by a sense of the goodness oftheir ends, that they often, it may be unwittingly, make unscrupulous use of sensational language and exaggeration. The system has great dangers, and needs to be watched carefully from within as well as from without.

One of the most curious instances of its use is that by Mr. Atkinson, a Congregational minister, who is an 'expert' in begging by advertisement, and in this way collects in perfect good faith far more money than he can himself wisely spend in the relief of distress. His mission centre, situated in the outer ring, has already been mentioned, but he seeks his ' poor ' far and wide; and other missionaries, carrying on their work in a smaller way, turn to him for assistance, which is freely given. His position is thus almost that of a voluntary charity agent. All is very honestly albeit not very wisely done.

Some of the begging missions publish accounts, and some do not. It is unnecessary to suppose that when no accounts are published the money is improperly used for purposes other than those mentioned in the appeals. Method in accounts is in many cases rather a question of temperament than of honesty, and even methodical accounts may sometimes conceal a loose administration. There are, undoubtedly, dangers, and the lynx eye of the Charity Organization Society is of great value in detecting and checking begging frauds, and in severely questioning those cases in which, though genuine work may be carried on, the missionary obtains an extremely good living from it.

In one form or another the feeding of the poor, and more especially of poor children, has, in this neighbourhood, assumed very large proportions. At most schools in poor districts, and that applies to nearly all the schools here, free breakfasts and dinners are arranged when required for necessitous children. It may be doubted whether this is done in the best way, but it probably must be done in some way if the children are to be taught at all. It does not follow because children come ill-nourished that there is not food to be had at their homes, but the supply is probably irregular, and the mother perhaps neglectful or she may be occupied with her babies, or obliged to work for money. The children will then be given a piece of bread with jam, or margarine, or dripping, or it may be dry bread only for their meal; which they eat or throw away according to their humour, with the result that uneaten bread lies in the gutters of every poor street in London. If they are given pennies to spend they buy sweets. Sweet shops abound and prosper. If these children ran wild, sharing all the chances of bite and sup at home, they might do well enough as to food, and grow up into physically healthy creatures. But for children who have to attend school at stated hours and pass their standards, it becomes an impossible life. These children are at once fastidious and ill-fed. Porridge, if offered to a breakfastless child, is very likely to be refused; and if the home meals provide the least encouragement, the less appetising breakfast or dinner at school is gladly rejected.

In some cases a small charge is made, a farthing or a halfpenny for breakfast or a penny for dinner, a sum which scarcely covers the cost, but which all who can are expected to pay. The necessitous are then given free tickets. The plan has been systematized to some extent by the School Board, advantage being taken of voluntary effort. If well organized, and carried out on a large scale, it is quite likely that nice meals at very low prices could be supplied with profit to the caterer, and the children be far better and even more cheaply fed than from their parents' table. The system would then become a very useful adjunct to school life and would involve no charity except as regards those who had tickets given them, The wholesale distribution of soup either gratis or at a nominal price is far more questionable than the provision of children's meals. It is a plan fitted for emergencies only, but the missions would have us believe that the emergency is chronic. In their appeals to the public they strike this note again and again. The body must be fed, they say, before the soul can be touched, and it is in the struggle for souls that this form of charity comes most to the front. Without the religious motive it could never be maintained. But so far from bringing the people into sympathy with religion it has the opposite effect, a result that is sometimes admitted even by those who find themselves unable to avoid doing the very things they know will do harm. ' Irreligion,' said one incumbent,'is the result of all the bribery: we are all in it; church and chapel are equally bad. It begins with the children – buns to come to Sunday school, and so on; so that they grow up with the idea that the church is simply a milch cow for treats and charity.' This is a hard saying and overstates the truth, but points none the less to very serious dangers, and especially to that of alienating the class of men whose earnings are not large, but who maintain a sturdy independence and will run no risk of being ' tarred with the charitable brush.'

§7

OTHER METHODS

It is very difficult to give any adequate idea of the extent of the religious and philanthropic effort that has been, and is, made in this district. No statistical device would be of much avail to measure the work done, and description fails to realize it. Great as theeffort is in many other parts of London, it is greatest here. Nowhere else are the leading churches so completely organized to cover the whole field of their work; and nowhere else are the auxiliary missions on so huge a scale. Money has been supplied without stint; the total expended is enormous; and behind and beneath it all, much of the work is sustained by the self-devotion of very many and the exalted enthusiasm of not a few. It can hardly be but that the sense of present help and kindly sympathy brought home to the people must do good, and that the world would be a blacker world without it. But these results are difficult to gauge. Much that is done seems rather to do harm than good, and on the whole all this effort results in disappointment-and causes men to turn to other methods.

Whitechapel, St. George's, and Stepney have been the scene of a very great experiment in the reform of the Poor Law on the anti-out-relief side. These three Unions, covering a very considerable area and including a population that is in the aggregate equal to that of a large provincial town, constitute in effect the district with which we are now dealing. The experiment has been an almost unique attempt. When it began the people were not only very poor, but terribly pauperized, and the object was to instil independence and so to raise the standard of life. A generation has elapsed, and we can take stock of the results.

The men primarily responsible for this experiment have been Mr. John Jones, the chief Relieving Officer of the Stepney Union (now dead); Mr. Vallance, Clerk to the Whitechapel Board of Guardians*; and Mr. A. G. Crowder, Guardian of St. George's-in-theEast; and they have had the co-operation of Mr. Albert Pell, the real apostle of their faith, who also was a Guardian at St. George's for many years. Their aim was to combat by every means in their power the tendency of the poor to depend on the rates, and the main lever to which they trusted in the pursuance of this object has been the denial of outrelief. The district, owing to the unusually small proportion of cases which from any point of view are suitable for out-relief, is well adapted for such an attempt, and moreover since it is part of their theory that private charity is much less injurious to the spirit of independence than parish aid, it has had the advantage (if it really be one) of being carried out contemporaneously with an unexampled flood of private benevolence. In this effort they have had the advantage also of close co-operation with the Charity Organization Society, for whose methods no greater opportunity could ever be offered.

* Mr. Vallance has quite recently retired from office.

Complete success has been achieved in reducing out-door relief without any corresponding increase in in-door pauperism. But to those who have advocated the principles which have produced these great results it is the more disheartening to find that they meet with no general acceptance. The example is not followed elsewhere, and even here the principle is not beyond the risk of abandonment. The continued presence and influence of the men I have named have been needed to prevent relapse, and at Stepney with the change *of personnel* there is already to some extent a change of policy.

Tested by the condition of the people, it is not possible to claim any great improvement. The people are no less poor, nor much, if at all, more independent. There are fewer paupers, but not any fewer who rely on charity in some form. Private charity defies control, and the work of the Charity Organization Society has, in spite of itself, become largely that of providing, under careful management, one more source of assistance for those who would otherwise be obliged to apply to the Guardians. The Tower Hamlets' Pension Fund has also been specially established to the same end, and is worked under the same inspiration.

Success, however, there is, for although in their extreme development the ideas of the reformers may be impracticable, yet over the whole of London their influence can now be traced. So, too, with the parallel action of the Charity Organization Society; its methods are disliked, and its theories attacked; even those of the clergy who profess to adopt these theories constantly fail in carrying them out, and admit that this is so; yet the broad principle, which recognises the responsibility of the giver for the ulterior consequences of charitable gifts, is more and more generally accepted. Still, as regards this particular district, the reformed system or Poor Law administration and the attempted guidance of charity are, like the efforts of the missions, somewhat disappointing. All that can safely be said is that they take a place among many influences making slowly for amelioration.

Of these general influences the greatest of all is elementary education, which, however, presents here no special features, and embodies no special effort. It is here just exactly what it is everywhere in London, save that the Board schools meet a far greater proportion of the demand than in some other districts. It is probably to the effect of school training that such softening of manners as exists is mainly to be traced. But in this direction too, there have been great disappointments. We have seen how those engaged in religious or missionary enterprise turn for hope and encouragement to their work among the young. We have seen how each gathering of ragged children is expected to recruit a Sunday school, and each Sunday school a church. The educationalist too, in spite of continued failures, retains the hope that what is taughtin the day schools may be duly learnt, and what is learnt remembered when school is left; and he, too, seeks to keep some hold on the children by evening classes as do the religious bodies by means of young people's guilds, in continuation of the Sunday school, and with the same limited result of selecting a few and leaving the mass untouched. Like the rest, the educationalist clings to a belief in the efficacy of his gospel: he still has faith in the infusion of knowledge for-raising the character of the people.

In each case, though not exactly according to their hopes, something is gradually won. The ragged rascal may never reach the Sunday school; the Sunday school children never join the church; the accomplishments of the fourth standard may be all forgotten, so that reading becomes difficult, and writing a lost art – but something still remains. Habits of cleanliness and of order have been formed; a higher standard of dress and of decency have been attained, and this reacts upon the homes; and when children who have themselves been to school become parents, they accept and are ready to uphold the system, and support the authority of the teachers, instead of being prone to espouse with hand and tongue the cause of the refractory child. Schoolmasters need no longer fear the tongue of the mother or the horsewhip of an indignant father.

Nor need this be all. The power for good to be found in the influence of masters and teachers is very great, and happily can be exerted irrespective of dogmatic basis, as to which in England agreement is hardly possible. This influence will leave its mark on the children and on their lives, even though religious observances fall into abeyance, and the little knowledge that has been acquired is forgotten. We have here, ready to our hand, a missionary band of extraordinary value, whose work pervades and underliesall. Nor need it be feared that their work will conflict with more definite religious agencies. The Churches might indeed prefer to monopolize all education, but as things are ought to welcome the effect on the character as well as the minds of the children which springs from the inspiration of a good teacher, ' spreading the gospel of cleanliness and order.' School managers who take this view, though they may put forward no creed, will yet spare no pains, so far as the choice rests with them, to obtain masters and mistresses whose moral influence will be good, and by giving them support and sympathy endeavour to secure that the teaching shall be somewhat wider than the code, and deeper than inspections can plumb or examinations test. It would be a narrow and limited view of religion to suppose that such masters and mistresses will not be themselves religious, and that their teaching would not carry with it the elements of religion.

Another aim has found expression and become associated with the name of Toynbee Hall, and what Toynbee Hall is will be best understood if we record how it came to be. Its inception followed on the appointment of Canon Barnett to the living of St. Jude's. Under his guidance, and that of Mrs. Barnett, who has rendered constant assistance in her husband's work, this small East-End parish became a centre not only of great activity, but also of thought. Intimate relations with Dr. Jowett and with several of the remarkable men who came under his influence, led to their paying visits to St. Jude's, and the idea of a University Settlement in East London gradually took form. Of all these young men Arnold Toynbee, though in some respects a visionary, stood out as having the most suggestive and sympathetic mind. His death in the Spring of 1883, even more than his life, helped to clinch the purpose of the rest, and it was decided to associate the new settlement, opened at the end of 1884, with his name. It has never connected itself with any political party or with any religious school. The key-note has been freedom of individual thought, and, as a corollary of this, corporate action on all controversial issues has been carefully avoided.

By the strict observance of a non-party and nonsectarian attitude, Toynbee Hall both gains and loses. If it had some definite platform on which to take its stand, there might be more visible effect produced without, but there would be less within. The place would not attract the same class of men either as residents or for its organizations, and the loss would outweigh the gain. Now there is a general recognition that all who come are free to act as well as think for themselves.

The absence of concentration, and the consequent loss of apparent effectiveness, make it not easy to say in a word what Toynbee Hall has accomplished. The direct and expressed objects were to 'provide education and the means of recreation and enjoyment' for the people; 'to inquire into the condition of the poor and to consider and advance plans calculated to promote their welfare,' and thus thought and sympathy were to be brought to bear upon the conditions of life in a working-class and poor neighbourhood. In a great variety of ways these objects have been attained, but indirectly also the influence exercised by the settlement has been very considerable. As pioneer settlement its advice is continually sought and its experience consulted; strangers desiring to study the problems of poverty, of industry, and of crowded City life, are hospitably entertained, and are helped in their researches by the residents, some of whom are themselves ever on the same quest. Moreover, Toynbee Hall has gradually formed traditions, and through them has acquired a widely-recognised, and very persistent, individuality of its own. In essence, perhaps, there was nothing very original in the fundamental principles adopted, which were merely 'a new phase' of ' neighbourliness and goodwill,' an expression of very simple forms of ' civic duty,' re-emphasizing the claims of old and valuable ideas. People, however, were roused to think that some new discovery had been made as to the way in which social obligations could be met, and thus these ideas have often come to be associated with Toynbee Hall in the public mind, with the result that perhaps its greatest achievement lies in the fact that it has caused many people in many parts of the world to consider and seek to think out and apply these ideas afresh for themselves.

Toynbee Hall, in addition to carrying on its work of organizing classes, lectures and conferences, fostering educational societies and social clubs, providing concerts and entertainments, and affording a centre where ' East End' and ' West End' can enjoy a common hospitality, and where working class leaders first obtained social recognition, has also been connected with all local efforts made for improved administration, whether in Local Government and the Poor Law, in school management, or in the guidance of charity in assisting the poor. The first residents carried the work in many directions with almost equal ability. As each effort in turn has been put to the test of experience, some have languished or lapsed, but others have greatly flourished.

With the variety of organizations that have been evolved, a large number of pupil and other elementary school teachers have been always associated, and it is not the least of the claims that may be advanced on behalf of Toynbee Hall that it has done much to teach our teachers.

4

SECTION 4

The settlement has, at times, been attacked as irreligious, but the attack is unjust. In pursuance of the ideas of its founders it necessarily abstains from definite religious teaching, so much so that even ethical lectures, at one time given on Sunday evenings, have been abandoned. Yet most of the residents are religiously-minded men, and if many of them do not attend any place of worship, yet must the self-sacrificing work they do, and the spirit in which it is done, be recognised as a proof of the most real religion and a definite witness to God.

§8
LOCAL GOVERNMENT

We have in this chapter to speak of Whitechapel and St. George's-in-the-East, and of Limehouse, as completing our account, begun in Outer East London, of local administration in what is now the Borough of Stepney.

Parts of Whitechapel were built over at least as far back as 1600. Spitalfields was ready as an occupied area to receive the French Huguenots after the revocation of the Edict of Nantes in 1683. During the last half of the eighteenth century building was active from Goodman's Fields to Stepney and from Whitechapel Road to Shadwell, and excepting Goodman's Fields themselves and some parts east of the New Road, almost the whole of Whitechapel and St. George's, and a considerable part of Shadwell, had been built over before 1812. Thus by far the greater part of the district here dealt with has the traditions of long occupancy. There has been no mushroom growth; such influences as have been at work havehad to make themselves felt on alignments planned long ago, on old structures, and on a long-established population.

The general street plan has remained much as it is for the last fifty years. It was in 1848 that Commercial Street was made, and it is difficult to over-estimate the importance of this improvement on the later structural changes in Whitechapel. Previously, the present wide street had been a narrow lane, approached, I am told, as George Yard is to-day, by a covered archway, and leading to a maze of courts and alleys, some of which still retain their past evil name, but all of which are now, at any rate, accessible and known. It is in the district thus opened up that have been erected a large part of the block dwellings, now so conspicuous and objectionable a feature in the locality; until, at the present time, about sixteen thousand out of the total population of eighty thousand in Whitechapel are thus housed. The other salient alteration, the cutting through of Commercial Road to the High Street, took place rather earlier, but still well within the memory of many living. Before this the great thoroughfare of our time bifurcated ignominiously at the bottom of Church Lane.

In recent years the opening of the Tower Bridge has increased the importance of Commercial Street for heavy traffic, and has hurried on the wide northern continuation of Middlesex Street. The full effects of this last improvement cannot yet be seen, but a beginning has been made in the clearances in what is known as the Bell Lane area. Middlesex Street, the Petticoat Lane of old, is now an omnibus route on week-days, but is crowded from side to side on Sunday morning, when, combined with Wentworth Street, it forms the greatest street market in London. The market of the Jews themselves is in Wentworth Street, where day by day, except on their Sabbath, they arethe buyers as well as the sellers. In Middlesex Street on Sundays it is the Gentiles chiefly who buy.

In Whitechapel a certain number of small shopkeepers still live over their places of business in the more important thoroughfares, and among the smaller retailers a larger proportion; a considerable number, too, of the smaller master men in local industries still live in the neighbourhood; but, speaking generally, the population is now working class, and the outward movement of the middle classes can bring little further change: it is an accomplished fact and for the past ten years, indeed, things have been much as they are to-day. In St. George's the level reached is even more flat and dead. Whitechapel lives its multi-coloured life on the borders of great highways that are among the busiest and most lively in London; arteries leading so directly from the heart of things that the throb of the City would almost reach its ears were it not for its own hubbub. Parts are sombre and grey enough, but the High Street, the Jew's market, and Petticoat Lane on Sunday are among the most kaleidoscopic sights that London has to show. A walk down to St. George's is however always, unless one happens to strike Watney Street on the way, a passing into comparative gloom. There is a feeling of going away from life. It is *off* the main route, and monotony reigns. The changes that have occurred have been all in the direction of uniformity. The life that springs from river and docks has become less active; the proportion of sea-going population that spends its money here is a diminishing quantity; the work in the warehouses is falling into the hands of a more permanent body of men; the casual labourer, who just maintains a precarious livelihood at the docks, is a less common figure; St. George's is becoming at once more monotonous, and more respectable.

In both Whitechapel and St. George's overcrowding is the main difficulty of the local authorities. Much of the oldest and worst property has given place to what are described as * splendid new buildings,' but the population is denser than ever, and the buildings are not by any means all admirable. ' Sometimes' (says the medical officer of Whitechapel) ' they are constructed so as to allow light and air to permeate the rooms, and sometimes not.' Even some of those built in earlier days with a philanthropic aim, have now a bad name. The result of the multiplication of block dwellings is to create authorized crowding, of which the evils are serious; and, where they have been over-run by foreign Jews, the laws are evaded, the crowding that results reaches an excessive point, and very primitive habits prevail. The most unsatisfactory spots are invariably due to bad landlords. If the owners are indifferent or acquiescent, and the occupiers desirous of evading the law, the authorities are almost powerless to prevent overcrowding. They do their best, but frankly admit failure.

The clearances and rebuilding have thus not cured, and may even have aggravated, crowding, but still the effect on the character of the inhabitants has been good. ' As poor as ever, but old rookeries destroyed, black patches cleared away, thieves and prostitutes gone, a marvellous change for the better,' is the opinion of one as to the results in his neighbourhood. In Flower and Dean Street and Thrawl Street, there has been a similar change. Ten years ago these rivalled Dorset Street in notoriety, but now, though some of the old houses with the old class of occupant remain, the streets are lined with block dwellings and the inhabitants are poor, but respectable Jews.

Much has still to be done, and the large number of poor common lodging-houses remains not the least of the difficulties of the district. As regards overcrowding, the clergy, though face to face with terrible cases, dare not rouse agitation which might result in evictions and cause their visits to be looked at with suspicion by people who have no wish to be disturbed. Here and there are areas which might be dealt with as insanitary, but usually the evil is crowding and little else. Even in Great Pearl Street the houses in themselves are not insanitary.

As to the great general disadvantages of block dwellings there is a consensus of opinion. They may be a necessary evil, but none the less, particularly in a district so built over as Whitechapel, they are an evil, bearing with especial hardship on child-life, and badly needing the mitigation supplied by public gardens within easy reach. Of these there are very few. Whitechapel has only two small open spaces: a recreation ground adjoining the Infirmary in Vallance Road, and the disused churchyard of Spitalfields, which has been suitably adapted and is much used. In St. George's a pleasant garden has been made out of the old Wesleyan burial ground with part of the parish churchyard. The expense was met privately. There is also a recreation ground in Wapping laid out by the London County Council, but too remote to be much frequented even when the band plays. The value of these spaces is greatest for children; for young people as well as for adults the bright streets have far greater attraction. Among available resorts we may also count the picturesquely situated Tower Gardens, and the Tower Wharf affords a short but splendid river promenade.

Apart from the crowded dwellings the conditions of health are good, as is evidenced by the steadily declining death-rate.

Public baths and washhouses, as well as Free Libraries, have been provided both for Whitechapel and St. George's. All are much used, and in the case of the St. George's baths enlargements are spokenof. Whitechapel has also its Natural History Museum, and a permanent Picture Gallery has recently been added to crown the work of the loan exhibition which, for nearly twenty years, Canon and Mrs. Barnett had been able to arrange for the benefit and delight of thousands. In the whole of these enterprises public spirit has been greatly assisted by private generosity, the district being singularly fortunate in this respect. Electric lighting is the latest municipal development in Whitechapel.

Limehouse, where both death-rate and birth-rate are very high, suffers from the presence of a good deal of old bada property still remaining on the long line of river frontage, or to be found in the dark places which figure on our map: damp, unwholesome houses, standing below the present level of the streets. Such dwellings almost defy attempts to keep them in proper sanitary condition. Happily some of the worst spots have been removed, either entirely or partly, by private effort or business requirements; and two considerable schemes of demolition promoted by the local authority and assisted by the London County Council, are now being proceeded with. Meanwhile it is suggestive that a public mortuary is almost the sole building which witnesses to municipal enterprise. There are, however, a number of small public gardens, and the streets are well cleansed and maintained.

5

SECTION 5

§9

SUMMARY

Besides the traditional poverty of these parts, we have noted the outward movement of the better-to-do classes, the influence of the City and the increase of nonresidential buildings, the erection of block dwellings, the spread of the Jews and the movement further East of the shipping trades; and have traced their consequences in the condition of the people. Local administration has been quickened in its use of the powers of the law for the checking of overcrowding, the closing or improvement of insanitary property, and the registration and inspection of tenement rooms, and in its action as to the cleansing of the streets. The Poor Law has been strictly administered and has worked in harmony with organized charity in dealing with poverty. Wages have tended upwards. The trade union revival of 1889 has not been sustained in any great strength in the interest of unskilled labour, but the Dock Company, by its revised regulations, which were in great measure a consequence of the strike, has done much to make work more regular. The Sweating Commission inquiry, and the stronger East-End staff of Home Office inspectors; the more sympathetic labour policy of local public boards, and the greater responsibility admitted by other employers, have also had their effect. These influences are all making for improvement; and meanwhile the underlying forces of education render each successive generation more ready to form and to respond to a livelier and healthier public opinion. Slowly, by the combined effect of many agencies, the process goes on. In spite of the wretched beings who sleep each night on the doorsteps in Commercial Street, and the worse figures which parade its pavements; in spite of the hells of Dorset Street, and the low life and foul language of the courts; in spite of the poverty and drunkenness, domestic uncleanliness, ignorance and apathy, that still prevail – things are surely making for the better in Whitechapel and St. George's.

It is all a process of tinkering. Improvement is not coming structurally from a Haussmann, or socially and industrially by the light of master-minds, nor is it attempted by the dangerous road of revolution. Few big things are done. But amelioration there has been. Ten years is enough to show it, but if we go back further it becomes the more evident, and those who have worked here longest agree that there has been an especially marked change for the better in the behaviour and habits of the lowest social stratum. Such scenes of unmitigated savagery as old inhabitants have witnessed are unknown now. The police have far less trouble in maintaining order.

There is, it is true, a large class who must be regarded as outcasts, for whom the policy of sanitary regulation, of inspection, even of harrying, seems to be the only resource, and who must be regarded, in the mass, as hopeless subjects of reform. But although this *residuum*, with the more uniform poverty found over the whole district, and the tendency to increased crowding, are constant sources of difficulty, it is generally admitted that the bad slums are becoming less numerous, and that the beneficial influences at work more than counteract those which make for decline.

Except among the homeless, who may almost be said to trade on their own wretchedness, there is at present little extreme poverty; but ' the poor are always with us' and, except as regards the Jews, who are certainly better off than they were, things have tended to a uniform level, lower rather than higher than the average of ten years ago. It is likely that this has been the tendency for a much longer period: less dire destitution on the one hand; and on the other, smaller, and continually smaller, admixture of the middle and even of the upper working class.

We have here a population of some 150,000 individuals, comprising Jews and Christians, foreigners and Englishmen. Of them a small minority are shopkeepers, or professionally employed, or employers of labour; and a vast majority are working class: artisans, mechanics, semi-skilled labourers and riverside workers; tailing down into casuals of the worst degree: larrikin, loafer, and thief; and we have indicated the influences that are being brought to bear on them, not only collectively, but also those that have conscious reference to the individual – to what is being done to relieve the poor and nurse the sick; to amuse and to instruct; to teach the principles of good conduct in life and good management in the home; and to kindle the fires of religion.

In what sense these attempts fail, and to what extent they succeed, I have tried to show. The failure is more apparent than the success, yet that the success lies deeper than the failure I believe. Too much has been looked for; and much is claimed that is not won. It is these ill-grounded and erroneous anticipations that make failure loom so large. The success achieved does not take the shape that was expected and passes unnoticed.

6

SECTION 6

CHAPTER II
BETHNAL GREEN, HAGGERSTON, AND PART OF SHOREDITCH
THE BOUNDARY STREET AREA

Crossingthe barrier formed by the Great Eastern Railway, we pass into another world. We leave behind us the floating population of common lodginghouses and night shelters, the low women of the * furnished rooms,' and the foul but thriving poverty of the Jews. We are no longer struck by the foreign appearance of the streets; we are conscious of a different moral atmosphere; things are in some ways better, but in other ways worse; the people are more independent, but rougher mannered; and their poverty is certainly greater.

There is here no quarter quite so low as Great] Pearl Street or Dorset Street, with the adjacent courts, in Whitechapel, but, on the other hand, for brutality within the circle of family life, perhaps nothing in all London quite equalled the old Nichol Street neighbourhood. Under the pseudonym of ' Summer Gardens,' a portion of it was described by me in the pages of a previous volume.* It must be admitted

* See ist Series, Vol. II., pp. 94-101. II " c *

that the place deserved destruction. A district of almost solid poverty and low life, in which the houses were as broken down and deplorable as their unfortunate inhabitants; it seemed to offer a very good opportunity for rebuilding on some entirely new plan, such as might provide light and air, and possibilities of welfare and health for all. The area, some thirteen acres, was ' scheduled' by the County Council; a scheme was drawn up; powers were obtained from Parliament, the money borrowed, and the work put in hand. The result was a disturbance of the population comparable, on a smaller scale, to that produced in Whitechapel by the inroad and spread of the Jews, but with the marked difference that, while those who preceded the Jews have gone and left no trace, those who have been displaced in the Boundary Street area by the London County Council scheme of reconstruction still, for the most part, remain in the neighbourhood.

As, street by street, the inhabitants were turned out, they invariably sought new homes as near as possible to the old. Accommodation was provided in the new buildings, which from time to time were opened as the demolition proceeded; and in designing these buildings trouble was taken to suit them to the special needs of the displaced people, room being provided for costers' barrows and workshops for cabinet-makers and others; while the rents were put as low as would cover working charges, and meet the interest and sinking fund on the money borrowed. But all to no purpose. The various expenses incurred in effecting the clearance had been enormous, and it may be that too much was yielded to the desire to build dwellings that should at once be a credit to the London County Council and an example to others. At any rate, the cost was too great, the rents too high, and, in addition, the regulations to be observed under the new conditions, demanded more orderliness of

behaviour than suited the old residents. The result is that the new buildings are occupied by a different class, largely Jews, and that the inhabitants of the demolished dwellings have overrun the neighbouring poor streets, or have sought new homes further and further afield, as section after section was turned adrift.

Everywhere these people are recognised as coming from the ' Nichol,' and everywhere they have brought poverty, dirt and disorder with them, and an increase of crowding, the rooms previously occupied by one family having had to serve for two. Doubtless most of those whose places they have taken have moved further out to the North or East, but not a few have come to the new buildings, and may perhaps still maintain some slight connection with the parishes they have left, just as those of the inhabitants of the 'Nichol,' who still live near, are said to do in some cases with their old school and mission centres. Thus, to some extent, a curious shuffling of the population has been effected.

If we try to measure the results, the destruction of the old streets and buildings stands as so much to the good, and so does the dispersion of the inhabitants. The failure to re-house these people in the new buildings might have been anticipated, but it must be remembered that the scheme was carried through in the earlier, more experimental, and, perhaps, more sanguine days of the Council. The intention was to build improved dwellings for a low class of people; the result has been to bring in an entirely different class. Those who cling to the original plan may think success could have been won if the ideal had been a little less high and the buildings less expensive; while those who abandon any notion of rehousing the displaced, may feel that the new buildings might have been better adapted to the general needs of the neighbourhood; but bothalike demand that, by some means, the rents should be lower.

It is undeniable that the scheme was weighed down by expense; and probable that an aim less exalted and more practical would have been of greater advantage to the neighbourhood. As to the best methods of municipal action in these matters I hope to say something later. In this case, though the cost was very great and the results not what were hoped for, a net benefit has undoubtedly resulted. But it is a question whether an equal benefit might not have been gained in some more gradual, less disturbing, and less costly way. However it be done, but most of all if it be done in a wholesale manner, the destruction of any area of bad property requires to be accompanied by exceptional care on the part of the local authority in the control of adjacent poor streets so that their deterioration may be prevented as far as possible, and in this case there is no sign that the need for such care was even considered.

The work of religion among the rough population within and adjacent to the ' Nichol' has been and is exceptionally difficult, and even the principal attempts made must be accounted very largely failures.

The Congregationalists maintain a mission and a large ragged school. The school is attended mainly on Sunday evening, when some six hundred of the poorest of the children are gathered in. Classes for those not quite so poor are held on week-nights. The mission has a club for young men of the better sort, with a gymnasium, and classes for technical teaching. It has also its mothers' meeting, temperance society and Band of Hope, but all these are on a small scale, and the religious services are very sparingly attended. The missionary in charge does not in fact claim any marked spiritual results, but recognises an effort onthe part of the poor to raise themselves in appearance. Those of them who attend the services become more respectable, more particular as to cleanliness, and better dressed. Another mission, situated not in. but very near to this area, is that of Miss Annie MacPherson, who has worked here for forty years. This lady is best known in connection with the training and emigration of destitute children, but that part of her work is located in Hackney. Here in Bethnal Green there are large Sunday schools, held both afternoon and evening, the latter always implying a very poor set of children; and special classes for young men and women, together with various other directly charitable efforts, all bound up with the preaching of the Gospel in the mission hall, and out of doors in the Bird Fair of Sclater Street every Sunday.

Also near by, but a little away from the worst district, the Baptists have a mission, with a strong staff of voluntary workers drawn from the congregation of the Shoreditch Tabernacle. The children who attend its afternoon school belong to decent working people, and however short of money this class may be at times, their children are always well turned out.'It is the pride of the mothers' that this should be so. In the evening, those come who may not be more poor, but are certainly less well cared for. The mission devotes special attention to cripples, and flowers are taken to children lying sick in hospital. Moreover, to crown all, the Gospel service on Sunday evening commands a fair attendance of adults. Among the strictly social enterprises of this mission is a provident society, with a turnover of no less than *$3000*per annum. The society was started at the request of some of the men who objected to loan clubs which meet at public-houses. This tends to show that the work of the mission is carried on mainly amongst a class very much above the lowest. As regards these – the people for whose sake especially the mission was established – it probably has little effect. But good work is done. This is only one out of several organizations having their root in the Shoreditch Tabernacle.

Turning now to the Church of England, we find in connection with it the best known, and in its own way the most effective piece of work in this neighbourhood. It was on a spot adjoining the now demolished area that Mr. Osborne Jay built his famous club and church, the church, as is the case with some other mission-buildings, being over the club. The same plan may be found in some Italian monastery, set upon the crest of a hill, where the sacred edifice crowns the whole, and where the monks take (or once took) their recreation in the galleries beneath. But here the resemblance ends, for the members of this club are no monks, and their feet seldom if ever tread the stairs that lead to the church above. The church is small, but well worth visiting, being beautiful alike in design and in decoration, while the service, ' very high, very bright, very short,' is such as appeals strongly to the imagination, with little strain on the attention. Those who attend are not numerous, but they form a genuine congregation of quite poor people.

Connected with the church is a large Sunday school, and not much more. Mr. Jay's greatest efforts have been directed to the management of the club, in which for several years he almost lived, and to the care of a lodging-house for men, and otherwise to visiting and becoming further acquainted with his strange parishioners. As to charity, he gives very little. The ' Nichol,' he says, has been overdone with religion and relief. His own aim has rather been to penetrate the lives of his people. At the club he has not shrunk from associating even with criminals. The story has been told, and over told, but the work has been a very real effort to take the Church to these people since they certainly will not come to the Church.

It is said that in this neighbourhood, as in Whitechapel and St. George's, there has been some diminution in brutality. Thieving still is an every-day offence, and burglary not unknown, but crimes or violence have become more rare. This at least is something to the good.

Mr. Jay's clerical neighbours do not much approve of his methods, and go their own ways. At St. Philip's, which divides with Mr. Jay's parish the demolished area, there were formerly two thousand children in the Sunday schools, but the number has fallen to seven hundred. The congregations, too, have decreased, but they were never large. As to their parishioners, the clergy admit desperate poverty, but deny any abnormal development of either vice or crime. The place, they say, never was so bad as it has been painted. Those who have left it have benefited, so far as this can be tested by the appearance of such as have come back to pay a visit to their old haunts, but those left behind are as poor as ever. The work of St. Philip's Church has been practically confined to the children, unless we may count as work charitable gifts, distributed seemingly without much discrimination, If we may judge by the scatterings of rice on the steps it is a great church for marriages.

There is a women's settlement in this parish known as St. Hilda's, but of which the full title is " The Incorporated Cheltenham Ladies' College Guild Settlement."

Formerly it was in St. Andrew's parish, and shared with Oxford House and St. Margaret's House the work in that neighbourhood. It moved in 1898 to its present quarters, and now finds its local sphere of usefulness here and in the adjoining parishes of Shoreditch. It seems to be a very active and wellconducted organization. In addition to a large number of residents, some regularly established and others coming for a few months or weeks in the year, some other ladies help in the work, who do not reside. The work done includes district visiting, Sunday-school teaching, and charity organization; Board School, country holiday and club management; and classes for invalid children and for pupil teachers – in fact all the operations usually undertaken in these cases to support and supplement the task of the parish churches. One resident has been elected a Poor Law Guardian. These ladies set an example of simple, sober, unsensational method, and the settlement becomes a natural training school for those who desire to learn how best to serve the poor.

§2
OTHER PARTS OF BETHNAL GREEN

Ecclesiastically Bethnal Green seems to have been exceptionally unfortunate. Some sixty years ago, a large population having grown up, and St. Matthew's being apparently the only church, a special effort was made by Bishop Blomfield to " supply the need." Money was raised in the City in a moment of enthusiasm, not greatly guided by wisdom, and was followed by indiscriminate building and unsuitable appointments, for which the district has paid the penalty. ' Churches were dumped down. Bricks and mortar were relied on instead of living agents.' There was indeed wasted effort to such an extent that even now'remember Bethnal Green ' is apt to be thrown inthe teeth of those who try to inaugurate any great movement in the City on behalf of the Church. In a few cases the appointments were scandals or became such, and one or two of the worst of these just trail across the path of the inquiry upon which we have been engaged. But absenteeism and apathy rather than actual scandal were the more common result of the hollowness of this attempt made ' to supply the need for churches.'

In all this there has been a great change in recent years. St. Paul's and St. Matthias', which adjoin the Boundary Street area, have been worked in a very painstaking manner, and at St. Matthew's further east the amount of energy recently displayed has been exceptional. This parish had for a long time been neglected, and when Canon Ingram (now Bishop of London) became rector an entirely fresh start had to be made. The aim, as with Mr. Osborne Jay, was first of all to get to know the people. The work began (very much as did that of Mr. Ditchfield and his vicar in Holloway) with parties for men in the rectory garden. This was in 1895. About three hundred were invited at a time, the invitations being * by streets,' and of the three hundred men asked, about eighty used to come. There were nine of these gatherings, covering the whole parish. At the same time a kind of religious census was taken, and it was found that only about one in eighty of the men went either to church or chapel, a proportion on which a more recent census shows no great improvement. Systematic visiting of the people was made the basis of the new work, the visitors being drawn mainly from Oxford House, of which the rector was head, or from St. Margaret's House, the ladies' settlement. At the time of our inquiry, other parish activities were being gradually brought into shape, the most noteworthy being a graduated series of clubs for boys, lads, and young men. The relief of poverty, which almost everywhere goes with visiting, was being carefully controlled by a special committee, and the amount disbursed was not large; but the visiting had led, it was said, to the recognition by the people that in those connected with parish work they had real friends. Very fair congregations gathered in the church, which formerly was quite empty, but a large proportion of those who came had been attracted from outside. Thus the success achieved or likely to be achieved, does not differ here from elsewhere; but the change from the inertness of the past is noteworthy; and if unattainable religious ideals are laid aside, may be accepted with satisfaction as a great gain. On this modest basis, and without illusions, the influence of the Church becomes a great power for good.

Of the other parishes lying between Bethnal Green Road and Hackney Road it is unnecessary to speak in detail. All have empty churches, and the general attitude of the people is that of complete indifference. In his appeals for money the vicar of one of these parishes speaks of his people as 'unable to do much in this direction because poor and living from hand to mouth,' as if they were moved by the slightest desire to do anything at all, or as if the wealth of the Indies, if poured out, would bring them one step nearer in spirit. A few come to church, and many more (it is rather curiously put) 'stay away because they cannot get anything by coming' – that is, in the way of relief. Here the ritual is high, and early communion made almost an obligation. In another case, with an absentee vicar (a scandalous story into the merits of which I cannot go), lack of lay assistance as well as of money is complained of. The curate-in-charge fails to satisfy the deaconesses who used to work for him. His Christian behaviour is too lax in their eyes, the fact being that, like Mr. Jay, he does not shrink from stepping down to the level of his people in the desire to enter their lives. He will play billiards or box with the men, and for years has maintained a dancing class for both sexes, and given parties every winter, with excellent result, it is claimed, in raising the moral tone of the young people. In a third parish, where, too, there is a curate-in-charge, we find again an empty church, but a full Sunday school, and much difficulty in obtaining workers from outside. But everywhere it is claimed that those touched, and especially the communicants, are real Christians, ready to face ridicule and scoffing for their faith's sake.

In all these parishes the services of the Church, with whatever difference of ritual, are well given. It does indeed seem strange that the mere attraction of warmth, and light, and music should have so little effect; and one is at times almost driven towards the conclusion that there must be something actually repellant to the people in the pretensions of religion or in the associations of Christian worship.

We come finally to St. James the Great, and here at the time of our inquiry the condition of things was still a disgrace. Happily this is altered now. At this, the notorious Red Church, marriages, which by an old endowment were almost gratuitous (the actual charge was sevenpence), formed the only activity, except that the late incumbent maintained a small congregation by doles given in church. A new start has now been made and seems likely to be successful. Perhaps it may be said that, the worse things have been, the more hopeful the outlook becomes.

The laxity and unworthiness of the Church in this parish has been accompanied by considerable effort on the part of the Unitarians and the Society of Friends. The work of both is essentially of a mission character, drawing funds and workers from other quarters, and, beyond attendance at mothers' meetings and Sunday schools, little response is won from the neighbourhood. The Friends have a small adult school, but its members come mostly from a distance. They do not attempt house to house visiting, not being welcome (they find) 'unless bringing something.' The tramps and vagrants who used to fill the front seats of their meeting on Sunday evening, have been got rid of since indiscriminate giving has been checked; but if this class falls below, there are also those who hold themselves above the need of Divine worship, for in this district, prosperity, it is pointed out, as well as poverty, goes against religion. The Unitarians, among whom membership is based solely on a money subscription, are definitely constituted as a society with missionary objects and are closely connected with a leading Unitarian Church at Hampstead. All the ordinary agencies are employed, and the religious services at the mission are attended by small numbers of respectable working-class people. Thus they are neither more nor less successful than the orthodox, and their success is practically of the same character.

Activity among Nonconformists is not confined to the neglected parish of St. James the Great. In St. Thomas' parish the Wesleyans have a mission overflowing with energy. The work was started nine years ago in a time-honoured, but almost deserted church, in the Hackney Road, and to it large congregations are attracted. They have day schools as well as Sunday schools. A powerful brass-band assists the services, both indoors and out, and 'cottage meetings' are held in the poor streets. A 'medical missionary,' a 'people's lawyer,' and other popular devices are employed to reach the people. Their visitors, going from door to door in the poorest streets, ' meet other visitors whichever way they go.' They give what they can, bread and coal tickets, blankets in winter, soup and groceries. The Charity Organization Society has not a favourable opinion of their doings in these ways, but into all they do they import a seemingly abiding enthusiasm which has a marvellous effect. Of their method, its power and success, and its place as a religious influence, we shall have more to say in the next two chapters.

With this remarkable success may be contrasted the position of the Congregationalists who pursue their old ways, although their supporters are gradually leaving the neighbourhood, and with both we may compare the work of the Baptists, who in this neighbourhood are very powerful. Both morning and evening on Sunday their great tabernacle in the Hackney Road is well filled. The congregation, of lower-middle and upper working class, is drawn mainly from the regions to the north of the small district with which we are now dealing. The tabernacle is seated for two thousand, and at a pinch room has been made for nearly three thousand. Amongst those who thus come under his influence their pastor has formed a band of workers, some three hundred strong, to carry on the work of the church. There are several mission centres, of which we have already described one, and there are huge Sunday schools, but Shoreditch Tabernacle is not itself a mission. It is a regularly established church, with all the solid adjuncts of Baptist organization. And what is remarkable is not so much the work carried on from the mission centres and at the schools, as the existence of this huge congregation of people of the working class, with those of the class just above it, who find here their religious inspiration. There is among them no appearance of poverty. All are well dressed, and of this their pastor is rightly proud. They do not come to church for what they get by so doing, but, on the contrary, are expected to give, and do by what they give support both the church and their pastor.

The successful system of the Congregationalist body, with its inner social and religious life and its outside mission work, which we have seen developed to perfection in the middle-class circles of North London, is here applied by the Baptists to the working classes, but with the difference characteristic of all Baptist churches, that congregational life, with them, is concentrated more absolutely upon religion and admits less of diversion. Prayer meetings and questionings of the spirit take the place of literary and debating societies.

There is about the doctrines and practices of the Baptists a sternness which no other leading religious body exhibits. It is displayed most completely by the smaller sects of Strict or Particular Baptists, but is characteristic of all. Their buildings are entirely without religious sentiment or architectural charm of any kind. It is enough if the hall is so shaped and the seats are so arranged that everyone can see and hear the preacher. They make use of no orchestra, such as the Wesleyans delight in; in many of their chapels they have not even an organ to aid the voices of the congregation with the simple hymns they sing. Nor do they mix politics with religion. It is only by religious questions that they are roused, but then they are roused indeed.

The efforts of the Baptists here, and elsewhere too, are imbued with a strong Protestant evangelical spirit, and it is their members who furnish some of the leading spirits of the Shoreditch Branch of the Protestant Alliance.

The Alliance is greatly concerned at the spread amongst the churches of the Anglican Communion of rites and doctrines hitherto exclusively identified with the Church of Rome, and of such erring churches there are several notable examples in the neighbouring districts of Haggerston and Shoreditch. It is the insidious attractions which these methods and beliefs mayhave for the mass of the people that is chiefly feared – a fear, however, that would appear to be quite unnecessary. Extreme doctrines and advanced practices no doubt find some adherents; some whose religious sense seeks and can find satisfaction in this way; but the attitude of the masses on the whole question of religion seems to show that the fears of the Alliance are groundless, at any rate so far as the adult population is concerned. The children are, as always, truly catholic and impartial in matters of doctrine and observance, and the after effects of the great teaching zeal shown by the Ritualists cannot be indicated with certainty. But so far as has been seen the children no sooner leave school than they break loose from clerical guidance and in every direction seek their liberty. As they grow up they fall into the common attitude of the people; and from religion generally, and this form of religion in particular, the people hold aloof. With them the authority of the Church has no weight, nor does the comfort of the confessional attract. Certain souls are touched and won by these methods, as others, and indeed very many more, are by the simple evangelical preaching of salvation by the Blood of Christ, but the great bulk of the population (including the younger people and even the women) is indifferent, seeming not only to lack, but to be incapable of attaining to that pressing sense of sin which is the common basis not only of these but of most other forms of Christian teaching.

In the parishes lying to the north of Bethnal Green Road (from the proper concerns of which I have turned aside to consider the fears of the Shoreditch Protestant Alliance) the people are generally spoken of as hard working and respectable and not so very poor. They are indeed almost all such as *may* need help; but apart from ' old age, illness, incompetence, or drink ' do fairly well. For the last two winters there has been no need of penny dinners for the children in even the poorest schools. At the same time large sums are continually spent in charity. It is said to be extremely difficult to check fraudulent applications, and a too easy standard of eligibility for relief is almost inevitably accepted. Money for charitable purposes flows in. It can always be obtained for this more easily than for other purposes, and so it comes about that the distribution of relief is at once the natural accompaniment of all religious effort in this district and its bane.

From the parishes of St. Andrew and St. Bartholomew, which adjoin Stepney, the accounts are more cheerful. The relations of the Church with the people show reciprocal improvement. They regard each other with indulgence and kindly appreciation. The reception of the clergy is no longer cold, they are everywhere accepted as friends, and the working man's unwillingness to commit himself by the profession of religion is looked upon by his indulgent clerical critics as almost a virtue. There is here an unmistakable tendency to cater for a superior class, by drawing a tighter rein as to the giving of relief, by curtailing prizes and treats, and by abstaining from subsidizing the women who attend the mothers' meetings. The result is increased respect, and, also, increased respectability; a better class of women attend. The congregations are still very small.

It is to be noted that in one case, in recognition of the fact that the wives of working men are also their cooks and that the Sunday dinner is the most important meal of the week, the morning service has been fixed at an earlier hour than usual.

These churches claim that as regards the influence of religion things are moving in the right direction, however slowly, and cautiously add that perhaps in two generations there may be something to show. The *system* adopted is always the same: to select out of schools and clubs the members of the guilds from whom more is expected and for whom more is done; and who may become a church nucleus, a missionary band, a centre of life round which all the rest is grouped. It is pointed out that by this means permanence is given to the work; it is made more independent of the coming and going of individual clergy, and it becomes more possible to look forward to slow progress over long periods of time. Great stress is also laid upon the vigorous and hardy. character of the religion that stands firm and undeterred although fashion be against church going. It is again pointed out that among people of the class sought a church-goer is almost invariably a communicant. Beyond this the Church is supported by the consciousness that through its parochial system it fills a definite place in a definite area which the Nonconformists do not and cannot occupy. Its services are generally demanded at baptism, marriage, after child-birth and after death. Its clergy are regarded as the paid servants of the people.

In the parish of St. Andrew, the Christian Community has its headquarters, but although possessing a large block of buildings, little work is carried on there. Poorly attended gospel meetings on Sunday; a small Sunday school; a Band of Hope and temperance society in the winter months, comprise most of the headquarters' fixtures. The Community, however, organizes an extensive scheme of mission services in various parts of London, sometimes held in its own halls, but more often elsewhere – in lodging-houses, workhouses, infirmaries and at open-air stations. The Community, which has about two hundred members, is an undenominational society of some historic interest, ' established by the Huguenots in 1685 and re-established under the patronage of the Rev. J. Wesley in 1772.' In addition to the meetings held at the Memorial Hall, in London Street, one or two small charitable efforts are carried on there by this body, but the part of their work that is most widely known, although not generally associated with the Community, is the Bethnal Green Free Library, which occupies adjoining premises. This library has no doubt served a useful purpose in the neighbourhood, but exception must be taken to the exaggerated claims made in its annual reports, and to the nature of the appeals issued on its behalf.

§3

OXFORDHOUSE

Neither Toynbee Hall nor Oxford House professes to act as a corporation, but among the residents at each common ideas and aspirations converge, and something not unlike corporate action frequently results. From the first, Oxford House has maintained a strong though liberal High Church attitude, and in addition to the clubs for which it is mostly famous, and to parish work and branches of work common to other settlements, such as charity organization committees, country holiday funds, and sanitary aid, there has been something distinctive in the mission preaching of the successive heads of the settlement, Mr. Adderley, Canon Henson, and the present Bishop of London. But the results of this religious propaganda were uncertain and insecure, and hence perhaps the attempt to place them on a firmer and more permanent basis by the experiment, recently abandoned, of connecting the settlement on its religious side with the organization of St. Matthew's parish. Otherwise its special work as a settlement has been directed to the promotion and management of clubs.

As Toynbee Hall finds a base of action in the men and women who attend the classes, lectures, and conferences which it provides, and of whom many also share in the other activities of the settlement, so at Oxford House an opportunity is looked for in the clubs of which it is the centre. There are three great clubs connected with the settlement – namely (i) the club which meets at Oxford House itself and goes by that name; (2) the University Club, a more distinctly social institution, which owes its development to Mr. Buchanan, and has large premises of its own: both of these being for men and both on a large scale; and (3) the ' Webbe Institute' for lads. There is also a smaller club, called the * Repton,' for boys.

In the effort to maintain a high character, these clubs tend to rise, and, with the exception of the Repton, have risen somewhat above the class for which they were originally intended, which it must be said is a very common characteristic with efforts after social improvement. It may be that the rising standard has affected and carried with it some of the members; but a strong club influence can hardly be said to exist when the *personnel* changes rapidly and fluctuates continually. This is the case particularly with the University Club, the members of which now come from all parts of East and North London, and even beyond, and have many of them no special connection with Bethnal Green. Moreover, whatever the class and wherever they may come from, it seems to be admitted that such clubs are too large for personal acquaintance between members and managers, or even among the members themselves. Great size and a rapidly-changing membership destroy the character of brotherhood, except so far as this may be developed among some small and constant nucleus of the members.

The educational value however, of a well-managed and wholesome club, even if a man be an active member for only a few months, is not to be despised. Moreover, though Oxford House may have failed to some extent in its attempts to create a great fellowship of men drawn from its own neighbourhood, it has still accomplished the difficult feat of club management without beer and without betting, or any of the other evils which are ruining so many of the great social and political working men's clubs, and causing them to be regarded as curses to the community.

The secret of this success consists in making each club the centre of numerous minor activities, such as athletic, football, cricket, cycling and rowing clubs; debating and other literary or dramatic societies; dancing classes, and the organization of excursions and inter-club visits. The same secret, the same system, lies at the root of some of the greatest religious successes we have had to record, sustains such institutions as the Young Men's Christian Association, and gives their most characteristic features to some of the Polytechnics. To manage such matters successfully makes extraordinary demands upon time and temper, but results in, and is repaid by, the pleasure and fulness of interest added to a thousand lives. There is, however, little that is local about such organizations; men's clubs, if on a large scale, might be almost equally well situated at any central point; and these of Oxford House play hardly any part in the amelioration of the evil conditions of life surrounding them in Bethnal Green, towards which object they were, in their inception, specially aimed.

7

SECTION 7

§4

RELIGIOUS WORK IN HAGGERSTON AND PART OF SHOREDITCH

The uneasiness and alarm of the Protestant Evangelical Alliance in this neighbourhood, to which we have referred, is, as we have already said, partly to be accounted for by the presence of a number of churches in which the ritual is excessively high. There are some churches in Bethnal Green where the services are what is termed * moderately high,' but in St. Stephen's, St. Augustine's, St. Mary's, St. Chad's, and St. Columba's, which are adjoining parishes in Haggerston, with St. Michael's, Shoreditch, we have a crescendo of Ritualistic and Romish practices. Taken together they provide an excellent test of the results and value of the work of the High Church, better in many ways than can be obtained from any single isolated parish.

In the parish of St. Augustine's is situated the 'Priory,' headquarters in London of the Sisters of St. Margaret, of East Grinstead. Of these Sisters twenty-eight live here and work in four of the adjacent parishes. Thirteen are allocated to St. Augustine's, and these are, to a great extent, responsible for the parish organization. The Priory itself is the centre of a number of charitable operations. There is a dispensary at which doctors' prescriptions are made up for the bare cost of the drugs, and simple remedies are given away. There are halfpenny dinners for the school children and, in winter, free dinners for men out of work, and occasional free teas on Sundays. Dinners are also sent out to the sick, and thousands of tickets for bread or groceries or coals are given away. Work is found for women.* Immense quantities of oldclothes are collected and sold at nominal prices, together with new garments specially made and sent for this purpose; contributions being acknowledged from no fewer than two hundred 'local centres' or other sources.

* It may be noticed, and it is very striking, that in all these things the Wesleyans in their missions follow exactly the same lines as the Anglican Sisters.

There is a girls' club which, like the clubs at Oxford House, has been almost too successful, as the rough girls for whose sake it was started find themselves out of place in it. For destitute girls a home is made when needed. There is, too, a *criche* where forty children are taken care of daily for a small payment. The Sisters also manage the girls' and infants' Sunday school in St. Augustine's parish, as well as the Band of Hope and mothers' meeting, and have established a special organization, a branch of the Women's Help Society, called the Mission of the Good Shepherd, which is a society of communicants, or those preparing for confirmation.

The work of the Sisters is thus on an extensive scale, but of the whole only the Sunday school and the society of communicants are directly religious. Of course, much is hoped, but very little result is claimed. In fact, from the strictly religious point ot view, failure is frankly admitted. They work on 'in the hope that it will tell in the end.' There is certainly here no immediate cause for alarm on the part of the Protestant Alliance.

The sacred and ornate services of the church, aided by the efforts of the Sisters, attract to St. Augustine's congregations of one to two hundred, mostly women and girls, or young persons of the lower middle and working classes of the district, together with a considerable number of children. There are, it is said, over three hundred communicants at Easter, and four hundred names on the roll. The influence of the church may be deep, but is certainly restricted. It is only in the Sunday school that we find extension, there being 950 children on the books with an average attendance of 780.

In the other parishes in which they operate, the Sisters of St. Margaret do similar work, but play a less important part. St. Mary's, with its beautiful musical service and the powerful traditions of its pulpit, draws a congregation from outside the parish, and within devotes its efforts to the children with whom Haggerston swarms, gathering them together in the Sunday schools, feeding those of them that need it, and prolonging the influence of the Church so far as possible in the usual ways. The place of Summer excursions and Winter treats in holding the work together is very frankly recognised. 'Any branch or our organization – Sunday schools, Bands of Hope, lads' club, guilds, girls' friendly society, and even the staid members of our mothers' meetings – that did not have its own particular Christmas party or treat, would consider itself highly aggrieved, not to say defrauded of its just rights.' And, continues the report: * After all it is very delightful to be able to make such a large number of children (of all ages, even grown-up ones) enjoy a thoroughly festive and jolly evening.' In this parish charitable relief takes its accustomed place in relation to parochial visitation, but is very carefully administered, so that it can hardly be called bribery. It is only an attempt, whether wisely conceived or not, to help the poor in their pinched lives and mitigate the hardships of their lot; and differs in no material way from the efforts of the evangelical missions or the Nonconformist churches. It certainly seems to have no result even on church attendance, no visible connection of any kind with the spread of dangerous doctrines.

The men's club has felt the competition of purely secular ones, which cater better for amusement, and has now taken a more religious cast, most of itssmall circle of members being communicants. On the other hand, a mutual loan and investment society, which is entirely secular, is numerically very successful, having over five hundred members.

At St. Stephen's, a much poorer and rather remote parish, the High Ritualistic services are entirely neglected by the public. Parishioners are not interested, and the outsiders who used to attend now find all they want equally well elsewhere. Missions and out-door services have been abandoned as of no avail, and the multiplication of services in church is denounced. There used to be daily morning and evening service, but no one came; and this, the vicar points out, is the case in all poor districts, the clergy uselessly wearing themselves out in this way when time and energy are wanted for other things. Here, too, they have schools, clubs, and mothers' meetings, and, if they had it to give, 'could spend more on relief,' but the religious attitude is reported to be one of 'complete indifference and apathy,' depending, it is suggested, on race and temperament, and the effects of city surroundings, rather than on any doctrinal teaching.

The work at St. Chad's I believe to have been similar in character to that of St. Mary's and St. Augustine's. I am, however, without particulars, the vicar having died just at the time of our inquiry. But at St. Columba's, where we cross the Kingsland Road, it is different. Here the social agencies are unimportant; there is neither time nor accommodation for them; the work is definitely and exclusively religious. The parish is practically in Hoxton; the population stamped with the low and criminal character of that district; and amid this sea of ignorance and iniquity the church makes its attempt. It is not alone that its ritual is extreme – the most extreme in this neighbourhood (unless it be St. Michael's) and one of the most extreme in London – but so also are its teaching andits practices. There is no flinching; no compromise is admitted. Something, no doubt, is accomplished. The church is regarded as a mission, and all its activities are aimed at the winning of souls to God. Frequent open-air services are held. What marchings with a brass-band are to the Wesleyans, processions round the parish are here. There are Sisters of the Church Extension, Kilburn, who visit the people and relieve their distresses, with the ultimate object of bringing them within the ministrations of the Church, and so under the influence of its priests. Every device is adopted to strengthen the spiritual hold over those who are reached. Confession is practically insisted upon, and is made the very corner-stone of the structure. The regular performance of religious duties is systematically watched – the Baptists, too, do this – work of one kind or another is found to bind the members to the church; and it is remarkable in this poor parish, where many of the congregation come from a distance, how large a proportion of the workers are found locally. The roughest lads take their places as'altar servers.'

The work is not new. The church was built some thirty years ago, and for the whole of this period the methods adopted have been much the same. Whether they be good or bad, they fail to touch the people. The congregations are not large, are partly drawn from outside, and consist mainly of women. The result would seem to be more particularly a work of personal influence exercised upon a limited number of impressionable souls, ' teachable,' but morally flabby, culled from a degraded population. What is done, cannot, I think, be accounted bad. The system adopted might be weakening and demoralizing if it could be applied to individuals of hardier moral fibre, but amongst such as these whom it serves, it may have power to interest, to sustain, and even to awaken a divine response in their poor souls not less remarkable nor less spiritually true than any of the other wondrous ways of religious salvation.

In the parishes of St. Augustine, St. Mary, and St. Chad, there are no regular Nonconformist churches, but the Congregationalists have a branch mission which has grown out of a ragged school. There is another mission of a strongly evangelical type, and a third which belongs to the United Methodist Free Church. This last is built like a lighthouse; it displays a revolving light and employs a powerful brass-band to draw men to its services, which are conducted by sensational converts and other working-class evangelists, and draw considerable numbers.

The Congregationalists speak of poverty and indifference as the characteristics of the people. They compete with the High Church sisterhood in providing Christmas dinners and the ' usual treats,' and open a soup kitchen in winter to coax some of the mothers to their services. But their greatest work is among the children, and culminates in a Band of Hope, said to be the largest in all London. All the workers in this mission are strong teetotalers, and in that direction great efforts are made. It is admitted, very simply, that the Adult Total Abstinence Society can fill its room unless it is a 'religious sort of meeting.' It may be assumed that the people absent themselves in that case, not because they object to the religion, so much as that they demand the entertainment, which is always provided when the object is not ' religious.' If the entertainment were compatible with the Gospel, and incompatible with special temperance propaganda, the religious meetings would be packed and those in favour of temperance neglected.

The record of the Evangelical Mission is simply that of a struggle with the High Church for the souls and bodies of the children, and yet there would seem to be plenty of work for both. It is dole*versus*dole, and treat*versus*treat, a contest openly admitted on both sides; while the people, taking the gifts with either hand, explain how careful they must be, when attending a service, that the other side knows nothing of it. This atrocious system, based on the delusive claim of each party to a monopoly of religious truth, is injurious to both, as well as to the recipients of their demoralizing bounties. Apart from this, some good honest work is done; as, for instance, in this mission by the ' Band of Love and Service,' a meeting once a week of eighty to one hundred rough boys who subject themselves to six teachers, and have occasionally to be turned out for disorderly conduct,'but always want to come back.' Or by the Sunday Bible-class for thirty lads of even lower type; such lads as in the street always disperse if they see a policeman: who ' aint doin' nothin" at the moment, but to whom the police are a danger to be shunned; and who, it is said, give the missionary credit for the power, in case of extreme need, of having them ' lagged and put away'; a rather singular, but it seems effective, basis of class discipline.

Mr. Cuff's great tabernacle, which we have already described, represents Nonconformity over the whole of this district. The congregation is, in fact, drawn more from Haggerston and Shoreditch than from Bethnal Green.

Apart from the string of High Churches, the Establishment is here represented by the parish church (St. Leonard's), which, as usual with old parish churches, avoids extremes, and succeeds, without making any very stressful efforts, in attracting to its services the respectable congregations which such churches always do secure. The remaining parishes of Shoreditch, of which St. Michael's is one, are included in the next chapter.

8

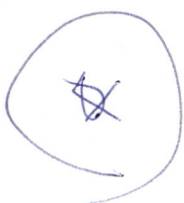

SECTION 8

15
STANDARDOFLIFEINBETHNALGREEN

Bethnal Green shares hardly at all the homeless population so characteristic of Whitechapel, and has comparatively few of the criminals who make Hoxton notorious; but much of its family life and social habits are at as low a level as any in London. What this level is may be best shown by a patchwork of quotations from the evidence before us. This population is spoken of by the police as consisting largely of ' hard working people, who work honestly for their living and get drunk on Saturday night, but who give no trouble' (to the police that is). It is noted that the two years preceding our inquiry (1896 and 1897) were very prosperous and that there had been few complaints of lack of work, but it is added that ' when in work all' – that is all surplus – ' is spent in drink,' so that ' with one bad year the people would be in want.' This applies to many who are earning good wages. Heavy drinking is said to be a sure sign that work is plentiful. 'The police are busiest when the people are most prosperous' – or would be so if it were not for the drink. The worst times are Bank Holidays, for which occasions money is saved up. One of the clergy says that 'there is practically no thrift except putting by for a burst.' Another, that ' drink is about as bad as can be.' And a third says of his parish that ' there is none poorer in London, but the poverty is almost entirely the result of drink.' A parish nurse speaks of the ' Monday morning business of the pawn-shops as a sight to see.' No shame is felt among the women either about putting clothes away, or as to entering public-houses. This we hear on all sides. ' In drinking the women are as bad as the men.' Suicides, following upon drinking bouts and quarrels betweenman and wife, are said to be common, and so, too, are sudden deaths among infants and children due to neglect or improper feeding. The nurse, speaking of part of one of these parishes, says ' it would be difficult to find rougher streets anywhere in London,' but she adds that the people all respect the nurse's uniform.

In all ways we have a picture of extraordinarily rough and low life. Weddings, we are told, are the occasion of a drunken orgy, the disorder extending even to the church, and reaching such a pass that the clergy frequently have to refuse to go on with the service till it ceases. Marriages are contracted at an early age, and in many cases for pressing reasons. The ceremony is often postponed to the very last moment at which it is possible to save the situation, but ' is always intended'; the girls count on it, for the local ethical standard is strong on the necessity of marriage under such circumstances. On the other hand, if difficulties between the couple arise later on, to leave wife and home and live with another woman is not regarded as a serious offence, if the circumstances are felt to justify this course. In all these matters there are, however, strict rules of propriety, accepted by public opinion, which cannot be violated with impunity by those who wish to live on pleasant terms with their neighbours, though they may not follow the ordinary lines either of legal or religious morality.

Taking the district as a whole the roughness seems to be decreasing slowly. Conditions are becoming more level. ' Bad places are not quite so bad nor good places quite so good,' but'it is harder for a bad place to become better than for a good place to become worse,' and so it happens that the shifting of a low class population by clearances, although it affords valuable opportunities, does in some way increase the difficulties to be dealt with.

There is much life and good humour in the streets; the Sunday morning bird fair in Sclater Street has all the crowded geniality of a race meeting. Those who live near, in the triangle between Sclater Street and Bethnal Green Road, are a very sporting set who live as a happy family, and ' whip round' to make up a purse for bail or for defence of anyone ' in trouble.' Here we touch the criminal side of Bethnal Green, and to this spot have come many of the more doubtful characters from the'Nichol,' but crime does not here assume its blackest aspect. Perhaps the worst form it takes is that of prostitution carried on with intent to rob, a drunken man becoming the easy prey of a woman and her bully.

The bird fair (like the Jew market of old Petticoat Lane) is attended from far and wide, but specially reflects the pleasures and habits of the neighbouring people of Bethnal Green, which turn largely on domestic pets; singing birds, rabbits and guinea pigs, fowls, pigeons, dogs, and even goats, are dealt in; any kind of animal that can be kept in or on a house or in a back yard. Flowering plants for window gardening are also greatly affected. One of the churches has had an annual flower show for thirty years; and the flower market in Columbia Road is one of the largest in London. Moreover, an old-established population such as this, is not without quiet corners. In George

Gardens, out of Old Bethnal Green Road, are residents who have lived there forty or fifty years; respectable poor folk who are proud of their gardens (which indeed are a picture in summer) and avowing that 'it would be impossible to find a nicer house or a better copper or a pleasanter place to live in.'

Health in Bethnal Green is reported as surprisingly good, considering the crowding, and the ' loathsome' character of many of the houses, and considering also that the faults of construction are aggravated by bad usage. The character of block dwellings, we are again told, depends mainly on the management and on the personality of the caretaker.'If these are bad, the place becomes a hell;' and once more one of the buildings erected by a partly philanthropic company is described as ' one of the roughest to be found anywhere,' in bad condition, and with broken windows. Broken windows are one of the surest signs of rough life, and it is curious to note that those of the Jews are intact, which would seem to show that where there is damage it comes from within, and not from without. As to employment, silk-weaving still lingers, but boot-making, and cabinet-making in its various branches, especially the making of chairs, are now the leading trades of Bethnal Green, though in the district itself there is no local wholesale market for these goods. In almost every branch of cabinet-making the small workshops still account for a large number of those employed; but boot-making is increasingly done on a larger scale. The extensive introduction ot machinery into boot manufacture, and trade-union policy, alike tend to push the work into factory or workshop, so that less and less of this work is done in the homes, a change which affects social life in various ways. Some of the clergy regard it as making even more hopeless the normally difficult task of 'getting at the men,' but there is not very much in the argument. In addition to these trades, which give a stamp of peculiarity to the streets of Bethnal Green, there are large numbers of costermongers living and pursuing their loud vocation here, and there are also many small shopkeepers and others who live on supplying the wants of the poor; while, at the bottom, the population passes through the doubtful paths of the * fancy' into those of the professional thief. Amongst the women there are matchbox makers and toy-makers, both being home industries, while a certain number also find employment in the lighter branches of the two staple trades of the district.

9

SECTION 9

§6
PUBLIC BUILDINGS AND LOCAL ADMINISTRATION IN BETHNAL GREEN

The attempt to supply Bethnal Green with religion by building churches had a parallel in the elaborate and architecturally successful vegetable market, that the Baroness Burdett-Coutts was induced to build for the benefit of the people, but which is practically unused. A coal market adjoining has had no better success, and has now been turned into a swimming-bath; and a street carefully roofed in to serve as a potato market has also failed to secure any trade. The people cling to their old ways, and the costermongers prefer to ply freely in the open streets. Projects of this description are dreams seldom capable of realization. They must necessarily conflict with many existing interests, as well as habits and prejudices, and, at the same time, neither producers, brokers, dealers, nor the buying public are effectively aided.

An attempt was made to utilize part of the buildings for a Polytechnic Institute, but this also failed, and has been closed. It was called the ' Church Polytechnic,' but was church only in name; for parsons were rigidly excluded, on the theory that where they are the working man will not come; but even with this liberal concession to his prejudices, the working man did not come, and the institution dwindled away.

The Bethnal Green Museum, which is on the east side of Cambridge Road (and therefore actually outside of the district we are now describing), was also mainly due to the munificence of the Baroness Burdett-Coutts, and has better repaid her generosity. It was opened in 1872, and is worked as a branch of the Victoria and Albert Museum at South Kensington. On three days of the week it is open to the public till 10 p. m., and till dusk on other days, including Sunday; and although not used so much as in the first year or two, when it had the charm of a new thing, is still visited by large numbers. Admission is always free and there is no age limit, children, if they behave themselves, being as readily admitted as adults, while in recent years the number of parties of school children brought by their teachers has greatly increased. Most of the day visitors are children: it is after six, when the evening is supposed to begin, that the number of adults is greatest.

The building is well situated, and though it lacks the architectural beauty that has been so lavishly squandered on the market, is well adapted for its purpose, and is full of interesting and instructive exhibits, some permanent, and others of varied character coming on loan. A visitor turning in from the dull streets of the neighbourhood on some dreary November evening is best able to appreciate the advantages of such an institution, warm, well-lighted, orderly, and full of interest, in the heart of working-class London.

In sanitary matters there has been of late years a great awakening in Bethnal Green. A good staff has been appointed, and the work placed on a satisfactory footing. But the difficulties to be contended with are great. The pressure of poverty is heavy, and in effect, if not in reality, it is increasing. Housing is declared to be ' loathsome,' ' utterly bad,' ' as bad as it well can be,' ' bad for sanitation and morality'; and there is'shocking overcrowding.' The mischief is primarily due to the habits of the occupants, but it is complained that the Housing Act is too weak as regards public needs, and ' leaves too much room for the botching up of bad property.' This degree of licence is followed up by a good deal of house-farming. Speculators take a number of houses, perhaps a whole street, and make what they can by sub-letting – often leasehold property with the leases shortly running out. The leaseholder sub-lets his conscience with the building; the ultimate owner is not yet on the field. Meanwhile it is the housefarmer's interest to spend as little as possible on repairs, so the property falls into worse and worse condition, the occupants are confirmed in their reckless habits, and the public interest suffers.

Some small clearances have been effected, but in attempting anything of this kind, the authorities hardly know which way to turn. Not long ago two small streets were scheduled for a much-needed improvement, but the expense and the difficulties of rehousing according to law were found too great, and the scheme was abandoned. To acquire the property, and rebuild satisfactorily, and yet let the rooms at rents which the people could pay, was deemed a hopeless task.

The crowding has been aggravated no doubt by the Boundary Street clearances, and against the pressure thus caused the sanitary officials can make / little headway. Abated in one place, the congestion ' becomes intensified in another. Rents being so high and they so poor, the people must crush in somewhere, and if at last they seek the workhouse that also is found to be overcrowded.

Nevertheless, bad as things are in parts, we are told that there is improvement on the whole; that sanitary conditions generally can be called good, and health, as has been said,'surprisingly good under the circumstances.' These opinions are borne out by the official statistics of a falling death-rate, but at the same time the positive evils suffered are witnessed to by the continuous heavy mortality among the children.

The undeniably messy condition of the streets is mainly due to the habits and occupations of the people, of whom so many are costers. They throw the refuse of their stock-in-trade into the street, and there is great difficulty in stopping this convenient practice. On Sunday morning the disorder is at its worst. The daily sweeping of every street would, it is held, be a greater expense than can be afforded, but some improvements in this direction and in better kinds of pavement, which conduce to cleanliness, are being gradually made.

At Bethnal Green both indoor and outdoor pauperism have grown apace, the numbers relieved and the amount expended being more than double in 1895 what they were in 1878. Whether the connection between this development and the increase of poverty be cause or effect, I cannot tell; but that the district is poorer than it was ten or twenty years ago is almost certain.

The opening of the great new infirmary in Cambridge Road was, at the time of our inquiry, looked forward to as providing scope for improvement, by relieving the pressure on the workhouse and making possible the differentiation of cases.

Since 1895, without any absolute change of principle, the Guardians have been more careful in administration; the amount of out-relief given has been materially reduced, and the numbers to whom it is given still more so. There is doubtless room for further improvement. The plan adopted has been to frame rules for the guidance of the Relief Committee, and exceptions to these rules are only allowed by the authority of the whole Board.

DESCRIPTIVE NOTES. MapH. (Vot. II. ChaptersI. and II.)

Inner East.

Adjotntng Map – N. Hackney (Vol. I.); E. Outer East (Vol. I.) i S. Inner South London (Vol. IV.).

General Character. – The map covers the districts of Haggerston, Bethnal Green. Spitalfields, Mile End New Town, part of Mile End Old Town. Whitechapel, Goodman's Fields, St. George's-in-the-East, Shadwell, and Wapping. This is the ' heart' of the East End. Practically all the inhabitants belong to the employed classes. Bethnal Green is noted for its rough English poverty, Spitalfields and Whitechapel for Jews and common lodging-houses and shelters, Wapping and Shadwell for their connection with docks, riverside labour and sailors. The character of the locality is affected by its nearness to the City and to the river, by the oldness of its houses, and by the presence of a large and extending colony of Jews. The extension of business premises on the borders of the City is interspersed with that of great blocks of dwellings in Whitechapel, beyond the Tower, near the Mint, and in the Boundary Street area in Bethnal Green. The canal on the North, the City on the West, and the river on the South, hem the population in on three sides, and the whole area tends to become more uniformly poor. The general colouring of the map is purple, varied with large patches of light and dark blue. Some pink remains at the edges, but in decreasing quantity. Senaants are found only in the main streets, and very few in them. Owing to the presence of the Jews, parts of Whitechapel and St. George's give the impression of a foreign town; women with olive complexions, and dark-bearded men in Russian-Polish dress; streets littered with fish-heads and orange peel.

Poverty Areas. – Throughout Bethnal Green there is a large amount of old-established poverty living in two-storeyed ' light blue' streets, the men being carmen, labourers of all sorts, furniture makers and bootmakers in a small way; coupled with this there is the large area of dark blue and black in St. Paul's and St. Matthew's parishes representing the very rough vicious class of which the ' Nichol,' now demolished for the new London County Council buildings, used to be the type*(vide*p. 67); some of this has extended still further East to St. Jude's and St. Andrew's parishes. In the North, near Regent's Canal, is the light and dark blue of old-standing labouring ' and ' gas-works' poverty. The black spots in Whitechapel denote vice and crime as depraved as anything in London; further East, in St. Bartholomew's parish, is poverty that is degraded rather than criminal, the badness of the houses being due primarily to the insanitary and dirty habits of the occupants. South of Whitechapel Road, and more especially between Commerctal Road and the river, are patches of dark blue, some of which indicate alien immigrant poverty, but are more often related to remnants of rough English and Irish who have not yet been ousted by the Jews; many are dockers; the ' black ' spots are generally connected with sailors' brothels. Speaking generally, ' sturdy ' poverty is found in Bethnal Green and Haggerston, north of the Great Eastern Railway, and again in the South, in Wapping; ' wastrel ' poverty obtains more particularly in Spitalfields and Whitechapel.

Employments. – The principal industries are: in Haggerston and Bethnal Green, cabinet making, boot and shoe work, silk-weaving, glass-blowing, gas-work and costering, whilst women do cardboard and match-box making; in Whitechapel, boot and shoe work, tailoring, mantle making, cap making, fur dressing and sewing, brewing, and cigar and tobacco manufacturing; in St. George's-in-the-East, dock work and general waterside labour, gas work, and for women sack making. Thewhirr of the sewing machine, and the' tap-tap' of the shoemaker's hammer, are characteristic of the Jewish streets. Throughout the districts there are large numbers of carmen, draymen, and warehousemen.

Housing and Rents. – With a few exceptions the houses in the whole of the area covered by the map were built for, and inhabited from the first by the working classes. The exceptions occur chiefly in Whitechapel and St. George's-in-the-East, where were once the homes of small city men, retired shop-keepers, and ships' captains; these houses can still be distinguished by their carved door lintels and panelled passages. The majority of the houses are two-storeyed, some are three; the model buildings run to six storeys, and some even have workshops above. Rents are rising, and crowding increasing, owing to the natural advantages of a central position and limitation of space, intensified by the continued immigration of foreign Jews. The whole district has been long inhabited, the houses are old, though for the most part fairly built; new building takes the form of ' model' dwellings on the sites of former slum areas, or tenement houses in place of two-storeyed cottages.

In Bethnal Green the typical house has two storeys, 15 ft. or 16 ft. frontage, four to six rooms, and a rental of from *los* to 13l. It is usually taken by a better-class artisan, who keeps two rooms, and sub-lets the rest. The rent of single rooms runs from *2s 6d* to 3l; two rooms, 4l *6d* to 5l *6d*.

Whitechapel has a very large population living in 'models' and common lodging-houses, and a considerable number of registered furnished rooms let out at *5s* per week per room. Rents in ' models' are *2s 6d* to 4l per room, and 5: to 6s for two rooms. Common lodging-houses charge 4cf and *6d* per night.

St. George's: two or three-storeyed houses, often with basements, six to eight rooms, frontage 15 to 16 feet. Many families in single rooms. Houses of four to six rooms, *js 6d* to *12s*; single room, *2s dd* to *y*; two rooms, 4l to 5l *6d*.

For Bethnal Green, Whitechapel, and St. George's, the rents given above were for 1898, since when the rise has been considerable; a premium known as key-money is also often obtained. The rents in the London County Council buildings are – in the Boundary Street area, 3l *6d* for one-roomed tenements, 5s *6d* to 7l *6d* for two rooms, 5l *gd* to *gs 6d* for three rooms, *gs 6d* to *12s 6d* for four rooms, and 13l to 14l *6d* for five and six rooms. In the Cable Street area (St. George's-in-the-East) two and three rooms are rented at 5l to *s* (1901).

Markets. – The best known street-markets are Goldsmith's Row in Haggerston, Brick Lane and the southern end of the Cambridge Road in Bethnal Green, Wentworth Street and High Street in Whitechapel, and Watney Street in St. George's. Barrows appear in many of the main streets on Fridays and Saturdays; and Sclater Street, in Shoreditch, is the famous bird fair. The crowd on Sunday mornings, extending from Middlesex Street, through Wentworth Street, and up Brick Lane into Sclater Street, is one of the most remarkable sights that London can offer. Wentworth Street, except on Sundays, is almost exclusively a Jewish market, Brick Lane is English, Whitechapel High Street and Watney Street are mixed. Some prices in Watney Street: bread 4jrf the 4 lb. loaf; meat, scraps, *2d* lb., fair bits, 4 to *(4* lb.; good pork chops, 6rf each; sausages, *qd* to *Gd* lb.; fair bacon from *y* lto *6d* lb.; margarine, *J* to *6d* lb.; butter, *lod* to *is 2d* lb.; cheese, *$d* lb.; fair potatoes, *2d* for 3 lb. (February 1898.)

Public-houses. – There is no want of either public-houses or beerhouses. The number of fully licensed houses is a marked feature of the Kingsland Road, Whitechapel Road, and St. George's Street (late Ratcliff Highway), which are all main highways of old standing. Haggerston and Bethnal Green are noted for the number of beerhouses, pointing to the fact that they have always been inhabited by the working classes. The riotous days of Ratcliff Highway, when it was the main road from the docks for sailors just paid off after a long sea voyage in a sailing ship, are over. Steamers, and the habit of sending sailors' wages home direct from shipboard, have largely affected the profits of its licensed houses.

Places of Amusement. – The best known are the London Music Hall in Shoreditch High Street (the Standard Theatre is on the opposite side of the road, and so out of our district), the Cambridge Music Hall in Commercial Street, the Foresters' and Sebright Music Halls in Bethnal Green, and the ' Pavilion' Theatre in the Whitechapel Road. King's Hall, Commercial Road, and a few minor halls are largely used by Jews. In addition, there are Oxford House with its clubs, and St. Andrew's Institute in Bethnal

Green, the Tee-to-tum clubs in Bethnal Green and Whitechapel, and Toynbee Hall in Commercial Street. St. George's Town Hall is used for entertainments of various kinds, otherwise St. George's-in-the-East has to depend for its local amusements on religious bodies and friendly leads in public-houses.

Open Spaces. – There is a great want of open spaces. There is a small raised mound, surrounded by blocks of models, with a bandstand, and planted with shrubs, which does duty as a recreation ground at Boundary Street. Besides this there are a few churchyards open to the public, among them being St. Leonard's, Shoreditch, and Christ Church, Spitalflelds, and St. George's-in-the-East. In Wapping the London County Council has opened a fine recreation ground behind Tench Street, and there are the air spaces of the docks and the river. More might be done in securing such squares as Wellclose and Trinity Squares for the public, following the tardy lead given in the case of Albert Square, off the Commercial Road, which was only saved at the last moment from the hands of the speculative builder. Just outside the district are Bethnal Green Gardens and Victoria Park, which are used by the dwellers on the eastern side. The main open spaces of the district are in reality the Whitechapel Road and the Commercial Road.

Health. – Considering the surrounding conditions, health is surprisingly good in Bethnal Green and St. George's-in-the-East, where the fact that the houses are for the most part two-storeyed and the streets fairly wide to some extent counterbalances the want of open spaces. In Whitechapel, where the smaller houses have been replaced by huge models,1there is complaint of gradual deterioration in health: it is difficult for children to be taken often up and down the steps of six-storeyed 'buildings' – the living room is less healthy as a play-ground than the street; some trace the undoubted increase of consumption to this cause.

The soil is sand and gravel except in Wapping, which lies lower than the rest of the district and is on clay.

Changes of Population. – (i) There has been the gradual drift outwards of the fairly comfortable pink classes; (2) The demolition of slum areas, as in Boundary Street and Cable Street (St. George'sin-the-East), with the dispersal of the former inhabitants in the first instance to neighbouring streets, and, where this was not possible, to Canning Town and Plaistow. The new inhabitants of the ' buildings' are mostly drawn from the better classes in the surrounding streets; some are brought in from outside, as is said to be the case in the Boundary Street area. The increase of dark blue and black in the streetscontiguous is well shown in the case of the Boundary Street clearances; (3) The increase of the Jewish population by immigration to such an extent as to make an almost foreign town of Whitechapel. and their continued expansion North to Bethnal Green, and South and East over St. George's-m-the-East and Stepney.

The net result is that there is less of the worst and the best, and more of the ' in-between'; there is less ' pink' and ' dark blue,' and more purple.

Means ol Locomotion. – There is fair communication North and East by the Great Eastern Railway; by the London, Tilbury and Southend and Blackwall Railways eastwards; and by the Metropolitan Railway westwards and southwards across the river at Wapping. Horse tramways run East along the Whitechapel Road to Stratford, some branching North up the Cambridge Road to Upper Clapton, and along the

Commercial Road to the East India Docks; they are slow and apt to be blocked by the large amount of heavy traffic on its way to the decks. The omnibuses along the same routes, though less comfortable, are more speedy. There is also a line along Commercial Street connecting the docks with Shoreditch and Clerkenwell. Quicker tram-services are wanted with through communication either across or under the City, and another roadway across the Great Eastern Railway, which unduly obstructs the natural expansion of Whitechapel northwards.

PLACES OF WORSHIP.
List of Parish Churches situated in the district described in Chapters I. and II., with otherPlacesOfWorshipgrouped in their ecclesiastical parishes.
All Saints, Mile End New
Town.
King Edward Miss., Albert St.
St. Anne (R. C.), Underwood St.
Christ Church, Spitalfields.
Christ Ch. Hall, Hanbury St.
Christ Church Miss., Dorset St.
Christian Community Hall,
Flower and Dean St.
Brit. Jews' Mis., i5, Fournier St.
Synagogue, Booth St.
Spitalfields' Gt. Synagogue,
Fournier St.
Princes' Synag., 18. Princelet St.
Synagogue, NewCt., Fashion St.
Christ Church, Watney St.
Ebenezer Cong. Ch., Watney St.
Bapt. Chapel, Commercial Rd.
GermanW'sl. C., Commerci'lRd.
Holy Trinity, Shoreditch.
Nichol St. Ragged Sell. (Cong.),
Old Nichol St.
Bapt. Ch., Bethnal Green Rd.
'Brethren Meeting House, Scla-
St. Andrew, Bethnal Green.
St. Andrew's Miss., 255, Cambridge Rd.
Cong. Ch., Bethnal Green Rd.
Memorial Hall (Christian Com-
munity), London St.
Gospel Hall (Brethren), 117,
Coventry St.
St. Augustine, Haggerston.
Miss. of Good Shepherd, 31,
Goldsmith Row.
Dove Row Ragg'd S., DoveRow.

St. Augustine, Stepney.
E. Lond. Miss. to Jews, 87, Commercial Rd.
St. Boniface (German R. C.),47, Union St.
New Hambro' Syn., Union St.
Synagogue, 45, Commercial Rd.
Synagogue,*So,*Greenfield St.
St. Bartholomew, Bethnal Or.
St. Martin's Miss., Somerford St.
ter St.
Marnham Hall, Darling Row.
Salv. Army Slum Post, Tent St.
Now closed (1903).
*St.*Chad, Haggerston.
Bapt. Miss., Shap St. St. Columba, Kingsland Rd.
Hoxton Hall, Hoxton High St.
St. George's-in-the-East.
St. Matthew's, Pell St.
St. George'sMiss., St. GeorgeSt.
St. George's Miss., Tail St.
Seamen's Bethel (Cong.), Old Gravel Lane.
St. George's Wesl. Ch., Cable St. Swedish Prot. Ch., Princes Sq. Miss, to lews, 36, Wellclose Sq. S. Army Slum Post,263, Cable St. St. James, Ratcliff. Thames Ch. Mis.,53, Medland St. Friends'Mtg. House,53, Brook St. Friends' Miss. Institute, Commercial Rd.

St. James the Qt., BethnalGr.
Unitn. Chapel, Mansford St.
Friends' Hall, Barnet Grove. St. John, St. George's East.
St. John's Miss., Christian St.
Synagogue, Cannon Street Rd. St. John, Wapping.
St. Patrick (R. C.), Green Bank.
Wesl. East End Miss., Redmead Lane.*St.*Jude, Bethnal Green.
L. C. Miss., Bethnal Green Rd. St. Jude, Whitechapel.
Bapt. Ch., Commercial St.
St. Paul's German Reformed Ch., Goulston St.
George Yard Miss., George Yd.
George Yard Miss., 87, High St.
S. A. SlumPost,78, WentworthSt.
Synagogue, Davis's Mansions, Goulston St.
St. Leonard, Shoreditch.

Bapt. Miss., Kingsland Rd.
Hackney Rd. Mis., Union Cres.
L. C. Miss., Basing Place.
St. Mark, Whitechapel.
Ch. of the English Martyrs
(R. C.), Gt. Prescot St. '
Gap Miss., Johnson's Court.
German Y. M. C. A.9o, Leman St.
Synagogue, Scarborough St.
St. Mary, Haggerston.
St. Mary, St. George's East.
SS. Mary and Michael (R. C.),
Commercial Rd.
St. Mary, Spitalfields.
Artillery Lane Mis., Steward St.
German Synagogue, Spital Sq.
Synagogue, Artillery St.
Synagogue, Sandy's Row.
Synagogue, 37A, Gun St.
St. Mary, Whitechapel.
St. Barnabas' Mis. Thomas St.
St. Mary's Miss., Fieldgate St.
St. Mary's Mis., Thomas Pas'ge.
Brunswick Cong. Ch., Whitechapel Rd.
Zoar Bapt. Ch., Gt. Alie St.
Bapt. Ch., Little Alie St.
St. George's German Ch., Littls
Alie St.
Pres. Jewish Miss., 58, White-
chapel Rd.
Barbican Miss, to Jews, 82, Whitechapel Rd. (opened 1901).
Synagogue. Spectacle Alley.
Synagogue, St. Mary's St.
Synagogue, Vine Court.
Synagogue, Gt. Garden St.
Synagogue, 37, Fieldgate St.
Synagogue, 111-117, New Rd.
Synagogue, Great Alie St.
Synagogue, 5, Old Montague St.
St. Matthew, Bethnal Green.
St. Matthew's Miss.,203, Bethnal
Green Rd.
Shaftesbury Hall (L. C. M.),
Gossett St.
St. Matthias, Bethnal Green.

Petley Hall, Chilton St.
L. C. Miss., 160, Brick Lane.
St. Olave, Mile End NewT'wn.
Trinity Cong. Ch. Hanbury St.
K. Edward Miss., K. Edward St.
Hebrew Conference Hall, 87,
Old Montague St.
Synagogue, 39, Dunk St.
Synagogue, 179, Hanbury St.
St. Paul, Bethnal Green.
Shoreditch Tab. (Bapt.), Hackney Rd.
Gibraltar Miss. (Bapt.), Gibraltar Walk.
St. Paul, Dock St.
St. Paul's Miss,, Wellclose Sq.
Seamen'sCh.,214, St. GeorgeSt.
Old Mahogany Bar (Wesl.),
Grade's Alley.
*St.*Paul, Shadwell.
St. Paul's Miss., 120, High St.
Wesl. East E'd Mis.,225, High St.
L. C. Miss., Love Lane.
L. C. Miss., Twine Court.
British and Foreign Sailors'
Institute, Mercers' St.
St. Peter, Bethnal Green.
Adelphi Cong. Ch., Hackney Rd.
Salv. Army Slum Post, 374,
Hackney Rd.
St. Peter, London Dock.
St. Peter's Miss., Wapping Wall.
Cong. Ch., Old Gravel Lane.
St. Philip, Bethnal Qreen.
Home of Industry, 29, Bethnal
Green Rd.
S. Army Slum Post,86, Sclater St.
St. Philip, Stepney.
St. Philip's Instit., Newark St.

10

SECTION 10

CHAPTER III HOXTON, ST. LUKE'S AND CLERKENWELL
§1
HOXTON
Hoxton is the leading criminal quarter of London, and indeed of all England; and it is easy to see how pleasantly central and suitable a position it occupies for nefarious projects; so that it might be not inaptly described as on the ' fence' between rich and poor. ' Wall off Hoxton,' it is said, ' and nine-tenths of the criminals of London would be walled off,' but in saying this a certain class of criminal only was referred to and the proportion is doubtless exaggerated. Of professional thieves, there are two distinct kinds: those who live from day to day by the more casual kind of depredations, and those who lie low while making elaborate plans for some great haul. The latter may maintain a life of apparent respectability, pursuing ostensibly some regular calling, and they bring to bear upon their operations much forethought and some skill. They perhaps have had the training of a carpenter, a blacksmith, or a locksmith. They live the life of the lower middle class. The number of first-class burglars is said to be very small; with most, daring takes the place of skill. But in playing their game against society, what is regarded as unnecessary violence is avoided as a rule. The relations of these men with the police are regulated by certain rules of the game, which provide

the rough outlines of a code of what is regarded as fair or unfair. Violence is a breach of these rules, or sometimes the result of their breach by the other party, but if' fairly' taken no ill-will is borne. These men are generally known to the police, and so are the receivers into whose hands they play. Gold or silver stolen anywhere in London comes, it is said, at once to this quarter, and is promptly consigned to the melting pot. Jewellery is broken up; watches are'rechristened.' The ' fences ' or receivers of stolen goods are of all grades, and serve every sort of thief; and in Hoxton thieves of every kind seem to be represented.

As in the days of Oliver Twist, the old thieves teach the young. I should suppose that, given some natural capacity in this direction, the very atmosphere of Hoxton would breed handy lads for this business, but it is so much an art that it is said that the supply of young thieves depends on this unindentured form of apprenticeship. I do not know whether the professors are actuated by benevolence only; it would almost seem so; or whether, as one good turn deserves another, the young can sometimes help the old. No doubt in burglaries a boy is often useful. One of the most notorious developments of juvenile crime has been that of bands of boys, called after this or that street and making themselves the terror of the neighbourhood. It is said that the 'bus and tram-car ' cock horse' boys, and those who hang round to share their work, provide some of the worst examples. Of these gangs and their fierce quarrels among themselves, turning on the favour of the girls who consort with them, we have heard strange accounts. One of our informants, a schoolmaster, speaks of the terror exercised by the leaders of these boys over their followers. Sitting safe at home the follower hears the whistle and turns pale,

but obeys the summons. It sounds romantic and absurd, but, I believe it to be no more than the truth. And to the tragic result of one of these quarrels of a ' belt and pistol' gang, which occurred in Haggerston – when a girl was fatally wounded, and a heavy sentence imposed in consequence – the comparatively orderly state of the streets at the time of our inquiry was attributed. It may be that the blood-curdling pictures of the illustrated gutter press have a stimulating influence, but since few of the boys can read with much facility, the schoolmasters claim, with some show of reason, that the attraction to evil courses cannot be attributed to the influence of bad literature. Romance plays an extraordinary part in life, and certainly not least so in criminal life. Those who have the excitement of crime in its reality perhaps crave least the relaxation of its literature.

When we add to this widespread criminal element a great mass of poverty and extremely low life, fed constantly by demolitions on the City border, and when we remember that over a considerable part of the area anyone who can rise a little in the world is sure to leave (unless indeed his success in life is connected with thieving or dealing in stolen goods) we may understand how terribly difficult is the task of social or religious reform; and are not surprised to hear of the ' moral flabbiness' of the human material with which the clergy have to deal. Both from sanitary and economic causes there is a good deal of physical weakness. The lads like the amusements of their clubs, but shirk active games, for which indeed it is hard to find a place. The people generally live under extremely crowded conditions; it is stated, not improbably, that ' about a quarter of them are chronically out of work,' and it is also said by one of the clergy (with perhaps less exactness) that half his parish seems to get drunk every Saturday night.

ii 8 *

Hoxton has not always been poor and disorderly, and although the description I have given draws most attention to the dark and miserable side of life here, this even now is by no means the only side. Jonah's formula is not applicable; many decent and worthy people still live in Hoxton. But the evidence shows that the downward change has been very great. A Wesleyan schoolmaster, for instance, who has lived in the neighbourhood of the New North Road for forty-three years, says that in his earlier years it was an eminently respectable locality. As a young man he remembers going to the Wesleyan Church and sitting in the gallery, the better to admire the costly and beautiful dresses of the ladies. He has seen both the rise and fall of Bridport Place, and the adjoining streets – their building and occupation by decent people earning $150. to $300. a year and their gradual decline to their present state of three families to a house. Within his recollection a Sheriff of London lived in the New North Road, and all along the road the houses were kept by one family. A butcher said to him lately, 'When I came here, soon after you, there was only one family in each house, and they took three or four joints a week: now there are three or four families in each house, and not one joint between them; they go to Pitfield Street and buy the pieces.'

The poverty is not incompatible with there being 'lots of money going.' All seem to live largely in the present; seeking to find alleviation in large expenditure on the pleasures of the moment – the public-house, the theatre, the music-hall, the funeral, the wedding, the jaunt to the Forest, and so on. Drink is the great popular extravagance of the poorer class, and it is to this that the existing destitution is largely attributable. But while there is more drinking there is less drunkenness than formerly. Women go freely to the public-houses, but not to drink in solitary fashion; with them it is a social usage – they treat a friend or a friend treats them. For children the sweet shop takes the place of the public-house; they are never without money for this indulgence, and they, too, share each other's purchases. In the poor schools a monitor has to go round regularly to pick up the paper screws thrown on the ground. The amount of pocket-money given to these poor children is said on all hands to be extraordinary. ' More than mine have,' says one of the clergy. ' More than I had when I was young,' echoes a schoolmaster. Nevertheless they have not the food they require. If not underfed they are ill-fed.

I do not say that in these matters Hoxton differs greatly from many other districts in London, but merely that these conditions are prominently present here – even more so perhaps than anywhere else – and make religious work exceptionally difficult.

Among this very degraded population, many of whom are without grit, stamina, or back-bone, and among whom sturdiness often tends to criminality, social problems have to be faced as serious as any, and whatever plans may be adopted, men and women and money are required to carry them out. The clergy almost all complain that Hoxton is a bad name to beg with; it is not associated with the ideas of poverty which hang around the 'East End.' For the same reason it is less easy to obtain workers from outside, while the material at hand is even less available for this purpose than in almost any other part. But it cannot be said that even when there is no lack of means to do everything that can be planned, the spiritual results are other than disappointing.

Tested by attendance at church, we find everywhere small congregations – sometimes hardly any congregation at all; and those who come are often from a distance – old parishioners, perhaps, who have improved their position in life and moved elsewhere, but who remain attached to the religious organization with which it may be their social welfare has been in some way connected. As to the mass of the residents in Hoxton we hear without contradiction that not one grown-up person in thirty, or some say not one in fifty, and some again not one in eighty, attends any religious service. If church-going is to be the test, we have in this a practical record of failure. The churches are High, Low, and Moderate. Everything is tried and, with modifications and partial successes proportioned to the freshness and enthusiasm imported into the work, everything fails. A feeling of hopelessness is evident, mitigated only by the fact that each church may, and often does, become the centre of spiritual life for a faithful few. It is in the results of their personal influence over these individuals, and the slow building, brick by brick, of this their church, that the most earnest of the clergy find consolation. For numerical success we have to turn to the Sunday schools, Bands of Hope, &c., to which children flock in large numbers, and with almost complete indifference to the nature of the religious doctrine taught in them.

The work of the missions is on a grander scale. There are three or four that may be called big, besides a number of smaller ones, to which reference must be made.

The Friends' Mission, Hoxton Hall, in the parish of St. Columba, is a comparatively recent effort, at least under its present management. It was originally a music-hall, has two galleries, and seats nine hundred to a thousand persons. Passing to quite other uses, it became the centre of the blue-ribbon army propaganda in London, and for many years a great temperance work was carried on. But preaching against alcohol lost its attractive power, and two or three years ago the hall was taken over by the Society of Friends, and has been adapted to the general lines of their work. This mission is an off-shoot of the establishment at Bunhill Fields, and has about one hundred voluntary workers. There is no clinging to the special tenets of the sect, except that there is a small Friends' meeting from ii to 12 on Sunday morning, attended by a few of the workers. The evening gathering is for ordinary Gospel preaching to all who come, diversified with an occasional service of song. The adult school, with which the day begins, is a small brotherhood consisting mainly of working men, gathered together for the study of the Bible and for mutual social and religious support. This is matched on the female side by the women's help-one-another society, a stricter form of mothers' meeting, which has over one hundred members. They are somewhat above the ordinary mothers' meeting class, all of them being total abstainers and pledged to mutual assistance. They pay 6d each for their quarterly tea. Besides having a sick fund, ' rainy-day' fund, and clothing and coal clubs for themselves, they are organized as a maternity society, nursing band, and public-house visiting band, largely for the good of others. I do not know whether these women come from the neighbourhood, but they are certainly not drawn from the low streets which surround the mission.

A more important work, numerically, is the ' Girls' Guild of Good Life,' which has over four hundred members, of the rough factory class. Of these 126, on the average, attend the weekly meetings, and are taught reading, writing, sewing, knitting, drawing, painting, carving, music, and cookery. There are also large afternoon and eveningSunday schools. The temperance traditions of the place are maintained by Gospel temperance meetings for both sexes on Saturday evening, when the audience varies in numbers from one hundred to two hundred, according to the attractions offered; musical selections by various choirs vying with illustrated lectures. The printed programme adds that ' the pledge can be signed at any time.' There are, in addition, Popular Pleasant Evenings every Wednesday, at which again music is the principal feature, and when, if the programme is pleasing, there may be an audience of one hundred or so.

This is a type of democratic mission, which can hardly maintain its work without some wealthy patronage. The inspiration and support comes, in this case, from the philanthropic ideas and aims of the Society of Friends, and the innermost religious expression consists of a mission church, numbering thirty members, whose simple religious basis is ' Belief in the Lord Jesus Christ as a personal Saviour, and the evidence of a desire to follow Him.'

From this work we may pass to that of the Christian Institute, Hoxton Market, which is impressed with a similar democratic simplicity; but the work attempted is far more extensive. The Rev. Fleming Williams, a Congregational minister who formerly had a church in this neighbourhood, is president, and some assistance in money, and some of the workers, come from Mr. Williams' present church in Rectory Road. But the mission seeks wider support, issuing a monthly record ot the work done, as well as a yearly report, begging for subscriptions and donations – food, clothing, boots, and money being ' urgently needed.' The list of operations is prodigious, as is always the case when appeals of this kind are made. The report I have before me speaks of ten years having elapsed since the little'mustard seed' was planted, that has grown intothis great tree, and claims that 'mentally, physically, socially, and spiritually the years have been years of real and solid progress.' Nor can it be denied that there has been in these years a great improvement in Hoxton Market and the neighbourhood; due, it may be most of all, to demolition and rebuilding, but for part of which the mission may justly claim credit.

The objects in view are stated as'salvation of the lost, relief of the destitute, rescue of the children, and ministry to the poor.' The evangelist's work is regarded as ' the foundation upon which all other efforts rest'; but if meetings fail they are abandoned, and this mission has not shrunk from discontinuing the Sunday evening services, as well as the Saturday night prayer meetings, because at both only a few of the workers attended, and for them, in this case,*laborare est orare.*Of definite religious work there remain only some small Bible-classes, a few lodging-house services, and the open-air services held during the Summer in Hoxton Market, by means of which, it is said, the ' Gospel is sung and preached to those who cannot be persuaded to enter our doors.' The workers meet for prayer on Wednesday evening.

Although, like the two meetings above referred to, the adult temperance society has been dropped, ' temperance work is not neglected,' and the juvenile total abstinence propaganda is found to be extremely active. The number of the girls alone enrolled increased (during the year) from two hundred to over five hundred. The explanation of this rapid growth quickly follows, for we read in the report that they enjoyed a New Year's party, had excursions in June and September, and ended with a * monster' Christmas party, all as rewards for ' good conduct, cleanliness, and regular attendance'; marking, it is said, a degree of success which excited the unconcealed envy of ' neighbouring co-workers.'Both boys and girls subscribe a farthing a week. Drill and musical instruction are added to the weekly entertainments, which go to render the name of temperance attractive to these children. For them, it must be said, drink at present offers no temptation; but all the same, such work is very good.

There is at this mission a working lads' guild for the poorer class of boys, with one hundred members, for whose amusement various games are provided. These boys subscribe *id a* week and manage the expenditure of the money themselves. This guild leads up to the lads' Bible-class, as the next step by which the rough Hoxton boy will, it is hoped, be raised into an upright self-respecting citizen. Other steps are the night school, gymnasium, cricket club, chess club, reading room and library. For the girls there are sewing classes. The mothers, too, have their meeting, but here, as with the Friends, the choice is made of a superior class of women,'two grades above the Hoxton Market type.' The numbers are not large, and the meeting is self-supporting, even to providing its own charities. At each meeting of the women a short Bible talk is given. In a quite different direction the work includes a labour bureau, which has tried to find ' a short job of some sort" for every applicant, and has found permanent situations for a few.

We come finally to an especially characteristic piece of work carried on for the sake of the children, in the provision of ' children's cheer,' including the distribution of such unconsidered trifles as empty cotton reels, plain and coloured, of simple toys, of oranges and bonbons, and motto cards. A large and headless doll, which we saw, had been loaned out for months until it met its fate. This work falls in especially with the remarkable character of the superintendent, who, while earning his own living as a maker of horse-clothing, fills up his spare time in repairingold boots or mending broken dolls for use at the Institute. A diary records what is done day by day in the simplest language – the work found, the meals provided; tells of a loan to a man who had been nine weeks without work and of its repayment; the lending of a dressed doll to a child; the payment of *is* to two policemen for escorting two hundred children to Barbican Chapel and back, and an account of the tea and entertainment given to them; the sending for twenty-four pints of soup to a soup kitchen in Haggerston to be used for the children's halfpenny dinner, and so on. Most of the entries refer to articles of clothing supplied, and to work provided; the work being chiefly mission cleaning, reckoned at*id* and *d*an hour, with scrupulous exactitude to the nearest farthing. All the missionary work done, both here and at the Friends' mission, is entirely voluntary and unpaid.

The Hoxton'Costers' Christian Mission,' to which I turn next, is of a more familiar type. It was founded in Golden Lane in 1861 by its present honorary superintendent, and although it has outgrown its name, is still aimed particularly at costermongers. The late Lord Shaftesbury was its president from 1866 until his death. It is connected with the Ragged School Union, and works on thoroughly evangelical lines. It recognises, in its printed report, that the true way to elevate the poor " is to reveal to their hearts the *reality of eternal things.* The Gospel in the home chases away darkness and degradation, and men and women thus influenced become capable citizens and a blessing to society." " Were it not for such missions as these," the report goes on to say, " tens of thousands would never be taught the Word of God; never hear the language of sympathy or enjoy a helping hand."

There is a long list of ' operations,' sixteen of them being noted as religious, fourteen as social or educational, twelve as benevolent, and thirteen concerned with temperance or thrift – making fifty-five in all. The religious side of the work here is important. The mission church has over four hundred members, and the large hall, holding seven hundred persons, is filled on Sunday evening with working people, even, it is said, those who have belonged to a very poor class and who, though by living better lives they have improved their position, are still poor. But all are highly respectable and well dressed, and thus it comes about that the congregation are not now, if indeed they ever were, at one with the surrounding population. In the Sunday schools there are two classes: the children of their own people coming in the afternoon, and those of a rougher description in the evening. The mission, by its organizations of one kind or another, touches very large numbers; from these it automatically selects, and in selecting raises. There is a Mutual Loan Society with no less than 3500 members, which necessarily must draw from a wide field, and a Costers' Provident Investment Society with 470 members. There are also two special Friendly Societies connected directly with the mission, and half a dozen Phoenix and other Temperance Lodges which meet in its rooms. Fully three-fourths of the operations do not touch upon religion directly, and these concern by far the larger numbers; but, at the same time, it must be said that the aim of all is to arouse the men, women, and children to the claims of religion, and those who are touched help to fill the large hall every Sunday evening. Charitable relief, by way of help in time of sickness, is no doubt given principally to those who attend the mission services, but the amount is not great and no effort is made to attract by such means the low loafing lodging-house class. This was tried formerly before the mission moved from Golden Lane and the uselessness of the attempt is admitted. But for others of the poor a great deal is done in many helpful ways, and a very real Christianity is both preached and practised.

The North Central Wesleyan Mission, which is our fourth example of mission work on a large scale, is no less remarkable in its way, but its methods again differ from those of the other three. This mission, like that of the Friends, is comparatively new, and its recent minister a young man full of hopeful energy. He came seven or eight years ago to a dwindling church of less than a hundred members, but raised it sevenfold, and he had every Sunday night an audience of a thousand or more; I am obliged to use the past tense, for this minister has been moved elsewhere, and the crowds he attracted have fallen away. The minister, alive to the fact that Londoners are not naturally church-goers, recognised that exceptional methods are required to get hold of them, and used these without stint and with great success. The secret was the breathing of human life into every function of religion; or it may be put the other way, as the introduction of religion into every function of human life. The energy evolved by this method is astonishing. Everything ' hums' with activity, and is carried on with what the Americans describe as a ' hurrah ' of enthusiasm. There would seem to be no time for meditation. The quieter influences of religion are lost; but there is assuredly no time for doubt.

Among the methods adopted for reaching the people are: a medical mission, to which two doctors and a dispenser give their services, assisted in care of the sick by the Sisters of the People, of whom there are four; a bureau for providing legal advice gratis, to which a lawyer gives his services one evening in each week; a slate club with twelve hundred members, found to be particularly useful in obtaining exact addresses, often to be had in no other way, and as giving a reason for visiting; and many entertainments, including a free public concert every Saturday night in winter, which draws crowds and is held in the church itself. All this is thrown open to everybody; everything done is but a means to bring the people in; but no bargain is made, no terms are exacted. Freely the bread is cast upon the waters. In addition Sunday schools and mothers' meetings on a very large scale afford plenty of work for Christian hands to do. Interest in temperance is sustained by Bands of Hope for the young and Good Templars' Lodges for adults; and into all these organizations a full tide of social life is poured.

The people are made to see that the mission wants to benefit them in this life as well as in the next; but with all this something more is needed, and is found in the vigour with which the pulpit is filled. As with the work, so also with the words; no interests are too mundane for religious association, and if there is a loss of reverence, then reverence must take its chance. Of music, too, full use is made; every service has its orchestral prelude.

Out of this hurly burly of religion, emerges the true Church, the chosen few, bound together by community of thought in the bonds of Wesley's class system. This is the final outcome. The methods adopted exactly suit some people, but its limits in this respect are far from being as wide as its field of enterprise – the great wide field of life in London.

I have not hesitated to describe these four missions at some length, because they are at once important locally and very typical. They are all religious; all preach practically the same Gospel; all inculcate temperance to the extent of total abstinence from alcohol; all seek to enter sympathetically and helpfully into the lives of the poor. But each of them approaches the common work more particularly in one of four different ways. The Friends' Mission is first and foremost a teetotal society; the Christian Institute rests especially on its humanity and sympathy with the lives of the poor and of the children; the Costers' Mission relies before all on the power of the Gospel of Salvation; while the Wesleyans obtain their great force from an unshrinking combination of religion with mundane affairs and business methods. The leaders of each are remarkable, and their personality is reflected in the work. Mrs. Howell, at Hoxton Hall, with her Girls' Guild of Good Life, and Women's Help-each-other Society of total abstainers; Mr. Burtt, living his simple life among the people; or Mr. Orsman, working for more than thirty years on the gospel lines, aided now by the young generation that his teaching has formed; and, latest in the field, Mr. Wood, with his invincible energy and preaching power – all have played their several parts in the lives of the people, and a very considerable part it comes to be. In addition to these, the Presbyterians have a mission in this neighbourhood which confines its work to a group of light blue streets adjoining the Regent's Canal. Its religious and social agencies are numerous, and some of them large. The provident society has nearly fifteen hundred members. Of it the report says: " While this society has undoubtedly been of much material advantage to its members, it is to be regretted that spiritual work can only be carried on among them to a comparatively limited extent." There are also two other missions established in connection with Nonconformist congregations in North London which carry on a similar, but less important work, and there are a few small dwindling congregations whose members are leaving or have left the neighbourhood. The Salvation Army adapted the Grecian Theatre for their meetings, but found it a ' white elephant,' and it has now been closed.

On the whole, if we compare the work of the Church of England with that done by these Nonconformist or undenominational missions, it would appear to be less effective and certainly less wholesale in character. It may be that both in the end reach the same goal of the ' chosen few,' but the road is different. One of the most remarkable of the clergy, when asked as to the nature of the response he was able to get from his people, hesitated somewhat before replying, but finally said he thought it largely a personal one; ' then a sense of duty comes, and a gradual change in life. You can't very well give it a name – conversion? in any case it is a fact, and it needs a good deal of patient, plodding work.' For half a lifetime this man has stuck to his task, and it is by units and tens that his flock is to be counted.

The position of the Church of England here may also be indicated by the view taken by its clergy of the work of others. One of these, speaking of the well-filled mission halls, described them (not without a measure of truth) as 'free and easy services – nothing to pay, and nothing to do.' Another, speaking of the Secularists, said: * It was supposed that as men would not come to church they would go to the Hall or Science. Not a bit of it: of the two they would perhaps prefer the church, but what they really want is to be left alone." 'Give a man his pot and pipe and he will be best pleased.'

There has in truth been a great change since Bradlaugh's day, and the Hall or Science has been closed. Working men now turn more to the political attack from the side of Socialism than to the religious attack of Secularism; but, as with the churches, the numbers really deeply interested are comparatively few.

The work of the Church of Rome here, at St. Monica in Hoxton Square, concerns the most difficult Catholic population in London. Its people are not only extremely poor and very much scattered, but often also bad; contributing fully their share to the vicious side of Hoxton life. The priests divide the work amongst them, and each one practically lives in his particular district, seeking to find and follow up the continually shifting members of his flock. It is not pretended that even half of these attend regularly to their religious duties. If the proportion is no more than a fourth no one could be surprised. The church is free. The payment of *id* at the door, common at many of the Roman Catholic churches, is not exacted. Most of those who come give something, but the option is here unusually complete. They are Irish, with a few English who, as it is put, ' have tried everything and want a settled faith.' The leakage that is experienced amongst their own flock is stated to be due to carelessness and indifference, not to the attractions of any other creed or community. The attraction adverse to religion is that of an evil life. Clubs for men or lads, established with a religious foundation, fail.

The priests feel that it is useless to attempt to meet men on the basis of pleasure. They cannot compete on these lines with the world, the flesh, and the devil – as represented by the revels of some working man's club or the rattle of the music halls. There are no sisters of charity working here, but a club for girls is successfully managed by four ladies from the West End. The schools are very irregularly attended, the distance from the homes being so great and the class from which the children come so poor and low. But those who attend include a considerable number of Protestant children whose parents care not where they go.

The priests assert that Hoxton has steadily, and for many years, been growing poorer, and in this sense all agree that there has been degradation. They also confirm all we hear of the character of the population in the worst streets, and corroborate the statement of our other informants that for criminal habits the district has no equal. But in some respects there has been improvement. The place is more orderly; drunken brawling in the streets is less common than it used to be.

§2
ST. LUKE'S
Between Old Street and the City lies a district from which the former inhabitants are being rapidly driven by demolition and rebuilding, either for business purposes or for the erection of block dwellings destined to be occupied by an entirely different class. We have seen some of the effects of this change in the increasing poverty of Hoxton, and in the successive waves of outward-moving population so noticeable throughout North London. The black patch which ten years ago disfigured our map at the corner of Goswell Road has nearly gone, and in the whole district things are greatly changed and changing.

Under difficult conditions the Church of England does its best, and its services, though attended by but very few, are well conducted. The greatest measure of success in attracting the people to church is attained when the aid of music is specially invoked. It is found that good music will always draw a congregation in the evening; but such a congregation is only very partially parochial, for there are many wanderers, especially young men and maidens, whose habit it is to walk out on Sunday evening, and who gladly go to such services as part of the evening's pleasure. The realcongregation consists in every case of a small body of communicants and workers carefully held together. There are plenty of children to be taught in the Sunday schools, but the clergy again complain of lack of funds and lack of workers, and, in truth, if both were not provided from outside, the whole structure would, in most cases, fall to the ground.

At St. Michael's, the southernmost parish of Shoreditch, the work is quite remarkably concentrated. We are told that the week-day congregations are often as good as those on Sunday, and that for both the numbers are about the same as those of the regular communicants. On Sunday evening a few more come, but the congregations at best are small, and there is a want of workers and funds. The ritual and the practices at this church are no less High than at St. Columba, but less responsive submission seems to be expected from her people; no tests of any kind are imposed. The clubs are freely open to all, and it is averred that the poor who are relieved are not even asked to come to church. It is said that social work is made difficult by the 'cliquiness' of the people: a difficulty which could hardly arise if the Church could appeal to any common faith. But this they cannot do.

St. Clement's is also extremely High and, we are told, 'very active, with gifts and otherwise.' It has innumerable Sunday and week-day services, and draws its not very numerous congregation mainly from outside; but claims, as so many others do, that many who come from a distance are former parishioners. Great difficulty is found in obtaining intelligent teachers for the Sunday school, and living round about there is an enormous population practically untouched. A boys' brigade is the most successful piece of social work. Of the other churches, some are High and some are Low, but all are about equally inoperative,

The vicar of St. Paul's, Bunhill Row, repeats the complaint that he can get no help from outside sources, ' not being the East End.' One person applied to, wrote in reply, that he'never subscribed except to East End objects.' The population of this parish, which was twelve thousand, is now only six thousand, and of these the greater part, consisting of poor but respectable working-class people, are housed in Peabody blocks. The costermongers who still live in the few remaining courts are the roughest, but in some ways the best off. To get either them or the inhabitants of the buildings to come to church, is regarded as hopeless, but, nevertheless, the services seem to be fairly attended. Failure is comparative, and the sense of it depends on the standard *of* expectation. One of the neighbouring clergy, for instance, spoke with satisfaction of an attendance at his church of thirty to fifty in the morning and seventy to one hundred in the evening out of a population of four thousand. But, whatever the numbers may be, it is always said, and with truth, that the influence of the Church is much greater than the figures seem to indicate. 'The people come to the clergy when in trouble.'

From St. Mary's, Golden Lane, comes the same complaint of lack of help; the same explanation, ' We are not the East End,' and the same disheartenment as to attendance. ' Even a Bishop would not attract.' The men's club, the most successful piece of work numerically, has no spiritual effect. From the boys' club all are expected to attend church, but *the* numbers are small. The temperance work is unsatisfactory,'but it gives ease to the conscience; without it one should scarcely dare to rebuke the drunkard;' a saying applicable, perhaps, to other philanthropic efforts. The vicar of St. Mary's finds no disadvantage, moral or spiritual, in life in block dwellings, provided the buildings are properly managed, as seems here to be the case. Many think otherwise, and again the difference may lie in the expectation. It is fully agreed on all hands that the people do not come to church. Nor is it for want of asking, since every kind of religious influence is in the field. We hear that ' on Sunday afternoon there are visitors from five different agencies in the buildings bribing the people to come to their meetings,' and the more successful these outside agencies are in this pursuit, the less are the methods adopted approved by the Church.

The Wesleyans are by far the most active Nonconformist influence in the neighbourhood. Wesley's Chapel in City Road is a centre to which strangers come from all parts of the Protestant world, and above all, from the United States, where is found the great stronghold of Methodism. The congregation belonging to the chapel is not large, but every Sunday morning the building is crowded with strangers, and a high standard of preaching is maintained. Connected with this church is an active mission, of an old-fashioned type, in St. Clement's parish. At this mission there is a small body of only fifty-five church members, but all these, and more besides, are active workers, and the mission is an important institution. It has large day schools and schools on Sunday, in the morning and afternoon, with a fair attendance, but the main work consists of the management of a huge Sunday evening school, when no less than one thousand children come, and on special occasions as many as fifteen hundred. Some of these are respectable; others would be termed ragged. The better class of children who used to attend one or other school, now come no longer; perhaps owing to changes in the surrounding population; morning, afternoon and evening schools are now all alike socially, the only classification recognised being by sex, age and ability. All who attend are fairly clean and tidy. For adults there is a slate club with one thousand members, consisting of men who work, but do not live in the district; and a sick and provident society numbering from five to six hundred. Entertainments are provided for the people, and Christmas dinners are distributed. Other things, such as the mothers' meeting, boys' brigade, &c., are all on a larger scale than those of the Established Church. The services for adults are, however, very sparingly attended.

Situated here is the Leysian Mission supported by the Leys School, Cambridge, a Wesleyan foundation. In the previous volume the Christ Church Mission in Poplar (St. Frideswides) and the Eton Mission at Hackney Wick have been noted, and in other districts we shall come across many more, supported either by colleges or schools. In almost every instance they are active money-spending institutions, filled with youthful enthusiasm, and they usually concentrate their work on some small area chosen because of its needs. The Leysian Mission attempts what is called ' more aggressive' work than is attempted from Wesley's Chapel, but differs still a good deal from that of the North Central Mission at Hoxton. The Sunday morning service is mainly a gathering of the workers, but in the evening the hall, which holds about five hundred, is full. They have an excellent orchestra and choir, to which the success of the service is largely due. By it cantatas are performed and concerts given. There are also endless teas and entertainments. All the accepted Wesleyan Mission methods are adopted and concentrated upon the surrounding population, and undoubtedly do stir the people.

The members of the mission fling themselves into such work as visiting public-houses and blocks of buildings, the conduct of open-air services, and the management of working men's clubs. They struggle hopefully with the 'reorganization' of temperance work, and with the inherent dulness of the Pleasant Sunday Afternoon, to help which a splendid orchestra is got together. They have a * medical mission' where, 'while the patients are waiting to see the doctor, a bright Gospel service is held, and the hearers are directed to the Great Physician.' And there are two Sisters who visit the poor in their homes. In short, no methods are neglected, and the report is very full of self-congratulation on all that is done. The new developments, they say, in connection with the workingmen's club, the Pleasant Sunday Afternoon, and the ' Drawing Room' (to which neighbours are invited), ' have secured a considerable addition to the numbers of workers' – never before has the mission had the services of so many old Leysians as now. There is about this kind of religious effort a feverish excitement which makes it difficult to estimate its true value, either on the workers themselves or on the population touched, but in its way it is certainly successful.

Side by side with this a very noticeable work is carried on by the Congregationalists at the New Tabernacle, Old Street, presenting some features which are quite unique. It is to a very great extent a working-class congregation, and extends its influence by means of two mission centres, at each of which, as well as at the Tabernacle itself, schools, Bands of Hope, &c., are established. There is a girls' working league, to make garments for sale, and a sick and provident society. There are also Monday popular lectures and two reading circles, thus indicating the superior character of the adherents of this mission and the high level of aim. But the most remarkable attempt here is that entitled the 'Pleasant Half-hour Society,' for which the Lecture Hall is open every day from i to 2 o'clock, the meeting lasting from 1.25 to 1.55. The attractions are varied with concerts and lectures, and once a month a religiousservice. Those who attend (without being necessarily members) are the better class of working men employed in the warehouses and factories round about. It is not suggested that this society helps the Church in any way. Indeed, most of the men who attend the meetings live far away. In summer the Pleasant Half-hour gatherings are held out of doors in the garden in front of the chapel. The society itself, which has rules of membership and a subscription of *id* per month, is intended not only to facilitate discussion on subjects of the day and of common interest, but to result in the formation of groups for study and reading. By no means all who come to the meetings belong to the society – its rules, as published, are prefaced by the words, ' As many attendants at the Pleasant Halfhours do not know of this society' – but the great thing is that the people do attend. On the average ninety men come together daily in this excellent way. This good result is doubtless largely due to the chairman, who gives his mid-day hour to this task, being himself employed at night-work on the daily press. The society publishes as its organ a very charming little monthly magazine,*The Silver Arrow,*which is also the organ of the church. It is the best thing of the kind issued in London.

Success also attends the action of the Unitarians, who have an important mission in an adjoining parish. They have gathered together a small local congregation, benefiting perhaps to some extent by the free thought in religion which was aroused by the teaching at the once popular Hall of Science. The workers, as well as the funds, come mostly from a distance, but there are some young people who have grown up with this mission on whom reliance can be placed for teaching in the Sunday schools. Besides two large mothers' meetings and a strong Band of Hope, the mission has organized a working girls' club, two cricket clubs, a gymnasium, and classes for teaching the violin, shorthand, French and elocution; and has an excellent choir. There is also a medical provident club, a convalescent fund and a poor's purse, co-operating with the Charity Organization Society. The work is mainly social, but so in truth is that of the orthodox churches, while in amount accomplished it exceeds that of most of them.

Yet another success of an entirely different kind, but even more remarkable in its way, is that of the Adult School at Bunhill Fields. We have already referred to two smaller specimens of this work. Here we find it on a larger scale. The name is rather misleading. When the idea was first started by the Society or Friends fifty years ago in Birmingham the institution may have been more of a school. Now, here in London, it retains very little of a directly educational character, but is a gathering of devoutly inclined men, or more rarely women, for the study of the Bible and for religious and social co-operation on very democratic lines. The basis is brotherhood, and the motto ' Let brotherly love prevail.' The school at Bunhill Fields consists of from seven to eight hundred members, divided into about eight classes, one of which is for women. There is no idea that the members should necessarily belong to the Society of Friends; the leaders, who preside over and manage each of the classes, probably may do so, but only a very small proportion of the ordinary members are Friends, and theoretically they may elect as leader whom they please. In effect anyone may join the classes: any incomer would be welcome, and merely by regularity of attendance would become a member. But there is nothing to attract the ordinary man in the street. The attraction is for those of a religious disposition; or for the sinner who feels the need of the support of religion and seeks the sympathy of others in this need. Theformal introduction of newcomers is usual; one man brings another. There is nothing in joining the school to exclude a man from belonging also to some other religious organization. On the contrary, the hour of meeting is made purposely very early (8 a. m.) so that a member may be able also to attend some regular morning service elsewhere.

Amongst the religious efforts of London the place this attempt holds is peculiar. Like many others, it is evidently not what was intended by its originators, who plainly hoped to lift the ignorant and the lost by teaching them first to read, and then to read the Bible. What it does is to provide a very strong religious diet for those whose souls demand it; and who find what they need, not in priestly guidance nor in sitting under some gifted teacher; not in the solemn services of the Church, nor in congregational enthusiasm, nor mission fervour – but in open, equal, individualistic, democratic debate on the meaning of the Word of God, and in the interchange of spiritual experience; their leader being no more than the chairman of their meeting, and their rules of procedure being very much like those of any ordinary debating society. As a religious exercise this system is open to the charge that it tends to feed personal vanity; the pride of eloquence of argument; or, still worse, leads to the pose and self-importance of public confession. But I should hesitate to throw discredit upon the open expression of religion, such as this, when no attempt is made to proselytize, and when we see that the brotherhood thus formed leads to excellent work among themselves and for others.

The Society of Friends provides the rooms, and fire, and light, and leadership. The classes meet separately for Bible reading and debate, but together for general purposes. The men meet in the morning, the women in the afternoon. There are provident clubs of various kinds and a large lending library; but, beyond all else, the members are bound together by mutual helpfulness: the sick are seen to; those in difficulty are assisted; for those out of work employment is often found. The organization is neither a church nor a charity, but rather of the nature of a Bible-club. A lecture or serious entertainment of some kind is given every Saturday in the large hall, open to the public without charge.

None of the churches or missions I have mentioned can be charged with the begging practices which are often such a disgrace to charity in East London; though some of them complain that the public will not listen to the needs of Hoxton or St. Luke's; but that this difficulty can be overcome has been proved by Mr. Reuben May, whose forty years and more of mission experience are incomparable as a record of the begging art. No accounts are published, and Mr. May and his family no doubt live by the mission; but they also work for it, and the money spent on themselves may be as well, and indeed is probably better spent than that which goes towards the indiscriminate feeding of the people, which is the backbone of this mission work and the sole secret of the attendance of large numbers of the homeless poor, both on Sunday and week-days, at the religious services. So, too, the mothers' meeting, one of the largest in London, is thronged because of the large bonus offered in the shape of a reduction in the price of goods. Some of the women come from a great distance. Poor families living near the mission are systematically visited, and if in want, freely supplied with food. It is a very simple system, and is summarised in the following sentence taken from a report issued in 1896, " Up to the present time, beyond those of the district,*one million different destitute men and women*from all parts of the nation and the world have received temporal relief and heard the Gospel of the Grace of God read and preached to them here." It is admitted in another paragraph that " it is not permitted to us to see and know all the results of the labour thus done for Christ," but reliance is placed on the promise, " My word shall not return unto me void, but it shall accomplish that whereto I sent it," and on this basis rests the appeal for more funds.

§3
CLERKENWELL

Here, and in some other parts of London, I have found it convenient, in grouping the parishes for my purpose, to depart slightly from the constituted local boundaries. There is the less objection to this course as for every other purpose the areas differ: the ecclesiastical parish differing from the civil, and police divisions from School Board areas. To each of these in turn my work has had to conform, but now, taking the ecclesiastical parishes as my units, I have in grouping them been guided mainly by the advantage found in treating together contiguous parishes in which the general conditions are similar, and following this general system Central Street has been taken as the line of demarcation between Hoxton and Clerkenwell.

Bad as things are in Hoxton itself, they reach an even more uniformly low level on the borders of Clerkenwell, which, ir not more criminal, show at least a lower type of criminality. Through this dark borderland Central Street passes. Further West there is much squalid poverty and rough life, but less crime, and not so dead a level. We have here the remarkableItalian colony of Saffron Hill, with an extremely low standard of life; but, on the other hand, alongside of this, there is a considerable infusion of skilled and highly paid workers in the watch making and jewellery trades, while, wherever reconstruction has occurred, the newer model dwellings are adapted for, and occupied by, a rather superior class.

Upon this mixed population all the denominations try their hands. Once more I may compare the methods adopted and consider the results attained.

The most remarkable religious service is that held here in what is commonly called the Hatton Garden Italian Church, or, more properly, the' Mission Church of St. Peter's, Clerkenwell Road.' The regular congregation is partly Italian, partly Irish; but

Catholics of every nationality are attracted from all parts of London by the fame of the music. The services are conducted both in English and Italian, and all the priests speak the two languages. They hold themselves at the call of Italians throughout the Metropolis.

The Roman Catholic population of the mission district, which was formerly five thousand, is at present estimated at three thousand five hundred. The reduction is mainly among the Irish, and is due to the construction of non-residential buildings in parts previously occupied by them, and to the advent of a non-Catholic population in the new model dwellings which have replaced some of the old slums. The Italian contingent, although individuals come and go, is, in number, practically stationary at fifteen hundred. If, by and by, these in their turn are driven from here by demolition, they will probably form a little Italy in some other neighbourhood. Such branch colonies are to be found in many parts of London, while the evicted Irish seem to be gathering together further West in Kensal Town and Netting Hill.

The community within reach of the Hatton Garden Church is, however, still numerous, and consists for the most part of good Catholics. The Irish are costermongers and labourers. The Italians are best known as organ-grinders and vendors of ice-cream and plaster-casts, but they also undertake some special kinds of labour. Moreover they form a complete community in which a good many find a living by catering for the wants of the others; the more established supplying the requirements of the more itinerant. On the whole they are poor and ignorant. They come from the peasant class, and are far more devout than their fellow countrymen in Soho, who, being mostly waiters, have, by force of association with a sceptical world, or because they come of another class, lost whatever religion they may once have had.

But though, as I have said, the bulk of the Clerkenwell Italians are good Catholics, there are exceptions. There are amongst them some of the followers, or descendants of followers, of Mazzini, who had a school close by. Many of these have intermarried with English women. They are generally Agnostics, but retain a friendship for the old Church, and often send for the priest when dying. Others there are who are vehement Atheists and Anarchists, and bring with them from the country of their birth a great hatred of the Church. Some of these may be honest free-thinking Republicans, but others are desperadoes quite capable of assassinating an enemy.

Of the morals and general conduct of their flock the priests give a very good account. The failing of the Irish is drink, leading to brawls; that of the Italians hot temper, and then, amongst themselves, a knife slips out at times. When trouble occurs between the Italians and English, it is not (so the police say) the Italians who begin the fight. The police report themas very law abiding, submissive and orderly. In this they resemble the poor Jews; but, unlike them, do not come to settle here permanently.

In the United States of America, Italian immigrants have in recent years replaced the Irish in the supply of the lowest class of physical labour. It is not so in London. Here the Italians undertake certain special industries and follow a variety of rather peculiar occupations. These seem to have been gradual developments. The hurdy-gurdy boy, with monkey or marmosets, has given place to, or it may be has become, the ' Padrone' who owns a dozen street pianos turned and trundled by gaily decked Italian women, with perchance, instead of monkey or marmoset, a darkeyed baby in its cot. Other street trades have followed: – as the manufacture and distribution of ice cream in summer, balanced with the sale of roasted chestnuts in winter, both being Italian specialities; and finally, still keeping to the streets and to things naturally Italian, Italian labourers have undertaken the laying down of asphalt pavement.

These people look forward to ultimate repatriation in Italy, and in fact form a slow stream from Italy to England and back to Italy, but many come and go every year, being only in England for the Summer, and in this way tend to maintain old connections, old customs, and old prejudices. They come in small parties from all over Italy; travel slowly, carrying their food with them; and, when Autumn comes, return to their wives and their vineyards. This course of life indicates a considerable exercise of thrift; and thus (as with the poor Jews) the low standard of the foreigner's life is found associated with economic virtues.

The staff of the Hatton Garden Mission consists of five priests and six Sisters; and besides the church there are schools and club rooms. The church is open from 6.30 a. m. to 10 p. m. every day. The services ofthe Mass on Sunday are at 7, 8, 9, 10 and n o'clock. The last is High Mass, but the 10 o'clock celebration is the one most generally attended parochially, and the church is then packed to its fullest capacity. At 9 o'clock the sermon is in Italian, and there is also an Italian service in the afternoon. At vespers, as well as at High Mass, the music is a great feature. Not only is there a magnificent permanent orchestra and choir, but often the services of great Italian operatic singers who may be in London are obtained. Taken together, over two thousand persons attend the morning Masses, and a large proportion of these are parishioners. At Easter over two thousand perform their Easter duties. The feast day of the Church, which is in the Summer, is signalized by a great procession through the streets of the Italian quarter, the houses being gaily decorated for the occasion.

A visitor to the church cannot but be struck by the free and frank admixture of class. Not only do the poor come, but rich and poor come together; distinctions of class are absent. There is no idea at all that a shawl over the head cannot hold its own with a bonnet, or even that rags are not respectable. Apart from the League of the Holy Cross, which is the teetotal society, there is practically no social organization. It is hardly thought of. The mixture of nationalities would present great difficulties; but the people live under the ever present influence of their religion, and even if other forms of social or educational stimulus are desirable, the priests do not consider it their business to provide them. They might perhaps regard such influences as leading away from rather than towards the ideal which they hold up. It is only for the young people – boys and girls above school age – that something of this kind is recognised as desirable by the Roman Catholic Church; but perhaps even this is less needed in this populationthan in most; and at any rate nothing seems to be attempted. The schools are well attended.

A good deal of charity is dispensed. The Sisters manage it. No doubt the recipients are expected to 'perform their religious duties,' but this involves neither bribery on the one hand nor hypocrisy on the other, for the duties are freely recognised, whether charity is received or not. But neither the religion nor its charities lead to independence of character. What the people are, that they remain – the children of their Church.

The Roman Catholics have another church in Rosoman Street, serving a smaller and more ordinary population; and there is St. Etheldreda, in Ely Place, of which the interest is chiefly historic and architectural. Its congregation is small.

For a companion picture to the Italian Mission, I turn to St. Alban's, Holborn, where the services are no less crowded with worshippers, and the work is pervaded by a very similar spirit, though lacking something of the supreme sanction which supports the authority wielded by the priests of the Romish Church. The congregation comes from far and wide. In the hold which the clergy obtain on the neighbouring poor, they owe much to the work of the Clewer Sisters, work which, although devoted, seems to be based to some extent on gifts. The character of the people reached, and, perhaps, to some extent, the character of the work itself, appears to be reflected in the complaint that the power of the Church does not make itself felt among the inhabitants of the block buildings, who are described, with some severity, as being ' too respectable' to be amenable to the influences brought to bear upon them. But failure on these lines, and hollow advantages obtained, which are only another form of failure, are accompanied by an extraordinary success in personal relations between the clergy and many individuals amongst those who form the congregation, and with the men and lads who join the clubs.

The clergy, two of whom have worked here for more than thirty years, are a veritable brotherhood. Nowhere is the spirit that actuates the High Church movement better represented – a spirit of devoted impassioned work, based on strong convictions of definite doctrine, and carried on without pause or paltering; sustained, they would unhesitatingly claim, by inspiration from above.

On Sunday, after the early celebrations attended by a few, the church is filled twice in the morning, the earlier of these services (9.15) being that at which the poor and the parishioners more particularly attend, while those from a distance come at a later hour. In the evening the building is only about half full; the High Church party sharing with Roman Catholics the idea that religious duties having been performed in the morning, the evening may be free. The service is very striking. The interior of the building is impressive, of great length, and adorned with a huge gilt crucifix or 'rood' suspended in mid air. The celebration of the Mass here differs very little from that in Roman Catholic churches, and the demeanour of the worshippers bears witness to the force of their belief in the real and special presence, there and then, of their God. There are also numerous week-day and special services, as well as a number of guilds and brotherhoods and religious classes for young and old. Besides these, there are day schools and Sunday schools, and a night school for girls, as well as sewing classes and mothers' meetings, in all of which the Sisters of Clewer play a considerable part. But, as with the Church of Rome, the work of this church is very much bound up with its services, and its main care is the religious life thus reflected. Its local influence rests mostly upon the effect that must gradually be produced by the devoted lives of the clergy.

The hardly less beautiful church of the Holy Redeemer, Clerkenwell, with an almost equally advanced ritual, fills a place that is more parochial in character, but its influence over the local poor is not in any way different from that of St. Alban's. Its work again is based largely on the lavish and rather questionable methods of a sisterhood. But apart from this, the clergy have gradually brought together a strong body of communicants, upon whom the organization depends, and for whom practically it exists. The social bond amongst them is even carried to the extent of a *soiree dansante* at the Clerkenwell Town Hall, to which communicants, and they only, are invited. Connected with this church there are large and successful Sunday schools, but the mothers' meeting collapsed under a withdrawal of some of the benefits previously conferred, the women going forthwith where they were more liberally treated. Beyond the usual communicants' guilds nothing else is attempted.

A sisterhood, that of Bethany, is also the principal force in the adjoining parish of St. Philip's, having there its mission house; while St. Peter's Church, St. John Street Road, set in the midst of an eminently respectable working-class population, is active on evangelical lines.

St. Peter's, Saffron Hill, situated amongst the poorest, is the centre of an extensive social v/ork, which is by no means confined to the parish. A parochial girls' club and women's help society, with four hundred members, has been made the basis of an organization called the ' Factory Girls' Country Holiday Fund,' of which the operations are wide spread, the number of girls benefited increasing in the ten years, from 1888 to 1897, from thirty-nine to 1250. Similarly the workamong the children of St. Peter's parish has been made the starting point for a ' fresh-air mission' – by means of which three thousand ailing children, from different parts of London, were sent into the country for change of air in 1897 – and for a 'Board school children's free dinner fund,' with many centres of operation in different parts of London. There is a great deal of such work going on now in London, but nowhere is it done with better judgment, or with less ostentation, than here. At the church the congregations are small, the services are old-fashioned, and the doctrine broad. Smaller still are the numbers of those who attend the great church of St. Mark's, Myddleton Square – which still provides a beautiful musical service, and was once the fashionable church of Clerkenwell – or St. Barnabas' in King Square, the ' largest church in North London,' and also once fashionable.

None of these, nor any of the other churches of the Establishment, show anything comparable to the congregations or organization of the High Church; and we turn from them to the Wesleyans or Baptists, or to undenominational missions, to find Evangelical Christianity represented in its full force, striving hand to hand and knee to knee, and of late Sister to Sister, for the religious suffrages of the people against ' Romish superstitions,' as represented by the High Church. How keen the struggle is, may be seen from the fact that even the evangelical clergy complain of its character, and are full of indignation with ' the poaching and bribery,' for which it is asserted the Wesleyans are chiefly responsible – ' sticking at nothing.'

Each denomination is described as 'working for itself, and not for Christ.' But as between Evangelicalism and Romanism, of whatever form, the result is never for a moment in doubt. The numbers of those who are reached by simple Gospel services are far greater than those who find spiritual support in the service ofthe Mass or in the authority of the Church, even when enforced by the most saintly of men. That this is not more clearly recognised is due to the fact that neither one nor the other, nor both together, reach more than a very small proportion of the population. ' Clerkenwell is godless, if tested by religious attendance.' Thus the field is ever open. But while both sides, and indeed all Christian bodies alike, claim that what they seek is not the sheep from other folds, but those that have no shepherd, the limited ground upon which they really work is shown clearly by the mutual charges of ' sheep stealing' which are continually bandied about.

The most important Nonconformist effort is that of the Wesleyan Central London Mission, a work similar in character to, and even greater numerically than, that of the North Central Mission already described. It adopts all the same machinery, and brings together in Holborn Town Hall, on Sunday afternoon, as well as in its own overflowing church near Clerkenwell Green, a genuinely popular audience. The work rushes forward with a marvellous impetus; but as I have described its peculiarities very fully already, and as I shall have to deal in the next chapter with the still greater development of the West London Mission, I will not go into details here.

A work that is less pretentious, but more solid and more definitely religious, is carried on by the Baptists at Vernon Chapel, under the ministration of a pastor, who, after five years' service as a seaman in the Navy, ' became a Christian man,' bought his discharge, fell under Spurgeon's influence, and after some years of probation and training embarked in the ministry of this chapel, at a period of great stagnation in its history. In his hands the work has been distinctively spiritual. The congregation, coming increasingly from the neighbourhood, is drawn largely from the working classes. As with all the Baptist churches, it is not the very poor, not by any means life's failures, who are touched, but the successful members of the upper working and lower middle classes, who are readily merged under this religious influence. From these the minister draws his voluntary workers, of whom about two hundred are employed. The church membership is five hundred, and the evening congregation is said to be about twice that number. There is also a fair gathering on Sunday morning; and the week-day meetings are well attended. Their religion is something very real and very present in the lives of these people from day to day. The theory is that the Gospel is all sufficing; but in practice some concessions are made. There are teas and entertainments, especially at the mission, a cricket club and a ' Christian Cycling Association.' Of temperance societies there are none. In this matter their pastor will recognise no society smaller than the Church itself. ' If you preach the Gospel, that will cut at the root of all sin; convert them to God; if the centre is right, so will be the circumference.'

There is a mothers' meeting and a large and efficient Sunday school; and by means of a special mission and by out-door services, efforts are made to touch a lower class than that of which the congregation consists. These efforts are important as forming part of the work that holds the congregation together, and as occasionally yielding converts; but the real missionary force lies in the influence brought to bear upon the friends and associates of those already attached. In this way others are continually brought within range of the pulpit and into the circle of active Christian life which the church provides.

Vernon Chapel, though the most important, is not the only success of the kind. In Arthur Street, closeby, near the Gray's Inn Road, another energetic pastor has also breathed new life into a dead cause, and has gathered together, and filled with a like religious fervour, a considerable congregation of a similar though perhaps rather higher class. And in Moreland Street, a little to the East, just north of King Square, in a district bordering on the poorest, there is a third active Baptist church, not indeed more than half filled, for the building is large; but attended almost solely by working-class people, drawn from the respectable region to the West. Democratic methods are accepted. At the mission services it is the working men who speak; the pastor, who is an old man, only presides. The work of this almost entirely working-class congregation extends to the neighbouring poor: a very large mothers' meeting, not made ' too religious,' crowded Sunday schools, a huge Band of Hope and Good Templars' lodge, open-air services at the corner of the road, and a special service for neglected children, represent their daily duty to their neighbours. Money enough is found, coming mainly from outside sources, for treats and teas and charities.

Thus the Baptists in this district play a part hardly, if at all, less important than in Shoreditch.

The Congregationalists are represented by a church which relies largely on music, and succeeds in attracting a considerable proportion of men. It has an excellent orchestra and string band, and in its ' P. S. A.' provides a lively Sunday afternoon service. But the working classes are not touched in any great numbers, nor the poor at all. It is a middleclass congregation. The same denomination has also an empty church in the poor district near Goswell Road, which probably will be closed. ' The future,' they say, ' is dark.'

Of Evangelical missions there are quite a numberhere, amongst them being the * Field Lane Ragged School and Mission'; the Peel Meeting House of the Society of Friends; the * Fox Court Ragged School Mission '; the ' Lamb and Flag' and the ' Fox and Knot' Missions, and, largest of all, the 'Watercress and Flower Girls' Mission,' which, though its work is widespread, has its headquarters in Clerkenwell, and draws many to its services there. The special work of this mission among the London flower girls has halfa-dozen centres, and deals with an income of over.$6000, secured by a very elaborate system of appeals to the public. This part of the work is very slightly connected with Clerkenwell; but there is here a cripples' branch devoted to the manufacture of artificial flowers. The mission church has really nothing at all to do with the flower girls, and financially it is quite distinct. It maintains Gospel services, and fills its mothers' meetings and its schools locally. Free meals are largely provided, and treats are numerous. So, too, the Field Lane Institution in Vine Street, which has established industrial homes for boys and girls at Hampstead, has here its refuges and creche, ragged schools and ragged church, and all the ordinary machinery of mission work, based, we are told, ' on the great Evangelical truths which have ever formed the groundwork of the institution.' The refuges seem to be carefully managed; the cases are sifted, and the numbers received not great. The ragged church is more wholesale in its methods. It is a Sunday service for tramps, attended by about five hundred men and perhaps fifty women. To each is given a cup of cocoa and a piece of bread. In winter the place is full. From this gathering suitable cases are selected for assistance in the refuges. The same men often have been to some other mission or to Mr. Reuben May for their breakfast. They take the Gospel as it comes, and if asked to stay for an after meeting, will remainin the hope of getting something more to eat. They are impossible to deal with as a class, and the main object of the Field Lane organization is to select from the mass the few cases in which more definite help can be successfully given. The Gospel is preached to all, but those who preach it refrain from boasting of the millions who have been influenced in this way. A very large mothers' meeting and a sewing class for girls are held, and in addition to Sunday schools, morning, afternoon and evening, there are Bible schools for girls on Friday evening, seniors and juniors, with four hundred and fifty on the books and three hundred in average attendance. All these institutions cater for a low class, which is freely encouraged by treats and benefits of various kinds, as well as by charitable relief on a large scale. The value of this work cannot be rightly considered apart from the industrial schools, and is in any case very difficult to gauge. Looked at as a local religious influence, its value is probably extremely small, and socially it may even be a minus quantity; but even if in some ways mistaken, it is undoubtedly an honest enterprise.

The Fox Court Mission is situated near St. Alban's Church and works upon the same population. Here, in addition to the new block dwellings already mentioned, some of the worst courts have made way for business premises, and the inhabitants have been dispersed. The Missioner, who for more than forty years has been connected with the Fox Lane Ragged Schools, speaks of the transformation that has taken place. Where the old houses are still occupied by the old class no improvement can be traced: ' A nest of violent thieves;' ' Many who do nothing and seem to live very well;' ' Convicted half a dozen times' – such are the expressions used by the clergy and missionaries, and we hear also of a baby abandoned byits mother picked up inside the church, and of 'riotous conduct, resulting in the death of one of our school children, shot in the head as she was passing by a street fight, bound on an errand.' The police, too, describing court after court in an ascending scale of respectability, speak of ' very rough – thieves'; ' very rough – some thieves';'very rough – no thieves'; while our own notes help us to complete the picture with such comments as ' dark, messy, airless courts';

* refuse shot outside instead of into the dustbins';

* bread and paper lying about'; ' children very dirty and pale.' All this being within a few yards of High Holborn!

The Friends' Meeting House is interesting as showing, in a very remarkable way, the uniformity of development on ' mission lines,' as the methods adopted to reach the people are commonly called. The young men from the Friends' Missionary Training Home are here the principal workers, and the chief interest centres round the young people's club. The club rooms are open nightly. There are string and brass bands; football and cricket for young men, and lawn tennis for young women. The brass band has proved a great attraction, and is said to have 'fully justified' itself, although such an innovation is regarded with grave doubt by some.'The Friends in charge think it best to allow it at present in consideration for the young people whom the band has been the means of drawing together,' and so they 'leave it to their judgment under the guidance of Him whom they desire to serve.' It is also interesting to note that the military machinery of the usual ' boys' brigade' has been retained, but turned in the direction of' ambulance work.'

Within a short distance of the meeting-house, and working in the poor and crowded courts north of Smithfield Meat Market, are the Lamb and Flag and Fox and Knot Missions. The former was one of the early ragged schools, and most of its present workers were formerly scholars. The missionary in charge is a man of pleasant face and manner, and in thinking of him, an agreeable picture presents itself, of children in one of these dark courts rushing up for a friendly greeting. He has been long engaged in the work, and many of the parents of to-day have passed through his school. He is but one of many who devote themselves to this service. Nowhere are pale, pinched, childish faces more commonly to be seen than in Clerkenwell, but nowhere is more effort being made to brighten their lives and lead them aright.

§4
LOCAL ADMINSTRATION

Apart from the merest routine work, the Shoreditch Vestry* did little or nothing for thirty years except build its Town Hall, but during the last few years there has been a great change. The late rector, who was formerly chairman, gives a serious account of the jobbery and corruption, the feasting and drinking, which once prevailed. But of the vestry as last constituted he speaks very highly, describing some of its working-class members as 'excellent.' In this he is supported by others. ' Vestry pretty brisk'; ' vestry greatly improved'; 'local sanitary authority one of the best'; ' model vestry, some high-class men on it,' are amongst the opinions expressed by the clergy and ministers. Another authority spoke of it as ' enterprising and conducted with keen business instinct, but quarrelsome.' It was a strongly Progressive body politically, and has had as Vestry Clerk (now Town Clerk) a man of remarkable energy and resource, full of enthusiasm for his work. The result has been great municipal activity, the full effects of which it is yet too soon to judge.

* The territory ruled by this vestry included Hoxton and Haggerston.

The centralizing of a number of municipal institutions on one site has been a great achievement. The dustdestructor serves or helps to drive the dynamos which furnish electric light, and the waste steam is utilized to heat water for the baths and washhouses. Adjoining these works a public library and museum have been erected, and near by stands the technical institute. In these educational institutions Shoreditch has been helped by the London County Council and by private benevolence. The result is a group of buildings of great municipal value, as well as a public garden, all obtained, so far as appears, with little additional burthen on the rates.

The population of Shoreditch has been slowly decreasing since 1861, the decrease being due to demolitions of old property and the erection of warehouses and factories in the southern portion of the district. In the northern part there may have been an increase. But whether the population be increasing or decreasing, the crowding is everywhere worse.

Health is reported as being ' excellent,' ' wonderfully good,' ' good, but for infant mortality,' ' exceptionally good, considering the dense population.' It is explained further that the place is ' naturally healthy, and only made otherwise by defective drainage, which is at last being put right.' Birth-rate and death-rate are both high. In the sanitary department much work has been done in making up leeway, but there seems to be still 'a great deal that wants doing.' In the matter of public drainage ' nothing had been done for years, and many of the old sewers had to be relaid, having become simply elongated cesspools.'

The houses are fairly well built, but the evils connected with overcrowding are aggravated (so we are told on all hands) by the stinginess of the principal land owner, and by the way in which his estate is managed. The property is very valuable. There is never a house to let. A local firm of house agents have, it is said, ' made the fatal discovery that sub-let and crowded houses pay the best;' and the effect is disastrous. But in the Wilmer Gardens tenements the tenants'sub-let surreptitiously, in spite of eviction if discovered.' ' It is common for each room to be let separately.' In fact, to sum it up, rents are high and people crowded, and a hundred evils follow. Thirteen families, we are told, were found in a single house in Essex Street.'Improvements made in housing elsewhere have been bad for Shoreditch.'

The substitution of blocks of dwellings for smaller houses has been attended with improvement when an entirely different and superior class has come in, but not otherwise. The possibility of decent life in buildings depends on the care taken; and, with the poor who take no care themselves, this means that whether they are a home or a hell depends on the official caretaker. On the whole models in Shoreditch are reported as ' distinctly worse than an average house.' Some of the older blocks are gloomy and forbidding; but it is left to some of the newer ones to show the full possibilities in this direction. One of these, a block of * quite new models, being shoddy built, is rapidly becoming the worst bit in the parish.' The structure of this block is thoroughly bad, and the dwellings have been overrun, and crowded by very low-class people from the ' Nichol.' Another block of * residences,' built in place of old, insanitary, ruinous houses, have,'since their erection, been a frequent and recurring cause of trouble, arising from original defective construction and continued mismanagement.' Theywere avoided by all but the least desirable people, and, becoming a nuisance, were ordered to be closed. Some of the tenants were, with much effort and some delay, persuaded to leave; but the rooms vacated were at once occupied by others of like character. Then the water was cut off, and the foul conditions became so serious as to compel forcible evictions. Since this happened the owner has made substantial repairs; but the main structural defects remain, and a recurrence of trouble is only to be expected.

Wilmer Gardens, already mentioned, is another such case. The small houses, which were pulled down, were bad; but the tenement houses that have replaced them are worse. In the old days some decent families lived here; these, when they lost their homes, went to Walthamstow or Tottenham – the worst remained in the neighbourhood. The present buildings received all the riff-raff. Their owner became bankrupt, and the buildings have since changed hands once or twice. Rents can with difficulty be collected; and if one set of tenants is evicted, the next to come in is no better. All who come are poor. If not reckless and bad to begin with, they are apt to become so. They are people with many children. No one desires such tenants; and if they wish or are constrained to leave, they find it difficult to obtain quarters elsewhere. The visitors from one of the large missions, going round one Sunday morning with tickets for a free meal, found over six hundred children to invite from this ill-starred group of houses.

The evils of reckless, irresponsible ownership, and faulty construction, combined with weak or bad management, were perhaps even exceeded in the case of one side of Hoxton Market, where for a time there was no legal owner, and squatters had possession. Improvement there dates from the time when this state of things came to an end. The power of the ownersof houses, for good or for evil, over the lives of the people cannot be too strongly insisted on.

In the management of its streets, Shoreditch stands well as compared to any of its neighbours. There are about forty miles of streets in all, twenty-five miles being in macadam, fifteen in stone, one in wood, and one in asphalt. Each street is swept every twenty-four hours – the main streets at night, the others in the day. Underground conveniences have been arranged, and other improvements have been made, which include a housing scheme carried out jointly with the London County Council, in connection with the destruction of bad property in the Nile Street area, of which the social and financial results will be watched with interest.

Altogether we have in Shoreditch an example of vigour and vitality in local government very much to be commended. That mistakes will be made and anticipations not always realized, is to be expected; but if the present spirit prevails, not only will its own lesson be learnt, but one of value will be given to other municipal bodies.

St. Luke's parish, or sanitary area, has in the last thirty years lost fully a third of its former population, and or those that remain one-fifth are now housed in model dwellings. This transformation of the district will doubtless continue till scarce anything remains of old St. Luke's. Meanwhile it is the obvious task of the local authority (now the Finsbury Borough Council) to see that the best public advantage is taken of the changes going on and to prevent, if possible, the overcrowding of the remaining courts. Although this has not always been done, considerable improvements have been effected in the sanitary and structural condition of both houses and streets. The parish was by itself hardly large enough toventure on any big scheme, but acting in conjunction with the London County Council, it was able some years ago to carry through an important improvement in Golden Lane.

In Clerkenwell the population has been comparatively stationary, the substitution of warehouses for dwellings which in itself led to a considerable decrease having been counterbalanced by the erection of many-storeyed model blocks. At the same time the authorities are increasingly vigilant in checking overcrowding. But even if successful in this, much is left to be desired as to housing, in a district where there are so many one-room tenements, where the limited accommodation and very high rents form a standing difficulty, and where the use of cellars as living rooms cannot be always detected. Nevertheless, the conditions of housing are improving, partly because of the block dwellings, which are mostly well arranged and managed, and partly through the action of the vestry. Many old rookeries are gone, but others remain. There are still to be found courts and alleys open only at one end; and houses without through ventilation, old and damp and noisome. Much is thus left to be done, although health is said to be good, or at least to have improved, and the death-rate compares favourably with that of adjoining inner districts. But in this respect also, there is scope for increased administrative energy, for fever and diphtheria are frequently present, even in the newer blocks of buildings. As to sanitation a considerable amount of work has been done, and the main drainage is satisfactory; the staff, however, is insufficient to deal adequately with the amount of inspection required, increased as this task is by the multiplication of workshops, numbers of which have been erected on back garden spaces.

The streets are fairly cared for. Wood pavement is used to a considerable extent, and asphalt has been laid down in some of the poorer streets. Electric lighting is in the hands of private companies, and there are no public baths or wash-houses, but handsome municipal buildings have been erected.

The reputation of the Clerkenwell Vestry suffered somewhat to the very end from past notoriety; for there used to be much drinking and guzzling. All that, however, had ceased some years before the Act of 1900 came into force, and the improvement is admitted; the general opinion as regards recent years being of work well and efficiently done. Some even think that the pace had been too fast, and welcome a certain amount of reaction. Still every reform instituted has been maintained. Others there are who complain that property owners are able to retard though they cannot prevent the carrying out of sanitary work. On the whole, however, we have a satisfactory picture of a satisfactory state of things in local government.

Clerkenwell was one of the earliest districts in London to adopt the Free Libraries Act. The library is well arranged and well used. The * open system' of lending books has been adopted, by which those who obtain tickets are allowed direct access to the shelves. It is interesting to note that this plan works well and tends to increase the demand for history and biography and travel as compared to fiction.

Poor Law administration in the area covered by this chapter is in the hands of the Shoreditch and Holborn Boards of Guardians. In Shoreditch 'a strict systematic settled policy' has been adopted, and is * steadily adhered to.' Out-relief, though not refused, is held tightly in check by thorough inquiry, and by drawing to the utmost on relatives and charitable agencies. Every application is considered by the fullBoard of Guardians; a plan conducing greatly to uniformity of treatment, which is made possible by the manageable size of the union and the limited number of applicants. The consequence is said to be that ' a feeling gets abroad that application to the guardians means many awkward questions and much trouble,' and so many manage without parish relief who ' would come readily enough if the way were made easy.' In comparing this policy with that of a ' more generous' giving of out-relief, it must be admitted that there is in this part of London a smaller contingent of ' respectable deserving poor' than are found in less central districts, and that this is a point in favour of the Board. Clerkenwell and St. Luke's go with St. George's, Holborn, and certain Inns and Liberties not herein included, to form the Holborn Union. The guardians in this case give out-relief in small sums to a large number of persons. Relief is administered by committees, for whose guidance an excellent code of rules has been framed, but these are by no means strictly observed. The consequence is lack of uniformity, Clerkenwell, it is said, being laxer than St. Luke's. The union has two large workhouses, and so is able to separate the more robust inmates from the aged and infirm. The aged and the children are very well cared for, as are also the sick, but the overcrowded condition of the infirmary has led to an undesirable amount of out-door medical relief.

St. Luke's is peculiarly rich in endowed charities. Of these there are two main groups known respectively as the ' Gift Estates,' and the ' Parochial Charities.' From the former (which was managed by a committee of the late vestry), forty-five old people receive pensions of *$12* a year; twelve receive larger sums, amounting in some cases to *20s* and *26s* a week; and thirty-six others have an annual dole of *$i*; *$350* is given in bread and coal tickets, mainly to the pensioners, and another $450 is devoted to educational purposes. The 'Parochial Charities,' with an income of nearly $4000 a year, are controlled by a board of trustees, variously elected. Pensions of $18 or 25 a year each are given to about forty old people (half of whom have also almshouse accommodation), and $1000 is spent on education. In addition, 5 scholarships are instituted at Board schools, the effect of which is usually to keep the children at school a year or so longer; and clothing outfits are provided for those entering situations, about one hundred of these being alloted each year. There are also free lectures, which seem to be a failure, and certain grants to hospitals and convalescent homes.

Both groups of charities are worked under a revised scheme drawn up by the Charity Commissioners, but are still complained of as injuring the district by attracting to it a number of poor people.

The main structural changes in this district in recent years have been the cutting of Rosebery Avenue through a mass of poor property, and the demolition of the old Clerkenwell House of Correction, followed by the building on the same site of a huge block required by Government for the Parcels Post.

In forming Rosebery Avenue, a double object was kept in view: to provide, in the first place, a good and direct thoroughfare leading from Islington (in the neighbourhood of the Angel) to the South-West; and, secondly, to effect a clearance in some of the poorer streets and courts of Clerkenwell. Both objects have been realized, and although there is nothing impressive about the new road, it has answered its purpose well, and, especially at its southern end, affords a strong contrast to the poor quarters through which it has uncompromisingly pushed its way. It here forms a viaduct imitating, in humble fashion, that of Holborn, flanked by dwellings instead of stores and offices. The streets below are mean, and as seen from these the new buildings tower above, with at any rate something of the advantage that comes from size, and if the observer takes his stand at the lower end of Mount Pleasant he finds around him a striking assemblage of representative bits of old and new London: the great blocks of modern model dwellings, sacrificing all aesthetic and many human considerations in the endeavour to house many people under sanitary conditions in a central situation; with here and there tall factories and the great Parcels Post establishment, which is itself a microcosm of the industrial position of London; and, finally, the broken streets of old houses, which afford glimpses of the purlieus of the poor Italian Colony, alike reminiscent of the past and suggestive of administrative tasks yet to be performed.

DESCRIPTIVE NOTES. MapJ.(vol. II., ChapterIII.)

East Central.

Adjoining Maps – N. North London (Vol. I.). E. Inner East (p. no). S. City.

W. West Central (p. ao8).

General Character. – The map comprises the districts of Hoxton, part of Shoreditch, Finsbury, St. Luke's, Old Street, Clerkenwell, and part of Holborn; it therefore includes some of the oldest parts of London. In Clerkenwell and St. Luke's are situated the Charterhouse, St. John's Gate, the ancient burial ground of Bunhill Fields, Clerkenwell Close and Green, the sites of St. Chad's and Sadler's Wells, the New River Head, &c. The rich have long since left, though many of their charitable benefactions survive. The character of the whole locality is now working-class. Poverty is everywhere, with a considerable admixture of the very poor and vicious. The eastern part of the district leaves a dismal and dreary impression on the visitor: there are no visible features, either natural or artificial, to arrest the attention. The whole area is affected by its central position and its proximity to the City. Large numbers have been and are still being displaced by the encroachment of warehouses and factories. Some special modern characteristics may be mentioned. Hoxton is known for its costers and criminals. Curtain Road for its furniture trade, St. Luke's for its thieves, Clerkenwell for its watch and metal industry, and Saffron Hill for its Italians.

No servants are kept except in the main shopping streets and in a few remaining middle-class squares in the West.

Poverty Areas. – Over the whole map are large blots of blue and black. Warner Gardens(*vide*p. 158) in the North-East is, perhaps, the worst street, with thieves, prostitutes, bullies, flower-sellers and cadgers, having received incomers from Boundary Street. Small patches of poverty round the City are Norfolk Gardens in Shoreditch, the Hatfield Street area off Aldersgate Street, and Verulam Street off the Gray's Inn Road. Other and larger blocks of poverty and vice are round about Nile Street in Hoxton, in the triangle formed by Goswell Road, City Road, and Old Street, and round Saffron Hill in Clerkenwell. On the whole there is improvement due to demolitions.

Employments. – *For men.* – Boot-making, cabinet-making and allied trades round Curtain Road, costers in Hoxton: saddlery and harnessmaking, printing and some tailoring in Finsbury; watch, jewellery, precious stones and metal-workers in Clerkenwell; and a large number of carmen, draymen, warehousemen and other City workers living in model dwellings. The poorest are market porters, shoeblacks, newspaper runners, kerbstone merchants, ice-cream sellers, &c.*For women.* – Cardboard-box, matchbox, envelope, lead-capsules, tie and mantle-makers, among whom are many home-workers. Those living in the district for the most part work in the district or in the City: a very large number also come in to work from outside.

Housing and Rents. – The convenience and accessibility of Hoxton, St. Luke's, and Clerkenwell make house-room in great demand, even though the advantages of situation are largely counterbalanced by an evil reputation for poverty and vice and the absence of open spaces. The typical Hoxton house is of two storeys: in St. Luke's and Clerkenwell it is more often of three storeys, having been built for the middle-class, but now let out in tenements; such new building as there is that is not for business purposes takes the form of high model dwellings. In Shoreditch the average rent for single rooms is 2*i* 6*d*to*y* 6*d,*and for two rooms 55 to6*s.*In a large block of models three or four rooms and a scullery fetch*g*sto 121.

In Clerkenwell, Peabody Buildings offer three rooms for6*s y*lto*js* 6*d;*Guinness Buildings three rooms for6*s* 6*d*tos 6*d.*Another very large block, with 468 separate tenements, asks 2*s gd*to 41 for one room, 5";*(i*to6*s* 6*d*for two,8*s*tog*s* 6*d*for three, and

1os to 10s 6d for four; all are taken, and there is a long waiting list. In big tenement buildings front rooms let at 4l and back rooms for 21s 6d or 3l. In the models off the Gray's Inn Road rents are from 3s 1gd for one room to 9s 16d for three rooms; 6d less is asked for rooms on the top floor. Throughout the district rents are rising, and have risen since the date of this inquiry; and there is much complaint of crowding.

Markets. – The chief market streets are Hoxton High Street, Whitecross Street, Smithfield Market, Leather Lane and Exmouth Street. In Hoxton Market the ruling prices were (May 1898) beef steaks *yl* to *lod* per lh., scraps of meat *2d* per llx. fair and good mutton chops *d* and 7*rf each, good bacon *6d* and 7rf per lb. inferior quality from 3jrf. Potatoes 3 lb. for *xd*; large cabbages for *2d*. Bread-*jd* per 4 lb. loaf (bread famine riots in Italy – wheat quoted in London at 48l to 56l the quarter). – Coal u per cwt. in sacks. In Leather Lane bacon was offered at *2d* to *6d* per lb., meat scraps from 3rf per lb. Strawberries *qd* per lb. Bread *6d* for a 4 lb. loaf. Kippers *id* a pair or ' all mild *id* a pair.' (June, 1898.)

Public-houses. – Public-houses and beerhouses are freely and fairly evenly distributed over the whole district: there is not so large a proportion of beerhouses here as in Bethnal Green. A common notice in publichouse windows near the City is ' cut from the joint and two vegetables, *6d*.'

Places of Amusement. – The best known are the 'Standard' theatre in Shoreditch, the ' Britannia ' and the 'Variety ' theatres in Hoxton, and ' Sadler's Wells' in Clerkenwell. Two ' houses' a night are usual. Public-houses supply frequent ' friendly leads,' Mondays and Tuesdays being the favourite evenings.

Open Spaces. – Conspicuous by their absence. A few small squares are open to the public, but the nearest large open space is Victoria Park. The main currents of air through the district are given by the City Road, Old Street, and Rosebery Avenue.

Health. – Fairly good, even in such poor quarters as the Nile Street area. The whole district lies low on a bed of sand and gravel, but well above high-water mark.

Changes of Population. – The great change during the last ten years has been the displacement of dwelling houses by warehouses and factories, the last to leave the more central parts being the very poor or the inhabitants of model dwellings. This is seen in the remaining isolated ' dark blue' and ' black ' patches in the parishes of St. Leonard, St. Thomas, St. John and St. Alban: and in the ' purple' blocks of ' models ' in the parishes of St. Mary and St. Paul, Bunbill Row, along the southern edge of the map. The poor, displaced by demolition, having first tried to crowd into neighbouring streets and only partially succeeded, have been forced further afield, going often as far as Tottenham or Walthamstow. It is possible that, owing to the advantages of a central position and the existence of houses suited to them, there may yet be a return of the ' comfortable ' classes: there are signs of it in Hoxton in cases where houses have been thoroughly done up and the rents raised; the forces against it are the present reputation of the district and the absence of open spaces.

Means of Locomotion. – The City and South London Electric Railway cuts through the centre of the district, running from the Angel in Islington down the City Road to Finsbury Pavement, and thence across the City into South London and Clapham. The Great Eastern Railway skirts the eastern edge of the map, and the Metropolitan its southern and westernsides. There are fairly frequent, but slow horse-tramways northwards along the Kingsland Road, City Road, New North Road, Goswell Road, and Farringdon Road. The service East and West is confined to a line along Old Street which is continued westwards to Bloomsbury and eastwards to Hackney and Whitechapel. The congestion of trams is most marked in Finsbury Pavement. A great change might be effected by making Finsbury Square an open public garden and tram terminus, well lighted, and with kiosques and benches where people might wait, and so obviate the ugly crushes at present to be seen round the tramcars in the centre of the crowded Finsbury Pavement. Faster services and a continuation of existing lines across the City and river into South London, are wanted. Omnibuses along all the main routes supply a slightly more rapid if less comfortable means of transit.

PLACES OF WORSHIP.

List of Parish Churches situated in the district described in Chapter III., with otherPlacesOfWorshipgrouped in their ecclesiastical parishes.

Christ Church, Hoxton.
Christ Church Miss., Poole St.
Barbican Cong. Ch., New North Rd.
Holy Redeemer, Clerkenwell.
St. Peter & St. Paul (R. C.).
Rosoman St.
Field Lane Miss., Vine St.
Holy Trinity, Hoxton.
St. Agatha, Shoreditch.
St. Alban, Holborn.
Fox Court Miss., Gray's Inn Rd.
St. GilesCh'tn. Miss., Brooke St.
St. Andrew, Hoxton.
P. Meth. Chapel, Philip St.
Nasmyth Half (L. C. M.), Canal Rd.
St. Clement, City Road.
Wesl. Miss. Radnor St.
Domestic Miss. (Unit.), George Row.
St. James, Clerkenwell.
Woodbridge Ch., W'dbridge St.
St. James, Curtain Rd.
Bapt. Chapel, Wilson St.
Lockhart's Miss., Paul St.
St. John, Clerkenwell.
London Central Wesl. Miss., St. John's Square.
Peel Meeting House (Friends), St. John's St.
Lamb & Flag Miss., Red Lion St.

Fox & Knot Miss., Charterhouse St.
Costers' Hall, 242, Hoxton St.
Gospel Temp. Miss. Ware St.
Kingsland Gospel Temp. Miss., 299, Kingsland Rd.
'North Central Miss. Canal Rd.
St. Anne, Hoxton.
St. Anne's Miss., 58, St. John's Rd.
Hamond Sq. Miss.
St. Barnabas, King Square.
Bapt. Chapel, Moreland St.
St. Bartholomew, Gray's Inn Rd.
St. Bartholomew's Miss., North Mews.
Bapt. Chapel, Cubitt St.
St. John Baptist, Hoxton.
St. John's Miss., St. John's Rd.
St. John's Miss., Vestry St.
Jireh Bapt. Ch., East Rd.
North Central Wesl. Miss., New North Rd.
Bible Christian Ch., East Rd.
Bethesda (Brethren), Ia, New North Rd.
St. Jude, Cray's Inn Rd.
Wesl. Chapel, Liverpool St.
New Jerusalem Ch., Argyle Sq.
Cabmen's Miss., Gray's Inn Rd.
St. Luke, Old St.
Christian Com'nity Hall. Old St.
Hope Miss., Banner St.
Now closed (1901).
St. Joseph's (R. C.), Lamb's Buildings, Bunhill Row. Leysian Miss., Errol St. St. Paul, Clerkenwell.
St. Paul's Miss., 85, Goswell Rd. St. Peter, Clerkenwell. St. Peter's Miss. Ho., 195, Goswell Rd.
St. Peter, Hoxton.
St. Monica (R. C.), Hoxton Sq.
Christian Inst., Hoxton Market.
St. Peter, Saffron Hill.
St. Peter's Miss., Onslow St.
St. Etheldreda (R. C.), Ely Pl.

St. Peter (Italian R. C.), Clerken-
well Rd.
Bapt. Miss., 24, Cross St.
St. Philip, Clerkenwell.
St. Philip's Miss., St. Helena Pl.
Spa Fields Cong. Ch., Lloyd Sq.
Vernon Bapt. Ch., King's Cr. Rd.
S. Army Hall. 93, Pent'nvilleRd.
St. Saviour, Hoxton.
Bethel Bapt. Ch., Newton St,
Presby. Miss., Harvey St.
St. Thomas, Charterhouse.
Arthur St. Miss., Gt. Arthur St.
St. Mark, M3'ddleton Sq.
St. Mark's Parish Rm., Merlin Pl.
Claremont Cong. Ch., Penton-
ville Rd.
M. Zion Bapt. Ch., Chadwell St.
Salv. Army Hall, Rawstone St.
St. Mark, Old St.
Whitfield's Tabernacle (Cong.).
Leonard St. Miss., Vincent St.
St. Mary, Golden Lane.
Miss. House, Warwick Pl.
St. Mary, Hoxton.
St. Mary's Miss., Nile St.
Providence Cong. Ch., Regent St.
Grecian Theatre (Salv. Army),
City Rd.
*St.*Matthew, City Rd.
Cong. Ch., City Rd.
St. Michael, Shoreditch.
Cong. Ch., Old St.
U. Meth.*Ft.*Ch., Willow St.
St. Paul, Bunhlll Row.
Wesl. Ch., City Rd.
Welsh Wesl. Ch., City Rd.
Friends' Mtng. House. RoscoeSt.
* Now closed (1901).

11

SECTION 11

CHAPTER IV
    WEST CENTRAL LONDON
    Thisdistrict will be most conveniently treated in three parts: (i) that which lies immediately to the west of Gray's Inn Road; (2) that which lies south of Oxford Street and Holborn, eastward from Regent Street to the City boundary; and (3) that lying to the north of the same line from Russell Square to Langham Place.
    § 1
    WEST OF GRAY'S INN ROAD
    The part which lies to the west of Gray's Inn Road differs little from that which lies to the east, except that there are in it two or three vicious spots near the Euston Road; the residue of a generally much worse state of things. For here sweeping changes have recently been made by the clearance of bad property; but with the usual result that while part of the old residents have left, others cling to the neighbourhood, and, by moving, have blackened some of the adjoining streets.
    In this district we have to deal with ' a population ofall sorts crowded together.' On the whole, we may add of the less well-to-do quarters that the people are'neither disreputable nor criminal,' ' poor folk, but not bad; patient and longsuffering.' In one part the people are ' principally occupied as carmen and labourers,' in another part,

where perhaps one-third are Italians, the English are ' cab-washers and stable-helps, some of these being loafers, who trust to the earnings of their wives who work as office cleaners and charwomen.' In a third parish the industrial characteristic mentioned is that of ' home work in the rookeries.' There is, throughout the whole district, a good deal of poverty, and such improvement as is reported springs from the demolition of the black spots and the dispersal of their inhabitants. Thus, although there may be less poverty, ' what remains is worse.' The crowding is still reported as terrible: * Four, five, six and seven families in one house, mainly living each in one room; parents and grown up children together;' * Five to ten families in eight to ten rooms;' the people 'always ill as a result of overcrowding;' 'Back streets very dirty;' 'Children, ragged and pale, playing in mess heaps' – thus runs our evidence. The rents are very high. Sanitation is said to have been improved.

The parishes included here are those of Holy Cross, St. George the Martyr, Holy Trinity, and St. John the Evangelist, Red Lion Square, with part of Christ Church, the last-mentioned being a chapel-of-ease of St. George's, Bloomsbury.

In the first of these parishes (Holy Cross) the work has consisted in the gradual building up of a High Church organization. Church and parish hall have been erected, club and schools hired, and a small but faithful congregation has been gathered together, consisting mainly of parishioners, who are also communicants. It is claimed that the Church is popular also among those who do not attend its services.

At any rate it has raised and carried firmly aloft the flag of religion. But High Church ways are not by any means approved by all. The London City missionaries, for instance, who have always a strong Evangelical bent, regard them with inveterate distrust. The people reached by the missionaries are in the ordinary course encouraged to take the communion at some neighbouring church, but in this neighbourhood, we are told, ' there is no church (of the Establishment) to which they could rightly go; the Church of England is in so sad a state, little better than Roman Catholic;' so the mission people perforce betake themselves to the Lord's table at one of the Baptist chapels.

Of strained relations between the City Missionaries and the Church we have heard a great deal. Difficulties sometimes occur when they are supposed to co-operate entirely; when the ritual is by no means extreme, and even when it is Evangelical. As a body, indeed, the missionaries throughout London are apt to be considered as working less for the Church than for the Nonconformist bodies or for their own mission centre, if they have one. It is characteristic that the emissaries of the High Church (regarded as competing for the souls of the people) are felt by our missionary to take a mean advantage when, in visiting, they do not sedulously turn the conversation into spiritual channels.'They talk of trade or the weather, but get no nearer to the concerns of religion than an invitation to church;' not so the City missionary, whose business it is, however carefully he may approach the subject, never to leave without some reference to the soul's welfare, and to be ever on the watch for any chance to turn the conversation in this direction.

The use of money, too, is animadverted on. The Church is charged with winning by the power of the purse. As to the results uf his own work the missionary only claims very modestly that he succeeds * in getting hold of one here and there.'

This corner of London, including a portion of the parish of St. Pancras, is cursed by the street-walking form of prostitution, for which many of the small hotels in the neighbourhood of the railway termini offer facilities. The lowest of these women used to live in the vile quarter off Cromer Street, which has now given way to model buildings, and some still live near, but women come here from all parts. Rescue work is undertaken, and a door of escape thus kept open for those who will avail themselves of it, but it is found that the only hopeful cases are those who have but recently adopted the life. The women who ply their trade in this neighbourhood are more English than foreign, of a lower class, and, as a rule, of greater age than those who are found round about Piccadilly Circus. The local population is not much affected.

In the next parish to the South we find the work of the Church of England (in Regent Square) overshadowed by that of the Presbyterians, who have a large church and congregation and a very numerous body of voluntary workers. The contrast is great. At the church there are, indeed, endless services, but a mere handful of people attend them, and everything done is on an extremely small scale.'There are more communicants at Easter than attendance at other times.' About the great gathering of Presbyterians there is, of course, nothing local or parochial. Most of the congregation live at some little distance, and there is among them a large element of young people, mostly Scotch, from whom are drawn the 120 Sunday school teachers and the active mission band upon whom the outside energies of the church depend. There is a mission-hall, and the neighbouring Board schools are hired on Sunday; but this provision has proved inadequate for the work, and some property adjoining the church has been recently bought with the intention of erecting two additional halls and a number of class-rooms.

Thus (to quote their own words), is built up the 'mission work upon which the church life so much depends.' It is solely through these agencies that the local people are touched. There is a medical mission, and much visitation is done and charitable relief given. The income of this church exceeds $3000, and whatever may be the measure of success as regards the poor, the religious needs of its own people are well provided for.

The other parish churches in this district, down as far as Holborn, present no special features except perhaps that of St. John the Evangelist, where high ritual, with beautiful music and a beautiful church, have always brought together large congregations; now drawn chiefly from Bloomsbury. The people of the locality are of a rather low and very poor class, and for them a great deal is done after the usual fashion and with about the ordinary modicum of effect.

One of the neighbouring clergy, speaking of his own parishioners, says: ' They are all elaborately visited from house to house and room to room, by the curates and visitors, and I myself go round when I can to give the machine a push here and a push there. The people bear the visits of the clergy with the greatest fortitude, but whether they like them or no, I am not certain.' This visiting is described as ' nominally spiritual': in any case the clergy never themselves give relief, but they keep their eyes open and if necessary send the sanitary inspector, or the relieving officer, or the School Board visitor, or their own mission woman, with relief in their wake, and though they never give without ' grumbling,' the people know they will be listened to. He has tried to institute payment by the women for his mothers' meeting treat, but on this plan few come, and, though he detests the whole system of competition by such means, he likes the women to have their outing. ' When a woman conies to you and says she has not heard the cuckoo for twenty-five years it is worth the shilling or so it costs to take her: you must put some light into these people's lives; and if they can't afford to pay, what can you do but pay for them?' By this witness a very kindly view is taken of the people, and it is claimed that, due allowance being made for the evil conditions under which they live, they are morally at a higher level than the rich. The women, especially, he praised for their patience and longsuffering; ' the wonder,' he said, ' is not that one here and there gives the whole thing up as a bad job and takes to drink, but that more do not do so.'

Nonconformity is here represented by the Baptists at John Street Chapel (formerly the scene of Baptist Noel's work). They provide for the religious wants of a considerable middle-class congregation, and attempt to reach ' the people' by open-air meetings, and the outcast migratory class by lodging-house services. The results are, as usual, unsatisfactory. At Kingsgate Street, also, the Baptists had, at the time of our inquiry, a respectable, but small working-class congregation, and sought by ' Christian social' services, with free teas – to which the poor gladly come – and by free concerts and children's treats, to extend their influence to the class below. This church has now been pulled down in connection with the widening of Southampton Row, and, as a consequence of this alteration, a larger piece of land has been secured, upon which, in addition to a new chapel, a churchhouse is being built to serve the same purpose for the Baptists that the Memorial Hall in Farringdon Street does for the Congregationalists.

In this district are the Bessbrook Homes for men, which are concerned mainly with the reclamation of the lost characters of the streets – sandwichmen, &c. The work is conducted on a basis of religion and temperance, and appears to be fairly successful. Drink is the chief evil to be combatted.

§2
SOUTH OF OXFORD STREET AND HOLBORN, EAST OF REGENT STREET
In a previous volume* I gave a very minute description of the black streets to the west of Lincoln's Inn Fields. They, like the dark blue portion of Bethnal Green, have since been to a great extent cleared away; and many of their inhabitants have removed to Fulham and Battersea and elsewhere. The transition is still in active progress. Macklin Street, rebuilt, is now respectably occupied, except as regards two common lodging-houses which remain; and the same is true of Shelton Street and of most of Parker Street; but the improvement in this group of streets has been accompanied by deterioration in some of those that adjoin. ' Many thieves,' say the police. 'Faces of criminal type,' say our notes, children dirty and sore eyed, but fairly booted and looking not ill-fed, and (when seen) were dancing to the strains of an organ in one of the dirty, messy, bread-littered courts.

There is no change in Nottingham Court or in Short's Gardens. Bad and rough before, they still show no improvement. Neal Street has grown worse, and generally speaking, there is in these places a noticeable absence of happiness as well as comfort in life. Women, with hardened, furtive expression, are seen; children (even though they may dance) looking old and pale; small dark rooms; unmade beds; eatables deposited on the chairs, and all the various signs of dirty and untidy homes. But yet in the roughest streets flower-boxes were arranged in the windows.

* First Series: Poverty. Vol. II., pp. 46-81.

So, too, in the neighbourhood of Clare Market there have been large clearances, and others are impending. The courts and back streets that remain are full of a poor rough class of labourers, market porters, costermongers and flower girls. Many are Roman Catholics of Irish nationality, born and bred in the neighbourhood. ' Violent and drunken, but not criminal,' is the police opinion of them. The priest, however, says his people are not so savage as is made out; that they are very kind to each other, and in this respect set an example to their betters. ' The poor give to the poor."Neighbours nurse one another.'

The population in such streets consists largely of men and women without regular or even legitimate occupation; those who hang on to the skirts of civilization and pick up a living as they can; adepts, many of them, at availing themselves of the opportunities of free meals which churches and missions provide. The Roman Catholics amongst them readily accept such Protestant bounties as are offered.

St. Giles's is the actual location of the principal missions here, but their efforts, which range over the whole West Central district and even beyond it, are specially concentrated on the Drury Lane neighbourhood. The greatest of these is the St. Giles's Christian Mission, of which Mr. Wheatley is now the responsible manager. It is a huge organization, with an income from subscriptions and donations of about $16,000 a year. The efforts of this Society fall into two main divisions, the one consisting of ordinary mission workin the area which lies between St. Giles's and the Strand, whilst the other is of a special character carried on amongst discharged prisoners. This latter is very remarkable, and from being a mere branch of the work has assumed such proportions as gradually to overshadow all the rest. There is a separate subscription list, and a separate balance sheet, but as the bulk of the income still comes to the parent mission, a transfer from its funds is made to meet the growing needs of the prison work, upon which about $9000 in all is spent. Mr. Wheatley's institution is fully recognised by the prison authorities, and every facility given to enable him to get hold of the discharged culprits. Of this work, which is shared by the Salvation Army, the Church Army, and various other societies, some account will be given later; but at present I am only concerned with the operations of the mission proper. It includes a complete church organization with over seven hundred members, from whom the large body of voluntary mission workers is drawn. The chapel in Little Wild Street is an active centre of evangelistic preaching where those who attend may perhaps, some of them, be poor, though they do not look it. More scantily-attended services take place at four separate mission centres, and altogether, including those at the boys' homes and at the prison gates and other places, it is claimed that over four thousand Gospel services are held in each year. The charitable relief given is on an equally wholesale scale. 'The winter months bring their own peculiar and pressing demands upon our resources. It is then that work is scarce, and the cry of the poor is loudest. We cannot let that cry go unheeded. Feed the hungry and supply warmth to the cold and wretched we must. We do not administer relief indiscriminately; on the other hand, we do not administer it grudgingly or when it is too late. We investigate, and then we help.' Such is the language in which the public is appealed to for funds.

A good deal is spent. Relief by tickets and money gifts to the local poor amount to nearly $1300 in the year's accounts. The neighbouring religious bodies, whatever may be their own sins in the same direction, complain that the action of the mission is far from judicious, and tends to the encouragement of a very low class, and to the pauperization of the people. It is said that in order to make appeals for money successful, existing evils are greatly exaggerated, and an unnecessarily bad name given to the neighbourhood; that the blackest spots are depicted and the most sensational incidents recorded, it being implied, if not asserted, by the language used, that such terrible scenes are not at all unusual; that the great changes of recent years are ignored; and that an old string is harped upon, and statements repeated again and again which, if they ever were true, are true no longer. In this I only report what is freely said by others who are no less keen to serve the poor. The fact is that, in parts of this district, things were once almost indescribably bad, and that they are still bad enough to justify the strongest possible appeals to the public, and almost any expenditure of money, if by such expenditure the evils could be cured. Unfortunately neither the money expended under missionary guidance such as this, nor the preaching of the Gospel, by which it is accompanied, appear to have any effect whatever in raising the character of the people. At the very best the result is to win here and there an individual to a better life, but in the main the efforts are wasted, and worse than wasted. There are large Sunday schools connected with this mission.

A mission of another character altogether is the one named after the Inns of Court. It is really an embryoSettlement rather than a mission; its head is called warden, and is a churchman in orders, but the workers and supporters are all barristers. Of the workers some live in the Temple, and are thus practically residents, though none have as yet taken up their quarters at the mission itself. It is a quite recent undertaking and the start was made upon club work, while educational developments, even to the extent of founding a workingclass polytechnic, are dreamed of. Religious work is partly held in suspense. It is recognised that it can only grow as the members of the club and institute will receive it; but the final aim of all is to teach how practical a thing Christianity is and how it should and does influence conduct.

Off the Strand, such courts as remain are scheduled for destruction, and by and by their inhabitants will be dispersed. Meanwhile they are over visited and over relieved, but ' spiritually untouched.'

The representatives of the Church of England hereabouts do not, as a whole, display any notable activity, but there are exceptions. The two parishes lying to the east of Drury Lane are analogous in population, and are both vigorously worked; but whilst in Holy Trinity everything proceeds on very cautious lines, a quite different policy is adopted in St. Clement Danes. For lavish doings with the children, no one quite equals the rector of this latter parish. Amongst other things, it is his delight that they should come to the church to be given clothes and cake. The sale and pawning by the parents of the ' useful garments' given has led the rector to have them marked with his own name and that of the church, so as to diminish or destroy their market value.

That they would be proportionately degrading to wear does not seem to have occurred to him.

Passing westward we come to St. Martin's, whichthough no longer * in the Fields,' includes in its parish more grass than any other so near to the centre of London, and has among its parishioners all grades of society, from the King to the beggar, and every kind of home from Buckingham Palace to the slums of Bedfordbury. The rector says he has seen a Cabinet Minister and a crossing sweeper kneel side by side at the communion service. Nowhere in London is the church more catholic in its social position, but while it draws freely upon the purses of the rich in order to assist the poor, it is neither the poor nor the rich amongst its parishioners who fill the church, but rather the passer-by in the street, to whom the magnificence of its situation and its glorious resounding chimes cannot but appeal. Thus it is largely a congregation of strangers; probably visitors to London, staying in the great hotels that surround Trafalgar Square. The ritual is old fashioned and Evangelical in character.

It is claimed that a large number of the poorer parishioners are occasional worshippers on Sunday evening; but the services in the mission church in Bedfordbury have always been a failure. * Those who will go anywhere go to church.' The system of visiting in the interest of church and school attendance, mothers' meetings, &c., seems to be carried to an extreme point of pertinacity, but by far the most important work lies in the schools. In this parish, and indeed in the whole of the district, there are comparatively few Board schools. The Church schools educate nearly all the children; and the parents (it is claimed), however irregular in their own attendance at church, value the sympathetic interest of the clergy and the teachers as well as the greater prominence given to moral and religious training in the schools. Constant contact with the children is maintained by daily catechising in church, and two-thirds of thosewho attend the day schools come also to the Sunday school. Altogether St. Martin's presents a solid and fairly successful attempt to find a useful place for the Church in the life of a parish occupied by all classes. The difficulties it has to. face are not so much those of congested poverty or a low standard of living, as those created by the rushing stream of pleasure seeking and money spending; and by the moral results of an atmosphere of excitement. Many of the parishioners find their living in the theatres and music-halls, the children act in the pantomimes, and all have a tendency to become stage-struck; while the constant sight of flaunting vice, though said to be deterrent rather than attractive, may tend to lower the moral tone.

It is in recognition of these difficulties that we find, more or less under the wing of this church, such institutions as'The Wantage Club,' intended to meet the needs of the young women employed in clubs and hotels for some place to go to in their hours of recreation, and the ' Rehearsal Club,' which serves the same purpose for girls engaged in the ballet or chorus at the music-halls and theatres. These are not in any degree religious organizations. Indeed, at the Rehearsal Club any reference to religion is in practice tabooed.

Rescue work is undertaken by the Charing Cross Rescue and Vigilance Association, the sphere of which extends to a larger area than St. Martin's parish. It holds its meetings in St. Martin's Town Hall, and carries on its work under great difficulties in a district where'there are drinking shops at every corner, and where brothels open almost as fast as they are closed.' Over this trouble St. Martin's joins hands with St. James's, where Bishop Barry made it a leading part of his work; special midnight services, attended chiefly by men, having been held to bear public witness against the sin and vice which run riot in the neighbourhood.

There is in St. James's parish a larger proportion of working-class people than is adequately shown by the colouring of our map. Packed away in small apartments and single rooms near Golden Square, and in the yards and mews behind business premises or in rear of the houses of the rich, they surfer under very high rents, and since they depend on the seasonal trades there is at times much poverty among them in spite of nominally high wages. They seldom come to church and are not easily reached in any way. The services of the church are well attended by the wealthier classes and strangers, but not much that can be called congregational or parochial is attempted.

We now pass to a string of parishes which are the very heart of West Central London – St. Mary, St. Anne, St. Luke, St. John the Baptist, St. Thomas, St. Peter, and St. Giles (though of this more than half lies north of New Oxford Street). As regards their congregations, parish boundaries do not exist, and as regards work among the poor these boundaries are as a matter of course broken into and overlapped and ignored by the numerous missionary enterprises of which this district, together with Drury Lane and the Strand, is the scene. Between these missions and the churches, as I have already hinted, rather painful jealousies exist. From the point of view of the missions, the churches, or a number of them, are asleep, and such as are awake'cannot be recommended'; while from the point of view of the churches, especially that of the most active, the missions have ill-judged methods and use exaggerated language. We have seen the same thing in some degree elsewhere, but nowhere is the clash between rival doctors so marked as it is here.

Very full accounts of this district have been given historically in Mr. CardwelTs*Two Centuries of Soho*andin Mr. Sherwell's remarkable book,*West London.*It is, indeed, a strange outlandish population with which the churches and missions attempt to deal, and its social diseases are varied and numerous. Not only have we the criminal and outcast, the utterly vicious and the hopelessly drunken, the veriest refuse of London life, together with a low class of casual labour; not only have we the harlot and those who facilitate and live upon her trade; not only the unwholesome conditions of theatrical employment and the occupations which depend on the London season; but here are gathered together every kind and description of foreigner, including a rapidly increasing colony of Jews, so that Central London as a whole is in some ways as completely cosmopolitan as it is in others curiously insular and self-contained. We hear of instances in which five languages are spoken in one house, but as a rule the people of each nationality seem to select some particular street or streets as their own.

At St. Giles's there is only a small congregation, but those who come are almost all communicants, and great efforts are made by the Church through mission work to find a place for itself in the lives of the people, and large day as well as Sunday schools are conducted. At St. Anne's, again, there are day and Sunday schools, and much work is done in connection with thrift, including a collecting bank, a slate club, and a large self-help society. This church is famed for its music and draws a large congregation from a wide area, with but a very small contingent from its own parishioners, among whom the spiritual work (except as regards the children) is admitted to be a complete failure. No jealousy is felt of what others may be able to do in this direction, but fear is expressed as to the pauperizing influence of some of their methods. The people are not generally poor; including the Jews, fully half are foreigners. The vicar of St. Luke's madeno secret of his preference for social over religious methods. For the rest – some of whom we have seen and some not – all are in varying degree High Church, all proud of their services, and all able to collect together a small congregation, which in one case (St. John the Baptist, Great Marlborough Street) is said to be of the working class; and all are endeavouring by means of Sunday schools and mothers' meetings, guilds, and classes, and clubs, to do their duty by the people, in the vain hope that in return the people will do their duty by religion. The largest congregation is found at St. Thomas's, Regent Street. Not one of all these churches can, I fear, be * recommended' from the London City Missionary's point of view.

There are in this district several ' special' churches; including the Swiss Chapel, Endell Street – the only one of its kind in London; the French Protestant Church, Soho; and the Welsh Presbyterian Church in Charing Cross Road, lately built at the cost of $11,000, and already too small for its growing community, being the leading place of worship of the Welsh in the Metropolis. This last church has many young members,. and caters for their social as well as religious needs. The mission work it undertakes lies not here, but in Kentish Town and Pimlico. So, too, the Scottish National Church has its religious centre in Russell Street, Covent Garden, to which people come from all parts of London. The young people in this case undertake a share of the missionary work of the neighbourhood. In St. Alban's Place is a synagogue for the rapidly growing Jewish population, while in Swallow Street assembles the only*f*Theistic' church that London supports.

The French Catholics also have a church in Leicester Place, which concerns itself with the whole of their community in London, and there are three otherRoman Catholic churches, all of which have interesting personal or historical associations. That in Sardinia Street, Lincoln's Inn Fields, was at one time in the occupation of the Franciscans, at another acting as the chapel of the Sardinian Embassy. It now serves a large and very poor Catholic population, chiefly Irish. Some of these have been displaced by demolitions, but it is estimated that three thousand still remain, and that twelve hundred to fifteen hundred attend the various masses on Sunday morning. Another, the Roman Catholic church in Warwick Street, Golden Square, was once the chapel of the Bavarian Embassy, and forty years ago was the centre of Catholic life in London. Later, being supplanted in the Catholic world by the Church of the Jesuits in Farm Street, it fell into disuse and disrepair, and, though nominally responsible for a great district, is still practically a church without a congregation, and, following the example set by so many of ours, has sought, with the aid of the Catholic Social Union, to eke out its directly religious work by mothers' meetings and a girls' club, open four nights a week, for dancing and singing and cookery classes.

St. Patrick's, Soho, takes a more definite place. It, too, serves a large district containing a scattered Roman Catholic population rather difficult to deal with. Many of the poor Irish have left, others are going. The new comers, if Catholic, are mostly foreigners, and if they attend Mass at all would probably go to their own special national churches. There is, however, a good musical service, and the church is often full. The priest seems to be on the best of terms both with the clergy of the Church of England and with the great "Wesleyan Mission, to the work of which we shall shortly come.

Nonconformist churches of the ordinary type are not much in evidence here, Bloomsbury Chapel inShaftesbury Avenue being the only one of any importance. It is an imposing building, and draws a considerable congregation of middle-class people, including many visitors. Otherwise the numbers are largely made up of young people from business houses*(i. e.,*shops) by whom and for whose sake a mutual improvement society and parliamentary debating club are maintained, as well as clubs for tennis, cricket and swimming in Summer. Work among the poor is carried on at Bloomsbury Hall, Meard Street, under the name of the Soho and St. Giles's Mission, and is managed by a very capable deaconess who has worked in East London for both the Congregationalists and the Wesleyans. She compares Soho and Drury Lane unfavourably with Haggerston and Bethnal Green, especially as regards the housing of the people. At her mothers' meetings there are about three hundred women, and hardly any of these, she says, have homes with more than one room. If families have to change their quarters, their children, or some of them, are hidden away.'Putting them in the churchyard,' is the rather grim phrase used; meaning merely that these superfluous children are housed by neighbours for awhile, till, without attracting the new landlord's notice, they can be'sneaked into the new home.'

This deaconess complains that the people lack energy as compared to the East End folk, and need stirring up again and again. More is done for them in the way of charitable relief than she has ever known elsewhere.

It is noteworthy that of the people in the immediate neighbourhood very few come to the religious services at the hall, and in tracing to their homes such as do attend, the deaconess is taken over a wide area, extending to the courts off the Strand. We have here a glimpse, from another point of view, of thecompetition so often complained of; and a rather hopeless picture of work amongst the poor.

Lastly, we come to the great enterprise of the Wesleyans. Into the midst of this population and this condition of things, with which neither oldfashioned parish organization, nor High Church enthusiasm, nor missionary zeal, seemed able successfully to deal, the Wesleyans plunged with even greater energy and enthusiasm. Not the least remarkable feature of the story I have to tell is that their success should have been attained with so little jealousy being felt on the part either of the Church or of other missions. This enterprise, which extends also North, South and East, has its centre in the West London Mission. Its expansion has been astonishing, and its success, at least in West London, triumphant and wonderful. As a whole it presents perhaps the most characteristic social and religious movement in London of the last decade. Others equally great and with more or less similar aims have preceded it, and are still maintained in full force, indicating a great wave of human effort of which it is the latest crest.

There was the Evangelical impulse associated with the name of Lord Shaftesbury, and represented by the Ragged School Union, and by ' Mildmay', and other work of the same kind; while not in any way less remarkable has been the energizing religious impulse of the High Church, which has been a distinct and powerful spiritual movement breathing much-needed life into the Church of England. With both of these, the one not more than the other, the work has been built up, and is still sustained, by personal devotion and saintly lives, in undiminished force. Both movements rely for their finances mainly on prayer, and in both cases it can surely be claimed that their prayers have been answered. Another mostextraordinary development has been that of the great begging missions, which put their faith in advertising, and find that faith also justified. They, too, are supported by the sacrifices of devoted lives, and can claim that ' God has greatly blessed them.' Then there are the institutions which provide for outcast or stranded children (of which Dr. Barnardo's is the most important, but by no means the only example) which, while requiring devoted service, and using every device of begging by public appeal to obtain the huge incomes they administer, do, most of all, base their success, and their claim to public favour, and to God's blessing, on sound and prudent business management. There has also been the movement in the direction of ' settlements,' which, in its inception, may be considered to reflect Broad Church views, and which, by whomsoever taken up, represents always the broader side; and somewhat allied to this has been the work of the Polytechnics, which have sprung up on all sides. All these are remarkable efforts, and, when combined, indicate a new recognition of social responsibility and a great awakening of spiritual life. Nor have I mentioned the marvellous progress of the Salvation Army, which, passing beyond the bounds of London, has become national, imperial, and even international in its scope.

It is the peculiarity of this latest development of the Wesleyans that all the methods and aspirations I have referred to are in it reflected and find a place. It, too, leans on the Gospel and its saving power; it, too, has its sisterhoods and, in a sense, its confessional; it, too, has breathed life into neglected churches; it, too, looks to God in prayer. But at the same time it does not reject the most modern methods of advertising; and the utmost care has been taken to place the whole structure on an unquestionable business footing. Moreover, to all this theWesleyans have added two distinct methods of their own: the one being an elaborate and greatly extended use of music, which, though always a strong feature in their community, is in these missions carried to a point unexampled before; the other being the frank admixture of home politics with religion, carried so far as the running of candidates, usually with success, at the local elections.

As their work has developed it has assumed, and indeed it could not but assume, the same general shape, and has adopted very much the same organizations, as do all the other Churches and missions which seek to reach the people, excepting only those of the Church of Rome. Every religious organization throws out its missions; and Missions, however established, tend, if successful, to grow into Churches. It matters not which part comes first. Whether coming first or last the Church has its characteristic structure, and whether coming first or last the Missions have theirs. Comparing Church with Church their structure is very similar, and comparing Mission with Mission they differ one from another hardly at all.

The effort of the Wesleyans in West London followed that inaugurated in East London, which we have already described, and was itself followed up by the establishment of missions on similar lines in North, Central, and South London. The whole may be rightly regarded as one movement. The recognised impulse was the publication of the *Bitter Cry of Outcast London,* containing a sensational, and perhaps exaggerated, but not untrue picture of the condition of things existing in the poorer districts of London, and of the prevailing ' spiritual destitution.' The impulse thus born (which was in truth the outcome of many conditions and sentiments of the time – social, economic and religious – to which this pamphlet effectively appealed) was strengthened by the concurrent fact that in the districts from which the middle classes had moved the endowed Nonconformist churches had lost their congregations, and were almost everywhere on the point of extinction. Where these conditions prevailed, the first necessity was to abandon the three year system usual with the Wesleyan community and turn churches into missions. The next point was to associate work amongst the poor with Church membership, and with appeals to the Wesleyan community at large for financial assistance. What followed has been a development of the relations with the poor, displaying great ingenuity as well as large-heartedness, aimed at assisting them in their manifold needs, at interesting them in the religious services of the Church, and finally at holding such of them as were 'saved' in the bonds of Church membership by the class system common to all Wesleyan communities.

The methods adopted and the work undertaken differ a little according to the neighbourhood. But there is much that is common to all, and what is in common is far the most important part of the work. At each mission centre there are ' Sisters of the People,' who wear a garb and are called by chosen Christian names preceded by the tide of * Sister.' They are trained for the work and kept under strict discipline, and their work is recognised as being of the first importance in every way. It is remarkable that, though of course no vow of celibacy is taken or dreamed of, it is expected that the Sisters will put aside all idea of marriage during their period of active service. They visit the people, nurse the sick, teach the children, and manage the institutions, having the assistance of a large number of volunteers. It is recognised that the most pressing present need is a brotherhood to match. Failing this, the male side does what it can. There are ministers and assistant ministers and evangelists, secretaries and business managers. There are musical directors, organists and choirmasters, and a great body of trained musicians. Doctors and dispensers lend their services, and at each centre a lawyer is found who is ready to attend one evening in each week to advise those in difficulty on points of law.

In addition to the great preaching centre at St. James's Hall, soon to be replaced by a cathedral at Westminster, the West London Mission makes use of three halls in different parts of the district where services are regularly conducted. At each we find the same series of efforts to reach and touch and teach and help. There are mothers' meetings and Sunday schools; the ' people's drawing-room * and children's play hour; a cripples' guild of ' Poor brave things'; thrift societies and temperance work, servants' registry and labour bureau; boys' clubs and girls' clubs – all much the same as are to be found with every actively worked religious organization, but more than usually filled with fervour and so welded together as to form the greatest mission church in London.

The impulse comes from St. James's Hall. Many of my readers may have attended a service there. All know the hall and its situation – with entrances, both from Regent Street and Piccadilly. The doors are open long before the hours at which the services begin, and twice, if not three times, on Sunday the hall is filled to its full capacity. On each occasion there is a musical prelude for at least half an hour. In the evening, over-flow meetings are held in the smaller hall, and many hundreds are turned away. The greatest order prevails.

The different services have each a specific character. In the morning the object is the 'edification of the Church,' and the maintenance of the Christian life among those already living under its sway. The afternoon services are devoted to social and political applications of religion; and in the evening * the Gospel of Salvation is broadly preached with the direct aim of winning souls.' This is tested by publicly avowed decisions, for the harvesting of which provision is made in the ' inquiry rooms,' which are said never yet to have been empty after a service on Sunday night.

It is an atmosphere of high pressure. If we ask whether it will continue, we may remember that it has been maintained for more than ten years, and has even been communicated to other similar efforts. Thus it does not seem to be the outcome of any temporary excitement or to depend on the personality of the remarkable man who conducts the work, but rather to be due to the invocation of permanent religious feelings, and to the apt use of social forces which are not likely to fail any more than are the social evils it is sought to counteract. Yet with this, as with other religious efforts in London, there is a certain measure of delusion which is not without danger. The work does not in fact fill the *role* which it claims to fill; does not accomplish that which it set out to do. Read the reports. They paint a picture of poverty and misery; of depravity and sin. In its midst and to deal with it the mission church is planted; but the crowds who fill St. James's Hall come to no great extent from those residing in the neighbourhood. Some of the young men and women employed in the great shops may be attracted, but the poor are not seen there, nor the depraved, nor those who have been lifted out of those conditions. The bulk of those who come find in the service an agreeable Sunday pastime, a pleasant change from attendance at less lively places of worship. The influence of this pulpit may be of very great importance, but it does very little for the spiritual destitution of West Central London. It raises a flag – it rouses public opinion and it enlists workers as well as sympathisers – it stimulates missionary zeal. All this is excellent, but bears much the same relation to the actual work projected as a teachers' guild bears to elementary education.

Those, in especial, who are moved to confess Christ come from all parts of England and even of the Globe.

Thus the scene of operation passes to the local missions which are stimulated and supported by the zeal thus raised. What part do they play in the lives of the people? What part do the people take in the life of these mission churches? I have mentioned the social work of which each mission is the centre, for which the funds as well as many of the workers come from the central organization. The scope of the work is singularly complete, ranging from the *crhhe* for the infant to the ' home of peace' for the dying. In addition, the neighbouring children are taught in Sunday schools; and the Sisters visit the people, become almoners for the relief of distress, and gather the mothers together. But those who attend the Gospel services are of better class, and the social work, be it good or bad in itself, bears but little relation to the spread of that Gospel with the preaching of which it is supposed to be so absolutely connected. The influence of the Gospel is over those who *work,* and only to a very small extent over those for whom they work. The workers, whose lives the Gospel really reaches, are mostly of an altogether different class from those they serve. Those among them who have been raised from poverty or depravity are exceptional characters. In these things the work of this mission does not greatly differ from that of others.

As to the social work on its own merits all ii 13 * observers agree that its value has been progressive. It has been inspired by a broad, intelligent, and teachable spirit. The reports issued are honestly a written and wholesome to read; and such exaggeration as occurs is hardly more than is necessary to the enforcement of any truth.

§3
RUSSELL SQUARE TO LANGHAM PLACE

This section leads us from the old to the new region of fashionable life, from the West End of our grandfathers' London to the West End of our own time, which may be said to begin at Portland Place. Though no longer fashionable, the bulk of this district is fairly well-to-do; and the difficulties of the clergy in dealing with it are due, not so much to poverty as to the fact that the population consists largely of residents in furnished apartments and lodging-houses, with a considerable admixture of foreigners. There is also a large working-class element, respectable, but nonchurchgoing.

But though the population does not respond readily to parochial treatment, it furnishes ample material for congregations, and doubtless helps to swell the audiences at special or popular services far and near: at St. Paul's or Westminster Abbey, at St. Thomas's, Regent Street, or St. James's Hall, at St. Alban's, Holborn, or the City Temple; as well as within its own circle at St. Pancras, or at St. George's, Bloomsbury, at All Saints', Margaret Street, or St. Andrew's, Wells Street. Everywhere and anywhere a remarkable service or a remarkable man suffices to attract large crowds morning and evening, Sunday after Sunday; and in these audiences, though the middle class and the female sex prevail, practically the whole population is represented.

Some difficulty is experienced by the churches in securing parish workers. One of the incumbents complains that the members of his congregation seem to think that their religious duties are adequately performed if they attend church on Sunday. This is the reverse of what we have seen in other parts where the workers are the entire congregation. It may be that it is just those earnest spirits who man the missions all over London, that are lacking here, having been carried away by their enthusiasm for the cause of religion or the service of the poor, to regions where they feel the need to be greater. The cream, perhaps, has been taken and only the skimmed milk left. The impenetrability of non-churchgoing or casual churchgoing respectability doubtless makes the work near home discouraging.

If we include St. Pancras there are nine parish churches in the area with which we are dealing. Of these St. George's, Bloomsbury, though it shares in the difficulties as to workers, is very active, and has successful institutions for men and boys. Its social agencies, which are vigorously and efficiently managed, are open to all parishioners, irrespective of creed or attendance at church or Bible-class; but, in fact, they feed both, and the Sunday evening congregation contains, we are told, many of the poorer inhabitants. Dogmatic teaching is avoided at the day schools. This church is an example of reasonable success on Broad Church lines. Both the preaching and the music are good. At Christ Church, Woburn Square, which serves part of this same parish, including the poor district east of Woburn Place, the service is moderately High, and attracts those who find that at the mother church not sufficiently ornate. The congregations atboth churches consist mainly of the well-to-do. For the poor there is a mission, the services at which they do not attend, but in other ways a great deal is done for them.

At St. Pancras, where also the ritual is rather High, a still larger congregation gathers, especially on Sunday evening, and the week-day and Sunday schools are attended by twelve hundred children, who come largely from the poor parts of the parish, both north and south of Euston Road. For the wants of those districts there are two mission halls; which, though they gather in no new worshippers, serve as usual as centres of social work. Friendly relations are, in general, well-established, and, in fact, as the vicar good humouredly expressed it, ' Among people who don't come to it the church is extraordinarily popular.' There is a large and successful ' self help' society which is not parochial. Club work for men and boys has failed, and the task is now being taken up by the Passmore Edwards Settlement.

St. Saviour's, Fitzroy Square, can claim a workingclass congregation, and does a great deal for them. If one thing fails, another is started. Money is freely spent. The church is empty on Sunday morning, but in the evening is fairly attended. There are usually as many as three hundred coins (mostly copper) in the offertory. The people come and go; it is a shifting as well as a poor congregation; but there are two hundred communicants. Thus this church, too, has its measure of success. Like St. Pancras, the parish extends to the north of the Euston Road, and it is there that the poorest and worst part lies; but, unlike St. Pancras, it contains no well-to-do quarter. In the part lying south of Euston Road there has been a steady decay for many years. There are now no middle-class people left, and only a diminishing proportion of the upper working class. These streetstend to become uniformly poor and the crowding in them is excessive. We have here and further to the South, an inferior Soho in the making: Jews, foreigners, prostitutes, and all.

At All Souls', Langham Place, the service is strictly Evangelical, just as at All Saints', Margaret Street, it is the reverse. At All Souls' the congregation is mainly parochial; at All Saints' there is practically no parish. The church without a parish has the larger congregation. Finally, at St. Andrew's, Wells Street, extremes are shunned, and a large and wealthy congregation, coming from a wide area, enjoy a beautiful musical service. As fashionable churches these three are all successful in their way, and by all of them the poor are ' helped' a good deal. It is even suggested that in the poor streets rents are thereby affected, although to raise these, other and more potent causes are at work.

In this district the Nonconformists are not strong. The Wesleyans are represented by a branch of the West London Mission. The Congregationalists have recently opened a large new church in Tottenham Court Road, being the third in succession on the site of Whitfield's original chapel. Great hopes were entertained that with the new building would come a revival of interest in the services, but this has not yet been shown. Some strangers drop in, and various special efforts have been made to attract the residents in the locality, but without much permanent success. The Baptists have three chapels of the stricter kind, and there is a Unitarian Church, once the well-known scene of the ministry of the late Dr. Martineau, whilst the Cathedral of the Irvingites is in Gordon Square. The pastor of the latter church, in courteously declining our request for an interview, disclaims all desire for his congregation to be regarded as a separate community, and says that, in so far as they are in any way distinct from their Christian brethren, ' it is purely for spiritual ends.' They endeavour, ' in all matters referred to in your letter, to do our part as individuals by helping existing agencies, but have *no* organizations for such purposes.'

In All Souls' parish there is a Roman Catholic church, serving, it is said, a population of some three thousand souls. Of these, it is claimed, about one-half as a rule come to the church on Sunday mornings. They are mostly foreigners.

Of the Passmore Edwards Settlement, which shares with the churches the social work done in South St. Pancras, some account will be found in the chapter on Settlements and Polytechnics in Vol. VII.

§4
LOCAL GOVERNMENT

Prior to the Act of 1899, the Holborn Board of Works, the Strand Board of Works, the Vestries of St. James, St. Giles, and St. Martin, and in a lesser degree of St. Pancras and Marylebone, had each jurisdiction over some portion of the district described in this chapter. The functions of Marylebone and St. Pancras remain undisturbed, but those of the rest have been merged in the new Councils of Westminster and Holborn. Local government has been much unified by this change. The City Council of West-x minster, whose authority extends also over St. George's, Hanover Square, has seventy members, but supersedes bodies which had between them some 550 representatives. Under the altered circumstances it is not necessary to describe in any detail the work of the

defunct authorities. The difficulties to be dealt with have been already indicated, and it will be enough to recapitulate them, and to say in a general way what is being done to meet them.

South of Oxford Street and Holborn, and especially to the east of Charing Cross Road, the main fact is the combination of increased crowding with decrease of population. It is accompanied by extremely high rents and a continual growth amongst the old courts and streets of the evil conditions which demand demolition. The necessity for demolition in its turn affords the opportunity for local improvements; the recasting of minor streets, the widening of old thoroughfares and reconstruction with larger and larger aim. It is a gradual process, but each step seems to involve the next, and it must almost necessarily end in a complete change in the character of the whole district, with far-reaching results.

Market porters and other labourers of rough class are likely to be driven out, though doubtless they will cling to the last; but there is no absolute necessity for them to reside here. They can live almost as conveniently south of the Thames and come in to their work. They are being driven out partly by the provision of better accommodation, which will inevitably be occupied by those whose work ties them closely to the neighbourhood of the great shopping streets and who can afford to pay the higher rent. These compete among themselves, and are again overbidden by those whose occupations, still more definitely localized, will not bear investigation. Very high rents can be afforded by those who traffic in vice, and the refusal of many landlords to accept such tenants only raises the price obtained by others less scrupulous. The vigilance which pursues and prosecutes is of little avail. Brothels and gambling hells are no sooner closed in one street than they areopened in another; for the demand is constant and the profits are large. Harrying is probably the only policy to pursue, and, if it does no more, will serve to keep alive the conscience of the house owner. The attitude of the local authorities has been one of watchfulness rather than activity, and some spasmodic and half-hearted efforts to check overcrowding and vice have met with indifferent success.

Apart from the Clare Market and Strand improvement scheme, which is being entirely undertaken by the London County Council, demolitions and alterations have been left to private enterprise, acting under public regulation. General sanitation has been well looked after, and so has the cleansing and maintenance of the streets. There is a great need of public open spaces in this southern district, and it would be well if Soho and Golden Squares could be utilized for this purpose.

North of Oxford Street the difficulties have been less acute, and have been mainly confined, so far as this particular area was concerned, to the portions controlled by the late St. Pancras Vestry and Holborn Board of Works. Both these authorities have been taken to task by the London County Council for failure to comply with some urgent recommendations of their own Medical Officers and Sanitary Committees.

For Poor Law administration, the Boards of Guardians of St. Giles, Westminster, and the Strand, are mainly responsible. Each has, with a small and declining population, a steadily diminishing relief list, but that of the Strand is still heavy, owing to the lavish method adopted. As some excuse for this, it is suggested that, in spite of huge clearances, the poorest still cling to the neighbourhood, whilst outrelief is condoned on the ground that the children of the old people who receive it are so largely casualworkers, that it is almost impossible to prove legally their ability to contribute to their parents' support, whilst if a modicum of relief be given, the children do usually manage to add to it. On this account the Board will never, acting on principle, give enough entirely to support a case.

There does not seem a sufficient task here to warrant the continuance of three distinct Poor Law authorities, particularly in view of the demolitions still in progress, and consequent prospective reduction in population. An amalgamation would have advantages both administrative and economical. It would perhaps be possible to abolish the large workhouse in Poland Street, and the clearing away of this building might form the basis of a scheme for opening out this tightly-packed locality.

DESCRIPTIVE NOTES. MapK.(vol. II., ChapterIV.).
West Central London.

Adjoining Mapt – N. Inner North-West and North London (Vol. 1.1; E. East Central (p. 165); 5. Westminster (Vol. III.); W. West London (Vol. 111.).

General Character. – The map covers the districts of Bloomsbury, Soho, Strand and St. Giles, together with a small portion of Clerkenwell. Within its boundaries are found the Law Courts, British Museum, National Gallery, and some of the publicoffices, in addition to the principal theatres and shopping streets of the Metropolis; around these cluster hotels, boarding-houses and restaurants, and many of their employees live in neighbouring block dwellings. Bloomsbury is remarkable for its boarding-houses, the Strand for its hotels and theatres, publishing offices, and the Law Courts; St. Giles and Soho for its colonies of foreigners and prostitutes; the neighbourhood of Portland Place for its doctors and nursing homes, and Pall Mall for its clubs and residential chambers. As a whole it is probably better known to the foreign visitor than any other area in London. Running across the map from East to West are four fairly distinct bands of population – working class from Gray's Inn Road to Southampton Row, middle class (increasing) from Southampton Row to Tottenham Court Road, working class thence to Great Portland Street, where the ' red ' and ' yellow' classes again prevail. South of Oxford Street there is a large area of poverty (decreasing) on the east side of Drury Lane and round Clare Market; very mixed working class (pink and purple) between Oxford Street and Leicester Square; and shops, hotels, bachelors' chambers, and a few very large houses of the wealthy (Carlton House Terrace and Arlington Street) in the south-west corner of the map.

Poverty Areas. – There are many patches of poverty, but only one large poor area, that on the east side of Drury Lane, where there is a colony of poor Irish market employees, but this is now in course of displacement by demolition. There is less dark blue than there was ten years ago. owing to the encroachment of business premises, hotels, and residential flats built for the servant-keeping classes, for wealthy vagrants or visitors. The poor patches remaining, nearly always represent old house property; such are the dark blue and black streets off Gray's Inn Road, Tonbridge Street, Burton Crescent, Whitfield Street, Foley Street, Charlotte Street, &c. Owing to demolition and re-building, Seven Dials has almost lost its reputation for poverty, thieves, and birdfanciers; the narrow courts off the Strand and much of the surroundings of Clare Market, with their population of market porters, newspaper sellers, cab-runners, and odd-job men are also gone. But some very bad bits remain, such as Little Wild Street, one end of Parker Street, Nottingham Place and Turner's Court off St. Martin's Lane.

Employments. – Season trades, with alternating periods of high pressure and slackness, are characteristic of the district. West End customers demanding specialities in a hurry make the presence of highly skilled, highly paid resident workmen a necessity. Such are many of the employees of tailors, dressmakers, and bootmakers, who work either at home or in ' sittings' as well as in the factory. In addition, there is an army of hotel and restaurant waiters, shop assistants, theatrical employees and printers – the poorest are the odd-job men, market porters, hawkers, sandwich men, flower sellers and widows dependent on charing and office cleaning. There is a colony of Jewish tailors round Broad Street in Soho. Prostitution, pursued largely by non-residents, may also be considereda regular occupation in this district, both in the central parts and along the Euston Road in the neighbourhood of the large railway termini. In the North-East, near the railways, live many cabmen.

Housing; and Rents. – The whole district is noted for many-storeyed houses, high rents and crowding. Houses tenanted by one family, except in the most wealthy streets, are the exception. The working classes live in models and tenement houses; the well-to-do in flats, boarding houses, chambers and hotels. The nearer the centre, the higher the rents. There are many common lodging-houses. Turner's Court (black), already referred to, is particularly bad; entered by passage 3ft. wide, high factory wall running along one side, houses with four storeys, 16 ft. frontage, windows facing dead wall, eight rooms in each house, each tenanted by a family, front room 5*6d, back room 5l, small room at top 3s6d; very dark, occupied by a low class of market porters and costers; a rough, smelly, airless, and dirty spot. The average rent for single rooms in Strand district is 4l to 5*. In St. Giles's the typical house has three storeys, 16 or 17 ft. frontage, sometimes without basements, let out in rooms at 3 16d to 4l for one room and 6s 6d to ys for two rooms.

In Soho most of the houses are let in floors, three rooms to a floor – ground floor 15s. first floor i6s. second floor 15l, third floor (with only two rooms) iol. The minimum for single rooms is 3s, and the maximum 8s. As accommodation decreases, rents and crowding increase. Crowding in this district is only partially a measure of poverty. The large demand for rooms as workshops as well as living rooms, the influx of foreigners and the extravagant offers made by those who wish to use their rooms for immoral purposes, all tend to force rents upwards. [1898.]

Markets. – Only the working classes and foreigners patronize street markets: shops supply the well-to-do. Street markets are found, therefore, only in the poorer districts and in Soho. Following the demolition of the courts off the Strand, the glories of Blackmore Street and Clare Market have almost disappeared. North of Oxford Street there are Marchmont Street market out of Tavistock Place, and Goodge Street out of Tottenham Court Road. South of Oxford Street, Berwick Street in Soho and Little Earl Street in St. Giles's. Covent Garden Market is not much used by the working classes; in the early morning the streets between Long Acre and the Strand are blocked by the carts of dealers buying fruits and flowers. Many of the smaller restaurant keepers buy in Little Earl Street. Some prices – good rump steaks, lod to islb., meat scraps from 3rf lb.; good potatoes, 4 lb. for 2d; hot bullock's cheek, 4l!lb., and the same for fresh ox liver; fair mackerel, qd and 2d each according to size. Good apples, plums and damsons, id to 2. i/lb. Bread, 4 lb. loaf, 6d (on the same day round the corner in Great White Lion Street a similar loaf was selling at 5rf). [September, 1898.]

Public-houses. – Remarkable for their number; out of all proportion to the resident population, except, on the Bedford Estate, where there are very few: many rebuilt and noticeable for their elaborate and beautiful exteriors: their number due in great part to the large influx of workers by day and pleasure seekers by night.

Places of Amusement. – The Strand focusses the theatrical life of England. In spite of the increase of suburban theatres those in the centre seem but to gain in popularity. Several new theatres and music halls have been built in recent years. The names of the Strand theatres are both too numerous and too well-known to need mention here.

Open Spaces. – North of Oxford Street are many private squares, but the only open spaces to which the public are admitted are Red LionSquare, St. George's Burial Ground, and St. Andrew's Gardens, Gray's Inn Road. South of Oxford Street: Lincoln's Inn Fields, the Embankment Gardens and St. James's Park are public playagrounds. Public open spaces are badly wanted in the district abutting on Pentonville, in the Cleveland Street district, and in St. Giles's and Soho, where St. Anne's and St. Giles's churchyards and Leicester Square are the only spaces open to the public. Even such squares as Golden Square and Soho Square, which are immediately surrounded by a workingaclass population, are closed.

Health. – Fair. The pale listless faces of the children are noticeable in the central districts. The soil is sand and gravel, but the high houses and narrow streets, and the absence of open spaces, are against healthy child life.

Changes of Population. – The rich and fashionable, who once dwelt in Soho and Bloomsbury, have left, though there has lately been some return to Bloomsbury: their places have been taken by business houses, offices, hotels and boarding houses. Jews have come into Soho in the neighbourhood of Broad Street and form there a West End Whitechapel. The poor, on being dispossessed, have to leave the district altogether; many of those from the Drury Lane neighbourhood have gone to Battersea, Fulham, and North Kensington. Generally speaking, the very poor have been driven out by demolition and rebuilding for the middle classes, and the middle classes by the encroachment of business houses and the multiplication of board1ng houses and hotels. The servant-keeping classes reappear as tenants of flats.

Means of Locomotion. – Improvement of the means of locomotion will do little to remove the congestion in Soho, St. Giles's or the Strand districts. The majority of those who live there now will do so as long as there is house-room to be found. The importance of living in the immediate neighbourhood of their work more than counterbalances the discomforts of high rent and over-crowding. Three great railway termini tap the district along the Euston Road on the North and Charing Cross on the South: the circle of Underground Railway touches both the North and the South, and the Central London Electric Railway cuts the centre of the map along Oxford Street. Connection north and south across the centre of the district by means of tubes or quick trams is badly wanted. There are horse-tramways along Theobald's Road eastwards and along the Gray's Inn Road between Holborn and King's Cross on the eastern boundary of the map. Omnibuses run along all the main roads.

PLACES OF WORSHIP.
List of Parish Churches situated in the district described in Chapter IV. with otherPlacesOfWorshipgrouped in their ecclesiastical parishes.
All Saints, Gordon Square.
Bapt. Chapel, Gower St.
Cath. Apostolic Ch., Gordon Sq.
All Saints, Margaret St.
WelshBapt. Ch., Castle St. East.
Unitn. Ch., Little Portland St.
Fitzroy Hall, Little Portland St.
All Souls, Langham Place.

All Souls' Church House, Gt. Titchfield St.
St. Peter's Chapel, Vere St.
St. Paul's Ch., Gt. Portland St.
Rehoboth Bapt. Chapel, Riding House St.
All Souls*(continued)* –
S. Charles Borromeo (R. C.), Upper Ogle St.
Ogle Mews Ragged School.
St. George's Hall, Brethren, Langham Pl.
Christ Church, Woburn Sq.
Christ Ch. Hall, Herbrand St.
Baptist Chapel, Keppel St. Holy Cross, Cromer St.
L. C. Miss. Hall, Cromer St.
L. C. Miss. Hall, Midhope Bldgs. Holy Trinity, Gray's Inn Rd.*
Bapt. Ch., John St.
Church of Humanity, John St.
The church itself is situated in St. Bartholomew's parish.
Holy Trinity, Lincoln's Inn Fields.
Holy Trinity Miss. Rm., Wild Ct.
Wesl. Ch., Gt. Queen St.
SS. Anselm and Cecilia (R. C.), Sardinia St.
St. Giles' Christian Miss., Little Wild St.
Workmen's Hall (L. C. M.), 185, Drury Lane.
Holy Trinity, Marylebone.
St. Mark's Ch., Charlotte St.
Regent's Pk. Chapel (Bapt.), Park Sq.
Central Synagogue, Gt. Portland St.
St. Andrew, Wells Street.
St. Anne, Soho.
French Protestant Ch., Soho Sq.
Bloomsbury Miss. (Bapt.), Meard St.
Italian Miss., Frith St.
L'Eglisede Notre Dame (R. C.), Leicester Place.
St. Clement Danes.
Clare Market Mission.

St. George, Bloomsbury.
Bloomsbury Bapt. Ch. Shaftes
bury Avenue. St. John's French Episcopal
Ch., Shaftesbury Avenue.
St. George Martyr, Queen Sq.
St. George's Mis., Ormond Yard.
Albert Youth's Christian Institute, 49,, Lamb's Conduit St.
Shaftesbury Memorial Hall,
Lamb's Conduit St.
St. Glles-in-the-Flelds.
Christ Church, Endell St.
St. Giles' Miss., Short's Gardens.
Ssven Dials Miss., West St.
Soho Bapt. Ch., Shaftesbury Av.
Protestant Swiss Ch., Endell St.
St. Giles'ChristianMis., Neal St.
St. Giles' Christian Miss., Drury
Lane.
St. Giles' Christian Miss., Seven
Dials.
London Medical Miss., Short's
Gardens.
St. James, Piccadilly.
St. Philip's Chapel, Regent St.
Wesl. Miss., St. James's Hall.
Theistic Ch., Swallow St.
Church of the Assumption
(R. C.). Warwick St.
Western Synagogue, St. Alban's
Place.
St. John Evangelist, Charlotte St.
Whitfield'sTabernacle (Cong.),
Tottenham Court Rd.
Cleveland Hall (Wesl.), Cleveland St.
German Lutheran Ch., Cleveland St.
Scandinavian Miss., Percy St. St. John Evangelist, Drury Lane.
St. John's Miss., n, Castle St.
Innsof Court Miss., Drury Lane.
Ch. of Scotland, Crown Court. St. John Evangelist, Holborn.
Bapt. Chapel, Kingsgate St. (rebuilding).
St. John Baptist, fit. Marlboro' St.
St. John's Miss. Room, West St.
Craven Hall (Wesl.), Fonbert's

Placo.
St. Luke, Soho.
St. Martin-ln-the-Flelds.
Ch. Royal, St. James's Palace.
St. Martin's Miss., Bedfordbury.
Cong. Ch., Orange St.
Friends' Meeting House, 52,
St. Martin's Lane.
St. Mary, Charing Cross Rd.
Welsh Pres. Ch., Charing
Cross Rd.
St. Patrick's (R. C.), Soho Sq.
St. Mary-Ie-Strand.
St. Peter, Great Windmill St.
St. Peter's Parish Rm., Archer
St.
St. Peter, Regent Square.
Foundling Hospital Chapel,
Guildford St.
Henrietta Bapt. Chapel, Wake-
field St.
Pres. Ch., Regent Square. St. Saviour, Fitzroy Square.
St. Saviour's Miss., Euston Rd.
L. C. Miss. Rm., Warren St. St. Thomas, Regent St. Extra Parochial Churches.
Lincoln's Inn Chapel.
Gray's Inn Chapel.
Chapel Royal, Savoy.
St. Michael, Burleigh St.
Exeter Hall, Strand.
*St.*Pancras.
St. Pancras Miss., Lancing St.
St. Pancras' Miss., Sandwich St.
Compton Place Hall (Pres.),
Compton Place.
Somers Town Hall (Wesl.),
Chalton St.
Salv. Army Hall, Burton St.
*Temp. M1ss., Compton St.
St. Paul, Covent Garden.
Corpus Christi (R. C.), Maiden
Lane.
Maiden Lane Synagogue,
Maiden Lane.
* Now dosed (1901).

SECTION 12

CHAPTER V
ILLUSTRATIONS

IWouldremind the reader that the extracts from our note books which follow were not written for publication, and that they form a very insignificant part of the mass of information which we have collected. They have been selected solely as illustrations and are only to be regarded in that light.

§1
CHURCH OF ENGLAND

(1)*One of the older East London Churches.* – The church is a large one of classical style of architecture, with a rather dreary interior curtained off against draughts. I was seated before the morning service began. A number of boys were already there in two groups, apparently divided according to age, with someone in charge of each group, while for the further preservation of order an impressive church beadle in black gown and skull cap, carrying a large silver-headed mace, patrolled the centre aisle. Near me were seated a woman with a baby, and another woman, and to these, others, mostly women, were slowly added, till there may have been fifteen or twenty in all. Another group of lads came in and seated themselves; of them no one was in charge. They took their places, handed round books, and throughout the service behavedvery well and reverently, though they were of quite the roughest kind, even criminal looking. Their generally devout behaviour was remarkable, and I assume that they were from a Church Army home, or some such institution. The three groups of boys, taken together, were certainly over a hundred in number. I came again in the evening, and was again seated before the service commenced. The small boys were not there; but the others were, just as in the morning, the big, rough boys in perfect order, making the service a part of their life at any rate, but they did not venture to sing. There was indeed no body of sound from the church to add volume to the choir, for though the rest of the congregation joined in, more or less, they were too few in numbers, and one could hear each individual voice. There were more present than in the morning; perhaps as many as thirty in all, besides the boys. The vicar, when seen, mentioned the boys, but claimed two hundred in addition as his usual evening congregation.

(2) *St. Peter's (Wapping)* is an historic church in the annals of English Ritualism; its first head, Father Lowder, having been a leader in the ' Catholic Revival.' Father Wainright, who now occupies Father Lowder's place, was with him as curate twenty-five years ago, and served in the same capacity also under Father Mackonochie, whose successor as vicar he became.

As we passed through the streets the Father was

greeted by about half the people we met; some seemed a little shy and perhaps ashamed; others, I fancied, avoided seeing him; but a general impression was given that he was regarded as a friend. He was welcomed by almost every child he met, many of them rushing across the street into his arms, and all seemed anxious for a look or word of recognition. Sometimes we had quite a little group round us. To them all he was ' Father.' The special value of the title ' father' was spoken of. It applies to all ages, and enables things to be said and done which, with a plain ' Mr.', would be impossible

There is no overt resistance to any of the ritualistic practices of the church. It has established its own traditions, and the people are said to be ' both loyal and affectionate.' As an illustration of the ' things that comfort,' it was mentioned that the greatest rioter during Father Lowder's time had recently died, but had sent for Father Wainright in order to make his confession and receive the last rites. Father Wainright referred also to the help that it was to him to have been in the parish with Father Lowder, even saying that he owed all his influence to that fact. The position of the mission here was ' made' by the cholera epidemic in Father Lowder's time, and his successor is ever on the look-out for opportunities that maladies provide. They bring suffering, but from his point of view they may bring blessing too.

(3) *The Church of the Holy Redeemer* has morning service at 10.30, at which were present some twenty or thirty evident *habituees,* all female, and at 11.15 is given the service of the ' Holy Eucharist, with hymns and sermon.' The building is very stately; long and narrow, with white walls and columns, and a stone-vaulted roof. The altar, beautifully lighted, stands under a canopy. The congregation are accommodated with rush-bottomed chairs, and the chairs were fairly filled, but the total numbers present were not great. Almost all seemed young; many of them girls and children, very few men, and these young. The priest stood at the altar in magnificent vestments, and on each side of him were acolytes. The congregation knelt, and sang kneeling, just as in

Roman Catholic churches. The lower part of the walls and the bases of the columns are panelled in oak, all the rest is bare white stone, ornamented only by a series of pictures of the Stations of the Cross. The pulpit stands out from one of the columns, and at the side of the pulpit hangs a crucifix. In the evening I went again. Lighted up, the effect is still more beautiful; and one becomes conscious of the whole extent of the church. The altar is not at the end, but leaves room behind for two small altars at the sides, so placed that one could walk round as in a cathedral. The church is not arranged for large numbers, but as to its seats was well filled. Those present in the evening were principally of the middle class, but seemed to include all classes. The congregation, both morning and evening, were very reverent. The singing was mainly by the choir.

ii 14 *

(4)*Mothers' Meetings and Gifts.*

In order to steer clear of any taint of bribery,

the presents the Sisters had been accustomed to give at Christmas entertainments were stopped by the vicar, whereupon he received the following remarkable letter from the husband of one of the leading mothers: –

"dearSir,

" My wife tells me you would like my opinion upon stopping the gifts at the mothers' meeting. You must know that all the mothers do go for the gifts, which are given by the benevolent to bring mothers to hear the Word of the Lord, therefore no one must think the gift too high so long as they can bring souls to Christ, which is any Christian's duty – not forgetting ' All who give to the poor lendeth to the Lord.' You refer to the gifts causing scandal; it is a pity you did not tell the mothers that the offertory is, and always has been, regarded as a scandal by those outside the church. Still, when we take up the Cross, we must bear all insults, as my Jesus did for me and you. My wife does not go for the gift, but to pass a happy hour with those who love the Lord. So you can see I am not of your opinion. If you can enlighten me on the subject a reply will oblige. Yours respectfully,

****

"Motto – $1000 for the church – nothing for poor mothers."

The vicar's reply (a difficult task) was in admirable taste. The result of this effort after purity was that some of the mothers transferred their allegiance to a neighbouring mission. It should be added that as many gifts as before were given, but poverty was made the sole basis of distribution.

(5)*Social Meetings of Communicants.*

The Church organizations in the parish are

few; the object of all, except the mothers' meetings, being to recruit and keep together the body of communicants. This is illustrated by the following extract from the magazine: –

"Three years ago last October, our readers may remember, a step was made in the direction of a fuller recognition of the bond uniting all communicants, by having on the day before the general communion at the dedication festival, a meeting for a simple meal, which might, it was hoped, in its way and measure, realize something of the aim and blessing of the ancient love feasts... Smaller meetings, parties, or gatherings of various sections of the communicants have of course been going on here as in other parishes, but there seemed to be a place and need for some gathering together (other than the essential and supreme meeting for Sacramental Communion in church), where the bond of fellowship might be more realized and strengthened, which already exists between all who in simplicity and

truth partake together of one Bread We

think that the Christmas social meeting of communicants held in the Clerkenwell Town Hall, afforded a very happy response to the want we have described.

Invitations were confined entirely to the

communicants, nor were any sent to such as appeared to have definitely lapsed from their privileges and duties."

There follows an account of the orchestral string band, the songs, the refreshments, &c.; and we read "speeches and songs were succeeded at about 9.30 by dancing." "The numbers present in the hall must have been close on three hundred." These social meetings have become an institution. Two or three of them are held yearly.

(6)*A Clergy House.*

The vicar's private room, into which I was

shown, is a large untidy place; carpetless, curtainless, comfortless; in one corner a pile of clothes ready to be given away, a few books on the shelves of a large bookcase, and dust nearly everywhere. On one wall hung a large crucifix. There was no fire – it was the loth day of January – and the gas-stove was unlit. My arrival gave an excuse for lighting it, to the satisfaction of the servant, ' the Father being so self-denying.'

(7)*Systematic Visitation.*

The parish is systematically visited in the

poorer parts, and the sample book we borrowed indicates that the work is very thorough. It seems to show that in the Peabody block to which it applied, not a tenement is missed, and that particulars are taken as far as possible as to place of worship, day school, Sunday school, mothers' meeting and temperance. It shows, too, that in the course of the year many of the people are visited several times, and that there is a good deal of badgering to attend services and meetings. A few extracts follow.

It may be noticed throughout that the women are very lavish in promises and the men reticent and reserved. As to whether the promises have been kept there is seldom any indication: –

A *****, French polisher, bad-tempered man; there are twins; wife entirely under influence of the High Church Sisters. Mrs. A***** promised to go to evening service, and to tell others of it.*Second visit.*Visitor saw Mr. A ***** alone, and was asked to excuse him as he was busy, but would try to attend men's services.

B *****, man in bad health, woman a monthly nurse; large family; rather inclined to beg; would be Church or Chapel, whichever paid best.*Second visit.*Mr. B * * * * * unable to attend mission services. Mrs. B***** promised to go some evenings; elder daughter promised also, and to get friends to go with them.

C *****, policeman; very good people and parochially minded; boys in choir. Mrs. c ***** promised to go to mission – afraid husband too tired after his work; same on Sundays, being policeman.*Second visit.*Mrs. c ***** surprised at second visit, told visitor not to worry; if people wished to go, they would do so; and if they did not, would stay away.

D *****, man lame; keeps cats' meat barrow. Mrs. D ***** promised to go to mission some Sunday; worked hard, and too tired week-days. Mr. D ***** would not promise even Sundays. Threegirls, sixteen, twelve, and seven, do not go to Sunday school; eldest out with her father and barrow on Sunday morning; next girl cooks dinner.*Third visit.*Mrs. D***** promised the girls for Sunday school first afternoon when re-opened; said they had forgotten; second Sunday two youngest came, next Sunday eldest promised.

E *****, a family who have come a good deal under Church notice; they are never long together at the same place of worship.

F *****, brewers' man; in the volunteers. Mrs. F ***** is rather intelligent; at one time with the High Church Sisters, and another with the Quakers; likes a fuss over her, but one can't help liking her.*Second visit.*Mrs. F ***** promised to go to mission and try to persuade others.

G *****, widow, Dissenter, belongs to X ***** Street Mission; daughter goes to work at mission.

pj * * * * *, market porter; Mr. and Mrs. H ***** attend chapel; children Sunday school over the water somewhere. Mr. H ***** said had not time to go to men's week-day service, being in his dinner hour, and he was too tired after work in the evenings; promised to go to men's service on Sundays.

I *****, large family; wife cleans offices. Mrs. I ***** promised to take turns with daughter in going to evening service; not sure about son and husband; would try and get them to go.*Second visit.*Eldest girl promised to coax her brother to go.

J *****, postman; very devout and eccentric; peculiar views; wife the same; children not baptized.

K *****, a pensioner; he and his wife decline to be visited by me; they will see a clergyman.

L *****, quite a Dissenting family, but very friendly. Mrs. L ***** at mission services.

M *****, cellarman. Mrs. M ***** goes about to hear celebrated preachers. They are a worthy elderly couple.

N *****, tailor for West End firm; quite a Church family.

§2

WESLEYAN MISSIONS, ETC.

(1)*The Mahogany Bar (Wesleyan East London Mission).*

In the evening the hall, which is a rather cheerless place, with large galleries supported on twisted columns of polished wood, having been formerly the concert hall of a public-house, was filled as to the body, and especially the centre portion, with a gathering consisting almost entirely of children and those in charge of them. When I entered a collection was being taken up, and this was followed by the feeble singing of a hymn. There was a harmonium in the gallery behind the platform, and a number of young women to lead the singing, while a man conducted energetically; but it was not an inspiriting performance. At the back, near where I sat, there was a row of young men who behaved with offensive indifference. They did not sing –

would hardly stand up during the hymns – and lolled as they sat, nudging each other, and ' carrying on' the whole time.

The same mission was visited three years later, and the report is very similar. A Sunday morning service was announced for 11.30. Just at that hour a man opened the swing doors from within, and some thirty decently-dressed children, who had been at Sunday school, came out. Three workers followed and stood at the door, and were shortly joined by a Sister. They looked anxiously up and down, like sister Anne of Bluebeard fame, to see if any one was coming, but up to 11.45 without avail. Three of them then departed, leaving the fourth; I suppose in case any belated worshipper should turn up.

In the evening we met the brass band of this mission starting out. An open-air service was held at a street corner not far off, and the service at the hall began at 7. For it there was an audience of fifty adults, besides the twelve workers who were on the platform. The adults were obviously of the working class, distinctly poorer than those who form the congregation at the parent chapel, but, with the exception of three rough, collarless men who sat at the back, none gave anyimpression of poverty. There were also present a number of children. Amongst those at the back of the hall were a bevy of lads and lassies. Whatever might be the case with the latter, the former had evidently not come to worship; most likely they followed the girls, who, too, at the start talked and chatted in a loud tone about mundane things, but during the service listened reverently and sang lustily; and it must be said that, after an appeal from the leader, insisting, while he read the lesson, upon quiet 'amongst those sitting under the gallery,' there was no more disturbance. The address with which the service concluded was on the text, ' All we like sheep have gone astray,' and gave us the old message in a very forcible and moving style. There was an after-service for those who wished to stay, of which the object is the harvesting of souls by the road of the penitent form.

Week after week, from year to year, this work goes on. An interval of three years shows no change in it. Very little is accomplished, and it never could be maintained were it not that it is in some way its own reward.

(2)*Sunday Evening at Cleveland Hall (West London Mission).*

At 7 o'clock the hall, which may hold four hundred to five hundred, was already almost full, and eventually there was scarcely a vacant seat. There were about five women to one man, and a considerable sprinkling of children. Those seated near me were young women of the servant or shop class, and the congregation, as a whole, were of the highest working class, with a small number of the poor and a larger number of those obviously on or over the border of the middle class. The order of the service was as usual, and the sermon a strong emotional appeal on the love of the Cross. There was an aftermeeting, which lasted thirty-five minutes, for which a large number stayed; I should think quite one hundred and fifty. This meeting was directed at the unconverted. Hymns and prayers (by men specially called on by the leader) followed alternately, interspersed by stronglyworded appeals to those who were touched to comeout and indicate it in some way, by lifting a hand or by standing up in their place. There was no visible response. The leader would not, he said, address any individual personally, because ' people were so touchy,' but one of the Sisters sat down beside a woman evidently trying to move her, and a man passed from one to another, but apparently without success. He came to me with ' Are you trusting in the Saviour?' ' Are you sure? ' I bent my head, and he went on to another man with whom he appeared to plead and wrestle for the remainder of the time – a stubborn, but perhaps a hopeful case.

On another Sunday evening, at the same hall, there may have been one hundred and fifty present, of whom about one hundred were adults. Many were quite distinctly middle class, and with the rarest exception none looked poor. The numbers probably depend on the preacher. On this occasion it was an elderly man, who preached a hopelessly dull sermon lasting half an hour.

At Chalton Hall on the same evening, thirty women, twelve men, and a few children were the whole congregation up to ten minutes past seven, but others may have come later.

(3)*Wesleyan Missions – Week-day Services.*

Monday evening. – Devotional meeting at Craven Hall: – The numbers were good, about ten men and sixty women being present. Except one or two who were of an obviously poor, but not rough class, all seemed to be of quite the highest working, or small shop-keeping class; quiet, decent, respectable people, not at any rate looking as though they had ever needed reclamation. No doubt those who come on Monday are a gathering of the elect. The meeting began at 8.30 and lasted exactly an hour; the order was hymn, prayer by the minister; hymn, prayer by a Sister; hymn, during which stewards walked up and down with paper and pencil for requests for written prayer or thanksgiving or praise, followed by the presentation of these prayers and thanks to God, who was referred to as anxiously waiting to receive them; then two more hymns, the collection and a sermon of about twenty minutes. The special prayers were for Mr. Price Hughes' recovery (he was absent from his post owing to sickness), for the mission, and for employment; and there were thanksgivings for getting work and for the souls saved on Sunday, &c. Mr. Hughes' illness had been referred to earlier. ' He had been stricken down by a mysterious dispensation of Providence.' ' Many were the prayers that had been offered up for him last night' (Sunday); and these prayers were being answered. ' He was getting better every hour of every day.' In the prayers uttered by the leader and by the Sister there was doubtless sincere feeling in the background, but it was smothered by the hackneyed and conventional language which all used. The same well-worn phrases, coming again and again, were rendered the more trying by their thick punctuation with Amens by the leader when any of the others were praying. No one else was moved in the same manner, and one felt it to be an absolutely unreal expression of emotion. The sermon was very vigorous and turgid in language but to me entirely without interest. The audience seemed to like it.

Tuesday evening. – Mid-week service at St. George's Chapel (East London): – It was a vile night, with a cutting wind and sleet, when few would wish to leave their fireside, and, after seeing the opening, I hurried home to warmth and comfort. The number in attendance was fourteen women, five men and two lads, all clearly working-class people from the neighbourhood.

Wednesday evening. – At Cleveland Hall (West London): – On this occasion the usual service had given way to a lecture on the life of John Wesley, with lime-light views. There was only a scanty audience, but the night was as deterrent as that of Tuesday.

Another Wednesday. – At about 8 p. m. I called at Chalton Hall (West London), where, according to the directory, there is a service on Wednesday at 8.30. There was, however, no sign of life, and the list on the notice board made no mention of this service, so I conclude that if ever held it has been given up. I then went on to Camden Chapel of the Central Mission, and here the notice board advertised a mid-week devotional meeting for 8 o'clock. It may have been going on in some room at the back, but the place was all dark, and there was clearly no effort to attract.

*On Friday night*I again went to Camden Chapel, where a service of prayer and praise was advertised for 8 o'clock. I got there at 7.50, and stood outside until 8.15. A service may eventually have been held in a small back room which was lighted up, but while I was there only five young women passed in.

How much disheartenment such doings must reflect need hardly be pointed out, nor the strength of faith in those whose purpose does not fail.

(4)*The Wesley an Twentieth Century Million Guinea Fund.*

A special week-day service and meeting was held at Wesley's Chapel, City Road, to inaugurate the collection of this fund. The originator of the idea occupied the chair, and was supported by a number of leading men of the denomination. The chapel, which is a building of some size with large galleries, was already full at 6.20, and I with difficulty found a place in the gallery, but from it could hear and see very well. The audience of men and women, in nearly equal proportions, looked extremely respectable; working class partly, but all well dressed and very earnest and orderly. The platform filled, and the service began at once, before the advertised time. There had been some other functions previously, including a ' love-feast,' and the remains of the tea could be seen in a sort of corridor building at one side of the chapel as one entered the church. The pleasant friendliness of such functions is, I imagine, one of the secrets of the strength of Methodism.

The singing of an eight-verse hymn, in which the last line of each verse was repeated in chorus, occupied some time, and the audience was then led in prayer by one of the ministers present. It was more a short address than a prayer, consisting of direct appeals to us as well as to the Almighty, by the minister individually, and also as speaking for us. After this the chairman explained the scheme and others spoke on the subject. A long first list of subscriptions already promised byLondon circuits was read, and continually added to during the evening, representatives standing up one after another to make promises, till a total of sixty-five thousand guineas was reached.

The plan is to associate guineas with names. Ostensibly all are to be equally subscribers of one guinea, neither more nor less. It was explained that those who could afford more could make up the money for those who could not afford so much, but all the names would stand equal on the ' roll.' The total sum would be paid by each circuit, the number of guineas matching that of the names given, or, stretching this principle a little further, a rich circuit would perhaps help a poorer one ' out of its abundance.' In one way or another each guinea must mean a name, and almost any plan might be adopted to swell the number of names, especially, for instance, the paying for children, those of a man's own family or, in more wholesale fashion, those from Sunday-school classes, whose connection with Wesleyanism might be very slight indeed. Nor did some speakers shrink from suggesting (perhaps partly in joke) that it would be admissible to add the names of the dead as well as the living to this immortal roll.

The main purposes to which the million guineas shall be devoted have been laid down beforehand, and the allotment is evidently the result of carefully balanced claims. I gathered that 300,000 guineas were to go to the aid and support of village Methodism all over the country, and 250,000 to the building of central London quarters: a kind of cathedral for the body. Then 200,000 were set aside for education, and other objects filled up the total. It is a very large sum to raise, and some anxiety may have been felt, but the confidence expressed in the success of the attempt has since been justified.*

What surprised me was the low level spiritually and intellectually of all that was said. No high note was ever struck, or only once (and I stayed to the end). This was when an old man ' trusted that the effort toobtain money might not choke spirituality,' or something to that effect. At this meeting there was no spark of spirituality to choke: nothing appeared but the pursuit of success. The audience seemed thoroughly to enjoy the electioneering style in which the meeting was conducted, with the ' state of the poll' read out every few minutes amid a shower of feeble jokes. I looked for some deeper note of feeling. If a deeper note be not sounded, what good can come?

* A magnificent site, that of the Royal Aquarium in Westminster, has now been acquired for the central headquarters of Methodism (July, 1902).

§3
TWO SUNDAYS
(1)*A Sunday in Central London.*

St. Alban's is a large handsome church, with a great hanging rood – a huge gilt cross bearing the figure of Christ, and at either side a saint standing – suspended in front of the chancel. Round the church are the Stations of the Cross for processional use. There is a good deal of painted glass, and an elaborate altar-piece in metal, the enclosing doors of which open out into a triptych. In front of this hang lighted lamps.

The service is of the highest; High Mass in fact. The priests, all three officiating, wore embroidered vestments, and the sacrifice of the Mass was made just as in Roman Catholic churches. There seemed to be as many men as women present: the men sat to the right, the women to the left. Almost all knelt through the service, and many crossed themselves at the proper times, and a considerable portion made all the requisite responses, following the order of the service exactly. There could be no question as to the feeling of devotion shown. They were men and women kneeling in the presence of their God. The service was beautifully given.

The *City Temple* is a large and rather ugly building, but its interior looks well enough when crowded with people. Here all centres on the great pulpit, behind which is the orchestral gallery and organ. Dr. Parker has astrong voice and clear delivery, and even his most histrionic effects of aside or dropped voice, can be appreciated all over the building. It was the Sunday morning service, and every seat was filled. Dr. Parker is a great and earnest preacher, but had his lot fallen in that direction, he would have been a great actor. He has a keen sense of effect, and the whole service is an exquisite performance; in this way he obtains and moves his audience. The music is elaborately perfect; even in the hymns the congregation were hardly heard; the anthem was admirably given. It was the first Sunday in the month, and the sermon was on the true simple meaning of the Communion-table. He read and commented on the account the Bible gives of its institution, and held his audience spell-bound. At times murmured expressions of conviction and assent could be heard, seemingly irrepressible, especially when his subject had led the preacher to speak of confession and absolution; and he declared that we were all, every one, fallen: but that no one was needed except Christ to come between us and our God.

At *St. James's Hall,* in the afternoon of the same Sunday, at 3 o'clock, I found the audience slowly gathering, while an orchestra of twelve performers played light operatic music, such as on the stage might perhaps accompany a dance of villagers. There seemed no idea of limitation, sacred or even classical. The music was well given, and while it went on the hall gradually filled.

At 3.30, Mr. Hugh Price Hughes took his place as conductor of the ' Conference,' as this service is called. It is a religious service with hymns, prayers, Bible-lesson and collection, but the address is on some social or political question of the day, and on this occasion was on ' unlicensed drinking clubs,' the horrors of which were very freely painted. There is no discussion, but applause is permitted and was called forth now and then. The audience was manifestly sympathetic. Mr. Price Hughes has a harsh voice (no doubt he tries it desperately), but a very effective delivery. The service ended at 4.30 to the minute.

It was announced that the evening service would begin at 7, with orchestral prelude from 6.30. I arrived at 6.35 to find the hall full, and an overflow meeting being arranged in the smaller hall; but on going round to another door I was fortunate enough to secure a seat, being one of those made available by careful packing of the audience on the part of the ushers within. No one is admitted for whom there is not a seat. The crowded hall was an imposing sight. The orchestral seats, up to a certain height, were filled with band and chorus, and above with more audience, as at a popular concert. The musical prelude was of a more or less religious character, extremely well performed. It stopped a little before 7 o'clock, and there was a pause of some minutes, during which the great audience remained absolutely silent and noiseless. Then the platform filled with the ministers and their male lay supporters, and a group of Sisters of the People. When all these were seated, Mr. Price Hughes entered and took his place. It all went as at a public meeting, only without the incoming reception by applause: and there was no chairman – only the lecturer.

The service was entirely religious, and the sermon turned, as Dr. Parker's had done, on the celebration of the Lord's Supper that was to follow. The words of the preacher were earnest and effective, and the communion service showed him still more strongly in the light of a Christian teacher, leading his people in the way they should go; and, though the admixture of politics and platform arts with religion may shock, this leadership doubtless is the simple object with which all is done.

Those who stayed for the second service were not many compared to the previous audience, but being arranged in alternate rows they nearly filled the body of the hall, the rows between being left for the passage of the ministers, who carry round the elements and repeat the sacred words to those who partake. The whole service was very solemnly conducted.

The contrast in method between this and High Mass at St. Alban's was very great. Perhaps the comparison would lie more truly with the early celebration when all partake, than with the crowds of kneeling men and women who bow their heads when at High Mass the big bell is tolled and the little bell tinkled to indicate the accomplishment of the great mystery.

(2) *Churches and people in Hoxton.*

One Sunday morning, weather dull and threatening, with occasional showers, I started from Haggerston Station and walked down the deserted Kingsland Road, meeting a strong contingent of the Salvation Army with a band and some thirty soldiers, but there was no other touch of animation. Turning into Hoxton Street the scene at once changed. The busy market was in full swing, and although the morning was comfortless enough to keep idlers away, the number of active buyers and sellers was more than sufficient to give life to the scene; but it was very gray life, and it would be difficult to find a more miserable set of purchasers. The butchers were, as usual, making most noise, and were also doing the most business; the next in point of activity were the women dealers in second-hand garments. Most of the shops seemed to be open. A middle-aged man, a youth and a small boy passed along giving away tracts. At *St. Saviour's* there was a congregation of about sixty. Outside I had seen dirt and squalor, and the vulgar noisy bargaining of a low-class market; in the church there was no suggestion even of the poverty of the neighbourhood. Outside the tract distributors had comprised all the visible respectability, but inside there was nothing but respectability. From St. Saviour's I went to the *Costers' Hall,* to find again about sixty people, and here, as at the church, religious observance had acted like a sieve, and only the respectable and well dressed had got in. In each place the contrast between the inside and outside scenes was almost startling. Crossing the street I next entered *St. Anne's Church.* There were barely thirty persons present, in addition to the choir, for the Communion service; and nearly all were as respectable and well dressed as at the two other places. At *St. Columba's,* except that a considerable number of children were present, things looked very much as they had done elsewhere, with the same respectability and approximately the same numbers. The men and women sat on different sides of the nave, there was no one in the aisles; perhaps in all fifty women, twenty-five to thirty men, and some two hundred children were present. The sensation lay in the service, which differed hardly at all from a Roman Catholic celebration. Occasionally one caught a word or two and knew that the service was in English, and towards the end, in order to conform to the law, one of the young men acting as acolyte was given the wafer and wine with much ceremonial, but for the rest everything seemed to be as in a Catholic church in every respect. The swinging censer, the posturing, the vestments, the attendant priest, the movements at the altar, the prostration, the solemn moment of the elevation, the customary tinkling bell (heightened in sensuous effect by the ringing for a moment or two of the bell in the church tower), the solemn music and responses, made it difficult to realize that I was in an English church in Hoxton.

§4
BAPTISTS. ETC.

(1) *Shored itch Tabernacle.*

The building is characteristic of the man. Mr. Cuff told us how he, being unable to draw, tried unsuccessfully to explain his ideas to an architect, and how, walking away and thinking of this, he saw a coster's barrow loaded with ' William' pears, and found therein just the illustration needed. He bought a pear which he cut in half lengthwise, and was then able to show the architect what he wanted. ' That/ he said, ' should be the shape of the interior, and there, in the centre of the thin part, near the stalk, will be my place.' The architect seized the idea, and this building is the result. After our talk Mr. Cuff took me into it. The room we had been in opened upon the lower platform, and we climbed to the upper level. Standing there, one could imagine what the effect would be if the place were filled with two thousand faces turned towards the minister. There is not a cornerin either the body of the hall or the large galleries that his eye does not reach, nor where his voice would not easily be heard. Thus the Tabernacle is perfect in its way; but its way is not that of being a house of God. No feeling of sacredness attaches to it.

(2) *Tlie revival of a Baptist Chapel.*

The main building holds eight hundred, and there are large vestries and schools. It was at one time a very popular chapel; to obtain a seat you had to come half an hour before the time of service. It fell away because the minister became too old, and, in addition, he held some unpopular doctrines. The present minister came two years ago, and (including his own friends) preached to thirteen persons on his first Sunday. Now, not only is the chapel fairly filled on Sunday evening, but as many as a hundred come to the Monday and Saturday prayer meetings, which are accounted ' the strength of the church.' The congregation has been drawn, for the most part, from the neighbouring churches; some from the Church of England, and some by transfers from other Nonconformists, not caused by people moving, but simply by their changing their churches. There were, however, also others who had been under religious influence, but had discontinued attendance at any service; none at all come from the poor streets: ' the preaching would not suit them.' In order to try to attract them, the minister would have to alter his style and preach as in a mission hall, and then the others would not like it. ' You cannot get the two classes together.'

(3) *Primitive Methodist P. S. A.*

At one of the Primitive Methodist chapels a Pleasant Sunday Afternoon service was advertised for 3.15, and attending it I found myself one of about fifteen men, all of them, except myself, evidently well-known members of the congregation, and extremely conscious of their failure to bring in the people from outside, for whose sake in particular this afternoon service was undertaken. It was an off Sunday, with no specialattraction; the minister was absent at some other service, and the meeting was conducted by a lay chairman. In the prayer which followed the initial hymn, their difficulties were set forth, and the success of the attempt prayed for; as was also that of the meeting at which their pastor was speaking elsewhere. The prayer was followed by another hymn, vigorously sung, everyone knowing the tune well. It was aided by the organ and one or two string instruments, and by a lady singer, who afterwards sang two solos; otherwise only men were present. After the first of these solos, the chairman opened the meeting for discussion as an ' open ' occasion, there being no set subject or invited speaker. All present were asked to join, and to give a start it was then suggested that they might discuss how to improve their meetings and make them more successful, and several members spoke. Failure was very frankly confessed, and a new departure already decided on, when ladies were to be admitted, was welcomed. After several short speeches, the chairman referred to a stranger present who might perhaps have something to say, and as he evidently meant me, I got up and recommended perseverance, and if one thing failed the trying of another. This fell in with the sentiments of the meeting, and when we separated I was invited to ' come again.'

(4)*Baptisms in a Presbyterian Church.*
The baptism of two or three infants took place
at the end of the morning service in face of the whole congregation (a large middle and upper class audience). The parties were introduced below the pulpit, and specially addressed on the value of the family in religion, &c. The pastor then came down, and, in a loud voice, baptized each child; and then, turning where he stood, spoke to the congregation, reminding his hearers of their duties, and of what had been promised in their cases also. It was solemnly done, and listened to in the same spirit.

(5)*A favourite Evangelist.*
On Monday I visited the Cannon Street Hotel at i o'clock to see what manner of man he is, who can undoubtedly draw by his preaching people of almost every class. The great hall of the hotel had seats set for about three hundred, all of which were filled, and about one hundred persons stood behind. The audience consisted entirely of clerks and City men; the majority seemingly clerks in a small way. They were most likely all godly people; regular church and chapel goers. Those round me sang the familiar hymns almost without looking at the words, and during the prayers fervent amens were ejaculated occasionally.

After a hymn had been sung the arrangements for the week were explained. The evangelist was to be every night at the Great Assembly Hall in Mile End Road. ' We had the place packed twice yesterday,' he said, ' and in the evening thousands were turned away; but then it was Sunday'; and he added, ' My Sunday market is very strong, but there is apt to be a slump on Monday.'

At 1.15 the preacher began his sermon, and it lasted exactly half an hour. He has a strong voice, and uses gesture freely, most of it very extravagant; walks about, acts, and at times rants terribly. His sermon was full of jokes, which he himself heartily enjoyed. He was preaching on the incident of the woman who asked Jesus to heal her daughter, saying, " It is not meet to throw the children's food to the dogs," &c., and how, by her persistency, she forced Jesus to attend to her, and got Him on her side by her ready tongue. ' God,' he said, ' does not always answer us at once,' He plays with us in fact, because ' He likes us to corner Him with His own word.' When out of the jocular vein, there were passages of genuine eloquence, and there can be no doubt of the man's great power, and his ability to hold and satisfy his audience.

§5
MISSIONS, ETC.
(1)*A Mission Service at the East End.*
It was a little white-washed hall, and on

Sunday morning was full of working-class men and women, at least one hundred and fifty, of whom twenty sat behind the minister as a choir. In the body of the hall on the left-hand side all were men. The seats had a desk arrangement in front, such as is common in schools; and many of the men had open Bibles before them. On the wall beside them were pegs for their hats. The seats in the centre of the hall were occupied by women, and to the right were men and women together. When I entered a hymn was being sung, and the singing, unaccompanied by any instrument, was good and vigorous. This was succeeded by the reading of a psalm, with a running comment and exposition, very well done and attentively listened to. It was in exceedingly simple language, and the speaker seemed not to be of much higher class than his hearers. In the evening the leader was even of rather lower class than the audience, which was like that of the morning, only smaller. The man had been a soldier, and, in speaking of the coming of Christ and the attitude of watchfulness for it, told how when on guard near Woolwich (I think it was) the 'grand round' would sometimes be made. When this might be (within some hours at any rate), a sentry did not know, and he described how he would put his ear to the ground, and how he could hear the sound of the horses feet, and then how he challenged when they came near – all very graphic. So were we to be ready for the coming of the Lord.

(2)*Service in a Common Lodging-house.*

Going down towards the Mile End Road I

heard sounds of harmonium and a hymn, and passed through the swing doors of the kitchen of a common lodging-house where a mission service was being conducted. About six well-dressed women, mostly young, and some three men, were seated on the benches near the entrance end of the long room, and extending about halfway towards the other end where was the usual great coke fire. At each side of the room was a row of tables, and on the wall side of the tables a few men and boys were seated. There was a further group near the fire. I could not see that any of them took the slightest interest in the service; not one of them joined in the hymn which was being sung. A lady played on the harmonium, which no doubt is painfully carried from kitchen to kitchen. After the hymn there came a prayer, and all the while and during the preaching that followed, there was a stream of coming and going, and men were cooking and eating their suppers. The speaker was a quiet young man, and took up his position quite at the door end in order the better to address all present. His text was " The wages of sin is death." It was very poor preaching indeed, and one wondered how anybody could sit and listen to it. A man near me (who was eating fried potatoes off a piece of newspaper), could not restrain a few uncomplimentary comments beneath his breath, with which I felt some sympathy.

(3)*A Mission to the Jews.*

We had received a post-card asking us to call on Saturday afternoon, from 3.30 to 5, when ' we should find a full room, and be able to talk after.' The door was opened by a matronly-looking Jewess, who proved to be the wife of the missionary. The room into which I was ushered was a small one, and was, as had been claimed, full, with twenty-five Jewesses and five Jews. I was given a seat at the top of the room, next to a strange-looking individual with a black beard, who is the most important person in this story. The missionary and another man, who acted as chairman, sat also at the upper end of the room. On his legs was a German, who was addressing those present in Yiddish. He spoke fluently, and with a good deal of gesture; but, with the exception of two Jewesses in the front row, all seemed to hear him with complete apathy, mingled with unconcealed signs of boredom. But the two women were evidently following the speaker closely, and constantly nodded their heads, apparently in consent to his arguments. The German having finished, the black-bearded man was asked to say a few words. He was a most extraordinarily grotesque person, and it is not easy to give any, even the most remote, conception of his appearance, his speech, his manner, his gestures. He spoke in English, with a voice something between a rook and a corn-crake; but even more astounding than his voice was his accent, which, if reproduced on the stage, would be described as an absurd burlesque of the vilest type of modern cockney speech. The matter was of the usual street-preaching kind, on the lowest level. The Jews probably did not understand a word of it, and they mainly looked profoundly bored. At the end, we Christians sang a hymn in English, out of Moody and Sankey's collection: " I am trusting, I am trusting, Sweetly trusting in His blood." The Jews had no hymn books, and showed no signs of being able to follow. The proceedings closed with a prayer in Yiddish from the missionary, and the audience trooped out, leaving me with the missionary and his wife, and the bearded man. From the conversation that ensued, I gathered that this man was in truth the founder of the mission, twenty-six years ago, and that the present missionary and his wife, were his converts, having 'loved their Saviour,' respectively, twenty-six and twenty-two years. As to present conversions, they said that all those in the front rows at the meeting were really converts; though, owing to persecution, they were not all ' professing Christians.' ' The persecution is terrible,' said the missionary's wife, adding, ' I have been through it, and know what it is.' Asked about relief, she said ' they were very poor, and that what God sends us we give them.' The mission being in financial difficulties, was about to be transferred to a larger organization. The bearded man said he saw signs of a great movement among the Jews, and asserted that this mission had converted thousands! ' You may report,' he said, at the end, ' that they are coming over in thousands.'

(4) *A Quaker Adult School Meeting on Sunday Morning.*

There were thirty-five or forty men in the

Class at the commencement, and these numbers were fully doubled by the end. The men seemed to have their accustomed places, and vacant seats were left to some extent for absentees. The chapter to be read was the 55th of Isaiah: " Ho, everyone that thirsteth," &c. We read the whole of this, and most of the 56th chapter, and went twice over the first portion, so that everyone present might read a verse. I gathered that the 54th and 55th chapters had been read last Sunday, so that each verse would be read over several times before it was done with. Perhaps the pace depends on the inherent interest of the passage, and in this case every word was of great value. No remarks were made during the reading, which went verse after verse from man to man, in the order in which we sat. When the reading was finished, and after a short prayer, the man who had promised to open the debate being absent, it was left to any one to take up some verse, or any subject suggested by what we had read, and several spoke in turn – none spoke for long, the president's *only-three-minutes more bell* never had to be brought into requisition. The remarks were homely expressions of the feelings roused by the language of the texts, continued sometimes so as to drag in the drink question, or the poverty question, or whatever the man's mind was full of; and, in some cases, showed that his mind was chiefly full of himself. The only lengthy exhortation was that of a man who told us that the reading of the words just heard had helped him to win, in a battle with self, as to forgiving his ' own flesh and blood,' by which or by whom he had evidently felt deeply aggrieved. He slowly ground this out. He told us how this person and that had urged this duty upon him, and how he had met their honest and kind advice with refusal and insult, but how at last he had been broken down. I suppose the man's mind was eased by making a clean breast of it all, even in public; but yet the confession seemed out of its proper place, and with a very slight twist might be regarded as self-congratulation, rather than self-condemnation; and that it was in any way the result of our Bible reading was not to be supposed, though, doubtless, the meeting and its customary proceedings gave him an opportunity.

(5)*The Salvation Fortress* is an old Methodist chapel, and the officers live in a small house adjoining. The captain, who has been here five months, is a tall thin young woman; she had been ill a fortnight ago, and for the past fourteen days her lieutenant had been ill, and so she had been working single-handed. She had a pinched face, with dark rings round the eyes.

This corps is one that has a hard struggle for existence, and without help from headquarters it could not live. The accounts showed that after paying the expenses of the hall, the following amounts had remained for the officers for the past five weeks: –

Week ending Dec. 18, Captain 2s 3, Lieut. 2s.

Week ending Dec. 25, Captain lds, Lieut. los. (The

receipts include 20s from Divisional Officer.) Week ending Dec. 31, Captain 2s*gd*, Lieut. 2s6*d*. Week ending Jan. 7, Captain 8s*lod*, Lieut. 8s

(Including lds from Divisional Officer.) Week ending Jan. 14, Captain 8s 3, Lieut. 7s.

The rent of their house is paid by the Divisional Officer, but the corps has to find 16s6*d* for the rent of the chapel (payable to headquarters). If they need clothes and ask a grant, it is made them.

The lieutenant was even thinner than the captain, with a very girlish figure; both gave the impression that they were denying themselves the necessaries as well as the luxuries of life, and one could not but be impressed with the self-sacrifice displayed.

(6)*A Day's record at a Mission* – (copied exactly):

" 25s was payed to Mr. P ***** for meat.

2 tins of boiled mutton, was used for the dinner.

An appeal was sent to Mr. P * * * * * about the boys'

guild. An appeal was sent to Mr. B ***** about the boys'

guild.

3$ quarterns of bread was served to a family, 6*d*. 2*d* was spent for a knife-opener and *id* for salt. 4s payed B *****. A tin of mutton was served to Mrs. C *****, 1s;

paid 6*d*.

A maid was sent to clean the committee offices next

door, 2 hours.
Dustman,*id;*hearthstone,*id*; blacklead,*id.*
4s6*d*repairing urns and kettles.
A chest hospital letter for Victoria Park Hospital.
Soup dinner. – 63 children brought tin tickets, 86 children and women paid*$d*each; 3s*yd*taken.
20 dinners were given free, paid for by Mrs. S * * * * *, 1o*d.*Milly cooked the dinner. Mrs. s ***** served
it and superintended. Mrs. M * * * * *and
Mrs. E ***** helped. Big girl c *****was fitted with skirt, bodice,
shoes, for which Mrs. T ***** will pay*2S 6d.*A pair of boots was fitted to boy L ****. A quartern loaf was served to a poor family,*$d.* 8*d*and a loaf of bread was given to an unemployed man
for doing some scrubbing for the supt. A man brought a parcel of children's books, three being
given to him. A letter was sent to Mr. H * * * * * about a visit from Mrs. B * * * * *." A mission cleaner was engaged nine and a half hours.

Other days are similar, except that when dinners are not given, the clothing is usually much more prominent. Thus on the following day fifty-seven distinct entries are made of clothing supplied, the names of the recipient, the article and charge for same, being always stated.

§6
OPINIONS
(i)*Religion of the Sick in Hospital, from the Chaplain's point of view.*
The chaplain of the Hospital has spiritual jurisdiction over all the patients except Roman Catholics and Jews, and thus has about five hundred always to attend to. Four services are held in the chapel on Sunday. Communion at 5.50 and 9.20, and morning and evening prayer. These services are attended by members of the staff and convalescent patients; and of the latter the men attend better than the women. The chaplain (who sees, perhaps, more of the men than the women from day to day), attributes the preponderance of females in ordinary Church services to the fact that the parish priest practically never sees the male members of the families (and it is, perhaps, probable that this fact re-acts on the character of the parson). In addition to the services in chapel, a weekly service is held in each of the wards. Out of his flock of five hundred, about thirty on the average are communicants.

Asked how far he found the patients spiritually minded, the chaplain, before replying, said we must bear in mind that ' he saw them at their tenderest' (" The Devil was sick – the Devil a saint would be "), and then went on to say that out of about eight thousand persons he had had under his charge he did not think twelve had professed to be infidels or scoffers; about fifty per cent. would claim to be orthodox Christians. ' Their ideas may be vague, but they seem to understand that they are sinners, and to believe that Christ died to redeem them from their sins.' Of the other fifty per cent, nearly all believe in a Supreme Being, and most have some sort of faith in Jesus Christ either as a divine person or the best of men. Most know the Lord's Prayer. Both men and women seem to pray at times, if not regularly; and they often tell him the words they use. The prayers of the men are usually something after this pattern, ' Our Father' hey nearly all say ' Our Father ') ' help me to get well: look after the missus and the kids while I'm away: helpme to get work when I go out.' They seldom ask ' to be shown His will' or ' not to be led into temptation.' They usually sit up in bed to pray; there is the greatest aversion to kneeling down.

The Dissenters are more strict as to religious observance than the nominal Church people, but the Church of England is better known and more popular than the Nonconformist bodies. The Roman Catholics and Jews are nearly all observers of their religious duties, but

appear to be really less religious than the others

A very large proportion of those who come in from injury in drunken brawls are Irish Roman Catholics. Residence in the hospital is an influence for good on all.

(2) The chaplain of another Hospital has always seven hundred patients under his charge and about seven thousand pass through his hands in the course of a year. For these, besides the Sunday services in the church, he and his assistant hold between sixty and seventy services of fifteen minutes each in the wards during the week. In addition, each patient is visited, talked with and, if they wish it, prayed with once a week. He has held this position and performed this work for twenty years, and what he says as to the spiritual condition of the patients agrees closely with what we heard from the chaplain already quoted. Nearly all believe in a God, and of the few avowed infidels whom he has seen, scarcely any, he says, have stuck to their principles in face of death. In a vague and hazy way most of them may be described as Christians; that is, there is a general tendency to ' suppose that it is all true,' but those who have thought the matter out, or have any definite convictions, are few and far between; they have for the most part put religion deliberately out of their lives and dislike to be reminded of it. They can only be reached through their emotions, and this is the justification of ritualistic and sensational methods. It is, he says, the greatest exception for his patients ever to have been brought in contact with the clergy of their parish, especially as regards the Evangelicals, and on speaking on this matter at clerical meetings has been told thatLondon is too big for visitation. And he thinks that the majority of the clergy have given it up as a hopeless task.

(3)*The opinions of an old Lady District Visitor.*

Mrs. S ***** is a well preserved old lady of seventyeight, and for forty years has visited the same group of low streets, in connection with the Baptist chapel, of which she is a member. For the past two years, owing to infirmity, she has had to give it up, but she used to visit from house to house, and believes that this is the only way to reach the people. She appears to have had tickets to distribute and to have used them as introductions. ' That was the silver key for me to open the door. If I had tickets I could get in,' and then afterwards she was able to get in without tickets. Subsequently, she entered into a defence of her mode of relief. ' People,' she said, ' charged her with being indiscriminate. Well, if you see a child eating the paste required for making match boxes, can you refuse to give in such a case? If this is indiscriminate, then the Lord Jesus Christ was the most indiscriminate, for He fed the people without asking any questions.' She, however, never gave money, for some people could not be trusted to buy a loaf of bread with it.

In the low streets she visited, three out of five couples are living unmarried. Some would openly confess it; but they did not like any allusions to be made to the subject at the mothers' meetings. When she asked why they did not marry, she often found that the man had a wife living away from him or the woman a husband.

Drinking habits among these people are bad. The old beer-houses had grown into great places, and are supported by the inhabitants of the district and not by passers by. If you want to see a gala day go when someone is to be buried who has met a sudden death. Then the people all turn out and the public-houses are full. No sorrow is to be seen on the faces, it is a regular holiday.

The influence of the churches is very small. In these low streets, where she used to visit from house to house, hardly any attended any place of worship. Even of the children none went to Sunday school, nor their mothers to the mothers' meetings, being a grade too low for that. Those who do attend the mothers' meetings are mostly widows and old women. In one street she asked in every house as to Bibles, and found only one; and that was dusty. In the better streets the influence is greater; in one she knew at least fifteen who attend a place of worship. From these streets the children all go to Sunday school.

§7

SUNDRY EXTRACTS (1) *A Church Army Home.*

Last year three hundred boys passed

through the home, and of them the Army claims that about half were successfully dealt with, while about half turned out failures. A success means that a boy has been placed in a situation and, as far as is known, has kept it; but the boys are not closely followed up, or placed under any tutelage. This is only one out of many of these homes for boys. They are supposed to be admitted only from sixteen to nineteen years of age, but are actually from fourteen to twenty-one. They come from all over London, being sent to the homes from headquarters; some are found by the officers in the streets, others are sent by magistrates as first offenders, and a few come of their own accord. The vast majority have been in moral trouble of some kind, and are of a rough character, but now and then there is a respectable lad among them. Many are country born and often have been in London only a few days, having perhaps tramped up. They may remain in the home for four months at longest, but the average time is not over one month; a few are dismissed for misconduct in the home, but otherwise nearly all are found places before the month is out. If the work lies nearenough they often remain longer as boarders. There is never the smallest difficulty in finding employment, there being a number of friendly employers who draw upon the Church Army in this way.

While in the home the boys are employed in woodchopping at the current rate of wages. They are charged 6s a week for their keep, and of any surplus, receive half as pocket money, while the other half is retained till they go out. They work till 5 o'clock each day and are then free to go out till 9, and they usually do so. There is a gymnasium for them in the Home.

There is morning and evening service daily in the chapel, and once a week there is a special service conducted by an officer sent from headquarters. The boys are also taken twice on Sunday to the parish church. As to all this religious effort the opinion of the superintendent, very frankly expressed, was that ' it did not do them a bit of good.' The time is too short, he said, you cannot do much in that direction with those who have lived in the thick of bad things so long. ' What we do,' he added, ' is to give them just another chance in life; but we should do better if we could keep them longer.'

(2) *A Poor Board School in Bethnal Green.*

There were forty-eight of the boys at dinner –

poor, thin, anaemic children – many of them very ragged; only three had collars. Chubby faces are scarce in this school. The dinner, a charitable provision, consisted of soup and bread liberally supplied, the average being about two and a half helpings for each child. The master has not made any recent inquiries, but he thinks things are no better than they were in 1884, and at that time a special inquiry was made, and it proved that among the boys there were ninety-seven families living in one room, with an average of five to a room, and 163 families living in two rooms, with an average of seven in family. At the same time, it was recorded (on the statement of the children themselves) that, out of about 230, thirty had come that day without breakfast, and fifty-eight without dinner, and that a larger number more often did so than not. Their food wasreported as consisting mainly of dry bread, bread and dripping, bread and butter, or bread and fish, with tea. Half the boys bring food (mostly bread) to school with them, and eat it in the playground or school rooms. Boots are an incessant difficulty; many of the children really cannot march owing to the way they are shod, and the sight of naked bodies through the ragged clothing is frequent. A large proportion of the mothers are at work; working as well as, or instead of, the men; they are mostly employed in matchbox making.

In spite of the continued evil physical conditions, the master notices a great improvement in the morals and manners of the children now, compared with former years. They are infinitely less savage, lawless, and unruly than when the school was first opened, and, indeed, are now perfectly amenable to discipline. This is not due to the influence of the home, but to the fact that all the present children have begun their school life as infants, whereas the earlier specimens came straight from the streets at a later age. In the early days the slightest rebuke brought out a torrent of the filthiest language. Nothing of the kind is now heard during school hours, though in play-time the language is still very bad. And the improvement goes further than this. In the earlier days the closets (especially those of the girls) were one mass of obscene writing from top to bottom; they would even mount on chairs to reach a vacant space: now it is the rarest thing for a word to appear; and if one boy or girl writes anything of the kind, another will rub it out. Thus the influence of the school is certainly very good, but, unfortunately, the attendance is under 70 per cent., and doubtless many children are not on the roll at all.

But, though there is this moral improvement, the master of this school does not yet see any mental change. The children remain dull and difficult to teach. This he attributes partly to heredity, but still more to environment, and especially to deficient nourishment. They almost all leave school as soon as they can, but, as a rule, try to break away from their fathers' occupations (of costering, fish-curing, and so forth) in order to go as van-boys, with a view to employment as carmen, or on the railways. Failing in this, many drift back to the streets, and others go as soldiers.

The influence of the religious agencies has been of the slightest. None of the people (say both the masters and the caretaker of this school) go to church or chapel unless it be for the loaves and fishes. The caretaker met a woman in the street at 8.30 a. m., when the following conversation occurred: ' Why, Mrs. Jones, you're out early.' 'Yes, sir, I'm going to church.' ' Going to church?' ' Yes, sir, I've lost my mangle.' *Se non e vero, e ben trovato.*

(3)*A free children's dinner in Bethnal Green.*

I met the superintendent at the mission at i o'clock, when the children, of whom there were 233, had just taken their places. They ranged from five to thirteen years of age, but most were little. Boys slightly preponderated. With the exception of a few small girls, all were poorly dressed and ill-nourished, but none were bare-footed. In Bethnal Green, however poor the children are, some foot covering is worn; it may be in holes, and simply absorb wet, but something they must have. One boy I noticed, as they filed out, had a pair of ladies' dress slippers, with high heels and pointed toes; they had to be tied on across the ankle.

Besides the superintendent and an old caretaker, there were five or six girls of thirteen to fifteen to serve the food, and on them all the work fell. The dinner consisted of thick soup (supplied *ad lib.*), with two slices of bread, followed by a slice of currant pudding put into the hands of each child as it left the building.

After grace was sung, the distribution of the soup began, it being ladled out of the copper into enamelled jugs by the caretaker, and taken round to the children by the girls. This took a few minutes, and whilst it was being done the impatient children were rapping the tables with their spoons, making a terrific noise. Gradually the spoons were diverted to their proper use, and some twenty minutes were occupied in consuming the food. Tickets for these dinners are distributed by teachers at elementary schools, and mission workers.

(4)*A Baby Ragged School.*

At the creche, on the first floor, about twenty-four children, mostly infants, were established, in charge of a motherly woman. The place is well appointed, with cots and swings and low tables, and there is a small kitchen adjoining, where food is prepared. The rooms are open from 7 a. m. to 8 p. m. The babies are brought sometimes at three weeks or the month, and had even come when only a fortnight old. In the schoolrooms, on the upper floor, about a hundred children, boys and girls, were present, in the charge of three teachers. The eldest would be about seven years old, the youngest about three. Most were undoubtedly from poor homes; pale, listless children, with the dull look that comes from a diet mainly of bread. Some of them bore signs of neglect on their persons, as well as ragged clothes. They attend well, the percentage being ninety-two to ninety-six. The school hours are perhaps the happiest they enjoy.

(5)*A Child Nurse.*

In the next house to which the Jewish rabbi

took us, we found a woman lying ill of consumption. She was a foreigner, and had been ill for six months. She lay on the bed with loose wraps thrown over her, the bed clothes being thrown back; and the heat was what she chiefly complained of. There was some hope of getting her away to a hospital in a few days. The neighbours were doing much to look after her. Sitting at the bedside was a little English girl, a stranger, who had by some means discovered the sick woman, and who had constituted herself head nurse; and it appeared that the night before she had not returned to her home until between 10 and n. She was a girl of thirteen or so

STREET SCENES

(1) *Sleeping in the open air,*

. Sleeping out of doors is one of the features of Whitechapel. It is a centre for common lodging-houses and shelters. Destitutes from all sides are drawn there. Many would rather sleep out of doors than indoors in the warm weather. If they are without visible means of subsistence the police can charge them; if they have a few pence, as they generally have, they can only be moved on from door to door, and finally will move no further and are left sleeping on the doorstep. They also sleep during the day on such seats as are provided. These people are covered with vermin and cannot be touched with impunity.

(2) *Description of a low bit in Stepney.*

. We went East along Brook Street, colour dark blue; rough, poor, many common lodging-houses, but no brothels. Then further East past the Friends' Meeting House to Cosh's Buildings, which fill the space between School-house Street and Collingwood Street, where Dunstan's Place used to be, and where that saint might well have seized the Devil by the nose. Here there are now three four-storeyed blocks. The centre one is very bad. Shrieks of a woman, who was being ill-treated, resounded as we passed through, and there was much excitement, all the women looking out of their houses; ragged, dirty, square-jawed women, and one was saying, ' She deserved a good deal, but I hope he wont go too far.'

Further on comes Causeway Court, a place not marked on the map, with drains choked, everything overflowing into the court, and all windows broken and so on and so on. But all is not bad; in Weston Place – a *cul-de-sac* of three-storeyed houses, rough and dismal looking, with ragged children playing about – a mite of eight or nine years was on her knees scrubbing the steps and the flags in front of the house. Dipping a rag and brush into the pail beside her as if she were fifteen, she called out, ' Look, mother, aint I getting it clean?'

(3) *Prostitution in Whitechapel.*

Many of the women are from a distance and

come and go a good deal. After being herself absent for a few weeks the mission woman was struck by the number of new faces. Not a little ' poncing' is done. The bully follows closely on the heels of the pair, and asks what the stranger is doing in his room – a row, with robbery, follows, and the stranger is kicked out; or, the man having parted with some money in advance, finds himself ' bilked' and left alone and is hustled out by the neighbours. Those who enter rarely leave with money or valuables upon them

(4) *A Friend to the Cats.*

A woman came along with a basket on her

arm full of cats' meat, which she distributed to the cats as she passed. ' Do you see that woman?' said our companion. ' She was a prostitute and still lives in a brothel, but she goes daily round the district feeding the cats.' In appearance she was a frowsy, debauched, drunken-looking creature

(5)*The pleasure of a funeral.*

There had been a fire with terrible loss of life: mother and eight children burnt, and the same day the husband had died in the infirmary of consumption. The funeral was by public subscription and was just starting. The band was playing the ' Dead March,' and was preceded by a number of men and children. The roads were blocked with people, the day being observed as a holiday; falling in with the usual habits of the people on a Monday in these parts. There were four hearses with the coffins, four mourning carriages, plumed horses, and mutes on foot with flowing crape bands, and handkerchiefs with deep black borders were conspicuous in the hands of the mourners. There were also three omnibuses prepared to take passengers to Plaistow (the burial place) and back for 1s, and each was crammed with women, and there were two hansom cabs and a few carts, and a respectful crowd of people looking on, with thirty policemen to keep order. But all was very orderly. Everybody on their best behaviour, in their Sunday clothes, washed and dressed for the occasion.

' It is wonderful how much they think of a funeral,' said our conductor. ' There will be many wishing they too had been burnt, to have such a turn-out as this.' ' A man may beat his wife, and ill-treat her so that she dies of it, but if he gives her a good funeral he will be forgiven by the women of the neighbourhood, who say, "but he can't have been so bad, poor man, look what a handsome burial he gave her." ' Even the poorest will pay $8 or $10 for a burial and then starve the week after.

[We may insert here the story of a dying girl who belonged to a club at Millwall. Her friends in the club, who were told that there was no hope of her recovery, joined together before her death to buy a wreath for her coffin; they were exceedingly anxious that she should live long enough to see it, which happily she did, and, by permission of the doctor, they went with it in a body to her room. She was immensely pleased and touched.]

(6)*The Market of the Fancy.*

Passing along Bethnal Green Road in an

omnibus, coming home on Sunday morning after attending service further East, I stumbled on the 'Fancy Market' of Sclater Street at its height. Not only was Sclater Street itself blocked full with men, but there were thousands in Bethnal Green Road: a great crowd. Here were the men. I got off the 'bus and walked among them, listened to the harangues of the bookies, bought a racing tip for 3, and watched a corn-cutter operate on the foot of a young man laid out on the box of his vehicle, while all around were the buyers and sellers of dogs, fowls, pigeons and other pets

(7)*Part of Soho.*

The west end of Broad Street might be part of

Whitechapel. Jewish faces and shops; hatless children; tousel-haired women; men with bundles of trousers wrapped in cloths, and hands of tailors as they draw the thread seen above the window curtains; sense of crowding and dirt. Work-shops and living rooms built up behind the houses

SYLLABUS OF THE ENTIRE WORK
Life and Labour of the People in London
(CHARLES BOOTH)
PartIII. OutlyingLondon, NorthOfTheThamesChap. I. Special Districts, West and North
Chap. II. Walthamstow
PartIV. SouthLondon
Chap. I. The District Generally | Chap. II. Battersea
Conclusion
East London, Central London and Battersea compared
VOL. II.
PartI. LondonStreetByStreet
Chap. I. Introduction
II. Statistics of Poverty
Chap. III. Classification and Description of Streets
PartII. Appendix
Classification and Description of the Population of London by School Board Blocks and Divisions
SecondSeries:Industry
VOL. I.
General Classification of the Whole Population
PartI. TheBuildingTrades
PartIII. Printing
PreliminaryStatement
Chap. I. Printers
II. Bookbinders
III. Paper Manufacturers
PartIV. The
PreliminaryStatement
Chap. I. Silk and Woollen Goods
II. Dyeing and Cleaning
VOL
PartI.
PreliminaryStatement
Chap. I. Tailors and Bootmakers
II. Hatters
III. Milliners, Dress and Shirt Makers
AndPaperTrades
Chap. IV. Stationers
V. Booksellers and Newsagents
TextileTrades
Chap. III. Hemp, Jute and Fibre
IV. Floorcloth and Water

proof
III.
Dress
Chap. IV. Trimmings, Artificial Flowers, &c.
V. Drapers, Hosiers, Silk Mercers
VOL. IV.
PublicServiceAndProfessionalClasses
Chap. IV. Law and Medicine
V. Art and Amusement
VI. Literature and Education
VII. Religion
DomesticService
PreliminaryStatementIChav. II. Extra Service
Chap. I. Household Service, &c. |
PartIII. The"Unoccupied"Classes
Persons living on own Means, Pensioners, Retired, &c.
PartIV. InmatesOfInstitutions,&c.
PartI.
PreliminaryStatement
Chap. I. Civil and Municipal Service
II. Municipal Labour, &c.
III. Soldiers and Police
PartII.

13

SECTION 13

ThirdSeries:ReligiousInfluences
   VOL. I.
   London North of the Thames:
   The Outer Ring
   Introduction
   ChapterI. OuterEastLondon
   (With Sketch Map]
   (1) General Character
   (2) The Response to Religion
   (3) The Church of England
   (4) Other Religious Work
   (5) Special Areas
   (6) Police, Drink, and Disorder
   (7) Marriage and Thrift
   (8) Housing and Transit
   (9) Local Administration
   Coloured Maps with Notes and List of Places of Worship
   ChapterII. TheNorthEast

(With Sketch Map)
(1) Hackney: Past and Present
(2) The Response to Religion
(3) Church-going and Working Men
(4) Local Details of Religious Work
(5) Areas of Special Difficulty
(6) Social Initiative of Religious Bodies
(/) Police, Drink, and Pleasure Seeking
(8) Local Administration
Coloured Map with Notes and List of Places of Worship
ChapterIII. NorthLondon
(With Sketch Map]
(1) General Description
(2) Middle-class Religious Development
(3) Evangelical Work and Methods
(4) Special Areas and their Treatment
(j) Religion and Class
(6) Local Administration
Coloured Map with Notes and List of Places of Worship
ChapterIV. TheNorth-west
(Wtth Sketch Map)
(1) Complication of Class
(2) Highgate and Kentish Town
(3) CamdenTown. Regent's Park and Somers Town
(4) The Housing and Condition of the People
(5) The Lisson Grove Area (with coloured map)
(6) Portland Town
(7) St. John's Wood and Hampstead
(8) Local Administration
Coloured Maps with Notes and List of Places of Worship
ChapterV. Illustrations
VOL. II.
London North of the Thames: The Inner Ring

ChapterI. WhitechapelAndSt. George'sEast
(With Sketch Map)
(1) Changes
(2) Spitalrields
(3) Whitechapel
(4) St. George's- in- the- East,
Wapping and Shadwell
(5) The Roman Catholics
(6) Charitable Agencies
(7) Other Methods
(8) Local Administration
(9) Summary
ChapterII. BethnalGreen, Haggerston,&c.*(With Sketch Map)*
(i) The Boundary Street Area (4) Religious Work in Haggerston, &c.
(5) Standard of Life
(6) Public Buildings and Local
Administration
*(i)*Other Portions of Bethnal Green
(3) Oxford House
Coloured Map with Notes and List of Places of Worship
ChapterIII.
(1) Hoxton
(2) St. Luke's
Hoxton, St. Luke'sAndClerkenwell
(With Sketch Map)
(3) Clerkenwell
(4) Local Administration
Coloured Map with Notes and List of Places of Worship
ChapterIV. West-centralLondon
(With Sketch Map]
(1) West of Gray's Inn Road
(2) South of Oxford Street and
Holborn, East of Regent
Street
(3) Russell Square to Langham
Place
(4) Local Administration
*Coloured Map with Notes and List of Places of Worship**ChapterV. Illustrations
VOL. III. The City of London and the West End
Part I. The City
ChapterI. TheChurches
(With Sketch Map]
ChapterII. ASuggestion
ChapterIII. Illustrations

List of Places of Worship
Part IL The West
ChapterI.
WestminsterAndSouthPimlico
(With Sketch Map)(i) Old Westminster | (2) South Pimlico
Coloured Map with Notes and Lift of Places of Worship
ChapterII. TheInnerWest
(With Sketch Map)
(r) General Plan
(2) Mayfair
(3) Marylebone and Bayswater
(4) Kensington
(i;) Brompton and Belgravia
(6) Chelsea
(7) Paddington
(8) Local Administration
Coloured Mali u-ith Notes and List of Places of Worship
(i) Introductory
(2) Kensal New Town
(3) Queen's Park
(4) Kensington Park
ChapterIII. TheOuterWest
(With Sketch Map]
(5) A Piece of Unbuilt London
(6) Notting Dale
(7) Local Administration*Coloured Map with Notes and List of Places of Worship*
ChapterIV. TheOuterWest*(continued)*
(1) Shepherd's Bush and Ham
mersmith
(2) Fulham
(3) Local Administration
(4) London, North of
Thames
the
Coloured Map with Notes and List of Places of Worship
ChapterV. Illustrations. WestLondonChapterVI. Illustrations. NorthOfThames
GENERALLY
VOL. IV.
Inner South London
ChapterI.
WestSouthwarkAndNorthLambeth
(With Sketch Map]
(1) Introductory
(2) From the Borough to Black
friars Road

(3) From Blackfriars Road to Lambeth
(4) Lambeth Road to Vauxhall
(5) Side Lights
(6) Local Administration
ChapterII. NewingtonAndWalworth
(With Sketch Map]
(1) The Church of England
(2) The Baptists
(3) Wesleyan and other Methodists
(4) Congregationalists
(5) Independent Missions
(6) More Side Lights
(7) Local Administration
ChapterIII. Bermondsey
(With Sketch Map]
(1) Comparative Poverty
(2) Four Poor Parishes
(3) Nonconformists and Missions in the same area
(4) Conditions of Life
(5) The Riverside
(6) Remainder of the District
(7) Local Administration
ChapterIV. Rotherhithe
(With Sketch Map]
(1) The Riverside North of the Park
(2) The Neighbourhood of Southwark Park
Coloured Map with Notes and List of Places of Worship
ChaptersV. AndVI. Illustrations
(.?) Round the Docks
(4) South of the Park
(5) Local Administration
VOL. V.
South-East and South-West London
Part I. The South-East
ChapterI. Deptford
(With Sketch Map]
(i) General Character
(i) Old Deptford Parishes
(3) Newer Deptford
(4) The Southern and Western

Parishes
(.5) Local Administration
of West
ChapterII. Greenwich
(With Sketch Map]
(4) East Greenwich
(5) East Greenwich (continued)
(6) Local Administration
Coloured Map with Notes and List of Places of Worship
ChapterIII. Woolwich, Etc.
(With Sketch Map)
(i) Opening
(2) The Poor Part
Greenwich (3) The Remainder of West
Greenwich
(1) Charlton
(2) Three Aspects of Woolwich (.3) Religions Effort in Woolwich (4) Plumstead
(5) Various Opinions
(6) Social Influences
(7) Local Administration
Coloured Map with Notes and List of Places of Worship
ChapterIV. Illustrations
Part IL The South- West
(With Sketch Map]
ChapterI. Battersea
(1) Nine Elms and the Neigh
bourhood
(2) From Battersea Park to
Lavender Hill
(3) Old Battersea and the River
side
(4) Local Administration
ChapterII. Clapham
(1) From the Religious Point of I (2) From the Home Point of View View I (3) Clapham to Kennington
Coloured Map with Notes and List of Places of Worship
ChapterIII. WandsworthAndPutney
(1) The Valley of the Wandle
(3) Local Administration
(2) Putney
Coloured Map with Notes and List of Places of Worship
ChapterIV. Illustrations
VOL. VI.
Outer South London
ChapterI.

TheBeltOfCrowdingAndPoverty
(1) The Whole District
(2) North and West of Clapham
Road
(3) The Sultan Street Area
(4) The Poor Part of Camberwell
(5) The Belt of Crowding and
Poverty (continued)
ChapterII. BeyondTheBeltOfCrowding – SouthwardToTheHills
(1) From Clapham Road to the (2) South of Peckham Road S. E. and Chatham Railway
ChapterIII. FurtherSouth
(1) The Western Side
(2) The Eastern Side
(3) The Concourse on Peckham
Rye
(4) Social Condition
(5) Local Administration
Sketch Map, and Coloured Map with Notes and Liit of Places of Worship
ChapterIV. OutlyingSouthernSuburbs
TheWesternPortion
(With Sketch Map]
(1) FromRoehamptontoBalham
(2) From Balham to Upper
Tooting
(3) Summers Town and Toot
ing Graveney
(4) Streatham
(,;) Tulse Hill and Brockwell Park
(6) Norwood
(7) Dulwich
General Notes on District and List of Places of Iforship
ChapterV. OutlyingSouthernSuburbs
TheEasternPortion
(With Sketch Map]
(1) Sydenham, Anerley and
Penge
(2) Brockley and Forest Hill
(3) Lewisham
(4) Blackheath, Lee and Eltham
(5) Local Administration
General Notes on District and List of Places of Worship
ChapterVI. Illustrations
AppendixToVols. I. ToVI.

Statistics. – Sex, Birthplace and Industrial Status of Heads of Families, and Social Classification, by Registration Districts or Sub-districts

GeneralIndex

VOL. VII.

Summary of Religious Influences

ChapterI. TheChurchOfEngland

II. Illustrations(churchOfEngland)

III. TheNonconformistBodies

IV. Illustrations(nonconformists)

V. TheRomanCatholicChurch(with Illustrations)

VI. MissionWork

VII. Illustrations(missionWork)

VIII. OtherReligiousEffort(withIllus- Trations)

IX. SettlementsAndPolytechnics

X. AspectsOfReligion

XI. PositionOfReligionInLondon

FINAL VOLUME

NotesOnSocialInfluences

WITH

AMapOfInnerLondonShowing Places of Worship, Elementary Schools and Public Houses

Special Announcement (1902)

LIFEANDLABOUROF

THEPEOPLEINLONDON

CHARLES

BOOTH

The nine volumes previously published have been REVISED, and are now issued bound uniformly with the Eight new volumes, the complete work being arranged in three series, with a Final Volume, as under: –

First Series: "Poverty".

In 4 Volumes

Second Series: "Industry"

In 5 Volumes

Third Series: "Religious Influences"

In 7 Volumes

A Concluding Volume.

(To be issued shortly)

Price5/per vol. net

MACMILLAN & CO., LIMITED, LONDON.

Lightning Source UK Ltd.
Milton Keynes UK
15 February 2011

167544UK00001BA/151/P

SCHIZOPHRENIA
Understanding Symptoms, Treatments, and Self-Help Strategies

Megan Morris

Copyright © 2024 by Rivercat Books LLC

All rights reserved.

No portion of this book may be reproduced in any form without written permission from the publisher or author, except as permitted by U.S. copyright law.

CONTENTS

Introduction	1
Chapter 1: An Overview of Schizophrenia	3
Chapter 2: The Signs and Symptoms	8
Chapter 3: Getting Diagnosed	16
Chapter 4: Treatment Options	24
Chapter 5: Alternative Treatment Strategies	33
Chapter 6: Living with Schizophrenia	48
Chapter 7: Supporting a Loved One	54
Chapter 8: Hope for the Future	59
Chapter 9: Frequently Asked Questions	63
Conclusion	69

INTRODUCTION

Welcome to "Schizophrenia: Understanding Symptoms, Treatments, and Self-Help Strategies." This guide is designed to illuminate the path for those affected by schizophrenia and their loved ones, demystifying a condition often shrouded in misunderstanding. It provides clear, accessible information that explains the nature of schizophrenia, its impact on those it touches, and the spectrum of strategies available for managing and treating the disorder.

Schizophrenia is a complex mental health condition characterized by a range of cognitive, behavioral, and emotional symptoms that profoundly affect the lives of individuals and those around them. Despite extensive research and public discourse, misunderstandings and stigma still surround schizophrenia, often leading to isolation for those diagnosed. This book bridges the gap between complex medical research and everyday understanding, making insights about schizophrenia accessible to all.

The book begins by exploring what schizophrenia is and what it is not, discussing its history and how our understanding has evolved over time. It then outlines the various signs and symptoms of the disorder, helping readers identify the diverse ways in which the condition manifests. The journey continues with a discussion on the process and importance of obtaining a professional diagnosis, followed by an examination of traditional treatment options including medications and psychotherapy.

Further, the book explores alternative treatment strategies that complement conventional treatments, such as dietary adjustments and exercise, and offers practical advice for managing daily life through the lens of someone living with schizophrenia. It provides guidance for friends and family on supporting a loved one with schizophrenia and concludes with a look at the future—discussing ongoing research, emerging treatments, and answering frequently asked questions to serve as a quick reference guide.

While this book is not intended to replace professional medical advice, it is designed to offer a foundational understanding of schizophrenia and practical guidance on managing the disorder. Whether you are someone diagnosed with schizophrenia, a caregiver, a family member, or simply someone interested in learning more, this book aims to provide valuable insights and supportive strategies to help navigate this challenging condition.

CHAPTER 1: AN OVERVIEW OF SCHIZOPHRENIA

Schizophrenia is a complex, chronic mental health disorder that affects less than 1% of the global population but has a profound impact on patients, families, and communities. It is characterized by a range of symptoms, which can be categorized into three main types: positive symptoms (such as hallucinations and delusions), negative symptoms (such as reduced emotional expression and lack of motivation), and cognitive symptoms (such as poor executive functioning and difficulties with attention).

The causes of schizophrenia are not fully understood, but research suggests a combination of genetic, brain chemistry, and environmental factors. While schizophrenia is often depicted in popular media as causing a 'split personality,' this is a misconception. The term schizophrenia actually comes from the Greek words for 'split' (schizein) and 'mind' (phrēn), which more accurately describe the fragmented thinking and perception that characterizes the illness.

Historical Perspective

In ancient times, the symptoms that we now recognize as indicative of schizophrenia were often attributed to supernatural forces. Across various cultures, these symptoms were interpreted as signs of possession by spirits or the displeasure of the gods. For example, in Ancient Greece, conditions with symptoms resembling schizophrenia were often described within the context of divine punishment or interference. The Greeks, influenced by the theories of Hippocrates, also began to consider that such disorders might be connected to imbalances in bodily fluids or "humors."

In ancient India, texts like the Ayurveda attributed mental disorders to factors such as genetic disposition, injury, and emotional distress, reflecting an early form of holistic understanding. However, treatments during these times were predominantly rudimentary and based on superstitions, ranging from exorcisms to the use of magical herbs.

During the Middle Ages in Europe, views on mental illness regressed, and explanations reverted to demonic possession and witchcraft. Treatments, therefore, involved harsh measures aimed at driving out evil spirits, including exorcism, torture, and prolonged confinement. It wasn't until the Renaissance and Enlightenment that medical theories began to re-emerge, inspired by a revival of classical learning and an increased focus on scientific inquiry.

The 19th century marked significant progress in the understanding of what we now know as schizophrenia. The condition was first categorized as a distinct type of mental illness by Emil Kraepelin in the late 1800s under the name "dementia praecox," suggesting an early onset and a progressive, deteriorative course. Kraepelin's work laid the groundwork for modern psychiatric diagnostics by emphasizing patterns of symptoms and illness courses as bases for diagnosis.

Eugen Bleuler, a Swiss psychiatrist, introduced the term "schizophrenia" in 1908. Bleuler disagreed with Kraepelin on the prognosis of the disease, observing that it did not always lead to deterioration and could involve periods of improvement and deterioration. The term "schizophrenia," derived from the Greek words for "split" (schizein) and "mind" (phrēn), was intended to describe the disjointed thinking and emotional disconnection seen in patients, not a split personality as commonly misconceived.

Bleuler's theories also expanded the understanding of schizophrenia to include its broader range of symptoms, introducing the concepts of positive and negative symptoms. This was crucial in shifting the perspective from viewing schizophrenia as merely a degenerative disease to understanding it as a complex and varied psychiatric condition with potential for management and treatment.

The 20th century witnessed the development of various treatments, from the barbaric, such as lobotomies and electroconvulsive therapy without proper anesthesia, to more humane approaches with the introduction of the first antipsychotics in the 1950s. These advancements marked a significant shift in how patients with schizophrenia were treated, largely allowing for their transition from institutional care to community-based settings. However, these treatments also opened up discussions about patient rights and the ethical dimensions of psychiatric care, themes that continue to influence schizophrenia treatment practices today.

Evolution of Treatment and Social Perception

The 1950s marked a turning point in the treatment of schizophrenia with the introduction of the first antipsychotic medications. Chlorpromazine, the first antipsychotic, was discovered somewhat serendipitously in France and soon became widely used. These drugs revolutionized the approach to treating schizophrenia by enabling symptom management that was not previously possible. Before their introduction, the main treatments included highly invasive procedures such as lobotomies and electroconvulsive therapy (ECT), often administered without proper anesthesia or consent.

Antipsychotics reduced the need for physical restraints and allowed many patients to leave hospital settings and live more independently. However, these medications came with their own set of challenges, notably severe side effects such as tardive dyskinesia, parkinsonism, and substantial weight gain, raising new concerns about quality of life for patients.

Alongside pharmacological treatments, the latter half of the 20th century saw an increased emphasis on psychotherapy and community support. Psychotherapeutic approaches, such as cognitive-behavioral therapy (CBT), were adapted for schizophrenia, focusing on symptom management and improving social functioning. Rehabilitation programs, vocational training, and supported employment became vital parts of comprehensive care strategies, aiming to integrate individuals with schizophrenia into society more fully.

The deinstitutionalization movement, particularly strong in the 1960s and 1970s, further transformed treatment paradigms by advocating for the rights of mental health patients to live within the community. This movement led to the development of community mental health services, which provided outpatient, residential, and day treatment options, although it also faced criticism for inadequately supporting displaced patients, many of whom ended up homeless or in prison.

Social perceptions of schizophrenia have been slow to evolve. Throughout much of the 20th century, schizophrenia was stigmatized as a frightening condition often portrayed in media as linked to violence and unpredictability. This stigma has profound effects on individuals' willingness to seek help, their treatment adherence, and their integration into community life.

Efforts to combat this stigma have included public education campaigns, the promotion of mental health awareness, and the advocacy work of organizations dedicated to the rights and well-being of those with mental health issues. Films, books, and television shows that offer more nuanced portrayals of schizophrenia have also contributed to changing perceptions.

The modern approach to treating schizophrenia is increasingly holistic and personalized, emphasizing patient-centered care plans that integrate medication, psychotherapy, and community support. Advances in genetics and neuroimaging promise better targeted and potentially more effective treatments in the future. Similarly, digital health interventions, such as smartphone apps for symptom monitoring and management, are emerging as tools to support patients in managing their condition.

Understanding schizophrenia is crucial for developing effective ways to support those affected by it. As we progress through this book, we will explore more about how schizophrenia is diagnosed, managed, and lived with, aiming to demystify the disorder and provide practical advice for patients, families, and healthcare providers.

CHAPTER 2: THE SIGNS AND SYMPTOMS

Recognizing the signs and symptoms of schizophrenia can be challenging, as they vary widely between individuals and can be similar to those of other mental health disorders. Early detection and diagnosis are crucial for effective management of the condition. This chapter will outline the early signs, common symptoms, variability in symptom presentation, and conditions that may occur alongside or be confused with schizophrenia.

The Early Signs

Identifying schizophrenia in its early stages can significantly improve outcomes. Early signs often manifest subtly and can be mistaken for typical stresses or developmental phases, especially in teenagers and young adults. Key early indicators include:

Social Withdrawal

Individuals who are developing schizophrenia may begin to withdraw from social interactions gradually. They might start avoiding gatherings they previously enjoyed or appear less interested in maintaining friendships. This withdrawal is not simply a preference for solitude but often stems from paranoia or overwhelming anxiety in social situations, making interactions increasingly stressful.

Decline in Performance

A noticeable decline in academic or job performance is a common early sign. This may manifest as lower grades in students or reduced productivity and increased errors at work. The decline often results from difficulties in concentration and the cognitive challenges posed by schizophrenia, which make sustained attention and task completion harder than before.

Change in Personal Hygiene

Changes in personal hygiene can be particularly striking. Someone who used to be meticulous about their appearance might start neglecting basic hygiene like bathing, changing clothes, or grooming. This change often correlates with a reduced awareness of self and environment, or a lack of motivation and energy, which are characteristic of the developing disorder.

Emotional Flatness

Emotional flatness involves a marked reduction in the expression of emotions. Individuals might have a blank facial expression, less modulation in their voice, or diminished reactions to events that would previously have elicited strong emotions. This symptom reflects the negative symptoms of schizophrenia, where the ability to express emotion becomes impaired.

Unusual Thoughts or Behaviors

Early stages of schizophrenia may include the emergence of unusual thoughts or behaviors. These can range from odd beliefs about ordinary events (e.g., thinking that television broadcasts are sending them secret messages) to overtly paranoid ideas (such as unfounded fears that others are plotting against them). Such symptoms often cause confusion and distress, and might be dismissed by others as eccentricity or quirky behavior initially.

Cognitive Difficulties

Cognitive difficulties often present subtly but progress to more noticeable problems. Early signs include trouble focusing, memory lapses, or difficulty in following conversations or instructions. These symptoms arise from the cognitive impairments associated with schizophrenia, affecting the ability to process information and make decisions.

Common Symptoms

Schizophrenia is characterized by a range of symptoms that are typically grouped into three categories: positive, negative, and cognitive. Each category represents a different aspect of the disorder and affects patients in unique ways. Below is a detailed look at these symptom types:

<u>**Positive Symptoms**</u>

Positive symptoms refer to the addition of behaviors or experiences that are not typically found in healthy individuals. These are the most conspicuous and often the most distressing aspects of schizophrenia:

Hallucinations: These involve sensory experiences that appear real but are created by the mind. The most common hallucinations in schizophrenia are auditory, such as hearing voices that comment on the person's behavior, give orders, or converse with each other. Visual hallucinations can also occur but are less common.

Delusions: Delusions are firmly held false beliefs that are not supported by reality and remain consistent even when contradictory evidence is presented. Common delusions include paranoid delusions (irrational fears that others are plotting harm against them) and grandiose delusions (beliefs in one's extraordinary powers, status, or abilities).

Thought Disorders: This symptom includes unusual or dysfunctional ways of thinking. People with schizophrenia might exhibit disorganized thinking, where connecting thoughts logically becomes difficult. They may respond to questions with unrelated answers, speak incoherently, or jump from topic to topic.

Movement Disorders: These appear as agitated body movements. A person with schizophrenia might exhibit repetitive movements that are unnecessary or seem driven, or at the other extreme, can become catatonic — an inability to move normally.

Negative Symptoms

Negative symptoms are capabilities that are reduced or lost in individuals with schizophrenia, often making it difficult for them to function normally and take care of themselves:

Affective Flattening: This is the reduction in the range and intensity of emotional expression. This includes facial expressions, voice tone, eye contact, and body language that usually convey emotions.

Alogia: Often referred to as poverty of speech, alogia is the diminished ability to speak. Responses may be greatly reduced in length, or speech can be less frequent and less content-rich.

Avolition: This refers to a lack of motivation to engage in meaningful activities. Individuals might struggle to start or follow through with everyday tasks, from hygiene to going to work or school.

Anhedonia: This is the inability to experience pleasure from activities usually found enjoyable, like hobbies, social interactions, or sex.

Cognitive Symptoms

Cognitive symptoms involve problems with thought processes. These symptoms can be subtle but significantly impact the ability to lead a normal life:

Attention Deficit: Difficulty focusing attention and being easily distracted can make it hard to follow conversations or complete tasks.

Working Memory Issues: This involves problems with keeping information in mind for short periods while using it for tasks, such as following a conversation or instructions in real-time.

Poor Executive Functioning: This symptom encompasses difficulties with planning, reasoning, and "executing" tasks. Decision-making can become flawed, and organizing daily life can pose significant challenges.

Difference in Symptom Presentation

The presentation of schizophrenia symptoms can vary significantly among individuals, which is one of the reasons why diagnosing and treating the disorder can be particularly challenging. Some people with schizophrenia might experience intense episodes of acute symptoms followed by periods where they seem to function almost normally, while others may suffer from a continuous, chronic decline in their abilities and behavior without relief.

Variability in symptoms not only includes the type and severity but also how symptoms evolve over time. For instance, one individual might predominantly exhibit positive symptoms such as hallucinations and delusions, which can be very dramatic and easily identifiable. In contrast, another might primarily show negative symptoms like emotional flatness and withdrawal, which can be more subtle and easily mistaken for depression or other non-psychotic disorders. Cognitive impairments, while generally common, can also vary widely; some may retain relatively good cognitive function, while others experience significant declines that disrupt daily functioning.

The onset of symptoms also differs. Some individuals may develop symptoms gradually over several years, making it difficult to pinpoint exactly when the schizophrenia began, while others might experience a sudden onset of acute symptoms, leading to a rapid diagnosis. Additionally, the effectiveness of treatments can vary, with some responding well to the first line of antipsychotic medications and others requiring a more complex treatment regimen to manage their symptoms effectively.

Similar or Co-Morbid Conditions

Schizophrenia often coexists with, or can be difficult to distinguish from, other mental health disorders. The overlap in symptoms can complicate diagnosis and treatment. Here are several conditions that commonly occur alongside or are similar to schizophrenia:

Bipolar Disorder

Bipolar disorder, particularly bipolar I disorder, can involve episodes of mania which may include psychotic features such as hallucinations and delusions, similar to those observed in schizophrenia. The key difference is the presence of mood episode criteria — extreme highs (mania) and lows (depression) — that are the primary features of bipolar disorder. Determining whether psychotic symptoms are exclusively linked to mood episodes can help differentiate bipolar disorder from schizophrenia.

Severe Depression

Major depressive disorder, especially when severe, can sometimes include psychotic symptoms such as delusions or hallucinations. These features are typically mood-congruent (consistent with depressive themes such as guilt, illness, or poverty). In contrast, the psychotic features in schizophrenia are often unrelated to mood or may involve a broader range of unrealistic thoughts. Distinguishing between these conditions is crucial as treatments for major depression with psychotic features and schizophrenia can differ significantly.

Schizoaffective Disorder

Schizoaffective disorder is characterized by persistent symptoms of psychosis resembling schizophrenia, alongside mood disorder symptoms, such as manic or major depressive episodes. The challenge in diagnosing schizoaffective disorder lies in determining if the psychotic symptoms occur exclusively during mood episodes or independently. This condition requires treatment strategies that address both the psychotic and mood symptoms.

Personality Disorders

Certain personality disorders, particularly borderline personality disorder (BPD), can show symptoms that mimic those of schizophrenia, such as brief psychotic episodes, paranoia, and dissociative experiences. However, these symptoms are typically transient and tied to specific situations, especially under stress or during intense interpersonal conflicts. Unlike schizophrenia, the core issues in BPD revolve around emotional regulation, impulsivity, and fear of abandonment.

Obsessive-Compulsive Disorder (OCD)

Although OCD is primarily characterized by intrusive thoughts (obsessions) and repetitive behaviors (compulsions), it can show some overlap with the obsessive and ritualistic behaviors seen in schizophrenia. However, individuals with OCD usually recognize their obsessions and compulsions as irrational, which may not be the case with schizophrenia-related beliefs and behaviors.

Understanding these conditions and their relation to schizophrenia helps in tailoring a more accurate and effective treatment plan. Accurate diagnosis is crucial, as overlapping symptoms can lead to one condition being mistaken for another, impacting the treatment approach and overall prognosis. Each co-morbid or similar condition needs to be evaluated with careful consideration of the individual's symptoms and history to ensure that all aspects of their mental health are addressed.

CHAPTER 3: GETTING DIAGNOSED

Obtaining an accurate diagnosis is the first step towards managing schizophrenia effectively. This chapter will explain who is qualified to diagnose this condition, the criteria used for diagnosis, the process involved, and when it is advisable to seek a diagnosis.

Who Can Make a Diagnosis?

Diagnosing schizophrenia is a complex process that requires a high level of expertise and training. Several types of mental health professionals are qualified to diagnose this condition, each bringing different training backgrounds and perspectives to the diagnostic process, as detailed below:

Psychiatrists

Psychiatrists are medical doctors (MDs or DOs) who specialize in mental health. Because they have completed medical school and are licensed physicians, they can prescribe medications, conduct physical examinations, and order or perform a wide range of medical laboratory and psychological tests which help in diagnosing mental health disorders. Psychiatrists typically undergo four years of medical training followed by at least four additional years of residency training in psychiatry. This extensive training prepares them to understand the complex relationship between medical and psychological aspects of mental health conditions, making them uniquely qualified to diagnose and treat schizophrenia.

Clinical Psychologists

Clinical psychologists hold doctoral degrees in psychology (PhD or PsyD) and are trained extensively in psychotherapy, psychological theory, and administering psychological tests. They typically spend between five to seven years in graduate education and training, which includes a supervised clinical internship. Clinical psychologists are experts in conducting detailed psychological assessments and using their findings to diagnose mental disorders, including schizophrenia. However, unlike psychiatrists, they are not medical doctors and generally do not prescribe medications, although some exceptions exist depending on the region or state.

Psychiatric Nurse Practitioners

Psychiatric nurse practitioners (PNPs) are registered nurses (RNs) who have completed additional training in psychiatric and mental health nursing at the graduate level. They hold a Master's or Doctoral degree in nursing and are licensed to provide a range of services, including diagnosis and treatment of psychiatric disorders. PNPs can prescribe medications in most jurisdictions and often focus on the integration of medical and psychological care. Their training allows them to conduct thorough assessments, manage treatment, and provide psychotherapy.

Licensed Clinical Social Workers

While licensed clinical social workers (LCSWs) typically focus more on therapy and case management, they are also trained to conduct clinical assessments for mental health conditions, including schizophrenia. LCSWs hold a Master's degree in social work (MSW) and have completed additional clinical training to become licensed. Their training includes methods of psychotherapy and diagnosis, with an emphasis on understanding the patient's environment and social context, which can be crucial for accurately diagnosing schizophrenia.

What are the Diagnostic Criteria?

The diagnosis of schizophrenia is guided by standardized criteria set forth in the Diagnostic and Statistical Manual of Mental Disorders, Fifth Edition (DSM-5), published by the American Psychiatric Association. These criteria are designed to ensure accuracy in diagnosis and consistency across different clinical settings. The DSM-5 outlines several specific criteria that must be met for a diagnosis of schizophrenia:

Criterion A: Characteristic Symptoms

Two or more of the following symptoms must be present for a significant portion of time during a 1-month period. At least one of these should be (1), (2), or (3):

1. Delusions: These are false beliefs that are not based in reality and remain consistent even when contradictory evidence is presented. Delusions in schizophrenia might include paranoid beliefs about being harmed or harassed by others, delusions of grandeur, or other bizarre delusions that have no logical basis.

2. Hallucinations: These involve seeing, hearing, or feeling things that are not there. Auditory hallucinations are the most common in schizophre-

nia and typically involve hearing voices that may be critical, commanding, or commenting.

3. Disorganized Speech: This refers to speech that is incoherent, significantly derailed, or involves frequent topic changes that make it difficult for others to follow the conversation. This symptom reflects underlying thought disorder.

4. Grossly Disorganized or Catatonic Behavior: This may manifest as markedly disorganized behavior (e.g., dressing inappropriately, crying frequently) or catatonic behavior which includes decreased reactivity to the environment, resistance to instructions, maintaining a rigid posture, or lack of verbal response.

5. Negative Symptoms: These include the diminished emotional expression, anhedonia (lack of pleasure in everyday life), avolition (lack of motivation), alogia (poverty of speech), and other symptoms that indicate a decrease in functioning in everyday activities.

Criterion B: Social/Occupational Dysfunction

For a significant portion of the time since the onset of symptoms, one or more major areas of functioning such as work, interpersonal relations, or self-care, are markedly below the level achieved prior to onset.

Criterion C: Duration

Continuous signs of the disturbance persist for at least six months. This six-month period must include at least one month of symptoms (or less if treated) that meet Criterion A (i.e., characteristic symptoms) and may include periods of prodromal or residual symptoms. During these prodromal or residual periods, the signs of the disturbance may be manifested by only negative symptoms, or two or more symptoms listed in Criterion A, but in an attenuated form (e.g., odd beliefs, unusual perceptual experiences).

Criterion D: Schizoaffective and Mood Disorder Exclusion

Schizoaffective disorder and depressive or bipolar disorder with psychotic features have been ruled out because either no major depressive or manic episodes have occurred concurrently with the active-phase symptoms, or if mood episodes have occurred during active-phase symptoms, they have been present for a minority of the total duration of the active and residual periods of the illness.

Criterion E: Substance/General Medical Condition Exclusion

The disturbance is not attributable to the physiological effects of a substance (e.g., a drug of abuse, a medication) or another medical condition.

Criterion F: Relationship to a Global Developmental Delay or Autism Spectrum Disorder

If there is a history of autism spectrum disorder or a communication disorder of childhood onset, the additional diagnosis of schizophrenia is made only if prominent delusions or hallucinations, in addition to the other required symptoms of schizophrenia, are also present for at least a month (or less if successfully treated).

What is the Diagnostic Process?

The process of diagnosing schizophrenia is comprehensive and multi-faceted, aimed at ensuring accuracy and ruling out other possible conditions. Initially, when a patient presents symptoms suggestive of schizophrenia, the mental health professional begins with a detailed interview. This interview aims to gather a thorough history of the patient's mental health, including the onset, duration, and impact of symptoms. Crucially, it also explores the patient's family history of mental health disorders, which can provide significant clues given the genetic components of schizophrenia.

Following the initial interview, a full medical evaluation is often necessary to exclude medical causes of psychosis, such as brain tumors, metabolic imbalances, or substance-induced psychoses. This evaluation may include blood tests, imaging studies like MRI or CT scans, and sometimes EEGs to assess brain activity. The goal is to ensure that the symptoms are not attributable to a physical illness, substance use, or medication side effects.

Psychological evaluation also plays a critical role in the diagnostic process. Mental health professionals employ various tools and tests designed to assess mental status. These evaluations focus on the patient's appearance, behavior, thought processes, mood, and cognitive functions, including memory and concentration. The professional might use structured tools like the Mini-Mental State Examination (MMSE) to quantitatively assess cognitive impairment, or more in-depth psychological tests to explore personality structure and specific areas of functioning.

In cases where the diagnosis remains uncertain, or where there are complex presentations, ongoing observation might be necessary. This could occur in an outpatient setting, but sometimes short-term hospitalization is needed to safely and effectively monitor behavior and mental state in a controlled environment. This allows healthcare providers to observe the patient's daily behavior, monitor for any emergent symptoms, and assess how the patient interacts with others and manages daily tasks, which can provide invaluable insights into the nature of the disorder.

Family interviews can also be integral to the diagnostic process. Since patients may not always be aware of their own behaviors or symptoms due to the nature of schizophrenia, obtaining information from family members, partners, or close friends can be crucial. These interviews help construct a fuller picture of the patient's functional status over time and provide additional perspectives on the change in behavior and personality, often revealing the extent of the patient's illness.

Once all this information is collected and analyzed, if the patient's symptoms align with the DSM-5 criteria for schizophrenia, a diagnosis may be made. This diagnosis is then used as a foundation for developing an appropriate and individualized treatment plan. Importantly, the diagnostic process does not end with the initial assessment; schizophrenia requires ongoing evaluation to monitor the illness over time and adjust treatment as necessary to address the changing nature of the disorder and the patient's response to treatments.

When Should You Seek a Diagnosis?

Deciding when to seek a diagnosis for schizophrenia can be challenging, both for the individual experiencing symptoms and for their loved ones. It's crucial to initiate the process as early as possible, as early diagnosis and treatment can significantly improve the long-term outlook and management of the condition. Individuals should consider seeking a diagnosis when they notice persistent changes in their thoughts, feelings, or behaviors that significantly impair their ability to function in daily life. Symptoms might include hallucinations, delusions, disorganized speech, severe emotional withdrawal, or a decline in personal care.

For family members and friends, recognizing these changes might be easier, as the person experiencing them may lack insight into their condition—a common characteristic of schizophrenia. Loved ones may notice that the individual is struggling to manage routine activities, withdrawing from social interactions, expressing bizarre or paranoid thoughts, or demonstrating unusual behaviors that are out of character. In such cases, it is not only advisable but often necessary for family members or friends to advocate for seeking a professional assessment.

Pushing for a diagnosis is particularly important if the individual's safety becomes a concern. Signs that urgently call for intervention include any indication of suicidal thoughts, behaviors that could potentially harm oneself or others, or a complete deterioration in daily functioning. In these scenarios, immediate action can prevent harm and facilitate the initiation of crucial support and treatment services.

Additionally, if the person has a history of mental health issues or if there is a known family history of schizophrenia or other psychiatric conditions, this further underscores the need for a thorough evaluation. Even if the person is reluctant, discussing concerns openly and supportively can encourage them to agree to an initial assessment. Engaging mental health professionals early, even just for a consultation, can help demystify the process for the individual and reduce the stigma or fear that might be associated with receiving a psychiatric diagnosis.

Ultimately, the decision to seek a diagnosis should be prompted by the recognition that the symptoms are not only unusual but persistent and impactful, affecting the person's quality of life and ability to function independently. Early and proactive engagement with mental health services ensures the best possible support and outcomes for those experiencing the early signs of schizophrenia.

CHAPTER 4: TREATMENT OPTIONS

Effective treatment of schizophrenia involves a combination of medications, therapies, possible hospitalization, and utilization of community resources. Each component plays a crucial role in managing the disorder, improving the quality of life, and supporting recovery. This chapter explores each treatment aspect, providing insights into how they contribute to a comprehensive care plan.

Medications

Antipsychotic medications are central to the pharmacological treatment of schizophrenia. They are divided into two main classes: typical (first-generation) and atypical (second-generation) antipsychotics. Each class has distinct characteristics, efficacy profiles, and side effects, making the choice of medication crucial to managing the specific symptoms and overall health of the patient.

Typical Antipsychotics

First-generation antipsychotics, also known as typical antipsychotics, were the first drugs used to treat schizophrenia. They primarily work by blocking dopamine receptors, which is effective for reducing the positive symptoms of schizophrenia, such as hallucinations and delusions. However, their use is often limited by their side effects, particularly those affecting the motor system. Typical antipsychotics include:

- Haloperidol (Haldol): This is one of the most potent typical antipsychotics, often used for its effectiveness in controlling severe psychotic symptoms quickly. Its side effects include extrapyramidal symptoms (EPS), such as rigidity and tremors, and it carries a high risk of developing tardive dyskinesia, a potentially irreversible condition characterized by involuntary movements.

- Chlorpromazine (Thorazine): As one of the earliest antipsychotics used, chlorpromazine is effective for managing symptoms but is less potent than haloperidol. It is associated with a broad range of side effects, including sedation, weight gain, and anticholinergic effects like dry mouth and constipation, in addition to EPS.

- Fluphenazine (Prolixin): Typically used in a long-acting injectable form, fluphenazine helps with medication adherence over long periods. It is highly effective for controlling positive symptoms but also has a significant risk for EPS and tardive dyskinesia.

Despite their effectiveness, the risk of severe side effects often relegates typical antipsychotics to a secondary role in treatment, particularly for patients who do not respond to newer medications.

Atypical Antipsychotics

Second-generation antipsychotics are generally preferred in modern psychiatric practice due to their broader spectrum of action, including effects on both positive and negative symptoms, and a lower risk of causing motor system side effects.

They work by blocking both dopamine and serotonin receptors, which may contribute to their improved side effect profile. Atypical antipsychotics include:

- Risperidone (Risperdal): Effective for a broad range of symptoms, risperidone can cause metabolic side effects like weight gain and an increased risk of diabetes, as well as some risk of EPS at higher doses.

- Olanzapine (Zyprexa): Known for its efficacy, particularly in treatment-resistant cases, olanzapine is also associated with significant metabolic concerns, including weight gain and increased cholesterol and blood sugar levels, which require regular monitoring.

- Quetiapine (Seroquel): Often used for its sedative effects, which can be beneficial for patients with severe insomnia or agitation. Quetiapine has fewer risks of EPS but carries a high risk of metabolic effects.

- Aripiprazole (Abilify): Unique among atypicals, aripiprazole acts as a partial dopamine agonist. It tends to have fewer side effects related to weight gain and metabolic changes but can cause anxiety and headache.

- Clozapine (Clozaril): Considered the most effective antipsychotic for resistant forms of schizophrenia, clozapine is the only medication indicated for reducing the risk of recurrent suicidal behavior. However, its use is complicated by the risk of agranulocytosis, as well as weight gain, diabetes, and heart problems, necessitating regular blood tests to monitor for potential side effects.

The selection of an appropriate antipsychotic medication is a critical aspect of the treatment plan for schizophrenia. It requires careful consideration of the individual's symptom profile, potential side effects, and personal preferences. Regular follow-up and monitoring are essential to optimize treatment efficacy and minimize adverse effects, thereby enhancing the patient's quality of life and functional outcomes.

Therapies

Therapy plays a critical role in the comprehensive treatment of schizophrenia, addressing aspects of the illness that medications alone cannot. A multifaceted therapeutic approach helps improve overall functioning, reduces the likelihood of relapse, and supports long-term recovery. Here are some key therapy modalities commonly used in schizophrenia treatment:

Cognitive Behavioral Therapy (CBT)

Cognitive Behavioral Therapy (CBT) is a widely used treatment that helps patients manage their symptoms by changing negative thought patterns and behaviors. In the context of schizophrenia, CBT is tailored to help patients challenge and modify the delusional beliefs and hallucinations they experience, reduce anxiety, and improve social interactions. CBT for schizophrenia also focuses on increasing insight into the condition, promoting adherence to medication, and preventing relapse. Sessions are typically conducted by clinical psychologists or psychiatrists trained in this modality, often on a weekly basis over several months.

Family Therapy

Family therapy is an essential component of schizophrenia management, involving family members in the treatment process. This approach educates families about the disorder, teaches them how to better support their loved one, and helps improve communication and reduce conflicts within the home. Family therapy is usually facilitated by licensed therapists or clinical social workers who specialize in psychotherapy and have experience with psychotic disorders. These sessions may occur periodically, such as monthly, and are crucial during the initial phases after diagnosis and during times of crisis.

Social Skills Training

Social skills training is designed to improve patients' ability to engage in social interactions effectively and appropriately. This training covers a range of skills, from basic conversation and listening skills to more complex behaviors like managing interpersonal conflict or expressing feelings appropriately. The training is usually structured and delivered in small groups by psychologists or specialized therapists. It involves role-playing exercises, modeling, and rehearsal to build confidence and competence in social situations, which are critical for community living.

Vocational Rehabilitation and Supported Employment

Vocational rehabilitation and supported employment programs are vital for helping individuals with schizophrenia find and maintain employment. These programs assess a person's vocational abilities, provide job training, help with job searching, and offer on-the-job support. Rehabilitation counselors or vocational specialists typically administer these services, which are crucial for enhancing patients' self-esteem, independence, and financial stability. Supported employment integrates mental health treatment with job support, helping patients manage their symptoms while working.

Hospitalization

Hospitalization can be a crucial intervention in the management of schizophrenia, particularly during acute episodes when symptoms are severe, or there is a significant risk to the patient or others. Individuals with schizophrenia may be admitted to psychiatric hospitals or specialized units within general hospitals that provide intensive mental health care. These facilities are designed to offer a safe and structured environment where patients can receive close monitoring and specialized treatment.

The decision to hospitalize a patient typically involves a team of mental health professionals, including psychiatrists, clinical psychologists, and social workers. The process may be initiated by the patient's outpatient care provider if they deem that the patient's symptoms have worsened to the point where outpatient treatment is no longer sufficient. In emergency situations, hospitalization can also occur under the advice of medical professionals in an emergency room or by law enforcement officials if the person is in immediate danger to themselves or others. In many jurisdictions, mental health laws allow for involuntary admission if the individual is unable to make decisions for themselves due to their mental state and poses a risk.

Once admitted, the patient undergoes a comprehensive assessment to tailor their treatment plan. Treatment in a hospital setting may include the adjustment or initiation of antipsychotic medication regimens to manage acute symptoms effectively. Medical staff closely monitor the patient's response to these medications and adjust dosages as needed to maximize benefits and minimize side effects.

In addition to pharmacological treatment, patients in hospital settings also receive various forms of psychotherapy. This might include individual therapy to help manage distress and group therapy sessions to improve social skills. Hospitals also offer structured activities and therapy programs designed to stabilize the patient's condition and prepare them for reintegration into the community.

Crisis intervention is another key component of hospital treatment, providing immediate strategies to handle severe symptoms or behaviors. This might involve techniques for managing agitation, suicidal thoughts, or psychotic episodes. The goal is to stabilize the patient as quickly as possible, ensuring their safety and laying the groundwork for ongoing treatment in a less restrictive setting.

Hospital stays vary in length depending on the severity of the episode and the patient's progress. The aim is to reduce symptoms to a manageable level and to establish a long-term treatment plan before discharge. Upon discharge, arrangements are made for follow-up care, which may include outpatient therapy, community support services, and ongoing medication management to prevent relapse and support recovery.

Community Resources

Community resources play an essential role in the comprehensive care and ongoing management of schizophrenia. These resources provide critical support structures that facilitate recovery, enhance quality of life, and enable integration into society. The following are key components of community support for individuals with schizophrenia:

Community Mental Health Teams (CMHTs)

Community Mental Health Teams are multidisciplinary teams comprised of psychiatrists, clinical psychologists, social workers, psychiatric nurses, and occupational therapists who provide coordinated care for individuals with mental health disorders, including schizophrenia. CMHTs offer a range of services, such as ongoing psychiatric care, crisis intervention, medication management, and therapy. They play a pivotal role in case management, ensuring that patients receive continuous and integrated care tailored to their specific needs. CMHTs often serve as the primary point of contact for patients living in the community, helping to manage their condition in a holistic manner.

Support Groups

Support groups are vital for both individuals with schizophrenia and their families, offering a platform for sharing experiences, coping strategies, and emotional support. These groups can be facilitated by mental health professionals or led by peers (individuals who also live with schizophrenia). They provide a sense of community and belonging, reduce stigma, and enhance participants' understanding of their condition. For families, these groups offer insights into effective caregiving practices and help alleviate the stress associated with supporting a loved one with schizophrenia.

Day Centers

Day centers provide structured day programs that include various therapeutic activities designed to promote social skills, manage symptoms, and improve cognitive function. Activities might include art therapy, group discussions, exercise sessions, and skills workshops. Day centers help individuals with schizophrenia fill their day with productive activities, offering opportunities for social interaction and learning in a supportive environment. These centers are crucial for those who may not require full-time hospitalization but still benefit from a structured setting to spend part of their day.

Residential and Housing Programs

Residential and housing programs offer different levels of support based on the needs of the individual with schizophrenia. These range from supervised group living environments, where residents receive round-the-clock care and support, to independent living situations with regular check-ins from mental health professionals. Such programs are designed to provide safe living conditions, foster independence, and ensure that individuals receive the necessary support to manage their illness. They often include help with medication management, life skills training, and support in maintaining personal hygiene and home management tasks.

CHAPTER 5: ALTERNATIVE TREATMENT STRATEGIES

While medications and structured therapies are fundamental to the treatment of schizophrenia, incorporating alternative treatment strategies can significantly enhance overall well-being and symptom management. This chapter delves into the importance of lifestyle modifications, self-help strategies, and the role of support networks in improving the quality of life for those living with schizophrenia.

Lifestyle Modifications

A healthy lifestyle can have a profound impact on the physical and mental health of individuals with schizophrenia. Key areas of focus include:

Diet

Diet plays an essential role in the management of schizophrenia, not only for general health but also for mitigating the side effects of medications and potentially influencing the course of the disease itself (more on this in Chapter 8). Individuals with schizophrenia often face unique nutritional challenges, including a higher risk of cardiovascular disease and diabetes, partly due to the metabolic side effects of antipsychotic medications. Emphasizing a balanced and nutritious diet is crucial for addressing these risks and enhancing overall well-being.

A diet rich in a variety of nutrients supports brain function and overall health. Including a wide range of fruits and vegetables in the diet ensures an adequate intake of vitamins and antioxidants, which are vital for reducing oxidative stress—a condition that has been linked to schizophrenia. These food groups also provide essential minerals and fibers, which help maintain digestive health and stabilize blood sugar levels, counteracting the weight gain often associated with medication.

Fats play a critical role in brain health, particularly omega-3 fatty acids, which have been studied for their potential to alleviate symptoms of schizophrenia and improve cognitive function. These fats are integral components of cell membranes and are particularly concentrated in the brain. Regular consumption of omega-3 rich foods like fatty fish, flaxseeds, and walnuts can provide these necessary fats, which may help reduce inflammation and promote healthier brain function.

Proteins are essential not only for muscle repair and growth but also for the proper functioning of neurotransmitters, which are chemical messengers in the brain. Lean protein sources such as chicken, turkey, fish, legumes, and eggs should be incorporated into meals to support neurotransmitter functions and overall body health.

Moreover, it's important to manage the intake of refined sugars and high-glycemic carbohydrates, which can cause spikes in blood sugar and insulin levels, leading to mood fluctuations and contributing to weight gain. Instead, focusing on whole grains like oats, quinoa, and brown rice can provide sustained energy and keep blood sugar levels stable.

In addition to what to include, attention should also be given to what to limit. Reducing caffeine and alcohol intake is advisable as these can interfere with sleep and may exacerbate symptoms or negatively interact with medications.

Sleep

Sleep is a critical yet often neglected component of overall health, especially for individuals with schizophrenia, who frequently experience a range of sleep disturbances. These disturbances can include insomnia, disrupted sleep-wake cycles, and irregular sleep patterns, which can exacerbate symptoms of schizophrenia and negatively impact mental health. Poor sleep can also affect cognitive function, emotional regulation, and physical health, making it harder to manage daily activities and maintain personal relationships.

The relationship between sleep and schizophrenia is complex, as the disorder itself can lead to sleep issues, and in turn, inadequate sleep can intensify the symptoms of schizophrenia. For instance, a lack of deep sleep can impair the brain's ability to process information and emotions, which can lead to increased confusion, anxiety, and a decreased ability to cope with stress. Moreover, poor sleep has been linked to poorer outcomes in terms of symptom severity and a higher risk of relapse.

Addressing sleep issues in individuals with schizophrenia involves creating a conducive sleep environment and establishing routines that promote regular sleep patterns. This includes maintaining a consistent sleep schedule by going to bed and waking up at the same time every day, which helps to regulate the body's internal clock. Ensuring that the bedroom is comfortable, quiet, and dark can also help signal to the brain that it is time to wind down and rest.

Limiting exposure to stimulants such as caffeine and nicotine close to bedtime is crucial as they can interfere with the ability to fall asleep. Similarly, reducing screen time from devices like smartphones, tablets, and televisions in the hours before bedtime can help decrease mental stimulation and increase melatonin production, aiding in the natural sleep process.

For some individuals, incorporating a bedtime routine that promotes relaxation can be beneficial. Activities such as reading, taking a warm bath, or practicing relaxation techniques like deep breathing or progressive muscle relaxation can help ease the transition into sleep.

In cases where behavioral strategies are not sufficient, consulting with a healthcare provider may be necessary to address underlying issues or explore other treatments, such as cognitive-behavioral therapy for insomnia (CBT-I) or appropriate medication management. These interventions can be specifically tailored to mitigate the sleep disturbances that are common in schizophrenia, thereby improving the overall treatment outcomes and quality of life for those affected by the disorder.

Exercise

Exercise is a vital component of managing schizophrenia, offering numerous benefits that extend beyond physical health to significantly impact mental well-being. For individuals with schizophrenia, engaging in regular physical activity can alleviate some of the secondary symptoms associated with the disorder and the side effects of antipsychotic medications, such as weight gain, decreased energy levels, and an increased risk of cardiovascular diseases.

The therapeutic effects of exercise on schizophrenia are multifaceted. Physically, it helps improve cardiovascular health, enhances muscle strength, and promotes better endurance. These improvements can make daily activities easier and increase overall independence. Regular exercise also contributes to weight management, which is particularly important given the metabolic side effects associated with many antipsychotic drugs.

Mentally, exercise has been shown to have a profound effect on mood and cognitive functions. It stimulates the release of endorphins, often referred to as feel-good hormones, which can reduce perceptions of pain and generate feelings of well-being. Exercise also helps in reducing levels of the body's stress hormones, such as adrenaline and cortisol, which can be particularly beneficial for those dealing with the anxiety and stress-related aspects of schizophrenia.

Furthermore, exercise can play a crucial role in improving neuroplasticity, the brain's ability to reorganize itself by forming new neural connections. This aspect is essential for cognitive functions, which can be impaired in those with schizophrenia. Activities that require both physical and mental engagement, such as yoga, tai chi, or team sports, can be especially beneficial in enhancing cognitive and social skills.

Implementing a regular exercise routine for someone with schizophrenia should be approached with consideration for the individual's current physical health, fitness level, and personal preferences. Moderate-intensity aerobic activities, such as brisk walking, jogging, swimming, or cycling, are generally recommended for 150 minutes per week. Strength training exercises, such as using weight machines, free weights, or resistance bands, should be incorporated at least two days per week if possible, focusing on all major muscle groups.

It is also important to ensure that the exercise is enjoyable and achievable, as these factors significantly increase adherence. Starting slowly and gradually increasing the intensity and duration of the activity can help build confidence and establish a routine without becoming overwhelming. Support from fitness professionals or community programs specifically designed for individuals with mental health conditions can also provide additional motivation and ensure the safe practice of exercises.

Self-Help Strategies

Self-help strategies are vital for individuals with schizophrenia, providing tools that empower them to actively manage their symptoms and improve their quality of life. These strategies include meditation and mindfulness, art therapy, journaling, and specific coping techniques, each tailored to address different aspects of the disorder.

Meditation and Mindfulness

Meditation and mindfulness are powerful practices that can significantly benefit individuals with schizophrenia, particularly in managing stress, enhancing focus, and improving emotional regulation. These practices involve a focused awareness on the present moment, often observed through the lens of one's breath, body sensations, or a specific object of focus, which helps to cultivate a state of calm and centeredness.

For those with schizophrenia, learning and practicing meditation and mindfulness can initially seem challenging, especially if they experience symptoms like hallucinations or disorganized thoughts. However, with gradual guidance and consistent practice, these techniques can become valuable tools for managing their symptoms.

Learning meditation and mindfulness typically starts with simple exercises that help to anchor the person in the present. Guided meditations, often led by a therapist or through various available digital platforms like apps or online videos, provide step-by-step instructions that help the individual focus and manage their attention. Starting with short sessions—just a few minutes at a time—can help build the individual's comfort and confidence in practicing mindfulness without becoming overwhelmed.

Mindfulness-based interventions such as Mindfulness-Based Stress Reduction (MBSR) programs can also be particularly helpful. These programs are structured and often conducted in group settings, which can provide additional support and motivation. They include a variety of practices, from seated meditation to mindful walking and eating, which can help participants apply mindfulness throughout their daily activities.

Once the basic techniques are learned, individuals with schizophrenia are encouraged to integrate mindfulness into their daily routines. This might involve practicing mindful breathing when feeling stressed or anxious, performing body scans to connect with physical sensations and ground themselves in reality, or engaging in mindful walking during regular walks in nature or around their neighborhood.

One of the key benefits of mindfulness for those with schizophrenia is its ability to help manage the distress associated with psychotic symptoms. For example, when experiencing auditory hallucinations, a person can use mindfulness techniques to observe these experiences with an attitude of curiosity rather than fear, recognizing them as symptoms of their condition rather than reflections of reality. This can reduce their impact and help the individual maintain a greater sense of control.

Because schizophrenia can affect concentration and motivation, it's beneficial for individuals to have support when beginning and maintaining a practice. This support can come from therapists, mindfulness instructors specialized in psychiatric populations, or community groups dedicated to mental health. Regular practice under guided supervision ensures that the techniques are performed correctly and remain a positive and beneficial experience.

Art Therapy

Art therapy is a transformative mode of psychotherapy for individuals with schizophrenia, providing a unique opportunity to express thoughts and emotions that are often difficult to articulate due to the disorder. It utilizes the creative process of making art to enhance physical, mental, and emotional well-being, helping to manage the complexities of schizophrenia. One of the primary benefits of art therapy is its ability to facilitate the expression of complex emotions; individuals can externalize and visualize feelings through art, which can be especially therapeutic for those who struggle with verbal communication. This form of therapy also supports cognitive enhancement by engaging activities that stimulate focus, planning, and problem-solving skills—all of which can be affected by schizophrenia.

Additionally, the act of creating art is inherently calming and can significantly reduce stress and anxiety, common issues faced by those with schizophrenia. The focused, meditative nature of artistic creation diverts attention from distressing thoughts and promotes a peaceful state of mind. Beyond these therapeutic benefits, art therapy can bolster self-esteem and foster a stronger sense of identity. Completing an art project provides a sense of accomplishment and a tangible result that can be shared with others, enhancing social interactions and contributing to a positive self-image.

Individuals interested in starting art therapy can engage in programs led by professional art therapists who are trained to tailor activities to their therapeutic needs. These sessions can take place in various environments such as mental health clinics, community centers, or even through online platforms. For those beginning or who prefer a more private approach, simple art projects at home, such as drawing, painting, or working with clay, can also be beneficial. The focus should be on the process of creation, emphasizing the experience over the final product to reduce performance pressure and maximize therapeutic benefits.

Group art therapy sessions offer additional advantages, including enhanced social interactions and the opportunity to connect with others facing similar challenges. The group setting provides a community of support where experiences are shared, fostering a collective sense of understanding and belonging.

Journaling

Journaling is a valuable self-help strategy for individuals with schizophrenia, offering a structured way to understand and manage their thoughts and emotions. The act of writing down one's experiences can provide a therapeutic outlet for the complex and often overwhelming emotions and thoughts associated with schizophrenia. This simple, accessible method helps individuals by creating a space where they can express themselves without fear of judgment or misunderstanding.

For those living with schizophrenia, journaling can serve multiple purposes. It helps in organizing thoughts, which can be particularly useful for those experiencing disorganized thinking—one of the cognitive symptoms of the disorder. By routinely writing down their thoughts and feelings, individuals can begin to identify patterns in their symptoms, triggers that exacerbate their condition, and effective coping mechanisms that offer relief. This awareness is crucial for self-management and can be instrumental during therapy sessions, providing a concrete reference of experiences and emotions to discuss with healthcare providers.

Journaling also promotes a sense of consistency and control, which can be empowering for individuals feeling overwhelmed by their symptoms. The routine of writing daily entries helps establish a rhythm and structure in their daily life, which can contribute to a greater sense of stability and normalcy. Moreover, reviewing past journal entries can give individuals a clear sense of progress over time, or help recognize when additional support might be needed.

To effectively incorporate journaling into their routine, individuals with schizophrenia should find a comfortable time and place where they can write without interruptions. Starting with just a few minutes each day can be beneficial, with the duration gradually increasing as the individual feels more comfortable with the process. The focus should be on expressing whatever thoughts and feelings come to mind, without worrying about grammar, punctuation, or style—freewriting in this way can be particularly cathartic and revealing.

It might also be helpful to structure the journal with specific sections such as daily symptoms, medication effects, mood variations, and sleep patterns. Such structured entries can make it easier to track relevant health information over time, which can be incredibly useful for both the individual and their healthcare providers in managing the illness more effectively.

Lastly, incorporating prompts such as "Today I felt...", "Something that bothered me today was...", or "I had a positive experience with..." can guide individuals who may find the blank page intimidating or who are unsure where to start. Over time, journaling can become a key part of managing life with schizophrenia, providing insights that are not only therapeutic but also instrumental in achieving better mental health outcomes.

Coping Strategies

Coping strategies are essential for individuals with schizophrenia, as they provide practical methods for dealing with the day-to-day challenges posed by the disorder. These strategies, which include progressive muscle relaxation, guided imagery, deep breathing exercises, and cognitive restructuring, can significantly alleviate stress, improve emotional regulation, and enhance overall mental resilience.

Progressive Muscle Relaxation (PMR) is a technique that involves tensing and then relaxing different muscle groups in the body. This practice helps reduce physical tension and associated mental stress. For someone with schizophrenia, who may experience heightened anxiety and physical discomfort as part of their symptoms, PMR can be particularly beneficial. Regular practice helps individuals recognize the signs of physical tension early and provides them with a tool to manage stress proactively.

Guided Imagery involves using mental visualizations to improve mood and calm the mind. Individuals are guided through imagining a peaceful scene or series of experiences. This technique can be very soothing and is often used to manage the symptoms of psychosis, such as paranoia or auditory hallucinations. By focusing the mind on positive sensory experiences, guided imagery can provide a temporary escape from distressing symptoms, offering mental relief and contributing to greater emotional stability.

Breathing Exercises are another cornerstone of effective coping strategies for mental health. Techniques like deep breathing not only help in managing immediate stress responses but also promote better concentration and relaxation over the long term. For individuals with schizophrenia, mastering controlled breathing can be especially useful for managing panic attacks or acute psychotic episodes, providing a quick way to calm down when feeling overwhelmed.

Cognitive Restructuring is a technique used in cognitive-behavioral therapy that involves identifying and challenging negative thought patterns and replacing them with more positive and realistic ones. This method can be particularly effective for individuals with schizophrenia who may struggle with persistent negative thoughts or dysfunctional beliefs. Cognitive restructuring helps them develop healthier ways of thinking, which can reduce the frequency and intensity of negative symptoms and improve overall mental health outcomes.

Integrating these coping strategies into everyday life involves practice and persistence. Starting slowly, perhaps introducing one technique at a time, and gradually building a routine can make these strategies more manageable and effective. It is also beneficial to practice these techniques during times of relative calm so that they become well-integrated and automatically come to mind during periods of stress or crisis.

Support Networks

Support networks are fundamental to the management and recovery process for individuals with schizophrenia. These networks encompass a variety of support sources, including family and friends, peer support groups, and broader community resources. Each plays a unique role in providing emotional, practical, and informational support.

Family and Friends

The involvement of family and friends is crucial in the treatment of schizophrenia. These close relationships provide a base of emotional support that can be essential for coping with the day-to-day challenges of the disorder. Families that are educated about schizophrenia can better understand the symptoms and needs of their loved ones, enabling them to recognize signs of relapse or distress and to provide appropriate support. Training and resources for families, such as family therapy sessions and educational workshops, equip them with strategies to communicate effectively, manage crises, and maintain a supportive home environment. This type of support helps reduce the isolation often experienced by those with schizophrenia and can significantly affect treatment adherence and outcomes. If you are the family or friend of a person with schizophrenia and you'd like to know more about how you can support them, this is covered in greater detail in *Chapter 7: Supporting a Loved One.*

Peer Support

Peer support groups play an essential role in the network of support for individuals with schizophrenia, offering unique benefits that enhance both the management of the disorder and the personal empowerment of those involved. These groups bring together individuals who share similar experiences of living with schizophrenia, creating a space where members can relate to each other's struggles and achievements without facing judgment.

The value of peer support lies in the mutual understanding and solidarity it fosters, helping to reduce feelings of isolation and stigma. Members can discuss their challenges and successes, learn from each other's coping strategies, and find encouragement in seeing others manage their symptoms effectively. This sense of community can provide hope and motivation, crucial elements in the journey toward recovery.

Finding peer support groups can be approached through several channels. Mental health clinics often offer support group sessions as part of their services, which are typically overseen by a mental health professional to ensure constructive and supportive discussions. Local community centers and online platforms also host various support groups, providing flexible options for those who prefer digital communication or live in remote areas. Additionally, national and local mental health organizations like the National Alliance on Mental Illness frequently provide resources for finding local support groups and may host meetings themselves.

Getting involved in a peer support group can vary according to individual comfort levels. Some might prefer to start by observing and listening during meetings, while others might immediately engage in sharing their experiences and insights. It's important for each person to find a group where they feel secure and valued, as the quality of interactions can significantly impact the benefits they derive from participation.

Community Resources

Community resources extend the support network beyond immediate social and family circles, offering structured support services and activities. These resources might include mental health centers, nonprofit organizations, and social clubs that cater to individuals with mental health needs. Community mental health teams play a pivotal role in providing ongoing care and ensuring individuals have access to medical treatments, therapy, and rehabilitation programs. Additionally, many communities offer educational programs, vocational training, and social activities designed specifically for those with mental health challenges. These programs help individuals develop skills, gain employment, and build social networks, which are vital for improving independence and quality of life.

Having an Emergency Plan

Even with the best medical treatments, lifestyle modifications, and self-help strategies, it's highly advisable to create an emergency plan. An emergency plan is a crucial tool for individuals with schizophrenia and their caregivers, designed to provide a clear set of instructions and actions to be taken in case of a psychiatric emergency. Such emergencies may include severe psychotic episodes, significant worsening of symptoms, or situations where the individual might pose a risk to themselves or others. The primary goal of an emergency plan is to ensure safety and facilitate immediate access to necessary medical services.

An emergency plan should be tailored to the individual's specific needs and circumstances and developed with input from their healthcare providers. It usually includes detailed information about the individual's medical history, a list of current medications, contact information for their psychiatrist, psychologist, and other relevant healthcare professionals, as well as details of any known triggers or effective calming techniques. This plan might also specify the preferences for hospitalization and treatment, should the individual be unable to make these decisions themselves during a crisis.

Creating an emergency plan involves several steps. First, the individual with schizophrenia, together with their healthcare provider and family or caregivers, should discuss and document any signs that might indicate an emerging crisis. Recognizing these early warning signs is key to preventing a full-blown emergency. Next, the plan should outline specific steps to take if symptoms escalate, including who to call (such as a trusted healthcare provider, local psychiatric emergency team, or a designated family member), how to communicate with emergency responders about the individual's condition, and what to say to the person experiencing the crisis to help calm them.

It's also important to include practical details, such as the location of the nearest hospital that can provide psychiatric care, the way to get there, and the availability of emergency medical services. For added effectiveness, copies of the emergency plan should be easily accessible at home, carried by the individual, and shared with key family members or friends.

An emergency plan is not static; it should be reviewed and updated regularly, especially after any significant changes in the individual's treatment or health status. Regular reviews ensure that the plan remains relevant and effective, reflecting the current medical advice and personal preferences.

In essence, having a well-prepared emergency plan provides individuals with schizophrenia, their families, and caregivers a sense of security and preparedness. It helps minimize the chaos and stress associated with psychiatric emergencies, ensuring that effective and timely care is provided, and potentially mitigating the severity of the crisis.

CHAPTER 6: LIVING WITH SCHIZOPHRENIA

Living with schizophrenia is a journey that affects virtually every aspect of an individual's life. This chapter delves into what daily life might look like for someone with schizophrenia, exploring how the disorder can impact quality of life, educational pursuits, employment, relationships, and the importance of having an emergency plan. The aim is to provide insight into these areas and offer strategies to help manage these challenges effectively.

Quality of Life

The quality of life for individuals with schizophrenia varies significantly based on a range of factors, including the severity of symptoms, the effectiveness of treatment, and personal and community support systems. Schizophrenia is a complex disorder characterized by episodes that can alter perceptions, emotions, and understanding of reality, which undoubtedly affects daily functioning. However, with appropriate treatment and support, many individuals with schizophrenia can lead fulfilling and productive lives.

For some, effective management of schizophrenia involves a combination of medication, psychotherapy, and strong support networks, enabling them to engage socially, maintain employment, and pursue hobbies. These individuals often lead lives that are outwardly similar to those without the disorder, particularly when their symptoms are well-controlled through ongoing treatment. Consistent medication adherence and regular therapy sessions are critical in maintaining stability and preventing relapse, which is essential for managing the disorder over the long term.

However, others may experience more severe forms of schizophrenia, with symptoms that are resistant to treatment. These individuals might face significant challenges in achieving stability in their personal and professional lives. Frequent hospitalizations, pronounced difficulties in social and occupational settings, and higher dependency on care facilities are more common among this group. The variability in symptom intensity and response to treatment can thus lead to a wide spectrum of living conditions for those diagnosed with schizophrenia.

Despite the challenges, there are notable examples of individuals who have achieved significant success while managing schizophrenia. John Nash, a Nobel Laureate in Economics, famously depicted in the film "A Beautiful Mind," is perhaps the most prominent example. His life story illustrates how someone with severe mental health challenges can still contribute profoundly to society and achieve at the highest levels professionally. Nash's ability to pursue his academic work despite his struggles with schizophrenia offers hope and demonstrates that with the right support and treatment, individuals can reach their potential.

The reality for most living with schizophrenia lies somewhere between these extremes. The key to improving quality of life lies in early diagnosis, effective and tailored treatment plans, and a supportive community that includes healthcare providers, family, and friends. Additionally, public awareness and destigmatization of schizophrenia are crucial, as societal acceptance can significantly impact an individual's ability to integrate and feel valued in their community.

School

Navigating the educational environment can present significant challenges for students with schizophrenia, particularly due to symptoms such as disorganized thinking, difficulties in concentration, and cognitive impairments. However, with the right strategies and support, these challenges can be managed to allow for a successful academic experience.

For students with schizophrenia, proactive communication with educational institutions is key. Most schools and universities have disability support services that offer accommodations designed to aid students with various needs. These accommodations might include providing note-takers, extending deadlines, allowing extra time on tests, or offering quieter, less distracting environments for exams. Utilizing these services can help mitigate the impact of symptoms on academic performance and reduce the stress associated with coursework and exams.

It is also beneficial for students with schizophrenia to communicate openly with their teachers and professors about their condition, as much as they are comfortable doing so. Educators who are aware of a student's challenges are typically more understanding and better able to provide support or adjustments as needed. This communication should ideally be facilitated with the help of disability services to ensure that accommodations are appropriate and effective while maintaining the student's privacy.

Aside from institutional support, students can adopt personal strategies to enhance their learning experience. Organizational tools such as planners, calendars, and mobile apps can help keep track of assignments and deadlines. Breaking larger tasks into smaller, more manageable steps can also prevent feeling overwhelmed and help maintain focus on immediate goals. Regular study schedules and consistent routines can further aid in managing time and reducing academic stress.

Work

Employment can be a significant challenge for individuals with schizophrenia, as the symptoms of the disorder—such as cognitive difficulties, social withdrawal, and unpredictable changes in behavior—can impair their ability to gain and maintain stable employment. However, work is also a crucial element for enhancing self-esteem, providing structure, and contributing to a sense of normalcy and financial independence. Therefore, it's essential to address these challenges with effective strategies that facilitate successful employment for those managing schizophrenia.

One of the primary steps is for individuals to seek workplaces that are known for being inclusive and supportive of mental health issues. This might include companies with robust human resources policies, flexible work arrangements, and a culture that promotes mental well-being. Once employed, it is beneficial for individuals with schizophrenia to consider disclosing their condition to their employer, particularly the HR department or a trusted supervisor. Disclosure should be strategic, highlighting how the condition might affect their work and what accommodations could be beneficial, such as flexible scheduling, the option to work remotely, or periodic breaks to manage stress and medication side effects.

Utilizing job coaching or vocational rehabilitation services can also be advantageous. These services help individuals with schizophrenia find suitable employment, prepare for the job market, and provide ongoing support once employment is obtained. They can assist in developing job skills, writing resumes, and practicing interview techniques, all tailored to account for any cognitive or social deficits.

Additionally, maintaining regular contact with mental health professionals can help manage symptoms effectively, ensuring they are less likely to interfere with job performance. Treatment should be regularly reviewed and adjusted if necessary to optimize the individual's ability to function in the workplace.

Relationships

Relationships, whether romantic, familial, or platonic, can be significantly affected by schizophrenia. The disorder's symptoms, such as emotional withdrawal, difficulty in communicating, erratic behaviors, and paranoia, can strain interactions with others and make maintaining relationships challenging. However, with understanding and appropriate strategies, individuals with schizophrenia can foster and maintain healthy relationships.

The unpredictable nature of schizophrenia can lead to misunderstandings and conflicts within relationships. For example, symptoms like hallucinations or delusions can cause unpredictable and sometimes distressing behavior, making it difficult for partners or friends to know how to respond. Emotional withdrawal and a lack of expressiveness, common in those with schizophrenia, can also be misinterpreted as disinterest or hostility, potentially leading to feelings of rejection or hurt in others.

To mitigate these effects, open communication about the condition is crucial. Individuals with schizophrenia are encouraged to share their experiences and challenges with their close contacts, educating them about the disorder and what they might expect during symptomatic periods. This communication should ideally include discussions about the symptoms, how they affect behaviors, and effective ways of coping together.

Engaging in regular therapy, such as couples or family therapy, can be invaluable. These therapies provide a safe space for discussing issues that arise from the disorder, guided by a professional who can offer constructive coping strategies and communication techniques. Therapy can also help strengthen the emotional bond between individuals by fostering understanding and empathy.

It's also beneficial for individuals with schizophrenia to actively participate in support groups or therapy sessions focused on social skills training. These groups can offer strategies for better communication, understanding social cues, and managing interpersonal conflict. Developing these skills can improve social interactions and make it easier to maintain connections with others.

Lastly, maintaining a consistent treatment plan to manage symptoms effectively is vital. When individuals with schizophrenia are consistent with their medication and engage in ongoing psychotherapy, they are likely to have fewer and less severe symptoms, which naturally facilitates smoother interactions in their relationships.

CHAPTER 7: SUPPORTING A LOVED ONE

Supporting a loved one with schizophrenia can be challenging but profoundly impactful. Understanding the disorder, knowing how to assist in finding professional help, and providing daily support are critical components that can dramatically improve the quality of life for someone with schizophrenia. This chapter explores these aspects, offering practical advice and deeper insights into the patient's experience.

Understanding Their Experience

Gaining a deeper understanding of what a loved one with schizophrenia experiences is fundamental to providing compassionate and effective support. Schizophrenia is a complex mental disorder that profoundly affects perceptions, emotions, and behaviors. Individuals with schizophrenia may encounter a range of challenging symptoms, including hallucinations, delusions, disorganized thinking, and severe emotional disturbances. These symptoms can make their world seem unpredictable and often terrifying, leading to significant distress.

Hallucinations—seeing, hearing, or feeling things that aren't there—are vivid and can be extremely convincing. Delusions—strong beliefs that contradict reality—can cause paranoia or feelings of grandeur. Both can compel a person to behave in ways that might seem irrational to others but are entirely rational to them given their altered perceptions. Disorganized thinking might disrupt their ability to make plans, follow through with tasks, or communicate effectively. Emotional disturbances, such as blunted emotions or inappropriate emotional responses, can further complicate their relationships and daily interactions.

To truly support someone with schizophrenia, it is vital to approach their experiences with empathy and openness. Reading this book is a positive step toward understanding the myriad ways schizophrenia can impact a person's life and how those effects can be managed. By educating yourself about schizophrenia, you can better appreciate the reasons behind certain behaviors and symptoms. This knowledge can transform your perspective, enabling a more supportive and less judgmental approach to the complexities of the disorder. It's also beneficial to engage in open conversations with your loved one about their experiences. Ask them to share what they feel comfortable discussing, and listen without trying to contradict their experiences, even if they seem out of step with reality. Such discussions can be enlightening and help bridge the gap between your perceptions and their experiences.

In addition to learning through reading and conversation, consider joining support groups or workshops for families and caregivers of people with schizophrenia. These can provide valuable insights and shared experiences from others in similar situations, further enhancing your understanding and ability to cope as a supporter.

Helping Them Find Help

Assisting a loved one with schizophrenia in finding professional help is often a crucial step in managing the disorder. Due to the nature of schizophrenia, which can include symptoms such as disorganized thinking, paranoia, and lack of insight into one's own condition, individuals may not always recognize their need for help or may be unable to seek it effectively on their own. In such cases, the proactive involvement of family members or close friends becomes essential.

The first step in helping someone find appropriate treatment is to gather information about the disorder and the resources available. This might involve researching the types of healthcare professionals who specialize in treating schizophrenia, such as psychiatrists, clinical psychologists, and specialized therapists, and understanding the roles they play in diagnosis and management. It's also helpful to learn about the types of treatments that are most effective, including medications, therapy options, and support services.

Once you have a good understanding of the options, the next step is to identify potential healthcare providers. This can be done through referrals from primary care physicians, recommendations from local or online support groups, or through mental health organizations that provide listings of specialists. When choosing a provider, consider factors such as their experience with schizophrenia, treatment approach, and the logistics of getting to appointments.

After identifying potential providers, help your loved one schedule an appointment. Depending on their state of health, you might need to make the call yourself or provide significant support during the process. It can be beneficial to accompany them to their first few appointments to ensure they feel supported and to help communicate important information to the healthcare provider. During visits, take notes and ask questions, which can aid in understanding the treatment plan and any adjustments that might be necessary.

In some cases, individuals with schizophrenia may resist help due to their symptoms or because they feel anxious about treatment. It's important to communicate openly about why you believe treatment is necessary and to express your commitment to supporting them through the process. Emphasize that getting help is not a sign of weakness but a courageous step towards better health and quality of life.

Moreover, managing appointments, medication schedules, and therapy sessions can be overwhelming for someone with schizophrenia, especially during times of acute symptoms. Taking an active role in organizing these aspects of treatment can alleviate stress for your loved one and ensure that they receive consistent and effective care.

Helping Them in Day-to-Day Life

Supporting a loved one with schizophrenia in their daily life involves both practical help and emotional support, which are crucial for managing the disorder effectively. Day-to-day assistance can range from helping with basic needs to providing structure and emotional stability, all of which are vital for those living with schizophrenia.

One significant area of support is helping with medication management. Due to the nature of schizophrenia, individuals may struggle with medication adherence, which is critical for controlling symptoms. Loved ones can help by reminding them to take their medication, assisting in refilling prescriptions, and monitoring for side effects that might need medical attention. This support helps ensure that treatment remains consistent, which is crucial for preventing relapse.

In addition to medical management, assisting with routine daily activities such as meal preparation, personal hygiene, and household chores can significantly relieve the stress that these tasks might cause someone with schizophrenia. Setting a regular schedule for these activities can help establish a sense of normalcy and control. Structured routines not only provide predictability but also help reinforce a sense of time and responsibility, which can be beneficial in managing symptoms like disorganization and apathy.

Providing transportation to and from appointments, social activities, or work can also be incredibly supportive. Mobility support not only ensures safety but also encourages social and occupational engagement, which are essential for emotional health and self-esteem.

Emotional support, including regular conversation, participation in leisure activities together, and encouragement, plays a key role in supporting a loved one with schizophrenia. These interactions can help alleviate feelings of isolation and provide opportunities for joy and relaxation, which are crucial for overall well-being.

Moreover, having an emergency plan is an essential component of day-to-day support. An effective emergency plan includes detailed information on what steps to take and who to contact during a crisis, such as a severe psychotic episode or any situation where the individual becomes a danger to themselves or others. This plan should be developed in cooperation with healthcare providers and should be well understood and accessible to all family members or caregivers involved in the individual's life. The emergency plan ensures that swift, appropriate actions can be taken during critical moments, helping to manage the situation safely and effectively.

CHAPTER 8: HOPE FOR THE FUTURE

As our understanding of schizophrenia deepens through scientific research, so too does our ability to treat it more effectively. This chapter explores the latest advancements and research in the treatment of schizophrenia, including cutting-edge therapies and innovative approaches that hold promise for the future. A significant portion of this exploration includes the intriguing work of Dr. Chris Palmer, who has been pioneering dietary interventions as a potential treatment for psychiatric disorders, including schizophrenia.

Research and Advancements

The landscape of schizophrenia research is dynamic and increasingly driven by technological innovations, with studies focusing on a broad spectrum of approaches from genetics to digital therapy. Current research into schizophrenia not only seeks to understand the biological underpinnings of the disorder but also to develop more effective, personalized treatments that can lead to better outcomes for patients.

One of the most exciting developments in schizophrenia research is the use of digital tools to enhance treatment and management of the disorder. These include mobile applications like "eMoods" and "Schizophrenia HealthStorylines," which allow patients to monitor their symptoms, medication adherence, and daily moods in real-time. These apps can collect valuable data that help patients and their healthcare providers make informed decisions about treatment adjustments. Additionally, virtual reality (VR) is being explored as a therapeutic tool, with programs designed to help patients navigate and manage challenging social interactions or phobias in a controlled, virtual environment that mimics real-life situations.

Beyond individual management tools, advancements in data analysis and machine learning are revolutionizing how we approach schizophrenia at a research level. Machine learning algorithms are being employed to analyze vast datasets—from genetic information to patient health records—to identify patterns and predictors of schizophrenia that might not be visible to human researchers. This can help in early detection of the disorder, potentially even before overt symptoms appear, and tailor treatments to individual genetic and environmental profiles.

Artificial intelligence (AI) is also being utilized to develop predictive models that can forecast patient outcomes based on various treatment paths. This technology supports the development of precision medicine in psychiatry, providing forecasts and recommendations that are specifically tailored to enhance the effectiveness of treatments for individual patients. AI-driven analysis of brain imaging data is another area of exploration, aiming to uncover new insights into the neurological structures and functions affected by schizophrenia.

Furthermore, ongoing genetic studies continue to identify the complex interplay of genes associated with schizophrenia. These studies are not only crucial for understanding the biological basis of the disorder but also for developing new pharmacological treatments that target specific molecular pathways involved in the disease process. The ultimate goal is to move beyond one-size-fits-all solutions and toward more specific interventions that can prevent or mitigate the symptoms of schizophrenia with fewer side effects.

Dr. Chris Palmer's Work

Dr. Chris Palmer, a psychiatrist with a distinguished career in both clinical practice and research, has pioneered a novel approach to treating mental disorders through dietary interventions. Based at Harvard Medical School, Dr. Palmer has focused much of his research on the interface between metabolism and mental health, exploring how changes in diet can significantly affect the symptoms of psychiatric disorders, including schizophrenia.

Dr. Palmer's interest in the metabolic aspects of mental health was partly inspired by observations of the ketogenic diet's effectiveness in treating epilepsy, a condition with well-documented metabolic treatment strategies. Noticing parallel symptoms and treatment challenges in both epilepsy and mental disorders, Dr. Palmer hypothesized that metabolic therapies could similarly benefit mental health conditions by altering brain chemistry and energy use.

His research has centered on the ketogenic diet, a high-fat, low-carbohydrate diet that induces the body to enter a state of ketosis. In ketosis, the body burns fat for fuel instead of carbohydrates, producing ketone bodies that can have various neuroprotective and anti-inflammatory effects. Dr. Palmer's clinical work and case studies have shown promising results, with some patients experiencing significant reductions in psychiatric symptoms, improved mood stability, and in some cases, complete remission of symptoms.

In addition to his clinical research, Dr. Palmer has actively worked to bring these insights to a broader audience. His book, "Brain Energy: A Revolutionary Breakthrough in Understanding Mental Health—and Improving Treatment for Anxiety, Depression, OCD, PTSD, and More," details his theory and the potential of metabolic therapy in treating a wide range of mental health disorders. The book not only serves as a guide for professionals and patients alike but also challenges some of the conventional wisdom about psychiatric illnesses and their treatment.

Dr. Palmer's work is particularly significant given the often limited efficacy and severe side effects associated with traditional psychiatric medications. By proposing a metabolic approach, his research offers a potential alternative that could lead to safer, more sustainable management strategies for those with chronic conditions like schizophrenia. It is a call to the medical community to consider broader aspects of physiology and lifestyle in mental health treatment plans.

CHAPTER 9: FREQUENTLY ASKED QUESTIONS

This chapter compiles frequently asked questions about schizophrenia, providing straightforward answers to help demystify the condition and offer support to those affected by it, whether directly or as caregivers, family members, or friends.

What is schizophrenia?

Schizophrenia is a chronic brain disorder characterized by symptoms such as delusions, hallucinations, disorganized thinking, and significant social or occupational dysfunction. It affects a person's ability to think, feel, and behave clearly.

Who does schizophrenia affect?

Schizophrenia can affect anyone. It usually first appears during late adolescence or early adulthood, though it can occasionally manifest later in life. The disorder affects men and women equally, though men often experience symptoms at a slightly younger age.

What causes schizophrenia?

The exact cause of schizophrenia is unknown, but it is believed to be a combination of genetics, brain chemistry, and environmental factors. Factors that may increase the risk include a family history of schizophrenia, exposure to viruses or malnutrition before birth, stressful or traumatic life events, and drug use during adolescence and young adulthood.

Can schizophrenia be cured?

While there is no cure for schizophrenia, it is a treatable disease. Many people with schizophrenia can lead fulfilling lives, especially with the help of medications, psychotherapy, and supportive services. Treatment plans are tailored to the individual and often include a combination of antipsychotic medications, psychotherapy, and community support.

How is schizophrenia diagnosed?

Schizophrenia is diagnosed based on symptoms and behavior. A psychiatrist typically conducts a comprehensive medical and psychiatric assessment, including interviews with the patient and family members, medical exams, and sometimes brain imaging or blood tests to rule out other conditions.

What are the different types of schizophrenia?

Previously, schizophrenia was categorized into subtypes (paranoid, disorganized, catatonic, undifferentiated, and residual) based on the predominant symptoms. However, these subtypes are no longer used in diagnosis as they did not help with treatment planning or prediction of outcomes. The focus is now on the individual's specific symptoms and how they can be best managed.

What treatments are available for schizophrenia?

Treatment for schizophrenia includes antipsychotic medications, which are the cornerstone of schizophrenia treatment. Other treatments include psychotherapy, such as cognitive behavioral therapy (CBT) and family therapy, as well as social skills training, vocational rehabilitation, and supported employment. Lifestyle changes, such as regular exercise and a healthy diet, also play an important role in managing symptoms.

How can family and friends help someone with schizophrenia?

Support from family and friends is crucial. They can help by encouraging the person to seek treatment, supporting them in following their treatment plan, and showing empathy and understanding. Educating themselves about schizophrenia can help them provide better support and advocate for their loved one.

Is schizophrenia hereditary?

Genetics plays a significant role in schizophrenia, but it is not the only factor. Having a close relative with schizophrenia increases the risk, but environmental factors also contribute significantly to the onset of the disorder.

Can people with schizophrenia lead normal lives?

Yes, many people with schizophrenia can lead productive and fulfilling lives with the right treatment and supports. Success in living with schizophrenia often involves continuous management of the condition, including medication, therapy, and strong social support networks.

What are the early signs of schizophrenia?

Early signs of schizophrenia can vary but often include social withdrawal, unusual behavior, unexplained irritability, confusion, and difficulty concentrating. Hallucinations, delusions, and disorganized speech may also appear as the condition progresses. Recognizing these signs early can be crucial for timely intervention.

How does schizophrenia affect daily life?

Schizophrenia significantly impacts daily life, often impairing the ability to work, study, maintain relationships, and carry out daily tasks. Symptoms like disorganized thinking and social withdrawal can make routine activities challenging and limit the individual's ability to live independently.

What is the impact of schizophrenia on mental and emotional health?

Schizophrenia can cause severe disruptions in mental and emotional health, leading to profound mood swings, depression, and anxiety. The disorder can also affect a person's self-esteem and overall emotional well-being, sometimes resulting in emotional numbness or inappropriate emotional responses.

Can schizophrenia be managed without medication?

While medication is a key component of treatment for most individuals with schizophrenia, some aspects of the disorder can be managed with psychotherapy, lifestyle changes, and supportive therapies. However, for most, medication is necessary to control the more severe symptoms of the disorder, such as delusions and hallucinations.

What is the difference between schizophrenia and schizoaffective disorder?

Schizophrenia is primarily characterized by psychotic symptoms, while schizoaffective disorder includes symptoms of schizophrenia along with mood disorder symptoms, such as mania or depression. Schizoaffective disorder is treated with a combination of medications used for schizophrenia and mood disorders.

How do stress and environment affect schizophrenia?

Stress and environmental factors can trigger or exacerbate schizophrenia symptoms. High-stress situations, lack of supportive relationships, and unstable living conditions can increase the frequency and severity of psychotic episodes.

What should I do if I suspect someone has schizophrenia?

If you suspect someone has schizophrenia, encourage them to seek professional help from a psychiatrist or psychologist. Offering support and understanding as they navigate the healthcare system is also crucial. Early diagnosis and treatment can lead to better outcomes.

Are there special considerations for schizophrenia care as patients age?

As patients with schizophrenia age, they may face additional challenges, including the development of physical health problems and potentially increased cognitive decline. Treatment may need to be adjusted to accommodate changing health needs and potential interactions with medications for age-related conditions.

How does schizophrenia affect intellectual functioning?

Schizophrenia can affect cognitive functions, leading to difficulties with memory, attention, and problem-solving. These symptoms can be managed to some extent with cognitive behavioral therapy and other cognitive enhancement therapies.

Can lifestyle changes improve the prognosis of schizophrenia?

Yes, lifestyle changes such as maintaining a healthy diet, engaging in regular physical activity, and ensuring adequate sleep can improve the overall health of individuals with schizophrenia and help manage symptoms. Reducing substance use and implementing structured daily routines are also beneficial.

CONCLUSION

As we conclude our exploration of schizophrenia through "Schizophrenia: Understanding Symptoms, Treatments, and Self-Help Strategies," we hope to have provided you with a clearer understanding of this complex disorder. Throughout the chapters, we have endeavored to demystify schizophrenia, addressing everything from the basic signs and symptoms to the nuanced ways in which it impacts daily life and relationships.

We began by laying a foundational understanding of what schizophrenia is, tracing its historical perspectives and how perceptions of it have evolved. Recognizing the signs and symptoms early can make a significant difference in management and treatment, which we covered in depth. The journey through the diagnostic process illuminated how professionals identify schizophrenia, underscoring the importance of a thorough evaluation.

Treatment options, as discussed, are varied, ranging from traditional medications and psychotherapy to alternative strategies that include dietary changes and exercise. Each treatment avenue offers its own benefits and challenges, highlighting the importance of personalized care plans. Living with schizophrenia, a central focus of this book, was addressed with practical advice on managing day-to-day activities and maintaining quality of life.

Supporting a loved one with schizophrenia involves understanding, patience, and active engagement, which we detailed to help families and friends become effective allies in the care process. Looking to the future, we discussed the promising research and potential new treatments on the horizon that could one day transform the landscape of schizophrenia care.

Finally, the frequently asked questions section provided quick and accessible answers to common queries, ensuring you have a reliable resource to return to for immediate reference.

This book is not just an educational resource but a guide designed to offer support and understanding, bridging the gap between clinical knowledge and the human experience of living with or caring for someone with schizophrenia. My hope is that this guide empowers you, whether you are directly affected by schizophrenia or supporting someone who is, to navigate this journey with increased confidence and knowledge.

Printed in Great Britain
by Amazon

59410154R00046

Lost Boys of the Bronx
The Oral History of the Ducky Boys Gang

By James Hannon

authorHOUSE®

AuthorHouse™
1663 Liberty Drive
Bloomington, IN 47403
www.authorhouse.com
Phone: 1-800-839-8640

© 2010 James Hannon. All rights reserved.

No part of this book may be reproduced, stored in a retrieval system, or transmitted by any means without the written permission of the author.

First published by AuthorHouse 8/4/2010

ISBN: 978-1-4520-2056-3 (e)
ISBN: 978-1-4520-2054-9 (sc)
ISBN: 978-1-4520-2055-6 (hc)

Library of Congress Control Number: 2010910530

Printed in the United States of America

Because of the dynamic nature of the Internet, any Web addresses or links contained in this book may have changed since publication and may no longer be valid. The views expressed in this work are solely those of the author and do not necessarily reflect the views of the publisher, and the publisher hereby disclaims any responsibility for them.

This book is dedicated to my wonderful wife **Jacqueline Hannon**, *who has always been so supportive of all my endeavors, and who believed in me when I didn't believe in myself.*

and

To the way too many Bronx kids, who didn't make it to adulthood for a variety of reasons. I hope the next life brings you more success.

Contents

Acknowledgments xi

Cast of Characters - Ducky Boys xv

Cast of Characters – Non-Ducky Boys xix

Map of Norwood xxii

Map of Ducky Territory xxiii

Foreword xxv

Introduction xxvii

Chapter 01 1
    The Bronx

Chapter 02 7
    Ducky Neighborhoods

Chapter 03 15
    Ducky Origins

Chapter 04 21
    Ducky Initiations

Chapter 05 25
    Ducky Gear

Chapter 06 33
    Ducky Reputation

Chapter 07 .... **41**
    Ducky Friendship and Loyalty

Chapter 08 .... **49**
    Ducky Fights

Chapter 09 .... **71**
    Ducky Pranks

Chapter 10 .... **81**
    The Great Train Robbery

Chapter 11 .... **89**
    Bond Bread Robbery

Chapter 12 .... **93**
    Honigs Parkway Robbery

Chapter 13 .... **97**
    Ducky Boys vs. the Law

Chapter 14 .... **105**
    Perverts in the Park

Chapter 15 .... **111**
    Alcohol and Drugs

Chapter 16 .... **121**
    Ducky Mortality

Chapter 17 .... **125**
    Ducky Endings

Chapter 18 .... **133**
    Post-Ducky

Chapter 19 .... **139**
    The Ducky Legacy

Appendix A **147**
    A Bronx Tribute to *The Wanderers*

Appendix B.. 151
    A Ducky Archaeological Find

Appendix C.. 155
    The Ducky Reunion

Appendix D 161
    Tales from The Wanderers Movie – Part 1

Appendix E 177
    Ace Frehley and the Ducky Boys

Appendix F 183
    Aerial Tour of the Bronx

Acknowledgments

This book would never have become a reality if it weren't for quite a few people whom I would like to publicly thank here.

First and foremost, I would like to thank Ducky Girls **Geri Gertler-Norcross** and **Carolyn Vetter-Cosentino**. Without their help, this book would never have gotten off the ground. Not only were they open and honest with their own stories, but they were always there to answer questions and provide a check on the validity of other stories I had heard. They were two of my greatest supporters and really tried to get the anonymous Ducky to come out of the shadows to talk to me.

Second on the list of people to thank is Ducky Boy **Kevin Byrne**. Kevin was the younger brother of Jimmy and Frankie Byrne, two Ducky Boy legends who were taken way before their time. Kevin was very open and forthright about the gang, including talking about things that might've been painful to discuss. He has been a great supporter of this project, and was able to convince quite a few Ducky Boys to talk to me. Kevin's family and mine lived 300 feet away from each other in the Bronx, but we never met until this Ducky project was underway. Since meeting, we have become great friends.

There have been so many Bronx and Ducky people who were very helpful and kind to me during the course of this project, and they all have my undying gratitude. I could go on for many pages thanking these people, but since they are listed in the "Cast of Characters" section coming up, I won't list them again here. That doesn't diminish any of the appreciation that I hold for them and their Ducky stories. Their insights from forty-plus years ago were priceless, and helped piece together the full story of the Ducky Boys.

I would especially like to thank all the folks who appeared on camera when this project was still going to be a documentary film. If this book is well received (hint, hint), the film version could still see the light of day. For those of you who didn't appear on camera, but still helped me, I understand the reasons why, and really appreciate that you were willing to offer assistance. As to those who didn't want anything to do with this project, all I can say is that you had a huge window to have your voice heard, but declined.

Outside of the people who make appearances throughout the book, there are quite a few people who helped make this book happen, and I would like to thank them for their help:

A big thank you goes out to **Geri Gertler-Norcross, Carolyn Vetter-Cosentino, Kevin Byrne, Jan B., Joe F, Allison Redding** and **William and Kenneth Palter** for sharing their great pictures from the Bronx past.

My editor **Jill Bailin**, who tried her best to make sure this book was as good as it could be. She was very flexible with my schedule, and always turned things around quickly. If you need an editor, I recommend you get in touch with her at **jillonthehudson@gmail.com**.

Steven Schindler, author of two of my favorite books: *Sewer Balls* and *From the Block* – which also happen to be set very close to the Ducky neighborhood in the Bronx. Steve has helped me to navigate the logistics of publishing, and he wrote the foreword to this book.

Gordon G. G. Gebert and **Bob McAdams**, for allowing me to use an Ace Frehley/Ducky Boy related selection from their hilarious and insightful book *KISS & Tell*.

My sister **Theresa Goyette** and ex-brother-in-law **Louie Guglielmo**. As you can read in Appendix A, they were the ones who started everything in motion back in 1979 by introducing me to *The Wanderers*.

Steve Samtur, editor of "**Back In THE BRONX**" magazine. Steve inadvertently sent me down the path of doing a project on Bronx gangs by showing me a simple Fordham Baldies pawn piece in his Bronx chess set. (See Appendix A.) Steve has also been very helpful in putting me in touch with neighborhood experts on the local gangs.

Kathy Keaney-Springman, a friend from Our Lady of Refuge grammar school, who, thanks to Facebook, magically appeared when my creative energy for this project was at an all-time low. In trying to help me rewrite the filmed material into something interesting for the screen, she made me realize that film was just the wrong medium. After that realization, everything just fell into place, and I never looked back. Kathy is also a talented writer and proofreader.

James Giunta, for filling in at the last moment and going on the first interview up in Bronx Park and Botanical Gardens. Even though he almost lost one of his "boys" on the barbed-wire fence (see Appendix B), he really came through for me and saved the day.

Artists Dwayne Dentz and **Orlando Rodriguez**. Between the two of them, I

Acknowledgments

was able to put on paper the visual of a concept that only existed in my head. Dwayne provided the maps of Norwood and the Ducky Territory, while Orlando provided some of the Ducky story illustrations throughout.

My perpetual camera-guy **Leon Leybs**, who works with me on my video projects (especially ***Out of Our Dens – The Richard and the Young Lions Story***) and helped me interview many of the people featured here.

Larry Kirwan, frontman of the Irish-American rock band **Black 47** (that we Bronx-Irish claim as our own). Larry is an accomplished author, playwright, radio host, and lots more. He gave me a LOT of great support and advice, and was even willing to let me use Black 47 songs for my soundtrack when this was still a film project.

Pat St. John, one of the greatest disc jockeys ever, and an even better friend. Pat was the narrator for my previous documentary, and was willing to go through it all again for this one when it was still a film. Pat's honest critique on my first draft of *Out of Our Dens – The Richard and the Young Lions Story*, was a hard pill to swallow, but his subsequent advice on how to fix it was the best thing anyone could have said to me. His advice still helps me on every project I work on.

If you ever find the need to take aerial photos in the New York/New Jersey area, I heartily recommend **John DeGroot** of **Century Flight Academy**. Not only will he work with you ahead of time to get the proper airspace clearances, but he can offer suggestions and tips on how to get the best aerial pictures.

Legs McNeil, who has no idea who I am, but wrote the book ***Please Kill Me: The Uncensored Oral History of Punk***. Not only is it a great book content-wise, but the book's format showed me a "different" way to write this story.

I would also like to thank my best friend **Jeff Hornlien**, who was there for me on those days I had "artistic meltdowns." Jeff is the lead singer, songwriter, and guitarist of the great band **"The RiffSurfers,"** and definitely understands the emotional aspect of the creative process. He knew exactly what to say during some rough days.

And finally, I would like to thank my beautiful wife **Jacqueline Hannon** for "everything." I could go on for pages being sappy and lovey-dovey about my feelings for her, but let's face it, *nobody* wants that. Let's just say she is the greatest thing that ever happened to me, and I am so thankful for her.

There have been so many people over the years who helped me out, and I truly apologize if I inadvertently left you off this list. It wasn't on purpose.

Some people who helped make this book a reality.
*Top Row: Allison Redding; Larry Kirwan; Jeff Hornlien;
my beautiful wife Jacqueline Hannon (with me)
2nd Row: Steven Schindler; Leon Leybs;
Gordon G. G. Gebert; Steve Samtur
3rd Row: Jill Bailin; Dwayne Dentz; John DeGroot; Pat St. John
Bottom Row: Kathy Keaney-Springman; Orlando Rodriguez; James
Giunta; Louis Guglielmo, me, and my sister, Theresa Goyette*

All photos are from the author's personal collection except photos of Allison Redding, Steven Schindler, Gordon G.G. Gebert, Steven Samtur, Jill Bailin and Kathy Keaney-Springman, which were provided by the named individuals themselves.

Cast of Characters - Ducky Boys

Jan B
Dated "Jack the Kool Kat," and was known for being completely into the peace and love movement – so much so that Jan was the official jewelry-holder when the Ducky Girls got into fights. She was also was one of those responsible for the four-decades-old graffiti that was found in the Ducky Tunnels. (See Appendix B.)

Kevin Byrne
Younger brother of original Ducky Boy legends Jimmy and Frankie Byrne (both deceased). Kevin was privy to the stories of his older brothers who had been around from the very beginning, and was usually hanging around them when things went down in the park. Until recently, Kevin had been a lifelong Bronx resident, and was instrumental in providing information on what happened to the neighborhood and its people after the Ducky faded away.

Carolyn Vetter-Cosentino
Originally from Woodlawn, Carolyn got into the Ducky Boys through her first love, prankster legend Paddy Schwinn. Carolyn quickly became one of the core Ducky Girls, taking part in many of their fights and hijinks. Currently, Carolyn is one of the most public Ducky Boys members, who acknowledges her Ducky roots in many Bronx forums, and shows that you can have a productive life and career and still not be ashamed of where you came from – even if you were in a gang that had a bad reputation.

Phyllis Carpenella-Germano
Along with Geri, Phyllis was co-leader of the Ducky Girls. Phyllis was one of the tiniest Ducky Girls, but also widely known as one of the toughest members in the gang. She was always the first to jump into a fight – regardless of the size or gender of her opponent. In May 2006, as she was approaching her sixtieth birthday, I interviewed Phyllis on location "Down the Ducky." During the interview she walked into a dark tunnel in the middle of nowhere just to show kindness to a homeless guy. And later she scaled a barbed-wire fence to send a middle finger to the Botanical Gardens for putting it there. This woman has no fear whatsoever!

Lenny Lim
One of the leaders of the Ducky Boys, which was odd being that Lenny was of Chinese-Irish descent in a gang that was known for being predominantly Irish. Lenny's first love was Geri, and the two of them were one of the Ducky power couples. Lenny was known for his strong anti-(hard-) drug stance, and regularly berated his Ducky friends if he caught them sniffing glue or doing any of the more destructive drugs. Along with Phyllis, the almost-sixty-year-old Lenny also scaled that barbed-wire fence during our May 2006 interview.

"Mousey"
A member of the younger group of original Ducky Boys. "Mousey" did not want to be publicly associated with this project, but was kind enough to talk to me and fill in the gaps of some of the stories.

Geri Gertler-Norcross
Along with Phyllis, Geri was co-leader of the Ducky Girls. She got into the Ducky Boys because she was trying to meet Lenny Lim, who would become her first love. They quickly became one of the major "power couples" in the gang. Geri was always ready to jump into a fight, yet was always there to help her friends when needed. Geri is the main reason that the book picked up any legs in the beginning, as she was tireless in providing information or convincing her Ducky friends to talk to me.

"Parky"
Belonged to the older group of original Ducky Boys. "Parky" did not want to be publicly associated with this project, but was willing to help fill in the gaps of stories.

Bob "Rocky" Rockwell
Rocky originally hung out on the other side of the park with the Wanderers, Allerton Avenue, and Parkside gangs, but made his way over to the Ducky Boys side during a fight against another gang. He then decided to stay on with the Ducky Boys. Rocky was a huge source of information about the rival gangs from the other side of the park.

Thomas Treacy
One of the older group of Ducky Boys. Tommy, also known as "Peewee," was around during the early days of the Ducky origins, but left shortly afterward to start making money in the real world. Tommy's father worked at the Botanical Gardens, which allowed Tommy some inside information, as well as the keys to the trolley during the Great Train Robbery.

Cast of Characters - Ducky Boys

Ducky Boys - Cast of Characters
Clockwise from top left: Jan B; Kevin Byrne; Geri Gertler-Norcross and Lenny Lim; the 2006 Ducky reunion at the Balcony; Bob Rockwell, a.k.a. "Rocky"; Tommy Treacy, a.k.a. "Peewee"; Carolyn Vetter-Cosentino; Phyllis Carpenella-Germano (center).

All photos are from the author's personal collection except:
photos of Jan B. and Phyllis Carpenella-Germano provided by Jan B.; photo of Kevin Byrne provided by Allison Redding; photo of Carolyn Vetter-Cosentino provided by Carolyn; photo of Geri Gertler-Norcross and Lenny Lim provided by Geri Gertler-Norcross.

Cast of Characters – Non-Ducky Boys

Lou Cubello and Kevin Harris
Best friends from childhood. Kevin and Lou lived on the Allerton Avenue side of Bronx Park, and used the park frequently. In doing so, they occasionally ran into, and became victims of, the Ducky Boys and their slingshots.

Ed Cunningham
Older brother of John Cunningham. Lived on East 199th Street and Briggs Avenue. Ed hung around the P.S. 46 schoolyard where some of the Ducky Boys were recruited. Ed was older than the Ducky Boys, but saw some of the original members hanging around before they went into the Ducky, or after they left the gang.

John Cunningham
Younger brother of Ed Cunningham. Lived on East 199th Street and Briggs Avenue, and was school friends with some of the gang, but was not a member of the Ducky Boys. John saw the Ducky Boys from an outsider's perspective, and saw how his friends changed over the years, and became more distant due to the various vices going on in the Ducky. John and his non-Ducky friends ran into the Ducky Boys as they were fading away, and saw how the once-feared group became less so over time.

Joe F
Joe is the oldest brother of four of the Ducky Boys: Biff (deceased), Gene (deceased), Jerry, and Timmy F. Joe was very helpful early on in giving me background on his brothers, and his older-brother take on the Ducky Boys, but fell out of touch when he found that a few people from various Bronx message boards were using this project to verbally attack his family.

Mark Lesly
Mark is an actor who played one of the lead Ducky Boys in the movie ***The Wanderers***. He was the Ducky Boy who pulled a blade on Del Bomber Clinton Stitch (Michael Wright) in the football scene when the ball went out of bounds. He was also in the "Church of the Ducky Boys" scene. See Appendix D for his full interview of his experience on the Wanderers movie set

Mark Lind
Singer/songwriter from Boston, and lead singer of popular punk band called "The Ducky Boys." Through his unique position as ambassador for the Ducky Boys, Mark heard a lot of stories from fans regarding both the movie version and real-life Ducky Boys. Perhaps not all of the stories were true, but they were certainly entertaining.

Konrad Sheehan
Konrad is an actor who played one of the lead Ducky Boys in the movie **The Wanderers.** Konrad's big scene was the one in which the Wanderers got lost driving in Ducky Boy territory and had to swerve to avoid hitting the Ducky Boys blocking the road. Konrad walked up to the stopped car menacingly, pulled off the car's antenna, and beat Perry (Tony Ganios) merciless with it when he got out of the car. Konrad was also a stuntman for the movie, and portrayed various members of other gangs. See Appendix D for his full interview concerning his experience on the *Wanderers* movie set.

Professor Lloyd Ultan
Bronx Borough Historian, Lehman College history professor, and author of many great books about the Bronx, Professor Ultan is passionate about the Bronx's history, demographics, and social stratification. He knows why certain ethnic groups ended up in certain neighborhoods, and how historical events have shaped the attitudes and social norms for generations of Bronxites. He also has the ability to make history "interesting" and fun for non-academics.

Gary Weiss
Gary grew up in the Norwood section of the Bronx and graduated from City College and the Medill School of Journalism. He is now an investigative reporter and author. Gary attended P.S. 46 and was there the day the school was closed down because of a supposed Ducky Boy raid on the school.

Cast of Characters – Non-Ducky Boys

Non-Ducky Boys Cast of Characters - *Clockwise from top left: Lou Cubello and Kevin Harris; Ed and John Cunningham; Konrad Sheehan; Professor Lloyd Ultan; Gary Weiss; Mark Lesly; Mark Lind (center).*

All photos are from the author's personal collection.

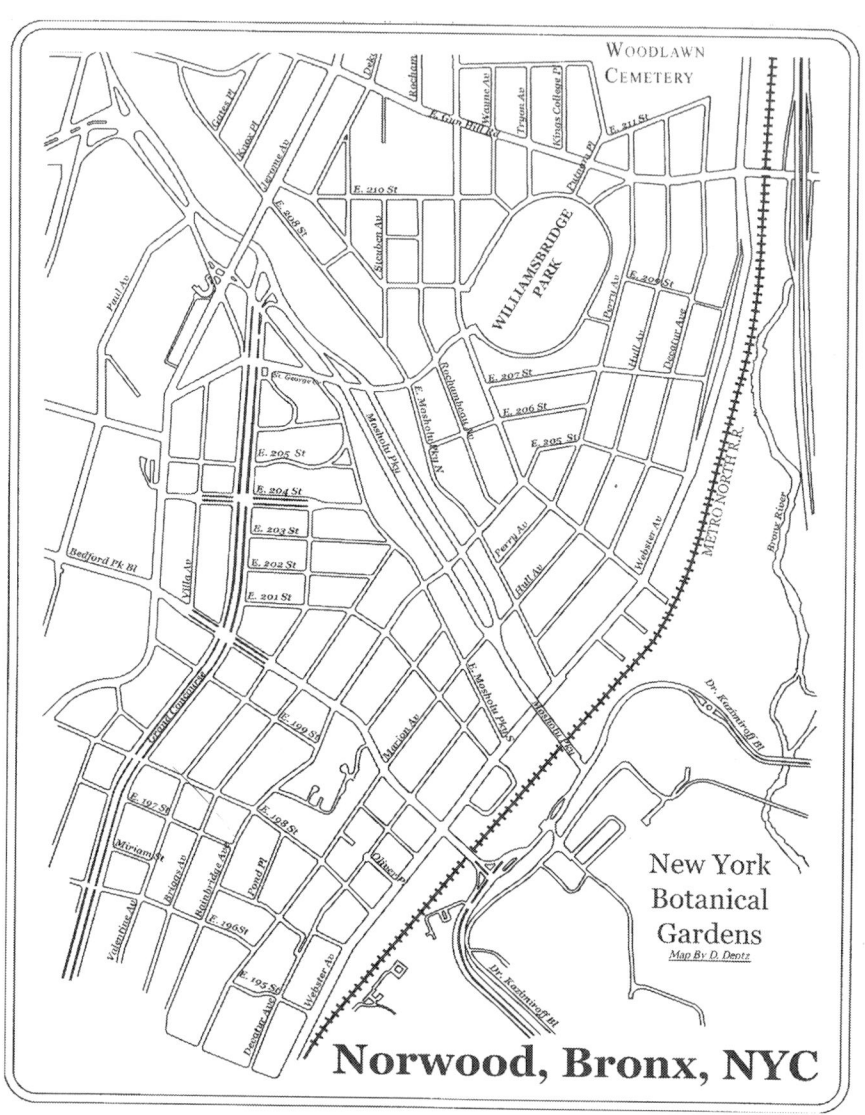

Overview of the Norwood neighborhood that the majority of the Ducky Boys came from. Map created by Dwayne Dentz.

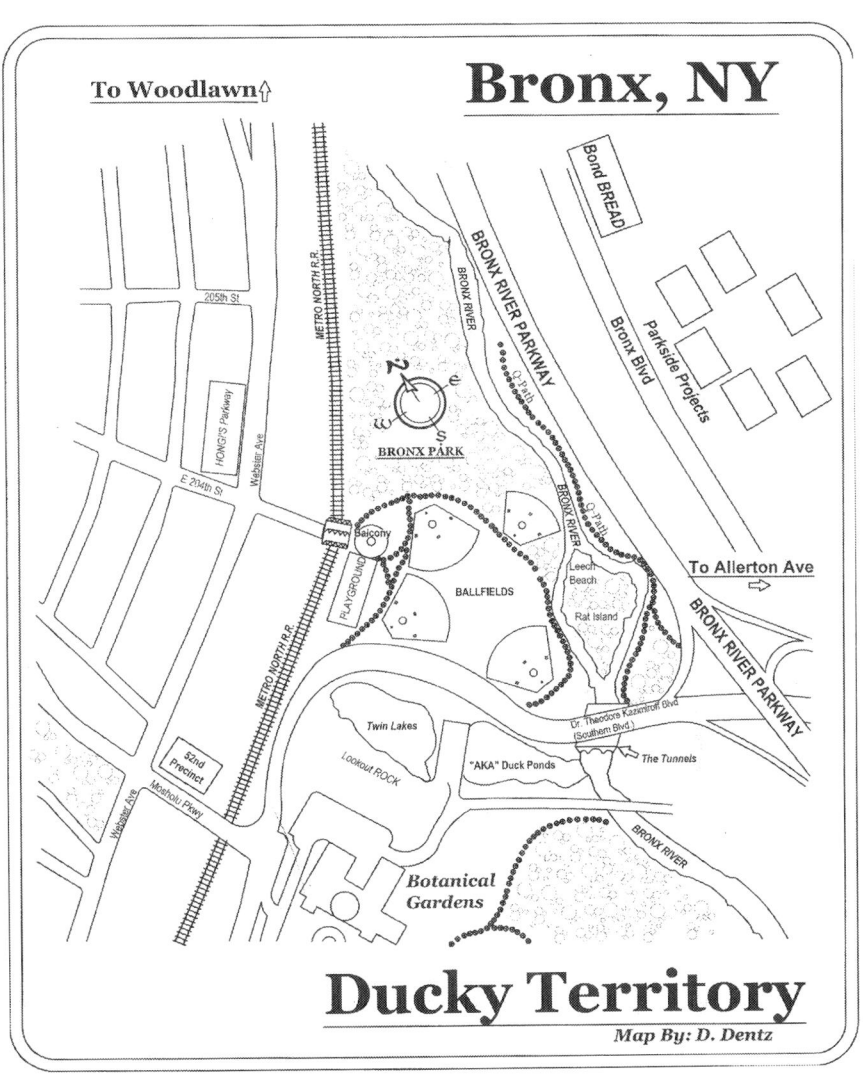

Map of the Ducky Territory section of Bronx Park/Botanical Gardens with "Ducky-named" locations. Map created by Dwayne Dentz.

Foreword

By **Steven Schindler**,
Author of Bronx-themed novels *Sewer Balls* and *From the Block*

Having lived in the same one-bedroom apartment in the Kingsbridge section of the Bronx until I was twenty-three, I knew everybody in my neighborhood and they knew me. In my pre-war building (that's what we used to call roach-infested, landlord-neglected apartment buildings built in the early twentieth century), we had many upstanding, churchgoing families. We also had drunks, junkies, thieves and guys who would punch an unsuspecting stranger in the face simply because... well, for no reason, actually. Yet all of my neighbors, whether hardworking, loving parents or deranged sociopaths, were pretty much friendly to me and each other. But when you left your immediate neighborhood, that was an entirely different story.

One of my earliest recollections of the dangers of being off your home turf was when I was about ten years old and rode my bike into Van Cortlandt Park a few blocks away. There was a group of kids I had never seen before who on average couldn't have been more than seven years old. They loudly taunted me with the usual "Hey, man, lemme get a ride," which was a euphemism for "I want to steal your bike." Thinking this was a good opportunity to test my toughness on a bunch of second graders, I threw my bike to the ground, and huffed, "Come on! You want to mess with me?" A black kid who looked like he could be the tiniest angel-faced kid in the front row of the Harlem Boys Choir stepped forward, reached into his pocket and brandished a switchblade knife. Only some fast talking and faster pedaling got me out of the park and back to the safety of my front stoop.

With **Lost Boys of the Bronx: The Oral History of the Ducky Boys Gang**, James Hannon shatters the myths of the Bronx street gangs of the 1960s as portrayed by Hollywood. The '60s weren't a time of peace and love in my neighborhood. Kids were coming home from Viet Nam in boxes; racial tensions were erupting in gang fights on subways, buses and beaches (yes, the Bronx has beaches); and drugs and alcohol were becoming a problem in schools... grade schools! It was a time of uncertainty and fear: fear of kids who looked different than you and your friends, fear of teachers and parents who didn't understand you, fear of a future that could mean getting randomly killed on a subway or by a booby trap in 'Nam. And, of course, fear usually manifested itself as anger.

At a high school dance, say at St. Nicholas of Tolentine on Fordham Road, there were always whispers that the Fordham Baldies or some Ducky Boys were waiting outside for a rumble, prompting nervous exits and fast dashes to the Number 38 bus. A trip to the Bronx Zoo with your friends also meant nervously traversing the hundred or so yards from the bus stop to the Zoo entrance. And hanging out, even in your own home-turf park, sometimes meant getting jumped by outsiders. Lucky for me, I was slippery and fast, and got away both times I was accosted in the dark while taking a leak near our hangout in the Van Cortlandt Park football stands. (Which, ironically, is where they filmed the final rumble scenes in *The Wanderers*.)

But behind the myths of the wandering gangs of the Bronx were real kids with real stories. Some had parents who were abusive, drunken louses; others came from loving homes. Some kids were developmentally disabled who probably should have been in special ed classes, others got straight A's. Some were prone to random acts of violence, but not all. The one thing they all had in common was a need to belong to a surrogate family of their neighborhood peers, also known as a gang.

What James Hannon does is make some sense out of the myths and mystery of why these gangs behaved the way they did, and how they went about it. And as in most thoughtful and well-researched projects, he demonstrates that the reality of the situation is infinitely more complex and compelling than the made-up Hollywood version.

Introduction

Hi there. Thank you for picking up this book and seeing what the Ducky Boys are all about. You may have heard of this gang, but you almost certainly have not heard the full story. As with most legendary groups, there are a *lot* of exaggerated (and even wildly false) stories about the gang – even when the stories come directly from the memories of the gang members themselves!

This project originally started out as a documentary film back in 2005, as a follow-up to my 2004 documentary film **Out of Our Dens: The Richard and the Young Lions Story**, about a legendary '60s garage band. During the time I spent on that project, I thought I had mastered the art of the documentary interview process. Boy, was I wrong!

One of the biggest obstacles in trying to make the Ducky Boys documentary was that an abnormally large percentage of the gang had died over the last forty years from various causes, ranging from ill health to drug overdoses to random accidents and everything in between. This has been amazingly sad from the human point of view. But in terms of telling the Ducky Boys story, it was also quite distressing – many of the key players were forever unavailable to provide their own accounts. It sucked on so many levels, but there was not a whole lot I could do about it.

The other large obstacle really took me off guard. While the interview subjects for my first documentary were very open about the band and willing to tell the band's story, the Ducky Boy gang members were quite the opposite. There were some very generous interview subjects, but the majority of the gang did not want to go on camera, or be associated with the gang again. Even though the events under consideration occurred at least forty years ago, and the statute of limitations for many of the gang's crimes had long run out, some of the members would rather forget their questionable pasts.

This particular group of camera-shy Ducky Boys had various opinions of me, and of my documentary. When one Ducky Boy learned of my project through a mutual friend, he was quoted as saying that he "would rather put a bullet in [his] head than talk to that guy" – that guy being *me*, of course.

Lost Boys of the Bronx

One of the original Ducky Boys spoke with me on the phone for two hours about Ducky events. The next day he told another Ducky Boy, "That guy is a federal agent looking to get us all in trouble." I wasn't sure what I had done to arouse these suspicions, but over a year later, I hear he still fully believes I am a federal agent.

At a neighborhood reunion I attended in 2009, I was introduced to another Ducky Boy. When he realized I was the guy making the Ducky documentary, he scooted away, and made sure to stay at the opposite end of the party for the rest of the night. On the list of people who rejected my request for an interview, he gets a pass, however –after the Ducky Boys, he went into law enforcement, and I can't imagine he'd want his career tarnished with stories of his old gang ties.

If I wasn't intrigued by the Ducky Boy story before these brush-offs, I sure was all in now.

Luckily, not all the surviving ex-gang members were so bothered by my project. They felt that the Ducky Boy story should be told, and they would talk to me off-camera. And these off-the-record stories were amazing to hear, but they didn't help my *film* project.

After a long while of desperately fighting with having great stories that I couldn't use on camera, I decided to turn the Ducky story into the book you are now reading. I could maintain the anonymity of the people who shared their lives and memories with me, yet still be able to use their stories. And I wouldn't have to resort to filming random people on a silhouetted background, reading the stories aloud from a script. (And yes, I had seriously considered this method until I saw just how ridiculous it would look and sound.)

Screen capture of the fake silhouetted interview. Sadly, it really did happen!

Photo from the author's personal collection.

Once the decision to write the book was made, the shackles were off. I could tell the story without worrying what to put on the screen. While greatly liberating for me, this wasn't without its downside. Sadly, this change of media put me out of favor with a few of my Ducky friends. I really hope they will ultimately forgive me when they understand this was the only way I could have ever told their story.

That's a bit about the history of this project – let's move on to what you really came here for: **The Ducky Boys**.

The Ducky Boys were an early-1960s gang of teenagers who came from the area of the Bronx that is now known as Norwood. The gang's epicenter was an expanse of parkland within Bronx Park and the Bronx Botanical Gardens.

While the gang was generally known as the Ducky Boys, there were a small minority of Ducky *Girls* within the group who preferred the gang be known as the "Ducky Gang" or simply "The Duckys." Due to it being more recognizable, I will predominantly use the more popular "Ducky Boys" throughout this book, but the terms are pretty interchangeable.

When people think of 1950s and 1960s gangs, usually the first image is of leather-jacketed punks in alleyways, brandishing switchblades, contemplating their next crime against the good folk of the neighborhood. Now, while the legend of the Ducky Boys was always pretty exaggerated, the actual kids in the gang were pretty typical of adolescents at that time. They were normal teenage kids who did some pretty normal teenage things. They hung out, drank, pulled some creative pranks, and lusted over the opposite sex.

Speaking of the reputation carried in the Ducky Boys' name: if you know of the Ducky Boys, and you weren't from the neighborhoods involved, chances are you know of them thanks to Richard Price's book (and/or movie) *The Wanderers*. Price told a wonderful story about the Bronx of the early 1960s and the daily life of some of the more likeable members of the Wanderers gang, and how they interacted with their parents, girlfriends, society, and other gangs.

While *The Wanderers* was a work of fiction, Price used real-life locations and actual Bronx gangs to give it flavor. The three main gangs featured in the Wanderers were all straight out of real life.

The three main gangs included:

> **The Wanderers** – The title gang were Price's real-life friends from his Allerton Avenue neighborhood. It's likely that the

gang membership in the book was a fusion of three local gangs – "The Wanderers," "Allerton Avenue," and "Parkside."

The Fordham Baldies – The Fordham Baldies were a very real gang from the **mid-1950s** that centered around the Little Italy section of the Bronx (East 187th Street, Belmont Avenue, Arthur Avenue area). They boasted Dion DiMucci of **Dion and the Belmonts** as a member, and contrary to their representation in the movie, they were not actually bald, but took their name from the bald eagle.

And of course, **The Ducky Boys** – whom you are now reading about.

Not un-coincidentally, the real-life Ducky Boys were the main adversaries of Richard Price's friends, so when Price wrote *The Wanderers,* the Ducky Boys naturally got screwed.

Richard Price painted them as "stunted Irish madmen" and "stone killers that always attacked in droves to compensate for the fact that few of them were over five feet tall."   While these two descriptions weren't the most flattering, they actually were based on truth, with some artistic license taken.

Regarding the "stunted Irish madmen" label, the Ducky Boys were from the predominantly Irish side of Bronx Park that separated them from Price's Wanderers gang, and therefore geography was a contributor to the large percentage of Irish kids in the gang. However, there were other ethnicities in the gang as well... There were Italian, German, and Hispanic kids in the gang. And later you'll meet a very popular Chinese-Irish member who was one of the Ducky leaders.

As for the gang members not being over five feet tall – well, this is one of the many rumors that the Ducky Boys have found hilarious, as there were quite a few who surpassed that diminutive height. The truth behind that label is that in Richard Price's day, the Ducky Boys were mostly just kids. The average age was between thirteen and sixteen and they hadn't hit puberty yet. They weren't "stunted" – they were just kids who had not attained their full growth yet.

As for "attacking in droves" — well, that was completely true! There were a *lot* of Ducky Boys over the years. Obviously there are no official numbers, but there were estimated to be over 100 kids in the Ducky Boys at its peak, and when there was a fight happening, most of the gang came along.

Maybe it was the law of averages, and because there were so many kids in the Ducky Boys, there were naturally more deaths, but way too many of the Ducky

Introduction

Boys died before their time. These **"Lost Boys of the Bronx"** were a small sample of ALL the urban kids who lost their way during the 1960s. It was a tough time to be a teenager – drugs had became much more mainstream, and the real threat of being drafted scared kids, and caused them to do things they wouldn't have normally done. Many non-gang-related neighborhood families were also torn apart during these turbulent times.

But there weren't only sad stories coming out of the Duckies. Many of these kids survived the 1960s Bronx, and became respectable adults with great families and jobs. One Ducky Boy even got to live the life of a rock star – Paul "Punky" Frehley changed his first name to Ace and joined a very popular rock band called "KISS."

> **Author's note:**
> Since I get reminded about Ace Frehley's involvement quite often, here's the short version. I spoke to Ace early on in the project, but he declined to be an unpaid participant. However, Gordon G. G. Gebert 's book ***KISS & Tell*** talks about Ace's involvement in the Ducky Boys, and Gordon has graciously allowed me to reproduce that section (which is included in Appendix F).

One of the major complaints I get is that I am glorifying gang life. While I do understand why people would think that at first glance, it is just not true. Many of the Ducky kids did not make it to adulthood, and this tale could be taken as a precautionary one. My purpose with this book is to offer an unbiased and accurate portrayal of the Ducky Boys, through the good times *and* the bad times.

This project has been very personal for me. The Ducky Boys grew up in the same neighborhood I did, albeit 20 years earlier. In Appendix A, you will find an article that I wrote for *Back in the Bronx* magazine, on how fate made a personal story even more so. The coincidences described therein completely cemented my resolve to finish this project, and saw me through the rough patches when I was ready to walk away from everything Ducky.

It was a unique time back in the Bronx in the early '60s, and many amazing stories came out of it. Many of them were actually true.

Come with me on this journey as we go through some of these stories and see an unbiased version of what actually happened back in that old Bronx neighborhood...

Chapter 01
The Bronx

Aerial shots of the Bronx
Clockwise from top left: approaching the Bronx over the George Washington Bridge; way above Fordham Road and Webster Avenue; Tracey Towers and DeWitt Clinton High School; New Yankee Stadium next to the old Yankee Stadium.

All photos are from the author's personal collection.

To understand the Ducky Boys, it's important to know something about the New York City borough that they came from. The absolute basic soundbites of information about the borough that anyone interested in the Bronx should know:

- "The Bronx is the northernmost of the five boroughs of New York City. It is also the newest of the 62 counties of New York State. Located northeast of Manhattan and south of Westchester County, New York, the Bronx is the only borough situated primarily on the North American mainland (while the other four—apart from the very small Marble Hill section of Manhattan—are on islands)."

- "In 2009, the U.S. Census Bureau estimated that the borough's population on July 1, 2008 was 1,391,903, inhabiting a land area of 42 square miles (109 square kilometers). This makes the Bronx the fourth-most-populated of the five boroughs, the fourth-largest in land area, and the third-highest in density of population."

- "Although the Bronx is the one of the most densely populated counties in the U.S., there is a lot of open space there. Almost a quarter of the borough is open space with parkland such as Woodlawn Cemetery, Van Cortlandt Park, Pelham Bay Park, the New York Botanical Garden and the Bronx Zoo."

- "The Bronx was named after Jonas Bronck, a 17th century Swedish sea captain. In 1639, Bronck sailed up the East River on a ship named The Fire of Troy, and acquired five hundred acres of land across the river from the village of Harlem. This farm became known as Bronck's Land and covered roughly the area south of 150th Street in the Bronx."

- "Mr. Bronck died in 1643 and his land was eventually sold off. The area was known as 'Broncksland' only through the end of the 1600s – so the modern name of the New York borough does not come directly from it. However, the river which runs North-to-South through the mainland area, and which his farm butted against, kept the name Bronck's River, eventually being abbreviated – or misspelled – to Bronx River. This name stuck, and it was this river, which splits the borough in half, that The Bronx was named after."

Wikipedia contributors, "The Bronx," *Wikipedia, The Free Encyclopedia,* http://en.wikipedia.org/w/index.php?title=The_Bronx&oldid=334704679 (accessed December 29, 2009).

That will be all of the "academic" history of the Bronx you will find in this book. If you want to read more about this great borough, there are plenty of excellent resources out there, particularly, many books authored (or co-authored) by Professor Lloyd Ultan, the current official Bronx historian, and Steve Samtur, the editor of *Back in the Bronx* magazine.

> **Author's note:**
> Professor Ultan and Mr. Samtur were kind enough to take time out of their busy schedules to help me with this project, so I owe them both a debt of gratitude. I owned and had read through many of their books years before this project was ever conceived – so I could honestly say that the work of both of these men over the years has inspired in me a love of the history of the Bronx.

For most people, just hearing the words "the Bronx" conjures up many images, often negative. Sure, the initial images of crime and poverty are so often portrayed in the media that they will usually prevail. But there are plenty of good memories, events and stories of the period, which Bronxites have experienced. Thanks to the Bronx being so densely populated, there are many current and former Bronxites spread across the country, and even the planet. Chances are good that you might have interacted with at least one in the last few days, wherever you are in this world!

I'm guessing that there's a good chance you picked up this book because you may be one of the aforementioned Bronxites – or you've been through the Bronx at least once before. So I'd like for you to take a moment and think of your earliest memories of the Bronx.

Were those memories nostalgic ones? Like the sound of a cracking bat and the roar of the crowd at Yankee Stadium? Or maybe it was the sound – or smell – of all the exotic animals at the Bronx Zoo. Maybe it was something much simpler like the attention Mom gave you after getting sunburned at a family outing at Orchard Beach, or the praise from your dad after you caught your first fish at City Island, or even the first time you climbed into the historical Poe Park bandstand or visited musty old Poe Cottage.

Clockwise from top left: The Bronx Zoo; Yankee Stadium; Poe Cottage; Poe Park grandstand; Exit for Orchard Beach / City Island.

All photos are from the author's personal collection.

There are just so many warm, evocative, and fond ways to remember this much-maligned borough that people who haven't experienced the Bronx first-hand cannot begin to understand. Now don't get me wrong. I'm not living in a fantasy world, and I do realize that there were plenty of unfortunate experiences too. But I just wanted to remind people that things weren't as thoroughly bad as the media would have you believe.

Some more good memories just to drive home the point even more. Do you remember the goldfish pond and the lit "stars" sparkling in the dark ceiling of Loews Paradise movie theatre? How about finding the perfect gift amidst the hustle and bustle of Alexander's on Fordham Road? Perhaps you remember the thrill of a successful attempt at crossing the Grand Concourse, with all the cars whizzing by. Or maybe you can recollect the surprisingly comforting sound of the screeching wheels coming to a halt on the Jerome Avenue el train?

Clockwise from top left: Loew's Paradise Theatre; Fordham Road and the Grand Concourse; Kingsbridge and Jerome #4 "el" train stop; looking south on the Grand Concourse towards Fordham Road.

All photos are from the author's personal collection.

One of more serene memories of the Bronx is the lush green landscape of the Botanical Gardens and Bronx Park. This wonderful stretch of forest, river and lakes in the middle of the concrete jungle of the Bronx was a great oasis and refuge for people of all ages.

As kids, Bronx residents would go to catch turtles and climb trees; as teens, they would go and find quiet time to be alone with their girlfriends and boyfriends; and as they got older it was a place to enjoy the serenity of nature and sort out any problems that the daily grind of the city may have thrown at them.

And right outside this expanse of parkland is a small neighborhood that is now called Norwood, and this is where most of the Ducky Boys came from...

Chapter 02
Ducky Neighborhoods

The neighborhoods that most of the Ducky Boys came from were mainly Irish working-class areas known as Fordham-Bedford and Norwood, although a few gang members would travel from surrounding neighborhoods such as Woodlawn and Allerton.

Many Bronxites who left prior to the 1990s have never heard of the neighborhood called Norwood. Wikipedia explains:

> "Due to its use in city publications, subway maps, and local media, Norwood is the neighborhood's more common name, but the entirety is also known as Bainbridge, most consistently within the neighborhood's Irish American community—centered around the commercial zone of Bainbridge Avenue and East 204th Street. However, as this Irish community largely fled the neighborhood during the 1990s, the name Bainbridge has accordingly lost a great deal of currency. Even the name Norwood does not carry a great deal of currency as do nearby neighborhoods such as Riverdale and Woodlawn."
>
> Wikipedia contributors, "Norwood, Bronx," Wikipedia, The Free Encyclopedia, http://en.wikipedia.org/w/index.php?title=Norwood,_Bronx&oldid=330634609 (accessed December 30, 2009).

There were some generally accepted street boundaries of the Ducky neighborhoods:

The **Southern Border** was East 196th Street, which was a few blocks north of Fordham Road, one of the largest shopping areas of the Bronx. At the Briggs Avenue intersection were two schools, Public School 46 and the Catholic school Our Lady of Refuge, where many of the Ducky Boys went to grammar school. The P.S. 46 schoolyard was also a very popular hangout, and many of the Ducky Boys used to congregate there, before or after their time in the gang.

Lost Boys of the Bronx

Clockwise from top left: Public School 46; Our Lady of Refuge church/ school; P.S. 46 schoolyard; corner of East 196th Street and Briggs Avenue.

All photos are from the author's personal collection except photo of P.S. 46 schoolyard provided by Allison Redding.

The **Western Border** was the Grand Concourse, considered to be the major thoroughfare of the Bronx. Lined with ornate buildings, the 1939 WPA guide to New York called it "the Park Avenue of middle-class Bronx residents, and the lease to an apartment in one of its many large buildings is considered evidence of at least moderate business success." Ducky kids living near this western border usually ended up going to the Catholic school St. Philip Neri.

St. Philip Neri Church

Photo from the author's personal collection.

Defining the **Northern Border** unearths some controversy amongst the gang members. Some have described it as being East 204th Street near St. Brendan's Catholic School, while others say it was Gun Hill Road near Reservoir Oval Park. A small minority of people even included McLean Avenue by Woodlawn.

Aerial shot of Reservoir Oval (upper left corner); St Brendan's Church (sloped roof towards upper right corner); Mosholu Parkway (bottom); East 204th and Bainbridge Avenue intersection (right side below St Brendan's).

Photo from the author's personal collection.

Everyone is in agreement, however, that the **Eastern Border** was Bronx Park and the Botanical Gardens. Not far from the 52nd Precinct (which came to know the Ducky Boys intimately) lies a small duck pond called Twin Lakes which, as you will see in the next chapter, would become the epicenter of the Ducky world.

Top: Aerial shot of the Twin Lakes section of the Botanical Gardens/ Bronx Park. Bottom: The 52nd Precinct on Webster Avenue and 205th Street. Note the Third Avenue tracks are still there.

Top photo from the author's personal collection; Bottom picture by Kenneth Palter, provided by William Palter.

Amazingly, in this area of the Bronx during the late 1950s and '60s, Irish-American teenagers comprised about half of the total population.

Let's hear from the Bronx Historian, along with some former neighborhood residents, about how this neighborhood came to be such fertile ground for the Ducky Boys.

> **Bronx Historian, Professor Lloyd Ultan**
> *In that neighborhood in the '60s, the largest single ethnic group were the Irish. You also had a very large number of Jewish people who lived in that area and there were some small enclaves of Italians, but those were largely the people who lived in the area at the time.*
>
> Neighborhood resident, **Gary Weiss**
> *I grew up on the Concourse in the early '60s, and the neighborhood during those days was divided up ethnically to a certain extent. It was largely Jewish along the Grand Concourse, but down along the side streets towards Webster Avenue, it became more and more Irish.*
>
> Neighborhood resident and friend of a few Ducky Boys, **John Cunningham**
> *Back in my day a lot of us were first- or second-generation Irish, so I remember the majority of kids being Irish with the fathers and moms having accents. There were Italian kids in our group, but most of the Italian kids lived on the other side of the Concourse and were from the Villa Avenue area.*

What made the children of this generation different from previous ones?

> **Professor Ultan**
> *The people who had lived in the neighborhood for a very long period of time generally had a strong family life. In the 1930s and '40s, the emphasis was always upon family. However in the 1950s and '60s, you have people who grew up in that period of time and were starting families of their own.*
>
> *Similarly, there were an overwhelming number of youngsters around –much more than the older people. This is the baby boom generation that we're talking about, and you have that huge demographic bulge at that time, right after World War II.*

So the baby boomers were born, and when the 1960s arrived, they're now teenagers. And teenagers of course are always looking to go out on their own, to defy their parents in one way or another, be a little reckless and a little dangerous.

And as a large portion, perhaps even more than half of the people in that area, were now teenagers, you have a lot of people with teenage attitudes. And these teenagers were also not going to be disciplined that much by their parents because their parents did not want to inhibit those kids, since they were inhibited by the rigors of the Great Depression and World War II.

That was a period in transition. In most cases, you had a single parent working. But that started to change as inflation began to take hold in the second half of the 1960s, with the expenditures for the increasing involvement in Vietnam, and fewer goods available causing an increase in prices. Many couples decided to make ends meet by having the wife go to work, either full-time or part-time.

And that meant that the teenagers who were trying to break away from their parents and cut the apron strings had a much easier time doing it, with much less supervision.

Teenagers have a tendency to drift together anyway. Since the biological imperative is to establish your own identity and break away, the first step is to socialize with people of your own group. And since they were now under less supervision, they tended to be reckless and take more risks. And you begin to have this ethos that begins to grow around them. In many cases, but not all, it shifts to, "Hey, let's see if we can get some money by intimidating somebody," or by doing other kinds of unsavory things.

And with an idea of how the neighborhood kids got to this point, let's meet these particular "unsavory" teens who would make up the Ducky Boys...

Actual Ducky Boys in their home turf of the Botanical Gardens.

Photo provided by Joe F. Faces have been blurred at the request of the photo donator.

Chapter 03
Ducky Origins

The origin of the Ducky Boys is a controversial topic, as there are quite a few different versions of how the gang came into existence. As you'll see, some of the stories are more "out there" than others...

> **Mark Lind**, the lead singer of the punk band "**The Ducky Boys**," recalls hearing this version:
>
> *[The Ducky Boys band] played a show in 1997 with (punk band) **The Dictators** in Connecticut. **Handsome Dick Manitoba**, the lead singer, was kinda fascinated with our Ducky Boys merchandise and came over to talk to us.*
>
> *He asked us if we knew anything about the [Ducky Boys] name and he went on to explain an elaborate legend which was kinda cool because, if it's accurate, then wow, but if it's not, it still increases the notoriety of the name.*
>
> *Manitoba said that he grew up in the neighborhood where the original gang came from and that [the gang] was named after a hitman, or leg-breaker, or something like that, who had the last name of Ducci, or something that sounded like that. He said there was a phonetic spelling of it, and they just changed it 'cause it sounded like "Ducky."*
>
> *According to Manitoba, this Ducci guy had been arrested, and as a gesture to the "powers-that-be" in the organization, cut out his tongue, and that's why in the movie they didn't talk. I just thought they didn't talk 'cause they were badass.*

Dick Manitoba's version of the origin may seem just a little far-fetched if you ask one of the Ducky Boy leaders.

> **Lenny Lim**
> *What the f**k are you talking about? That never happened!*

The actual Ducky Boys would tend to agree with Lenny, but this story shows just how much the legend of the Ducky Boys was exaggerated. A more realistic, although a bit romanticized, version, is this:

> Multiple Ducky Boy older brother, **Joe F.**
> The Ducky Boys were formed in the beginning of the '60s. Four kids aged eleven to thirteen started to hang around in Bronx Park around Twin Lakes, which was eventually referred to as "the Ducky." They were two sets of brothers – Jimmy and Frankie Byrne, and my younger brothers Biff and Jerry. And they used to fish, and ride their bikes around the lake.
>
> There was another group of older guys and girls (eighteen to about twenty years old) who used to hunt birds and rabbits with slingshots in the park. I remember Bobby and Terry being in that group. They were teenage troublemakers with nothing better to do. These older guys started messing with the kids and eventually threw one of their bikes into the lake. The kids fought back valiantly, but the age difference was too much for them.
>
> Janey V, a girlfriend of one of the older guys, felt bad for the kids and stopped the older guys from picking on the younger kids. The kids all developed crushes on Janey, and she would look out for them. From that day forward, she was dubbed the "Queen of the Ducky" and she called the kids her Ducky Boys. And it just grew from there.

Illustration by Orlando Rodriguez of the "Queen of The Ducky" version of the Ducky origin story.

One of the younger crowd of original Ducky Boys confirms Joe's account, but adds a morbid touch to how the gang got its name.

"Mousey"
While we were hanging out in the tunnel between the two Twin Lakes, we found a dead duck. I don't remember who, but someone took the rotting corpse and hung it up on a stick between the tunnels to mark our territory. We became the Dead Duck Boys – which eventually turned into the Ducky Boys.

The tales of the origin don't end there. A Ducky Boy leader weighs in with this account:

Lenny Lim
When the Ducky Boys started, there was mostly an older crowd – Tommy Trouble, ChooChoo Charlie, Buff, Steve, Tommy K, Parky, Ronnie, Keasey, and the Tracy Brothers.

Then the girls started coming down – Marianne, Joan, Joanne, Linda L., Alice F. They came down because they were going to Catholic school nearby, and would hang out because they liked Keasey or Parky or whoever.

I remember things started changing when the older guys started getting drafted. Buff went into the Army, Steve went into the Army, I don't know where ChooChoo Charlie went. But then the younger guys from East 196th and Briggs Avenue started coming down. There were Phyllis, Gene and Jerry, the Byrnes.

Then more guys from East 204th Street started coming and it just started getting bigger and bigger. Then Jack the Kool Kat moved up from 149th Street to the Grand Concourse.

That's how it started - it started more with the older crowd and then it just changed to a younger crowd, after the older guys went into the service or got drafted.

An original member of the older crowd of Ducky Boys remembers the onslaught of new members into the park.

Tommy Treacy
How did it build up? More and more people started coming there, that's all. Actually, from below Fordham Road, to north of Mosholu, they came from everywhere. Basically we all knew

each other from maybe school activities or something like that, but from neighborhood to neighborhood people knew each other, and they started hanging out down the park.

Lenny L
We all hung out by the duck pond and somebody, maybe it was one of the cops on the corner, started calling us the Ducky gang. They used to say something like, "Come on, Ducky gang" and it just stuck – the Ducky Boys.

We may never know the absolute and complete story of the Ducky Boy beginnings, but listening to the various versions told during our interviews, the most likely "compiled" version of the Ducky Boys origin is that the older kids (Bobby and Terry) who threw the bikes into the lake (in Joe F.'s story) were the same older kids that Lenny had referenced in his story.

Eventually the younger kids and older kids were able to hang out in the park without further altercations, and combined into one huge group of kids.

Throw in a duck pond, and a duck corpse effigy to provide a name, and the Ducky Boys were born!

Now that we know how the Ducky Boys got their name, let's take a look at exactly where they hung out.

The little brother of Ducky Boys Jimmy and Frankie Byrne remembers:

Kevin Byrne
*Originally, we hung around **"Down the Ducky"** on the bridge that separated the duck ponds (also known as Twin Lakes). It was a good place in that if we were being chased by the cops, we could cross over the highway there and end up down in the big ball fields.*

*Beyond that, there was a big area of woods that we would hang around in, or we could go swimming over at **Leech Beach** or **Rat Island**.*

*When it got really cold, we headed down into **The Tunnels** and we built fires there in the wintertime. Nearby, there were these sort of cubes that we would hang out on. I'm not sure what they were for, but they were these big concrete slabs that were great for hanging out on.*

Then at some point we ended up on **the Balcony**. *This was a section off Webster Avenue and East 204th Street right as you entered the park and it overlooked the ball fields and the whole park.*

There were probably five or six different locations that we would hang around, and no outsiders messed around down there. It was "our" turf, y'know. They knew it was Ducky Boy Territory and it was not a place for anyone else to try and hang out.

Aerial view of the main Ducky Territory, a.k.a. "Down the Ducky".

Photo from the author's personal collection.

Lost Boys of the Bronx

Clockwise from top left: Leech Beach; Rat Island; The Balcony; The Tunnels.

Photos from the author's personal collection, except photo of The Balcony which was provided by Jan B.

Ducky Boy Lenny Lim at "the Cubes" in 2006 – concrete slabs alongside the Bronx River in a wooded area that was hidden from public view. The Ducky Boys would hang out there often.

Photo from the author's personal collection.

Chapter 04
Ducky Initiations

What did it take to be a Ducky Boy? Throughout history, many gangs have required some sort of formal initiation for anyone wishing to join them. The Ducky Boys, however, were not your typical gang.

The initiations for many of the Ducky gang were anything but formal. It seems that often these initiations were made up on the spot, depending on who was around at the moment. You have already seen the beginnings of their initiation "tradition," when the first official Ducky Boys had their bikes dumped in Twin Lakes.

Many kids made it into the Ducky Boys with no initiation rites at all. Acknowledging that as the case, these are some of the more unusual answers to the question:

> **"How did you get into the Ducky Boys?"**
>
> **Tommy T.**
> *I got in with little fanfare. I went down there with Frankie and Jimmy Byrne and that's how I got into the Ducky Boys. Personally I didn't have to go through any initiation to get into the gang, but what I had seen done to Smitty is that we put mud in his hair.*
>
> *That was the initiation to get into the gang, put mud on him and put mud in his hair. They did it to a few other people, but I can just remember doing it to Smitty 'cause then I felt bad. I said, Why'd we do it to this guy? He's a nice guy. They didn't do it to me. I think one of the twins, I think either Frankie or Jimmy had it done and maybe Eugene F. had it, but that was it. Not everyone was initiated with the mud.*

Sometimes the initiation was a bit treacherous for the younger kids.

Kevin B.
My brothers Jimmy and Frankie were two of the original members. I was a little bit younger than them, but I always wanted to hang around with them – so they kinda let me. But when the heat would get too much down there, my brothers would make me go home.

I don't know if this would be considered an initiation, but I do remember one particular time I was down in the park, and this older guy named Bobby V. initiated me and whoever else I was with at the time. He made us run in an open field while he started taking potshots at us with a slingshot!

And this went on for a while – it was pretty scary. I don't think he realized that I had brothers – that my brothers Jimmy and Frankie were part of the gang. After he found out who I was, I never had a problem with him again.

Sometimes simply being willing to fight for a common cause was initiation enough.

Bob "Rocky" Rockwell recalls his entry into the Ducky Boys.
I became acquainted with the Duckies through the Wanderers – probably around 1964. I had been hanging around Allerton Avenue and Parkside and the Wanderers before that.

One summer day, I went with the Wanderers across the Bronx River Parkway, down a hillside to that back path where all the Duckies usually were. We were supposed to help them fight this group of people from Fordham Road in the Botanical Gardens.

We all went into the Botanical Gardens. There were probably a hundred of us, and we never found the other gang. We did find three innocent teenagers that were walking along the path, and really beat them up bad.

And then we had a big drinking party after that – and then I started coming over every day and I came over for the next two summers. The Ducky Boys accepted us. I came in with a group and I just continued to hang around.

So I don't know. I guess being willing to help them fight was my initiation?

Initiation for Ducky Girls was a little bit different. Boys, being boys, had some ulterior motives. One of the earliest Ducky Girls (who went on to become one of the Ducky Girl leaders) found out first-hand that the Ducky Boys had some hormone-filled secret agendas.

> **Phyllis Carpenella-Germano**
> *Supposedly, in order to become a Ducky Girl, you had to be thrown into the water at Leech Beach with your clothes on. The only Ducky Girl that these bastards ever threw into Leech Beech for an initiation was me!*
>
> *Why? Because they wanted to see me in a wet t-shirt!*

One of the Ducky Boys who was there when Phyllis was initiated confirmed those intentions.

> **Lenny L.**
> *(Laughing) Yeah, that might've been the case. I can understand that one with Phyllis! She was a little thing, but she sure could fill out a shirt! I remember we pushed Jackie H. in one time too. And the girl Bubbles too. There weren't many initiations though —it was mostly a bunch of young kids coming down to drink every night.*

When one Ducky Girl recalled her memories of the initiation, she remembers that there was definitely a bias towards initiating the girls over the boys.

> **Geri Gertler-Norcross**
> *I had a crush on a guy for a long time before I got to the Ducky, and at some point someone told me that the guy used to hang out on 200th Street and was part of the Ducky Gang. I convinced my cousin to go down there with me just to see if the guy hung out there, and if he'd notice me.*
>
> *We went down there and didn't see him. We didn't see any gang at all. But we went over by Twin Lakes, and there were three guys there, and they were wearing dungaree jackets and dungaree pants. I saw that one of them had a slingshot.*
>
> *And they were just walking around the edge of the pond. So we figured that maybe they were part of the Ducky Gang. We kinda kept getting closer, trying to get noticed. And it worked. They started talking to us and we thought they were just re-*

> ally friendly. I mean they were fooling around with us, and we were all having fun, just talking and fooling around.
>
> And the next thing I knew, we were both in Twin Lakes – physically. We came out soaking wet - they didn't push us in up to our necks or anything like that. They just pushed us in enough to where we had to fall and get wet.
>
> They laughed at us, and helped us get out, but we figured this wasn't going to end good, so we just started walking home. Two of the guys ran up to us, and tried talking to us again. We figured, better be friendly because they've already done this to us; what else are they going to do?
>
> They wound up telling us, "Hey, you were good sports and everything – the Ducky hangs out over there, just go through those tunnels, and come on down tomorrow."
>
> And we did. And that's basically how I got down there.

But **Geri** confirms that this form of initiation was based on gender alone.

> I've never seen any initiations done to any of the boys. As far as I know, with them, it was like, "Do you want to join the gang?" and that was it!
>
> Later on, there were lots of times people went in the lake, but it wasn't for an initiation. It was more due to "What the hell are you doing in our park?"

> **Phyllis** deserves the final word on initiations:
> Bastards!

Chapter 05
Ducky Gear

Once a young Bronxite made it into the gang, he or she would then need to be outfitted with the tools of the Ducky Boys. But what separated the Ducky Boys from the average Bronx teen? A mix of attitude, denim, slingshots, and the infamous Ducky whistle.

The Ducky Uniform

Ducky uniform illustrations by Orlando Rodriguez

While the Ducky Boys didn't have an official uniform, they did wear clothes that defined their neighborhood roots. Most of the kids from these Bronx neighborhoods dressed in the standard urban clothes of the era – white sneakers, faded denim jeans, a garrison belt and a white t-shirt. When the weather got cold, they might add a sweatshirt, and a faded denim jacket. That was all the protection they had against the frigid temperatures down by the Bronx River.

> **Author's note:**
> A garrison belt is a regular leather belt with a large metal buckle that some gangs sharpened to have razor-sharp edges. It was regularly used in the 1950s and 1960s by wrapping the belt around a fist, with the buckle exposed to cause the most damage while fighting. While the Ducky Boys used this belt, there was no evidence that they sharpened their buckles.

What differentiated the Ducky Boys from the other kids in the neighborhood is that many in the gang would write the words "Ducky Boys" on the backs of their jackets in black magic marker. The exact place wasn't always the same, however. Sometimes it was in big letters across the back center of the jacket, and other times it was written on the leather tag that normally advertised one of the "big three" of denim clothes – Levi's, Wranglers, or Lee.

A later variation of the Ducky uniform would be a little more complicated.

> **Kevin B.**
> *There was a store down on Fordham Road called Bobkoff's where we used to buy these black jeans called "Flamingo Jeans," and they had these three-buttoned straps on the pockets. We'd also wear dungaree jackets, t-shirt and engineer boots. In the summer a lot of guys would go with their cigarette pack rolled up in their t-shirt sleeves.*

Many Ducky Boys still regularly wear a variation of the "Ducky uniform" as Bob "Rocky" Rockwell displays here during our interview.

Photo from the author's personal collection.

The Ducky Whistle

> **Author's note:**
> In this section of the book, audio would have been a tremendous help. If you are so inclined, go to the Lantern-Media.com website under the Ducky Boys section, and you will be able to hear the whistle there.

The Ducky whistle became a very important part of Ducky Boy life. It could alert the gang to the impending danger of rival gangs, a police raid, or summon help if a member was in trouble. It could also be a signal for the gang to assemble or disperse quickly.

The actual whistle sounds like "kee-ohh-keeeee." Many of the Ducky could not physically reproduce the sound of the whistle, so they were forced to yell out the sounds instead.

> **Geri**
> *(Attempts to whistle, then gives up and just calls out.) Kee-Ohh-Keeeee! I just can't do it. Honestly, I don't know if I ever did. Lenny said I used to be able to – he said we all were able to do it. I said, "No, not all of us – I could never do it!" I can't do it now, and I feel like an idiot trying. (She laughs.)*

The Ducky Whistle was serious business for the Ducky Boys. One Ducky Boy remembers the whistle was used as a park-wide signal indicating that all was good down the Ducky.

> **Kevin B.**
> *We used to hang around down the park in big groups. And pretty frequently, the cops would raid the park. Once everything got back to normal, everybody would converge back in the park. The whistle let everybody know that there was a Ducky member around, and that the coast was clear.*
>
> *You used that whistle as soon as you hit the balcony, especially at nighttime. Daytime was okay. When you hit the balcony, and you used the whistle, you called the gang out.*
>
> *Any Ducky down in that park watched whoever came down off those balcony steps. And if you weren't one of the Ducky,*

> you were really going to be "watched." But if you were one of them and belonged, the whistle was to let them know you were a part of the group.
>
> In cold weather, we hung out down the tunnels that were further down the path. And when you were coming down that path, you whistled. You basically kept it up until you got to the tunnel, making sure you were heard! So the gang knew it wasn't some stranger coming down the path, and they weren't ready to jump you.

There were some rare occasions when an alternative to the Ducky whistle was used:

> **Rocky**
> I can't whistle! And that was a problem back then. I used to come down to the park at night and I would hear the whistle and I'd yell back "IT'S ME, ROCKY!!!" (He laughs.)
>
> I didn't want to get the shit beat outta me, but I just couldn't whistle.

The Ducky whistle still elicits memories of comfort and safety for one Ducky Girl.

> **Jan B.**
> My best Ducky experience was just being with everybody, and knowing that it was a safe place to be.
>
> I knew I could go to the balcony and whistle into the pitch-black park, get a whistle back, and know that it was okay to walk down there. You could never do that today. Thinking back, I had to be half outta my mind to do that, but I always knew that I was perfectly alright – and I always was. They were a good group of people.

It was unheard of for someone else to use the distinct Ducky whistle. But one night, the unthinkable happened. A group of Ducky Boys was in the park, camouflaged by darkness, when they heard the whistle. The Duckies whistled back, because they felt totally secure, knowing that only a Ducky would use the whistle.

But out of the darkness, the figure that emerged was not a Ducky...

> **Geri**
> *Phyllis's mother came down to the tunnels looking for Phyllis, and it got really scary. Her mother used our whistle, and she got close enough to us before we realized who it was.*
>
> *When we saw her, we were all like "Oh, shit!!!" We knew that Phyllis was about to get the beating of her life. And she sure did.*

The finely tuned whistle of the Ducky contrasted sharply with the crudeness of the official weapon of the Ducky Boys – the slingshot.

The Ducky Slingshot

The Ducky kids did not have the money to spend on store-bought slingshots, so they made their own slingshots out of a crude mix of borrowed steel, destroyed shoes, and lots of rubber bands.

> **Kevin B.** *We used to make 'em ourselves. We took old shopping carts, and used a vise to bend them – we used to criss-cross them, and then bend them at the end. Then we would take thick rubber bands, and double them up on each side, and cut a shoe tongue out of a shoe and then cut a little hole in there and tie the rubber bands to that.*
>
> *All the shoes in my house had no tongues in them because we used them for the pouches for our slingshots.*
>
> **Joe F.**
> *My brothers were deadly with those slingshots that they crudely fashioned from stolen shopping carts, rubber bands and a small piece of leather to rest the marble in... Those carts eventually found their way into the Bronx River.*
>
> **Tommy T.**
> *Everyone had a slingshot, and someone's slingshot was always better than someone else's, and someone's always a better shot too. Terry G. was a better shot and he was one of the older guys. He taught us all how to make the slingshots, and how to shoot them.*
>
> *We made them from shopping carts, since it was a much heavier metal than anything else we could scrounge up. If someone made a slingshot with a hanger, it was absolutely worthless.*

> But the cart's metal was really strong and the slingshot had probably eight or ten rubber bands holding it together, and a piece of leather to hold the marbles.
>
> **Kevin B.**
> We used to buy the cat's eye marbles – that was our preference. If you went down the Ducky nowadays, you'd probably still find them all over the park. They were pretty cheap – we used to get a bag of a hundred marbles for a quarter.

Some of the later Ducky Boys found a way to get professional quality slingshots – and other weapons.

> **Kevin B.**
> I remember one time – and I don't want to mention any names – but "somebody" had robbed a gun and tackle store up in Valhalla, and a lot of the weapons that were stolen from there were brought back to the park. So there were a lot of pellet guns and company-made slingshots being passed around for a while down in the park.
>
> I still think our homemade slingshots were better though.

There were many uses for the Ducky slingshot down in the park.

> **Kevin B**.
> We used to go hunting – a lot of guys used to go hunting with them – for rats, birds, and other things.
>
> **Geri**
> They loved to shoot at ducks. Boys will play with slingshots, and shoot at anything that moves, you know. It was like, see if you can kill a bird to prove that you're good with that thing.

But animals weren't the only targets of the Ducky Boys. If you happened to be an unwelcome visitor in Ducky territory, chances are you would soon feel the pain caused by the trajectory of a cat's eye marble.

There were many victims of the Ducky slingshot. Two childhood friends from the other side of the park remember one such encounter with the Ducky Boys...

> **Author's note:**
> This conversation between Lou and Kevin is typical – at least if not in the particular details – of the adult dialogue that can occur between two close childhood friends who grew up in the Bronx.

Lou Cubello
We were down in Bronx Park and we were walking along the river – and that would've been on the east side of the river – walking along the edge and the weeds and whatever...

Kevin Harris
With our slingshots...

Lou C.
I don't know that we had slingshots.

Kevin H.
We did – we had the marbles, I remember the marbles.

Five minutes later, still arguing about whether they had slingshots or not...

Lou C.
(Brushing Kevin off} No, we didn't...

Anyhow, we got ambushed down there... it was about, I dunno, about a half-dozen kids. On the other side of the river, I remember there was this log from a tree that had fallen, and they were behind this log.

We were exposed, out there in the open, along the banks of the river, and we just started getting pinged by these slingshots.

> **Author's note:**
> This is near the area that the Ducky Boys called "Rat Island."

Kevin H.
We had slingshots too – we were shooting back.

Lou C.
I don't... (gives up) Well, fine... Whatever...

Lou and Kevin shouldn't take it personally. The Ducky Boys didn't discriminate. Everyone was fair game – from other kids, to adults, and even authority figures.

Tommy T.
We even shot at the cops with slingshots. Just to bust their balls.

Chapter 06
Ducky Reputation

If you didn't live in the surrounding neighborhoods during the reign of the Ducky Boys, and your only exposure to the Ducky Boys was from the movie **The Wanderers,** then you might be surprised that the Ducky Boys really did exist. A gang of hundreds of short Irish kids that can show up and wreak havoc at a moment's notice (especially in the days before the Internet!) is a pretty big pill to swallow.

But if you were to ask people who lived in the area back in the 1960s about the Ducky Boys, there is a huge range of opinion in what you will hear. Forty-plus years later, the different assessments of the reputation of the gang can still start arguments. Some people remember the gang as larger than life, while others think the gang shouldn't even be considered a real gang, and were just wanna-bes.

Thanks to the technology of the Internet, many neighborhood people can virtually run into each other on bulletin boards and cyber chatrooms. One such place is the **Bronx Board** website message forum, where many neighborhood discussions and arguments take place.

In 2005, when I first announced my intention to create a video documentary about the Ducky Boys, it really hit a nerve for some folks in the online community. Some of them loved the idea, while others hated it. One thing for certain happened. The passionate levels of emotion with which people discussed my project completely solidified my decision to follow through with it.

Some of the more interesting responses I received when I made a request for interview participants on that site back in August 2006:

> **"NightHawk"**
> *I cannot believe someone has so much time on their hands that they want to research the greatest bunch of losers and cowards that ever came out of the Bronx. The movie* The Wanderers *was much too kind to these rejects of society.*

James, try to make your "project" honest. Make sure you include the incident where 4-5 Ducky Boys jump an elderly man sitting on a park bench around the E.204th Street balcony area and got $6 bucks off him for beer. Also make sure you include the illustrious Ducky Boys as having the honor of helping to introduce LSD during the late 60's to the Bronx. Oh by the way include in your prologue how one of the female gang members now holds an illustrious position at some southwestern college. I'm sure that school would be honored to know they have a quacky..er Ducky member on staff.

"RTM"
I am not going to justify bad gang behavior, but I grew up in the area and although younger, I knew many of them and I doubt the old man story. It may have happened but it was probably someone else, or someone pretending to be {the Ducky Boys} (F Troop perhaps?).

Second, LSD was not introduced to the Bronx or any part of it by the Ducky. It was more the other way around.

Third, as for someone picking themselves up and getting a career and a life well hooray for them. I for one can relate to that. Let's hear it for progress!

"Derby"
It's not like [James] is glorifying Sam Berkowitz. The Duckies, The Baldies, and all the other gangs of the 50s and 60s were not always saints, but they were a part of our youth and I'm very interested in the final outcome of James's project.

Also, you can tell from his posts that James is a stand-up guy, and he's not going to sugarcoat things and leave out the darker stuff just to make The Duckies sound like a bunch of choir boys. He'll tell it like it is, which is the most we can ask. Good luck, James.

While the video documentary of the Ducky Boys turned into this book you are reading (as discussed in the Introduction), these posts showed that good or bad, the Ducky Boys story was going to make people feel *something*.

To this day, posters still put up lots of random hate messages focusing on the Ducky Boys and me. And I can easily visualize them typing their posts with great intensity – maybe even screaming at the computer as their fingers hit the keyboard...

The promising thing is that when they do post negative messages, as you can see above, there are quite a few readers willing to defend the Ducky Boys as well as me and my project. Amazingly, these posters have given me more publicity, and recruited more people willing to help me, than I could ever have imagined.

Gary Weiss had seen one of my postings on the site and within days he gave me an interview about his dealings with the mythology of the Ducky Boys.

> **Gary Weiss**
> *The Duckies were sorta like a myth, but something even less than a myth when I was growing up in the Bronx.*
>
> *I grew up in the late '50s / early '60s on the Grand Concourse, and I went to school at P.S. 46 on Briggs Avenue and East 196th Street – which I guess was Ducky Boy territory. I was just a kid, and my family had very little to do with the community of people living off to the east of the Concourse.*

Author's note:
Having a Grand Concourse address in the 1950s and '60s was considered very upscale. There was also a large Jewish population who lived on the Concourse proper. However, on the streets leading away from the Grand Concourse, the rent became cheaper, and at least in the section towards Webster Avenue, there was a heavy Irish population. These two groups had very little interaction with each other – except at school.

Public School 46, while quite a few blocks away from the Twin Lakes (a.k.a. "The Ducky") was right in the heart of Ducky Boy territory. The P.S. 46 schoolyard was a huge recruiting station for the Ducky. Many kids went from that schoolyard to hanging out at "the Ducky" and vice versa. Many of the Ducky Boys went back to hanging out at the P.S. 46 schoolyard after they left the Ducky Boys.

Lost Boys of the Bronx

The P.S. 46 schoolyard on East 196th Street and Briggs Avenue.

Photos from the author's personal collection.

Gary W.
For many years, on the wall of the underpass at Kingsbridge Road and the Concourse, you could see that someone in the gang had left their mark.

Written in really big lettering in black with a yellow border someone had painted the words "Ducky Boys" and that was there for years – it was there sometime in the '60s until later in the '70s when they rebuilt the underpass. I had always known them as being the "Duckies," but that graffiti said "Ducky Boys."

I had always wondered, "What are the Ducky Boys?" and I never really understood what that was. Until I saw the movie The Wanderers *when it came on cable – I guess it was 1980 or so and they referred to the Ducky Boys and I was like, "Ohhhhhh – I was thinking of them as the wrong name all these years..."*

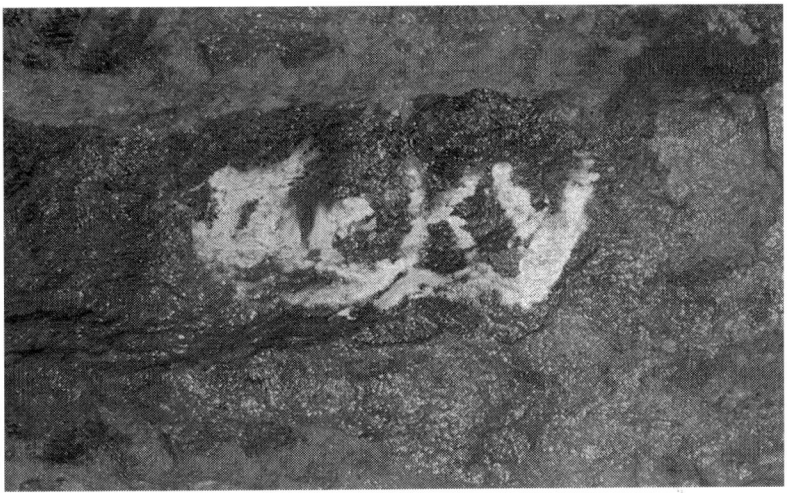

Actual Ducky Boy graffiti found in the Ducky tunnels in 2006 – forty years after it was originally written. (See Appendix B for the story on when we found the graffiti.) Note that it says "Ducky" and not "Ducky Boys" – the names were used interchangeably.

Photo from the author's personal collection.

Gary W
The only time I ever really interacted with the Duckies – it must have been 1963 or 1964 when I was in fifth grade at P.S. 46. We were sent home from school early because supposedly the Duckies were gonna invade the school. I kinda remember it had something to do with the kids being bussed in from Harlem – there was some sort of racial component to it. What else I remember of it was that Miss O'Keefe, the teacher, said that we should all go straight home. So I went straight home...

When asked about this alleged Ducky Boy assault on P.S. 46, some Ducky Girls were not convinced.

> **Carolyn Vetter-Cosentino**
> *Take over the school? I don't think that ever happened. I can just imagine a group of us going over while school was in session and trying to take over the school!!! (laughing)*
>
> **Geri**
> *I never heard of this. I went to P.S. 46 during that time, and I never heard anything like that. The story wasn't passed down from anyone in the Ducky before us either. I have no clue what that's about.*
>
> *All I can say about this is that the whole time I was down there in the Ducky, we would have never entertained doing something like that. We picked on individuals, or the Allerton Avenue or Parkside gang. But a school – particularly one we went to? I don't think so!*
>
> *But it goes to show you that the reputation of the Ducky was really big. If we did half of the things we were accused of, we were a bad gang!*

While this Ducky assault may not have actually happened, it speaks volumes about the reputation of the Ducky Boys in the neighborhood. The reputation outside the gang was one thing, but how did the gang members see themselves?

> **Carolyn**
> *There were a lot of us, and I think our reputation was blown out of proportion sometimes. Basically we wanted to stay together, we wanted to be left alone, and we had that park. That was our park and we would defend it. When we did fight, we won – so we were pretty good at what we did. We just didn't back down and we stuck up for one another.*
>
> **Geri**
> *It's not a gang like there are today. Gangs today are bad. If it's a gang they're out for this and they're out for that. Yeah, I realize we were territorial about our area and everything, but my impression of it was that we were a whole bunch of kids and we had a free place to hang out. Nobody bothers you, you do what you want, and you got so much space. I didn't think*

that we had a bad reputation, I wasn't worried about it, and it wound up being really cool.

Kevin B.
We were like the outlaws of this part of the Bronx. When we were in that park, we were like totally separated from society and the authorities. I don't know what people thought of us, exactly – I know they were afraid – if they knew you were in the Ducky Boys, no one messed around with you.

We had connections to every neighborhood – Villa Avenue, the Oval, Bainbridge, 200th Street, some people from Allerton Avenue, were all in the Ducky Boys.

We were a pretty tough bunch of kids – nobody messed around in that park. If you didn't belong in our territory, you didn't go down there. Especially to hang down there and stay around there for any prolonged time – it just wasn't allowed.

This territorial nature of the Ducky Boys was known throughout the neighborhood, and on the other side of the park.

Lou C.
The Duckies were, to me, this gang that hung out in Bronx Park and they had a bad reputation. If you told someone, "Oh, we're going to Bronx Park," they would immediately respond, "Be careful of the Duckies – they'll get you."

Kevin H.
I assume there were at least twenty or thirty of 'em in the gang. I knew they hung out in Bronx Park – over at someplace called "the Balcony" by Webster Avenue near French Charlie's. Bronx Park was their turf, so to speak. But I also knew not to mess with them. They were crazy.

As time went on, the Ducky Boys' reputation changed as well. As drugs started to become more commonplace, the kids in the gang started changing, and they picked up a new aspect to their reputation.

Lou C.
They became druggies. Around that time, they stopped picking on us because they were just too stoned.

Kevin H.
I remember them being glue sniffers, and not very pleasant to be around. I just remember not wanting to encounter them. Well...they probably thought that of me too! (laughing)

Lou C.
The glue sniffers in the neighborhood wouldn't do it in the neighborhood, but Bronx Park was the place you could hide out and do it in quiet. In our adventures down there, especially by the tunnels and Gun Hill Road, you'd run into these paper bags. They were all over the place.

Kevin H.
Bags full of Testors Glue.

Lou C.
When we saw them, we'd know that the Duckies had been there.

Chapter 07
Ducky Friendship and Loyalty

When reporting on gang culture, the news media usually indicate that one of the main reasons gangs thrive is because they provide a tight-knit family that their members may be lacking. This phenomenon, this desire to be part of a close family, was very much a part of the Ducky Boys reason for existence.

While not every Ducky Boy had home-life issues, the friendships and support systems that the Ducky Boys gang provided was what almost every member interviewed said was their best memory of belonging to the gang.

The members knew that they could count on the rest of the gang to have their back always – even if they didn't always get along with their gang mates.

Geri
We were the greatest band of friends. How many people can say, "I have thirty best friends"?

You knew you could count on every single Ducky, even if you didn't particularly care for that person. There were a couple guys in the crowd that weren't my favorite people normally, but if I needed help, they would be there. If they saw me walking somewhere crying, they'd come right over to find out what was the matter.

Honest to God, I have never been pushed aside by a Ducky person.

Kevin B.
We had a strong camaraderie – we had a big family. We were very rebellious and everybody who hung around down there were all rebels. But we just loved each other and had some really, really good times down there in the Ducky.

Everybody had everybody's back. If anybody messed around

with somebody from the group, then we all stuck together. If we had a beef with somebody, we could make phone calls, and we'd get the kind of support we wanted from each other.

Carolyn V.
We found a camaraderie and friendship amongst ourselves. We actually cared about each other, even though we didn't come across like that always. We were basically a good bunch and we watched out for one another.

Rocky
The Ducky Boys were very close. They were tight. I felt warm, like they accepted me. They were a time and a place that was very special to me. This was a group to hang out with, and you felt safe with. When you were with the Duckies you felt safe. They were fun! It was a good time – they were your peers, they were your brothers.

Lenny L.
If somebody was in trouble we stayed with him or her. If something happened to a girl, the girls would all gather around her – maybe it was her period or something. Who the fuck knows? But we took care of each other. We watched each other – even those guys that I really wasn't that happy with. I wouldn't let someone else fuck with them. That wasn't happening – they were one of ours.

You took care of your own. We weren't rich kids, we weren't middle class, we were just working class kids – blue-collar kids, and blue collar kids have that loyalty to each other, and that's what it was. Nobody had a lot of money – we were all in the same boat.

While people's general memories are good indicators of the solidarity involved, it is the specific stories that will show just how important Ducky Loyalty was.

Hurt One, You Hurt Them All

Joe F.
These guys were tough, take my word for it... I have seen them in action. Hurt one, you hurt them all... They never went out of their way to look for trouble, but it always seemed to find them.

True story: This happened on 196th or 197th Street and Decatur Avenue. My brother Gene and Jimmy Byrne were walking to Fordham Road to go to the movies.

Some neighborhood hood jumped them and stabbed Gene. I can't remember the guy's name that did it. As Gene lay bleeding in the street waiting for the ambulance – which never came – Jimmy picked him up and threw him in the back seat of the police car and told the cops to take them both to the hospital. The cops knew my family and raced him to the emergency room at Montefiore Hospital.

Jimmy saved Gene's life that night. The two of them were very close even before the stabbing. When Jimmy died years later, I saw a big change in Gene. He never got over Jimmy's death.

Here's the tail end to the story. This is only rumor, but I heard that some of our guys saw the guy who stabbed Gene over in West Farms Square. They called him over to the car and as he approached the car, he took a shotgun blast to the face.

These particular Ducky Boys were still very really close years later.

Kevin B.
My brothers Jimmy and Frankie, Nicky W., Eugene (also known as Gene) F., and Pete M. always remained close. They're all gone now, but they stayed in touch with each other over the years.

Eugene and my brothers were the best of friends. When Frankie got sick, he died very quickly, and nobody got a chance to see him before he died. But when Jimmy got sick, Eugene made sure that he was at Jimmy's bedside every day. Eugene died almost a year to the day of Jimmy – just one day difference.

Overnight in the Park

Carolyn
I spent a lot of time in dancing school back then. I loved to dance and I danced from the time I was three until I was about eighteen.

Anyhow, I was supposed to go to dancing school on this particular Saturday. But all of my friends were going to Orchard

Beach and I wanted to go. Just to take off this Saturday – one lousy Saturday! I went with my friends from the Ducky instead, and had a great day.

That night, I walked into my house and my father asked, "Well? How was dancing school?" And I said, "Fine." And he said, "You didn't go to dancing school." Then all hell broke loose, and long-story short, he threw me out of the house.

I didn't know where to go, so of course I went to my friends the Ducky and I remember telling Keasey that I'd have to stay down in the park. I didn't know where I was going to sleep or what, but there was an old mattress down there. So Keasey made like a bed for us. There was no funny business! There were other people with us, too. It was quite late before they started going home. So Keasey and I slept out in the park that night.

During the night, Keasey woke me up. He must have been standing guard or something, because I was completely shocked when he woke me up and he said to get up because the cops were down there, and they were real close. So we hid for a little bit until they passed, and then went back to the mattress and slept the rest of the night. I'll always appreciate that he watched over me that night.

The Big White Dog

Geri

Me and Lenny were on the hill, you know, as boyfriend and girlfriend. And it was nice. I remember it really being a nice day, and we had on summer clothes, so it was during the warm weather.

We noticed these four guys come walking down the path, not looking particularly noticeable other than they had a big white German shepherd. I can clearly remember the silver chain on it – it wasn't one of those spike chains, probably a choker chain, but I remember the silver. And I was like "Wow, that's a nice looking dog."

I guess I glanced at them for a couple seconds, and all of a sudden they were coming towards us. We were only a little up the hill, and they were coming towards us. Lenny just sat up and kept me there.

And one guy said to him, "Are you Lenny?"
And he says, "What of it?"
And the guy said, "You're the leader of the Ducky?"
And Lenny said, "What do you want?"

And this guy goes, "You might want to take a walk," pointing to me, and I looked at him and looked at Lenny and go, "What the hell is this?" and I didn't move.

Then the guy said to Lenny, "Have your girlfriend take a walk."

I think Lenny realized something was going to happen, and it's not going to be good. So Lenny told me to leave. I was scared. I was scared to leave by myself. I knew that if I left, you know, just from the look of him, the look on Lenny's face, he's going to get the shit beat out of him. We were holding hands at that point and I can remember squeezing his hand hard – I was so scared.

And I was like, "No, I'm not going." I don't even remember if I voiced it, but I stayed there, and he knew I wasn't going to leave. And the guy says, "You don't want to see what's going to be left of him. It's not going to be a pretty sight, what we leave of him."

Man, I probably cried a little right then 'cause I was scared for him. Lenny tried to push me, but I wouldn't move. The guys didn't nudge me, but they were like, "Start walking now, something's gonna happen," and I just wouldn't go. And I think they kind of just basically gave up. They looked at both of us a long time, and then said to Lenny, "We'll be back another time." Then they turned around and just walked away.

Lenny and I sat there a long, long time and it was like, "What the hell were they going to do to you?" He said, "They were going to kill me. They were going to beat the shit out of me." And he thanked me for staying with him.

This was one of the few times they were going to catch a Ducky Boy alone. I don't know who these guys were, but I knew they came from the Parkside end of the park. I don't think we ever found out who they were. If Lenny did, he never told me.

But that was a scary time. They were definitely going to beat

> the shit out of him. So he should thank me for saving his ass. And he did, plenty of times.

Lenny and Geri were not the only couple to experience young love down the Ducky. Many others experienced the heart pounding nerve-racking moments of their first kiss in the Ducky.

> **Geri**
> The Ducky should have been called make-out territory, because we always were doing just that. There were very few people that weren't in a couple. There were always boyfriends and girlfriends.
>
> When I say "going out," it's not like you went steady with them, you just "went out with them," and you made out with them. It was just "friendly." (Laughing)
>
> I know it sounds kind of strange, but it was a lot more innocent than it sounds. Just a lot of boyfriends and girlfriends and kissing. If you were a girl and you had a Ducky Boy as your boyfriend, then you were a Ducky girl. It was just great.

Geri's first big love remembers.

> **Lenny L.**
> Geri was a gorgeous, gorgeous young lady. Blonde hair, blue eyes. I could see her head bobbing from a long ways off. She was a cute kid – she was on the money.
>
> One time I was walking back home with Geri from Fordham Road. There used to be a little house on the corner across from the [P.S. 46] schoolyard where the Byrnes lived.
>
> And it had a big bay window and a fireplace. It was snowing and me and her stopped and we were looking in the bay window at the fireplace – I still remember saying, "I wish we had a fireplace – when we get married we're gonna have a fireplace!"

Geri and Lenny eventually broke up, as you will see, but Lenny has a realistic outlook on things.

> **Lenny L.**
> If you broke up with somebody, you just went out with another

girl. No one married their first loves. No, wait. Marianne and Eddie, and Johnny and Elaine did. But they're the only ones I can remember who did.

Kevin B.
Geri Gertler and I were in love with each other for a short while. After that, I ended up with a girl named Eileen V. who was blonde and beautiful.

Lenny and Geri – Then and Now.

"Then" photo provided by Geri Gertler-Norcross; "Now" photo is from the author's personal collection.

Chapter 08
Ducky Fights

What would a story about a teenage gang from the Bronx be, without talking about *fighting?* One of the legendary things that gangs do is fight, and the Ducky Boys *and* the Ducky Girls were no exception. In between making out and drinking, there was always time for a good fight. Whether it was against another gang, or just amongst themselves, it didn't matter.

Kevin B.
My brother Frankie was a fighter – he used to always fight. He was always in fights with different people.

I remember him fighting Johnny B. regularly down at the river. And these guys used to fight, and I mean really FIGHT, for hours upon hours. It would go one way, then it would go back the other way. Neither one would gain the advantage for long.

I remember one particular fight, they both actually ended up in the river. They were duking it out by the Bronx River, and they just fell in. But it didn't stop them -- they still kept at it! I wish I could say that Frankie won that fight, but I think it ended up being a draw.

Another fight Frankie had was with Bobby McC. The same thing happened. The fight went on for hours and hours and it kept going back and forth – and when they got tired enough from fighting, it just broke it up.

The odd thing is they became great friends after that; they both respected each other afterwards.

My brother Frankie was a tough guy – he fought throughout his whole life. That's just the way he was, y'know, like a lot of the other people who hung out down there.

These park fights were a common occurrence down the Ducky. And it wasn't always about boys fighting boys... One of the most memorable fights down the Ducky was between a Ducky Boy and a Ducky Girl.

Lenny L.
One of the best fights I ever saw in my life was Phyllis and Eugene F - I still remember that fight.

Phyllis
I kicked his ass!

Lenny L.
You almost did! If he hadn't gotten to the top of the hill, you would've beat him. (Phyllis nodding in agreement)

You should've seen that fight! Phyllis and Eugene went at it for at least fifteen minutes, tooth and nail. It was a big fight.

Interviewer
Did he hold back because she was a girl?

Lenny and Phyllis
No!!

Lenny L.
He was the same size as her. And he couldn't hold back – she was beating the shit outta him! (Laughing) Phyllis was a tough little girl!

Phyllis
Not to mention he broke my arm a couple of months earlier! I had to get even with him! We were going out, and he just pissed me off that day.

Lenny L.
Phyllis really came close to winning, too. If she hadn't slipped in the dirt, which let him get to the top of the hill and start punching down, she might have won. After that, Phyllis finally started losing and that's when I said, "Okay, Eugene, that's enough!"

I didn't break it up when she was winning, though!

Phyllis
If I hadn't slipped, I would've killed him!

Lenny L.
Oh, you would've! You were pissed! You were so mad at him that day.

Afterwards, he was walking around like he won such a big fight. We all had to laugh. "Dude, you took on a four-foot-ten little girl! Let's not brag about this!" (Laughing)

Interviewer
That's definitely a no-win situation. Even if he wins the fight, he still loses.

Lenny L.
Well, the thing was, he couldn't lose. He never would've heard the end of it...

Phyllis
How can you say, (in a mocking tone) "I'm a Ducky Boy and I got beat up by a little girl!" That's what I used to tell him all the time. "How does it feel to tell everybody you got beat up by a little girl!" (Laughing)

Lenny L.
No wonder he was always so pissed, and wanted to punch you out! You kept teasing him about it!

While fighting each other provided some unforgettable memories for the gang, the Ducky Boys knew that things would never get too far out of hand under the watchful eyes of responsible leaders like Lenny.

However, when facing other gangs from the surrounding neighborhoods, anything could happen – and it very often did.

Other Gangs

There were plenty of gangs in the Bronx during this time, but there were three gangs that the Ducky Boys fought with regularly: The Wanderers, Allerton Avenue, and Parkside.

Bob "Rocky" Rockwell came from the eastern side of the Botanical Gardens and Bronx Park originally, but when the Ducky Boys needed help to fight another gang, he ended up staying after the fight and becoming a Ducky Boy himself.

Rocky's history with the gangs from the other side, and his unique introduction into the Ducky Boys, makes him the expert on the gang's three main rivals.

> **Rocky**
> *When you talked about the **Allerton Avenue** gang of the time, you were talking about the corner of Allerton and Holland Avenues. That's where the poolroom and the movie theater were. There was a pizza place too. That's where everyone hung out and that's where the guys who were the "Allerton Avenue" gang congregated.*
>
> *When I first started going around with **Parkside**, we hung out a lot in the Parkside project handball courts and the "Coops" nearby. The Parkside projects were halfway between Allerton Avenue and Burke Avenue, but a little further west. We were a self-contained group that wasn't part of the other local gangs.*
>
> ***The Wanderers*** *were from Burke Avenue. The neighborhood at Burke and Holland Avenue was the epicenter of that empire.*
>
> *All these groups, Parkside, Allerton, and the Wanderers, knew each other, and they weren't antagonistic towards each other at all. They were separate groups, but different people like me would intermingle between one group and the others.*

Parkside Projects

Photo from the author's personal collection.

> **Author's note:**
> "The Coops" is a two-block apartment complex on the corner of Bronx Park East and Allerton Avenue. In 1927, it was built for Eastern European Jewish immigrants as the **United Workers Cooperative Colony**, but by the 1960s, it was just a regular apartment complex that neighborhood residents referred to as "where the Communists used to live."
>
> If you are interested in knowing more, there is a documentary film available called <u>At Home in Utopia</u> by Michal Goldman and Ellen Brodsky.

The Wanderers were the guys that got all the credit in Richard Price's novel and movie, but Richard Price probably used pieces of all three gangs to make up his storied, composite gang.

Rocky
Bobby Borsellino, who was the inspiration for the character Buddy Borsellino in the Wanderers movie, was actually from Parkside, but he will always be remembered as a Wanderer. When I started hanging around Parkside, Bobby kinda separated from the group, and I lost track of him. His leaving didn't have anything to do with me. (Laughing)

Now that we know the guys from the other side of the park a little better, let's hear about some of the altercations between them and the Ducky Boys. As you'll see, even the Ducky Boys got confused about the three gangs from the other side of the park.

Molotov Cocktail Incident

Lenny L.
For some reason the kids from Allerton Avenue wanted to fight with us.

Phyllis
They called themselves "The Wanderers."

Lenny L.
Maybe you're right, I don't know. All I know is that they were from the other side of the park.

Anyway, these guys were running across the park towards us.

> We were over on Rat Island, and these guys were carrying Molotov cocktails.
>
> As they got closer, one of 'em went to throw his. And Choo-Choo Charlie took his slingshot and took a shot at them. And he hit the bottle – HE HIT THE FUCKING BOTTLE!
>
> That was a great shot, an unbelievable shot! I asked him later, "Charlie, were you aiming for the bottle?" And he said, "No, I was aiming for his head!"
>
> But he HIT the bottle. And then the bottle exploded, and man, what a scene. The kid went on fire immediately. His friends ran away, leaving him to burn. So we had to run up there and put this kid out – while his friends ran across the Bronx River Parkway!
>
> **Interviewer**
> Let me get this straight. The Ducky Boys put out this kid who was trying to throw a Molotov cocktail at them?
>
> **Lenny L.**
> I was all for letting him burn, but everyone else wanted to be goody-goody and put him out.

"Parky," one of the original older Ducky Boys, was there as well, and gives his version of the story.

> **Parky**
> We were near where the tunnels are, and on the other side of the river, we saw some guys who lived on the other side of the park, and one guy had a Molotov cocktail.
>
> Now don't ask me why this guy had this thing, I haven't the slightest idea.
>
> But he raised it and this guy was going to throw it at us. So one of our guys – Charlie – had a slingshot, and he shot the thing when the guy raised his hands up. It was pretty unbelievable that he hit it, and the gasoline went on the guy and he went right on fire.
>
> The guy was right near the river, but instead of doing the smart thing of running and jumping in the river, he runs up the hill towards the Bronx River Parkway. Charlie was the one who actually

jumped on him, and he rolled around on the grass with him. He put him out. Then we went, and got Vaseline or something, which is stupid. It was one of the craziest moments down in the park.

That was the end of the story for Parky, but definitely not the end for the kid who got set on fire.

Rocky
When I was hanging out with the guys from the Parkside projects, they used to tell the story of the Molotov cocktail incident.

The year before I got there, the guys from Parkside were down in the park, and got into a fight with the Duckies. This one kid Mike McH. had a Molotov cocktail and raised it up over his head, and it was hit with a slingshot, and the Molotov cocktail broke over his head catching him on fire.

He was in the hospital for a year after that recovering from the burns. When he got out, his mother moved the family out of the neighborhood.

Interviewer
After the Ducky shot him, was it true that his friends ran away and the Duckies put him out?

Rocky
That might be true – I heard that's what happened.

Interviewer
Did you know what started the fight?

Rocky
I don't remember why anymore. It was probably something dumb.

The "Big" Allerton Fight

The rift between the Ducky Boys and the Allerton Avenue gangs had been going on since the early Ducky Boys days, back when Janey V (also known as the "Queen of the Ducky") and Tommy Treacy were still with the group.

Tommy T.
Chris K. and myself were fighting these two guys from Allerton

Lost Boys of the Bronx

Avenue, and we weren't doing so good. Janey was around, and just stepped in and threw herself into the fight. She cut this one guy and then she cut another guy. After that, everybody just took off.

The fighting between the Ducky Boys and Allerton Avenue came to a head in the summer of 1963...or was it 1964? The memories of how things happened and in what order are a little foggy 45-plus years later, but two major events occurred.

First – Frankie Byrne was jumped by the Allerton guys.

Kevin B.
We were having all kinds of trouble with Allerton Avenue around this time. I'm not really sure what the original beef was, but it got to the point that the guys from the other side of the park came into our territory and were using "tough guy" tactics on us.

They would come to our side of the park and bring back our guys. My brother was one of the victims who they caught alone in the park.

Kevin Byrne at the Bridge where they beat his brother Frankie, and threw him off during the fight with the Allerton Avenue gang.

Photos from the author's personal collection.

Kevin B.
This is the bridge where they got ahold of my brother Frankie, whipped him with chains, and threw him down into the water of the Bronx River. They really messed him up. He got home that night, we were still living together, you know, we were kids, and all I could see were the welts.

Interviewer
Did he go to the hospital?

Kevin B.
He didn't go to the hospital. He tried to keep it quiet, I don't even think he let my mother know. My brother Frankie, he was a tough guy and it wasn't the first time he had to come home after a fight. The next day, we went to the park, and he showed me the bridge that they threw him off.

When we say, "You mess with one of us, you mess with all of us," this is a perfect example. Because a couple of nights later there was going to be a big gang war going down, and there was at least a hundred people in that park ready to go to rumble with whoever messed with my brother Frankie – but it never went down. I don't know why, but it didn't go down.

There is some confusion over what gang the Ducky Boys were fighting that day. Most Ducky people remember it as being Allerton Avenue, but Bob Rockwell, who was originally from Allerton, remembers this fight as being against someone else.

Rocky
At that time, there was this back and forth with what I remember to be the Hillside guys, not Allerton Avenue.

Hillside were the people on Boston Road up by Eastchester Road, and there were a series of incidents. One was with Frankie by the bridges over the tunnels, when they came down one night and got into a huge fight. They hit Frankie with the chains three times across the face and threw him off the bridge... I was in the tunnels below. Frankie passed out when he fell.

Frankie Byrne is no longer around to tell the story himself. It was pretty chaotic during that time, so the exact time frames detailing "what happened when" gets a bit murky. There were lots of smaller skirmishes going on in the park around this time, and the tensions eventually increased until it became a park-wide turf war, as each side brought in their allies from both sides of the park.

Lenny L.
It started out on the other side of the park near the Ducky. I ain't sure exactly how it happened, a bunch of guys from Allerton Avenue – they were a little bit older than us, who were with their girlfriends – somehow the fight started with them.

The original fight started and ended. Then, when everyone split up to go make out with their girlfriends and drink, that's when the Allerton Avenue gang came back and started picking our guys off one by one, maybe two at a time, and everybody started running this way. That's probably when Frankie Byrne got thrown off the bridge.

We fought them back, and they ran away. This time, they came back in twenty minutes with guys who were a lot older. I'm talking if we were sixteen and seventeen then, these guys they came back with were nineteen-, twenty-, even twenty-five-year-old guys, and a LOT of them. I mean there were brothers, cousins, uncles – everybody!

Anyhow, all of our guys had formed on the bridge at this time, and were about to start running back towards the Ducky. When we hit the fence, that's when all their older guys came.

At the time, we had a gun. Actually, it was a starter pistol made into a gun. That was our big weapon. We used to hide it in the trees, so this way any time we had a big fight, we could go and get OUR weapon. But back then, nobody used guns, and we didn't really know how. If I shot from here to there at you [about three feet], it wouldn't hit you! (Laughing)

We made it over the fence and made our stand. What I did was take the starter pistol, and I yelled, "Anybody that comes over this fence is gonna get shot!" I think I even fired it once into the air. "If you come over that fence, then you got problems!"

All of a sudden, they went "Holy shit! They got a gun! They got a gun!" And that's when they started splitting. Back then, you didn't shoot a guy right away – you warned him. That was the only time we actually used that starter pistol. But we had to use it then in that fight – to back them off.

Back at the tunnels in Ducky territory, the rumors were flying over what was happening…

Geri
We were all down the tunnels where we usually were, and we heard a lot of talk going on that there was going to be some kind of fight. They didn't tell the girls anything specific.

All of a sudden I remember one of the Byrnes and Lenny coming back through the tunnel, and Lenny says, "Oh man, you gotta get going. They're here, they're coming in droves!"

I remember Lenny telling me to get my ass out of there. He said, "Get out of here – get all the girls and get up to the Balcony." I didn't really want to leave, 'cause I didn't really know what was going on. I was scared.

As I was leaving Lenny said, "Go to Villa [Avenue], and get my brothers. Let them know what's going on." The Villa guys were like sidekicks to the Ducky. If you needed help, you knew Villa would be there. I made a few phone calls, but never got through to who I should've.

We were all up by Webster Avenue, between the Balcony and the candy store on the corner, and we're like, "Geez, our guys are down there and we don't know what's happening," and then we heard a guy got stabbed. And whether it was this guy or that one, nobody knew for sure.

I remember walking back down the path to the tunnels and someone saying, "Lenny's got a gun!" And I went, "What?!" Lenny was a good guy. He was a tough guy, but he was a good guy, and I didn't want anything to happen to him. I knew they had a gun, but I never heard of anyone using it. I was really scared, but the boys got all the girls out of there. They were really protective of us. So we were outta there. They told us to go, and we went. We knew they were looking out for us.

First thing we heard was that one guy got thrown off the bridge, but he wasn't hurt really bad. Next thing I heard was a guy got stabbed. It turns out that it was by a rattail comb, and it wasn't too bad of a wound though.

It was strange, 'cause our fights weren't usually with weapons.

> *They were always with fists. Basically, once you got beat up you got out and stayed away. Everyone knew that was the way it was – you tried, and you either lost or you won. I don't remember any weapons other than that one time.*

Author's note:
Villa Avenue is a short stretch of road between Bedford Park and Van Cortlandt Park East, just behind St. Philip Neri on the Grand Concourse. It was well known for its Italian street festival called the Villa Feast.

Naturally, the majority of residents were Italian. Ducky Boy Lenny Lim, and his family who were a Chinese-Irish mix, were the exception. As could be expected, Lenny and his older brothers had to grow up tough to be accepted. And they succeeded, as the Lim brothers were known as some of the toughest kids in the neighborhood.

I heard rumors from a few people that Lenny and his brothers were the inspiration for the Wongs gang ("*27 members, and every single one of them knows jiu jitsu*") in the Wanderers movie and book. However, having not spoken to Richard Price, I can't confirm the truth of this rumor.

As you saw earlier on, the Ducky Girls were just as tough as the Ducky Boys. It wasn't just amongst themselves either. They had plenty of chances to prove it against other gangs.

Parkside Girl Fights

Geri
I believe it started with me and Phyllis being rowdy. We liked to have fun. If girls came walking down the path next to the river, and we didn't know them, we'd harass the crap out of them. "Whatcha doing here? This is our park!" Blah blah blah.

Nine out of ten times, we threw their sneakers into the river, and made them go home in their socks or barefoot. We didn't really hit them or anything, we just harassed the hell out of them.

We did it to these girls who we found out later were from Parkside. And they went and told the rest of their girls. Then they came down looking for us. There were probably anywhere from six to eight of us who were there.

I remember one girl from Parkside. She was a BIG, big, tough, big-build girl. And she came down, and she told us what we'd done to her friends, and that they were sick of the shit. They couldn't walk through the park without getting harassed.

Of course we had our backs up, and they wanted to fight us. And the way it was going to be settled, according to them, was that the leader of them would fight the leader of us. Phyllis and me looked at each other, because a lot of people looked at us like co-leaders. Phyllis goes, "Go ahead. If you want it, you got it." And I was like, "Nah, it's your turn."

So Phyllis fought her. I mean, Phyllis was an itty-bitty thing, and this girl was BIG. Phyllis was doing a good number on her for a long time, and then this girl got a hold of her and got her down on the ground. I remember Phyllis's head being banged into the dirt, and she caught it pretty bad then.

Phyllis said, "We've had enough," and we kind of called it even and it was let go at that.

It wasn't the last time that the Ducky and Parkside Girls went at it.

Carolyn
I went down the park one day, and my friends were down there and they said that some girls from Parkside were coming, and there was going to be a fight.

All I thought was, "Oh no, not again!" You know, you're a teen-age girl and you want to look nice. You want to dress nice and look good for your boyfriend and the other guys. That was important to me back then, even if I was running around in the park in the muddy river. But you did what you had to do, and you had to help your friends.

The Parkside girls showed up, and I remember that either Phyllis or Geri started fighting, and before I could speak, one girl came after me.

Believe me, I'm not proud of this, but I managed to turn her over on her stomach and took her by the hair and just pounded her head into the pavement. I eventually stopped, and she got up and ran away. After a while, the rest of the Parkside girls took off too.

Sometimes the fights were with groups that weren't a gang. But if they made the mistake of "hurting one of the Ducky" – then watch out!

The Preppy Fight

Carolyn
Another fight we had was with the preppy crowd that hung out in the Bainbridge Avenue ice cream parlor. It was a place you could sit down and eat. The guys played ball down in the ballfields quite a bit, and their girlfriends were always down there.

We were on our way down to the park, and we walked past the baseball diamond there, and I remember the preppy girls were mumbling, "Tough girls, tough girls, Ducky girls!" We could hear them, and we saw that it was coming from the guys, too.

I was thinking to myself it was hotter than hell that day and I'm not going to fight these people, you know. Plus, I wanted to look nice for the guys, and the other girls felt the same. So we just walked on by and we went over by Twin Lakes and the tunnels.

We hadn't been up there that long when Janine came running up. I guess she had walked by them by herself, and the Preppy girls jumped her and really roughed her up.

Janine was an itty-bitty thing who was about 4 foot 11 and had a history of heart problems. She got kind of bloodied, and some of her clothes were ripped. That's all it took. The Ducky girls started running towards the baseball field and the Ducky guys came running behind us.

I remember that the Preppy girls saw us coming, and they stood there. Then the guys and the girls and everybody just started to get into it, fighting. There were baseball bats swinging, and people were just on top of people. People were swinging the bats and I remember this guy was swinging his baseball bat, and he was swinging it as if he definitely wanted to hit me. And, when he swung, I grabbed the baseball bat and I stopped it. And I took the baseball bat and I remember just swinging the baseball bat at him. I hit him with the bat.

And we got the girls too. It was just like this big electrified fight.

I remember we were all just going at each other. And then, we saw people just starting to run away because they realized our Ducky guys were there. They started to run and they ran up to the balcony by 204th and Webster.

I remember running after the girls, just chasing them up there. There were some mothers with their baby carriages, and they were yelling at us. And I thought to myself, "Okay, maybe we got that reputation – but they started it this time." Of course nobody would believe us. But, that was one day that everybody really got into it. You know it was a big fight.

Geri
I think it all started with Janine. Some girls were teasing her as she was on her way down to the tunnels. The next thing I know, we heard "someone" got picked on, and we went and we had to do something about it.

I remember a bunch of the Ducky guys coming behind us and we were screaming, "No! This is our fight!" But they said they were just there to watch that we didn't get hurt. They were really, really protective of us. They'd let us do our fighting – maybe we could catch a beating but they weren't going to let us get hurt really bad. So they were behind us cheering us on.

I remember it was a mess in the middle of that field. I remember us all going there. I don't know if those girls thought they were that good, or that we were just that stupid, but they stayed there and waited for us and we just got into a mess of a fight.

For the record, not all of the Ducky Girls were fighters, but even they found their place in a Ducky Girl fight.

Jan B.
I was totally into peace. I always just held the jewelry and stayed out of the way of the fighting.

One of the fights caused a major rift for one of the Ducky couples.

Vampire Fighter / Sweet Sixteen

Lenny L.
Eddie T. had a big beef with a kid down on Tremont. So we

went down there just to talk it out, and see what was going on. We were supposed to meet three or four of 'em in a basement, and when we walk into the basement, BOOM, the door closes behind us and there's about forty guys waiting to give us a beating

There are only four of us – me, Johnny, Eddie T, and Keasey. And there's two other guys in the middle of the room and they were older. I don't know how old they were, exactly, but if we were sixteen, they might have been eighteen. But they were big enough to see they were older

And Geri was there! She was hanging out down there with them. I was still dating her at that time! And one guy goes, "We got you, and you ain't getting out." I said, "Dude, we just came here to talk." And he said, "You ain't talking."

And you know what I did? I walked up to his fucking face and said, "Listen dude, I'm going to get the beating of my life. I know that – I can't fight my way outta this. But what I'm gonna do is this: Before the fight goes down, I'm gonna sink my teeth into your neck, and I'm not going to let go. The only way I'm gonna let go is when your friends beat me off of you. So either we back out of here now and you let us go. Or I bite on your neck. What's it gonna be?"

He doesn't know what to do. He's turning white 'cause he knows I'm really gonna bite him. And he looks at me and he says, "Go ahead, leave."

Johnny was behind me and he knew we were fucking dead, and that there's no way we were getting out of this basement. But that wasn't it, after all. After I realized that the older guy turned white, I realized that we're outta there. So we start backing out, and the biggest guy in the crowd didn't go after us, so all the rest of the cowards weren't gonna do shit.

So once he let me up, I knew we were outta there. As we're backing out, I go to Geri and go, "C'mon, let's go!" She just shook her head "no." I was about to get the beating of my life, and she ain't gonna back out with me now? From that day on, I stopped seeing Geri.

We got out of there, and I'll never forget it. Once we made it past that door, I said "Fucking run!" And we ran outta there. 'Cause we knew that once they realized that they shoulda beat us up, they were gonna chase us. And we got to the train, and we came back the next day with about fifty guys. We came back the next day and we went through the neighborhood like Attila the Hun.

I'll never forget that day.

Geri thinks that Lenny might be getting his incidents mixed up.

Geri
I think Lenny is talking about Phyllis' "Sweet Sixteen" party. Her birthday is in March and mine is in April. I don't remember why Lenny was down there, but I do remember them coming down, and I do remember him saying, "Geri, you coming?" and me saying, "No." And that was basically the end of us. I was, and always will be, a Ducky Girl, but I went with another crowd, and was now with hanging around these guys.

A month or so later, it was my Sweet Sixteen party, and I was still hanging out with the Tremont group. The Ducky were NOT invited – it was a small party at my house, not a big deal, but it was with the Tremont guys.

Two of the guys, Tommy and Dino, went outside to have a cigarette since we couldn't smoke in the house. When they came in, I will never ever forget their faces, they were white, and Tommy just started stuttering to everyone at the party, and I heard the word "Ducky." I lived on the ground floor of a walk-in apartment and I looked out my living room window that was on Oliver Place, and there were Ducky Boys from Decatur Avenue to Webster!

The old Edison Movie Studio was across the street from our place and there were a few layers of short roof platforms. The Ducky Boys were all over that roof. You could see them up on the apartment building roof too. You could see them in the hallway of the building. You could see them on top of cars.

It was dark and there were streetlights and stuff, but you knew how many were there because you could see their cigarette lights all over the place. They were basically hiding behind cars, crouched down and you'd see their cigarette lights. Ducky covered the street from Decatur to Webster.

My mother got a phone call while we were looking out wondering what the hell was going on. It was my mother's friend who lived across the street and she said, "Tess, look out your window. I don't know what's going on, there's a bunch of kids in the hallway." People were afraid to come into the building.

My mother came out and I said, "Ma, that's Lenny!" and she goes, "What do you mean it's Lenny?" I said, "It's Lenny. They're all over the street! You know, the guys, the Ducky gang."

The Tremont guys were terrified and would not leave the house. The girls thought it was cool, but it was scary for the guys.

I thought I was going to catch the beating of my life. My father went out, he said he'd take care of it. My father wasn't a big man, he wasn't a fighter, he was just pissed that they were ruining his daughter's Sweet Sixteen party. So he went out there with my sister. My father kinda knew who Lenny was, but he really didn't WANT to know. And my sister walked right over to Lenny who was standing on the corner and started talking to him. I won't repeat what she said. Then my father told them to get the hell out of there now.

Lenny didn't talk back when my father told them to get the hell out of there, he just gave the Ducky whistle. He whistled and you heard the whistle repeated up the block and they all just started marching like ants down to Webster and they were gone. That's when we really noticed just how many there were. I never saw Lenny back down to anyone, so the only reason I can think of is that as pissed as he was, he did it out of respect for my father. I just don't know.

I think it was in retaliation that I didn't leave Tremont when he wanted me to. I guess he felt that I made him look like an ass in front of the Tremont guys.

It was like something out of a movie, it was unbelievable. I seriously would like to know who Richard Price knew in the Ducky Boys. I was watching his movie The Wanderers, *and there's this part in the movie where the main gang was at a regular girl's party, when all of a sudden they looked out the window and saw the other gang outside waiting to beat them up. That was right out of my Sweet Sixteen party!*

Top: Illustration by Orlando Rodriguez of what Geri and her guests saw when looking out her ground floor apartment window after her dad went outside to "talk" to Lenny. Bottom: Geri outside her old ground floor apartment in 2006.

Bottom photo from the author's personal collection.

When Geri and Lenny talked after the initial interviews, she reminded him of this incident, and Lenny was able to remember a few more details.

Lenny L.
From what I remember, Geri invited all the people from Tremont Avenue up to the party at her house.

We were annoyed that the Ducky wasn't invited to a party in OUR neighborhood, so about twenty or thirty of us went down there with the idea of giving these guys a beating. We had a few run-ins with them over the course of the last six months, too.

We knew the neighborhood, and we knew the house. And what the Tremont guys didn't know is that we had the top of the hill blocked off, we had the bottom of the hill blocked off, AND we had across the street blocked off. They could not get out of that neighborhood without us getting them.

I remember her father and sister coming out and she was cursing and screaming at me. And I just said, "Okay, let's go guys," and we walked home. We just let it go.

Interviewer
Was it out of respect for Geri's father?

Lenny L.
To this day, I don't know why I did that. Normally I wouldn't be the type of guy that walks away, but I think it was just the idea that I didn't really want to ruin her party. At the time I was still in love with her. It took a while to get over Geri.

I'm trying to remember the incident and I honestly can't tell you what was going through my mind, but no, it wasn't her father. The father might have been a big guy, and he might have easily beat the shit out of a little sixteen-year-old boy. But I didn't fear him. If her father would've hit me, he would've had twenty guys on him. So I don't think I backed down because of him.

Maybe it was because of Geri's sister who was screaming and yelling. I realized back then you just didn't hit girls. There were certain rules. Oh, you might throw a snowball at an old guy's hat, but you just didn't bother old people or women back then.

So I still had enough respect that I wouldn't hit her or scream or curse back at her. Maybe that was part of the reason. I honestly can't remember it that well. But I know I just walked away. I might have been a little drunk or high that night. But for some reason we just walked away and let it go.

Chapter 09
Ducky Pranks

During the time I worked on this Ducky Boy project, I received numerous emails from former members of other Bronx gangs of the 1950s and '60s. Many have asked why I chose the Ducky Boys as my topic instead of {*whatever Bronx gangs they mentioned*}.

Most of the correspondence has been polite, but every now and again, I get an email from a 60-, 70-, or 80-year-old former gang member who is still full of teenage testosterone. And they love to tell me that THEIR gang was the absolute terror of the Bronx – and that their gang would have kicked the Ducky Boys' asses up and down the Grand Concourse. While I get a chuckle out of these emails, they do bring up a good point.

The Ducky Boys weren't one of the toughest gangs in the Bronx. Yes, they were tough, as evidenced by the stories you've already read, but their reputation for toughness was pretty much based on the fact that they could get hundreds of members together quickly for a fight, or they could bluff their way out of a beating.

Across a wide variety of people, The Ducky Boys were still known more as clowns and pranksters rather than thugs and hoodlums. Maybe it was a neighborhood trait. Many people from the neighborhood have been wise-ass ball busters from the moment you first meet them, sometimes practically from the moment they were born. It seems they are always contemplating the next prank.

If pulling pranks was the norm for the neighborhood, then the Ducky Boys were master craftsmen. And one Ducky Boy in particular, "Paddy Schwinn," was the evil genius who devised most of the big Ducky Boy pranks you will soon read about.

Many attempts to find Paddy have been made over the years, but it looks as though he has simply disappeared off the face of the earth. Exotic stories have circulated concerning his whereabouts; he has been rumored to have stowed away aboard a cruise ship heading to Scandinavia, as well as changing his identity and marrying into the upper echelons of society. None of the rumors have been substantiated, but one thing is for certain – he is definitely a Ducky Boy legend.

Sparks on the Train

Various shots of the Metro-North train line between the Botanical Gardens station, and the overpass by the Balcony. The faces of the later generation Ducky Boys have been blurred at the request of the photo donator.

Photos from the author's personal collection, except later generation Ducky Boys photo which was provided by Joe F.

Lenny L
Paddy was a real genius at destructiveness. Did you ever see the workhorses that the Metro-North train crew used? Well, back then they didn't have the yellow light on them, it was just the workhorse, with no light. Paddy figured out a way of putting it on the third rail using a rope under the third rail. And by pulling on the rope, he made it land on the third rail and **BOOM**!!! It would blow out the third rail for the whole fucking Metro-North line! And the workhorse ended up fusing to the track at the third rail, which made doing the repairs even more difficult!

Paddy had a way! He was a genius of destructiveness. Who else would have the balls to go to the third rail and figure out a way to blow it up? Paddy started with that and next thing, he improvised with other ways to create that explosion, like using a garbage can, and he'd blow up the third rail again.

Geri
Paddy always found ways to make sparks, he was just Mr. Magic Man. He always found things, and he'd try them out and then he'd be like, "Hey, come see what I can do." And then he would drop an oil drum from the bridge up top, just drop it down, and sparks would just fly.

Phyllis' father worked for one of the trains, I don't remember which line. And after Paddy made some kind of sparks, the whole train line would just stop. You saw the train with the light way down the line, just stopped.

Afterwards Phyllis would go, "He's going to come home, and he's going to be screaming." I'd say "Yeah, but he don't know it was you!" We had a lot of fun on the train tracks.

Phyllis
He knew, though. Every time the lights went out on the line, my father knew it was us. And I would always catch such a beating over it.

Paddy's girlfriend at the time remembers:

Carolyn
He was pretty mischievous. The thing that sticks in my mind was the thing down by the third rail. We went down by the park, and there was these sparks coming and there he was in the middle of it.

I don't know what he was hitting on the third rail or what, but the sparks were going everywhere and I'll never forget that night. I thought we were all going to be fried to death. And he was all like, "Yee-haw!" while the sparks were flying. And I thought, "This is it. This is my last day on earth." But nothing bad ever happened.

Lenny
Paddy wasn't tough, he was mischievous. It's innocent fun

now compared with what the kids do these days. We held up traffic for a few minutes. Big deal.

Tell that to the Metro-North employees and passengers of the time!

Sometimes the Ducky Boys didn't pull pranks just because they were bored. Sometimes their destructive tendencies were purposefully aimed. For example, on occasion, they did things to send messages to a hated foe.

Stealing Vespas

Phyllis
There were a lot of the Ducky Boys who had a beef with the cops. We HATED the cops. And anything we could do to make their lives difficult, we did. One time, someone got a hold of one of the cops' Vespas, and the guys used to ride it all over the park!

Geri
I don't know exactly who took it, but I know we had one, and that it was hidden in the woods near the Balcony for a long time. Lots of people would take a turn on it, and ride it through the park. I don't know who the guys thought they were, Evil Knievel, or what. But I remember all the guys having a good time with it.

From what I remember, the Balcony steps had a curved curb alongside of the railing on the balcony. There was a flat piece under the railing going down the steps. And this flat piece was about a foot or two wide, and there was just enough room that kids nowadays would try to skateboard down it.

One of the Duckys came up with the stunt of riding the Vespa down that flat piece along the stairs. At least that was the idea of what this kid was supposed to do.

He was trying his damnedest to stay on. He didn't quite make it, but he gave it a good damn try. And he went crashing down the steps. And that was the end of the Vespa. The kid got hurt, but not quite bad enough to go to the hospital over. We all got hurt a lot of times, but we didn't dare go to the hospital. It was like, "I'm not going to tell my mother THIS!" So we kind of bit the bullet and just prayed it wasn't really, really bad.

The stairs of the Balcony that one of the Ducky Boys tried to ride a Vespa down, with disastrous results. Inset: a police scooter similar to the doomed Vespa.

Photos from the author's personal collection.

As with many Ducky stories, sometimes things got blown out of proportion. The prank stories were no exception.

Assault on the Bronx Zoo

John Cunningham
I remember a story from back in the day that was kind of a legend. I had heard that the Ducky guys went over to the Bronx Zoo, and let "something" out of a cage. It probably is a myth, but, you never know with these types of things.

As is most often the case with legends, there was some basis in truth to this story. The Ducky gang did make it over to the Bronx Zoo at night, though it wasn't the Ducky Boys – but those mischievous Ducky Girls.

Carolyn
We were kind of bored, and didn't know what to do. I guess the guys were busy or something, so we decided to do something daring. There was me, Geri, Elaine, Janine, and Sandy.

I don't know what got into our minds, but we decided we were going to sneak into the Bronx Zoo at night. When I think of it now, it completely blows my mind. We had to cross the Botanical Gardens in the dark to get to the Zoo, and I have no idea how we found our way.

There were security patrols in the Botanicals, and when the lights would come around, we would just hit the ground. We got pretty good at it. We would run low for a bit, and then hit the floor. They would pass, and we'd keep going again until the next patrol.

We got through the Gardens, climbed over the fence, and ran across the street to the Fordham Road entrance for the Bronx Zoo. I remember that the main entrance gate was this greenish color, and had designs of animals all around it. We decided that's how we were going to get through – go right in the main gate!

The Fordham Road gate of the Bronx Zoo where the
Ducky Girls maneuvered their bodies through.

Photo from the author's personal collection.

Geri
We had to sneak through that fence. You really had to maneuver. I mean, you had to squeeze the crap out of yourself to get in between these [animal figures flanking the gates] to sneak

in. Carolyn had some problems getting in, but we all told her "move this way, and turn that way" and she eventually got in.

I remember being scared once we got in, because it's really dark in there at night. The only lights that you saw were like maybe in front of the reptile house or a couple of the other buildings. That was the only place you really saw a light or something. So it was pretty scary being in there. The paths were big, but there's no people around.

Carolyn Vetter-Cosentino
Wherever we walked, we had no light. We couldn't see where we were going and wherever we walked, the animals were going crazy. You could hear them roaring, you could hear the birds and monkeys, and they knew that intruders were in the zoo that night. They were making all kinds of a ruckus, and of course, we started laughing hysterically, which didn't help matters. We needed to keep quiet, but we just kept laughing and laughing. Out of excitement and nervousness, you know?

The next thing you know, I see lights shine in front of us. Guys with flashlights, and a dog with them – security, or the cops! They said, "Stop!" So we stopped. Then they said, "Come with us," and we did.

At one point, they turned around and they weren't watching us for a second. And we just took off running the other way. I had Janine by the hand, and we were all running, running, running!

We could hear that dog coming after us, and the cops too. And we knew, if we could hear them, they could hear us! We were scared! We had never been caught before this, and now I'm thinking that I'm going to be caught and I'm going to be pulled into court and my father is going to kill me! Everything was racing through my mind. And, of course the animals were going even wilder throughout all of this. Making so much noise!

We managed to find the same entrance that we came in. I remember Geri saying over and over, "Where's Vetta? Where's Vetta?" I had some problems getting in, but getting out I was the first one!

Geri
When we were trying to get out, Carolyn wasn't there. We

were all ready to go and watching out to see if there were any cops or lights. And there's no Carolyn. And I'm like, "Vetta? Vetta?" And I hear on the other side of the gate, "I'm out here!" We laughed our asses off, but we needed to make sure she got out of there with us.

Carolyn
Why did we do it? We had heard that the Ducky guys had done something daring, and we wanted to prove that we could be daring too. Daring and fun.

Geri
It was a wonder we didn't get arrested that. We weren't planning to do anything bad. It was just a matter of, "Ha ha, we got away with it." That's what we did as a gang – we'd sneak into something just to do it. Stealing things, that just wasn't for me. I don't even think I stole candy from the candy store.

While many of the Ducky feel that they were just pulling innocent pranks, it wasn't looked on that way by the people who had to clean up the messes. Or the police department who had to replace their destroyed Vespa. Or the train passenger who had to sit on a hot train for a few hours thanks to the track power being out.

During the heyday of the Ducky Boys, an article in the *New York Times* reported on the huge fire in one of the exhibits at the Botanical Gardens. The article described the teenagers' "lawless spirit" and stated that the fire was started by the kids who hung out in the park.

Various news headlines regarding the Botanical Gardens fire that was estimated at $250,000 in damage. All Ducky Boys I spoke to told me that they had nothing to do with this fire – although there were other smaller fires that they admitted to.

None of the Ducky gang I spoke to have even heard about this particular fire, so it probably was not them that particular time. However, the article also noted that forty-five teenagers had been arrested in the Gardens that year alone, before the fire even occurred; the Ducky indeed may have had their presence recorded in those police archives.

Quite a few of the Ducky Boys remember setting numerous smaller fires that didn't make the papers, throughout Bronx Park and the Botanical Gardens. Most of them were to keep warm during the colder months in the tunnels they hung out in.

But there were a few prank fires on the "Parky Houses" where the park maintenance crew (called "parkies") kept their equipment. The parkies had to deal with all the messes that the Ducky Boys created, so there was a lot of bad blood against the gang. Each side was always trying to make the other's life as difficult as possible.

The next escapade deserves its own chapter, as it was the defining prank of the Ducky Boys.

Chapter 10
The Great Train Robbery

Most of the Ducky Boys remember their greatest prank being the "Great Train Robbery." But it wasn't really a train that was robbed. It was more like a tram, a motorized two-car vehicle with rubber tires that tourists would take to sightsee around the Botanical Gardens.

The Botanical Gardens tram nowadays.

Photo from the author's personal collection.

The reason everyone remembers this prank is that it comprised at least three separate incidents in which the tram had been stolen and used for a joyride by a bunch of different Ducky kids each time.

The first time the tram was stolen, it was an inside job.

Tommy T.
I stole the tram once. My father worked at the Botanical Gardens, and I took the guys out for a ride around the park. There were maybe ten of us, maybe a little more. I clipped it when the parkies weren't around. I think Frankie and Jimmy were there, Eugene was right next to me, and he was like, "How fast does this thing go?" And I says, "I don't know." But it didn't really go that fast.

So I took it for a ride this time, and I was gonna go out the gate and cross Fordham Road. There wasn't that barrier that's there now. You could actually go right across the street into the Bronx Zoo. But the guys said, "Nah, don't do it." So we just took it for a ride around the park a bit and then we just decided to ditch it. I forget where we left it. I think we left it by a fence or something like that. We made it to the gate, and then I said, "Hey, let's get out of here."

Interviewer
Did your father ever connect you to the theft?

Tommy T.
Not really. He just told me there were a lot of bad kids in the park, and that there were some "familiar faces." And then I realized that MY face needed to stay clear of the park.

The next time the tram was stolen, it was commandeered by legendary Ducky prank mastermind Paddy Schwinn, who had a much larger group of Ducky passengers.

Geri Gertler
I think if you found thirty Duckys and asked them their best memory of the Ducky, they would all have to say the "Great Train Robbery." Oh my God. That was so cool.

We were all hanging out down along the dirt path beside the tunnels when we saw "something." Back then, If you saw lights anywhere through the woods, it was, "Oh my God, it's the cops!" and we'd take off running and go hide.

But we heard this noise, and we were like, "What the hell is that noise? It's the cops!" But they don't have lights on their cars.

I remember hearing the Ducky whistle, so then we knew it was one of ours. All of a sudden we saw these headlights, but a car couldn't fit down the path. As it got closer, we saw that it was Paddy with the train from Botanical Gardens and it had cars behind it.

There had to be thirty of us hiding in the bushes, and we all got on some part of that tram. And it's a dirt path, so it wasn't a smooth ride. We held on to whatever or whoever we could. That thing was tilting every which way.

Carolyn
The funny part is that we didn't think twice about jumping on that train. We just went for it. We were young, we were impetuous, and we just didn't think about the consequences. We were out to have a good time!

We got on that train and everybody was laughing like crazy. We piled on and we were just hanging on for dear life. Every time those guys hit a curb or something, we were hanging on tight to each other to stay on.

I remember I had these pair of stirrup pants that were popular back then – and they're rubbery, you know, stretchy. And some of my friends were holding on to these pants, and it's a good thing they were rubbery and stretchy, because every time those guys would hit a curb, my pants would just stretch out. I thought I was going fall off, and break my neck.

That night had to be the best. It was great. They drove us around and around in the park, and we were making so much noise in the middle of the night. I mean, how could you not make noise? (Laughing)

And then, all of a sudden, we saw the cops' lights at the top of the hills, and we knew they were after us. We all took off and it's a blur what happened to everyone exactly, but I know I took off with a friend of mine. I had Janine by the hand, and we were running. I usually made sure that I took care of her because she had heart trouble.

And we ran right into where the paddy wagons were. The cops had paddy wagons, and they had the doors open and said,

"Okay girls, this way! This way!" I said to the cop, "God! Can't a person take a walk in the park at night and not be bothered!"

I think those cops were probably laughing and thinking, "Who does this girl think she is?" I had Janine by the hand and they saw that. I don't know if they were just laughing at me, or just the idea that I had my friend by the hand and I was worried about her, but they let us go. Janine and I didn't get in trouble that night, and we thanked God all night.

There were a lot of things going on down the park throughout the years, and I really never got into that much trouble. There must have been an angel looking over my shoulder.

The third time the train got robbed, things turned a bit more ugly for the Ducky kids.

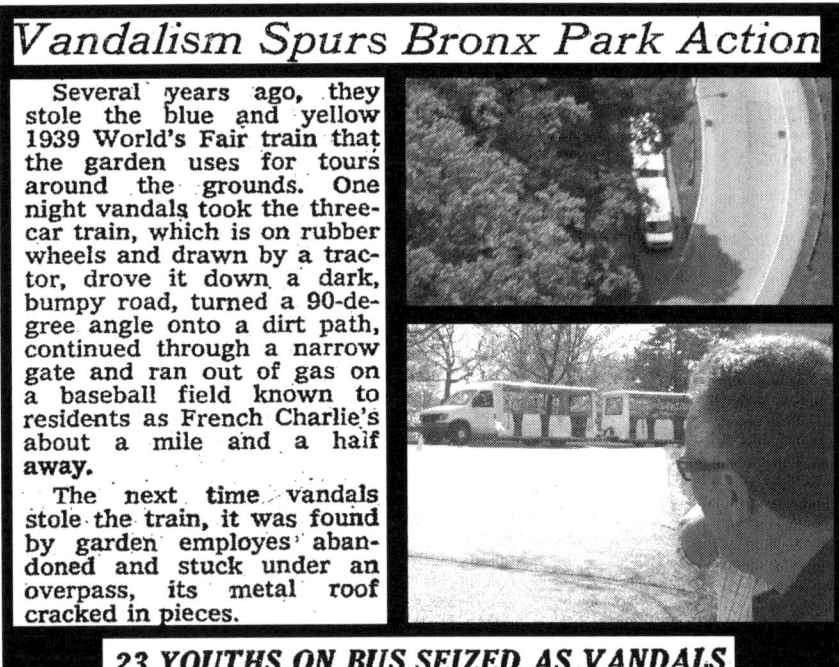

Late-1960s news article that mentioned two of the three thefts of the tram from Botanical Gardens. Pictured the current Botanical Gardens tram aerial shot and being eyed suspiciously by Ducky Boy Kevin Byrne.

Photos from the author's personal collection.

Kevin B.
After some of the guys had already stolen the Caterpillar a couple of times, they took it again. Just the front car of the tram this time, though.

I happened to be in the park that night, and I took a ride on it. We were riding it all over the baseball diamond. I guess they got bored with just driving it.

Lenny L.
We drove it right into the Ducky. Not intentionally, though. Somehow it just went in – everybody wanted to drive it, and somehow it just went right into the water.

Geri
They ran it into the Bronx River, and just kind of left it there. It was our little memento, but that was absolutely the coolest.

We got into a little trouble for that one.

"A little trouble" was an understatement.

Lenny L.
About a week later, the cops came down to the Ducky on a major raid. It must've been three precincts involved, 'cause they came from everywhere. Twenty-six of us got arrested. "The Great Train Robbery," they called it.

Kevin B.
They came to my school and took me right out of my school. They arrested me in my school!

And when I got to the precinct, I saw Jerry F. there and I said, "Jerry, what are you doing here?" He told me, "We're here because of that tram that was taken."

I ended up going to court, and I just told them what my part in it was. So they released me and let me go.

I had to promise my mother that I wouldn't hang out down the Ducky anymore. So I kinda stayed away from the Ducky, for a while.

Parky
Yeah, we went to court for that. I think they arrested like seventeen of us. My family got a call from the precinct, right, and my father said, "What did you do now, that they want you to come down to the precinct?" I ignored the whole thing and I just went out. I didn't go down to the precinct right away, so when I came back home, my father says, "Listen, that detective called again he REALLY wants you to call him."

So I called him, and he says, "If you don't come down, we're going to come over there and get you." So I went down there, and the guy starts asking me questions. I didn't have the slightest idea what he was talking about.

Interviewer
You weren't on the train that time?

Parky
No, I was actually telling the truth and they let me go. I heard all about it later from the guys though.

For the ones who went to court, there were some surprises waiting for them – pleasant and unpleasant, depending on who was talking.

Lenny L.
The next day after we got arrested, we were at the 149th Street courthouse. I think there were something like twelve girls and fourteen guys who got caught.

We're standing there as the girls started coming in. I'll never forget that when I saw Elaine, I went to go to kiss her hello and the cop hits me on the head for kissing her – BOOM!

Geri
Lenny went to kiss some girl, and he got smacked on the head by a cop. We were all lined up in front of the judge. The boys were on that end, and the girls were on this end. And I can remember Lenny looking around, seeing me, and he kind of gave me a weird look and then he kissed her. Right in front of a judge, I didn't know what the hell he was thinking.

Lenny L.
We all go in front of the judge, and one of the girls who got arrested with us, Sandy H, whispers, "The judge is my grand-

father." Holy shit, the judge is Sandy's grandfather, you know we're gonna walk!

Geri
Court worked out real well for us. Sandy's grandfather was the judge, so all we got was a big lecture. That's basically all we got from court.

But our parents beat us to shit.

Lenny L.
After the judge dismissed the case for lack of evidence or whatever, I'll never forget what happened. Our fathers were so pissed because they had to take a day off from work to come and get us and deal with our mothers and all that.

After we left the courtroom, they beat the living shit outta us right there in the courthouse. Going down the steps, all the fathers started hitting us!

Our fathers are beating us, and we're trying to run down the stairs. Kids' juvenile court was on the fourth floor, and everybody else was on the third or second floor. On the third floor there were a whole bunch of cops waiting to testify or whatever. And when they saw fifteen little kids tumbling down the stairs being hit by their fathers, they just started clapping!

Phyllis
You never, never, never, never, NEVER got brought home by the cops. First, the cop would kick your ass, then give you to your mother, and your mother would kick your ass even worse.

Lenny L.
Another time we got caught over by Bond Bread. This cop said, "Okay, you have a choice: I can hit you, or I'll take you home to your father." So I bent my head. He said, "What are you doing?" I told him, "Hit me hard, but don't take me home to Pop, 'cause Pop will kill me."

Times surely have changed. If a cop hit a child today, he would lose his badge, at the very least. And very likely spend some time in jail. And if people were to find out that a judge didn't remove himself from a case involving his granddaughter, his career would be over, and he too might spend some time behind bars. But those are topics for another book.

Whatever the ethics and morality, or lack of it, as far as the authority figures were concerned, we know that the Ducky Boys enjoyed their own lawlessness, and their challenges to the status quo. The Ducky Boy pranks – which some called vandalism – quickly turned into more criminal activity. And it started with stealing bread and cakes.

Chapter 11
Bond Bread Robbery

Bond Bread was a bread factory that operated at 3240 Bronx Boulevard, directly across the street from Bronx Park, on the other side of the park from where the Ducky Boys hung out. It was also right next door to the Parkside projects, which was the home of their rivals, the Parkside gang.

Ducky Boy Kevin Byrne standing in front of the Bond Bread building as it is now – a self-storage facility.

Photo from the author's personal collection.

Rocky
The natural place where you would enter and exit Bronx Park

on the Allerton/Burke Avenue side was a half-block down from Bond Bread.

Kevin B.
On a Friday night, we would have up to twenty or thirty people around the park. We used to go down there with all the girls and have a great time drinking and hanging out. We'd get all fired up and then get pretty bold.

The Bond Bread factory would be baking late at night, and we'd be down in the park and we'd start getting these delicious smells from the bakery, and it just drew us there.

Lenny L.
What we would do is we would cross over into Parkside territory when they delivered the old bread at night. We would drop one guy into the grate, and he would sneak in there and get all the cakes, pies, and whatever else he could out of the back of the trucks.

Kevin B.
Usually the truck bay doors were open, and we used to wait where they used to load the trucks with the bread and donuts and stuff. There was a security guard there, but we made sure he wasn't around, and nobody was guarding the front of the place.

Then we'd sneak in, and grab big trays of bread and whatever else they had left out to be loaded up onto the trucks. Then we'd just run out, and cross the street right back into Bronx Park.

Lenny L.
We'd get out of there, and go to the milk machines that were in the lobbies of apartment buildings or other places, where you could get a quart of milk for a quarter. And we'll all drink some milk and we'll all just hang out like young teenagers. We would eat and drink a lot!

Kevin B.
We'd bring it all back, and end up eating it, and having bread fights with it. We'd build these huge fires, y'know, and have a great time. It was real nice to be a part of that.

Not all of their Bond Bread raids were successful, however.

Lenny L.
The cops came one time and we all scattered. We all made it to the park, except for Bobby McC.

There's a wall across from Bond Bread that goes right down into the park, but the farther down the block towards Allerton that you go, the lower the wall gets, and the drop to the ground gets longer.

We all jumped over the wall where it was maybe six feet. We dropped down a few feet and hit the park, and we were safe.

Bobby, however, kept running and running down the block, and by the time he decides to jump the wall, it was a 30-foot drop. He still decided to jump to get away from the cops. And over he went, "AAAAAAHHH!!" And then SPLAT!

The cops came over to the wall and looked down at him, and they must have thought, "What an idiot," 'cause they never even went down to where he fell. We ran over and helped him get back to the other side of the park. Bobby ended up with a broken leg from jumping off the wall. He just took too long to decide when to jump.

The wall across from Bond Bread that Bobby McC. jumped off. Note how the drop gets lower the further you go towards the right.

Photo from the author's personal collection.

Of course, other times, the cops did catch the marauders.

Lenny L.
Another time, the cops caught us over at Bond Bread. The fuckers caught about eight of us and as they lined us up, one cop said, "Okay, I'm gonna tell each of you a joke. If you laugh, I'm going to hit you. If you don't laugh, I'm going to hit you." We knew we were about to get the shit beat out of us.

So this guy went right down the line, he told some stupid knock-knock joke or something. He'd say, "You giggled." And then BLAM! And then he kept going right down the line. Every one of us got hit on the head or chest with the nightstick. He told us as he was about to hit us with the nightstick, "If you don't take the hit, we're going to arrest you." We were just stealing a few cakes. That's not worth going to jail for. So we took our smack.

Then they told us, "Get the fuck outta here," and we left. We were hurting, but least we didn't get arrested for something stupid like stealing bread. I had a fucking knot on my head for about a week after that, though!

Kevin B.
I actually got arrested in there once. I was only like thirteen or fourteen, and I was going in through the back bay door, and one of the workers got me. He cornered me in there, took me upstairs to the manager's office, and called the police on me. My father had to come pick me up, and eventually we had to go down to the 52nd precinct to resolve the whole situation.

I didn't hang around the Ducky as much after that. As we were getting older, things started getting worse and we were getting into deeper and deeper trouble.

My older brothers were still hanging out there, so I still stopped by, but it seemed things were getting more dangerous down there. A little more criminal. Y'know?

Eventually, bread and cakes weren't the biggest things that the Ducky would steal.

Chapter 12
Honigs Parkway Robbery

> **Disclaimer:**
> *Due to the sensitivity of this section, this chapter is going to be a bit more "anonymous" than usual. While the events all occurred in the early 1960s, and the legal statute of limitations has long expired, the people involved are worried that the events of forty-plus years ago might affect their current social status.*

During the 1960s and up to the mid-2000s, there was a popular neighborhood store at 3117 Webster Avenue called **Honigs Parkway**, just near East 204th Street. It was a department store that sold appliances, televisions, stereos, bicycles, cribs, and the usual fare.

Honigs Parkway on Webster Avenue near East 204th Street.

Photo from the author's personal collection.

One interesting thing that neighborhood residents might be shocked to know is that Honigs Parkway was once a publicly traded company. The ticker was HPKW, but it is no longer active. Most locals considered Honigs to be a large neighborhood store, but not THAT big.

Especially since as you'll soon see, it had its share of local neighborhood store problems.

"Anonymous" Female Ducky
We used to rob Honigs all the time!

"Anonymous" Male Ducky 1
We had to be sixteen or seventeen years old. I remember that because I remember thinking at the time that we were just old enough to get arrested and in real trouble!

We had just found out that we could open the warehouse door and just take what we wanted. Honigs didn't actually leave the door wide open, but they might as well have. It was just a rotten little lock that we broke, in less than a minute. Back then, stores just had glass or wood doors, not like today where there are bars and gates on everything.

This one night, me and a few other people opened the wooden door to the store. It was pretty loose even before we even got to it. And we saw this whole warehouse full of portable TVs and stereos.

We went in there we took everything we could carry. We stole about fifty or sixty TVs, stereos, and everything.

But we ran into a kind of problem we didn't expect – we didn't know what to do with all that loot. If we brought them home our fathers would kill us. So we brought them to the woods.

Kevin B.
I wasn't hanging out at the Ducky as much at that point, so I wasn't a part of the Honigs break-ins, but I do remember at one point down in the Ducky, there was every kind of electronic equipment buried all over the park – tape recorders and TVs. Back then I don't even know if they had stereos – just different types of electronic equipment that "somehow" ended up in Bronx Park. It was buried everywhere!

I remember one incident. I don't remember who I was with, but it was somebody who wasn't a part of the Ducky. He came with me down there to just hang out. When we were done, he tried to leave the park with a tape recorder on his shoulder.

One of the other guys from the Ducky approached this guy from behind with a big huge log and just whacked this guy in the back of the head, or on his neck, I was never sure. And this guy just kinda blanked out, and he stopped and turned around.

Whichever Ducky guy hit him, just said, "Yo, give it up." And my friend just gave back the tape recorder, and went on his merry way. He was way outnumbered by a lot of the guys down there.

I don't think he ever came back down again.

"Anonymous" Male Ducky 1

I wasn't down there for that. But the stuff was hidden in the bushes for a while. Then of course, the cops came down and found some of it. Not all of it, since we had started to bring some of it home.

But about fifteen of us got arrested for it — and we kept going back and forth to the courthouse on 149th Street for some reason or another.

The day we finally got to trial, the judge calls the police officer up, and says "Okay, where's the evidence?" And the cop says, "Your honor, I have to talk to you." And goes up and talks to him. We didn't know what was going on.

Then all of a sudden, the judge, in the middle of the whole trial, goes "WHAT DO YOU MEAN THERE'S NO EVIDENCE?" He goes back to his desk and then says, "This case is dismissed," and raps his gavel.

What we found out later is that all the cops in the 52nd precinct took ALL of the evidence home for themselves. That's a true story! We couldn't get tried for anything! All the evidence disappeared from the police station!

"Anonymous" Female Ducky

Hey, we didn't steal them out of the police station. The cops

Lost Boys of the Bronx

> were stealing! It turns out we stole that stuff FOR those bastards!

As you've seen, there were quite a lot of questionable transactions going on. Not to be left out, the owners of Honigs at the time were allegedly playing their own games – if you were to believe the validity of the next story.

> **"Anonymous" Male Ducky 2**
> *I wasn't around when the Ducky Boys ripped off Honigs, but let me tell you this story. I used to play cards with the owner of Honigs Parkway. There were always card games going on in the back room of that store.*
>
> *Anyway, one night, he was into me for a lot of money. And he takes me out to the showroom where all the TVs and other electronics were, and tells me to pick out whatever I wanted – you know, to pay back the money he owed me. I said, "Nah," but he was like, "It's okay, I'll just report it as stolen. I'm always getting robbed." I guess he would've gotten insurance or something for it.*
>
> *I didn't need a TV, and I certainly didn't want to be in possession of stolen merchandise, so I just told him to pay me in cash. He wasn't happy about it, but he paid me.*

Chapter 13
Ducky Boys vs. the Law

You've already seen how the Ducky Boys have interacted with the legal system, whether with the cops of the 52nd precinct, or the court system which sent some huge breaks their way. These next few stories show a little more of the contentious relationship between the Ducky and the law, and how things really could have turned out worse.

Cop Mosquitoes

The cops of the early '60s seemed a lot less worried about the safety of innocent bystanders than they do today.

> **Carolyn**
> *My best friend Janine and I were waiting for the number 41 bus at the bus stop on 204th Street and Webster Avenue, underneath the "el" train.*

At the time, the Third Avenue elevated train – the el train – was still there, and the poles holding up the infrastructure for the tracks were on the street. The tracks are no longer there; they were taken down in 1973.

*East 204th Street looking down towards
Webster Avenue and the Balcony just beyond*

Photo by Kenneth Palter, provided by William Palter

Carolyn
We were waiting there to take the bus to go to Janine's grandma's house, who lived near Arthur Avenue. And while we were standing there, all of a sudden Paddy Schwinn pulls up in this truck. And we were like, "What the hell?!" He came out of nowhere, and he called us over.

The window was rolled down and we were leaning on the door asking the basic "Where are you going? Where are you coming from?" questions.

Then I thought to myself, "This isn't his truck!!!" We had never seen that truck before, so we started to ask about it.

But he abruptly cuts us off, and says something like, "I gotta go. See you later!" – which wasn't like him at all.

And zoom, off he went. As he was leaving, Janine and I felt something zoom by our ears like mosquitoes or something, but we didn't think too much about it.

After he left, a cop car pulled up, and other cops came up to us from behind the candy store on the corner. I think it was called Sam's Candy Store or something – I know a guy named Sam worked there.

So, now we have cops behind us and cops in front of us and they asked us if we knew who that was in the truck. Of course we said, "No, sorry. We don't know him." We weren't gonna give anybody up, even if we didn't know what was going on.

"But you were talking to him," they said to us.

"Yeah, we're waiting for the bus, and he asked for directions and we were flirting with him," or whatever. The cops either believed us, or else they didn't think they were going to get anything out of us. Luckily, we saw the 41 bus was coming down Webster, and said that we were going to Grandma's and didn't want to miss the bus. And the cops let us go, and they took off down Webster Avenue after Pat.

After the cops left, Janine and I realized that the cops had their guns drawn the whole time. We got on the bus and sat in the back where we hoped that no one could hear us. I asked Janine if she knew what was going on, and she just kept repeating, "I can't believe it! I can't believe it!"

Then she asked me if I felt the big mosquitoes that flew by our ears, and then we realized that it wasn't mosquitoes, but bullets that were whooshing by our heads! It had to be bullets, since the cops were behind us with their guns out. We thought to ourselves, "My God! We just got away with our lives back there!"

Interviewer
Did you ever find out what Pat did to be shot at?

Carolyn
I really don't know. You didn't really ask those questions back then. Pat probably really pissed somebody off and they called the cops on him. Or he could have antagonized someone like a cop or something but they were after his butt. Like I said, we didn't recognize the truck either, so that might have been part of it too.

Janine and I stayed in touch for years afterwards, and we'd talk about this whenever her husband or my husband wasn't around. And it always bothered us that the cops thought Janine and I were dispensable enough that they would shoot with us being there. We really got away with our lives that day.

Don't Shoot!

Lenny L.
I don't remember exactly what we did that day, but the cops were after us pretty heavily. They were really pissed at us this time, for some reason.

As soon as the cops came down the road in the park, normally the easiest thing to do was just jump into the woods, because at night, they can't find you. We knew the cops wouldn't walk ten feet into the woods without their flashlights – so we'd go twenty feet into the woods and lie down, and they'd never find us.

I don't know why this time was different. Maybe it just rained and the ground was wet, or whatever. But this time, a bunch of us climbed up a tree instead. It was me, ChooChoo Charlie, Tommy Trouble, and one other guy.

The cop car pulled up nearby, and they got out of the car right below us. They didn't know we were in the tree. The car stopped where it did because we'd been hanging out in the benches and we had a fire going. The cops went over and started putting the fire out.

One of the cops yelled into the woods, "HALT, OR I'LL SHOOT!" And he has his gun pointed up in the air while he's saying this. He didn't know it but he was actually pointing right at us, up in the tree. None of us wanted to say anything, 'cause we were afraid that if we said anything, he was going to shoot! And we didn't want to get caught, either!

We all had to just be quiet. We were right above him. We weren't more than about twenty feet above his head. But, we couldn't say nothing, man! We waited until he left, and then we all just jumped down out of the tree.

It was not an unusual occurrence for the cops to be down in the park chasing the

Ducky gang. It seems that there wasn't a weekend that the Ducky boys and girls weren't running from the cops. But why was there such an animosity between the gang and the police?

By now we can be pretty sure that it was brought on by the Duckys – the Ducky Boys really gave the cops in the park a hard time. They pelted the cops with Ducky slingshots, stole their Vespa motorcycles, and the cops even got in a fair bit of trouble for losing evidence against the Ducky (although the Ducky can't really be blamed for what the cops did in that case!). So the cops had more than enough reasons to want to harass the Ducky kids.

Geri
Every weekend that we were down there, from the day I got down there, until the day I left, the cops were there. Friday night was [the cops'] party night, because they knew it was our party night. Every week it was always the same. We'd be drinking early in the night, and say, "We got about a half hour before the fun starts."

It was a game to us, it really was. 'Cause we knew we were going to beat them. We just knew it. If we made it to the woods, they weren't going to catch us. The cops had no clue where we would go. And they weren't going in the woods after us. There was no way they were going to get their shiny shoes dirty. I don't know if they were just being prissy or what.

They were afraid to come into the woods. I don't think it was our reputation – I mean the cops HAD to have seen us around. They knew we weren't these big muscle-bound freaks, and we didn't have incidents with guns and other weapons.

Interviewer
Do you think they really wanted to catch you?

Carolyn
I really don't think so. I think they were just trying to keep peace and order. There were apartment buildings all around there, so maybe the people in the buildings just heard us in the park and called the cops on us. And the cops just wanted us to move on. I think they were trying to keep the park safe. They didn't want anybody hassled, but I can't speak for the cops.

Geri
Sometimes we wondered, "Are they really trying to catch us?"

When you come down with only one car looking for a bunch of kids, okay, maybe you aren't really trying to arrest anyone. But when they have lots of cops and lights all around us, they're into it – then it looked like they really wanted to catch someone.

We'd be scattered in different groups spread out anywhere between the tunnels and the Balcony. And all of a sudden you'd see headlights or flashlights, and they were coming from all directions. We used to wonder how the hell they got there! They didn't come through the tunnel with their car, but yet there they were, coming from that direction. We were hidden, but a lot [of the Ducky kids] would taunt the cops. They'd be like, "Yeah, just come and find us!" and make noises. The cops would start heading towards us, and we'd just go in a different direction.

Some [of the cops] wanted us real bad. We'd meet them on the avenue, and they'd be like, "I'm gonna get you tonight," and we'd say, "Mmm- hmmm, we can run faster." We'd tell them that right to their faces. "You'll never catch us!" Sometimes I think we wanted to get caught because it was just getting too easy.

Every weekend the cops tried to catch us, and they had to be pretty stupid NOT to catch us, at least a few times. I mean, geez, every week it was the same.

Lenny L
You know who they had patrolling the park? They used to put the old-timer cops who'd just spent twenty-five years down in Harlem. They put them in the park for their last few years so they could retire quietly. These guys would come up here and they'd be just shooting rats. There was nothing going on here – there was no crime!

But they had us busting their balls. And they'd bust our balls right back.

Kevin B.
I believe [the cops] had something personal against us – because they were always being called down there on us. We were probably just a major headache for them. They would break us up in one spot and then we would leave. And then we

would start hanging out in another spot. And then leave and hang out in another spot.

As the years went by – [the Ducky gang] just kept getting bigger and bigger and bigger. We were just becoming more and more of a headache to them. I don't really think there were too many gangs around back then – at least not in the area we lived and hung out in.

And the 52nd precinct was right there too. We were right near where the precinct was, so they'd be pretty quick to come once the call went out.

Interviewer
What was the Ducky secret to eluding the cops?

Geri
First of all, there was a lot of woods there to run into. And when you saw their lights, you knew they were out in the open, and they couldn't be in the middle of the bushes with their cars. So all you had to do was go off to the side. You went into the bushes and you "disappeared," and you'd sit there and just watch them. They'd come by in their cars and you'd be sitting there laughing quietly going, "You jerks, we're right here watching you every step of the way."

Carolyn
As soon as we'd see the cops' lights on the cars, or their flashlights, we just hit the ground. It was so funny because sometimes they would walk right by us, and not see us. So I guess we were good at camouflage.

Chapter 14
Perverts in the Park

So far, we have seen the cops chasing the Ducky Boys. But the Ducky Boys weren't the only people in the park that had a bad reputation. There were also the infamous "perverts in the park."

> **Carolyn**
> *I never really came across perverts in the woods, but I could tell you that WE were always in the woods making out, or skinny-dipping in the lily pond, so hopefully it wasn't us with that reputation! (laughing)*

Carolyn may not have encountered these perverts, but plenty of other kids in the area either experienced them first-hand or were warned to stay out of certain areas because of the legendary "Chester the Molester."

> **Kevin H.**
> *There was a spot along the Bronx River near the tunnels by Gun Hill Road. You would come out of an opening, and you'd walk down the path towards Southern Boulevard – you could either go into the Ducky area, or you could make a left at the path and it will take you alongside the Bronx River.*
>
> *And it was known for having gay guys down there. I have no idea what other people called it, but we called it "the left-handed path." "Don't take the left-handed path – that's where Chester the Molester lives and he'll get you!"*

Entrance to, and Lenny and Phyllis walking along the infamous "left-handed path," making sure to look out for possible "Chesters"

Photos from the author's personal collection.

Lou C.
The first time we had heard about Chester the Molester and all of this kind of stuff, we didn't take it seriously or anything. We didn't even associate Chester the Molester with anything sexual. We didn't understand it — we just knew to stay away from certain areas.

Later on, I was in my twenties, and I had a bicycle that I used to ride in the park. And maybe I was being nostalgic or whatever, but I would go riding down to where we used to hang out when we were younger. And along that same path, on the other side of the Bronx River, I saw that there was this bunch of guys just standing around not doing anything obvious, but they looked suspicious.

And then it occurred to me. I was like, "Ohhh, now I know what was going on!"

Kevin H.
That's Chester!

Lou C.
That's what Chester the Molester was all about. I finally got it. There were these people there looking for "liaisons." All the times we went down there, we'd run into these people just sitting on a bench. You figured they were retired or just getting some fresh air for the day.

Kevin H.
They were up to no-good is what they were doing!

Lou C.
We didn't really know what was going on back then. We were only like ten- to thirteen-year-olds.

We would pass by these people, and they paid us no mind. And we paid them no mind. Thankfully, there was never any kind of encounter between us and them, and we never felt threatened or anything.

But yeah, they were always down there around this one park bench in an overgrown wooded area. More times than not, you'd walk down the path, and there was "someone" sitting alone on a bench in the middle of nowhere. But luckily they never had any direct interaction with us.

Kevin H.
We weren't their type!

Kevin and Lou were lucky. Seemingly, all they ran across were a bunch of gay guys trying to hook up with other consenting adults, in a period of time when being homosexual was violently opposed by society.

However, there were some truly dangerous people in the park at this time. The ones that made your skin crawl.

Geri
That park was full of perverts, I guess, because there were lots of dense areas they could be in. There were lots of kids hanging around, and then there were perverts who liked to "watch" the kids. I guess now you call them pedophiles, but they were simply "perverts" back then.

Me and Lenny were on the hill on one of our "afternoon delights," and all of a sudden Lenny got really quiet. He told me,

> "Just stay still." I had no idea what was going on and I tried to see where he was looking, but it was all behind me.
>
> When I finally got turned around, I saw this guy in the woods and he was "exposed." He was watching us and was getting his rocks off. There were trees around, so I couldn't see him really clear, but you knew damn well what he was doing.
>
> Lenny got up really slow. That guy, I don't remember a whole lot from back then, but I remember, to this day, what the pervert was wearing: a brown three-quarter-length coat. And his coat was open, so you saw what he was doing.
>
> Lenny took off like a flash after the guy, and that guy took off like a scared sheep being chased by a wolf. Lenny didn't catch him, but I really didn't think his intent was to catch him, just scare the shit outta him, and get him away from us.
>
> You know, stuff like this happened so many times down there, not just with us, but with a lot of the Ducky couples. It happened more than once with us, but this time was the one that I remember because I thought Lenny was going to kill the guy. But Lenny did just enough to just scare him.
>
> As much as Lenny wanted to kill that guy, I knew he wasn't going to leave me there by myself.

Lenny and the rest of the Ducky Boys had their revenge later on the pedophiles that skulked around the park using tactics that predated NBC's Chris Hansen's "To Catch a Predator" series by forty years.

Sadly, it wasn't always a black or white situation where only pedophiles got caught up in Ducky justice. Unfortunately, relatively innocent people sometimes got caught in their traps.

> **Lenny L.**
> There's this path in Bronx Park along the river that used to be called "Queer Path" because a lot of gay men used to walk up and down this path and cruise for other guys.
>
> Back in the '60s, they weren't out of the closet like they are now. They did their business in the park where they thought they were hidden from everyone.

But we didn't want that shit around us, so we decided on a plan. We would hang back in the woods, maybe ten of us hidden, and one guy would go outside to the path, and if the gay guy tried to pick him up, then we all would jump out and beat him up. I know it's not acceptable now, but that's what we used to do.

We were kids and figured that gay men shouldn't be soliciting twelve- or thirteen-year-old boys. And we didn't want them to come over our side of the river. We wanted them all to know that if they saw us, they better disappear.

Rocky
I had heard about it, but I wasn't around for any of that. But I knew that it existed, and that [the Ducky Boys] from the other side of the park used to jump guys on that path that were down there looking for teenage boys.

Geri
It happened a lot down there. Geez, it seemed at least every other time you were down there someone said, "Hey, there is a guy down the path." And the next thing you know, the guys were on their way.

Our guys chased them a lot. I don't know if they actually beat them up, but they scared the crap out of them enough to get rid of them for a while. They were plentiful, to say the least.

Interviewer
Were there any mistakes made?

Geri
It's a shame but yeah. Any of those guys we saw, it could have just been a regular guy taking a walk through the park. But basically if you saw a guy alone, and one of the girls went, "There's a guy down the path," the guys would go chase them.

We weren't sure. We didn't know if the guy was "okay" or not. But there were just too many times the gay guys got caught doing their thing.

Kevin B.
We used to go on these raids. We were so young back then, and

most of the gay guys were looking for young kids, and that's what we basically were – we were just barely teenagers.

There were a lot of us, and we used to go hunting for them. We'd set them up, then rip them off and take their money.

Interviewer
Were there specific Ducky Boys that you used to find those guys – as bait?

Kevin B
That's a good question. I don't remember too many of the details, but I think we used Johnny B, and Eugene F. They were the smallest of us, and they looked the youngest.

We used to just rip the guys off – which wasn't that bad considering what they were trying to do down the park. We made sure that they thought twice about being down there!

Chapter 15
Alcohol and Drugs

In many of the stories about the Ducky Boys, alcohol and drugs were often involved at some point, which usually meant that questionable decisions were frequently made by the participants.

The ethnicity of the Ducky neighborhood was mostly Irish, so the business community catered largely to that demographic. That, in turn, meant that there were a lot of (at least forty!) Irish bars in the eighteen-block stretch of the mostly-residential area between Fordham Road and Gun Hill Road. The prevalence of these outlets may seem strange if you didn't come from an urban Irish neighborhood, but this was quite common in Norwood at the time.

Having many local bars meant that most of the neighborhood kids knew, or were related to, someone who owned a bar or delicatessen, and who just might "relax" the drinking age rules a little bit. However, it would be a mistake to assume that these rules were strictly enforced in the first place.

The fact of the matter is that back then, many Irish kids had their first taste of beer many years before attaining the legal drinking age. And for many kids, their first beer was with their father, celebrating a special "coming of age" birthday year, a tradition handed down from their father's father, and his father, and so on, over many, many years.

The influence of alcohol was all over this Irish neighborhood. The local bars would try to hook teenagers early on, although in many cases, it didn't take a great deal of effort.

> **John Cunningham**
> *All the bars sponsored softball teams, so drinking was a big part of the sport, in a way. I remember, when you'd play softball, you'd go back to your bar and the losers would have to buy a keg. If you lost, then you went to the winner's bar and did the same.*
>
> *The bar owners would also buy the team's uniforms and shirts.*

> So the bar scene was always a big part of our life. And so was drinking, unfortunately.

But kids being naturally rebellious, sometimes the drinking didn't stop with special parent- or authority-approved occasions.

> **Ed Cunningham**
> We used to bring shopping carts of Ballantine to the area between the back of the sloped wall and the house there [next to P.S. 46 on Briggs Avenue and East 196th Street], and everybody would get drunk.
>
> We must've thought it was the cool thing to do, that we were being like our fathers or something. My mother was a teetotaler though. Most of the Irish women didn't drink. All the fathers did, but the women didn't.

The Ducky Boys were normal for the neighborhood and the times. Even though the kids were young, sometimes as young as thirteen, getting beer was not a problem.

> **Parky**
> I remember buying a lot of beer at the local delicatessen. You'd go in there, buy a case of beer and say you're buying it for your father. That's the way it used to be. The guys knew you, and knew they what you were up to, too, but they let it go.
>
> Since the delicatessen was so close to the park, we'd carry the beer out of the store, and before you knew it, the case was already down in the park. We didn't have to go a long way, and no one was going to ask you any questions. But every Friday night, there was beer.

> **Rocky**
> I used to come over from my side of the park every weekend. We'd drink and hang out all night.

> **Geri**
> Our parents never knew we hung out down in the park. They'd kill us. "What do you mean you hung out down at the park? What do you mean you were down at the park at night?"
>
> We'd hang out down there until at least twelve o'clock drinking. We were like fifteen, sixteen years old.

Alcohol and Drugs

We'd tell them we were at a friend's house, like we'd say I was at Phyllis' house, or Phyllis was at my house. You just made sure you didn't smell like beer when you were going home.

What was that stuff? I think it was called Sing Sing? It was black, little tiny squares of black, it wasn't gum. It was something you sucked on, oh my God, it was the grossest thing on earth. Tasted like black tar and we used to carry that around like we would carry cigarettes now.

> **Author's note:**
> Geri was referring to the powerful licorice-flavored Sen-Sen, hard to find now, but one of the original "breath fresheners," first available in the 19th century.

Lenny L.
You had to be eighteen to buy beer, but nobody was eighteen, so we sent Tommy Trouble and Jimmy N. to get it – they looked the oldest. Then they would show up down the park with big bags, and we'd all get our beer.

Sometimes they would bring back the cheap shit wine like Thunderbird. Tommy would bring that shit back, and we would drink it. For a while there, we were going with that Tango shit – that's a vodka and orange juice mix that was already made. It cost about 99 cents for a fucking pint. Nobody could finish the pint without puking. It was some really cheap shit but it'll give you a fucking buzz. Someone may have gotten a Seagram's 7 or something, once in a while. Everybody managed to get something to drink on the weekends.

Geri
If you're looking for what the Ducky was all about, it was all about drinking, heavy drinking. I mean, we all drank, but it was rare that kids actually got THAT drunk.

I know that when people talk about the Ducky's reputation or what they heard from other people, they talk about our drinking. We did drink, it's true. We hung out down the park and drank. But it wasn't like we were alcoholics. It was more like, "Hey, it's Friday night, let's go get drunk."

> *The big guys, Buff, Steve, Tommy Trouble, and Parky were the ones who used to buy the beer for us. We'd get bottles of Schaefer beer, and we'd just hang out down the park. It was our way of being together and hanging out. You know, we smoked and we drank.*
>
> *The violent reputation that the Ducky got was bullshit. These stories showed that people didn't know what we really were like. Yeah, there were a couple of fights and scary moments, but basically it was a big playground. We were just a bunch of fifteen- and sixteen-year-old kids who had this wide open space, with no adults looking over us. Sure, we had cops chasing us on Friday nights, but that was just a game to us.*
>
> *We're fifteen-year-old kids. We had to get into some kind of trouble – right?*

Drinking may have seemed fun a lot of the time, but there were a few bad drinking times. While drinking down the park in winter, a couple of Ducky members were lucky to get away with their lives and limbs intact.

> **Geri**
> *It didn't matter what the weather was, we were down in the park all the time. The dead of winter, zero degrees, we were there drinking. I remember our fingers were always numb. But the guys had to have felt it worse. They rarely wore gloves or a hat, because that wouldn't have been "macho." But we'd be down there with blue fingers and toes, and nothing was going to stop us. It was a wonder half of us didn't get frostbite.*
>
> *One time, Nicky W. & Jimmy J. got REALLY drunk from the heavy stuff. We didn't see them for a while, and when we went looking for them, we found them out cold on the ice. If we didn't go looking for them, God knows what would have happened to them in the cold that night.*

Another time, an angel was really watching out for two drunk Ducky friends.

> **Lenny L.**
> *I was never a good drinker. I used to get mean, and violent. And whenever I drank, I was always with my friends and family, so they would get the brunt of it. I gave up drinking after a while when I realized that I just kept getting everybody in trouble.*

The night I decided to stop drinking I was near one of the tunnels. I ain't exactly sure where, but I was with one of the guys from Villa Avenue that we used to call Gabbo. We were drinking, and I don't know what happened. Gabbo said something to me that really pissed me off. I pulled out a fucking gun, and I yelled, "I'm gonna fucking shoot you!" And I pulled the trigger – just like that.

I don't know who it was, I think I was too drunk to remember, but thank God he was there. But that "somebody" knocked my hand up, and I shot the gun up in the air.

Rocky
We were all drunk, so I don't remember the exact details, but Lenny either fell or was pushed off the log he was sitting on, and his gun went off. It just missed Gabbo.

I don't remember the gun, but it was small, like a .22 or .25, something like that. I didn't want to see it up close, you know! I just knew from then on, to stay out of Lenny's way when he's drinking!

Lenny L.
After that, I said to myself "Lenny, stop fucking drinking. You almost shot a good friend of yours!"

Luckily, I found pot shortly afterward. Pot got me to stop drinking. It don't make you drunk, it don't make you puke, it don't make you fucking aggressive, and it didn't give me the allergic reaction that a lot of Chinese people have with alcohol where we turn very red.

Just thank God I found pot afterwards. And thank God whoever knocked my hand up was there that night.

Even though Lenny fully believes that pot saved him from any more destructive behavior, it wasn't that easy for other Bronx kids of that generation.

Bronx Historian Lloyd Ultan weighs in with his version of why kids needed to get into drugs, and the path they take to get there.

Lloyd Ultan
Reckless behavior that was frowned on by their parents might be looked upon with favor among teenagers. And this was the

> *case with the use of drugs. Teenagers said, "Let's try it out, see if we can have a good time with it."*
>
> *And so they may start with marijuana, and then graduate to what was then the hard drug of choice; that would be heroin.*

While Professor Ultan tells the story of many teenagers from the era, the Ducky Boys were a bit younger, and wouldn't be getting into the harder drugs until later in their lives.

For many of the younger kids, the next step after alcohol and marijuana was sniffing glue, or Carbona cleaning fluid. Those often preceded their entry into the harder drugs.

> **John C.**
> *I remember glue was something that emerged in about the mid-'60s. I remember this, because we all used to make models. In fact, Eddie T. and I used to make model cars and stuff, and then people started sniffing the glue that we used – some of the people I knew in the Ducky were sniffers.*
>
> **Geri**
> *We didn't really consider glue sniffing as being a drug – you could easily buy it in the store. But it damaged people's minds a lot though. It didn't give them the sense to say no anymore.*
>
> **"Parky"**
> *You're talking about kids. Even when we smoked grass, we weren't even seventeen or eighteen yet. Glue was for the younger kids who were hanging around the park, though. I wasn't really around anymore when that stuff started coming around the Ducky.*
>
> **John C.**
> *I hung around with the Mosholu Parkway crowd, and nobody in that group, that I knew of, sniffed glue. I was always scared to death of it, because I heard that that these guys were going nuts when they sniffed it. People were doing it up on the roofs, and they were all falling off. I had heard Johnny T. had fallen off the roof back then after sniffing glue. But that turned out not to be true, after all.*
>
> **Joe F.**
> *There was this kid Cullver who was in the Ducky with my broth-*

Alcohol and Drugs

er, and he had sniffed Carbona cleaning fluid, and it ended up leaving him legally blind.

Kevin B.
A lot of us started sniffing glue and Carbona. I remember for a while, guys used to go to the other side of the [Metro-North] train tracks since there was an underground walkway to the parking lot there, and they used to sniff the Carbona under there.

Lou C.
Bronx Park was a big place where you could hide whatever you were doing. During our adventures in the park, we'd run into these bags full of empty Testors glue containers that were all over the place, especially around the tunnels and Gun Hill Road. We just assumed they were from the Duckies.

As the Ducky Boys got deeper and deeper into drugs, an unlikely crusader against the harder drugs began to emerge – even if he isn't quite willing to admit it.

Kevin B.
It wasn't really too bad when we were just drinking and smoking pot, but it was never the same when glue and Carbona were on the scene.

People started doing harder and harder drugs as time went on, and it was sad to see a lot of people that I knew when I was younger get into that. The Ducky just wasn't the same – the camaraderie wasn't the same. It became a desperate kind of situation down there.

Geri
Drugs got introduced into the group more and more. I kept hearing about more and more people doing bad things. Drugs got to be a bigger part around the time I was leaving the Ducky.

Lenny really sheltered me from that stuff down in the park. If it weren't for him, I might have followed the others down that glue and drug path.

Rocky
Lenny was against drugs – all drugs. Not so much the booze

and pot. We used to drink right in front of him and he didn't care. We'd be passed out right in front of him.

Kevin B.
Lenny kept a lot of us away from drugs, no doubt about it. I remember one time down in Jack the Kool Kat's cellar – I wasn't using, and didn't know what others were using at the time, but I knew it was the harder stuff. It might've been sniffing glue.

I remember Lenny taking each individual who used into a separate room, and he really gave them a lot of shit for the stuff they were doing.

Having Lenny around was really good in that sense. I remember him as being like an enforcer, which was good. He tried to keep all of that bad stuff out of the gang, but it got a little too big for him.

Lenny was one of the only guys who was trying to help us out of using drugs. I know I was afraid of Lenny too. He was a pretty tough guy.

Many people remember that Lenny was an enforcer against the harder drugs, but Lenny himself has a different version.

Lenny L.
No, no, no. We did all that shit. During the hippie days, we did acid, we did the downs and the ups. Some people got into heroin, but they're not around anymore. Most of them have died.

Interviewer
You weren't an enforcer against harder drugs?

Lenny L.
No, just coke and glue. Just about every fucking thing else was allowed though. I knew if they started doing that [glue] shit, then we'd find them floating on the fucking river.

The glue sniffers, you would find them lying in the paths, right in the middle of the lane. The biggest user was Bobby McC. You'd catch him up on Webster Avenue and he'd have like ten sticks of glue in his pocket.

I tried to stop it at first. And then, after a while seeing them sneaking around behind my back, I just said, "What the fuck, just let them do it." They weren't going to listen anyway.

And sure enough look what happened. Almost all the glue sniffers are dead now. That stuff just ate their fucking brains out.

Geri
There's not a hell of a lot of us left. It's unbelievable how many of them are gone. And I've heard rumors how this one died, or how that one died. Unfortunately it's a hell of a lot of kids who didn't make it to be adults. One of my closest friends in the Ducky died a few years later, and it was drug-related.

Things weren't that much different on the other side of Bronx Park, with the Allerton Avenue, Parkside, and the Wanderers gangs having similar problems.

Rocky
In '64 or '65, the drugs were starting to come in to our side of the park.

The kids from the Wanderers were pretty healthy, playing football and those sports when they were young, but when I was hanging out with them that summer, they weren't into sports anymore, and they were definitely getting unhealthy, because of drinking, and using drugs.

At least one guy we hung out with passed away that year from a heroin overdose.

Hard drugs really hit the neighborhood. George Carlin did a whole bit about this. He said that gangs went away because of the drugs, and people just didn't want to be violent anymore, they just wanted to space out. And that's a very true observation – at least in the Bronx.

At least one former Ducky victim would agree with that statement.

Kevin H.
Around that time, the Duckies stopped picking on us because they were too stoned to do anything else.

In the Wanderers movie, the Ducky neighborhood was shown as a very frightening place. Blank-faced zombie-like people were portrayed walking the streets in a stupor. The impact of drugs on the neighborhood could definitely have inspired that vision recorded by young author Richard Price on the other side of the park.

Eventually, as drugs kicked into full gear, things would get really bad for the Ducky Boys. Surprisingly however, the first death of the Ducky Boys was not drug related.

Chapter 16
Ducky Mortality

Lenny L.
Gina McC. was Bobby's sister and she was a little chubby thing, but she was one of the most silliest women you ever met. Gina was good people, and she was just a little nuts – like all of us. But she died in a car accident when she was fifteen or sixteen.

She was the first one in our crowd to die.

Girl Burns to Death in Crash
March, 1965

A 14-year-old girl was fatally burned last night when her brother-in-law's flat bed pickup truck overturned on Boston Road at Baychester Ave., Bronx, and the gasoline tank under the girl's seat exploded. Her 12 year-old brother and her sister and brother-in-law were pulled from the flaming cab by passing motorists. The truck flipped on its right side, trapping all four occupants of the cab, with the deceased girl nearest the right door and next to the road pavement.

The news of Gina's accident as reported by the local papers.

Carolyn
Gina was one of my best friends, and she was one of my first friends in the Ducky besides Janine. She used to live in Woodlawn near me, but her parents moved up to 233rd and White Plains Road and became superintendents over there, so she kept going back and forth quite a bit.

The night of the accident, she was supposed to come help me babysit after she finished babysitting her sister's children who were out in Throgs Neck somewhere.

Her brother-in-law was a truck driver, and from the story I got, he had the cab of the truck – but not the trailer, when he went to take her home. He had his wife in the car, and he had Tommy, too, one of Gina's brothers. I guess somebody else was watching the kids at home.

I remember waiting and waiting for her to come over to help me babysit. In the meantime, I called her mother and I said, "Where are they?" and her mom, this Scottish lady, said, "Don't worry Carolyn, they'll be home soon and then she'll come over and babysit with you."

I guess it was ice. They hit an ice patch on one of the roads, and the cab turned over. When the cab turned over, it exploded – it must have ignited and exploded. From what I understand, Gina was trapped under the seat and couldn't get out. Her brother-in-law managed to get out, and so did her sister and Tommy. They were badly burnt. The brother-in-law went back to try and get Gina, and as a result of that, he passed away later because of smoke inhalation, and the burns.

I was totally devastated. I just couldn't quit crying. It was the first time that I had lost a friend like that. I couldn't go to school for three or four days after that. I was totally wiped out. I really lost a good friend.

To this day, if I hear the song "Roses are Red" or "My Boy Lollipop," I think of Gina. She loved those songs. We'd be sitting on the swings down in the Ducky park and we'd be singing those songs. I still remember her by those songs.

Geri
That was traumatic for the majority of us. It was the first time we lost a friend. I mean, we had grandparents dying or something like that, but this was your FRIEND, someone you hung out with every week.

Everybody cried for weeks and weeks. That's all you talked about. "Man, Gina's not here." I think of her today and... she was just fifteen years old. It was horrible – absolutely horrible!

Kevin B.
Gina was a real sweetheart. She was Bobby's younger sister and she was a beautiful girl. Her crash was horrible. Somebody who was that close to us – part of our gang, y'know.

I remember how everyone was so sad and upset. It just kind of made everybody realize how close we had gotten to each other, especially in the early days. We were one big happy family and were really close and really happy together when we were down there as a group. It really was a bad, bad tragedy.

Gina's funeral was very well-attended. There is a scene in *The Wanderers* when one of the ex-Wanderers ended up in Ducky Boy territory, and he ran into a church full of Ducky Boys who were attending mass. I don't know if Richard Price had known Gina, but this scene was very reminiscent of Gina's funeral.

Geri
I remember going to the wake and it was PACKED. It was like something you'd see now when a gang member dies in one of these huge gangs. That place was absolutely packed with everyone, Ducky people, anyone who was ever a Ducky, and maybe people planning to be a Ducky. It was just a mass of people – the majority were kids.

I guess we weren't the brightest kids and we didn't know to get dressed up real nice and stuff. It was just that our friend died and we just wanted to go say a prayer, or do something you know?

We probably didn't look like the neatest bunch, but everyone treated us nice. Either Gina's mother, or her aunt – I never met her parents so I'm not sure which one it was, but I remember the woman saying, "Thanks for coming."

She was thanking ALL the kids as we came in or went out. She appreciated that we came, she made us feel better by thanking us. It was a shit time, I tell you, for a bunch of kids.

Carolyn
It was so sad for me during that time. I think everybody else felt the same way too. We had gone to the funeral, and in the

> *funeral parlor I remember I was down on my knees praying so hard. Then Gina's mother came over. I was hugging her, down on my knees, and I was just crying and crying.*

One Ducky Boy was noticeably absent from the funeral.

> **Lenny Lim**
> *I didn't go to that funeral. I just could not go. That one hurt too much. She was a great kid, fun, and one of the silliest people you could ever meet. That one bothered me so much that I didn't go to the funeral. I just couldn't go to that thing.*

Gina's death affected the Ducky Boys greatly, and many believe that this was the single event that signified the beginning of the end for the Ducky Boys.

Chapter 17
Ducky Endings

The Ducky Boys were getting deeper into alcohol, drugs and glue. They were also hurting from Gina's sudden death, which made them go even deeper into substance abuse. Soon people realized that it just wasn't the same fun as it had been before.

Carolyn
It was kind of a gradual thing. Things just weren't the same anymore. Before, there was only pot and some glue going around, but then harder drugs started coming down there.

And when people started doing drugs, I was disappointed and hurt. Before that, I remember going down there and just having the time of my life. But when people got into drugs, they just wanted to be by themselves or with the other drug-using groups.

It started happening more and more after Gina died. I graduated high school in 1966, so I think that must've been the summer I stopped coming around.

It really killed me, since I still wanted my friends – I wanted them so bad. I wanted my boyfriend. But I realized that we were growing up, and I could not stay down that park forever.

I wanted to have a good time with my friends, but when drugs hit, that was the thing that really ruined it. I saw my friends were getting stoned or high, and it was such a waste. I wanted to help them, so I'd hang around a little bit longer and try to tell them, "Don't do that. Just get some beer – it's so much better."

But they didn't listen, and it hurt me to see them like that. I'm still a little bit melancholy over it. It was overwhelming because I felt like I couldn't do anything for them, and I was afraid that some of them were going to kill themselves. Which eventually is what happened to many of them.

The cops were also starting to get tougher on the kids drinking down in the park.

The bridge between the Twin Lakes as seen from Lookout Rock, and Ducky Boy Kevin Byrne underneath the bridge.

Photos from the author's personal collection.

Kevin B.
There is a bridge by Twin Lakes that separated the big lake from the small lake, and I have so many great memories of that place. That was right where the Ducky began a few years earlier, so it was a special place to me.

But it was also where the Ducky Boys kinda ended. At least for me, anyway. It was like the end of the innocence for the Ducky Boys.

What happened was that after the fire at the Botanical Gardens, the cops started coming down heavy on everybody, and this was the final place that the cops came and raided. It was in one of the local newspapers.

At that point I had just stopped hanging out, so I guess it was around 1965. But there were a bunch of people there, and the crowd was getting really big. The cops came down and did a massive raid there and took in like maybe twenty or thirty people. There weren't too many big parties down there after that.

Other things also contributed to the Ducky Boy's demise. The original crew was getting older, and moving on to the next stage of their lives.

Lou C.
I didn't see much of the people we used to see down in the park anymore. If the people who hung out at the balcony when we were in our teens or high school age – if they were Duckies, or remnants of the Duckies, they really weren't that much different from us, and the people who we hung out with in our playground. So I would guess most of these people matured, got married, got jobs. We all did.

Tommy T.
It just got out of hand, that's all. Things were getting too wild, too many fights, and then the drinking and drugs started, so that wasn't my cup of tea, so I just left and moved back to the P.S. 46 schoolyard for a while.

Geri
It's sad 'cause you think, "Man, I grew up with these kids – we did so much together," and your teenage years are the biggest thing until you get married and have a kid. You thought you would have these friends like this for years and years and years.

But people move on. I left earlier and there were a lot of people still around when I left. How much longer they stayed, I don't know. I never ran into anyone who tried to get me to come back down. I never got any of that. When I left, it was over for me.

Drugs got to be a big part, but it was still being introduced as I left. And that's why I don't think the Ducky stayed together that much longer after that.

I had heard that Lenny ended up going out with a girl from East Tremont. So if Lenny left, that meant that a bunch of others were going to leave too, so the original crew had to have broken up within the year after I left.

Lenny L.
We all just started getting older, and we were dating people from other neighborhoods. Then it seems like all of a sudden, you're not hanging out down there as much.

Instead of hanging out in the park, now we had cars and we didn't have to be cold anymore. You'd get in your car, and drive to a diner or something like that. Or you go to Lovers Lane with your girlfriend. Whoever had the car usually had two couples in the car, one in the front seat, and one in the back. Some of us still hung out together and did what we could afford to do.

Everyone who was home was going into the service for about five years. Some guys willingly joined the Navy or the Marines for four years, and some guys got drafted. Not too many of us went off to college.

Rocky
Several of us, including myself, went into the military. There was a draft at that time, and as soon as you hit eighteen, you had to register for the draft. If you were 1-A, meaning you had nothing wrong with you, you got drafted.

Or you could voluntarily join the military, where you had a choice of which branch you went into. That way you wouldn't be drafted into the Army and end up going to Vietnam.

I, for example went into the Navy. Nicky W. went into the Navy. Frankie and Jimmy Byrne went into the Navy. I bumped into them in boot camp and then again in 1968 over in the Philippines, in a club. I think they were stationed on a destroyer, both on the same ship. When they came into port, it was a surprise, but we were overjoyed to meet overseas.

Jimmy and Frankie Byrne at boot camp in
Great Lakes, Chicago around 1965-1966

Photo provided by Kevin Byrne

Kevin B.
A lot of the older guys that started out down there ended up going into the service. My brothers, Drew Q, Eugene F, and Tommy R – they all went into the service.

When they came back, people would come back to the park, but it just wasn't the same as it was before. There was a different group of people hanging out down there, and a lot of people were trying to recapture something that really wasn't there anymore.

The Ducky Boys' name would continue for a few years more, but the gang's later configuration was just a shell of its once great former self.

Lenny L.
There might have been some remnants of the original group,

> but a lot of them were a little bit younger than us and hung out after we left. They might have been what they thought was the Ducky, and I guess you'd have to say that they probably were their own version. But they weren't "us."

> **Jan B.**
> I was in the park with other people, but we didn't call ourselves anything. We were just a bunch of people still hanging out.

While kids calling themselves the Ducky Boys (or the offshoot gang called the "Ducky Aces") were still there, it soon became obvious to the other neighborhood teenagers that they weren't the same group who had terrorized them years before.

> **John Cunningham**
> Somewhere between '67 and '69, somewhere in there, we had gotten word that the Ducky Boys were coming up to our neighborhood of East 199th between Briggs and Bainbridge, and sure enough they did.
>
> It was a summer night, and about fifteen of them showed up, I forget who the leader was, but they came to call out this guy who hung out with us named Robert Paul.
>
> Robert, unlike most of us, came from a single-parent family. His mom was raising him, and he was one of these guys pretty much on his own all the time. He was a very quiet, unassuming guy, but he was a tremendous athlete in tremendous shape.
>
> These fifteen Ducky Boys came up and one guy called him out. Robert did not want to fight him, and it took about ten minutes for this Ducky guy to taunt Robert into the fight by making some racial or religious comment.
>
> At that point, Robert just lost it, and mopped the floor with this guy. He beat him senseless. It seemed like the beating went on for about a half-hour, but in reality, it was probably only five minutes.
>
> This Ducky guy never got off a shot on him, and I remember the gang having to pick the guy up off the floor. I'll never forget the sight of his face. His face was about two sizes bigger than what it was normally, it was totally swollen. He was just beaten to a pulp.

But what I remember most was that NONE of the Ducky guys jumped in or came after any of us afterwards. They just picked this guy up off the floor and very quietly slinked out of the neighborhood.

My thought at the time was: if there was ever anything to these guys before, there is nothing to them now. We can walk down there in the park at one in the morning, and no one is going to touch us.

By 1970, the Ducky Boys gang had fizzled out, and its members had gone their own separate ways into adulthood.

Chapter 18
Post-Ducky

Now that the Ducky Boys era was over, the kids were forced to move on to the next stages of their lives.

Sadly, many of the Ducky Boys did not make it.

Geri
Getting in touch with the few people in the past year or so, it's like so many Duckys are gone. Jesus. It's a shame.

I look back on it like, "Wow, these were great times, I had so much fun." I thought everyone was having fun. Alcohol did play a part in the Ducky. I'm not saying we were alcoholics, but I think some of them got worse. Drugs were introduced, and the natural thing happened. What played the biggest part, I just don't know.

There's not a hell of a lot of us left. It's unbelievable how many of them are gone. And I've heard rumors how this one died or how that one died. I've also found out that some of these rumors weren't true.

I don't know where I'm going with this, but all I know is that they're gone. It's a hell of a lot of kids who didn't make it to be adults, fathers, or husbands.

Carolyn
I think it was 1999 when I got online and tried getting in touch with everybody. I found a few people on the Bronx Board [website] and they started telling me about the people that died. I thought to myself, what a tragedy and what a waste. These were young people who had a life ahead of them, and they threw it all away for drugs or the craziness that they did. I was really affected by it. I cried, and I just could not believe it.

> *Some people died by disease or other things that happened to them, like my friend Janine who had the heart problem. A year after her son died [from the same heart problem], Janine was gone too. She was gone from a broken heart.*
>
> *A lot of people I really loved died, and some of those deaths could have been prevented. They were tragedies. They were basically good people with big hearts. A lot of us came from homes that were dysfunctional so that's what held us together tighter, you know, and so those deaths really affected me. I love them. I really do.*

Many of the surviving former Ducky Boys members actually ended up leading pretty normal lives after they left the gang. And many of the Ducky Girls went on to become mothers and grandmothers.

> **Jan B.**
> *Since the Ducky, I've raised two daughters, been a hairdresser for forty years, and I'm a grandma now. Those are my biggest accomplishments.*
>
> **Geri**
> *I've been married for forty years. I haven't gotten into trouble since the Ducky days. I don't drink and I'm not in the woods anymore. I have been good – real good. I have a good life.*
>
> *But from hearing little pieces from different people over the years, there were a number of couples that got married. And that was cool. Because you remember saying, "They're going to end up married," and they did. Unfortunately, most of the marriages didn't last.*
>
> **Carolyn**
> *I've been married twice, I had five children, and three grandchildren, I've moved around a little bit. I've lived in upstate New York, Phoenix, and now New Mexico.*

Professionally, the biggest Ducky Boy success, of course, was **Paul "Ace" Frehley** of the rock band **KISS**. His roots in the Bronx and the Ducky Boys are well documented in **Gordon G. G. Gebert** and ex-Ducky Boy **Bob McAdams**' 1997 book "**KISS & Tell.**" Gordon was kind enough to give me permission to reprint the section on how Ace became a Ducky Boy, and you can find it in Appendix E.

Blackie Lawless (a.k.a. **Steve Duren** of the rock band **WASP**) is also rumored to have been a member of the Ducky Boys, but none of the original generations of the Ducky Boys remember him. It is likely that he was a member of the group in the later years when the band was slowly fading away. I was unable to get in touch with him at all, so I can neither confirm nor deny his Ducky involvement.

Amongst the not-publicly-known Ducky Boys, there were a number who went on to become professionals.

> **Tommy T.**
> *I left to make money – that was my thing. Afterwards I had like four food trucks at one time, and I had a job on Wall Street. Things were doing well. I was also pretty good at pool.*
>
> **Parky**
> *I'm in charge of telecommunications for the Labor Department. I still see Whitey on and off sometimes – he's a programmer for a large financial firm.*
>
> *I heard one guy went to California, and started drinking heavily after his mother died. He just flipped out, and he ended up in this retreat house in upstate New York. Somebody told me that he was still there and doing well now – he became a counselor.*
>
> **Carolyn**
> *Now, I'm a unit administrator in the department of family community medicine. I have even deejayed at an oldies station for a short period, and I'd love to do that again, and play the music that we grew up with. It was the soundtrack of my life.*

Other former members have also become productive citizens in our society. Most have gone on to various blue- or white-collar careers. I've heard of ex-Ducky Boys who became air-traffic controllers, x-ray technicians, government officials, realtors, business owners, and psychologists.

A few Ducky even went into law enforcement, which may seem strange until you realize that historically the police department is largely an Irish profession.

However, none of these professionals wanted anything to do with this project (at least publicly). I guess I can understand their position. More than once, I was told, "I don't want my Ducky gang history ruining what I have now."

When asked for possible reasons why their Ducky comrades were hesitant to talk to me for this project, I got some interesting, yet expected answers.

Carolyn
I heard a couple of reasons why they wouldn't talk to you. Number one, it's their past, and they'd like to keep it in the past. I don't know if there's fear of getting in trouble later on in life. I think some of the things that they done they are not too proud of so it's just "leave it alone."

The other thing, and this is just my opinion, is that later on in life, some of them got involved in drugs and I think that was just a bad time and they'd rather not be reminded of it.

Tommy T.
Many of the Ducky did time. They made a lot of mistakes and they did time for it. And I think they just want to keep it in the past and not dig it up.

Kevin B.
I don't know – I really don't know. There was probably a lot of stuff going down that I wasn't even aware of. There was some illegal activity going on down there that maybe people don't want to remember – or be implicated in.

Even the Ducky who did speak with me had some concerns about how their Ducky Boys experience would affect their current lives.

Geri
I was hesitant to talk to you in the beginning, because my kids don't know about my history, and to tell kids nowadays "your mom was in a gang," it's kind of embarrassing. We didn't go around with guns and knives looking for people, you know. But a lot of people did things that they weren't proud of. You don't want your family to know.

You get a little nervous of different people finding out. I mean, my mother-in-law thinks I'm a wonderful person – and when she finds out "Geri was in a gang?" It makes you nervous to think about.

Carolyn
I've told my kids a couple of little things about the Ducky, like the train robbery. They kind of laughed at me, you know, because they just don't believe that I would have done a crazy thing like that.

I've tried not to tell them too much because I'm their mother, and I wanted to set a good example for them. And I don't ever want them to turn around and tell me, "Well, Mom, YOU did it, so I can go out and do something crazy too." They are a little bit older now so I might be out of the woods, although they still give me a run for my money from time to time.

Now I have my grandchildren so I have to be a good example for them. I'm a little bit crazier than most grandmas, and that comes from my Bronx upbringing and Ducky days for sure. Maybe I look like a grandma on the outside, but inside I'm still that young girl in Bronx Park.

Interviewer
How are you going to explain this project when it is released?

Carolyn
I'll tell them the truth. We all have a past. My Ducky days in the Bronx were pretty tame compared to what my children have put me through, to be honest.

Chapter 19
The Ducky Legacy

Now that the surviving Ducky Boys were well on their way to adulthood, the gang's adventures could have easily slipped into obscurity and remained just a memory to the people who lived through it. However, when Richard Price chose to immortalize them in his novel and eventual movie *The Wanderers*, he made sure that they would not be forgotten anytime soon.

You can read in the Appendix A how *The Wanderers* movie was hugely responsible for this book's existence. But I wasn't the only person inspired by that depiction of the Ducky Boys.

Actor Mark Lesly, who played one of the Ducky Boy leaders in *The Wanderers*, recalls a meeting where he found out the Ducky Boys reached way beyond the Bronx borough.

> **Mark Lesly**
> *I had auditioned for a stunt show at Great Adventure, down in New Jersey in the mid-nineties. I didn't get that job, but the casting director recognized me.*
>
> *He went, "Weren't you THAT Ducky Boy?" And I was like, "Yeah, it's almost fifteen years ago, what's your point?" He asked if I knew that there was a cult in Los Angeles based on my character. I had never heard of that before, but I was oddly flattered by it.*

In my research, I haven't come across any concrete proof that this cult actually existed, but I have heard rumors that there was a gang in Los Angeles that modeled themselves after the Ducky Boys gang in *The Wanderers* movie. I don't know the actual numbers of the gang, but supposedly they dressed the same way as the actors in the movie did, and they all had crucifix tattoos. Maybe this gang and cult were one and the same?

While this gang/cult hasn't been verified, there absolutely was a pretty popular punk band from Boston which was directly inspired by the Ducky Boys...naturally called "The Ducky Boys." If you've ever tried to search for the Ducky Boys on the Internet, you've run across this band.

Mark Lind formed the band in 1995 in Charlestown, Massachusetts, a section of Boston. The band produced quite a few albums, and has toured with the extremely popular Irish punk band, The Dropkick Murphys.

I met up with Mark in Charlestown, and asked him about the connection to the Wanderers movie.

> **Mark Lind**
> *Like people assume, we picked the name up from* The Wanderers *movie. Originally we were going to call the band the Wanderers because [the movie gang] kinda had that imagery associated with the band **Social Distortion**, with the varsity jackets and the greased hair. We also thought the girls would like that look.*
>
> *Then my brother Rob, who plays in the band **Blood for Blood**, heard our stuff and was like, "If you guys are going to be a punk rock band, you're going to come off like pussies if you call yourselves the Wanderers. You've gotta be the Ducky Boys if you're gonna steal a name from that movie." So he's really the one that handed the name to us. And it ended up working out really well in the long run.*
>
> **Interviewer**
> *What have people's reactions been to the name?*
>
> **Mark Lind**
> *First of all, most people don't pick up on it. Sometimes they think it's a reference to the Warriors. I guess I can't blame them – there's some similarities between the movies, and you can see where the dots are trying to connect there.*
>
> *If they know about The Wanderers, then they generally assume it's just from the movie. We've had fans come up and tell us that Wanderers fans or Bronx people had approached them and commented on their [Ducky Boys] t-shirt and given them accounts of where the name originally came from.*
>
> *But people seem to catch the reference as being a gang of some sort. Otherwise they just think we have the most insane name that's ever been given to a punk rock band. It's worked out for*

us because like I said, we weren't originally going to take that name, but we didn't know what the hell we were doing anyway. If I had given it some thought, I probably would've come around to the same name anyway, but our whole image as a band is always been like, we come from the inner city, where it's sort of voiceless, because there's poverty and stuff.

And since the Ducky Boys didn't talk, it was consistent with that imagery. It worked so we could say that since they had no voice, and neither do we, that's why we took the name. We just slapped that story on there afterwards as why we took the name. (laughing)

> **Author's note:**
> There was also another "Ducky Boys" band based out of Brooklyn in 1982, but other than their song "(I Wanna Be A) Mercenary," there is not a great deal of public information about them.

Now that we see how the movie Ducky Boys left their mark, let's get a little more personal and look at why the real-life Ducky Boys were important.

Professor Ultan
When you research the Ducky Boys, or any other historical group of the Bronx for that matter, you are really learning about the communities that these groups sprang from. You uncover the underlying factors that prompted this particular group to come together the way it did.

Lou C
For me, I think learning about Ducky Boys really is worthwhile. It really brings back a part of Bronx youth. We only had minor interactions with the Ducky, but it's interesting to hear the background of how they got to be this group where everyone knew the name Duckies.

Kevin H
When you think of gangs, you think of gangs like the Crips and Bloods, and stuff like that. But back then it was a club of guys who gave themselves a name, and that's what the Duckies were. They wanted to create a little bit of havoc amongst

> *themselves – not to go out of their way and hurt people. It was more mischief than criminal.*

As you've read, sometimes the mischief crossed over to being criminal, but that's just typical of the reputation of the Ducky Boys. It seems that everyone who knew of the gang had only a single perception of the gang – whether it was the gang being known as being pests, thieves, violent brutes, Chester-fighting vigilantes, glue-sniffing zombies, fun-loving innocent pranksters, doomed young lovers, or even tongue-less gangsters. (Okay, maybe that last one was more just a story than a reality.)

But the majority of the kids who spent time in the Ducky Boys were normal kids who wanted to be around their friends and away from the prying eyes of parents and teachers. During their rebellious teenage years, they did the things many kids did – they drank, ditched school, and shot their slingshots in the face of authority. Sometimes literally.

There were definitely larger-than-life personalities down the Ducky who ended up being leaders. Some like Paddy Schwinn were able to rile the kids up to do crazy things like steal the Botanical Gardens trolley, but there were others like Lenny Lim who tried valiantly to protect his Ducky family from the ravages of drugs.

But there was only so much anyone could do to shield their friends from life: the world of the Ducky Boys was destroyed as drugs and glue made their way into the park. Peer pressure is influential even when you only have a few friends around you, but it is completely insurmountable when you have hundreds of kids around you pressuring you to try this or that drug.

Over the years, many people told me that I was glorifying gangs, drugs and violence by writing about the Ducky Boys. I never felt that I was. Sure, I've come to really like many of the individuals I've encountered, but these are the people who changed their lives for the better after getting out of the gang. Most of those who did not change their gang-like behavior are no longer around to tell their story.

As I write these final words, I would like to end with these thoughts from "Jan B," who was the Ducky Girl who held the jewelry when her Ducky Girl friends got into fights.

Interviewer
How did the Ducky Boys influence your life?

Jan B

As a kid, I thought it was the greatest thing to get over on my parents, and hang out with my friends all the time. What was better than that? But as an adult, I know I did the wrong thing.

When I look back now, as an older mature woman, I see that I should have been doing better things with my life than "getting over." I was playing hooky every day, I wasn't going to school – and I was drinking a lot.

It really affected the rest of my life. I never got back to school, which made it tougher for me. But the experience with the Ducky, I would never change because they were mostly good times. I just wish I had been more responsible.

THE END

Lost Boys of the Bronx

The Ducky Boys and Friends Back in the Day
Clockwise from upper left: The Byrne house on Briggs Avenue – also known as the Ducky house; Kevin Byrne in the service; Jack the Kool Kat with his Kitty (Jan B); Later generation of Ducky Boys fooling around on the Metro-North tracks; Jan B with her trademark floppy hat and sunglasses; Ducky friend John Cunningham; Carolyn and a friend surfing at Gilgo Beach; Lenny; Geri's photo booth picture (center)

Photo of Byrne House and Kevin Byrne provided by Kevin Byrne; Jack the Kool Kat with his Kitty, Lenny Lim, and Jan B photos provided by Jan B; Later generation Ducky Boys photo provided by Joe F.; Geri Gertler-Norcross photo provided by Geri; Carolyn Vetter-Cosentino at Gilgo Beach photo provided by Carolyn; John Cunningham photo provided by John.

The Ducky Passage
By former Ducky Girl, Geri Gertler-Norcross

Reprinted with permission

The Ducky Gang had a place to roam
Where many would call it their second home
The park was big and covered in brush
Hearing Kee-Yaw-Kee would give em a rush
They guarded their turf and made others aware
If you're walking the path, you'd better beware!

The dark of the tunnels would glow in the night
Cause the Ducky was there, though hidden from sight.
Burning their fires to keep off the cold
The graffiti on walls sparkled like gold.
The names of so many, of those who passed through
My mind sees the names of all that I knew.

Their numbers were many, and each was a 'friend'
They stood at your back right up til the end.
Once you're a Ducky, a Ducky you'll stay
For friendships were made that last til this day.

Few didn't make it into their prime
But they're not forgotten with passage of time.
The choices in youth that some were to make
Led to the ultimate, final mistake.

So this is my tribute to those who are gone
Just know in our hearts, you'll always live on.

Appendix A

A Bronx Tribute to *The Wanderers*
by **James Hannon** of **Lantern-Media.com**

A native Bronxite's tale of how Hollywood came to the Bronx, and how the resulting movie influenced his life.

Originally published:
***Back in the Bronx Magazine**, Winter 2006 issue, Vol XIV, Issue L1*

In 1979, a movie by the name of **The Wanderers** came out. It was based off the book by **Richard Price** and starred a then-unknown actor named **Ken Wahl**. It also had a tremendous supporting cast that is too big to list here.

My sister's boyfriend Louie really sold me on this movie a year or so earlier by telling me they were filming it near the **Dollar Savings Bank** on the **Grand Concourse and Fordham Road**, and that they had a bunch of old cars lining the surrounding streets and they were filming. This was a big deal to me, so I was definitely looking forward to it coming out.

So, when it finally came out, I was horrified to find out that it had a rating of "R". I was only twelve years old and five long years away from being eligible to see this movie. Ratings actually meant something back then, and I couldn't imagine any kid's parents letting them see "R" movies. I was crushed that I couldn't see it.

Time went on, and I got over this disappointment as kids do, but it was always in the back of my mind. Years passed, and it never made it to TV. I figured it was just something I would never get a chance to see. Then in the early '80s, two wonderful products came out – the VCR and the Video Rental Store. It took my family a while to get a VCR. But in June 1985, I got my first "real" part-time job at **Sears Roebuck on Fordham Road**. And with my employee discount and my dad chipping in half the price, we bought our first VCR.

Lost Boys of the Bronx

Video Villa was the premiere video store in my neighborhood, and with my second or third paycheck I signed up for a lifetime membership. They went out of business quite a few years ago, but if they ever come back I still have my card!

Author James Hannon's Video Villa "Lifetime" video card.

Photo from the author's personal collection.

One of the first movies I ever rented there (or anywhere) was *The Wanderers*. I was now 18 and fully eligible to see "R" movies! My dad and I sat down to watch it – although I have to admit he was more interested in the newfangled VCR technology than the movie itself. But I was hooked from the opening shot of **Alexander's** to the streets behind **Dollar Savings Bank**, **Bronx Park**, and **St. Lucy's Grotto**. This movie truly was worth the long wait. Louie (now my brother-in-law) was thrilled to find out that I had finally seen the movie. He pointed out a few locations that I didn't recognize. But he really shocked me when he told me that the gangs in the movie actually existed! His father would tell him stories of seeing the **Fordham Baldies** cruising around his old neighborhood in the mid-'50s.

Not thinking as clearly as I should've been at the time, I told my brother-in-law, "Yeah, I remember them when I was a kid – they used to hang out in **Poe Park** and play music. Right?" At which he started laughing. He settled down and informed me that the bald guys in **Poe Park** playing music were not the **Fordham Baldies**, but the **Hare Krishnas**! He still teases me about that brain-freeze to this day!

Over the years, I have watched that movie probably hundreds of times – it became my belief that everyone from the Bronx should see this movie at least once. Eventually, some video store was selling a used copy of the VHS tape for like $20 dollars (new was over $80 at the time) and I grabbed it. Eventually I wore that tape out, got another used copy, and ultimately I got the DVD.

Recently, **The Wanderers** (and **Steve Samtur** from **Back in the Bronx**) inspired my life yet again. During my mid-career crisis, I decided I wanted to become a filmmaker and eventually released a documentary in July 2004 about a band called **Richard and the Young Lions**. Don't feel bad, not many Bronxites have heard of them – even though they were #1 in Detroit. When they were actually played on New York radio during the summer of 1966, there was a disc jockey strike, so nobody in New York ever found out the band's name or the song name that they were playing (**"Open Up Your Door"**).

Now that my documentary was finished, I began to look for my next project. After many false starts, I started getting frustrated about what I was going to do next.

The poster for the premiere of ***Out of Our Dens: The Richard and the Young Lions Story***

Photo from the author's personal collection.

Then, Christmas 2005 came around and I was shopping the **Back in the Bronx** catalog. I saw the **Loew's Paradise Theatre DVD** advertised and just had to get it – I had spent many hours at the Paradise growing up. I got the DVD and was watching it on Christmas Eve with family when a light bulb went on over my head – I had been looking far and wide for a new project, and realized that there is a lot of interesting stuff in my own hometown (or backyard – as you'll see later).

I contacted Steve about doing similar projects, but nothing we spoke of really caught my attention... As we were talking, I was casually flipping through the catalog, and saw his Bronx chessboard advertised – which had the Fordham

Baldies as the pawns! At that one moment, everything clicked – I would do a documentary on the real-life gangs of *The Wanderers*! I did a lot of research and hit all the Bronx websites that specialize in reconnecting Bronxites, and hooked up with a few extremely helpful people who knew the gangs intimately, and found out some interesting things.

In these conversations, I found that the infamous **Ducky Boys** started out as a bunch of friends who hung out in the schoolyard of **P.S. 46** in 1957. Now that may not be so thrilling to many of you, but it blew me away. You see, from 1969 to 1993, I lived across the street from **P.S. 46** on **East 196th Street and Briggs Avenue** – it was literally 20 feet from my backyard!

I had spent many hours growing up in that schoolyard playing Off-the-Point, Wiffle Ball, and Skully – with our personalized caps (Yoo-Hoo glass bottles made the nicest caps after you scraped them on the sewer a few times, but they were no match for the melted crayon filled RC Cola caps which would shatter the glass caps on impact). So this **P.S. 46** connection really made this new documentary much more personal to me.

Another little piece of information I found is that the **Fordham Baldies** were not meant to be hairless like in the movie, but got their name from the American symbol – the bald eagle. There is also an unverified story that they got their name because their leader was a guy named Garibaldi. (Feel free to e-mail me to prove or disprove this).

Speaking of which, I really love to hear this type of stuff, so if you have any stories, pictures, or anything that you would like to share with me about Bronx gangs of the late-'50s/early-'60s, please e-mail me at JamesHannon@Lantern-Media.com. If you would like to know more about me, or my previous projects, please check out my website at **Lantern-Media.com**.

Appendix B

A Ducky Archaeological Find

Back on May 26, 2006, I filmed my first Ducky Boys interview. I have to give major thanks to my first Ducky friend, Geri Gertler-Norcross, for putting this together (as well as for a million other reasons over the years).

I also have to give major thanks to James Giunta who saved my ass that day by filling in as cameraman and crew, and who almost lost a nut for his troubles when our two 60-year-old interview subjects decided to hop a barbed-wire fence.

The interview was with two former Ducky Boy leaders: Lenny Lim and Phyllis Carpenella-Germano. And the interview took place while they were giving me a personalized tour of the Ducky territory of Bronx Park and the Botanical Gardens.

If you've finished the rest of this book, you've already read much of what we talked about on that interview, so I don't need to go into that here. But this interview is historically important for more than just the content of the interviews.

Lenny and Phyllis were quite the characters. They had only seen each other twice in the last 30-plus years, and they seemed to love the chance to reminisce at their old stomping grounds. During the interview, we came across something that we never expected to.

While checking out the Bronx River tunnels that now separate Bronx Park from the Botanical Gardens, we found **Ducky Graffiti** that was originally painted on the tunnel walls between 1961 and 1963! One of the original Ducky Girls remembers:

> **Jan B.**
> *My parents had a paint cellar, and me and another girl Marianne went and got gallons of paint and brushes. We didn't do things with spray-paint back then – we didn't know anything*

> about that. We had written our names all over the trestles and on the balcony and then down in the tunnels.
>
> It was nice to see some of the names are still there – Marianne's name is still there, but mine is gone.

Oddly enough, when we returned to the park on October 21, 2006 for the Ducky Reunion, some of the graffiti that we had seen seemed to have been vandalized. It looked like someone tried to clean the graffiti off the wall, but didn't really know how to do it. There was plenty of non-Ducky graffiti in the tunnels, but only the Ducky ones were streaked and had big scratches on them.

It's funny, the graffiti had been undisturbed for 45 years prior, and within five months of our discovering it, it was messed with. Who would do this and why? While I won't name my suspicions here, I will share the background behind it.

On my Lantern-Media.com website, I had posted a blog with a few pictures from the interview, and I'd received a couple of emails from anonymous Yahoo email accounts complaining that the Ducky Boys were horrible for one reason or another. My typical response when I was doing the film version was to offer to give my correspondents an opportunity to film their displeasure with the Ducky Boys, with the promise to show it unedited. Nobody ever took me up on my offer, but I have to think that the vandalism of the graffiti was done by one of the people who regularly send me nasty emails regarding the Ducky Boys. I guess one of the past Ducky Boy victims is still holding a grudge for whatever reason.

Either way, luckily, I'd taken plenty of pictures of the graffiti back when we first discovered it.

Appendix B

Various shots of the 40-plus-year-old graffiti found in the Ducky Tunnels. Upper right: Ducky Girl Phyllis Carpenella-Germano pointing to her name. Mid-Left: Ducky Girl Carolyn pointing to how Jan B and Marianne thought her name was spelled. Lower right: 60-year-old ex-gangmembers Lenny and Phyllis hop the fence between Bronx Park and the Botanical Garden out of pure spite of the fence being there. (Admission to get to that part of the Botanicals is free.)

Photos from the author's personal collection.

Appendix C

The Ducky Reunion

There were numerous attempts at having a Ducky reunion over the years since the mid-1960s.

> **Carolyn Vetter-Cosentino**
> *We've tried to have many reunions over the years, but they never materialized. In 2001, we actually had one that looked like it was finally going to happen.*
>
> *I thought that I had it planned out pretty well. I had a bunch of us together from being online and by phone calls.*
>
> *We were supposed to get together in October of 2001. It was going to be on that long Columbus Day weekend and we were shooting for Vegas because some people had thought that would be a great place – fun and convenient and some people had never been there. As we were booking this, September 11th happened. And then everything just fell apart, y'know?*
>
> *Afterwards, when we eventually started thinking straight again, everything had changed and people weren't willing to fly anymore. So we put the reunion off indefinitely.*
>
> *Then people got caught up in their daily lives and couldn't take time off or whatever. Then the people that I did get in contact with disappeared, and it just didn't happen.*
>
> **Geri Gertler-Norcross**
> *We tried so hard for that Columbus Day weekend and it didn't happen. It was disappointing.*
>
> *Lenny kept saying, "Let's just get a bunch of us together and meet down at the Ducky and we'll have a blast."*

Well, in 2006 that's exactly what we did.

Ducky Gang reunion 2006
Reprinted from my Lantern-Media.com blog entry of October 21, 2006

Well, the big day finally came on October 21, 2006 – the first known Ducky Gang reunion in their old stomping grounds of Bronx Park – affectionately known by them simply as "The Ducky."

I have to admit, I was dreading having to write this journal entry. So many events and emotions cropped up that day that I didn't have a clue where to start... Luckily, I had to wait a week to get all the pictures from everyone, and that gave me time to sort out my thoughts.

So let's get started at the beginning...

Ever since I started talking to Ducky Gang members earlier this year, a reunion was always on the wish list (for me and them)... And as we started finding quite a few of the old gang, eventually it started to become a reality. And in late September, we found a date that worked for the principal participants, and booked the event for October 21st.

Now, there were a lot of things to consider in putting together a Ducky Reunion on such short notice – especially one that would take place outdoors in the Bronx in late October! People were flying in from New Mexico and Florida specifically to see their old hangouts, so a rain date was not an option. Luckily, the weather was on our side... But, while the date worked for my key Ducky contacts, it didn't work for everyone...

I was really hoping to have a larger showing that day, but it just wasn't in the cards for a variety of reasons:

- Mainly, there aren't that many Duckys still around. Over the years, many of the gang passed on due to illness, drugs, etc. When you think that there were so many kids in the Ducky, and there are only a handful left, it is really overwhelming to me. And I didn't even know these kids personally – I can't imagine the emotions going on in the people that were part of the Ducky Gang.

- Secondly, of the Duckys that are still around, some just don't want to go public with their stories for various reasons. I've actually heard that one of the Ducky said, "I'd rather put a bullet in my head than talk to James." It's pretty hard not to take that personally... But hope springs eternal...

- Another big problem is that many of the Ducky Generation are not Internet-savvy and aren't easily found online. This one is slowly being overcome. Every week I get at least one fresh lead on finding new Duckys.

Back to the actual reunion...

Once it started, we all had a great time... The emotion of good friends and first loves who haven't seen each other in 40-plus years was really something to behold... I could not even come close to describing it in words, but just look at the pictures to see the faces of the participants...

There were a lot of tears (both of joy, and for fallen friends), hugging, laughing, amazement at who showed up, etc... It was quite the emotionally charged day – As I write this journal a week later, I am just now barely able to make sense of all the cool things that happened...

We were to meet on the Balcony off East 204th and Webster Avenue. (I got there early to get a GREAT pre-reunion interview.)

As everyone started showing up, the excitement just kept building... Everyone that passed by got the "Is that a Ducky?" The random people walking by must've wondered what the hell we were doing there with everyone staring with cameras and video cameras aimed at them (then putting them down, disappointed, when the new arrivals turned out not to be from the Ducky Gang).

When everyone arrived, we took the walk down to the tunnels where the Duckys saw their graffiti still on the walls 40 years later. This tunnel had been on their home turf, and they were surprised at how little it had changed...

Once the tour of their old stomping grounds was over and everyone was getting cold, we headed off to the warmth of the Jolly Tinker on Bedford Park and Webster to continue the trip down memory lane.

At the Jolly Tinker, I got some great interviews, had some Bronx pizza, and heard some great stories (some which will never see the light of day again for obvious reasons, LOL) – but it was such a thrill to hear these stories from the people who lived them...

After a few hours, we had to end it... But the trips down memory lane didn't end there... The Ducky Gang hung together for the next few days without cameras or my interference. They had given me plenty on Saturday and deserved their "alone time" with their old friends.

Hope you enjoyed this installment of my documentary journal... Keep tuning in!

Lost Boys of the Bronx

Clockwise from upper left: Phyllis, Geri, Jan, Carolyn and Lenny in front of the Ducky Tunnels during the Reunion; Meeting for the first time in 30-plus years on the Balcony; Looking out from the Balcony; They can't stop reminiscing on the Balcony long enough to pose for a picture; Author James Hannon with the Ducky at the Reunion after-party at the Jolly Tinker on Bedford Park.

Photos from the author's personal collection.

Appendix C

Clockwise from upper left: Geri and Lenny getting back into the swing of things; The group making our way down to the Tunnels; More hanging out on the Balcony; Looks like Bronx Park is sealing up the smaller tunnel with dirt. See more pictures at Lantern-Media.com.

Photos from the author's personal collection.

Appendix D

Tales from The Wanderers Movie – Part 1

During the initial stages of doing the Ducky Boy film, I had planned to go much deeper into the Wanderers movie. As time passed, however, I decided to focus much more on the real version of the Ducky Boys gang. This decision was based on a few factors, but the primary reason was the unflattering portrayal of the Ducky Boys in Richard Price's book and movie.

However, I had already had interviewed two Ducky Boy actors from the Wanderers movie, and gotten some great information from them. It would be a crime not to use them "somewhere" in this project. Imagine these appendix chapters to be the book version of the "DVD Extra."

The first Ducky Boy actor I interviewed was **Konrad Sheehan**. Konrad not only played one of the Ducky Boy leaders, but he was a stuntman in the movie as well. After giving him a tour of the actual Ducky turf, we conducted this interview in the bleachers of Van Cortlandt Park – right where the infamous football fight scene from the movie took place.

Lost Boys of the Bronx

Interview with Konrad Sheehan, August 2006

top: Ducky Boy actor Konrad Sheehan from the movie, and being interviewed in 2006; Bottom: Author James Hannon and Konrad at Van Cortlandt Park where the big fight scene took place.

Photos from the author's personal collection.

Appendix D

Interviewer
How did you get involved with the Wanderers movie?

Konrad Sheehan
I was working on the Warriors movie as an actor and stuntman.

> **Author's note:**
> Konrad was the leader of the Punks gang who roller-skated through the train stations.

As a stuntman, you develop a rep after awhile. And I was contacted to come in and just meet with the producers of the next project. I don't remember exactly, but it was probably set up through the stunt partner I worked with. I arrived and was told I was going to be working on this project called The Wanderers.

So I went into this very dark room, and behind the desk there's the director Phil Kaufman, and Scott Rudin. Scott Rudin would eventually be known for many incredible blockbuster movies – he became one of the youngest and most successful movie producers around. So, while I'm meeting with them, they told me I'd be perfect for one of the Ducky Boys. I'm only 5 foot 5, so I guess I had the build that they were looking for.

Phil Kaufman sent the group of us to this really cool barbershop in New York to have our hair cut downtown. We all went as a unit so it was kind of fun. It helped us come together as a single group.

Interviewer
What scenes were your character in?

Konrad Sheehan
One of the scenes I was in was with Tony Ganios who played Perry. The scene was very cool – we were shooting in Brooklyn. I don't remember the exact location, but it was a cool street that was near an "el" train, and it was lit so perfectly you just felt... it just felt so good shooting it.

The scene was right after the Wanderers gang accidentally drove into Ducky Boy turf. I stood in front of their car and stopped them. I walk over real cool, you know, and slowly grab the antenna and rip it off. Perry gets out of the car and I whip him with it. We rehearsed it of course, and he had on a leather jacket you know, so I whipped him hard and "real" you know. I just made sure I didn't get his neck. And I just hit him hard and he grabbed me and threw me over the car. We had put a mat on the other side of the car and I just flew out of the shot.

Aside from that, there were a few other scenes that I was in – such as the church scene and the big football field fight. But aside from that I was also playing as one of the Wanderers football players, and having fight scenes with the Wongs, and just doing a bunch of other stuff.

As a stunt man, I get to do a lot of different things – as long as it doesn't interrupt character. And hopefully I become more valuable for the process of filmmaking. It was a really fun experience.

Interviewer
What do you remember about the Ducky church scene?

Konrad Sheehan
The church was in Brooklyn and what I remember vividly about that church scene was the kerosene they used to create the smoke. And, oh my gosh, I remembered my lungs being shot for like a month after that because we were breathing kerosene that whole night. I remember that and I remember the lighting but not the exact location. We were picked up and driven there, so I didn't really know where we were.

Interviewer
Was the creepy statue in front of the Ducky church real or a prop?

Konrad Sheehan
It was probably a prop. I remember it because it was to show the whole unity and power of the Duckys. It was like a saint outside the church so to speak. It was their church – the Ducky Boys' church, you know. And when they'd go to mass, they'd go as a group and fill up the whole church. So, I'm sure it was a prop.

Appendix D

Interviewer
You have a theory about the priest in the Ducky Boy church. Would you care to tell us that theory?

Konrad Sheehan
I think the priest was a former Ducky Boy. I remember feeling that when we were there, it was a priest who could definitely relate and understand the complexity of the Ducky Boys. He knew that they were hoodlums or whatever, but deep down they were good solid people. They would cause all this havoc but still found their way to church on Sundays.

Interviewer
Why do you think the scenes were shot in Brooklyn, and not the Bronx – like a lot of the other scenes were?

Konrad Sheehan
We didn't go actually into Ducky boy tunnels or locations to shoot – the producers had their scouts out and they found the Brooklyn locations. You have to take a lot of things into consideration for a film location – things like getting trucks and cars into the location, lighting, permits. There's a whole lot that goes into it – not to mention that the scouting person has to pick out this cinematic definition of what Duckyland was supposed to be like.

Author's note:
One of the reasons that the Wanderers producers couldn't use the original Bronx location for the Ducky neighborhood is that the Third Avenue elevated train line that ran on Webster Avenue in the '60s was taken down in 1973.

The 3rd Avenue el train tracks near Botanical Square and Webster Avenue – Picture taken in October 1973 when they were beginning to take it down. Note the footprint of the "poles" on Webster Avenue.

Picture by Kenneth Palter, provided by William Palter.

Interviewer
What do you remember about the big fight on the Van Cortlandt Park football field?

Konrad Sheehan
Some days I would work, and we would do scenes up here [in the Bronx], and the next we would be in Brooklyn doing scenes in the church. It was intermittent throughout the whole shoot depending on the weather, or whatever Phil wanted to shoot that day.

There were a lot of things happening during the shooting of that scene, and it wasn't filmed in continuity, and I remember when I saw the final product in the theatre, I just remember how fabulous and magical the whole scene looked on screen.

We filmed so many different scenes out of order. One scene I was playing football in a Wanderers outfit, another I was being flipped onto my back during a fight with the Wongs. I remember doing those scenes, and the guy from the Wongs did a low *roundhouse kick that took my feet out and I landed on my back on the grass. Another scene, I was being swung around by my legs by the actor who played Joey's father Emilio.*

It was a hectic shoot, but it all just came together beautifully onscreen. It was a great piece of filmmaking!

Interviewer
Where did all the Ducky Boys come from?

Konrad Sheehan
There was actually a trench and bushes around the field where all the extras were hiding during filming. And when they were needed on camera for that huge appearance, they would be there.

Interviewer
Speaking of that, just how many people were cast as Ducky Boys?

Konrad Sheehan
Oh God, there were hundreds! Let me rephrase that. There were only a few hired like I was hired, Alan [Braunstein] and Mark [Lesly] were hired, and a few others – but only like a handful of guys.

But then they had literally hundreds as extras. They had all of these extras come in and I just remember wardrobe and hair going crazy that day. They had to deal with hair and costumes, and finding people who were of the same height, and the same kind of build. It was quite a job for them.

Interviewer
What was the look of the perfect Ducky Boy?

Konrad Sheehan
We were just a very silent, ominous, compact, Irish-looking group. You know, it was a really eclectic group, but very uniform. We all kind of had the same look, the same feel and the same ominous effect on people – when they saw one Ducky Boy, it was like they were seeing a hundred Ducky Boys. We were silent, we were stealthy, we would just appear unbeknownst to others. Just like in the scene with the football – all of a sudden you see one Ducky, and the guy knows to step back

because he knew that if there was one of us, there were hundreds. We were like roaches! (laughing)

Interviewer
How did they find all of these extras that fit the Ducky Boy build?

Konrad Sheehan
There was this one lady who had the market on extras – I wish I could remember her name. They probably mostly came from her. There were extra castings too. They had to put out a really big call in newspapers, to schools, just everybody and anybody.

Interviewer
What did you and the other Ducky Boys know about the real-life Ducky Boys?

Konrad Sheehan
I don't think that any of the actors knew there was a real gang. Phil [Kaufman] might have known, but I guess he wanted to create a fictional image of what the Ducky Boys were, and didn't want reality to interfere with it.

I never knew that when we were shooting The Wanderers, *that the Ducky Boys were an actual gang. I thought it was a made-up gang. It was only recently, through you, that I discovered that they were a real actual gang who happened to roam the area where I used to play baseball when I was younger. We were literally a stone's throw away from the tunnels where the Ducky Boys used to hang out by Allerton Field. It was really fascinating – what a small world!*

Interviewer
You were an actor and stuntman in plenty of movies like The Warriors, Fort Apache: The Bronx, The Eyes of Laura Mars, Brubaker, The World According to Garp, *and many more. I know it's not directly Wanderers-related, but I have to hear the story of your scene with Robert De Niro and Martin Scorsese in* Raging Bull.

Konrad Sheehan
I really had the fortunate opportunity to work as a stuntman or as an actor for every movie that was made in New York be-

tween 1978 and 1979, and 1985 and 1986. I left the industry in 1987 after The Secret of My Success, *but prior to that I had some great experiences – particularly working as a stuntman on* Raging Bull *which was so cool.*

I got the gig and I started doing stunts for Joe Pesci. While we were shooting the scenes in the Bronx house, the only people in there were Martin [Scorsese], Joe [Pesci] and Mike Chapman who was first camera, De Niro and myself.

And we set the scene where I'm supposed to be eating pasta when De Niro breaks in and kicks my ass, basically. I walked thru it with De Niro and he said I'm gonna grab you here, I'll punch you there, drag you here, go through the glass, and gonna pull you out, and gonna kick you. *You know, that kind of stuff. We finished setting up and both went off to wardrobe and make-up, and then we've come back and I'm sitting on the table...*

Right before the scene started, De Niro had the prop guy bring in a punching bag. All of a sudden, he starts beating the crap out of it and yelling, I mean, you could hear him screaming two blocks away the way he was screaming. I was like "Oh my God, this guy is going to kill me – he's going to break my neck!"

I'm getting worried, and then finally Scorsese yells "Action," and De Niro runs in and we had this cinematic fight scene in one take with no errors or injuries. It was great, man. It was such a cool experience working with De Niro.

Interviewer
You were in both The Warriors *and* The Wanderers. *Why are these two movies forever connected?*

Konrad Sheehan
The Warriors *was just the perfect opposite of* The Wanderers. *That's what made them both so powerful. Perhaps they fed off each other. You know,* The Wanderers *has a much lighter feel to it where* The Warriors *has more of that tough gritty sense to it.*

I finished shooting The Warriors *first and then went on to do* The Wanderers. *They were probably shooting together but my scenes came up after I finished doing* The Warriors. *A lot of the stunt guys were in both movies.*

I think that Walter Hill and Phil Kaufman had the same kind of vision and were trying to show that surreal kind of fantasy thing.

Interviewer
How did you get into The Warriors?

Konrad Sheehan
When The Warriors *came along and I was hired as a stunt man and Walter [Hill] asked me, "Can you skate?" I said, "Like, sure!" But I didn't know how to skate at the time.*

So I would go out every day after and practice skating. I would do these 25-miles runs – or rolls! One time, the police tried to pull me over, and I said, "I can't" and he goes "Pull over!" and I said, "No, I can't, I'm skating for a record!" He let me go, but I was worried – If he had still pulled me over I would have told him that I was skating to my friend's house to pick a up Led Zeppelin album – that type of "record." (laughing)

Interviewer
Do you have any good Warriors behind-the-scenes stories?

Konrad Sheehan
Walter Hill originally had a more fantastic vision of what the gangs should be, but ended up cutting it back a little. For example, in my role as the Punks leader, I originally had a leopard custom jumpsuit made for me, and my hair was supposed to be all spiked out and I had glasses. But after they did the Baseball Furies scene, he really toned down the Punks with skates and jerseys to fit in with the New York subway feel.

Another time, after The Warriors *came out in theatres, I was walking on the subway platform at 245th Street and White Plains Road. These two guys jumped back after they saw me – like I was going to kick their ass, you know. I wound up talking to them and told them that I was just an actor. But* The Warriors *movie was just so powerful. Later, I was talking to someone who saw* The Wanderers, *and it was just a friendly kind of conversation. Two distinct experiences from two movies shot during the same period.*

Appendix D

Tales from *The Wanderers* Movie – Part 2

The other Ducky Boy actor that I interviewed was Mark Lesly. He portrayed one of the Ducky Boy leaders, and was the creepy Ducky Boy who stood on the football during the big football game in *The Wanderers* movie.

Interview with Mark Lesly, November 2007

Ducky Boy actor Mark Lesly from the Wanderers movie, and being interviewed in 2007.

Photo from the author's personal collection.

Interviewer
Tell us a little bit about yourself.

Mark Lesly
My name is Mark Lesly. I am currently a Tae Kwan Do instructor and I'm a sixth-degree black belt. I've been teaching Tae Kwan Do for over twenty years, and have been making my living somewhat doing it.

Interviewer
Do you have any Bronx roots?

Mark Lesly
My grandmother lived in the Bronx, right off the Grand Concourse on College Avenue. This had to be in the early to mid-'60s. We would go visit her at her apartment and sometimes go to the local synagogue in the neighborhood.

Interviewer
Let's jump right into The Wanderers. *What was your character's name and how did you get the part?*

Mark Lesly
My character never had a name; we were just Ducky Boys – Ducky Boy number 1, Ducky Boy number 2, and so on.

I got the part through an open casting call. They had an ad on WNEW-FM radio, which was a mainstream rock radio station back then, in the late '70s, and my sister heard it, and called me up and said, "Hey, they are looking for guys 5 foot 5 or less. You should go to this!"

5-foot-5 or less – that's me. So I went to this hotel ballroom in midtown and filled out my information. They made me stand next to a line on the wall that was at 5-foot-5, and if you looked rough enough, and I guess I did, thank you very much, they'd be in touch.

I remember I was on line to see Lou Reed at the Bottom Line, when my roommate came running the six or seven blocks to the Bottom Line to tell me I'd gotten a call and that Phillip Kaufman wanted to see me on the set about upgrading my status on the film.

So I left the line, and I did go up and I spoke to Kaufman. He interviewed me for the position of the Ducky Boy gang leader, but because I wasn't yet in the Screen Actors Guild, he decided to split the business between Alan [Braunstein] and myself.

A quick aside is that Alan was going to speak the one and only line any Ducky Boy uttered in the movie. It was the scene when Turkey was outside the church, and after Turkey said something in his ear, Alan responded, "Blowjob?" and then cut Turkey and offered the blade as an alternative to the experience. Our gang is supposed to chase Turkey down the street, taunting him with that word, "Blowjob, blowjob."

Appendix D

We had filmed this, I think, two or three months after The Warriors *had opened in New York and I believe that the backlash over fighting in the theaters that occurred between gang members who went to see* The Warriors *might have put some pressure on Phillip Kaufman in his later editing stages for the film.*

For whatever reason, the scene was eventually cut, so there were no lines uttered by any Ducky Boy in the movie.

Interviewer
What scenes were you in?

Mark Lesly
All of the scenes at the football field, which was Van Cortlandt Park, I believe. It is my foot that comes down on the football before the climactic battle. I'm the one wielding a knife on Clinton Stitch, and you can see me a few times throughout the chaos of the big battle.

I was also in the scenes at the church, and the el train scenes, both before and after the death of Turkey. I think that's pretty much it.

Interviewer
Tell me about the church scene and what was supposed to happen, and what actually happened during the filming of that.

Mark Lesly
Well, the set was for two primary shots, my recollection. One was of the scene of the Ducky Boys receiving communion, and the second was the beginning of the end of Turkey, and him being chased from the church by our gang.

So during the rehearsal, we were all being organized for how they were going to shoot us getting communion, and as a nice Jewish boy, I had never received communion before, but I did have some idea about attracting some attention to myself. So the first time the actor [portraying the priest] was reaching forward with his wafer, I went for his hand, with my mouth. I mean I really went for it. Almost got him, but he was too quick.

He screamed, but the director and cinematographer both laughed, as was my hope. They toned it down, as was appro-

priate and expected, but that shot did get a little highlight in the scene.

Another scene that I was in was when we chased Turkey. We filmed a little scene of just running around the corner and that was it – nobody wanted to travel too far from that church. It was a bombed-out, scary looking place in the South Bronx, and we were there in the middle of the night.

Interviewer
Do you remember where this was?

Mark Lesly
No idea. We all met at the ASCAP building near Lincoln Center and were bussed to locations, so we didn't travel on our own to and from locations, we would be bussed to and from the ASCAP building, 58th, 59th Street, I forget, somewhere over there.

Interviewer
When Turkey was climbing the train trestle – do you have a story for that?

Mark Lesly
In the movie, when you see Turkey running around the corner – before he turns, he's in the Bronx, and when he comes around the corner, that's Queens – Seneca Avenue I believe.

In the scene, Turkey was trying to escape us by climbing up to the el track, and they had a shot looking down at all the Ducky Boys looking up. I was in the crowd and figured I'd try to attract attention, so I decided to create motion to get the eye to lock on to me, figuring that if the director's or the editor's eye locked on to me, they'd want to use it because they found it interesting. So rather than merely looking up at the camera, I started rotating my head back and forth, as we looked hungrily at our Turkey. And it worked – they used it.

Interviewer
Tell us about your scene at the football game.

Mark Lesly
First they laid a camera down on the ground to show the football roll by the camera. Then the camera catches my foot com-

ing down. Forty-five minutes later, they managed to get that football to roll just right.

After that, we had to do the sequence with the flat razor. If you're a student of the movie, you may go, "What flat razor? It was a knife." Well, it was supposed to be flat razor, except I couldn't get it to come out straight or threatening. It would come out feeble, or it would come all the way around and whack me painfully in the back of my hand.

Michael Wright, who played Clinton Stitch, thought he was street tough, and tried to do it, but he couldn't do it either. I wound up using my own personal knife as the prop. It wasn't really a switchblade – I had it partially open, hidden behind my leg before I whipped it out. The rest is celluloid history of minor note.

Interviewer
Did you know at the time that the Ducky Boys gang was a real Bronx gang?

Mark Lesly
I didn't know they were real. When I first talked to you, that's when I found out the Ducky Boys were real. I hadn't really thought about it. I had just assumed that Richard Price had based these characters in his novel on some gangs, but I didn't realize they were literal names of gangs that had existed.

Interviewer
What's your favorite part about being in the movie?

Mark Lesly
Absolutely the day I got to film the scene with the football. I was an acting student who was very passionate, as I still am, about method acting, and felt that I really had a clear idea of how to use it. I remember thinking about how good it would be to actually consume Michael Wright like a cannibal, when I was asking him to come over, like he was something that was going to be good to eat.

That was how I played that scene, and it seemed to have worked, and I really felt as an actor, who had done nothing but stage really until then, like a fish that had been thrown in the water for the first time. I just knew what to do.

Appendix E

Ace Frehley and the Ducky Boys

Over the years, I believe I've received over 50 emails from various people telling me that Ace Frehley of the rock band KISS was a Ducky Boy. Other than the Wanderers movie, this is the second most popular piece of information about the Ducky Boys, so I decided to devote an appendix chapter to Ace Frehley's involvement in the Ducky.

When this project was still a film project, I approached Ace Frehley's publicist, and told her about my project and requested to have Ace appear in my documentary. After a series of calls and emails with his publicist, Ace finally got on the phone with me.

After a quick update session on the whereabouts of his old friends, and passing the news to him about who had died, and who was still around, I broached the subject of him appearing in the documentary.

He told me that by attaching his name to my project, I would sell a lot of copies to KISS fans. And as such, he expected to be compensated for it. Maybe it was my inexperience, but I was taken a little off-guard by this. After all, "Little Steven" Van Zandt gladly appeared in my "Out of Our Dens: The Richard and the Young Lions Story" documentary for free because he believed in the music of the subject band. I figured Ace might have been as generous with his time. I was mistaken.

I asked Ace for a ballpark figure, and he mentioned the lowest amount that he would even consider doing it for. The number was way over my budget, so I politely thanked him for his time, and told him I would get back to him.

The next few days I went around to all my Ducky Boy contacts and asked about their memories of Ace in the Ducky Boys. And while they all knew who he was, some were surprised to find out he considered himself part of the Ducky Boys. They remembered that he hung out with the bona fide Ducky Boy Bob McAdams, but they really didn't consider Ace a full-fledged member. One particular

Ducky Girl remembered de-pantsing him down in the park on more than one occasion.

So, I told Ace's publicist that I had to pass on Ace's paid involvement, and went on my way figuring that I could just quickly mention Ace's involvement, and move on.

As time passed, and I kept getting the emails from KISS fans and Bronxites telling me that Ace was a Ducky Boy. So I knew I had to address it, but just didn't know how.

A year or so later, I had another chance. In New Jersey, there's a convention around Halloween called Chiller Theatre (named after the old TV show on NYC's WPIX station). Various levels of celebrities attend and sign autographs and take pictures with fans. In October 2008, Ace Frehley made an appearance at the convention. So I went with a couple of friends (one who was a huge KISS fan) and waited in a three-hour line to meet Ace personally. I was even wearing my Ducky Boys t-shirt.

Author James Hannon, ex-Ducky Boy Ace Frehley, and Jeff Hornlien of the NJ band the RiffSurfers. Note the Ducky Boy T-shirt.

Photo from the author's personal collection.

Appendix E

I got to the end of the line and tried to interact with Ace again about the documentary, but barely even got an acknowledgement that I existed. His cool assistant knew about Ace's Ducky Boys history, and was also trying to get Ace to talk about it, but it was all in vain. Ace just wanted us to take the picture we paid for, and send us on our way.

It was disappointing for me, but it was even worse for my friend Jeff who was a huge Ace Frehley fan. Jeff had been inspired to play guitar by Ace, and got dismissed – just like every other fan who had just spent three hours in line.

Shortly after this, thanks to Facebook, I reconnected with an old acquaintance from my Lehman College days, named Gordon G. G. Gebert. Gordon was a friend of a friend back then, but I had heard he had been really close to Ace at one point. Ace and Gordon had a pretty nasty parting of the ways years earlier, and Gordon had written a book about the experience called "KISS & Tell." His co-author was Bob McAdams – who happened to be Ace's best friend during the pre-KISS years, and he was also a bona fide Ducky Boy.

I had read "KISS & Tell" back in 1997 or 1998 when it had first came out. This was long before I decided to do my Ducky Boys project, so I never really processed the Ducky Boys connection that Gordon and Bob mentioned. But after reconnecting with Gordon, I gave the book another read, and this time the Ducky Boys connection definitely was noted.

I spoke to Gordon, and I shared my recent Ace experiences with him. Gordon wasn't surprised. Gordon put me in contact with Bob, and while Bob was a nice guy and willing to talk to me, he was having some family issues that kept him too busy to be properly interviewed.

Over time, I realized that I just wasn't going to have a good Ace section in the documentary (which was still a film project at that time). But when I switched over to book format, the shackles came off, and I realized that I had an opportunity to make the Ace section work. I asked Gordon for permission to re-use the section from *his* book that talked about Ace's involvement in the Ducky Boys, and Gordon generously gave it to me, and sent over the following story.

Lost Boys of the Bronx

From "KISS & Tell" by Gordon G. G. Gebert and Bob McAdams
Pitbull publishing, 1997

Reprinted with permission

The cover of Gordon's book "Kiss and Tell"

Photo provided by Gordon G. G. Gebert.

"The Bronx Nod"
as told by Bob McAdams

It was back in the summer of '63 and I was 15 years old, living in the Bronx in New York City. Every so often I would see this strange looking kid invading our neighborhood space. The Bronx was, and most likely still is, very territorial when you're a kid. In the old days, especially in the Bronx, if you lived five or more blocks away from someone, you came from another world. I lived on 195th Street and Decatur Street. This kid came from 201st and Marion Avenue. That was over six blocks away. He was a real weird looking dude and nobody could tell what nationality he was. Some guessed he was Asian, others thought American Indian or Mexican. He was a real mutt anyway.

One summer day, this creep and a couple of his boys from his part of town were buying fireworks in our neighborhood from our guy, Eddie Houdak. The foreign gang had to have some kind of connection to even come into our neighborhood. I remember Eugene F being that guy. Somehow we heard (possibly from Eugene) that these guys were planning on stealing fireworks. When word got out, we immediately ran to Houdak's house to get these punks. When they saw a bunch of us coming with slingshots and baseball bats they all started running. I chased this one prick for five blocks, but he got away. If he hadn't, he would've been dead today because I would have cracked his head open. In those days, that's what we did. We learned later on that the story had gotten twisted. Eddie Houdak was actually going to rip them off instead of the other way around. We accidentally fucked up Eddie's scam.

About a month later, the guy I chased saw me on the street. Like a reflex he started running. This time I didn't bother to chase him. Two reasons: one, I knew that he was innocent; two, I couldn't catch the friggin' bastard anyway.

Then one day I saw him on the other side of the street and before he could run, I gave him the Bronx nod, like "Hey, how's it going?" He looked a little surprised, especially after the fireworks incident. He knew what the nod meant. We all knew what the nod meant. It was a Bronx baptism. It meant I thought he was a "goodfella."

So, from that moment on, whenever we saw each other, we would just give each other the Bronx nod.

A few months later, through some other acquaintances (like Bobby Sabino, who went on to become a famous session keyboardist), I found out that, like me, this guy played guitar. One day we ended up at a jam together. From that day on, Paul "Punky" Frehley and I became the best of friends.

In the beginning, he wanted me around so he could get girls (I say this with confident modesty). Also, he knew that if he became friends with me, like Eugene F, he wouldn't get his ass kicked in my neighborhood anymore.

Back then, Paul's nickname was Punky. A few years later, before KISS, he became the self-proclaimed "Ace." Paul always told the story that he was given the nickname Ace because he got girls for other guys when he was in high school. Not true!

At that time, we were in a gang on 204th Street and Bainbridge Avenue called the Ducky Boys. That sounds stupid now, I know, but it was cool at the time—trust me. I was a more prominent member than Ace because I had the Irish blood and surname. We were different from the rest of the neighborhood, some gang members and even other gangs. We had long hair and hung out all day playing guitars. In a sense, we were ahead of our time; after all, we grew up in the "greaser" days.

As the years went on, Ace and I became the very best of friends. It's a good thing I didn't catch him the day of the fireworks incident. He would never have been in KISS, nor would this book have ever been written. On second thought, maybe it would have been better if I caught him!

Appendix F

Aerial Tour of the Bronx

For the film version of the documentary, my wife and I took an aerial tour of Norwood and other parts of the Bronx to have some additional video footage of the neighborhood. Due to the switching to book format, much of the footage is still waiting to be used.

If you go to Lantern-Media.com, you will be able to see many of the photographs taken that day, full-size and in color.

A sample of the aerial photos on the Lantern-Media.com website.

Photos from the author's personal collection.

About the Author

Author and ex-Bronxite James Hannon grew up across the street from Our Lady of Refuge and PS 46 schools on East 196th Street and Briggs Avenue. Little did he realize that almost twenty years earlier, the real-life Ducky Boys, who would become so significant in his life after watching the Wanderers movie, were attending the same schools, hanging out in the same schoolyards, and trying to figure out what their next adventure would be.

Mr. Hannon is the director of the 2004 documentary "Out of Our Dens - The Richard and the Young Lions Story" about a 1960's garage band that came from a "20-mile radius of Newark, NJ" who became one of the greatest bands that nobody ever heard of.

He currently lives a stones throw away from the Bronx in central, New Jersey with his wife and cat.

Straight from the streets of the mid-1960s Bronx comes a book about one of the borough's most feared gangs - The Ducky Boys. While their unusual name alone might contradict their reputation, in the Norwood/Bainbridge section of the Bronx their appearances provoked an ominous dread. So much so, that when Richard Price needed inspiration for a terrifying gang in his novel (and later movie) *The Wanderers*, he knew exactly which gang to choose.

Lost Boys of the Bronx tells the story of the Ducky Boys in their own words. It is a story of how a few pre-teen kids in the Botanical Gardens turned into a gang of hundreds - and a gang so alarming that rumors of their arrival would shut down local schools.

This is also a study of the mostly Irish Bronx neighborhood in which the Ducky Boys were born, and where so many of the Ducky kids got caught up in the tumultuous times of the '60s where their fierce loyalty was the only thing that got them through.

This is not your typical gang book. It neither praises nor demonizes the gang for the things they did, but rather simply reports what happened - warts and all. You'll see the truth behind the Ducky Boys' gang - their lives, their loves, their pranks and crimes, and so much more.

To borrow from a particular product's slogan - with a name like the Ducky Boys, you knew they HAD to be tough.

Printed in Great Britain
by Amazon